الإدارة المحلية وتطبيقها والرقابة عليها

الإطار النظري للإدارة المحلية – مفهوم الإدارة المحلية وفلسفتها بين المركزية واللامركزية الإدارية – استقلالية الهيئات المحلية – خضوع الهيئات المحلية للرقابة – الرقابة السياسية – الرقابة البرلمانية – الرقابة الشعبية – الرقابة القضائية – الرقابة الإدارية – أساليب ووسائل الرقابة الإدارية – الإطار التطبيقي للإدارة المحلية – تشكيل المجالس المحلية وجهازها التنفيذي – التنظيم القانوني لانتخابات المجالس المحلية – الاختصاص التشريعي لمجلس المحافظة – رقابة المحكمة الاتحادية العليا – رقابة محكمة القضاء الإداري – رقابة السلطة الإدارية المركزية – رقابة رئيس الجمهورية – رقابة رئيس مجلس الوزراء – الرقابة الإدارية اللامركزية.

الدكتور
سامي حسن نجم الحمداني
مدرس بكلية القانون جامعة كركوك

الطبعة الأولى
2014

المركز القومي للإصدارات القانونية

42 ش عبد الخالق ثروت مدخل (أ) / 165 ش محمد فريد مدخل (ب)

عمارة حلاوة أعلى مكتبة الأنجلو ومكتبة الأهرام – وسط البلد – القاهرة

Mob: 01115555760 – 01002551696 – 01224900337

Tel:002/02/23957807 – Fax: 002/02/23957807

Email: walied_gun@yahoo.com   law_book2003@yahoo.com

www.publicationlaw.com

عنوان الكتاب	:	الإدارة المحلية وتطبيقها والرقابة عليها.
اسم المؤلف	:	سامي حسن نجم الحمداني
رقم الطبعة	:	الأولى
تاريخ الطبعة	:	2014
رقم الإيداع	:	2013/13413
الترقيم الدولي	:	978-977-6223-74-5
عدد الصفحات	:	473
المقاس	:	17 × 24

ISBN 978-977-6223-74-5

9 789776 223745

المركز القومي للإصدارات القانونية

42 ش عبد الخالق ثروت مدخل (أ) / 165ش محمد فريد مدخل (ب)
عمارة حلاوة أعلى مكتبة الأنجلو ومكتبة الأهرام – وسط البلد – القاهرة
Mob: 01115555760 – 01002551696 – 01224900337
Tel:002/02/23957807 – Fax: 002/02/23957807
Email: walied_gun@yahoo.com   law_book2003@yahoo.com
www.publicationlaw.com

بِسْمِ اللهِ الرَّحْمَنِ الرَّحِيمِ

(وَتِلْكَ الأيَّامُ نُدَاوِلُهَا بَيْنَ النَّاسِ وَلِيَعْلَمَ اللهُ الَّذِينَ آمَنُواْ).

صدق الله العظيم

سورة آل عمران، الآية (140).

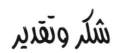

شكر وتقدير

- نتقدم بخالص الشكر والتقدير للمركز القومي للإصدارات القانونية ...

- على الجهد الذي بذله لإخراج هذا العمل على هذه الصورة المتميزة..

- **ونختص بالشكر السيد/وليد مصطفى**

  رئيس مجلس الإدارة

- راجين له التوفيق فيما ينشره المركز من إصدارات تسهم في نشر الثقافة والمعرفة القانونية.

الدكتور
سامي حسن نجم الحمداني

شكر وعرفان

الحمد لله رب العالمين والصلاة والسلام على اشرف الأنبياء والمرسلين سيدنا محمد (صلى الله عليه وسلم) وعلى اله وصحبه أجمعين.

لا يسعني بعد أن وفقني الله سبحانه وتعالى على إتمام هذه الأطروحة إلا أن أتقدم بخالص الشكر وعميق الامتنان إلى أستاذي الفاضل(الأستاذ الدكتور احمد خورشيد حميدي المفرجي) الذي تفضل بقبول الإشراف على هذه الأطروحة وأعطاني من وقته وعلمه وجهده ما أعجز عن إيفائه حقه من الشكر، وتفضل عليّ بتوجيهاته العلمية ونصائحه القيمة التي كان لها الأثر الأكبر في وصول الأطروحة إلى ما وصلت إليه، فجزاه الله عني خير الجزاء.

كما وأتقدم بالشكر الجزيل إلى عمادة كلية الحقوق في جامعة الموصل ممثلة بعميدها (الدكتور أكرم محمود البدو) ولجميع الكادر التدريسي فيها، اخص بالذكر منهم أساتذتي الأفاضل في السنة التحضيرية الذين تعلمت من أدبهم قبل علمهم وهم كل من (الأستاذ الدكتور عامر عبد الفتاح الجومّرد) و(الأستاذ الدكتور يحيى هاشم الملاّح) و(الدكتور محمد حسين الحمداني) و(الدكتور عبد الباسط علي جاسم الزبيدي) و(الدكتور نوفل علي الصفو) و(الدكتورة قبس حسن عواد البدراني) فلهم مني جميعا كل التقدير وجميل العرفان.

كما أتقدم بالشكر الجزيل إلى أخي العزيز الدكتور ماجد نجم عيدان الجبوري الذي زودني بالعديد من المصادر الحديثة ، وقد أفادني كثيرا من آراءه السديدة ونصائحه القيمّة ،فجزاه الله عني خير الجزاء.

كما يسعدني أن أتقدم بالشكر والتقدير إلى الدكتور فوزي حسين سلمان الجبوري الذي أمدني بعدد من المصادر الفرنسية التي ساهمت في اغناء الأطروحة ،فله مني الشكر والثناء.

كما لا يفوتني أن أتقدم بوافر الشكر لموظفي مكتبة ابن خلدون والمكتبة المركزية في جامعة الموصل ،ومكتبة كلية القانون في جامعة كركوك اخص بالذكر منهم د. نوزاد الشّواني والست ام مروة، والست سوزة فلهم مني جميعا خالص الشكر والعرفان.

بسم الله الرحمن الرحيم

مقدمة

يعد التنظيم الإداري ضرورة لابد منها في الدولة المعاصرة، إذ يساعد السلطة الإدارية للنهوض بوظيفتها المتمثلة بإشباع الحاجات العامة للأفراد وتحقيق المصلحة العامة التي تمثل غاية كل نشاط إداري.

ويتوزع التنظيم الإداري بصورة عامة إلى أسلوبين، المركزية الإدارية واللامركزية الإدارية، حيث يقوم الأسلوب الأول على حصر ممارسة الوظيفة الإدارية بالسلطات المركزية المتواجدة في العاصمة ،بينما يقوم الأسلوب الثاني على توزيع ممارسة الوظيفة الإدارية بين السلطات الإدارية المركزية ، وهيئات محلية منتخبة في الغالب على أن تكون خاضعة للرقابة.

واختيار الدولة لأسلوب معين في التنظيم الإداري مرهون بطبيعة الظروف السياسية والاقتصادية والاجتماعية التي تحيط بها ،وبحسب درجة نضوج الوعي السياسي لدى المواطنين وترسيخ النظم والممارسات الديمقراطية.

يرتبط أسلوب المركزية الإدارية غالبا ببداية نشأة أية دولة ؛ لأنَ الدولة حديثة النشأة تميل دائما إلى إتباع المركزية الإدارية، وهذا الأسلوب يساعد فرض سلطتها على إقليم الدولة برمته ،فمن خلاله تتعزز وحدتها الإدارية ،ولكن مع تشعب واجبات الدولة وازدياد عدد سكانها واتساع أقاليمها وظهور المرافق العامة بمختلف أنواعها، تغير مفهوم الدولة بالانتقال من مفهوم الدولة الحارسة إلى مفهوم الدولة المتدخلة التي تسهم في تنظيم جميع الشؤون الاقتصادية والاجتماعية ، ونتيجة لذلك لم يعد بإمكان السلطات الإدارية المركزية لوحدها القيام بهذه الأعباء المتزايدة ،فأصبح من الضروري تغيير نمط الإدارة بإتباع أسلوب اللامركزية الإدارية وتطبيقها العملي المتمثل بنظام الإدارة المحلية، وقد ساهم ظهور وتطور الأفكار

الديمقراطية في دعم هذا التوجه بإفساح المجال أمام المواطنين ليتولوا عن طريق الهيئات المحلية المنتخبة من جانبهم إدارة الشؤون والمصالح المحلية الخاصة بهم.

وأصبح نظام الإدارة المحلية نتيجة لذلك يلقى اهتماما متزايدا من الدول كافة، وباختلاف أشكالها ونظمها السياسية، حيث لم يعد ينظر إليه كأسلوب يقتصر على تخفيف أعباء السلطة الإدارية المركزية فحسب ، وإنما أصبح يمثل في الواقع منظومة متكاملة من الأهداف السياسية والإدارية والاقتصادية و الاجتماعية.

ولما كانت الإدارة المحلية نابعة من صميم الشعب فهي وحدها القادرة على التفاعل مع المشاكل اليومية التي يواجها أبناء المجتمع المحلي، فهي تستطيع نظرا لقربها منهم وضع الحلول العاجلة لكل مشكلة وبحسب أهميتها ، بخلاف الإدارة المركزية التي تقيدها الإجراءات البيروقراطية المتحكمة بها مما يضعف استجابتها لهذه المشاكل.

من جانب أخر فان تبني نظام الإدارة المحلية الذي يمثل التطبيق العملي لفكرة اللامركزية الإدارية لا يعني بأي حال من الأحوال استبعاد أو هجر أسلوب المركزية الإدارية ،لأنه يمثل في الواقع العمود الفقري لأية دولة، فهنالك مصالح عامة قومية لا يحسن ولا يفضل ترك إدارتها إلا إلى السلطات الإدارية المركزية ، والدول التي تتبنى نظام الإدارة المحلية تسعى دائما إلى إيجاد معادلة تحقق من خلالها التوازن بين الاختصاصات التي تتولاها الإدارة المحلية والاختصاصات التي ينبغي للسلطة الإدارية المركزية القيام بها.

أهمية الدراسة:

نتيجة لتغير الظروف السياسية في العراق بعد احتلاله عام 2003 ،وما نتج عن هذا التغيير من تبدل في النظام الدستوري والقانوني وما رافق ذلك من صدور قانون إدارة الدولة للمرحلة الانتقالية لعام 2004 ومن ثم تبعه الدستور عام 2005 ، فقد تحول العراق كدولة من الدول ذات الشكل البسيط والمعروفة بالدولة الموحدة التي

تقوم أساسا على وجود سلطات تشريعية وتنفيذية وقضائية واحدة تمارس اختصاصاتها على إقليم الدولة برمته، إلى الدول ذات الشكل المركب المعروفة بالدولة الاتحادية(الفيدرالية) ، والتي تقوم على تقاسم السلطات الثلاث التشريعية والتنفيذية والقضائية بين السلطات الاتحادية والأقاليم .

ولما كان النظام الاتحادي في العراق لم يتبلور بعد ، حيث يقتصر قيامه لحد الآن على إقليم اتحادي واحد هو إقليم كردستان ، حيث اعترف الدستور النافذ بقيامه كواقع حال، فقد أبقى المشرع الدستوري على عدد من المحافظات والتي أطلق عليه تسمية المحافظات غير المنتظمة في إقليم خارج إطار الأقاليم الفيدرالية وجعلها تدار وفقا لمبدأ اللامركزية الإدارية.

ولما كان الدستور النافذ لعام 2005 وقانون المحافظات غير المنتظمة في إقليم رقم 21 لسنة 2008 المعدل قد منحا هذه المحافظات اختصاصات واسعة تتولى ممارستها مجالس محلية منتخبة من أبناء الوحدات الإدارية التي تمثلها هذه المجالس وهي مجلس المحافظة والقضاء والناحية، فأن دراسة مضمون هذه الاختصاصات وكيفية تشكيل هيئات الإدارة المحلية التي تتولى القيام بها ، ومدى إمكانية نجاحها، تكتسب أهمية كبيرة في ظل ظروف شديدة التعقيد لها انعكاسات خطيرة في حال فشلها ليس على الجوانب القانونية فحسب وإنما قد تنعكس آثارها السلبية على الجوانب السياسية والاقتصادية والاجتماعية ،وهذا بحد ذاته يشكل خطورة كبيرة على كيان الدولة ووحدتها السياسية، الأمر الذي يفرض علينا كباحثين دراستها .

أهداف الدراسة :

إن الهدف الرئيس لهذه الدراسة هو إعطاء صورة واضحة عن نظام الإدارة المحلية الذي أرسى قواعده وأحكامه الدستور الدائم لعام 2005 ، وقانون المحافظات غير المنتظمة في إقليم رقم 21 لسنة 2008 المعدل، مع بيان الجوانب الايجابية والسلبية في النصوص الدستورية والقانونية ذات الصلة بالدراسة.

إشكالية الدراسة :

تتركز مشكلة الدراسة في تحديد طبيعة النظام الإداري الذي جاء به الدستور الدائم لعام 2005، و قانون المحافظات غير المنتظمة في إقليم رقم 21 لسنة 2008 المعدل ، في ظل التحول غير المنجز والكامل للنظام الاتحادي للدولة العراقية ، حيث يقتصر قيام هذا النظام على إقليم اتحادي واحد هو إقليم كردستان الذي يتكون من ثلاث محافظات .

وعلى الرغم من إقرار الدستور الدائم في جعل المحافظات غير المنتظمة في إقليم تدار وفق مبدأ اللامركزية الإدارية ، فقد جاءت نصوص الدستور في هذا الشأن ينتابها الغموض والتعارض مع بعضها البعض ،ثم جاء قانون المحافظات غير المنتظمة في إقليم رقم 21 لسنة 2008 المعدل ، ليثير هو الآخر إشكاليات لا تقل أهمية عن تلك التي جاء بها الدستور ،الأمر الذي يدفعنا إلى التساؤل عن الكيفية التي تعامل معها المشرع الدستوري والعادي مع المحافظات غير المنتظمة في إقليم؟، وهل انسجم ذلك مع الأسس العامة لنظام الإدارة المحلية؟

منهجية الدراسة :

سنعتمد في هذه الدراسة المنهج المقارن ، ووقع اختيارنا على دولتين لتكون محلا للدراسة المقارنة ، هما بريطانيا وفرنسا ، وذلك لان نظام الإدارة المحلية المطبق في هاتين الدولتين يمثل كل منهما نظاما له سماته وخصائصه المميزة عن الآخر ، ويمكن القول إن اغلب نظم الإدارة المحلية المطبقة في دول العالم لا تخرج في الواقع عن محاكاة هذين النظامين ، مع وجود بعض الاختلافات التي تقتضيها ظروف كل دولة.

ولما كانت الدراسة تتضمن التعرض لنصوص تشريعية أهمها نصوص الدستور النافذ لعام 2005 وكذلك التي جاء بها قانون المحافظات غير المنتظمة في إقليم رقم 21 لسنة 2008 المعدل، فذلك يحتم علينا إتباع منهج آخر أيضا هو(المنهج الوصفي التحليلي) لغرض تحليل النصوص التشريعية المتعلقة بموضوع الدراسة.

ويقتضي التنويه في هذا الصدد إننا قد آثرنا تغليب الجانب الموضوعي في الأطروحة على الجانب الشكلي في بعض الأحيان ، وذلك من أجل أعطاء شمولية لموضوع الأطروحة .

هيكلية الدراسة :

ستتوزع دراستنا للإدارة المحلية وتطبيقاتها في العراق على بابين ، سيكون الباب الأول مخصصا للتعريف بالإدارة المحلية كإطار نظري للدراسة ، وذلك من اجل الوقوف على الأسس العامة في هذا الشأن ،وقد قسمناه على ثلاثة فصول، سنستعرض في الفصل الأول نشأة الإدارة المحلية وتطورها التاريخي في العراق ، وفي الفصل الثاني سنتناول مفهوم الإدارة المحلية وفلسفتها بين المركزية واللامركزية الإدارية ، أما الفصل الثالث فقد خصصناه لبيان أركان الإدارة المحلية.

أما الباب الثاني من الدراسة سيكون مخصصا للجانب التطبيقي ، حيث سنعرض فيه تطبيقات الإدارة المحلية في العراق والدول المقارنة، وتوزع هذا الباب على ثلاثة فصول، سنتناول في الفصل الأول تشكيل الإدارة المحلية في العراق والدول المقارنة ، وفي الفصل الثاني سنعرض اختصاصات الإدارة المحلية في العراق والدول المقارنة، أما الفصل الثالث والأخير سنخصصه للحديث عن واقع ألرقابه على الإدارة المحلية في العراق والدول المقارنة. ثم نختم دراستنا بعدد من النتائج والتوصيات التي توصلنا إليها من خلال هذه الأطروحة ،ومما تجدر إليه الإشارة إننا سنعرض أولا تطبيقات الإدارة المحلية في الدول المقارنة ثم تطبيقاتها في العراق، وذلك حتى نستطيع معرفة موقع نظام الإدارة المحلية المطبق في العراق بين نظم الإدارة المحلية في الدول التي اتخذناها محلا للمقارنة وهي كلا من بريطانيا وفرنسا.

الباب الأول

الإطار النظري للإدارة المحلية

الباب الأول

الإطار النظري للإدارة المحلية

تمثل الإدارة المحلية احد أهم أساليب التنظيم الإداري في الدولة الحديثة، حيث ازداد التوجه في كثير من الدول نحو تبني هذا الأسلوب نظراً للايجابيات الكثيرة التي يحققها في مختلف النواحي السياسية والاقتصادية والاجتماعية. وقد تعاظمت أهمية الإدارة المحلية مع انتشار الأفكار الديمقراطية في العالم، بحيث أصبح تبني نظام الإدارة المحلية المدخل الرئيسي لأي إصلاح سياسي وإداري للدول، خصوصاً في الدول النامية.

من جانب آخر فان نظام الإدارة المحلية لم يتبلور كظاهرة قانونية له مقومات أو أركان إلا في القرن التاسع عشر، أما انه كظاهرة تاريخية فقد عرفتها الجماعات البشرية من القدم انطلاقاً من فكرة أن الإنسان ككائن اجتماعي لا تستقيم حياته دون وجود التنظيم أو الحد الأدنى منه [1].

ومن اجل إعطاء صورة واضحة ومتكاملة عن نظام الإدارة المحلية ارتأينا تقسيم الباب الأول على ثلاثة فصول، نتناول في الفصل الأول نشأة الإدارة المحلية وتطورها التاريخي في العراق وفي الفصل الثاني سنخصص الحديث عن مفهوم الإدارة المحلية وفلسفتها بين المركزية واللامركزية الإدارية، أما الفصل الثالث والأخير فنتناول فيه أركان الإدارة المحلية.

---

(1) د. محمد محمد بدران، الإدارة المحلية، دراسات في المفاهيم والمبادئ العلمية، دار النهضة العربية، القاهرة، 1986، ص 12.

الفصل الأول

نشأة الإدارة المحلية وتطورها التاريخي في العراق

إن البحث في نشأة الإدارة المحلية بشكل عام يرتبط ارتباطاً وثيقاً بنشأة الدولة وتطورها عبر مراحل التاريخ المتعاقبة، فالإنسان بطبيعته يعد كائناً اجتماعياً لا يستطيع العيش بمعزل عن أفراد مجتمعه، ومن ثم فإن أي تنظيم اجتماعي ينطوي على وجود سلطة ذات أوامر ونواهٍ ملزمة لأفراده، حتى تستقيم حياتهم وتعمّهم الطمأنينة[1].

فإذا كانت الجماعات البشرية لا تستقيم حياتها بغير سلطة تنظمها، فإن أشكال السلطة ومصادرها قد تنوعت مع تنوع الظروف المكانية والزمانية وتطور المجتمعات البشرية، ولعل أبرز التنظيمات السياسية التي عرفتها البشرية خلال تطورها التاريخي هي : الحكومات القبلية والإقليمية، والإمبراطورية، ونظام الإقطاع، ثم نظام الدولة الحديثة، في كل هذه التنظيمات السياسية كان هنالك تزاوج بين عنصري المركزية واللامركزية الإدارية «الإدارة المحلية» مع غلبة أحدهما على الآخر في بعض الأحيان[2].

وتعد القبيلة أقدم أشكال النظم السلطوية التي عرفتها البشرية، حيث كانت هذه الحكومة محلية بطبيعتها تمركزت حول المدن والقرى، وقامت سلطتها على أساس رابطة الدم أو الجوار الجغرافي أو التعلق بوثن[3].

---

(1) د. سعيدي الشيخ، التنظيم الإداري المحلي، بحث منشور في المجلة الالكترونية للدراسات والأبحاث القانونية على الرابط www.droitblus.net تاريخ الزيارة 25\8\2010، ص3.

(2) د. محمد محمد بدران، المصدر السابق، ص 7.

(3) وأبرز مثال عن هذه الحكومات، حكومات المدن المصرية قبل أن يوحدها الملك مينا في إمبراطورية واحدة، وقد عرفت هذه الحكومات أشكالاً معينة من المجالس المحلية أهمها مجالس العشرة العظام والتي كانت تضم عشرة أعضاء يتم اختيارهم بالانتخاب يرأسهم حاكم المدينة لإدارة الأمور في المدينة والمنطقة المحلية الصغرى ؛ ينظر: د. مصطفى فهمي الحكومات المحلية في إطار الدولة، المنظمة العربية للعلوم الإدارية، ب، ت، ص 8.

في مرحلة تاريخية لاحقة، ساد نظام آخر سُمّي بنظام الدولة – المدينة، حيث اكتسب أهمية خاصة؛ لأنه ارتقى بالنظام السياسي القبلي إلى طور أعلى ومن ابرز الأمثلة على هذا النوع، دولة المدن السومرية والبابلية والآشورية، كما ساد هذا النظام بلاد الإغريق[1].

نشأت فيما بعد الحكومات الإقليمية التي تكونت نتيجة ائتلاف واجتماع عدد من الكيانات المحلية لتأخذ شكل الملكيات، والتي اتسعت بشكل كبير لتتحول إلى إمبراطوريات، ففي ظلها كان الأسلوب الإداري يجمع بين المركزية واللامركزية، فالإمبراطورية في بداية نشأتها كانت متجانسة من حيث وحدة العناصر البشرية لذلك جنحت في بادئ الأمر للامركزية الإدارية، ولكن مع اتساع الإمبراطورية وانفتاحها على شعوب أخرى قويت فكرة الحكومة المحلية على حساب الإدارة المركزية للإمبراطورية[2].

ساد بعد ذلك نظام الحكومة الإقطاعية في أوربا الغربية والذي كان في طبيعته نظاماً محلياً قائماً على الولاء الإقليمي الضيق، وعلى أساس توزيع السلطة بين أمراء الإقطاع، مما أدى أن يكون أمير إقليم مستقل وإدارة مستقلة[3].

استمر هذا الشكل السائد لنظام الحكم طوال القرون الوسطى إلى أن برز الشكل القانوني الجديد وهو الدولة القومية والتي ترجع بجذورها إلى الدولتين البريطانية والفرنسية، وسرعان ما انتشرت في العالم المعاصر كوريث لكل الإمبراطوريات القديمة والإمارات الإقطاعية التي قامت على أنقاضها[4].

---

(1) روبرت ماكيفر، تكوين الدولة، ترجمة حسن صعب، دار العلم للملايين، بيروت، ب،ت، ص **200**.

(2) د. محمد محمد بدران، مصدر سابق، ص **9** ؛ وأهم ما يلاحظ في هذا الشأن أن من مبررات اللجوء من المركزية الإدارية إلى اللامركزية هو التنوع في النسيج الاجتماعي في الدولة الواحدة وكذلك نجد فكرة مراعاة هذا التنوع من خلال إتباع أسلوب اللامركزية الإدارية موجودة في الدول القديمة.

(3) روبرت ماكيفر، المصدر السابق، ص **197**.

(4) د. محمد محمد بدران، المصدر السابق، ص **10**.

وبنشوء الدولة القومية الحديثة استلزمت الظروف المتعلقة بحداثة نشأة الدولة والرغبة في تأكيد الوحدة السياسية والإدارية فيها إلى إتباع المركزية الإدارية، وقد ساهمت ضآلة الوظائف التي تقدمها الدولة والتي اقتصرت على حفظ الأمن الداخلي والخارجي والفصل في المنازعات ولذلك أطلق على الدولة في تلك الحقبة مصطلح الدولة الحارسة[1].

أمام ضغط الحاجات وتنوعها واتساع الأقاليم، وازدياد عدد السكان، طرأ تغيير وتحول كبير على مفهوم الدولة من دولة حارسة إلى دولة الخدمات، واستتبع ذلك ظهور نظم تقوم على فكرة إبعاد أو تقليل دور المركز، غير أن هذه النظم لم تأخذ طابعاً واحداً، فقد اتسم بعضها بالطابع الإداري البحت كنظام عدم التركيز الإداري والإدارة المحلية[2].

بينما اتخذت نظم أخرى طابعاً سياسياً كنظام الحكم المحلي المعبر عنه بالنظام الفيدرالي[3].

يمثل ما تقدم استعراضاً سريعاً لنشأة الإدارة المحلية وتطورها بشكل عام، وقد أظهر لنا أن الإدارة المحلية كفكرة كانت موغلة بالقدم ارتبطت مع وجود المجتمعات إلا أنها كنظام قانوني واضح المعالم لم يظهر إلا في القرن التاسع عشر.

---

(1) المصدر نفسه الصفحة نفسها.

(2) تم تبني نظام عدم التركيز الإداري كصورة من صور المركزية الإدارية مع قيام الثورة الفرنسية عام 1789 ثم انتشر إلى أوربا وباقي دول العالم، أما نظام الإدارة المحلية المعبر عنه في إنكلترا بالحكم المحلي فلم يكن للمدن مجالس محلية يشترك فيها المواطنون قبل عام 1832 حيث صدر أول تشريع في هذا الشأن، أما في فرنسا فقد أنشئت فيها المجالس المحلية أول مرة عام 1833، ينظر :

د. عادل محمود حمدي، الاتجاهات المعاصرة في نظم الإدارة المحلية، دار الفكر العربي، القاهرة، 1973، ص 377.

(3) أما الفيدرالية أو النظام الفدرالي فلقد نشأ مع منظري الثورة الأمريكية ضد الاستعمار البريطاني كتجسيد لرغبة الولايات الأمريكية في الوحدة السياسية مع بقاء مظاهر الاستقلال السياسي في الولايات. ينظر: د خالد قباني، اللامركزية ومسألة تطبيقها في لبنان، منشورات البحر المتوسط، ومنشورات عويدات، بيروت، 1981، ص 38.

وبخصوص نشأة الإدارة المحلية وتطورها التاريخي في العراق سنتناول ذلك بشيء من التفصيل، لنقف على مدى تبني النظم الإدارية في العراق لنظام الإدارة المحلية عبر مراحل تاريخية متعاقبة وتسليط الضوء على أهم الحقب التاريخية التي مر بها العراق في ظل خضوعه للدولة الإسلامية مروراً بفترة الحكم العثماني والعهد الملكي وصولاً إلى العهد الجمهوري، وعلى هذا الأساس سنقسم الفصل على ثلاثة مباحث، نتناول في المبحث الأول النظام الإداري في ظل الدولة الإسلامية، المبحث الثاني سنخصصه للحديث عن النظام الإداري في العراق في ظل الحكم العثماني والعهد الملكي، أما المبحث الثالث فسيكون لدراسة النظام الإداري في العهد الجمهوري.

المبحث الأول

النظام الإداري في ظل الدولة الإسلامية

إن الحديث عن واقع النظام الإداري في الدولة الإسلامية ومدى تبنيها لفكرة المركزية واللامركزية الإدارية، يقتضي بنا تقسيم ذلك على مرحلتين، المرحلة الأولى النظام الإداري في العهد النبوي والخلافة الراشدة، والمرحلة الثانية وتشمل العصرين الأموي والعباسي مع التذكير في هذا الشأن أن العراق لم يكن جزءاً من الدولة الإسلامية في عهد النبي ﷺ بل كان خاضعاً في تلك المرحلة لحكم الدولة الساسانية (الفارسية)، وقد أصبح العراق في عهد الخليفة الراشد عمر بن الخطاب ﷺ جزءاً من الدولة الإسلامية ولذلك ارتأينا أن نستعرض للنظام الإداري في العهد النبوي استكمالاً للفائدة و من أجل ذلك سنقسم المبحث على مطلبين، نتناول في المطلب الأول النظام الإداري في العهد النبوي والخلافة الراشدة، أما المطلب الثاني سنخصصه للحديث عن النظام الإداري في العهدين الأموي والعباسي.

المطلب الأول

النظام الإداري في العهدين النبوي والخلافة الراشدة

سنقسم المطلب على فرعين نتناول في الفرع الأول النظام الإداري في العهد النبوي، بينما سيكون الفرع الثاني مخصصاً للنظام الإداري في عهد الخلافة الراشدة.

الفرع الأول

النظام الإداري في العهد النبوي

وضع النبي محمد ﷺ اللبنة الأولى في بناء الدولة الإسلامية بعد هجرته من مكة إلى المدينة المنورة، حيث أصدر ﷺ صحيفة المدينة التي تضمنت إيراد الحقوق والواجبات التي تتمتع بها جميع الفئات في المدينة من مسلمين (مهاجرين وأنصار) ويهود وغيرهم [1].

كان النبي ﷺ الرئيس الأعلى للدولة، ويجمع بين يديه كافة السلطات العامة لهذه الدولة، فكان هو الرسول والنبي ورئيس الدولة والقاضي وقائد الجيوش، كما يقوم بإدارة الشؤون المالية، ويؤم المسلمين في الصلاة، وكان يطبق مبدأ الشورى في الأمور التي لم ينزل فيها وحي من السماء [2].

لما كانت حدود الدولة الإسلامية في بادئ الأمر تقتصر على المدينة المنورة، ونظراً لصغر مساحة الدولة فمن الطبيعي أن يكون الأسلوب المركزي في الإدارة هو المتبع؛ لذلك نجد أنه وبعد توسع هذه الدولة بالفتوحات ارتأى النبي ﷺ تقسيم الدولة على ثلاث ولايات هي الحجاز واليمن والبحرين، وقد أرسل الرسول ﷺ إلى هذه الولايات ولاة وعمالاً يتولون إدارة شؤونها وفقاً لأسلوب اللامركزية الإدارية [3].

---

(1) ينظر: بشأن أهم بنود صحيفة المدينة، د. محمد حمد ممدوح العربي، دولة الرسول في المدينة، الهيئة العامة للكتاب، القاهرة، 1988، ص 167 وما بعدها.

(2) محمد فاروق النبهان، نظام الحكم في الإسلام، مطبوعات جامعة الكويت، 1987، ص570.

(3) د. عبد الغني بسيوني، التنظيم الإداري، منشأة المعارف بالإسكندرية، 2004، ص 70.

وفي هذا الصدد يروى عن ابن عباس ﷺ أن النبي محمد ﷺ بعث معاذ بن جبل ﷺ والياً على اليمن فقال «أدعهم إلى شهادة أن لا إله إلا الله وأني رسول الله، فإن هم أطاعوه لذلك فأعلمهم أن الله قد افترض عليهم خمس صلوات، فإن هم أطاعوه لذلك فأعلمهم أن الله افترض عليهم صدقة في أموالهم تؤخذ من أغنياءهم وترد على فقرائهم...»[1].

أهم ما يستنتج من هذا الحديث أن النبي محمد ﷺ أرسى وأكد على الإيرادات الذاتية للوحدة الإدارية المتمثلة بالزكاة حيث أمر النبي ﷺ بتوزيع حصيلة الزكاة التي تؤخذ من الأغنياء ليعاد توزيعها مجدداً على فقراء هذه الولاية وبذلك يكون للاستقلال المالي الأهمية الأكبر بالقياس إلى الاستقلال الإداري، حيث يعين الوالي من قبل السلطة المركزية التي يمثلها النبي ﷺ.

الفرع الثاني

النظام الإداري في عهد الخلافة الراشدة

ابتدأ هذا العهد بخلافة أبي بكر الصديق ﷺ، فقد ثبت دعائم الدولة الإسلامية التي كانت تتكون من الجزيرة العربية ذاتها، فقاوم حركات الردة التي ظهرت بعد وفاة الرسول ﷺ والتي كانت تمثل تهديداً على الدعوة الإسلامية، وقد أقر الخليفة أبو بكر الصديق ﷺ عمال الرسول ﷺ على أعمالهم واتسعت الولايات الإسلامية في عهده لتشمل احد عشر ولاية[2].

وفي عهد الخليفة الثاني عمر بن الخطاب ﷺ توسعت الدولة الإسلامية، نظراً للفتوحات المتزايدة، وقد أصبح العراق جزءاً من الدولة الإسلامية بعد فتحه على يد

---

(1) محمد بن إسماعيل أبو عبد البخاري الجعفي، صحيح البخاري، الحديث رقم 1331، الطبعة الثالثة، دار ابن كثير، بيروت، 1987، ص 505.

(2) والولايات هي (مكة، المدينة المنورة، الطائف، حضرموت، خولان زبيد ورمع، والجندل، ونجران، وجرش والبحرين)، ينظر :

د. حسن إبراهيم حسن، تاريخ الإسلام السياسي والديني والثقافي والاجتماعي، ج1، الطبعة السابعة، دار الأندلس للطباعة والنشر، 1964، ص 452.

القائد سعد بن أبي وقاص ﷺ في موقعة القادسية سنة **15** هـ، وقد تم تقسيم العراق على قسمين، الأول حاضرته الكوفة والثاني حاضرته البصرة[1].

كانت الولاية تنقسم على وحدات إدارية فرعية اختلفت تسميتها من ولاية إلى أخرى[2].

وقد عين الخليفة عمر بن الخطاب ﷺ على الولايات الإسلامية ولاة يستمدون سلطاتهم من الخليفة الذي كان يجمع بين يديه في المدينة المنورة السلطتين التنفيذية والقضائية وبالنسبة للولايات فقد جعل الشؤون الإدارية والمالية والقضائية منفصلة الواحدة عن الأخرى، فالناحية المالية يتولاها موظف يعينه الخليفة ويسمى عامل الخراج ويكون مسؤولاً أمامه وكذلك الحال بالنسبة للقضاء، أما باقي الأمور كقيادة الجيش، أو إمامة المسلمين في الصلاة، وإدارة أمور الرعية فيتولاها الوالي والذي يخضع للخليفة خضوعاً مباشراً[3].

من الجدير بالذكر أن عامل الخراج كان في بادئ الأمر يعين من الخليفة الذي يمثل السلطة المركزية إلا أنه وبعد أن أثيرت مسالة جباة الضرائب في الكوفة والبصرة والشام، طلب الخليفة عمر بن لخطاب ﷺ من مواطني تلك الأقاليم أن يختاروا من بينهم الأشخاص الذين يريدونهم أهلاً لهذه الثقة[4].

---

(1) المصدر نفسه، ص **453**.

(2) ومن هذه التسميات (الكورة والمخلاف والإستان والرستاق والطسوج) ينظر:
ياقوت الحموي، معجم البلدان دار صادر ن بيروت، **1977**، ص **36**.

(3) فقد كان الخليفة عمر بن الخطاب كثيراً ما يعزل الولاة إذا ما شكا إليه أهل الولاية، فقد عزل عمر بن الخطاب سعد بن أبي وقاص عندما شكاه أهل الكوفة وكذلك عزل زياد بن أبيه، فقال: أعن عجز عزلتني يا أمير المؤمنين أم عن خيانة فقال: لا عن هذا ولا عن ذلك، ولكن كرهت أن أحمل على العامة فضل عقلك، أشار إليه،
القطب محمد القطب طبلية نظام الإدارة في الإسلام، الطبعة الثانية، دار الفكر العربي، القاهرة، ص **73 – 74**.

(4) فقد جاء في كتاب الخراج لأبي يوسف عن عماد الشعبي قال: «كتب عمر بن الخطاب إلى أهل الكوفة أن يبعثوا إليه رجلاً من أخيرهم وأصلحهم، وإلى أهل البصرة كذلك وإلى أهل الشام، فبعث إليه أهل الكوفة عثمان بن فرق وبعث إلى أهل الشام معن بن يزن وبعث إليه أهل البصرة عثمان الحجاج، قال فاستعمل منهم على خراج أرضه» ينظر: =

أهم ما يلاحظ في هذا الشأن أن النظام الإداري في عهد الخلافة الراشدة وعلى وجه الخصوص في عهد الخليفة عمر بن الخطاب قد أخذ بفكرة الانتخاب فيما يتعلق باختيار جباة الخراج من بين مواطني الولايات، وهذا إن دلّ على شيء إنما يدل احترام السلطة المركزية لإرادة مواطن كل بلد من بلاد الدولة الإسلامية وهذا الأمر لم تصل إليه النظم الإدارية الغربية إلا في منتصف القرن التاسع عشر.

وما سار عليه الخليفة عمر بن الخطاب لم يختلف كثيراً بالنسبة للخلفاء الآخرين كـ (عثمان بن عفان وعلي بن أبي طالب ﷺ».

المطلب الثاني

النظام الإداري في العصرين الأموي والعباسي

سنقسم هذا المطلب على فرعين، نتناول في الفرع الأول النظام الإداري في العصر الأموي ومن ثم سنتكلم عن النظام الإداري في العصر العباسي في الفرع الثاني.

الفرع الأول

النظام الإداري في العصر الأموي

شهدت الدولة الإسلامية اتساعاً كبيراً في العصر الأموي، حيث امتدت سلطات الدولة من أقصى الشرق في بلاد السند وما وراء النهر إلى أقصى الغرب حيث بلاد الأندلس[1].

وقد فرض هذا الاتساع الكبير للدولة الإسلامية إلى إتباع أسلوب اللامركزية الإدارية، فقد كان الولاة في الأمصار المتعددة يتمتعون بحرية كبيرة في إدارة شؤون الولاية، وقد أدى ذلك إلى ظهور شخصيات بارزة من الولاة مثل عمرو بن العاص الذي كان والياً على مصر والحجاج بن يوسف الثقفي الذي كان والياً على العراق[2].

= أبو يوسف يعقوب بن إبراهيم، كتاب الخراج، دار المعرفة للطباعة والنشر، بيروت، ب،ت، ص 413.

(1) نجدة الخماش، الإدارة في العصر الأموي، دار الفكر، دمشق، 1980، ص 105.

(2) نجدة الخماش، المصدر السابق، ص 106.

وقد قسمت الدولة الإسلامية في العصر الأموي على خمس ولايات كبرى هي :

1 – الحجاز واليمن وأواسط بلاد العرب.

2 – مصر بقسميها السفلى والعليا.

3 – العراقان، العربي والذي يشتمل على بلاد بابل وآشور القديمة، والعجمي والذي يشمل بلاد فارس نفسها وعمان والبحرين وسجستان وكابل وخراسان وبلاد ما وراء النهر وكانت كل هذه الأقطار تكون ولاية كبيرة يتولى أمرها والي العراق وحاضرته الكوفة، ويلي خراسان وبلاد ما وراء النهر عامل من قبل والي العراق ومركزه مدينة مرو، وكانت بلاد البحرين وعمان تحت إشراف عامل البصرة ومن قبل والي العراق، ويلي بلاد السند عامل آخر من قبل والي العراق.

4 – بلاد الجزيرة وتتبعها أرمينية وأذربيجان وبعض بلاد آسيا الصغرى.

5 – أفريقا الشمالية حتى غرب مصر وتشمل بلاد الأندلس وجزر صقلية ومركزها القيروان[1].

ويلاحظ في هذا الصدد أن هنالك اختلافاً في تسمية من يدير شؤون الولايات والأمصار فالوالي يطلق على من يتولى إدارة شؤون الولاية وهي أكبر تقسيم إداري في حين نجد أن مصطلح العامل يطلق على الشخص الذي يعين من قبل الوالي على الإقليم والأمصار التي تتكون منها الولاية فضلاً عن أن الوالي يتم تعيينه بشكل مباشر من الخليفة.

وقد شهد العراق في ظل العصر الأموي إتباع طريقة جديدة في تولية عمال الأقاليم التي كانت تتكون منها الولاية، فقد قام زياد بن أبيه والي العراق في إتباع أسلوب جديد في اختيار العمال في المدن التابعة لولاية العراق حيث ترك أمر اختيار هؤلاء العمال إلى أهالي هذه المدن وأطلق عليهم تسمية عمال العذر أو المعذرة، وتابع الولاة بعد زياد استعمال هذا الأسلوب[2].

────────────

(1) د.حسن إبراهيم حسن، مصدر السابق، ص 458 وما بعدها.

(2) فقد جاء في وصية عمر بن هبيرة لمسلم بن سعيد حين ولاه خراسان، أن يستخدم عمّال العذر، فسأله وما عمال العذر ؟ قال: «مرّ أهل كل بلد أن يختاروا لأنفسهم، فإذا اختاروا رجلاً خولّه، فإذا كان خيراً كان لك وإن كان شراً كان لهم دونك وكنت معذوراً»... أشار إليه=

يظهر من ذلك أن النظام الإداري في العصر الأموي قد ألف فكرة الانتخاب في اختيار من يتولى إدارة الشؤون والمصالح المحلية ، وإذا كان ثمة تشابه بين طريقة اختيار جباة الضرائب في زمن عمر بن الخطاب ﷺ وطريقة اختيار عمال المعذرة، حيث أن كلاهما يتم اختيارها من قبل أهل كل بلدة غير أن الاختلاف يكمن في أن عمال المعذرة يتولون أمر إدارة شؤون الأقاليم أو المدن التي تتكون منها الولاية بشكل عام في حين يختص عمال الخراج في مسألة تحصيله فحسب دون أن تكون لهم وظائف إدارية أخرى، من جانب آخر فإن هذه الطريقة اتبعت في اختيار عمال الأقاليم دون الوالي الذي يتم تعيينه بشكل مباشر من قبل الخليفة الذي يمثل السلطة المركزية.

الفرع الثاني
النظام الإداري في العصر العباسي

بدأت الدولة العباسية منذ نشأتها الأولى بتطبيق السياسة المركزية، فكان الـولاة أقل نفوذاً وأضيق سلطاناً مـن ولاة العصر الأمـوي، حيث كانت تقتصر صلاحيات الوالي في بادئ الأمر على قيادة الجيش وإمامة الناس في الصلاة، ولم تكن من صلاحياته التعرض للقضاء، أو الأحكام، أو جباية الخراج، حيث كانت كل ولاية تضم ثلاثة أنواع من الموظفين هم : صاحب بيت المال، وصاحب البريد، والقاضي، فضلاً عن الوالي نفسه[1].

يمكن تفسير النكوص إلى المركزية الإدارية بعد أن كانت اللامركزية الإداريـة الواسـعة هـي سمـة العهـد الأمـوي، هـو أن أي دولـة تنشـأ حديثاً تسـعى إلى تأكيد وحدتها وضمان سيطرتها على أقاليمها وهو ما لا يمكن تحقيقه إلا بإتباع الأسلوب المركزي،. فضلاً عن ذلك إن عاصمة الدولة الإسلامية تغيرت في العهد

= د. نعيم نصير، العلاقة بين الإدارة المركزية والإدارة المحلية في الدول الإسلامية بحث منشور في المجلة العربية للإدارة، المجلد الثاني عشر، العدد الثاني، 1988، ص 58.

(1) د أيوب إبراهيم، التاريخ العباسي السياسي والحضاري، ط 2، الشركة العالمية للكتاب، لبنان، 2001، ص 219.

العباسي وانتقل مقر الخلافة من الشام إلى العراق حيث أصبحت بغداد عاصمة الخلافة العباسية.

وقد توسعت صلاحيات الولاة في الولايات تدريجياً إلى أن وصلت في أواخر الدولة العباسية إلى مرحلة الاستقلال الكامل في إدارة شؤون الولايات مع بقائهم خاضعين اسمياً للخليفة الذي ضعفت سلطاته إلى حد كبير[1].

وفي هذا الصدد فقد قسم فقهاء السياسة الشرعية الإمارة إلى نوعين :

الإمارة العامة والتي تنقسم بدورها صورتين :-

الأولى : إمارة استكفاء أو إمارة تفويض

هي التي يعقدها الخليفة لمن يختاره من الرجال الأكفاء فيفوض إليه إمارة الإقليم على جميع أهله ويجعله عام النظر في كل أموره، كقيادة الجيش، وتقليد القضاء، وجباية الخراج، والزكاة ولإقامة الحدود وغيرها.

الثانية : إمارة استيلاء

هي أن يستولي أحد الأمراء قسراً على ولايته فيضطر الخليفة إلى إقراره، ويفوض إليه تدبيرها وسياستها، ويكون له التصرف المطلق في جميع شؤون ولايته، غير أنه يلزم بالطاعة للخليفة في الأمور الدينية ومعاونة الخلافة ضد أعدائها وجمع الأموال المفروضة على الرعية.

الإمارة الخاصة :

هي التي تقتصر فيها صلاحية الوالي على قيادة الجيش وإمامة الناس في الصلاة فقط[2].

────────────────

(1) فقد ظهرت العديد من الدول المستقلة في إطار الخلافة العباسية أهمها الدولة الطولونية الإخشيدية في مصر والدولة الحمدانية في الموصل وحلب، للمزيد ينظر :
د. حسن إبراهيم حسن، المصدر السابق، ص 267.

(2) أبو الحسن علي بن حبيب البصري البغدادي الماوردي، الأحكام السلطانية والولايات الدينية، بيروت، دار الكتب العلمية، 1982، ص 30 وما بعدها.

ويظهر من خلال هذا التقسيم في أنواع الإمارات أن أمارة الاستكفاء كانت هي السائدة في العهد الأموي وكانت الإمارة الخاصة هي المتبعة في إدارة شؤون الولايات في بداية العهد العباسي، في حين سادت إمارة الاستيلاء أواخر العهد العباسي والتي استمرت حتى احتلال بغداد على أيدي المغول سنة 656هـ.

يظهر مما تقدم أن النظام الإداري في ظل الدولة الإسلامية وعلى مختلف مراحلها قد اتسم بالمرونة التي تستجيب لكافة الظروف التي تحيط بالدولة، فقد نشأت الدولة الإسلامية حديثاً أول مرة في عهد النبي محمد ﷺ، فقد كان الأسلوب المركزي في الإدارة هو السمة البارزة للدولة الإسلامية خصوصاً في مرحلتها الأولى عندما كانت تقتصر حدودها الجغرافية على المدينة المنورة وعندما اتسعت حدود هذه الدولة اتسعت معها صلاحيات العمال أو الولاة الذين عينهم الرسول خصوصاً في الجانب المالي حيث كانت حصيلة الزكاة توزع في الإقليم أو الولاية التي جمعت منها.

كذلك الحال بالنسبة في عهد الخلفاء الراشدين فقد تم المزج بين المركزية واللامركزية في إدارة شؤون الولايات الإسلامية مع غلبة إحداها على الأخرى وبحسب طبيعة الظروف التي تحيط بالدولة.

أما فيما يتعلق بالنظام الإداري في العصر الأموي، فقد تمتعت الولايات في الدولة الأموية بصلاحيات واسعة قد تفوق إلى حد فكرة اللامركزية الإدارية، غير أن ما يميز العهد الأموي هو احتفاظ السلطة المركزية بقوتها على الرغم من الصلاحيات الواسعة للولاة بخلاف ما جرى للدولة العباسية في أواخر عهدها والتي شهدت ظهور - كما سبق القول - دول مستقلة عن الخليفة إلا في بعض الجوانب الرمزية، وعلى هذا الأساس يمكن القول أن طبيعة النظام الإداري في الدولة العباسية في العهد الأخير لا يمكن عده في الواقع معبراً عن فكرة اللامركزية الإدارية (الإدارة المحلية) ولا حتى اللامركزية السياسية (النظام الفدرالي) كما يظنها

البعض[1]، بل كانت الدولة العباسية في ظل وجود هذه الولايات الموحدة المستقلة أقرب ما تكون عليه إلى الاتحاد الكونفدرالي منه على الدولة الموحدة والفدرالية وذلك يعود إلى أن هذه الدويلات التي استقلت عن الخلافة العباسية كانت تتمتع باختصاصات واسعة حيث كانت تملك كل واحدة منها جيشاً مستقلاً عن الأخرى وعن جيش الخليفة أيضاً الذي لم يتبقى منه سوى الاسم.

المبحث الثاني
النظام الإداري في العراق في ظل الحكم العثماني والعهد الملكي

نظراً لاتصال العهدين – الحكم العثماني والعهد الملكي – تاريخياً ارتأينا دراسة واقع النظام الإداري في كلا العهدين معا في مطلب واحد لغرض معرفة طبيعة النظام الإداري، ومدى الأخذ بفكرة اللامركزية الإدارية وتطبيقها العملي المتمثل بالإدارة المحلية مع التذكير أن العراق لم يكن دولة مستقلة في ظل الحكم العثماني، بل يعد جزءاً من الدولة العثمانية بخلاف ما عليه الحال في العهد الملكي حيث أصبح العراق دولة مستقلة لأول مرة منذ سقوط الخلافة العباسية في بغداد سنة 656هـ - 1258م.

ومن أجل ذلك سنقسم المبحث على مطلبين، سنستعرض في المطلب الأول النظام الإداري في العراق في ظل الحكم العثماني، أما المطلب الثاني فسنعرض فيه النظام الإداري في العهد الملكي.

---

(1) د. أحمد إبراهيم علي الورتي، النظام الفدرالي بين النظرية والتطبيق، مكتبة التفسير، اربيل، ص 143 وما بعدها.

المطلب الأول

النظام الإداري في العراق في ظل الحكم العثماني

باحتلال بغداد سنة 656هـ - 1258م على أيدي المغول انتهى عهد الخلافة العباسية، ومن ثم تعاقبت على حكم العراق بعد المغول دول وإمارات عديدة استمرت قرابة ثلاثة قرون إلى أن تمكن العثمانيين من حكم العراق سنة 941هـ - 1470م[1].

وعندما أحكم العثمانيون سيطرتهم على العراق سنة 1546 بدخولهم البصرة أصبح العراق يتألف من أربع ولايات هي بغداد، الموصل، البصرة، وشهرزور (كركوك حالياً)، وكان والي بغداد باشا من الدرجة الأولى بينما كان بقية الولاة، باشاوات من الدرجة الثانية، وبتكليف من الباب العالي أصبحت ولاية بغداد هي المسؤولة عن دفع الأخطار عن الولايات الأخرى، ويقف الوالي على رأس الجهاز الإداري فهو يرسل الأموال المقررة سنوياً إلى السلطان و يتولى إدارة أمور الولاية دون الرجوع إلى السلطان يساعده في ذلك شيوخ العشائر وحكام المدن[2].

ولم تكن الإدارة المدنية لشؤون الولاية في تلك الحقبة منفصلة عن الإدارة العسكرية، ولذلك كانت سلطات الوالي واسعة لا حصر لها مما أدى إلى

---

(1) حكم المغول العراق من سنة (656هـ، 1258م) إلى سنة (736هـ، 1336م)، ثم عقبه الحكم الجلائري الذي استمر إلى سنة (814هـ، 1411م) ثم خضع العراق إلى دولة الخروف الأسود (قراقوينلو) الذي انتهى سنة (874هـ،1470م) ثم حكمت بعد ذلك دولة الخروف الأبيض (أق قوينلو) وقد استمرت إلى سنة (914هـ، 1509م) حيث خضع العراق إلى حكم الدولة الصفوية والذي استمرت إلى سنة (941هـ، 1534م) عندما استولى العثمانيون على بغداد بقيادة سليمان القانوني، ينظر: الأستاذ عباس العزاوي، تاريخ التشكيلات الإدارية في العراق، بحث منشور في مجلة القضاء العدد 3، 1948، ص66.

(2) د. عبد العزيز سليمان نوار، تاريخ العراق الحديث، دار الكاتب العربي للطباعة والنشر، القاهرة، 1968ص 7.

انتشار الفساد الإداري وساءت الأحوال العامة لسكان الولايات وأهملت مصالحهم[1].

نتيجة للظروف السيئة التي كانت تعاني منها الولايات العثمانية أعلنت التنظيمات الخيرية بمحضر رجال الدولة الرسميين والعلماء الدعوة إلى إجراء إصلاحات كبيرة في نظام الدولة العثمانية والولايات الخاضعة لها ومنها خط كلخانة والخط الهمايوني[2].

نتيجة لهذه الدعوات الإصلاحية صدر قانون الولايات سنة **1864** غير أنه لم يطبق في العراق إلا بعد مجيء الوالي مدحت باشا سنة **1869** والذي يرجع الفضل له في تطبيق قانون الولايات، حيث أعاد الوالي النظر في التقسيم الإداري في العراق فبعد أن كان العراق يتألف من أربع ولايات هي بغداد، البصرة، الموصل، وشهرزور أصبح بموجب التقسيم الجديد يتألف من ولايتين فقط هما بغداد والموصل[3].

وقد حدد قانون الولايات سابق الذكر صلاحيات الوالي والتي تتمثل بالإدارة العامة لشؤون الولاية من حيث استتباب الأمن وفرض النظام وإرسال الأموال التي تم جبايتها إلى السلطات المركزية في العاصمة (الأستانة) والتي تتولى تعيينه، وتتقسم الولاية على ألوية بحيث يكون لكل لواء متصرف (يقابل المحافظ اليوم) يكون

---

(1) حيث كان أغلب الولاة الذين حكموا الولايات العثمانية من القادة العسكريين الذين أسندت إليهم هذه المناصب كمكافأة عن حروب الفتح التي خاضوها من اجل الدولة العثمانية، وقد اقتضت الظروف والأوضاع السياسية أن تدار المناطق البعيدة عن العاصمة وهي الاستانة بصورة استثنائية ومنها العراق ومصر واليمن والحسا وطرابلس الغرب وتونس والجزائر. للمزيد ينظر:

حسين الرحال وعبد المجيد كمونه، الإدارة المركزية والإدارة المحلية في العراق، مطبعة عبد الكريم زاهد، بغداد **1953**، ص **52** وما بعدها.

(2) ويتضمن فحوى خط كلخانة (خطة) الذي أعلن في ميدان كلخانة في سنة **1839** عزم الدولة عن إجراء إصلاحات في التشكيلات الإدارية، أما الخط الهمايوني والذي أعلن عنه في عام **1856** فقد جاء بمبادئ جديدة من أهمها تشكيل المجالس المحلية وتأسيس نظام للشرطة في الولايات كما أكد على أهمية الأخذ بأسباب الحضارة الأوربية كنظام البنوك، ينظر: د. عبد العزيز سليمان نوار، المصدر السابق، ص **51**.

(3) د. منير محمود الوتري، المصدر لسابق، ص **13** وما بعدها.

مسؤولاً أمام الوالي وله سلطاته في لوائه حيث يتم تعيينه أيضاً من قبل السلطة المركزية في العاصمة، وينفذ المتصرف الأوامر الصادرة إليه من السلطة المركزية ومن الوالي، ويتألف اللواء من أقضية يترأس كل قضاء من هذه الأقضية قائمقام والذي يعين أيضاً من السلطة المركزية ويرتبط إدارياً بمتصرف اللواء، ويكون مسؤولاً عن استتباب الأمن والنظام وجباية الواردات بالإضافة إلى الإشراف على انتخاب مدراء النواحي والذين يتولون في الناحية مهمة إبلاغ المواطنين بالقوانين والأنظمة والتعليمات الصادرة من السلطة المركزية بالإضافة إلى جباية الواردات[1].

ويلاحظ في هذا الصدد أن كلاً من الوالي والمتصرف والقائمقام يتم تعيينهم من السلطة المركزية باستثناء مدير الناحية والذي يتم اختياره عن طريق الانتخاب، والسبب في تقديرنا يعود إلى أن منصب مدير الناحية يعد اقل أهمية وخطورة بالنسبة للسلطة المركزية من المناصب الأخرى وإسناد هذا المنصب عن طريق الانتخاب يُظهر للمواطنين أنه يمثل استجابة لرغباتهم والثقة بدورهم غير أن الغاية المخفية هي اختيار شخص يحظى بقبول الناس خصوصاً إذا كان من شيوخ العشائر ووجهائها مما يسهل عملياً جباية الأموال منهم دون أدنى اعتراض.

ولعل أبرز التشكيلات الإدارية وأكثرها أهمية التي جاء بها قانون الولايات العثماني هو إنشاء المجالس المحلية في الولاية وفي كل من اللواء والقضاء والناحية ويمثل هذا التطور التشريعي النواة الأولى لفكرة اللامركزية الإدارية وتطبيقها العملي الممثل بالإدارة المحلية، حيث يتكون مجلس الولاية من: الوالي والذي يرأس المجلس، ومن أعضاء منتخبين وموظفين يمثلون الدوائر المختصة، وبعض الإشراف، ومندوبين من الأسر الحاكمة العشائرية والحضرية، ويختص المجلس بدراسة التنمية الاقتصادية في حقول الزراعة والتجارة ودراسة كل ما يتعلق بتعديل الضرائب التي تفرضها الألوية وآلية توزيعها والمحافظة على الطرق، وينعقد هذا المجلس مرة واحدة في السنة وتستمر مدة انعقاده أربعين يوماً، وتكون القرارات التي يصدرها المجلس غير ملزمة إلا بعد تصديقها من السلطات المركزية[2].

---

(1) د. عبد العزيز سليمان نوار، المصدر السابق، ص 52.

(2) المصدر نفسه، ص 53.

بالنسبة إلى مجلس إدارة اللواء حيث ينعقد برئاسة المتصرف ويضم عضوية مفتي البلدة، ورؤساء الأهالي غير المسلمين، ومديري الخزينة، وحاكم القضاء، وأعضاء دائمين ثلاثة من الأهالي المسلمين، وثلاثة من غير المسلمين، ويختص المجلس بالإشراف على الأموال الحكومية والنظر في جباية الواردات والاهتمام بالشؤون الزراعية والأشغال العامة، أما مجلس القضاء الذي ينعقد برئاسة القائمقام وعضوية ثلاثة من الأهالي المسلمين المنتخبين وثلاثة من الأهالي غير المسلمين المنتخبين إلى أعضاء دائمين من الموظفين بحكم مناصبهم، وأما مجلس الناحية فيتكون من أربعة أعضاء من المجالس الاختيارية في القرى وينعقد برئاسة مدير الناحية[1].

الملاحظ أن تشكيل المجالس المحلية وفقاً لقانون الولايات العثماني لم يتبع آلية موحدة في تشكيل هذه المجالس، فنجد أن مجلس الولاية وهو أكبر مجلس محلي قد اتبع الأسلوب المختلط في تكوين المجالس المحلية حيث يضم أعضاء منتخبين وأعضاء دائمين بحكم مناصبهم وأعضاء معينين يمثلون شرائح معينة من المجتمع حيث تكون الغلبة فيه للأعضاء المعينين من السلطة المركزية حيث لم يشترط القانون أن يكون هنالك عدد معين من الأعضاء المنتخبين حتى يتسنى لنا معرفة حجمهم في تشكيلة المجلس، الأمر الذي يرجح الغلبة للأعضاء المعينين، فضلا عن ذلك فإن رئاسة المجلس يتولاه الوالي والذي يمارس في هذا الصدد دورين، دور باعتباره ممثلاً للسلطة المركزية التي تولّت أمر تعيينه، ودور ثانٍ بوصفه ممثلاً للمجلس المحلي والذي أريد به أن يعبر عن إرادة سكان الولاية.

في حين نجد إدارة اللواء قد اختصر في عضويته على الأعضاء المعينين بحكم منصبهم وأعضاء آخرين يتم تعيينهم بشكل دائم ويمثلون طوائف دينية، أما مجلس القضاء فيتكون من ستة أعضاء منتخبين يمثلون الأهالي المسلمين وغير المسلمين فضلا عن عضوية الموظفين بحسب مناصبهم، وبالنسبة لمجلس إدارة الناحية فهو يقتصر على الأعضاء المعينين، إن الآلية المضطربة في تكوين المجالس المحلية في ولايات الدولة العثمانية دفعت بالمشرع الدستوري في القانون الأساس

---

(1) د. عبد العزيز سليمان نوار، مصدر سابق، ص 52.

العثماني لسنة **1876** إلى إقرار الانتخاب كوسيلة وحيدة في اختيار المجالس المحلية[1].

إلى جانب هذه التقسيمات الإدارية أنشئت البلديات في العراق بعد صدور قانون بلديات الولايات سنة **1877**، والشيء المهم في هذا القانون أنه أقّر تشكيل مجالس بلدية في كل مدينة، حيث يتكون المجلس البلدي من رئيس المجلس البلدي وهو منتخب مع ستة أعضاء آخرين فضلا عن بعض الأعضاء من الفنيين في الأمور البلدية وأمين الصندوق، حيث يتولى المجلس الإشراف على الخدمات السكنية[2].

من خلال ما تقدم يمكن أن نستنتج أن النظام الإداري في العراق في ظل الحكم العثماني قد مر بمرحلتين :-

المرحلة الأولى :

والتي ابتدأت منذ سيطرة الدولة العثمانية على العراق سنة **1543** م حتى عام **1869** وهو العام الذي أصبح فيه مدحت باشا والياً على العراق، فقد انقسم النظام الإداري في العراق بطابع خاص لا يمكن القياس عليه، فعلى الرغم من خضوع الوالي للسلطة المركزية في الباب العالي (الأستانة) التي تولت تعيينه وقيامه بمهمته الأساسية وهي إرسال الأموال التي تتم جبايتها إلى السلطان فانه يملك فيما يتعلق بإدارة أمور الولاية سلطات واسعة دون الرجوع إلى السلطة المركزية يتجاوز الحد الذي تقف عنده المركزية الإدارية النسبية، أو صورة عدم التركيز الإداري والتي تقوم على أساس قيام السلطة الإدارية المركزية بمنح موظفيها في الأقاليم بعض الصلاحيات من دون الرجوع إلى المركز، ولا تصل إلى حد اللامركزية الإدارية

---

(1) حيث نصت المادة **109** من القانون الأساسي العثماني لسنة **1876** على أنه «سيترتب قانون مخصوص أوسع من القانون الجاري الآن لانتخاب أعضاء مجالس الإدارة في الولايات والألوية والاقضية ولانتخاب أعضاء المجالس العمومية التي تلتئم كل سنة مرة في مراكز الولايات». ولم يصدر القانون الخاص بإدارة الولايات وفقاً لهذا النص الدستوري وذلك للظروف المعقدة والصعبة التي مرت بها الدولة العثمانية في أواخر عهدها.

(2) رحيم عويد نغيمش، الإصلاح الإداري والتنمية الإدارية في العراق، أطروحة دكتوراه مقدمة إلى كلية الاقتصاد والعلوم السياسية، جامعة بغداد، **1984**، ص **213**.

والتي تقتضي وجود هيئات محلية في الغالب تكون منتخبة حيث أن اغلب الولاة كانوا من القادة العسكريين وكان حكمهم للولايات بمثابة مكافأة في خدماتهم من اجل الدولة العثمانية ومن ثم فان طبيعة النظام الإداري في هذه المرحلة لها نموذج خاص لا يمكن أن ننسبها لا إلى المركزية الإدارية ولا حتى اللامركزية الإدارية.

المرحلة الثانية :

والتي ابتدأت منذ تولي مدحت باشا ولاية العراق سنة 1869 حيث مزج النظام الإداري وفقاً لقانون الولايات سنة 1864 بين أسلوب المركزية الإدارية مع أسلوب اللامركزية الإدارية من حيث وجود المجالس المحلية ومحاولة تمثيل الأهالي مع رجحان كفة ممثلي الإدارة المركزية حيث لم تكتمل أركان اللامركزية الإدارية بخلاف ما عليه الحال فيما يتعلق بالمجالس البلدية والتي نظمها قانون بلديات الولايات لسنة 1877م، والتي جاءت أحكامه تطبيقاً يكاد يكون كاملاً لأركان اللامركزية الإدارية[1].

المطلب الثاني

النظام الإداري في العهد الملكي

انتهت فترة الحكم العثماني للعراق باحتلال بغداد على أيدي القوات البريطانية سنة 1917، وقد حاولت بريطانيا في بادئ الأمر تطبيق النظم الإدارية المطبقة في الهند وجعل العراق جزءاً من التنظيم الإداري لإمارة بومباي الهندية، وقد طبقوا بالفعل بعض النظم الهندية في البصرة، غير أن بريطانيا عدلت عن هذا الأمر وتوجهت نحو تأسيس نظام إداري يتسم بالمرونة تكون السيطرة فيه للحكام

---

(1) أن الاعتبارات التي دفعت الدولة العثمانية في أواخر عهدها إلى إصلاح النظام الإداري ومحاولة تبني أسلوب اللامركزية كانت ذات طابع سياسي هدفه امتصاص نقمة الشعوب الخاضعة لحكم الدولة العثمانية من الممارسات الخاطئة لأغلب الولاة الذين كانوا من العسكريين ولسد الطريق أمام محاولات الدول الاستعمارية خصوصاً بريطانيا في إيجاد وتعميق الهوة بين الدولة العثمانية والشعوب الخاضعة لها.

السياسيين ومعاونيهم من البريطانيين مع إشراك العراقيين بصورة تدريجية في بعض الوظائف الثانوية[1].

استمر الحكم البريطاني المباشر للعراق حتى تشرين الأول من عام **1920** حيث تم تشكيل أول حكومة عرقية مؤقتة برئاسة عبد الرحمن الكيلاني نقيب أشراف بغداد[2].

وتوالت الأحداث بعد ذلك فأصبح الأمير فيصل بن الحسين ملكاً على العراق حيث تم تتويجه في **23** آب عام **1921**، ثم صدر بعد ذلك أول دستور عراقي سمي بالقانون الأساسي لسنة **1925** بعد إقراره من المجلس التأسيسي ومصادقة الملك عليه[3].

وفيما يتعلق بالتنظيم الإداري في الدولة فقد خصص القانون الأساس الباب السابع لموضوع إدارة الأقاليم حيث نصت المادة **109** على أن «تعين المناطق الإدارية وأنواعها وأسماءها وكيفية تأسيسها واختصاص موظفيها وألقابهم بقانون خاص».

وبخصوص التنظيم البلدي نصت المادة **111** من القانون الأساسي على أن «تدار الشؤون البلدية في العراق مجالس بلدية تناط بها بموجب القانون».

---

(1) عبد الرحمن البزاز، العراق من الاحتلال حتى الاستقلال، ط3، مطبعة العاني، بغداد، 1967، ص79.

(2) إن الهدف من تشكيل الحكومة المؤقتة هو تهدئة الأوضاع في البلاد – بعد اندلاع ثورة العشرين – وتنظيم إدارة مدنية تخضع للإشراف المباشر للإنكليز حيث كانت قرارات الحكومة لا تنفذ إلا بعد مصادقة المندوب السامي ألبرسي كوكس وقد قامت الحكومة بإعادة التنظيم الإداري في الدولة حيث تم تقسيم العراق على عشرة ألوية في بداية عام 1921، والألوية هي (بغداد، الموصل، كركوك، ديالى، البصرة، الدليم، العمارة، الحلة، المنتفك، الكوت) وكان على رأس كل لواء متصرف وقسمت الألوية على 35 قضاء و85 ناحية. للمزيد ينظر:

د. ماهر صلاح علاوي الجبوري، الوسيط في القانون الإداري، دار ابن الأثير، جامعة الموصل، 2009، ص 49.

(3) د. رعد ناجي الجدة، التطورات الدستورية في العراق، بيت الحكمة، 2004، ص 39.

يلاحظ من خلال هذين النصين أن القانون الأساسي لم يشر إلى مبدأ اللامركزية الإدارية كأسلوب لإدارة الأقاليم أو لتنظيم الشؤون البلدية حيث جاءت هذه النصوص مبهمة وغير واضحة تاركة الأمر للقوانين التي ستصدر استناداً إليها.

استناداً إلى المادة **109** من القانون الأساس صدر قانون إدارة الألوية رقم **58** لسنة **1927** غير أن هذا القانون لم يتطرق على فكرة اللامركزية الإدارية فهو لم يمنح الوحدات الإدارية (اللواء القضاء، الناحية) الشخصية المعنوية مما جعلها عملياً تشكل فرعاً من فروع الإدارة المركزية[1].

بخصوص المجالس الإدارية التي نصت على تشكيلها المواد (**49 – 52**) من هذا القانون في مركز كل لواء وقضاء ولم تكن في الحقيقة سوى هيئات استشارية لممثلي السلطة المركزية المتصرف والقائمقام، على الرغم من اشتراط القانون وجود بعض العناصر المنتخبة الذين يتم اختيارهم بطريقة معقدة تكون أقرب للتعيين منه على الانتخاب[2].

يمكن تفسير عدم تبني المشرع العراقي في قانون إدارة الألوية رقم **58** لسنة **1927** لأسلوب اللامركزية الإدارية، لوجود سبب موضوعي ومنطقي هو أن الدولة

(**1**) لقد اكتفت المادة الأولى من قانون إدارة الألوية رقم **58** لسنة **1927** الملغي في تعريفها للوحدة الإدارية بأنها «كل منطقة تؤسس فيها إدارة خاصة بعنوان خاص».

(**2**) أشارت المواد **49 – 52** من القانون المذكور إلى تأليف مجلس إداري في مركز كل لواء يرأسه المتصرف ومن أعضاء دائمين هم المحاسب أو أكبر موظف لوزارة المالية ومدير الطابو ومدير التحريرات ومن أربعة أعضاء منتخبين يكون اثنان منهما من غير المسلمين في اللواء الذي تتواجد فيه طوائف غير مسلمة وتجري عملية الانتخاب باجتماع الأعضاء الدائمون والقاضي الشرعي والرؤساء الروحانيون للطوائف غير المسلمة برئاسة المتصرف خلال شهر شباط من كل عام بشكل لجنة تسمى لجنة التعريف ويرشحون من بين أهالي اللواء عدد يساوي ثلاثة أضعاف المقاعد الشاغرة وترسل الأسماء إلى قائمقامي الأقضية الملحقة باللواء وعلى بلدية مركز اللواء وعلى كل قائمقام تأليف لجنة مشتركة من أعضاء مجلس إدارة القضاء ومجلس بلديته وتنتخب هذه اللجنة ثلثي المرشحين (المدرجة أسماءهم في الجدول) وعلى رئيس بلدية المركز أن يعمل الشيء نفسه ثم تجتمع لجنة التعريف بعد ورود كافة المحاضر لإحصاء عدد الأصوات وتدوينها ويرفع أسماءهم على وزير الداخلية لينتخب من بينهم الأعضاء الجدد، ينظر: المواد **19 – 22** من قانون إدارة ألوية رقم **58** سنة **1927**.

العراقية كانت حديثة النشأة ولا يمكن التصور أن تبدأ الدولة الحديثة مشوارها بأسلوب اللامركزية الإدارية، فهي بحاجة أولاً إلى تأكيد وحدتها السياسية والقانونية والإدارية، ولا سبيل الى تحقيق ذلك إلا بإتباع الأسلوب المركزي في الإدارة، وابرز دليل على ذلك أن الدولة بعد أن اطمأنت على وحدتها ورسخت فيها دعائم السلطة أخذت تفكر بالتوجه نحو اللامركزية الإدارية كخطوة ثابتة للارتقاء بواقع التنظيم الإداري وأريد أن يتحقق له ذلك بصدور قانون إدارة الألوية رقم 16 لسنة 1945 الذي حلّ محل القانون رقم 58 لسنة 1927 الذي سبق ذكره، والجديد في هذا القانون أنه كرس الباب الرابع لما اصطلح على تسميته بالإدارة المحلية[1].

لقد أبقى هذا القانون على مجلس إدارة اللواء حيث نص على تشكيله بالطريقة نفسها التي نص عليها القانون السابق[2]؛ غير أنه نص على تشكيل هيئة جديدة أسماها مجلس اللواء العام والتي تتكون من أعضاء معينين بحكم القانون، أي بحكم وظائفهم ومن أعضاء منتخبين لا يقل عددهم عن ستة أعضاء ولا يتجاوز خمسة عشر عضواً غير أن انتخابهم لا يتم مباشرة من قبل سكان مركز اللواء وأقضيته، بل عن طريق هيئة انتخابية مكونة من المنتخبين الثانويين لآخر انتخاب لمجلس النواب فضلا عن أعضاء مجلس إدارة القضاء وأعضاء المجلس البلدي[3].

و مما يؤخذ على المشرع في هذا الصدد أنه منح الشخصية المعنوية لمجلس اللواء العام[4]، في الوقت الذي أريد أن يكون هذا المجلس هيئة من هيئات الإدارة المحلية ومن ثم فان منح الشخصية المعنوية له يخالف ما استقر عليه الفقه في أن الشخصية المعنوية تمنح للوحدة الإدارية الإقليمية وليس للمجلس المحلي ؛ لأن القول بغير ذلك

---

(1) ينظر: المواد من (60 – 101) من القانون رقم 16 لسنة 1945 الملغي.

(2) ينظر: المواد (45، 47) والخاصة بتشكيل..مجلس إدارة اللواء والمواد (53، 56) والخاصة بتشكيل مجلس إدارة القضاء، وهذه المجالس هي في حقيقتها تمثل هيئات استشارية للمتصرف والقائمقام ولا يمكن أن تحمل الصفة اللامركزية.

(3) ينظر: المادة 77 من القانون رقم 16 لسنة 1945 الملغي.

(4) حيث نصت المادة 60 من الباب الرابع الذي حمل عنوان «الإدارة المحلية» على أن «إدارة اللواء المحلية شخصية حكمية لها حق التصرف في الأموال المنقولة وغير المنقولة.....».

سيترتب عليه نتائج خطيرة منها انقضاء الشخصية المعنوية بمجرد حل المجلس المحلي مما يمكن المجلس المحلي الجديد التحلل من الالتزامات التي يكون قد ارتبط بها المجلس القديم لاختلاف الشخص الملتزم[1].

وعلى الرغم من الاختصاصات المهمة التي يمارسها مجلس اللواء العام سواء في مجال المصادقة على مشروع ميزانية اللواء وميزانيات البلديات[2]، أم في مجال إدارة شؤون اللواء كالعناية بالطرق والزراعة والصناعة والتجارة والتعليم والصحة والنقل[3]، إلا إن الرقابة الشديدة التي تمارسها السلطة المركزية قد أضعفت إلى حد ما من دور مجلس اللواء العام بوصفه من هيئات الإدارة المحلية[4].

على صعيد تنظيم البلديات واستناداً إلى المادة 111 سابقة الذكر من القانون الأساسي، صدر قانون إدارة البلديات رقم 84 لسنة 1931 والذي نص في المادة الأولى الفقرة أ على أن البلدية هي «كل مؤسسة محلية ذات شخصية حكمية مكلفة بالقيام بالمصالح والخدمات المنصوص عليها في هذا القانون»[5].

تتكون هيئات البلدية من رئيس البلدية والمجلس البلدي، أما رئيس البلدية فيتم تعيينه من السلطة المركزية على أن يكون من أهالي منطقة البلدية، ويكون رئيس البلدية في الوقت نفسه رئيس المجلس البلدي وهيئاته المنفذة[6].

---

(1) د. سليمان الطماوي، مبادئ القانون الإداري، دار الفكر العربي، القاهرة، 2009، ص 57.

(2) المادة 36 الجزء الخاص بالمصادقة على ميزانية البلديات أما المادة 96 فتخص المصادقة عن مشروع ميزانية اللواء.

(3) المادة 63 فقرة أ، ب من قانون إدارة الألوية رقم 16 لسنة 1945 الملغي.

(4) حيث أن قرارات مجلس اللواء العام لا تكون نافذة إلا بمصادقة المتصرف (المادة 101) فضلاً عن سلطة مجلس الوزراء بحل مجلس اللواء العام (المادة 92) من القانون رقم 16 لسنة 1945 الملغي.

(5) يذهب الدكتور شابا توما منصور ونحن نؤيده أن هذا التعريف غير دقيق لأنه لا يميز بين الهيئة الإقليمية وبين المؤسسة العامة، ينظر: د. شابا توما منصور، القانون الإداري، ج1، جامعة بغداد، 1970، ص 156، الهامش، ويمكن أن توضح الفكرة أكثر إن البلدية هي شخص معنوي إقليمي بينما المؤسسة العامة هي شخص معنوي مرفقي أو مصلحي ذا طبيعة فنية.

(6) ينظر: المواد (13، 37) من قانون إدارة البلديات رقم 84 لسنة 1931 الملغي.

أما المجلس البلدي فيتكون من عدد من الأعضاء يتراوح من ستة إلى عشرة أعضاء بحسب صنف البلدية يتم انتخابهم بالاقتراع العام السري من قبل سكان الولاية[1].

يمثل انتخاب أعضاء المجلس البلدي بالاقتراع العام السري تطوراً تشريعياً ملحوظاً بالقياس إلى طريقة انتخاب أعضاء مجلس اللواء العام كما رأينا سابقاً حيث يتم انتخابهم على درجتين.

يذهب بعض الفقهاء أنه وعلى الرغم من اعتماد المشرع عنصر الانتخاب في اختيار أعضاء المجالس البلدية وهو ما تتطلبه فكرة اللامركزية الإدارية إلا أن تعيين رئيس البلدية – والذي يترأس المجلس البلدي المنتخب – من قبل السلطة المركزية يعد نكوصاً وتراجعاً عما كان عليه الأمر بموجب قانون بلديات الولايات العثماني سنة 1877 الذي اعتمد انتخاب رئيس البلدية[2].

في تقديرنا أن مجرد كون رئيس البلدية يتم تعيينه من السلطة المركزية لا يؤدي إلى هدم فكرة اللامركزية الإدارية لأن الأخيرة تقوم على أساس وجود مصالح محلية تتولاها مجالس منتخبة في الغالب وتخضع لرقابة وإشراف السلطة المركزية ومن ثم فإن تعيين رئيس البلدية قد يقصد منه إيجاد نقطة توازن بين استقلالية المجالس البلدية وبين إيجاد رقابة فعالة على أعمالها، وإن كان ثمة نقد في هذا الصدد ينبغي توجيهه إلى مسألة تولي رئيس البلدية رئاسة المجلس البلدي المنتخب فضلاً عن منصبه والتي أدت إلى إفراغ قانون البلديات رقم 84 لسنة 1931 من محتواه بالوقت الذي أريد فيه أن يكون البذرة الأولى لفكرة اللامركزية الإدارية.

فضلاً عن ذلك فإن السلطة المركزية تمارس رقابة شديدة على أعمال البلدية، فالسلطة المركزية (ممثلة بوزير الداخلية) لها أن تصدر تعليمات بصدد تحضير ميزانية البلدية[3] كما أنه موافقة السلطة المركزية ضرورية في حال تصرف البلدية

(1) ينظر: المواد (15 فقرة أ) من قانون إدارة البلديات رقم 84 لسنة 1931 الملغي.
(2) د. شابا توما منصور، المصدر السابق، ص 125.
(3) المادة (50) من القانون المذكور.

بأملاكها العقارية بالبيع والإيجار⁽¹⁾ وأن تعمل البلدية بكافة الأوامر والتعليمات الصادرة من السلطة المركزية.⁽²⁾

ولعل أخطر ما يمكن أن تمارسه السلطة المركزية هو إلغاء البلدية حيث يكون لوزير الداخلية بعد أخذ موافقة مجلس إدارة اللواء إلغاء البلدية ⁽³⁾ وإلغاء البلدية كشخصية معنوية يعني بالضرورة إنهاء وحل المجلس لبلدي الذي يمثلها.

المبحث الثالث

النظام الإداري في العراق في العهد الجمهوري

انتهى العهد الملكي بعد انقلاب 14 تموز سنة 1958^(*) وأعلن بعدها عن قيام النظام الجمهوري ومنذ ذلك التاريخ تعاقبت على حكم العراق خمس جمهوريات هي⁽⁴⁾ :

- الجمهورية الأولى التي تأسست بعد انقلاب سنة 1958.

- الجمهورية الثانية التي تأسست بعد انقلاب 8 شباط 1963.

- الجمهورية الثالثة التي تأسست بعد انقلاب 18 تشرين الثاني 1963.

- الجمهورية الرابعة التي تأسست بعد انقلاب 17 / 30 تموز 1968.

- الجمهورية الخامسة التي تأسست بعد احتلال العراق في 9 / 4 / 2003.

---

(1) المادة (49) من قانون إدارة البلديات رقم 84 لسنة 1931 الملغي.

(2) المادة (5 فقرة و)من القانون ذاته.

(3) المادة (4) من قانون إدارة البلديات رقم 84 لسنة 1931 الملغي.

(*) نعتقد في هذا الصدد أن جميع الأنظمة الجمهورية التي حكمت العراق منذ عام 1958 وحتى عام 2003 قد أقيمت عن طريق الانقلابات العسكرية حيث لم يسهم الشعب فيها ولم يكن له أي دور يذكر حيث لم تحدث أي تغيرات جوهرية في النظام السياسي سوى التحول من النظام الملكي إلى النظام الجمهوري والذي اتسم عبر حكم الجمهوريات الأربع بالاستبداد والنزعة الفردية في الحكم ويشكل في الوقت نفسه انتكاسة كبيرة بالقياس لما كان عليه الحال في العهد الملكي.

(4) أورد هذا التقسيم د. رعد الجدة، المصدر السابق، ص 75.

ولمعرفة واقع النظام الإداري في ظل العهود الجمهورية المتعاقبة ومدى تبنيها لفكرة اللامركزية الإدارية سنقسم المبحث على مطلبين، نتناول في المطلب الأول النظام الإداري في عهد الجمهوريات الأربعة المنصرمة، في حين سنخصص المطلب الثاني لبيان طبيعة النظام الإداري بعد احتلال العراق وللفترة التي صدر فيها قانون إدارة الدولة للمرحلة الانتقالية وأمر سلطة الائتلاف المؤقتة رقم 71 لسنة 2004، أما دراسة النظام الإداري الذي جاء به الدستور الدائم لعام 2005 وقانون المحافظات غير المنتظمة في إقليم فسيكون بموضع آخر من الأطروحة كونه يمثل الموضوع الرئيس لها.

المطلب الأول

النظام الإداري في ظل العهود الجمهورية المنصرمة

شهد العراق منذ الفترة المحصورة بين 14 تموز عام 1958 و9 / نيسان / 2003 تعاقب أربعة أنظمة جمهورية على حكمه، وثمة تشابه بين جميع هذه الأنظمة من حيث كونها جاءت بانقلابات عسكرية، ولما أمست هذه الأنظمة من الماضي، لذا يتحتم علينا معرفة طبيعة النظام الإداري في كل عهد من هذه العهود ومدى تبنيها لأسلوب اللامركزية الإدارية التي تعد تجسيداً عملياً لما بات يعرف بديمقراطية الإدارة، وهل يوجد ارتباط حقيقي بين تطبيق اللامركزية الإدارية على المستوى المحلي وبين تبني النظام السياسي على المستوى القومي للديمقراطية فكراً وممارسة ؟

هذه الأسئلة سنحاول الإجابة عنها في هذا المطلب الذي سنقسمه على أربعة فروع نتناول فيها النظام الإداري في العهود الجمهورية الأربعة.

الفرع الأول

النظام الإداري في العهد الجمهوري الأول

(14 تموز 1958 – 8 شباط 1963)

ذكرنا سابقاً أن الحكم الملكي في العراق انتهى بقيام انقلاب **14** تموز سنة **1958** حيث نص الدستور الصادر في **27** تموز **1958** في المادة الأولى على أن «الدولة العراقية جمهورية ذات سيادة».

أهم ما يلاحظ في هذا الصدد أن نصوص هذا الدستور قد جاءت خالية من أي ذكر لمسالة التنظيم الإداري والسبب يعود في تقدير بعض الفقهاء إلى أن الإدارة المركزية بعد (ثورة) **14** تموز **1958** المكونة من مجلس السيادة ورئيس الوزراء والوزراء هيمنت على جميع الاختصاصات المهمة في الوظيفة الإدارية[1]، ويمكن أن نضيف إلى أن أي قوى أو حركة تقفز إلى السلطة عن طريق الانقلاب خصوصاً إذا قادها رجال الجيش فمن الطبيعي أن تبني الدولة تنظيمها الإداري على الأسلوب المركزي بل قد تلجأ إلى أسلوب المركزية الإدارية الشديدة والمفرطة إلى حد ما، وهو ما حصل بالفعل في ظل هذه الجمهورية حيث صدر تعديل لقانون إدارة الألوية رقم **16** لسنة **1945** وأعيد تشكيلها لتظم الأعضاء الدائمين فقط بحكم وظائفهم[2].

وفي هذا الصدد يذهب الدكتور منذر الشاوي بالقول «.. فبعد هذا التعديل لم يعد هناك من أثر للامركزية على صعيد اللواء و- يضيف - أن اللواء... يدار إدارة مباشرة من قبل السلطة المركزية أو ممثليها بحيث أن المركزية أو نواتها، قد قضي عليها وبهذا نكون في الحقيقة، أمام الإدارة المحلية بالمعنى الدقيق للكلمة وبعيدين كل البعد عن اللامركزية»[3].

---

(1) د. ماهر صالح علاوي الجبوري، المصدر السابق، ص **51**.

(2) رعد الجدة، المصدر السابق ص **75**.

(3) د. منذر الشاوي، د.منذر الشاوي، القانون الدستوري، الجزء الأول، الطبعة الثانية، العاتك لصناعة الكتاب، القاهرة، **2007**.، ص **240** وما بعدها.

على الرغم من اتفاقنا مع الدكتور منذر الشاوي في أن هذا التعديل قد قضى على فكرة اللامركزية – وإن كان القانون في الأصل قبل تعديله لم يعكس فكرة اللامركزية بشكل كامل – فإن القول بعد هذا التعديل إننا أصبحنا أمام الإدارة المحلية بالمعنى الدقيق للكلمة وبعيدين كل البعد عن اللامركزية!، قول لا يمكن مسايرته فكيف يمكن جعل الإدارة المحلية تمثل الوجه الآخر للمركزية الإدارية ؟ وأن نقطع الصلة بينها وبين اللامركزية الإدارية في الوقت الذي تمثل فيه الإدارة المحلية التطبيق العملي لفكرة اللامركزية.

على صعيد قانون البلديات رقم 84 لسنة 1931 فقد تم تعديله هو الآخر بموجب القانون رقم 9 لسنة 1959 والذي قضى بإمكانية حل أي مجلس بلدي إذ أصبح بقاءه مضراً بالمصلحة العامة وتأليف مجلس مؤقت بدلاً منه لحين إجراء انتخابات جديدة[1].

من خلال ما تقدم يمكن القول أن النظام الإداري في ظل الجمهورية الأولى كان ذا طبيعة مركزية شديدة وُئِدتْ في ظلها فكرة اللامركزية التي كانت تترنح في ظل النظام الملكي.

الفرع الثاني
النظام الإداري في العهد الجمهوري الثاني
(8 شباط 1963 – 18 تشرين الثاني 1963)

قامت الجمهورية الثانية بعد انقلاب 8 شباط 1963، وتعد هذه الجمهورية من أقصر فترات الحكم الجمهوري إذ لم تستمر سوى بضعة أشهر، وقد أكد البيان الصادر في 15 / 3 / 1963 من المجلس الوطني لقيادة الثورة إلى إتباع نظام

---

(1) علي مهدي حيدر، الإدارة العامة للألوية في الجمهورية العراقية، ط2، مطبعة الإرشاد، بغداد، 1962 ص 172.

اللامركزية الإدارية على أساس احترام حقوق الأقليات وتمكينها المساهمة في الحياة الوطنية[1].

ولماّ صدر دستور 4 نيسان لسنة 1963، فإنه لم يتضمن أي إشارة إلى واقع التنظيم الإداري والمبدأ الذي ستسير عليه الدولة في مجال ممارسة الوظيفة الإدارية، حيث لم يتجسد مضمون البيان المذكور سابقاً بين ثنايا هذا الدستور.

الفرع الثالث

النظام الجمهوري في العهد الجمهوري الثالث

(18 تشرين الثاني 1963- 17 تموز 1968)

قامت الجمهورية الثالثة على أعقاب انقلاب 18 تشرين الثاني سنة 1963، وصدر بعد ذلك دستور29 نيسان 1964، حيث ورد في الفصل الثالث منه والخاص بالسلطة التنفيذية القسم رابعاً النص على مادتين تتعلقان بالتنظيم الإداري في الدولة، حيث نصت المادة 83 على أن «تقسم الجمهورية العراقية إلى وحدات إدارية تنظم وتدار وفقاً للقانون»، في حين نصت المادة 84 على أن «تختص الهيئات الممثلة للوحدات الإدارية بكل ما يهم الوحدات التي تمثلها وتساهم في تنفيذ الخطة للدولة، ولها أن تنشأ وتدير المرافق والمشروعات الاقتصادية والاجتماعية والصحية والتربوية وذلك على الوجه المبين في القانون».

و أهم ما يلاحظ وعلى الرغم من عدم صدور القانون الذي علقت نصوص الدستور تطبيق أحكامها عليه، فإنه قد عبر بشكل دقيق عن مضمون فكرة اللامركزية الإدارية التي لم تذهب إليها الدساتير السابقة، فقد ميز هذا الدستور ولأول مرة بين الوحدة الإدارية وبين الهيئة الممثلة لها حيث أشارت المادة 83 على تقسيم الجمهورية إلى وحدات إدارية ثم جاءت المادة 84 لتحدد دور الهيئات التي تتولى تمثيل الوحدات الإدارية في إدارة الشؤون والمصالح المحلية وهذا هو جوهر الإدارة المحلية.

---

(1) أشار الى هذا البيان، محمد علي يوسف، النظام القانوني للإدارة المحلية في العراق، رسالة ماجستير مقدمة إلى كلية القانون والسياسة، جامعة بغداد، سنة 1971، ص 30.

وبخصوص العبارة التي وردت في المادة 84 «تختص الهيئات الممثلة.....» فإنها لا يمكن أن نشير إلا إلى وجوب أن تكون هذه الهيئات منتخبة من قبل أهالي الوحدة الإدارية دون تدخل ممثلي السلطة المركزية في إدارة الشؤون المحلية للوحدات الإدارية[1].

لكن من المؤسف أن هذا التطور في مجال الإدارة المحلية ظل حبيساً بين ثنايا هذا الدستور (دستور 29 نيسان 1964)، إذ لم يصدر القانون المزمع إصداره وفقاً لنص المادتين 83 و 84 من الدستور سابق الذكر طيلة فترة حكم الجمهورية الثالثة، إذ استمر قانون إدارة الألوية رقم 16 لسنة 1945 مع تعديلاته التي صدرت في حكم الجمهورية الأولى والتي قضت فيها بشكل نهائي على فكرة اللامركزية الإدارية.

وعلى صعيد التنظيم البلدي فقد صدر في ظل الجمهورية الثالثة قانون إدارة البلديات رقم 165 لسنة 1964 والذي حل محل قانون إدارة البلديات رقم 84 لسنة 1931، ولم يأت هذا القانون بجديد ومن ثم فان الانتقادات التي وجهت إلى قانون البلديات الملغي رقم 84 لسنة 1931 يمكن أن توجه إلى هذا القانون الجديد.

من خلال ما تقدم يمكن القول أن النظام الإداري في ظل هذه الجمهورية قد توجه نحو اللامركزية الإدارية بشكل متكامل غير أن هذا التوجه قد اقتصرت بوادره على النصوص الدستورية ولم تطبق على أرض الواقع الذي اتسم بطغيان أسلوب المركزية الإدارية على صعيد إدارة الألوية وبشكل أخف على صعيد التنظيم البلدي.

---

(1) د. منذر الشاوي، المصدر السابق، ص 242.

الفرع الرابع

النظام الإداري في العهد الجمهوري الرابع
(17 تموز 1968 – 9 / نيسان / 2003)

بدأ عهد الجمهورية الرابعة بعد انقلاب 17 – 30 تموز سنة 1968، وتعد فترة حكم هذه الجمهورية من أطول فترات الحكم الجمهوري في العراق حتى الآن[1]، وقد صدر في هذا العهد دستورين، هما، دستور 21 أيلول 1968 المؤقت ودستور 16 تموز 1970[2].

بالعودة إلى دستور 21 أيلول 1968، فقد أورد في الفصل الثالث، ثالثاً والذي جاء بعنوان الإدارة المحلية المادتين 77 و 78 اللتين اقتبستا حرفياً من نص المادتين 83 و 84 من دستور 29 نيسان سنة 1964 الملغي والذي سبق ذكره.

لم يبق نص المادتين 77 و 78 من دستور 21 أيلول 1968 حبيساً بين ثنايا الدستور بل أصدر المشرع استناداً إلى ذلك قانون المحافظات رقم 159 لسنة 1969، وقد استبدل هذا القانون تسمية اللواء بالمحافظة وأبقى على الوحدات الإدارية التسمية نفسها وهي القضاء والناحية، واستخدم تسمية المحافظ بدلاً من تسمية المتصرف[3].

وقد مزج المشرع العراقي في هذا القانون بين أسلوب المركزية واللامركزية الإدارية، إذ تدار شؤون الوحدة الإدارية من خلال رؤساء الوحدات الإدارية والذين يتم تعيينهم من السلطة المركزية[4]، ومن خلال مجالس الإدارة المحلية والممثلة بمجلس المحافظة ومجلس القضاء ومجلس الناحية أيضاً[5].

---

(1) إذ استمر هذا الحكم إلى 9 / نيسان / 2003 وهو تاريخ دخول قوات الاحتلال الأمريكي والبريطاني للعراق.

(2) كان من المزمع أن يصدر دستور ثالث في هذا العهد وهو مشروع دستور سنة 1990 إلا أن الظروف التي أحاطت بالعراق بتلك الفترة حال دون صدوره، ينظر: د. رعد الجدة، المصدر السابق، ص 453.

(3) ينظر: المادة الأولى من قانون المحافظات ص 159 لسنة 1969 الفقرة أولاً وثانياً.

(4) ينظر: المادة 13، الفقرة 1 من القانون ذاته.

(5) ينظر: المادة 1 الفقرة 4، 5، 6، من القانون ذاته.

وينعقد مجلس المحافظة برئاسة المحافظ ويتألف المجلس من أعضاء منتخبين من مركز المحافظة ومن أعضاء دائمين وهم معاون المحافظ ورؤساء الدوائر الفرعية في مركز المحافظة بصفتهم ممثلين عن الوزارات المختصة[1]، وما يقال عن مجلس المحافظة ينطبق على مجلس القضاء والناحية[2].

وعلى الرغم من وجود أعضاء دائمين في المجالس المحلية بالإضافة إلى الأعضاء المنتخبين فإن القانون اشترط أن يكون عدد الأعضاء المنتخبين هو ضعف عدد الأعضاء المعينين، وهو مسلك محمود من المشرع لأنه يعطي الغلبة للعناصر المنتخبة في هذه المجالس مما يوفر لها استقلالية تجاه السلطة المركزية.

و على الرغم من الاختصاصات الواسعة التي منحها قانون المحافظات رقم 59 لسنة 1969 للمجالس المحلية[3]، غير أن ممارسة هذه الاختصاصات لم تصدر من مجالس محلية تتمتع باستقلالية معينة تجاه الصفة المركزية حيث اقتصرت عضوية المجالس المحلية على الأعضاء الدائمين والمعينين بحكم مناصبهم ولم تجر الانتخابات لعضوية هذه المجالس نهائياً كما اشترط القانون على ذلك[4].

على صعيد تنظيم البلديات فقد اضمحل دورها فيما يتعلق بممارسة واجباتها حيث نصت المادة 140 من قانون المحافظات رقم 159 لسنة 1969 التي سحبت البساط عن البلدية باعتبارها هيئة محلية تتمتع بالشخصية المعنوية ولها مجلس متكون من أعضاء منتخبين التي نصت على أن «تمارس مجالس الوحدات الإدارية الوظائف البلدية ضمن حدود البلدية المقرر...».

يقتضي التذكير في هذا الصدد أن دستور 16 تموز سنة 1970 قد حلّ محل دستور 21 أيلول 1968، وقد أشار هذا الدستور إلى مبدأ اللامركزية الإدارية في المادة 8 فقرة ب والتي نصت على أن «تقسم جمهورية العراق على وحدات إدارية وتنظم على أساس الإدارة اللامركزية» كما وأشارت المادة ج على نظام إداري

---

(1) ينظر: المادة 54 فقرة أ، ج، د من قانون المحافظات رقم 159 لسنة 1969.

(2) ينظر: الفقرة 2 والفقرة 3 من المادة 54 من القانون ذاته.

(3) ينظر: المواد (86، 91) من القانون ذاته.

(4) ينظر: المادة (61، 62) من القانون ذاته.

جديد لم تألفه الدساتير السابقة ألا وهو نظام الحكم الذاتي حيث نصت هذه الفقرة على أن «تتمتع المنطقة التي غالبية سكانها من الأكراد بالحكم الذاتي وفقاً لما يحدده القانون»[1].

واستناداً إلى الفقرة ج من المادة **8** من دستور عام **1970**، فقد صدر قانون الحكم الذاتي لمنطقة كردستان رقم **33** لسنة **1974** والذي يمثل صيغة متقدمة من صيغ اللامركزية الإدارية ويمثل تطوراً ملحوظاً في ذلك الوقت فيما يتعلق باحترام وضمان حقوق القوميات، غير أن الهيمنة التي كانت تمارسها السلطة المركزية قد أفرغت القانون من محتواه الحقيقي[2].

على الرغم من عدم تفعيل النصوص الني جاء بها قانون المحافظات رقم **159** لسنة **1969** والخاصة بانتخاب أعضاء المجالس المحلية[3]، ذهب المشرع العراقي إلى إصدار قانون مجالس الشعب المحلية رقم **25** لسنة **1995**[4].

وقد أثار صدور هذا القانون تساؤلاً عن مصير المجالس المحلية المشكلة بموجب قانون المحافظات رقم **159** لسنة **1969** ؟ وهل يمكن أن تمارس مجالس الشعب المحلية الاختصاصات الممنوحة لتلك المجالس ؟

ذهب بعض الفقهاء في الإجابة عن هذا التساؤل إلى أن مجالس الشعب المحلية يمكن أن تشكل الخلف الذي يحل محل المجالس المحلية للوحدات الإدارية (المحافظة، القضاء والناحية)، ومن ثم تستطيع ممارسة تلك الاختصاصات على الرغم من عدم وجود نص صريح في قانون مجالس الشعب المحلية يلغي المجالس المحلية السابقة سوى الإشارة التي وردت في الأسباب الموجبة

---

(1) لقد أضيفت الفقرة ج بموجب التعديل الثاني الصادر بقرار مجلس قيادة الثورة المرقمة **2227** في **11** آذار **1974**، .

(2) ينظر المواد (**13**، **19**، **20**) من قانون الحكم الذاتي رقم **33** لسنة **1974**.

(3) ينظر: المواد (**61**، **72**) من قانون المحافظات رقم **159** لسنة **1969**.

(4) إذ جاء في الأسباب الموجبة للقانون إنه «........ استجابة لمتطلبات المرحلة التاريخية الجديدة المتمثلة في توسيع قاعدة المشاركة الشعبية عن طريق ممثلي الشعب في السلطة....» ينظر: الأسباب الموجبة للقانون المنشور في الوقائع العراقية في العدد **3596** في **25 / 12 / 1995**، ص **424**.

والتي دعت إلى «.. إلغاء المجالس الأخرى التي كانت قائمة في السابق كمجالس البلديات ومجالس المحافظات..»[1].

مع التسليم بوجاهة هذا الرأي يمكن ملاحظة مسألة بديهية هي أن المشرع لو كانت لديه النية الحقيقية لتوسيع قاعدة المشاركة الشعبية، كما جاء في الأسباب الموجبة لقانون مجالس الشعب المحلية لحسم الجدل وبشكل صريح عن مصير المجالس المحلية في المحافظة والقضاء والناحية، وأعطى في الوقت نفسه اختصاصات حقيقية لمجالس الشعب وليست اختصاصات لها الطابع الاستشاري كتقديم الاقتراحات والمساهمة في رفع مستوى الخدمات[2]، وعدم صدور النص الصريح بإلغاء المجالس المحلية السابقة بل وحتى عدم إلغاء قانون المحافظات لم يكن سهواً من المشرع بل كان أمراً مقصوداً الغاية منه الاستفادة من نصوص قانون المحافظات التي تدعم دور السلطة المركزية كرؤساء الوحدات الإدارية المعينين من السلطة المركزية، مع تجميد أي دور يمكن أن تلعبه المجالس المحلية من خلال اقتصار العضوية على الموظفين بحكم مناصبهم دون العناصر المنتخبة والتي اشترط القانون أن يكون عددهم ضعف عدد الأعضاء المعينين، وابرز دليل على ذلك إن النصوص المتعلقة بانتخاب الأعضاء لم تُفعّل على الرغم من مرور 34 سنة على صدور قانون المحافظات رقم 159 لسنة 1969، في حين نجد انتخابات أعضاء مجالس الشعب المحلية قد أجريت بعد صدور قانون مجالس الشعب المحلية رقم 25 لسنة 1995 بأشهر قليلة وذلك لأن قانون مجالس الشعب لم يمنح اختصاصات حقيقية للمجالس المحلية بخلاف قانون المحافظات الذي كرس على حد ما من حيث النصوص فكرة اللامركزية الإدارية.

نخلص مما تقدم إن طبيعة النظام الإداري قد اتسمت في ظل الأنظمة الجمهورية الأربعة السابقة بالمركزية الإدارية والسبب في تقديرنا المتواضع يعود إلى أمرين :

---

(1) د. ماهر صالح علاوي، مصدر سابق، ص 67.

(2) ينظر: المواد (46، 49) من قانون مجالس الشعب المحلية رقم 25 لسنة 1995.

الأمر الأول :

إن جميع الأنظمة الجمهورية التي حكمت العراق قد تأسست بعد انقلابات عسكرية قادها كبار الضباط في الجيش العراقي، فأغلب من تولوا حكم العراق في تلك العهود كان من ضباط الجيش الذين يميلون بحكم طبيعة المهنة العسكرية إلى الصرامة ومن ثم فإن المركزية الإدارية ستكون الخيار الوحيد في بناء النظام الإداري للدولة.

الأمر الثاني :

قد أثبت التجارب أن غالبية الأنظمة السياسية التي وصلت إلى سدة الحكم عن طريق الانقلابات العسكرية لم تشأ أن تقيم نظاماً ديمقراطياً سليماً يجسد رغبة الشعب برمته على المستوى القومي، واستعاضت عنه بتبني فكرة اللامركزية الإدارية ولو من الناحية النظرية ذلك كي يظهر النظام السياسي أنه يتبنى الفكر الديمقراطي وتجسيدها العملي المتمثل بالإدارة المحلية، وهو ما حصل بالفعل في العراق خصوصاً في العهد الجمهوري الأخير كما بينا ذلك آنفاً.

المطلب الثاني

النظام الإداري في العراق بعد الاحتلال عام 2003

سبق أن بينا أن النظام الإداري في ظل النظام السياسي السابق الذي حكم العراق منذ عام 1968 وحتى مطلع عام 2003، قد اتسم من الناحية التطبيقية بالمركزية الإدارية المطلقة، على الرغم من أن قانون المحافظات رقم 59 لسنة 1969 الذي صدر في ظل هذه المرحلة قد تبنى فكرة اللامركزية الإدارية وفقاً للأركان والأسس المتعارف عليها فقهياً ؛ إلا أنها ظلت حبيسة في الإطار النظري دون أن تجد لها تطبيقاً على أرض الواقع طيلة تلك الفترة.

غير أن الأمر قد تغير كثيراً بعد احتلال العراق في 2003/4/9 على أيدي قوات الاحتلال الأمريكية والبريطانية[1]، حيث شهد العراق وعلى وجه الخصوص

_____

(1) مرت إدارة العراق بعد 9 / 4 / 2003 ولحين صدور دستور عام 2005 بثلاث مراحل مهمة، المرحلة الأولى التي ابتدأت عقب احتلال العراق في 9 / 4 / 2003 وزوال النظام السياسي=

= السابق، حيث شكلت قوات الاحتلال الأمريكي هيئة لإدارة شؤون العراق حملت اسم «مكتب المساعدات الإنسانية وإعادة أعمار العراق»، واختير الجنرال العسكري المتقاعد (جاي غارنر) مشرفاً عليه، إلا أن عمل هذا المكتب لم يستمر طويلاً فقد حلت محلها سلطة الائتلاف المؤقتة.
أما المرحلة الثانية التي يمكن أن نطلق عليها «مرحلة سلطة الائتلاف المؤقتة» وهي هيئة مدنية أنشأتها وزارة الدفاع الأمريكية في **21** نيسان **2003** لتحل محل مكتب المساعدات الإنسانية، وقد تولى الحاكم المدني «بول بريمر سيء الصيت» رئاستها تحت عنوان المدير الإداري لسلطة الائتلاف المؤقتة وقد استطاعت أن تحكم قبضتها على السلطات التشريعية والتنفيذية والقضائية في العراق استناداً إلى قرار مجلس الأمن المرقم **1483** في **2003** وحسب قوانين الحرب والاحتلال العسكري، وقد شكلت سلطة الائتلاف المؤقتة مجلس الحكم الانتقالي في **13** تموز **2003** كهيئة رئيسية للإدارة العراقية المؤقتة وقد عين هذا المجلس وزراء مؤقتين لتحل مسؤولية الإدارة اليومية للوزارات العراقية تحت إشراف سلطة الائتلاف المؤقتة. ينظر: البحث المنشور بعنوان سلطة الائتلاف المؤقتة، على الرابط الالكتروني www. wikipecdia iorg / wiki / 0883. تاريخ الزيارة **2009/10/1**.
المرحلة الثالثة وهي المرحلة الانتقالية، التي تبدأ كما نصت عليها المادة الثانية فقرة(أ) من قانون إدارة الدولة العراقية للمرحلة الانتقالية من **30** حزيران **2004** وفق تشكيل حكومة عراقية منتخبة بموجب دستور دائم، وقد أشارت الفقرة ب من المادة نفسها إلى أن المرحلة الانتقالية تتألف من فترتين حيث تبدأ الفترة الأولى بتشكيل حكومة عراقية مؤقتة ذات سيادة كاملة تتولى السلطة في **30** حزيران **2004**، وقد تشكلت هذه الحكومة بعد مشاورات قام بها مجلس الحكم وسلطة الائتلاف المؤقتة، وعلى أثر تشكيل الحكومة المؤقتة تم حل سلطة الائتلاف المؤقتة وانتهاء مجلس الحكم تطبيقاً للمادة **29** من قانون إدارة الدولة التي نصت على «حال تولي الحكومة لعراقية المؤقتة السلطة الكاملة بكامله وفق الفقرة (ب – **1**) من المادة الثانية من عمل سلطة الائتلاف المؤقتة وينتهي عمل مجلس الحكم».
أما الفترة الثانية فقد ابتدأت بعد تأليف الحكومة العراقية التي تتم بعد إجراء انتخابات الجمعية الوطنية في موعد أقصاه **2005/1/31**، وتتولى الجمعية الوطنية بمقتضى المادة **61** فقرة أ من قانون إدارة الدولة «... كتابة المسودة للدستور الدائم في موعد أقصاه **2005/1/15**....».
ثم أوجبت الفقرة ب أن «تعرض مسودة الدستور الدائم على الشعب العراقي للموافقة عليه».

النظام الإداري فيه إلى تغييرات جذرية تجسدت في قانون إدارة الدولة للمرحلة الانتقالية لعام **2004**وأمر سلطة (الائتلاف المؤقتة) رقم **71** لسنة **2004** الخاص بالسلطات الحكومية المحلية، ولغرض معرفة طبيعة النظام الإداري الذي تم تبنيه سنقسم المطلب على فرعين، نتناول في الفرع الأول النظام الإداري في ظل قانون إدارة الدولة لعام **2004**، وفي الفرع الثاني سنعرض فيه النظام الإداري في ظل أمر سلطة الائتلاف المؤقتة رقم **71** لسنة **2004**.

الفرع الأول

النظام الإداري في ظل قانون إدارة الدولة العراقية المرحلة الانتقالية لعام 2004

يعد قانون إدارة الدولة العراقية للمرحلة الانتقالية الذي أصدرته سلطة الائتلاف المؤقتة عام **2004** بعد موافقة مجلس الحكم عليه[1]، بمثابة الدستور المؤقت، كونه نظم كيفية تكوين السلطات في الدولة وكيفية ممارستها والعلاقة فيما بينها[2].

وبموجب هذا الدستور المؤقت (قانون إدارة الدولة للمرحلة الانتقالية) تحوّل شكل الدولة العراقية من دولة موحدة بسيطة إلى دولة مركبة اتحادية (فيدرالية) لأول مرة منذ تأسيس الدولة العراقية الحديثة سنة **1925**، حيث نصت على ذلك المادة **4** من قانون إدارة الدولة للمرحلة الانتقالية على أن «نظام الحكم في العراق جمهوري اتحادي «فيدرالي» ديمقراطي، تعددي، ويجري تقاسم السلطات فيه بين الحكومة الاتحادية والحكومات الإقليمية والمحافظات والبلديات والإدارات المحلية...»[3].

---

(1) نشر قانون إدارة الدولة العراقية للمرحلة الانتقالية في جريدة الوقائع العراقية ذي العدد (3081) حزيران 2004.

(2) د. ماهر صالح علاوي الجبوري، المصدر السابق، ص 93.

(3) من الجدير بالذكر أن قانون ادارة الدولة من خلال نص المادة 4 أعلاه قد خلط بين شكل الدولة وبين نظام الحكم فيها معتبراً الفيدرالية نظاماً للحكم وهي في الواقع غير ذلك، =

وقد جاء تبني الشكل الفيدرالي للدولة العراقية بمثابة ردة فعل لهيمنة الحكم المركزي الشمولي الذي اتسم به النظام السياسي السابق، هذا الأمر ولّد قناعة راسخة لدى الطبقة السياسية التي لعبت دوراً مؤثراً بعد 2003/4/9 أن المركزية السياسية والإدارية هي إحدى أدوات الاضطهاد والاستبداد حتى أضحت المركزية بشقيها المعنى المرادف للاستبدادية[1]، وقد بينت ذلك صراحة المادة 52 من قانون إدارة الدولة للمرحلة الانتقالية من الباب الثامن الذي حمل عنوان الأقاليم والمحافظات والبلديات والهيئات المحلية والتي نصت على أن «يؤسس تصميم النظام الاتحادي في العراق بشكل يمنع تركيز السلطة في الحكومة الاتحادية، ذلك التركيز الذي جعل من الممكن استمرار عقود الاستبداد والاضطهاد في ظل النظام السابق، إن هذا النظام سيشجع على ممارسه السلطة المحلية من قبل المسؤولين المحليين في كل إقليم ومحافظة...»

= فالفيدرالية ليست نظاماً سياسياً، بل هي شكل من أشكال أو أنواع الدول تقوم على أساس تقاسم الوظائف الثلاثة (تشريعية – تنفيذية – قضائية) في السلطات الاتحادية والأقاليم أو الولايات أو غيرها، أما النظام السياسي للحكم فيتعلق بالكيفية التي تنبثق فيه وتدار للسلطة التنفيذية حيث تكون النظم السياسية في هذا الشأن متنوعة كالنظام الرئاسي والنظام البرلماني والنظام المختلط ونظام الجمعية والنظام المجلسي، ينظر: إحسان المفرجي وآخرون، المصدر السابق ؛د. محمد عمر مولود، فلسفة الحكومة في النظام البرلماني والمفهوم الدستوري العراقي، مجلس التشريع والقضاء، العدد الأول (كانون الثاني – شباط – آذار) 2009، ص 28، وقد تفادى المشرع الدستوري ذلك في الدستور الدائم لعام 2005 عندما فصل بين مفهوم شكل الدولة وبين نظام الحكم كما جاء في المادة الأولى أن «جمهورية العراق دولة اتحادية واحدة مستقلة، ذات سيادة كاملة، نظام الحكم فيها جمهوري نيابي (برلماني) ديمقراطي...».

(1) يذهب الدكتور منذر الشاوي في هذا الصدد «أن سبب هذا الاعتقاد يعود إلى نشأة الدولة المركزية حيث ارتبطت بوحدة السلطة وبوحدة الحاكم الذي يصدر أوامره بالشكل الذي يرتئيه بعيداً عن إرادة الشعب أو ممثليه... وعليه فإن كل دولة مركزية ليست دولة استبدادية بالتعريف، لكن كل دولة استبدادية هي دولة مركزية، فالاستبداد يفترض المركزية إلا أن المركزية لا تفترض الاستبداد حتماً...»، د. منذر الشاوي، تأملات في أنواع الدول، بحث منشور في الانترنيت على الرابط www.tqmag.net/bodg.asp?field تاريخ الزيارة 2011/1/2

ووفقاً للمادة الرابعة من قانون الدولة التي سبقت الإشارة إليها، والتي حددت خمسة مستويات للحكم في الدولة العراقية هي الحكومة الاتحادية وحكومات الأقاليم والمحافظات والبلديات والإدارات المحلية يثار تساؤلٌ مفاده هو : هل عامل قانون إدارة الدولة مستويات الحكم في (الأقاليم والمحافظات والبلديات والإدارات المحلية) على قدم المساواة باعتبارها تشكل سلطات محلية تمارس كل منها على حدة الوظائف التشريعية والتنفيذية والقضائية إلى جانب السلطات الاتحادية التشريعية والتنفيذية والقضائية ؟

فيما يتعلق بالأقاليم فقد اعترف قانون إدارة الدولة في المادة 53 فقرة أ بحكومة إقليم كردستان «.... بصفتها الحكومة الرسمية للأراضي التي كانت تدار من قبل الحكومة المذكورة في 19 آذار 2003.... إن مصطلح حكومة إقليم كردستان الوارد في هذا القانون يعني المجلس الوطني الكردستاني ومجلس وزراء كردستان والسلطة الإقليمية في إقليم كردستان».

وبالنسبة للمحافظات التي تقع خارج إقليم كردستان فقد أعطى لها المشرع الدستوري في قانون إدارة الدولة الحق في تشكيل أقاليم وفقاً للإجراءات التي يحددها قانون خاص بهذا الشأن تصدره الجمعية الوطنية والتي من ضمنها الحصول على موافقة أهالي المحافظات على تشكيل الأقاليم باستفتاء شعبي، وقد استثنيت بغداد وكركوك من تشكيل الأقاليم[1].

وأهم ما يلاحظ في هذا الشأن أن النموذج الفيدرالي الذي تبناه قانون إدارة الدولة لم يسبق له مثيل في كل تجارب الدول التي اتخذت من الفيدرالية شكلاً لها، ذلك أن الفيدرالية هي شكل من أشكال الدول تقوم على أساس تقاسم

---

[1] جاء ذلك في المدة 53 الفقرة ج من قانون إدارة الدولة إلى أن «يحق للمحافظات خارج إقليم كردستان، فيما عدا بغداد وكركوك تشكيل أقاليم فيما بينها، وللحكومة العراقية المؤقتة أن تقترح آليات لتشكيل هذه الأقاليم، على أن تطرح على الجمعية الوطنية المنتخبة للنظر فيها وإقرارها، ويجب الحصول بالإضافة إلى موافقة الجمعية الوطنية على أي تشريع خاص بتشكيل إقليم جديد على موافقة أهالي المحافظات المعنية بواسطة استفتاء».

السلطات الثلاث التشريعية والتنفيذية والقضائية بين جهتين، أحدهما تمثل الدولة في كل أقاليمها، وهي السلطة الاتحادية، والأخرى تمثل إقليماً أو ولاية معينة تشكل جزءاً من مجموعات أجزاء الدولة برمتها، وبناءً على ذلك إذا كان قانون إدارة الدولة قد عَدّ إقليم كردستان سلطة محلية تكون مقابلة للسلطة الاتحادية فأين يكون موقع المحافظات الأخرى التي لم تشكل إقليماً إذا افترضنا أنها لم تمارس الحق الذي أقرّه لها قانون إدارة الدولة ؟

الواقع أن قانون إدارة الدولة قد جاء بتناقض واضح في هذا الصدد، فهو من جهة قد عدّ المحافظات من مستويات الحكم المحلي المقابل للسلطات الاتحادية كما جاء ذلك في المادة **4** من قانون إدارة الدولة المذكورة آنفاً، ومن جهة أخرى لم يرتب للمحافظات الأثر ذاته الذي رتبه للأقاليم الفيدرالية وعلى وجه الخصوص إقليم كردستان الذي يعد الاعتراف به كاشفاً لا منشأ له أي بعبارة أخرى لم يقرر (للمحافظات) في أن يكون لها سلطات تشريعية وتنفيذية وقضائية على نطاق محلي، وأبرز دليل على عدم رغبة المشرع الدستوري في ترتيب هذه النتيجة أنه أورد نصوص تفصيلية تتعلق بتشكيل مجالس للمحافظات وتسمية محافظين لها وكذلك تشكيل مجالس بلدية ومحلية أخرى لا تكون خاضعة لسيطرة الحكومة الاتحادية فضلاً عن بيان الاختصاصات التي تتولاها[1].

(**1**) فقد نصت المادة **55** الفقرة أ من قانون إدارة الدولة على أن «يحق لكل محافظة تشكيل مجلس محافظة وتسمية محافظ، وتشكيل مجالس بلدية ومحلية، ولا يتم إقالة أي عضو في حكومة إقليم أو أي محافظ أو عضو في أي من مجالس المحافظة أو البلدية أو المحلية على يد الحكومة الاتحادية...»، والملاحظ في هذا النص أنه أورد منع إقالة أي عضو في حكومة إقليم في معرض الحديث عن تشكيل مجالس المحافظات والمجالس المحلية الأخرى، فإذا كان من المبرر منح استقلالية لأعضاء مجالس المحافظات في مواجهة الحكومة الاتحادية من خلال منع إقالتهم من قبلها فلا يوجد ما يبرر إيراد ذلك كون حكومة الأقاليم بمعناها العام تتألف من سلطة تشريعية وتنفيذية وقضائية على مستوى الأقاليم وتكون في الوقت ذاته مقابل السلطات الاتحادية (الفيدرالية) ؛ وبخصوص اختصاصات مجالس المحافظات والمجالس المحلية الأخرى فقد أوردت المادة **56** من قانون إدارة الدولة في الفقرة أ على أن=

أما بالنسبة للمستويات الأخرى التي أشارت إليها المادة **4** المذكورة آنفاً وهي البلديات والإدارات المحلية فهي تدخل في الواقع ضمن المحافظات، وإيرادها بالتالي ضمن مستويات الحكم المحلي المقابل للحكومة الاتحادية لم يكن موفقاً، وقد بينت ذلك المادة **55** الفقرة أ التي سبق أن أوردناها، إن لكل محافظة تشكيل مجلس محافظة ومجالس بلدية ومحلية.

نخلص بنتيجة في هذا الشأن أن الأقاليم هي وحدها التي تمثل السلطات المحلية المقابل للسلطات الاتحادية تطبيقاً لمقتضيات الدولة الفيدرالية المستندة إلى مبدأ اللامركزية السياسية، في حين ينبغي أن تنتظم المحافظات التي لم تمارس حقها في تشكيل الأقاليم في علاقتها مع السلطة الاتحادية وفق مبدأ اللامركزية الإدارية، وبالرغم من هذه النتيجة المنطقية التي توصلنا إليها من استقراء بعض نصوص قانون إدارة الدولة نجد المشرع الدستوري في المادة **(56)** فقرة **(جـ)** جعل تنظيم الأقاليم والمحافظات يكون على أساس مبدأ اللامركزية دون أن يحدد لنا مضمونها أو نوعها كأن تكون اللامركزية سياسية أو لا مركزية إدارية[1].

إن النظام الإداري الذي أرسى قواعده قانون إدارة الدولة فيما يتعلق بالمحافظات التي لم تنظم في إقليم هي أقرب إلى اللامركزية السياسية منها إلى اللامركزية الإدارية، وبعبارة أخرى إن هذا القانون على الرغم من عدم اعترافه بأن يكون للمحافظات سلطات تشريعية وتنفيذية وقضائية على غرار الأقاليم، إلا أنه

= «تساعد مجالس المحافظات الحكومة الاتحادية في تنسيق عمليات الوزارة الاتحادية... ولهذه المجالس الصلاحية كذلك بزيادة إيراداتها بشكل مستقل عن طريق فرض الضرائب والرسوم، وتنظيم عمليات إدارة المحافظة والمبادرة في إنشاء مشروعات وتنفيذها على مستوى= المحافظة وحدها أو بالمشاركة مع المنظمات الدولية والمنظمات غير الحكومية، والقيام بأنشطة أخرى طالما كانت تتماشى مع القوانين الاتحادية»، وقد أوردت الفقرة ب اختصاصات مشابهة لمجالس الأقضية والنواحي والمجالس البلدية على نحو مشابه لما جاءت به الفقرة أ من المادة **56**.

(1) حيث نصت الفقرة (جـ) على أن «تتخذ الحكومة الاتحادية كلما كان ذلك عملياً إجراءات لمنح الإدارات المحلية والإقليمية والمحافظات سلطات إضافية سيتم تنظيم الوحدات الإقليمية وإدارة المحافظات، بما فيها حكومة إقليم كوردستان، على أساس مبدأ اللامركزية.....».

رتب النتيجة نفسها من خلال إيراد مجموعة من الاختصاصات تكون فيها المحافظات على قدم المساواة مع الأقاليم في كثير من النصوص[1].

الفرع الثاني

النظام الإداري في ظل أمر سلطة الائتلاف المؤقتة رقم 71 لسنة 2004

أصدرت سلطة الائتلاف المؤقتة، الأمر 71 لسنة 2004 في 6/4/ 2004[2]، استناداً إلى قانون إدارة الدولة العراقية للمرحلة الانتقالية، ويعد هذا الأمر الذي حمل عنوان «السلطات الحكومية المحلية«بمثابة القانون المنظم للمحافظات التي لم تشكل إقليماً بعد، ومن ثم لا يسري هذا الأمر على المحافظات التي يتكون منها إقليم كردستان[3].

---

(1) فعلى سبيل المثال نصت المادة 21 من قانون إدارة الدولة للمرحلة الانتقالية على أن «لا يجوز للحكومة العراقية الانتقالية أو حكومات وإدارات الأقاليم والمحافظات والبلديات أو الإدارات المحلية أن تتدخل في حق الشعب العراقي في تطوير مؤسسات المجتمع المدني...»، وفي المادة 25 الفقرة هـ التي نصت على أن «إدارة الثروات الطبيعية للعراق والتي تعود لجميع أبناء الأقاليم والمحافظات في العراق بالتشاور مع حكومات وإدارات هذه الأقاليم والمحافظات....»؛ أما المادة 52 التي سبق ذكرها والتي نصت على أن «يؤسس تصميم النظام الاتحادي في العراق بشكل يمنع تركيز السلطة في الحكومة الاتحادية.... وأضافت المادة على «.... أن هذا النظام سيشجع على ممارسة السلطة المحلية من قبل المسئولين المحليين في كل إقليم ومحافظة...» ؛ وما جاء في المادة 57 فقرة أ التي نصت على «أن جميع الصلاحيات التي لا تعود حصراً للحكومة العراقية الانتقالية يجوز ممارستها من قبل حكومات الأقاليم والمحافظات....».

(2) نشر الأمر 71 لسنة 2004 في جريدة الوقائع العراقية بالعدد 3983، حزيران 2004.

(3) أشار القسم الأول من لأمر 71 لسنة 2004 إلى أن «...... يشجع هذا الأمر على ممارسة السلطة المحلية من قبل الموظفين المحليين في كل إقليم ومحافظة و يعترف بحكومة كردستان الإقليمية، وسوف لا يكون له تأثير على إدارة المناطق التي كانت تحت سلطة تلك الحكومة في 19 آذار 2003...».

ولم تخرج الأحكام التي جاء بها الأمر 71 لسنة 2004 كثيراً عن تلك التي حددها قانون إدارة الدولة، حيث جاء في الفقرة الرابعة من الديباجة إلى أن «نظام الحكومة في العراق سيكون جمهورياً اتحادياً ديمقراطياً وتعددياً، وأن تتقاسم فيه السلطات بين الحكومة الاتحادية والحكومات الإقليمية والمحافظات والبلديات والإدارات المحلية، وأنه سيكون من حق كل محافظة تشكيل مجلس المحافظة وتسميته محافظ وتشكيل مجالس محلية، وأن الأقاليم والمحافظات ستنظم على أساس مبدأ اللامركزية وتفويض السلطات للحكومات المحلية والبلدية...»[1].

وإذا كان الأمر 71 لسنة 2004 قد نص كما جاء في الديباجة على تشكيل مجالس للمحافظات ومجالس محلية أخرى، فإن الآلية التي اعتمدها في طريقة اختيار أعضاء مجلس المحافظة تختلف عن تلك التي تتعلق باختيار أعضاء المجالس المحلية الأخرى كمجلس القضاء والناحية والمجالس الأخرى، فبالنسبة لاختيار أعضاء مجلس المحافظة فقد نصت المادة 4 في القسم 2 من الأمر المذكور «يتم اختيار أعضاء كل مجلس للمحافظة، طبقاً للمعايير المتفق عليها من قبل مجلس الحكم وسلطة الائتلاف المؤقتة...»، والملاحظ في هذا الشأن أن الأمر لم يحدد ماهية هذه المعايير التي يمكن من خلالها تحديد طريقة اختيار أعضاء مجلس المحافظة سواء عن طريق الانتخاب أم التعيين ؟. لكن ما جرى على أرض الواقع يؤكد أن جميع مجالس المحافظات التي تشكلت بعد 2003/4/9 وحتى 2005/1/31 تم اختيار أعضاءها عن طريق التوافقات السياسية بين ممثلي الأحزاب السياسية المكونة لمجلس الحكم الانتقالي وبإشراف مباشر من سلطة الائتلاف المؤقتة وفريق الدعم القومي المرتبط بها في كل المحافظات العراقية باستثناء محافظات إقليم كردستان[2].

فضلاً عن ذلك أجاز الأمر 71 إضافة أعضاء جدد تتوفر فيهم الشروط المنصوص عليها في المادة 31 من قانون إدارة الدولة بقرار يصدره مجلس المحافظة

---

(1) ينظر: المواد (4، 52، 55، 56، 57) من قانون إدارة الدولة للمرحلة الانتقالية.

(2) انتصار شلال مارد، الحدود القانونية لسلطة الإدارة اللا مركزية الإقليمية، أطروحة دكتوراه مقدمة إلى كلية الحقوق، جامعة النهرين، 2008، ص 144.

بأغلبية الثلثين من أعضاء المجلس، وقد اعترف الأمر أيضاً باستمرارية العضوية في مجالس المحافظات إلى حين إجراء انتخابات مجالس المحافظات في التاريخ نفسه الذي ستجري فيه انتخابات الجمعية الوطنية في موعد أقصاه 31 كانون الثاني 2005[1].

أما بالنسبة للمجالس المحلية الأخرى الواردة في الأمر 71 وهي مجالس الأقضية والنواحي والمجالس البلدية ومجالس المدن والأحياء، فإن تشكيلها يتم بقرار يصدره مجلس المحافظة، ويتم اختيار أعضاء هذه المجالس من خلال أنظمة يصادق عليها مجلس المحافظة بأغلبية أعضاءه وقد جعل الأمر 71 مسألة تشكيل هذه المجالس من الأمور الجوازية[2].

وفي هذا الشأن نلاحظ أن الأمر 71 قد أجاز تشكيل مجالس محلية جديدة لم تألفها قوانين الإدارة المحلية في العراق ومن ضمنها قانون المحافظات رقم 159 لسنة 1969 كمجالس المدن والأحياء، أما مجالس البلديات فقد نص على تشكيلها قانون البلديات رقم 165 لسنة 1964 المعدل ومع ذلك فإنها قد ألغيت ضمناً بعد صدور قانون المحافظات رقم 159 لسنة 1969 وبمواد عديدة[3].

─────────────────

(1) ينظر: المادة 4 من القسم 2 في أمر سلطة الائتلاف رقم 71 لسنة 2004.

(2) جاء ذلك في المادة 1 والقسم 4 من أمر سلطة الائتلاف رقم 71 لسنة 2004 التي نصت على أن «يجوز لأية محافظة بتصويت الأغلبية، تشكيل مجالس إقليمية فرعية، مجالس البلديات ومجالس محلية أخرى ذات صلة التي تنظم جغرافياً كالقضاء والناحية، مجالس المدن، مجالس البلديات، مجالس الأحياء.....»، ونصت المادة 2 من القسم نفسه أنه «يتم اختيار أعضاء كل مجلس بضمنهم الرئيس وفق الأنظمة المصادق عليها بأغلبية مجلس المحافظة. تستمر كافة المجالس المحلية الموجودة عند صدور هذا الأمر قائمة ويستمر كذلك كافة الذين يشغلون مناصب أعضاء في تلك المجالس عند صدور هذا الأمر في مناصبهم إلا إذا تم إقالتهم بموجب هذا الأمر» ؛ ويلاحظ في هذا الصدد أن الأمر 71 لم يحدد سقفاً زمنياً تجري فيه انتخابات هذه المجالس بخلاف ما عليه الحال بالنسبة لمجالس المحافظات الذي حدد لهم موعداً أقصى أن تجري فيه الانتخابات وهو 2005/1/31 والتي أشارت إليها المادة 4 من القسم 2 المذكورة آنفاً.

(3) فعلى سبيل المثال ما جاء في المادة 140 من قانون المحافظات رقم 159 لسنة 1969 على أن «تمارس مجالس الوحدات الإدارية الوظائف البلدية ضمن الحدود البلدية المقررة....»؛=

ومن التطورات المهمة التي جاء بها الأمر **71** لسنة **2004** هو جعل اختيار رؤساء الوحدات الإدارية يتم من خلال المجالس المحلية التي تملك في الوقت نفسه سلطة عزلهم من مناصبهم[1]، بعد أن كان تعيينهم يتم بموجب قانون المحافظات رقم **159** لسنة **1969** من خلال السلطة المركزية[2].

وبخصوص اختصاصات مجالس المحافظات والمجالس المحلية الأخرى التي نص عليها الأمر المشار إليه فقد جاءت معظمها ترديداً لما نص عليه قانون إدارة الدولة للمرحلة الانتقالية[3].

غير أن هناك اختصاصات جديدة أضافها الأمر **71** تتعلق بإعطاء مجالس المحافظات سلطة لمصادقة أو رفض التعيين الذي تقوم به الوزارات للمدراء العامين فضلاً عن إمكانية إعفاء أو عزل هذه الفئة من الموظفين من مناصبهم[4].

= في المادة **143** التي نصت على أن «تطبق مجالس الوحدات الإدارية كافة القوانين والأنظمة والتعليمات التي تطبقها البلديات....» ؛ والمادة **144** والتي نصت على أن «يحل مجلس الوحدة الإدارية محل المجالس البلدية...» ؛ غير أن جميع النصوص التي ألغت ضمناً مجالس البلديات قد علقت بمقتضى الأمر **71** لسنة **2004** الذي نص في العناوين الأولى من القسم **8** على أن «يُعلق بمقتضى هذا الأمر أي نص في القانون العراقي للحد الذي يتناقض مع هذا الأمر على سبيل المثال لا الحصر قانون المحافظات رقم **159** لعام **1969**....».

(1) نصت المادة **6** من القسم **2** من الأمر **71** على أن «لمجالس المحافظات بموجب هذا الأمر صلاحية اختيار وتعيين المحافظين ووكلائهم.... ويمكن لمجالس المحافظات عزل المحافظين ووكلاء المحافظين...» ؛ ونصت المادة **3** من القسم **4** أن «يكون للمجالس المحلية وبأغلبية الأصوات صلاحيات انتخاب رؤساء الوحدات الإدارية ووكلائهم...».

(2) حيث كان المحافظ والقائمقام ومدير الناحية يتم تعيينهم بمرسوم جمهوري، ينظر: المواد **13** الفقرة الأولى والثانية من قانون المحافظات رقم **159** لسنة **1969**.

(3) ينظر: المواد (**2**، **3**، **6**) من القسم **2** ؛ والمواد (**1**، **2**، **3**) من القسم **4** ؛ والمواد (**2**، **3**، **5**) من القسم **6** من أمر سلطة الائتلاف المؤقتة رقم **71** لسنة **2004** ؛ كذلك ينظر: المواد (**56**، **57**) من قانون إدارة الدولة للمرحلة الانتقالية والتي سبق الإشارة إليها.

(4) ينظر: المادة **3** من القسم **2** من الأمر **71** لسنة **2004**.

كما وأعطى الأمر 71 إلى مجالس المحافظة سلطة اختيار مرشح واحد من ثلاثة مرشحين لشغل منصب مدير شرطة المحافظة وبأغلبية أصوات أعضاءه، كما يجوز للمجلس فضلاً عن وزير الداخلية عزل مدير الشرطة بأغلبية الثلثين من أصوات أعضاء المجلس في حال تحقق سبب من الأسباب التي حددها الأمر.(1)

نخلص مما تقدم أن النظام الإداري في ظل أمر سلطة الائتلاف المؤقتة رقم 71 لسنة 2004 لم يكن هو الآخر واضحاً مثلما رأينا ذلك في بيان طبيعة النظام الإداري في ظل قانون إدارة الدولة، وكان من المفترض أن يكون الأمر 71 أكثر وضوحاً من قانون إدارة الدولة باعتباره قانوناً ينبغي له أن يفصل في كل الأسس العامة التي جاء بها قانون إدارة الدولة، إلا إنه وفي كثير من الأحكام كما رأينا جاءت مواده مكررة باستثناء ما جاء في القسم الذي بين الأسباب الموجبة للأمر 71 والذي جاء فيه «يصف هذا الأمر الإداري صلاحيات ومسؤوليات المحافظة والبلدية والمستويات المحلية للحكومة وتطبيق مبدأ اللامركزية في سلطات الحكم التي يتضمنها قانون إدارة الدولة....» وهذا يعني أن الأمر 71 لسنة 2004 أراد أن يعطي المحافظات التي لم تشكل إقليماً فيدرالياً وضعاً قانونياً يقترب كثيراً من مركز الإقليم من خلال منحه الاختصاصات الواسعة التي لا يمكن أن تتمتع بها المجالس المحلية في ظل مبدأ اللامركزية الإدارية، ولعل أهم هذه الاختصاصات هي فرض الضرائب والرسوم بشكل مستقل عن السلطة المركزية، هذه الاختصاصات التي تمتعت بها مجالس المحافظات والمجالس المحلية الأخرى والتي تمارسها باستقلال من دون تدخل للسلطة الإدارية المركزية جعلتها في منزلة وسط بين اللامركزية الإدارية واللامركزية السياسية(2).

---

(1) ينظر: المادة (2، 3) من القسم 6 من الأمر 71 لسنة 2004؛ وبالنسبة للأسباب التي تبرر العزل أو الإقالة فقد حددت المادة 2 من القسم 7 أنه «لأغراض هذا الأمر، فإن كلمة (سبب) تفي العجز أو سوء السلوك الخطير داخل أو خارج الوظيفة أو التقصير في أداء الواجبات أو سوء استخدام المنصب».

(2) من الملفت للنظر أنه وعلى الرغم من صراحة النصوص التي أعطت مجالس المحافظات سلطة فرض الضرائب والرسوم المحلية سواء التي جاءت بموجب قانون إدارة الدولة=

وبصدور الدستور الدائم لعام 2005، وصدور قانون المحافظات المنتظمة في إقليم رقم 21 لسنة 2008 انتهى العمل بقانون إدارة الدولة للمرحلة الانتقالية والغي العمل أمر سلطة الائتلاف رقم 71 لسنة 2004.

=   أم الأمر 71 لسنة 2004 نجد ان الفتاوى التي أصدرها مجلس شورى الدولة لا تجوز لمجالس المحافظات ممارسة هذه الاختصاصات بحجة أن تقاسم السلطات بين الحكومة الاتحادية والحكومات الإقليمية والمحافظات التي نصت عليه المادة 4 من قانون إدارة الدولة لم يجر لحد الآن، ينظر القرار رقم 2005/59 الصادر من مجلس شورى الدولة في 2005/1/26 والمنشور في كراس وزارة العدل الذي حمل عنوان قرارات مجلس شورى الدولة الصادر في ضوء قانون المحافظات غير المنتظمة في إقليم رقم 21 لسنة 2008 2010، ص 13.

الفصل الثاني
مفهوم الإدارة المحلية وفلسفتها
بين المركزية واللامركزية الإدارية

تُعدّ الإدارة المحلية التطبيق العملي لفكرة اللامركزية الإدارية، وقبل الدخول في بيان مفهوم الإدارة المحلية من حيث تعريفها وتمييزها عن النظم المشابهة، ينبغي لنا أولا الحديث عن المركزية واللامركزية بشكل عام حتى يتسنى لنا معرفة موقع الإدارة المحلية بينهما، هذا من جانب، ومن جانب آخر لم يعد يُنظر إلى الإدارة المحلية بأنها مجرد أسلوب من أساليب التنظيم الإداري تعمل على تخفيف الأعباء عن كاهل السلطة الإدارية المركزية فحسب، بل أصبحت تمثل منظومة متكاملة لها فلسفتها وأهدافها المتعددة للمجالات كافة، السياسية والاقتصادية والإدارية والاجتماعية.

وبناءً على ذلك سنقسم الفصل على ثلاثة مباحث، نتناول في المبحث الأول، مفهوم المركزية واللامركزية الإدارية، وفي المبحث الثاني سنتناول فيه مفهوم الإدارة المحلية وتمييزها عن النظم المشابهة، أما المبحث الثالث والأخير فسنعرض فيه فلسفة الإدارة المحلية وأهدافها.

المبحث الأول
مفهوم المركزية واللامركزية الإدارية

تختلف الدول في إيجاد الأسلوب المناسب للتنظيم الإداري بحسب اختلاف الظروف السياسية والاقتصادية والاجتماعية، التي تلعب دوراً كبيراً ومؤثراً في حسم خيارات اللجوء إما إلى تبني أسلوب المركزية الإدارية كنظام إداري وحيد تسير عليه الدولة أو الأخذ بأسلوب اللامركزية الإدارية، وقد يتجه خيار ثالث نحو الأخذ بالأسلوبين معاً.

أياً كانت هـذه الاتجاهـات ينبغي لنـا معرفة مفهوم المركزية واللامركزية الإدارية، وعلى هذا الأساس سنقسم المبحث على مطلبين، نتناول في المطلب الأول تعريف المركزية الإدارية، أما المطلب الثاني فسنتناول فيه تعريف اللامركزية الإدارية.

المطلب الأول
تعريف المركزية الإدارية

لغرض إعطاء صورة واضحة ومتكاملة عن المركزية الإدارية، سنقسم المطلب على ثلاثة فروع، سنتناول في الفرع الأول مدلول المركزية الإدارية، وفي الفرع الثاني سنستعرض صور المركزية الإدارية، أما الفرع الثالث فسنتناول فيه تقويم المركزية الإدارية .

الفرع الأول
مدلول المركزية الإدارية

قبل الدخول في تعريف المركزية الإدارية ينبغي لنـا توضيح فكـرة المركزية بشكل عام، لان المركزية الإدارية في ذاتها تمثل إحدى صور المركزية، وتعرف المركزية بأنها «تجميع السلطة في يد هيئة رئاسية واحدة في جميع أنحـاء الدولة، بمعنى أن لا توجد في الدولة إلا سلطة واحدة تتولى الوظائف بنفسها»[1].

والمركزية بهذا المعنى قد تكون مركزية سياسية أو اقتصادية أو إدارية، فالمركزية السياسية تعني أن يخضع إقليم الدولة لإرادة سلطة سياسية واحدة ومن ثم فان الدولة يكون لها سلطة تشريعية وتنفيذية وقضائية واحدة تمتد على إقليم الدولة برمته دون أن تشاركها أي سلطة أخرى[2] .

───────────────

(1) د. محمـد فـؤاد مهنـا، القـانون الإداري العربـي في ظـل النظـام الاشتراكـي الـديمقراطي التعاوني، المجلد الأول، دار المعارف، القاهرة، 1964، ص 455.

(2) د. محمد محمد بدران، المصدر السابق، ص 14.

على هـذا الأسـاس فان المركزيـة السـياسية لا يمكن تصور وجودهـا إلا ـفي الدول الموحدة البسيطة[1].

أما المركزيـة الاقتصادية وهي التي تسـود ـفي بعض الدول المعاصرة وبالتحديد الدول الاشتراكية إذ تتولى السلطات المركزية ـفي الدولة الإشراف على كافة أوجه النشاط الاقتصادي وتوجيهه وفقاً لخطط مرسومة[2].

والمركزيـة الاقتصادية يمكن تصور وجودهـا ـفي الـدول الموحدة البسيطة والاتحادية (الفدرالية) على حد سواء[3].

وبالنسبة للمركزية الإدارية فإنها تقوم على أسـاس «حصر ممارسة الوظيفة الإدارية ـفي الدولة بالحكومة المركزية، فهي تعني التوحيد وعدم التجزئة، فتقوم الأجهـزة الإداريـة التابعـة للحكومـة ـفي المركـز مباشـرةً بممارسـة الوظـائف والاختصاصات الإدارية ـفي جميع إقليم الدولة»[4].

ومـن خـلال التعريـف المتقـدم نسـتطيع اسـتخلاص عناصـر المركزيـة الإدارية وهي أثنين :-

---

(1) يقصد بالدولة الموحدة أو البسيطة «بأنها تلك الدولة التي تكون السيادة فيها موحدة، فتظهر الدولة كوحدة واحدة سـواء مـن الناحيـة الخارجيـة أو مـن الناحيـة الداخليـة، ... فالسلطة السياسية فيها واحدة تتولى كافة الوظائف العامة تشريعية كانت أو تنفيذية أو قضائية...»، د. إبراهيم عبد العزيز شيحا، النظم السياسية والقانون الدستوري، منشأة المعارف بالإسكندرية، ب،ت،ص65.

(2) د. احمد كمال أبو المجد، دراسات ـفي الإدارة، مكتبة القاهرة الحديثة، 1968، ص 25.

(3) ولعل ابرز دليل على ذلك الاتحاد السوفيتي سابقا فعلى الرغم مـن أن شـكل الدولـة كـان اتحادي (فدرالي) فان النظام الاقتصادي فيها كـان يدار بشـكل مركـزي، والعراق ـفي ظل دستور 1970 كان دولة موحدة ومع ذلك اتبع المركزية الاقتصادية، حيـث نصت المادة (112) منه على أن «تتولى الدولة تخطيط وتوجيه أو قيادة الاقتصاد الوطني....».

(4) د. منير محمود الوتري، ـفي القانون العام، المركزية واللامركزية، ـفي القانون العام، المركزية واللامركزية، بغداد، 1976، ص 8 ؛للمزيد ينظر د. مـاهر صـالح علاوي الجبوري، الوسيط ـفي القانون الإداري، دار ابن الأثير، جامعة الموصل، 2009، ص 79 ؛ للمزيد ينظر: د. سليمان الطماوي، مصدر سابق، ص 63 ؛ د. رفعت عيد سيد، مبادئ القانون الإداري، دار النهضة العربية، القاهرة، 2003، ص 148 ؛ د. ثروت بدوي، القانون الإداري، دار النهضة العربية، القاهرة، 2002، ص 36 ؛ د. مصدر سابق، ص 81.

العنصر الأول : ويتمثل بحصر الوظيفة الإدارية في يد الحكومة المركزية :

ويقصد به أن تكون سلطة البت النهائي في اتخاذ القرار المتعلق بشؤون الوظيفة الإدارية والنشاط الإداري في جميع أقاليم الدولة و للحكومة المركزية[1].

العنصر الثاني : خضوع جميع موظفي الدولة لنظام السلم الإداري :

إن السلم الإداري في الوظيفة العامة يقوم أساساً على خضوع الموظف الأدنى درجة للموظف الأعلى درجة منه في هذا السلم حتى تنتهي إلى الوزير الذي يخضع له الجميع في وزارته من الناحية الإدارية ، وهذا في حقيقة الأمر يمثل مضمون السلطة الرئاسية[2]. ولما كانت الحكومة المركزية في ظل المركزية الإدارية هي المحتكر لممارسة الوظائف الإدارية ؛ فان الواقع العلمي يفرض عليها تقسيم العمل الإداري على إداراتها المختلفة ، سواء المتواجدة منها في العاصمة أم تلك المتواجدة في الأقاليم أو المحافظات ، وهذا التقسيم لا يخل ولا يهدم فكرة المركزية الإدارية طالما خضع موظفي هذه الإدارات لنظام السلم الإداري المعبر عنه بالسلطة الرئاسية[3].

الفرع الثاني
صور المركزية الإدارية

للمركزية صورتان هما التركيز الإداري (المركزية المطلقة)، والأخرى هي صورة عدم التركيز الإداري (المركزية النسبية).

---

(1) د. ماهر صالح الجبوري، المصدر السابق، ص 80.

(2) د. علي محمد بدير ؛ د. عصام عبد الوهاب البرزنجي ؛ د. مهدي ياسين السّلامي، مبادئ وأحكام القانون الإداري، العاتك لصناعة الكتاب، القاهرة، 1993، ص111.

(3) د. طعيمة الجرف، القانون الإداري، دار النهضة العربية، القاهرة، 1978، ص 175.

أولا : ـ التركيز الإداري (المركزية المطلقة) :

وهي الصورة التي تتركز بمقتضاها ممارسة السلطة الإدارية بأيدي الوزراء في العاصمة، بحيث لا يكون لموظفيهم في الأقاليم سلطة البت النهائي في اتخاذ القرار، بل عليهم أن يعودوا إلى وزرائهم في العاصمة في كل شيء[1].

ترتبط صورة التركيز الإداري عادة بنشأة الدولة في بادئ أمرها، حيث تميل الدولة حديثة النشأة في الغالب إلى إتباع المركزية في أقصى درجاتها وهي التركيز الإداري أو المركزية المطلقة وهي التسمية الأدق في تقديرنا ـ وذلك من اجل تأكيد وحدة الدولة السياسية والإدارية، وقد تتخلى الدولة عن إتباع هذا الأسلوب تدريجياً إذا اطمأنت على وحدتها في جانبها السياسي والإداري.

ثانياً : ـ عدم التركيز الإداري (المركزية النسبية) :

إذا كانت صورة التركيز الإداري يمكن أن تطبق في الدول ذات المساحة الصغيرة وتتسم بمحدودية نشاطها وقلة عدد السكان، فقد أصبحت هذه الصورة من الماضي، فلا يمكن في الوقت الحاضر بعد أن ازدادت واجبات الدولة وتشعبت مجالاتها، أن تضطلع السلطة الإدارية المتواجدة في العاصمة في ممارسة النشاط الإداري واتخاذ القرارات في جميع أرجاء الدولة، ولذلك أصبح من الضروري أن يكون للدولة موظفين في مختلف أقسامها الإدارية لهم سلطة اتخاذ القرارات في بعض المسائل دون الرجوع إلى السلطة المركزية المتواجدة في العاصمة مع بقائهم خاضعين لها من الناحية العضوية، وهذه هي الصورة الثانية للمركزية الإدارية والتي أطلق عليها تسمية عدم التركيز الإداري[2].

---

(1) د. شاب توما منصور، المصدر السابق، ص 83.

(2) د. رفعت عيد سيد، المصدر السابق، ص 150 وما بعدها ؛ وفي هذا الصدد هنالك مسميات أخرى أطلقها الفقه الإداري على صورتي التركيز وعدم التركيز الإداري، فمن الفقهاء من يطلق عليها تسمية الوزارية واللاوزارية، وهو الدكتور عثمان خليل أشار إليه د. سليمان الطاوي، المصدر السابق، ص 80.79، والبعض الآخر يطلق عليه تسمية المركزية المكثفة والمركزية المخففة، ينظر د. محمد عبد العال السناري، نظم وأحكام الوظيفة العامة والسلطة الإدارية والقانون الإداري في جمهورية مصر العربية، بدون دار نشر، بدون تاريخ، =

الفرع الثالث

تقويم المركزية الإدارية

لنظام المركزية الإدارية مزايا ولكن في الوقت نفسه لا يخلو من العيوب والمثالب، من اجل ذلك سنعرض أهم المزايا التي دعت للأخذ به وتطبيقه، كما سنعرض العيوب التي دعت إلى انتقاده وكما يأتي :-

---

= ص 215 وما بعدها ؛ وهنالك من يطلق عليها تسمية الحصرية واللاحصرية، د.خالد قباني، اللامركزية ومسالة تطبيقها في لبنان، منشورات البحر المتوسط ومنشورات عويدات، بيروت، باريس، 1981، ص 46 ؛ بينما ذهب آخرون في إطلاق تسمية المركزية والعمركزية والتي تعني عن المركزية ويقصد بها عدم التركيز الإداري ؛ د. منذر الشاوي، القانون الدستوري، الجزء الأول، الطبعة الثانية، العاتك لصناعة الكتاب، القاهرة، 2007، ص 207 ؛.. والملاحظة في هذا الشأن أن الدلالات اللغوية التي تشير إليها المصطلحات السابقة لا تعطي المعنى الدقيق، فمصطلح التركيز الإداري بوصفه صورة من صور المركزية الإدارية لا يعطي سوى المعنى ذاته للمركزية الإدارية، و دون أن يشير إلى درجة هذه المركزية، ؛ أما مصطلح عدم التركيز الإداري فهو لا يعطي المعنى الدقيق، فعدم التركيز يمكن أن يشمل المعنى نفسه الذي تشير إليه اللامركزية الإدارية، فما الفرق في أن تنفي التركيز بكلمة عدم أو كلمة لا فكلاهما (عدم التركيز الإداري واللامركزية الإدارية) يشيران من حيث الدلالة اللغوية إلى إبعاد دور المركز، وهذا الكلام ينطبق على تسمية الوزارية أو واللاوزارية والحصرية أو واللاحصرية ؛ أما بالنسبة لاستخدام مصطلح المركزية المكثفة والمخففة فإنها لا يعبران في الواقع عن المعنى المراد بشكل دقيق كونهما من المصطلحات المستخدمة في العلوم الطبيعية، أما فيما يتعلق باصطلاح المركزية واللامركزية فان المصطلح الأخير يشوبه الغموض فضلا انه غير مألوف في اللغة القانونية، وأخيراً نعتقد بالإمكان استخدام مصطلح المركزية الإدارية المطلقة والنسبية وذلك على أساس أن التمييز بينهما هو حيث الدرجة ففي المركزية الإدارية المطلقة فإنها تدل على أن ممارسة النشاط الإداري يكون بصورة مطلقة بيد السلطة المركزية في حين يشير مصطلح المركزية الإدارية النسبية أن هنالك نسبة معينة في اتخاذ القرار تخرج عن نطاق السلطة المركزية وهو المعنى المقصود.

أولا : مزايا المركزية الإدارية :

لنظام المركزية الإدارية مزايا عديدة نذكر أهمها:-

أ) إن نظام المركزية الإدارية يعد الأسلوب الوحيد الذي يلاءم إدارة المرافق العامة القومية التي تهدف إلى أداء الخدمات على نطاق واسع تتجاوز الحدود الإدارية المقررة لإقليم معين من أقاليم الدولة.

ب) يؤكد نظام المركزية الإدارية وحدة الدولة القانونية والسياسية والإدارية، فهو يقوي السلطة التنفيذية باعتباره نظام توحيد، ضد التجزئة والتفتيت. ومن اجل هذا الأمر لجأت الدول في بداية نشأتها إلى إتباع أسلوب المركزية الإدارية، فهو أصلح للدول التي لم تستقر نظمها السياسية.

ج) إن الأخذ بالمركزية الإدارية يؤدي إلى تقليل النفقات العامة، فضلا عن انه واضح المعالم نظراً لوحدة أنماط وأساليب ممارسة النشاط الإداري في جميع مرافق الدولة[1].

د) ويمكن أن نضيف مزية أخرى نعتقد أنها جوهرية، ألا وهي إن إتباع المركزية الإدارية يجعل من الإدارة العامة محايدة في الغالب كونها بعيدة عن الخلافات السياسية والاجتماعية في الإطار المحلي لكل إقليم أو محافظة ؛ مما يجعلها تتعامل في الغالب مع جميع المواطنين وفي مختلف أقاليم الدولة بمنظور واحد مما تتحقق فيه إلى حد ما العدالة والمساواة، وتعمل على تقليل تغليب المصالح الفئوية.

ثانيا : عيوب المركزية الإدارية :

بالرغم من المزايا العديدة التي سبق ذكرها لأسلوب المركزية الإدارية، فانه وبالمقابل لا يخلو من العيوب والمثالب خصوصاً إذا ما تم تطبيقه كأسلوب وحيد في أداء المهام والوظائف الإدارية، وعلى هذا الأساس فإن أهم العيوب والانتقادات الموجهة للمركزية الإدارية هي ما يأتي :-

---

(1) ؛ د. خالد خليل الظاهر، القانون الإداري، دار المسيرة للنشر والتوزيع والطباعة، عمّان، 1998، ص 129.

أ) إن إتباع أسلوب المركزية الإدارية كخيار وحيد أصبح يتعارض مع ما بات يعرف بالديمقراطية الإدارية التي تقوم أساساً على إفساح المجال أمام المواطنين وإشراكهم في إدارة الشؤون والمصالح المحلية.

ب) إن تطبيق المركزية بصورة مطلقة ستؤدي إلى تبديد الوقت والجهد والمال، كما أنها تؤدي إلى إضعاف الشعور بالمسؤولية خاصة لدى ممثلي الإدارة المركزية بالأقاليم وذلك لبعدهم عن الرؤساء في العاصمة وعدم إحساسهم بالرقابة المباشرة.

جـ) إن هذا الأسلوب يجعل من السلطة المركزية تركز جُلّ اهتمامها على المرافق العامة المتواجدة في العاصمة بخلاف تلك المتواجد في أقاليم الدولة[1].

المطلب الثاني

تعريف اللامركزية الإدارية

نظراً للتغييرات التي حصلت في مفهوم الدولة، والتي تمثلت بالانتقال من مفهوم الدولة الحارسة التي تقتصر مهامها على حفظ الأمن الداخلي والخارجي إلى مفهوم الدولة المتدخلة، نتيجة ازدياد عدد السكان واتساع الأقاليم في الدولة، وظهور المرافق العامة، وتنوع مجالات الخدمة التي تقدمها للأفراد، جميع هذه الاعتبارات جعلت من الصعوبة إن لم نقل من المستحيل مسايرتها من خلال إتباع أنماط وأساليب الإدارة المركزية، لذلك كان الاتجاه نحو اللامركزية الإدارية هو الخيار الناجع لتلبية هذه المتطلبات خصوصا مع ظهور وانتشار الأفكار الديمقراطية.

ومن اجل تسليط الضوء على فكرة اللامركزية الإدارية، سنقسم المطالب على ثلاثة فروع سنتناول في الفرع الأول مدلول اللامركزية الإدارية ومن ثم نعرض صور اللامركزية الإدارية في الفرع الثاني، أما الفرع الثالث سنخصصه للحديث عن تقويم اللامركزية الإدارية.

---

(1) د. محمود عاطف ألبنا، الوسيط في القانون الإداري، دار الفكر العربي، القاهرة، 1984، ص 181؛ ينظر، د. سليمان الطاوي، المصدر السابق، ص 81 ؛ د. محمد عبد العال السناري، المصدر السابق، ص 218 ؛ د. بكر قباني، القانون الإداري، دار النهضة العربية، القاهرة 1985، ص 149 ؛ د. منير محمود الوتري، مصدر سابق، ص 17.

الفرع الأول
مدلول اللامركزية الإدارية

قبل الولوج في تعريف اللامركزية الإدارية وبيان عناصرها، ينبغي لنا أولاً أن نحدد مفهوم اللامركزية بشكل عام، إذ يعرفها البعض بأنها «.. توزيع السلطة ما بين جهات متعددة، بحيث لا تتركز في يد السلطة المركزية فقط بل تشاركها هيئات أخرى قد تكون إقليمية أو مرفقيه أو سياسية..»[(1)]، في حين ذهب البعض الآخر في تعريف اللامركزية بأنها «أسلوب في التنظيم يقوم على أساس توزيع السلطات والاختصاصات بين السلطة المركزية وهيئات أخرى مستقلة قانونا واللامركزية وهذا المعنى قد تكون اللامركزية سياسية أو لا مركزية إدارية»[(2)].

وذهب آخر في تعريف اللامركزية بأنها «نظام قانوني لا يظهر بمظهر واحد ولا بصيغة واحدة وإنما يتخذ إشكال متعددة بحسب الشكل الدستوري للدولة، وتنطوي اللامركزية على صورتين اللامركزية الإدارية واللامركزية السياسية»[(3)].

يمكن الجمع بين التعاريف السابقة بصيغة أخرى وهي أن اللامركزية تعد تنظيم قانوني يقره المشرع دستورياً كان أم عادياً يتولى توزيع السلطة بين جهتين، فإذا كان التوزيع للسلطة يتضمن معناه العام الذي يشمل الوظيفة التشريعية والتنفيذية والقضائية كنا أمام اللامركزية السياسية التي تعد شكلاً من أشكال الدولة حيث تتحول الدولة بموجبه من دولة بسيطة موحدة إلى دولة مركبة تتعدد فيها السلطات الثلاث، التشريعية والتنفيذية والقضائية، ومن ثم تكون في الدولة المركبة أو الاتحادية (الفدرالية) سلطتين، سلطة اتحادية وأخرى سلطة ولايات أو أقاليم ؛ أما إذا كان توزيع السلطة يقتصر على الجانب الإداري وهو احد جوانب السلطة التنفيذية كنا أمام نظام اللامركزية الإدارية، اذ لا يعد هذا النظام شكلاً من أشكال الحكم بل هو مجرد تنظيم ممارسة الوظيفية الإدارية.

---

(1) د. محمد محمد بدران، مصدر سابق، ص 7.

(2) د. خالد سماره الزعبي، تشكيل المجالس المحلية وأثرها على كفايتها في نظم الإدارة المحلية، الطبعة 3، مكتبة دار الثقافة للنشر والتوزيع، ، عمان الأردن، 1993، ص 22.

(3) د. خالد قباني، مصدر سابق، ص 41.

فقد عُرِفّت اللامركزية الادارية تعريفات متعددة، فمنهم من عرفها بأنها «سلطات تقرير لأجهزة من غير موظفي السلطة المركزية، لا تخضع لواجب الطاعة التسلسلية وغالباً ما تنتخب من قبل المواطنين أصحاب العلاقة»[1] .

في حين عرّف البعض الآخر اللامركزية الإدارية بأنها تتضمن «توزيع الوظائف الإدارية بين الحكومة المركزية وبين هيئات محلية أو مصلحيه منتخبة، بحيث تكون هذه الهيئات في ممارستها لوظيفتها الإدارية تحت إشراف ورقابة الحكومة المركزية»[2].

يتضح من هذا التعريف الذي يعد أكثر دقة من التعريف السابق أن توزيع الوظائف أو الاختصاصات يقتصر على الجانب الإداري دون الجوانب أو الوظائف الأخرى التشريعية والقضائية وهو المضمون الصحيح ؛لأن القول بخلافه سيغير حتماً من طبيعة اللامركزية الإدارية ويجعلها تتجه نحو اللامركزية السياسية والتي لا يتصور وجودها إلا في الدولة الاتحادية (الفدرالية) أو ما اصطلح عليه الفقه الدستوري تسمية الدولة المركبة[3].

وقد أشار التعريف أيضا إلى صور اللامركزية الإدارية حيث تكون على صورتين اللامركزية الإدارية الإقليمية واللامركزية المرفقية أو المصلحية، وقد أكد أيضا التعريف على مبدأ انتخاب الهيئات المحلية المرفقية حتى يعطيها نوع من الاستقلالية والتي لا يخل بها خضوع هذه الهيئات لرقابة وإشراف الحكومة المركزية، فالتركيز على رقابة الحكومة المركزية وهي بطبيعة الحالة السلطة التنفيذية ناجم عن كون هذه السلطة هي الأقدر والأكثر فاعلية في ممارسة

---

(1) جورج فوديل وبيار دلفولفيه، القانون الإداري، الجزء الثاني، ترجمة منصور القاضي، المؤسسة الجامعية للدراسات والنشر والتوزيع، بيروت،لبنان، 2008، ص 301.

(2) د. سليمان الطماوي، مصدر سابق، ص 83.

(3) د. إحسان حميد المفرجي ؛ د. كطران زغير نعمة ؛ د. رعد ناجي الجدة، النظرية العامة في القانون الدستوري والنظام الدستوري في العراق، الطبعة الثانية، المكتبة القانونية، بغداد، 2007، ص 90.

الرقابة على الهيئات المحلية المرفقية وهذا لا يمنع من رقابة السلطتين التشريعية والقضائية وان كانت الرقابة لكلا السلطتين لها طبيعة خاصة ومفترضة تدخل من ضمن مهامها الأساسية.

على الرغم من أن التعريف المتقدم قد أعطى تصوراً واضحاً عن اللامركزية الإدارية إلا انه قد اغفل نقطة مهمة وهي عدم تحديده للجهة التي تتولى توزيع الاختصاصات الإدارية وهي بطبيعة الحال السلطة التشريعية، وذلك مرده إلى أن استقلال الهيئات المحلية والمرفقية لا يعد منحة من السلطة الإدارية المركزية بل هو حق أصيل مرده القانون، وبناءً على ما تقدم يمكن تعريف اللامركزية الإدارية بأنها تنظيم قانوني يتولى بموجبه المشرع سواء كان دستورياً أم عادياً توزيع الاختصاصات الإدارية بين السلطة الإدارية المركزية وبين هيئات إدارية إقليمية منتخبة في الغالب أو هيئات مرفقية أو مصلحية على أن تخضع هذه الهيئات وإعمالها للرقابة سواء كانت صادرة من السلطة الإدارية المركزية ام من السلطتين التشريعية والقضائية.

ومن خلال التعريف المتقدم يمكن استنباط أركان اللامركزية الإدارية[1]:

1 - الاعتراف للهيئات المحلية والمرفقية بممارسه بعض الاختصاصات الإدارية بمقتضى القانون.

2 - إن تتولى إدارة هذه الاختصاصات هيئات محلية منتخبة في الغالب أو هيئات مرفقية تتمتع باستقلال نسبي في مواجهة السلطة المركزية.

3 - خضوع هذه الهيئات وأعمالها للرقابة.

---

(1) ينبغي الإشارة إلى إننا أفردنا فصلا خاصا عن أركان الإدارة المحلية والتي تمثل إحدى صور اللامركزية الإدارية.

الفرع الثاني

صورة اللامركزية الإدارية[1]

سبق أن عرفّنا اللامركزية الإدارية بأنها تنظيم قانوني يتولى بموجبه المشرع توزيع الاختصاصات بين السلطة الإدارية المركزية وهيئات إقليمية ومرفقيه الخ، ومن خلال هذا التعريف نستطيع تحديد صور اللامركزية الإدارية، وهي اثنتين الأولى اللامركزية الإدارية الإقليمية والثانية اللامركزية المرفقية أو المصلحية وسنوضح كلا الصورتين على النحو الآتي :-

أولا- اللامركزية الإدارية الإقليمية :

يقصد باللامركزية الإدارية الإقليمية بأنها الأسلوب الذي يتم من خلاله «توزيع الوظائف الإدارية بين السلطة المركزية وبين هيئات إدارية محلية أو إقليمية مستقلة بحيث تمارس هذه الهيئات وظائفها الإدارية تحت إشراف ورقابة السلطة المركزية دون خضوعها لها خضوعاً رئاسياً»[2] .

تقوم اللامركزية الإدارية الإقليمية على أساس جغرافي عندما يعمد المشرع إلى تقسيم إقليم الدولة الى وحدات جغرافية، ولكي تكتسب الأخيرة صفة اللامركزية الإدارية ينبغي أن تمثلها هيئات محلية مستقلة نسبياً عن السلطة المركزية تتولى إدارة الشؤون والمصالح المحلية بإشراف ورقابة السلطة التنفيذية المركزية[3]، فمجرد تقسيم إقليم الدولة على وحدات جغرافية لا يعني قيام

---

(1) ويجب الإشارة في هذا الصدد أن أغلبية الفقهاء لم يتطرقوا إلى صور اللامركزية الإدارية عند عرضهم لفكرة اللامركزية بل تناولوا هذه الصورة ضمن التقسيم الذي وضعه الفقهاء للأشخاص المعنوية العامة إذ قسموا هذه الأشخاص إلى أشخاص معنوية عامة إقليمية وأشخاص معنوية عامة مرفقيه، ينظر، د. سليمان الطماوي، مصدر سابق، ص 74 ؛ شاب توما منصور، مصدر سابق، ص 80 ؛ جورج فيدول و بيار دلفولفيه، مصدر سابق، ص 267؛ د. ماهر صالح علاوي، المصدر السابق، ص 78.

(2) د. طعيمة الجرف، مصدر سابق، ص 11.

(3) د. مصطفى عفيفي، الوسيط في مبادئ القانون الإداري المصري والمقارن، الكتاب الأول، القاهرة، 1986، ص 196.

اللامركزية الإدارية فالتقسيم الجغرافي أملته الظروف العملية بحيث تأخذ به الدول ذات النظام المركزي على حد سواء مع تلك التي تتبنى اللامركزية الإدارية[1]. واللامركزية الإدارية الإقليمية باعتبارها فكرة إدارية لها تسمية أخرى تعد التطبيق العملي لها وهي «الإدارة المحلية» وقد أخذت فرنسا بهذه التسمية أما بريطانيا فلها تسمية خاصة اشتهرت بها ألا وهي الحكم المحلي. وستكون الإدارة المحلية هي مدار لدراستنا في الأطروحة.

ثانياً ـ اللامركزية الإدارية المرفقية أو المصلحية :

إذا كانت اللامركزية الإدارية الإقليمية تقوم على عنصرين احدهما شخصي وهو السكان والثاني عيني وهي قطعة الأرض التي يشملها اختصاصها[2]، فان اللامركزية المرفقية أو المصلحية تقوم على أساس عنصر فني متخصص ينصب على نشاط معين بصرف النظر عن موقعه الجغرافي، فبعد ازدياد الأعباء الملقاة على عاتق الدولة المعاصرة بسبب كثرة المرافق العامة وتنوعها منذ مطلع القرن الماضي وفشل تجربة الإدارة المباشرة لهذه المرافق ظهرت الحاجة إلى منحها نوع من الاستقلال في الإدارة من خلال منحها الشخصية المعنوية، وان يختص كل مرفق في

---

(1) كان الدستور العراقي الأول منذ تأسيس الدولة العراقية والمسمى بالقانون الأساس لسنة 1925 قد أشار في المواد (109 ـ 112) إلى موضوع الوحدات الجغرافية التي يتكون منها العراق واستناداً إلى أحكام هذا الدستور صدر أول قانون ينظم إدارة الألوية وهو قانون إدارة الألوية رقم 58 لسنة 1927 الذي قسّم إقليم العراق إلى وحدات إدارية اسماها (اللواء والقضاء والناحية) حيث لم تكن هذه الوحدات متمتعة بالشخصية المعنوية بل كانت تدار بشكل مركزي وعُدت هذه الوحدات الإدارية مجرد فروعاً للسلطة المركزية، ثم صدر قانون رقم 16 لسنة 1945 حيث اعترف لهذه الوحدات الإدارية بالشخصية المعنوية وتلا ذلك قانون المحافظات رقم 159 لسنة 1969 الملغي ليؤكد هذه التقسيمات وأطلق عليها تسمية المحافظة والقضاء والناحية وفي قانون المحافظات غير المنظمة في إقليم رقم 21 لسنة 2008 الذي أبقى على التقسيم الثلاثي المحافظة القضاء والناحية وأكد في المادة (22) أن «لكل وحدة إدارية شخصية معنوية واستقلال مالي».

(2) د. علي محمد بدير وآخرون، مصدر سابق، ص 97.

مجال معين من أنشطة الدولة بعيداً عن أسلوب الروتين الحكومي مع خضوعها لرقابة وإشراف السلطة المركزية[1].

وفي هذا الشأن لا نريد الخوض بتفاصيل تبعدنا عن موضوعنا الرئيس وينبغي التأكيد أن القاعدة المستقرة في الفقه الإداري أن اللامركزية الإدارية الإقليمية والمرفقية هما صورتان لمشكلة واحدة تدور حول توزيع الوظيفة الإدارية بين أكثر من هيئة واحدة وان كان للامركزية الإقليمية إبعادها السياسية المتمثلة بمبدأ ديمقراطية الإدارة أكثر ما تستلزمه اللامركزية المرفقية حيث تكون الاعتبارات الفنية العامل الوحيد فيها[2].

الفرع الثالث
تقويم اللامركزية الإدارية

إذا كانت القاعدة العامة تشير إلى أن أي نظام إداري له مزاياه ومحاسنه كما انه له عيوبه ومثالبه فان اللامركزية الإدارية لا تخرج عن هذه القاعدة لذلك سنعرض الأمرين معاً :-

أولا ـ مزايا اللامركزية الإدارية.

إن الحديث عن مزايا اللامركزية الإدارية بوصفه من أساليب التنظيم الإداري يتضمن في حقيقته الانتقادات والمثالب التي وجّهت لأسلوب المركزية الإدارية ومع ذلك سنعرض أهم هذه المزايا

أ)   إن أسلوب اللامركزية الإدارية يعد استجابة لمقتضيات الدولة المعاصرة، فازدياد واجبات الدولة وتنوع مرافقها العامة وازدياد عدد السكان حمل ثقيل تنوء به أجهزة السلطة المركزية ومن ثم لا يمكن الاستغناء عنها اليوم.

ب)   إن الأخذ بأسلوب اللامركزية الإدارية يعبر بشكل حقيقي عن فكرة ديمقراطية الإدارة التي تقتضي إفساح المجال أمام المواطنين ليس فقط في

---

(1)   د. خالد خليل الظاهر، مصدر سابق، ص 1.

(2)   د. سليمان الطماوي، مصدر سابق، ص 95 ؛ جورج فيدول وبيار دلفولفيه، مصدر سابق، ص302.

اختيار ممثليهم في البرلمان بل مساهمتهم الفعّالة في إدارة الشؤون والمصالح المحلية، ومن خلال انتخاب ممثليهم في مجالس الإدارة المحلية.

ج) إن العمل بنظام اللامركزية الإدارية تظهر أهميته في أوقات الأزمات الكبرى ففي أوقات الحروب والأزمات الكبرى يكفي أن يختل النظام في العاصمة حتى ينفرط عقد الدولة كلها في حال تبني المركزية الإدارية في حين تمكن اللامركزية الإدارية كل إقليم من الوقوف على قدميه نظراً لما تتمتع به من استقلال في ممارسة شؤونه الخاصة[1].

ثانيا ـ عيوب اللامركزية الإدارية

وفي المقابل هنالك بعض المآخذ يمكن أن توجه إلى اللامركزية الإدارية وهي على النحو الآتي:

أ) فما يؤخذ على اللامركزية الإدارية من الوجهة السياسية هو أنها تخلق مجموعة من الوحدات الإدارية المستقلة داخل الدولة قد تهدد قوة السلطة المركزية كما قد تهدد وحدة الدولة السياسية والقانونية.

ب) إن تبني اللامركزية الإدارية يؤدي إلى تغليب الهيئات الإقليمية للمصالح المحلية على المصالح القومية مما يؤدي إلى نشوء المنازعات بشكل مستمر على ممارسة الاختصاصات الإدارية بين السلطة المركزية وهذه الهيئات.

ج) إن اللامركزية الإدارية كنظام يشكل عبئاً ثقيلاً على الخزينة العامة للدولة كما أن القائمين على الهيئات الإقليمية تنقصهم الخبرة والكفاءة في أداء وظائفهم المهمة[2].

---

(1) د. محمد عبد الحميد ابو زيد، المرجع في القانون الإداري، دار النهضة العربية، القاهرة، 1999، ص 246 ؛ د. مجدي مدحت النهري، الإدارة المحلية بين المركزية واللامركزية، مكتبة الجلاء الحديثة بالمنصورة، 2001، ص 46 ؛ للمزيد ينظر، د. سليمان الطماوي، المصدر السابق، ص 98 ؛ ؛د. ماهر صالح علاوي، مصدر سابق، ص 91.

(2) د. محمد انس قاسم، التنظيم المحلي والديمقراطية، القاهرة، 1982، ص 39؛ ينظر، د.سليمان الطماوي، مصدر سابق، ص 100؛ د. مجدي مدحت النهري، مصدر سابق، ص52 ؛ د. ماهر صالح علاوي، مصدر نفسه، ص 92 ؛ د. علي محمد بدير وآخرون، مصدر السابق، ص 138.

إن هذه الانتقادات على الرغم من صحة بعضها إلا أنها مبالغ فيها إلى حد ما، فاللامركزية الإدارية إذا ما طُبقت تطبيقاً ينسجم مع مفهومها وأركانها القانونية فلا يمكن للفشل أن يتخذ طريقاً إليها، فالقول أن اللامركزية الإدارية تهدد الوحدة الإدارية من خلال منع تركيز ممارسة الاختصاصات الإدارية بالعاصمة وتوزيعها على الوحدات الإدارية الجغرافية قول مبالغٌ فيه ؛ لأن فكرة اللامركزية تقوم في حقيقتها على مجرد توزيع الوظائف الإدارية دون الوظائف الأخرى التشريعية والقضائية، وحتى الوظيفة التنفيذية فلا تطالها اللامركزية الإدارية إلا في جانبها المتعلق بالعمل الإداري على اعتبار أن الوظيفة التنفيذية تكون اعّم من الوظيفة الإدارية ؛ وإلا سيهدم ذلك الفكرة الأساسية للامركزية الإدارية وسنكون حينئذٍ أمام اللامركزية السياسية.

بالنسبة للمخاوف في أن تطبيق اللامركزية الإدارية يمكن أن يؤدي إلى إرهاق الخزينة العامة، كما وان القائمين على الهيئات الإقليمية قد لا يتمتعون بالكفاءة وتنقصهم الخبرات ؛ يمكن تلافيها من خلال رقابة فعاّلة وإتباع أسلوب تعيين بعض أعضاء الهيئات المحلية إلى جانب الأعضاء المنتخبين فذلك قد يضمن إلى حد ما وجود بعض الكفاءات ومن ثم يمكن أن تخفف إلى حد ما هذه المخاوف[1].

وصفوة القول أن المركزية واللامركزية كأسلوبين من أساليب التنظيم الإداري لا يؤدي إتباع أياً منهما إلى الاستغناء عن الأسلوب الآخر، فالمركزية واللامركزية أسلوبان يكمل بعضهما الآخر.

وتطبيق اللامركزية الإدارية لا يعني بأي حال من الأحوال هجر المركزية الإدارية ؛ لان الأخيرة هي الحجر الأساس والتي يعول عليها في تنفيذ البرامج القومية الهامة، والتي لا غنى لأية دولة عنها، خصوصاً الدول حديثة النشأة والتي تحتاج أولا وقبل كل شيء إلى تأكيد وحدتها الإدارية بالشكل الذي يضمن وحدتها السياسية والقانونية، فإذا ما أطمأنت الدولة لذلك يمكن أن تخطو الدولة خطوة

---

(1) يقول د. سليمان الطماوي في هذا الصدد «.. فإننا لا نحبذ المبالغة في الخوف من أخطاء الشعوب لان الشعوب لا تتعلم إلا إذا أخطأت، وخير لها أن تتعلم عن طريق الخطأ من أن تبقى جاهلة خوفاً من الخطأ»، مصدر سابق، ص **100**.

أخرى نحو اللامركزية الإدارية، فالتحول السريع والمفاجئ في تقديرنا من المركزية الإدارية المطلقة إلى اللامركزية الإدارية في أوسع صورها دون مراعاة ذلك يمكن أن تترتب عليه نتائج سلبية بالغة وخطيرة يمكن أن تكون له نتائج عكسية.

المبحث الثاني

مفهوم الإدارة المحلية وتمييزها عن النظم المشابهة

إن تحديد مفهوم الإدارة المحلية يتطلب أولاً تعريف الإدارة المحلية ومن ثم تمييزها عن النظم المشابهة، لذلك سنقسم المبحث إلى مطلبين، نتناول في المطلب الأول تعريف الإدارة المحلية أما المطلب الثاني فنعرض فيه تمييز الإدارة المحلية عن النظم المشابهة.

المطلب الأول

تعريف الإدارة المحلية

يقتضي التذكير قبل الدخول في تعريف الإدارة المحلية إن الفقه الإداري قد استخدم مسميات مختلفة للدلالة على فكرة الإدارة المحلية ينبغي عرضها ومن ثم تحديد التسمية أو المصطلح الأدق لهذه المسألة، وعلى هذا الأساس سنقسم هذا المطلب على فرعين نتناول في الفرع الأول الإدارة المحلية وإشكالية المسمى ونبين في الفرع الثاني مدلول الإدارة المحلية.

الفرع الأول

الإدارة المحلية وإشكالية المسمى

يشير علماء اللغة إن القاعدة العامة المتبعة في استخدام المصطلح العلمي تقضي بأنه لا يجوز أن يوضع للمعنى العلمي الواحد أكثر من لفظة اصطلاحية واحدة[1]،

---

(1) د. عبد الأمير الشهابي، المصطلحات العلمية واللغة العربية في القديم والحديث، ط 2، مجمع اللغة العربية، دمشق، 1988، ص 6.

وعلى هذا الأساس فان اخطر الإشكاليات التي تهدد وحدة اللغة القانونية سواء التي يستعين بها المشرع أم التي يستخدمها الفقهاء والباحثين في مجال القانون بشكل عام، هي عدم الدقة في اختيار المصطلح القانوني والاستعانة بمفردات لغوية أخرى للدلالة على المعنى ذاته وهذا ما نلمسه بالتحديد فيما يتعلق باستخدام مصطلحات متعددة للدلالة على فكرة اللامركزية الإدارية الإقليمية كإحدى صور اللامركزية الإدارية، فمن الفقهاء من استخدم مصطلح السلطات المحلية للدلالة على الأشخاص الإدارية المحلية التي تتولى إدارة الشؤون والمصالح المحلية(1).

الواقع أن مصطلح السلطات المحلية مصطلح مرن يتسع لأكثر من معنى فقد يقصد منه الأشخاص الإدارية الإقليمية كالمحافظات والاقضية والنواحي، وقد يقصد منه السلطات الثلاث التشريعية والتنفيذية والقضائية ذات الطابع المحلي الخاص بالولاية، أو بالإقليم كمقابل للسلطات الاتحادية في الدولة الفدرالية وهذا ما لا يمكن أن تشير إليه فكرة اللامركزية الإدارية الإقليمية القائمة على أساس توزيع الوظيفة الإدارية دون الوظيفة التشريعية والقضائية.

يذهب البعض الآخر إلى استخدام مصطلح اللامركزية المحلية(2)، وهو مصطلح ليس بأحسن حالٍ من المصطلح السابق كونه مصطلحاً مبهماً وغامضاً ولا يعطي دلالة واضحة للفكرة التي يعبر عنها، فاللامركزية بشكل عام هي تنظيم قانوني يتولى توزيع السلطة بين جهتين فإذا كان توزيع السلطة يطال الوظائف الثلاث التشريعية والتنفيذية والقضائية كنا أمام لامركزية سياسية وان كان يطال الوظيفية الإدارية فقط، وهي جانب من جوانب السلطة التنفيذية كنا أمام لا مركزية إدارية، إذن فان اللامركزية إما أن تكون سياسية أو إدارية، أما القول

---

(1) د. محمد فؤاد مهنا، تنظيم علاقة الحكومة المركزية بالسلطات المحلية وفقاً لمبادئ علم التنظيم والإدارة، بحث منشور في مجلة معهد البحوث والدراسات العربية، العدد الرابع، القاهرة، 1973، ص 131.

(2) د. ماجد راغب الحلو، القانون الإداري، دار المطبوعات، الإسكندرية، 1987، ص 113؛ من الملفت للنظر أن د. محمد محمد بدران على الرغم من استخدامه مصطلح الإدارة المحلية كعنوان لكتابه إلا أننا نجده يستخدم مصطلح اللامركزية المحلية للدلالة عن فكرة اللامركزية الادارية الاقليمية؛ د. محمد محمد بدران، مصدر سابق، ص 19

باللامركزية المحلية يقتضي أن تقابلها مركزية محلية ولم نجد لهذا المصطلح استخداماً في الفقه الإداري.

في حين ذهب آخرون إلى استخدام مصطلح الحكم المحلي كمصطلح مرادف لمصطلح الإدارة المحلية[1]، وبالرغم من تخصيصنا فرعاً مستقلاً نُميزُ فيه الإدارة المحلية عن الحكم المحلي، فانه يتعين عدم الخلط بين هذين المصطلحين فالاختلاف فيه واضح، حيث يعد الحكم المحلي التطبيق العملي لفكرة اللامركزية السياسية، والتي تمثل في حقيقتها وضعاً دستورياً يقوم على توزيع الوظائف التشريعية والتنفيذية والقضائية للدولة بين الحكومة الاتحادية في العاصمة وحكومات الولايات أو الأقاليم ويعرف هذا النظام من الناحية الدستورية بنظام الاتحاد الفدرالي أو الاتحاد المركزي[2].

من جانب آخر ذهب البعض إلى أن «مصطلح الإدارة المحلية ينطبق على البلدية باعتبارها الوحدة الإدارية المحلية الطبيعية، فالإدارة المحلية لا تعني إطلاقا اللامركزية، على اعتبار أن اللامركزية صيغة تنظيمية متقدمة لا توجد إلا بوجود الدولة...»[3]. ويرد على هذا الرأي أن البلدية وان كانت بالفعل تشكل اللبنة أو الخلية الأولى للإدارة المحلية، فهذا لا ينفي عنها صفة اللامركزية، فإطلاق وصف اللامركزية الإدارية على أي تنظيم إداري يتوقف على مدى تحقق أركانه، فوجود مصالح محلية اعترف بها المشرع واسند أمر إدارتها إلى هيئات مستقلة نسبيا تعمل تحت إشراف ورقابة السلطة المركزية يجعلنا أمام اللامركزية الإدارية سواء كانت إقليمية أم مرفقيه، وعلى هذا الأساس لا يتغير مفهوم الإدارة المحلية باعتبارها التطبيق العملي لفكرة اللامركزية الإدارية أيا كان التقسيم الإداري

---

(1) محمد محمود الطعامنه ؛ د. سمير عبد الوهاب، الحكم المحلي في الوطن العربي واتجاهات التطوير، المنظمة العربية للتنمية الإدارية، 2005، ص 21 ؛ د. عبد الرزاق الشيخلي، الإدارة المحلية، الطبعة الأولى، دار المسيرة للنشر والتوزيع والطباعة، عمان، الاردن، 2001، ص21.

(2) د. محمد صلاح عبد البديع السيد، نظام الإدارة المحلية في مصر، بين النظرية والتطبيق، الطبعة الأولى، دار النهضة العربية، القاهرة، 1996، ص 6 وما بعدها.

(3) د. خالد قباني، المصدر السابق، ص 39 وما بعدها.

ومستوياته في الدولة، وإذا كان ظهور تقسيمات جديدة كالمحافظات والاقضية والنواحي لا يعني إنهاء دور البلدية كتقسيم إداري في تطبيق اللامركزية الإدارية، فالبلدية كتنظيم إداري لا مركزي لا يزال معمول بها في العديد من الدول بالرغم من اضمحلال دورها في دول أخرى[1].

من خلال ما تقدم يمكن القول أن مصطلح الإدارة المحلية هو المصطلح الأكثر دقة في الدلالة على صورة اللامركزية الإدارية الإقليمية، وذلك بالقياس مع المصطلحات الأخرى، كونه يجسد بالفعل الفكرة الأساسية التي تنطلق منها اللامركزية الإدارية، والتي تتضمن منح الهيئات المحلية ممارسة الوظيفة الإدارية من دون الوظائف الأخرى التشريعية والقضائية.

الفرع الثاني

مدلول الإدارة المحلية

تنقسم اللامركزية الإدارية كما سبق القول إلى صورتين : إحداهما تقوم على أساس جغرافي وهي اللامركزية الإدارية الإقليمية، بينما تقوم الأخرى على أساس موضوعي وهي اللامركزية المرفقية أو المصلحية، وبهذا تكون الإدارة المحلية هي التطبيق العملي للصورة الأولى، وبالتالي فإن أي تعريف للإدارة المحلية حتى يكون جامعاً ومانعاً ينبغي أن تتوفر فيه جميع أركان اللامركزية الإدارية الإقليمية.

---

(1) ففي العراق على سبيل المثال فان معظم الأحكام التي كانت تضفي على البلدية صفة الهيئة المحلية بموجب قانون إدارة البلديات رقم 165 لسنة 1964 المعّدل قد ألغيت بموجب قانون المحافظات رقم 159 لسنة 1969، وقد استمر هذا الأمر حتى بعد صدور قانون المحافظات غير المنتظمة في إقليم رقم 21 لسنة 2008 المعّدل الذي ألغى في المادة (53) الفقرة ثالثا ـ (ما ورد في قانون البلديات رقم (165) لسنة 1964) المعدل حول تشكيلات وصلاحيات المجالس البلدية، وفي دول أخرى لا زالت تعد البلدية إحدى مستويات التنظيم الإداري المحلي مثل فرنسا، ينظر جورج فيدول وبيار دلفولفيه، المصدر السابق، ص 366 وما بعدها؛ وكذلك للبلدية دور مهم في بعض البلدان العربية مثل لبنان وقطر والبحرين وتونس، ينظر د. محمد محمود الطعامنة ؛ د. سمير عبد الوهاب، المصدر السابق، ص ص 109 ـ 195 ـ 238 ـ 269.

ففي الفقه الانكليزي يذهب البعض في تعريف الإدارة المحلية أو الحكم المحلي كما يسمى عندهم بأنه «... قيام الحكومة بنقل صلاحياتها في شؤون التخطيط وإدارة الموارد وتخصيصها إلى الوحدات المحلية في الميدان..»[1].

يلاحظ على هذا التعريف أنه لم يعطي للإدارة المحلية مفهومها الصحيح وذلك لأنه اعتبر الحكومة – السلطة التنفيذية – هي من تتولى منح الاختصاصات للوحدات المحلية وهذا يخالف الفكرة الأساسية التي تنطلق منها اللامركزية الإدارية الإقليمية والتي بموجبها يتولى المشرع الدستوري أو العادي بمنح هذه الاختصاصات وليست السلطة التنفيذية، فالاختصاصات التي تمارسها الوحدات المحلية لا تُعدّ منحة من السلطة التنفيذية بل هي حق أصيل تستمده من الدستور أو القانون غير أن ممارسة هذا الحق لا يجعلها بمنأى عن إشراف ورقابة السلطة التنفيذية التي أغفلها التعريف المتقدم الذي خلط بين فكرة اللامركزية الإدارية وبين فكرة التفويض او على نحو أدق، التخويل الإداري[2].

وذهب فقيه انكليزي آخر في تعريف الإدارة المحلية بأنها «ذلك الجزء من حكومة الأمة أو الدولة الذي يختص أساساً بالمشاكل التي تهم سكان منطقة معينة أو مكان معين إلى جانب المسائل التي يرى البرلمان ملائمة إدارتها بواسطة سلطات محلية منتخبة تكمل الحكومة المركزية...»[3].

لقد أشار هذا التعريف إلى الفكرة الأساسية التي تنطلق منها الإدارة المحلية والتي مفادها أن ثمة مسائل تهم منطقة معينة يرى المشرع ضرورة أن يترك أمر

---

(1) Rondicll. Aetal ، Analysis Decentralization policies in developing countries London ، 1989 ، p120 .

أشار اليه د. محمد محمود الطعامنة و د سمير عبد الوهاب، المصدر السابق، ص **15**.

(2) يقصد بالتخويل الإداري بأنه «أن يعهد صاحب الاختصاص اصلاً بممارسة جزء من اختصاصه إلى شخص آخر أحد مرؤوسيه عادة» وذلك ضمن الضوابط الآتية:

1- يكون التخويل بنص من المشرع   2- أن يكون جزئياً

3- أن يكون صريحاً وواضحاً، ينظر د. علي محمد بدير وآخرون، المصدر السابق، ص**104** وما بعدها.

(3) J.Cnark John ، Authens of local government of united kingdom ، 1991, p.1.

إدارتها إلى هيئات محلية منتخبة، وعلى الرغم من أن هذا التعريف قد تضمّن ركنين مهمين من أركان الإدارة المحلية ألا وهما المصالح المحلية التي يعترف بها المشرع وتولي إدارة هذه المصالح من خلال هيئات محلية منتخبة إلا أنه اغفل رقابة السلطة التنفيذية كأحد أهم أركان الإدارة المحلية.

وفي الفقه الفرنسي ذهب الفقيه (اندريه دي لوبادير) في تعريفه للإدارة المحلية بأنها «... عبارة عن هيئة محلية لا مركزية تمارس اختصاصات إدارية وتتمتع باستقلال ذاتي...»[1].

يلاحظ على هذا التعريف الذي جاء مقتضباً أنه لم يشرْ إلى أركان الإدارة المحلية التي باجتماعها يتكامل مفهوم الإدارة المحلية بل ركزَّ فقط على استقلالية الهيئات المحلية في ممارسة اختصاصاتها الإدارية من دون أن يحدد لنا مصدر هذه الاختصاصات والرقابة التي ينبغي أن تخضع لها هذه الهيئات المحلية على اعتبار أن استقلالية الهيئات المحلية هي استقلالية نسبية وليست مطلقة.

أما الفقيه «فالين» فقد عرّف الإدارة المحلية بأنها تتضمن «سحب الاختصاصات من السلطة المركزية يعهد بها هيئة مستقلة ذات اختصاص محدد...»[2].

من هذا التعريف نرى أنه أشار ضمنا إلى دور المشرع باعتباره المختص بتوزيع الاختصاصات بين السلطة المركزية والهيئات المحلية ولكنه تغافل موضوع الرقابة والتي من المفترض ممارستها من خلال السلطة التنفيذية المركزية.

وقد عُرّفت الإدارة المحلية بأنها «... نظام الإدارة يتمثل في السماح لجماعة إنسانية بالإدارة الذاتية تحت رقابة الدولة مع منحهم الشخصية القانونية وسلطات وموارد خاصة بهم...»[3].

---

(1) Ander de Laubabere ،Traite de droit administer at if ،T.L.J ed 1976 ، p. 90.

(2) Waline ،droit admistr atif ،paris 1958 ،p. 217.

(3) lexique des termes Juridigues ،12 ،edeition ،Dalloz ،paris ،1999 ، p.169.

اشار إليه د. سعيدي الشيخ، مصدر سابق.

يلاحظ على هذا التعريف أنه أكثر دقة من التعريفات السابقة التي أوردها الفقه الفرنسي من حيث استجماعهِ لأركان الإدارة المحلية فالجماعة الإنسانية تتمثل عادة بالهيئات المحلية التي تتولى إدارة المصالح المحلية التي يحددها المشرع تحت رقابة وإشراف السلطة المركزية، غير أنه ينبغي القول في هذا الصدد أن الشخصية المعنوية التي يمنحها المشرع تكون للوحدة الإدارية الإقليمية كتقسيم جغرافي وليس للهيئة المحلية والتي من المتصور تعرضها للحلْ كوسيلة رقابية تمارسها السلطة التنفيذية عليها ومع ذلك تبقى الوحدة الإدارية متمتعة بالشخصية المعنوية بالرغم من حَلْ الهيئة المحلية التي تمثلها.

وفي الفقه المصري أشار بعض الفقهاء ضمناً إلى الإدارة المحلية عند تعريفهم للامركزية الإدارية ومنهم سليمان الطماوي حيث يقول «... يقصد باللامركزية الإدارية توزيع الوظائف الإدارية بين الحكومة المركزية في العاصمة وبين هيئات محلية أو مصلحيه منتخبة بحيث تكون هذه الهيئات في ممارستها لوظيفتها الإدارية تحت إشراف ورقابة الحكومة المركزية...»[1].

وفي الفقه العراقي ذهب البعض في تعريف الإدارة المحلية إلى أنها «... جماعة محلية تضمها جماعة أوسع منها تدير شؤونها الخاصة بنفسها لكنها تبقى في نطاق الدولة...»[2].

يلاحظ في هذا التعريف أنه ركّز على الجهة التي تتولى إدارة الشؤون أو المصالح المحلية من دون أن يحدد كيفية تشكيلها وهي (الجماعة) أيتم ذلك عن طريق الانتخاب أم التعيين، كما أن هذا التعريف لم يبين المصدر الذي يعطي لهذه الجماعة إدارة شؤونها الخاصة وهي بطبيعة الحال السلطة التشريعية وعلى الرغم من إشارته إلى وجود الرقابة على اعتبار أن عمل هذه الجماعة يبقيها داخل نطاق الدولة.

---

(1) د. فؤاد العطار، القانون الإداري، الطبعة الثالثة، دار النهضة العربية، 1971، ص 191؛ ود. ثروت بدوي، القانون الإداري، دار النهضة العربية، القاهرة، 1971، ص 358؛ د. سليمان الطماوي، مصدر سابق، ص 83.

(2) د. منير محمود الوتري، مصدر سابق، ص 20.

وذهب البعض الأخر في تعريف الإدارة المحلية بأنها «المناطق المحددة التي تمارس نشاطها المحلي بواسطة هيئات منتخبة من قبل سكانها المحليين تحت رقابة وإشراف الحكومة المركزية»[1].

لقد تضمن هذا التعريف تحديد الجهة التي تتولى إدارة نشاطها المحلي التي تتشكل عن طريق الانتخاب فضلاً عن ذكره للرقابة التي ينبغي أن تخضع للإدارة المحلية، غير أن الإشكالية التي يثيرها هذا التعريف أنه دمج تعريف الوحدة الإدارية[2] بتعريف الإدارة المحلية ومن ثم لا يجوز الخلط بين فكرة التقسيم الإداري لإقليم الدولة وبين نظام الإدارة المحلية، فلا يضر أن توجد وحدات إدارية في الدولة أنها تتبع نظام الإدارة المحلية فقد تدار هذه الوحدات مركزياً، فضلاً عن ذلك أن هذا التعريف لم يتضمن ذكر دور السلطة التشريعية في قيام نظام الإدارة المحلية.

من خلال ما تقدم يمكن تعريف الإدارة المحلية بأنها تنظيم قانوني يتولى بموجبه المشرع دستورياً كان أم عادياً توزيع الاختصاصات الإدارية بين السلطة الإدارية المركزية وهيئات محلية منتخبة في الغالب على أن تخضع هذه الهيئات وأعمالها للرقابة سواءً كانت إدارية أم سياسية أم قضائية.

المطلب الثاني

تمييز الإدارة المحلية عن النظم المشابهة

توجد بعض الأنظمة التي تتشابه مع نظام الإدارة المحلية في الظاهر ولكنها تختلف عنها في المعنى والمضمون، فدراسة الإدارة المحلية تقتضي بنا التمييز بينها من ناحية وبين تلك النظم المشابهة من ناحية أخرى؛لإزالة أي خلط يمكن أن يحدث في هذا الشأن والأنظمة التي تتشابه مع الإدارة المحلية هي نظام عدم التركيز الإداري، ونظام الحكم المحلي، وأخيراً نظام الحكم الذاتي من اجل ذلك سنقسم المطلب

---

(1) د. عبد الرزاق الشيخلي، مصدر سابق، ص 20.

(2) تعرف الوحدة الإدارية الإقليمية بأنها: «رقعة جغرافية محددة يسكنها جماعة من الناس يمنحها المشرع الشخصية المعنوية»، صداع دحام طوكان الفهداوي، اختصاصات رئيس الوحدة الإدارية الإقليمية في العراق، بغداد، 2009، ص 10.

على ثلاثة فروع نستعرض فيها التمييز بين الإدارة المحلية وكل نظام من الأنظمة التي اشرنا إليها.

الفرع الأول

الإدارة المحلية وعدم التركيز الإداري

يقصد بعدم التركيز الإداري باعتباره صورة من صور المركزية الإدارية بأنه «منح سلطة البتّ النهائي في بعض الأمور إلى ممثلي السلطة المركزية سواء كانوا في العاصمة أو الأقاليم، دون الرجوع إلى الرئيس الإداري»[1].

إن اللجوء إلى تطبيق عدم التركيز الإداري أمر استلزمه الواقع العملي والمتمثل بامتداد النشاط الإداري إلى جميع أقاليم الدولة وتعدد حاجات المواطنين واتساع مجالات الخدمة المقدمة لهم جعل من المستحيل إتباع صورة التركيز الإداري، وهي الصورة البدائية للمركزية الإدارية، غير أن إعطاء بعض السلطات لموظفي الإدارة في الأقاليم لا يعني عدم الأخذ بنظام المركزية الإدارية بل يبقى هؤلاء الموظفون خاضعين لنظام السلم الإداري[2].

ولما كانت الإدارة المحلية تمثل التطبيق العملي لفكرة اللامركزية الإدارية الإقليمية فإنها والحالة تتشابه إلى حد ما مع عدم التركيز الإداري في وحدة الغاية لكل منها والتي تتمثل بالرغبة في توزيع أعباء الوظيفة الإدارية على مختلف أقاليم الدولة وذلك لصعوبة مباشرتها من خلال السلطة المركزية وحدها والمتواجدة في العاصمة.

على الرغم من ذلك تبقى التفرقة واضحة بين الإدارة المحلية وعدم التركيز الإداري على اعتبار أن استقلال موظفي السلطة المركزية بتصريف بعض الأمور الإدارية من دون الرجوع إلى المركز إنما هو استقلال عارض، حيث يحتفظ الرئيس الإداري بكامل سلطته على المرؤوس وأعماله أما استقلال هيئات الإدارة المحلية فهو

---

(1) د. هاني علي الطهراوي، قانون الإدارة المحلية، الحكم المحلي في الأردن وبريطانيا، دار الثقافة للنشر والتوزيع، عمان، الأردن، 2004، ص 27.

(2) د. ماهر صالح علاوي الجبوري، مصدر سابق، ص 82.

استقلال أصيل مفروض بحكم القانون على السلطة المركزية التي لا تستطيع الانتقاص منه[1].

ويضيف البعض في هذا الصدد أن في عدم التركيز الإداري يكون الاختصاص معقوداً في الأصل للسلطات المركزية في العاصمة أما في الإدارة المحلية فإن الاختصاص يكون معقوداً لهيئات الإدارة المحلية في الأقاليم فضلاً عن أن الوسائل التي تستخدمها السلطة المركزية في الرقابة على موظفيها تختلف عن تلك المستخدمة على الهيئات المحلية[2].

وإذا كان تخفيف العبء عن كاهل السلطة المركزية هو القاسم المشترك بين نظام الإدارة المحلية وعدم التركيز الإداري فإن الأهداف التي تقف وراء تطبيق نظام الإدارة المحلية لا تقتصر فقط على تخفيف العبء الإداري فحسب بل لها أهداف أخرى سياسية واقتصادية واجتماعية[3].

من خلال ما تقدم يتضح لنا أن عدم التركيز الإداري هو صورة من صور المركزية الإدارية في حين تمثل الإدارة المحلية التطبيق العملي للامركزية الإدارية الإقليمية.

الفرع الثاني
الإدارة المحلية والحكم المحلي

لقد أخذ التمييز بين الإدارة المحلية والحكم المحلي جدلاً واسعاً بين الفقهاء والباحثين في القانون الإداري ومرد هذا الجدل هو الاختلاف في الدلالات اللغوية التي يشير إليها كلا المصطلحين (الإدارة المحلية والحكم المحلي) وما يترتب عليها من آثار قانونية وتباينت الآراء في هذا الشأن في اتجاهات ثلاثة :

---

(1) د. سليمان الطماوي، مصدر سابق، ص 97.

(2) د. محمد عبد العال السناري، نظم وأحكام الوظيفة العامة والسلطة الإدارية والقانون الإداري في جمهورية مصر العربية، ب، د، ب، ت، ص 226.

(3) سنعرض بالتفصيل هذه الأهداف في موضع لاحق من الأطروحة.

الاتجاه الأول:

ذهب أنصار هذا الاتجاه إلى أن الإدارة المحلية والحكم المحلي مصطلحان مترادفان يحملان معنى واحداً ويشيران إلى أسلوب واحد من أساليب التنظيم الإداري ألا وهو اللامركزية الإدارية الإقليمية حيث يتباين تطبيق هذا الأسلوب من دولة إلى أخرى حسب الظروف السياسية والاقتصادية والاجتماعية[1].

ويضيف البعض في هذا الصدد إلى ان مصطلح الإدارة المحلية أو الحكم المحلي، قد يتغير استخدامه داخل الدولة ذاتها من فترة إلى أخرى من دون أن يعني ذلك حدوث أي تغيير في جوهر النظام المحلي وهذا ما حدث في مصر حيث أطلق مصطلح الحكم المحلي على النظام الإداري بين عامي 1975 و 1988 ثم تغيرت بعد ذلك التسمية إلى الإدارة المحلية دون أي تقليص لاختصاصات وسلطات الوحدات المحلية[2].

الاتجاه الثاني:

يذهب أنصار هذا الاتجاه إلى أن الإدارة المحلية والحكم المحلي يمثلان في الواقع التطبيق العملي لفكرة اللامركزية الإدارية الإقليمية فهما ينتميان لنوع واحد والاختلاف بينهما يكمن في درجة الاستقلال الذي يتمتع به النظامين، فالحكم المحلي يقع في أقصى درجات اللامركزية الإدارية الإقليمية أما الإدارة المحلية فتقع على مستوى اقل وتمثل الخطوة الأولى في الطريق إلى نظام الحكم المحلي[3].

---

(1) د. ماجد راغب الحلو، الإدارة المحلية بين اللامركزية وعدم التركيز الإداري، المنظمة العربية للعلوم الإدارية، القاهرة، 1971، ص 1؛ د. عبد الرزاق الشيخلي، مصدر سابق، ص 21؛ د. عبد العظيم عبد السلام، دور المجالس الشعبية في تنمية الوحدات الإقليمية، القاهرة، 1990، ص 25.

(2) د. محمد محمود الطعامنة وآخرون، المصدر السابق، ص 21 – 22، ويذكر أن وزارة الحكم المحلي في العراق التي أنشأت بموجب القانون رقم 164 لسنة 1979 قد ألغيت ودمجت تشكيلاتها واختصاصاتها بوزارة الداخلية بموجب قرار مجلس قيادة الثورة المنحل رقم 57 لسنة 1991 والمنشور في الوقائع العراقية العدد 3345 في 18 / 3 / 1991.

(3) د. شاهر سليمان الرواشدة، الإدارة المحلية في المملكة الأردنية الهاشمية، دار مجدلاوي للنشر والتوزيع، الأردن، 1986، ص 28 ؛ د. محمد محمد بدران، مصدر سابق، =

يضيف أصحاب هذا الاتجاه القول الى أن المتتبع للنظام الإداري في انكلترا يجده معبراً عن صورة الحكم المحلي نظراً للاستقلال الكبير الذي تتمتع به الهيئات المحلية في مواجهة السلطة المركزية أما النظام الإداري المتبع في غالبية دول العالم الثالث فهو ينتمي إلى صورة الإدارة المحلية نظراً لمحدودية الاستقلال الذي تتمتع به هذه الهيئات(1).

وينتقد هذا الرأي على أساس أنه من الخطأ ربط أي نظام إداري بعوامل متغيرة مثل الصلاحيات أو الاختصاصات ونطاق مدى الاستقلالية، لأن القياس على منطق هذا الرأي يستلزم تغيير النظام من حين لآخر(2).

يتضح من هذا الاتجاه أن الاختلاف بين الإدارة المحلية والحكم المحلي هو اختلاف في الكم وليس في النوع ومن ثم فإن تطبيقاته ستختلف حتماً من دولة إلى أخرى بحسب طبيعة الظروف التي تحيط بكل دولة.

الاتجاه الثالث:

يذهب أنصار هذا الاتجاه إلى وجود اختلاف كبير بين مصطلحي الإدارة المحلية والحكم المحلي فالأول يتعلق باللامركزية الإدارية حيث يمثل إحدى صورها في حين نجد أن الثاني (الحكم المحلي) يتعلق باللامركزية السياسية التي تجد تطبيقها في الدولة الاتحادية (الفدرالية)(3).

= ص 20 ؛ د. هاني خاشقجي و د. عبد المعطي عساف، مبادئ الإدارة المحلية وتطبيقاتها في المملكة العربية السعودية، الرياض، 1983، ص 15 ؛

(1) د. محمد فرغلي محمد، التنظيم القانوني للانتخابات المحلية، أطروحة دكتوراه مقدمة الى كلية الحقوق، جامعة المنصورة، مصر، 1998، ص 49.

(2) د. مصطفى الجندي، الإدارة المحلية وإستراتيجيتها، منشأة المعارف بالإسكندرية، 1987، ص 19.

(3) د. احمد رشيد، الإدارة المحلية – المفاهيم العلمية ونماذج تطبيقه، ط2، القاهرة، بدون تاريخ، ص 40 ؛ د. خالد سمارة الزعبي، القانون الإداري وتطبيقاته في المملكة الأردنية الهاشمية، ط2، دار الثقافة للنشر والتوزيع، عمان، الأردن، 1992، ص 112 ؛ د صبحي محرم و د. محمد فتح الله الخطيب، اتجاهات معاصرة في نظام الحكم المحلي، القاهرة، 1981، ص 47.

ذهب رأي في الفقه في هذا الصدد إلى «أن اصطلاح الحكم المحلي ينصرف إلى جميع مظاهره ومظاهر الحكم التقليدي هي التشريع والتنفيذ والقضاء ومن المسلمات أن نظام الإدارة المحلية لا شأن له بالتشريع والقضاء، ولكن عمله ينحصر في مجال الوظيفة التنفيذية فيما يتعلق بالمرافق ذات الطابع المحلي دون غيرها... فالحكم المحلي يوجد في الدول ذات الطابع الفيدرالي أو الاتحاد المركزي، والتي تعتبر الولايات المتحدة من أقدم تطبيقاته في العالم... فالولايات لها اختصاصات تشريعية وقضائية فضلاً عن اختصاصات تنفيذية وفوق ذلك فإن إقليم الولاية حسب تسميتها تمارس الإدارة المحلية عن طريق إنشاء وإدارة مرافق محلية...»[(1)].

إن شيوع اصطلاح الحكم المحلي في كثير من الدول يرجع إلى أن رجال السياسة حاولوا من جانبهم إيهام شعوبهم بأنهم أقاموا لهم نظاماً أكثر حرية وأوفر ديمقراطية من حيث مشاركة الشعب في أمور الحكم ولهذا فقد استخدمت عبارة الحكم المحلي بدلاً من عبارة الإدارة المحلية[(2)].

يظهر مما تقدم أن الاتجاه الثالث والذي اثبت وجود اختلاف كبير بين مصطلح الإدارة المحلية والحكم المحلي هو الراجح في تقديرنا بالقياس إلى الاتجاهين السابقين حيث لا يمكن اعتبار المصطلحين (الإدارة المحلية والحكم المحلي) مجرد مصطلحين مترادفين أو كونهما يختلفان من حيث الدرجة لا النوع، فالإدارة المحلية كما سبق القول تمثل التطبيق العملي لفكرة اللامركزية الإدارية الإقليمية والتي تنحصر مهامهما على إدارة الشؤون والمصالح المحلية دون أن تمتد في اختصاصاتها إلى الوظائف التشريعية والقضائية التي تبقى من واجبات السلطات المركزية.

والإدارة المحلية كنظام إداري يمكن تطبيقه في الدولة الموحدة البسيطة والدولة المركبة الاتحادية أو الدولة الفدرالية على حد سواء[(3)]، في حين نجد أن

---

(1) د سليمان الطماوي، شرح نظام الحكم المحلي، دار الفكر العربي، القاهرة، 1980، ص 4.

(2) د. محمد فرغلي محمد علي، المصدر السابق، ص 36.

(3) تعد بريطانيا وفرنسا ومصر من الدول الموحدة البسيطة وهي تتبنى نظام الإدارة المحلية وكذلك بالنسبة للعراق وفقاً لدستور 1970 الملغي حيث كانت الدولة بموجبه دولة موحدة=

الحكم المحلي الذي يمثل التطبيق العملي لفكرة اللامركزية السياسية لا يمكن تصور وجوده إلا في الدول الفدرالية التي تتوزع فيها السلطات التشريعية والتنفيذية والقضائية بين السلطات الاتحادية المتواجدة في العاصمة والولايات أو الأقاليم، وعلى هذا الأساس فإن الحكم المحلي يدخل ضمن موضوعات القانون الدستوري بينما تدخل الإدارة المحلية ضمن مواضيع القانون الإداري.

الفرع الثالث

الإدارة المحلية والحكم الذاتي

قبل التطرق لمسألة التمييز بين نظام الإدارة المحلية والحكم الذاتي ينبغي لنا توضيح فكرة الحكم الذاتي ومن ثم مقارنتها بالإدارة المحلية.

إن مصطلح الحكم الذاتي هو ترجمة حرفية للمصطلح الإغريقي الأصل (Autonomia)وهو يتألف من مقطعين auto وتعني الذات و nomia وتعني القانون والكلمة بمجموعها تعني قدرة الذات على سن القوانين[1].

تنطوي فكرة الحكم الذاتي على مدلولين، مدلول دولي ومدلول على المستوى الداخلي، ففي مجال القانون الدولي العام يقصد بالحكم الذاتي عند إطلاقه باعتباره صيغة للحكم تطبق على الأقاليم أو مناطق معينة تتوفر فيها كل مقومات الدولة من شعب، وإقليم، وسلطة سياسية، ولكنها تبقى تحت سيطرة وحكم الدولة المستعمرة بحيث لا تتمتع بالسيادة الخارجية، فهذه الصيغة اتخذتها الدول

= وبسيطة أما بالنسبة لدستور 2005 النافذ فقد أصبح العراق من الدول الاتحادية الفدرالية ويتبنى أيضاً نظام اللامركزية الإدارية، وكذلك الحال بالنسبة للولايات المتحدة الأمريكية ولهذا فهي دول فدرالية ومع ذلك تأخذ بأسلوب اللامركزية الإدارية في الولايات والأقاليم التي تتكون منها الدولة. ينظر: راؤول بليند نباخر، أبغيل أوسنان، حوار عالمي حول الفدرالية، منتدى الاتحادات الفدرالية والرابطة الدولية لمركز الدراسات الفدرالية، كندا، 2007 .

(1) د. محمد الهماوندي، الفدرالية والحكم الذاتي واللامركزية الإدارية الإقليمية، ط2، اربيل، ، 2001، ص 13

الاستعمارية المحتلة كوسيلة لتحديد العلاقة بينها وبين مستعمراتها ومن ثم هي مستقلة إدارياً ومالياً دون أن يكون لها استقلال سياسي[1].

أما مدلول الحكم الذاتي على المستوى الداخلي فذهب البعض في تعريفه بأنه «مباشرة جمهور الشعب لسلطته في مختلف الميادين»[2].

وذهب البعض الآخر في تعريفه للحكم الذاتي بأنه «نظام لا مركزي يقوم على أساس الاعتراف بجزء معين من إقليم الدولة بالاستقلال الذاتي ضمن رقابة وإشراف الدولة»[3].

من جانب آخر يركز البعض في تعريفه للحكم الذاتي على الأسباب والدوافع التي تقف وراء قيام الحكم الذاتي حيث يعرفه بأنه «صيغة متطورة من اللامركزية الإدارية تقوم بموجبها الدولة ــ وضمن وحدتها القانونية والسياسية ــ بالإقرار لقومية أو جماعة دينية أو لغوية أو ثقافية معينة بعض السلطات التشريعية والإدارية ولكن تحت رقابة الدولة وإشرافها»[4].

نظام الحكم الذاتي له تسميات متعددة كالإقليمية السياسية ونظام المناطق السياسية وقد تم تطبيقه في بلدان متعددة[5].

(1) د. احمد إبراهيم علي الوتري، النظام الفدرالي بين النظرية والتطبيق، مكتبة التفسير، اربيل، 2008، ص 101.

(2) د. عبد الحميد متولي، الأنظمة السياسية والمبادئ الدستورية العامة، القاهرة، 1957، ص 634.

(3) د. حميد الساعدي، مبادئ القانون الدستوري وتطور النظام السياسي في العراق، دار الحكمة للطباعة والنشر، الموصل، 1990، ص 223.

(4) د. محمد عمر مولود، الفدرالية وإمكانية تطبيقها كنظام سياسي (العراق نموذجاً)، المؤسسة الجامعية للدراسات والنشر والتوزيع، ط1، بيروت، 2009، ص 454.

(5) يعد العراق من الدول العربية التي طبقت نظام الحكم الذاتي وقد استخدم المشرع العراقي التسميتين معاً المنطقة والحكم الذاتي حيث جاء في نص تعديل دستور 1970 الملغي في 11/ 3 / 1974 والذي اضاف الفقرة جـ الى المادة الثانية من هذا الدستور حيث جاء فيه «تتمتع المنطقة التي غالبية سكانها من الاكراد بالحكم الذاتي وفقاً لما يحدده القانون» وقد صدر قانون الحكم الذاتي لمنطقة الحكم الذاتي رقم 33 لسنة 1974، وقد اخذت=

وقد اختلف الفقه حول الطبيعة القانونية لنظام الحكم الذاتي أو نظام المناطق السياسية فقد ذهب الفقيه الفرنسي (شارل ديران) إلى أن الحكم الذاتي هو نظام ثالث يتخذ مكاناً وسطاً بين اللامركزية الإدارية واللامركزية السياسية[1].

في حين رفض البعض الآخر من الفقهاء اعتبار الحكم الذاتي أو نظام المناطق السياسية نظاماً ثالثاً إلى جانب نظام اللامركزية السياسية، على اعتبار أن نظام المناطق السياسية يحقق نوعاً من اللامركزية الإدارية الموسعة لأن الصلاحيات التي تتمتع بها مجالس الأقاليم هي صلاحيات محددة ومقيدة بشكل كبير الأمر الذي لا يمكن معه القول بوجود استقلال تشريعي[2].

ويضيف الدكتور منذر الشاوي في هذا الصدد «إن اللامركزية يمكن أن تتضمن درجة أخرى تكون معها ما اصطلح على تسميته بالفرنسية الإقليمية السياسية و هي أقصى درجة من درجات اللامركزية حيث تكون على مشارف الفدرالية»[3].

إذن فالحاكم الذاتي وفقاً للرأي الراجح هو صيغة متقدمة من اللامركزية الإدارية بشكل واسع حيث تتمتع هيئات الحكم الذاتي بصلاحيات تشريعية لا تتمتع بها عادة الإدارة المحلية التي تقتصر على ممارسة الوظيفة الإدارية دون الوظيفة التشريعية.

ويمكن تحديد أوجه التشابه والاختلاف بين الحكم الذاتي الإدارة المحلية على النحو الأتي أوجه التشابه :

1- إن كلا النظامين الإدارة المحلية والحكم الذاتي ينص عليها المشرع سواء أكان في الدستور أم في القانون العادي.

= كل من ايطاليا واسبانيا وبلجيكا بنظام المناطق السياسية او الحكم الذاتي، ينظر د. خالد قباني، المصدر السابق، ص ص **164 – 199**.

(1) Charles Durand ،de I Etat Federal al Etat unitarire decentralise ، mélange mestre sirey 1956 ،p. 1193.

نقلا عن د. خالد قباني، المصدر السابق، ص **162** .

(2) Georges Burdeau: Traite de science Politiguc. Tom II. Paris 1967. p390.

(3) د. منذر الشاوي، القانون الدستوري، مصدر سابق، ص **224**.

2- خضوع كِلا النظامين لرقابة وإشراف السلطة المركزية سواء تمثلت الرقابة على الهيئات الممثلة للحكم الذاتي والإدارة المحلية أم على الأعمال الصادرة منها.
3- إن تبني نظامي الإدارة المحلية والحكم الذاتي لا يغيران من شكل الدولة ففي الدولة الموحدة البسيطة تبقى هذه الدولة محتفظة بهذا الشكل بالرغم من تبنيها لهذين النظامين.

أما أوجه الاختلاف فيمكن تحديدها على النحو الآتي :-

1- تتمتع هيئات الحكم الذاتي بصلاحيات تشريعية لا تتمتع بها في العادة هيئات الإدارة المحلية.
2- إن نظام الحكم الذاتي يطبق في الغالب في أقاليم تتمتع بخصوصية قومية، أو دينية، أو ثقافة معينة، وتكون الدافع الرئيس الذي يقف وراء تبنيه، أما الإدارة المحلية فعلى الرغم من مراعاتها لهذه الاعتبارات غير أنها لا تشكل الدافع الرئيس في تبني الإدارة المحلية بل لها دوافع أخرى، اقتصادية أو إدارية.

وأخيراً يمكن القول أن الحكم الذاتي هو نظام إداري له طبيعته الخاصة وان اغلب تجارب الحكم الذاتي في العالم ومنها العراق تم تبنيه نتيجة الصراع الدائم بين السلطة المركزية وجماعات قومية حيث لم يكن أمام السلطة المركزية سوى خيارين لا ثالث لهما، أولهما : صراع مستمر تستنزف الدولة قواها وتكون بؤرة لتدخل الدول الأخرى ذات المصلحة، ثانيهما : هو إيجاد صيغة إدارية ذات طابع سياسي هدفه الأول والأخير نزع فتيل الصراع والحيلولة دون اللجوء إلى خيار الانفصال عن الدولة، هذه الاعتبارات المتقدمة تجعل من نظام الحكم الذاتي وسيلة لحل إشكاليات الأقليات العرقية والدينية بشكل رئيس، بينما تمثل الإدارة المحلية صيغة إدارية لا تقف عند حل هذه الإشكاليات بل تتعداها إلى إيجاد الحلول المختلفة للمشاكل السياسية والإدارية والاجتماعية والاقتصادية، من دون ان يكون لها أي صبغة قومية أو دينية أو مذهبية.

المبحث الثالث

فلسفة وأهداف الإدارة المحلية

إن الفهم المتكامل لنظام الإدارة المحلية يتطلب في الواقع الوقوف على فلسفة هذا النظام والأهداف التي يسعى إلى تحقيقها من اجل ذلك سنقسم المبحث على مطلبين، نتناول في المطلب الأول فلسفة الإدارة المحلية، أما المطلب الثاني فسنعرض فيه أهداف الإدارة المحلية.

المطلب الأول

فلسفة الإدارة المحلية

تنطلق فلسفة الإدارة المحلية من الدوافع والأهداف التي أُنشأ نظام الإدارة المحلية أصلاً من اجل تحقيقها وبعبارة أخرى فان فلسفة الإدارة المحلية تحاول الإجابة عن سؤال منطقي وبسيط هو : لماذا لا تتولى السلطة الإدارية المركزية بشكل مباشر إدارة الشؤون والمصالح المحلية إلى جانب المصالح القومية التي تضطلع بها أساساً ؟

إن الإجابة عن هذا التساؤل سيكون حتماً بالإيجاب ؛ لأن السلطة الإدارية المركزية لو نظرنا إليها بصورة مجردة سيكون باستطاعتها القيام بكل هذه الأعباء فهي تملك القدرة الفنية والمالية اللازمة في ذلك ولم يعد اتساع أقاليم الدولة وازدياد عدد سكانها تشكل عائقاً أمام الإدارة المركزية حيث ساهمت التطورات التكنولوجية الهائلة التي يشهدها العالم المعاصر في تذليل وإزالة تلك العوائق، فإذا كان العالم قد أصبح اليوم بمثابة قرية صغيرة، فماذا عساها أن تصبح الدولة الواحدة بفعل هذه التطورات ؟.

إن الانسياق وراء هذه الفكرة وان كانت واقعية ستؤدي بنا إلى الاستغناء عن تبني نظام الإدارة المحلية فيصبح وجوده من عدمه سواء، وهو ما لا يمكن قبوله اليوم لان الفلسفة الأساسية لتطبيق الإدارة المحلية تكمن في رغبة الدولة المعاصرة

في توثيق الجهود الرسمية والشعبية في تقديم الخدمات للمواطنين بصورة تكاملية تعزز الكفاءة والفاعلية وتستجيب لاحتياجات وتوقعات المواطنين[1].

إن ظهــور الاتجــاه الحــديث في الإدارة الحكوميـة مثـل الحكمانيـة (Governance) قد ساهم في تعزيز وبلورة فلسفة الإدارة المحلية حيث ظهر هذا المصطلح في بداية عقد التسعينات من القرن الماضي ليعبر عن أهمية وضرورة الانتقال بفكرة الإدارة الحكومية من الحالة التقليدية التي توصف بالانعزال عن المـواطنين والتقيـد بالعمليـات الإداريـة البيروقراطيـة إلى الحالـة الأكثر تفـاعلاً وتكاملاً بين عناصر الدولة والتي من أهمها الوحدات المحلية وقد أورد البرنامج الإنمائي للأمم المتحدة (UNDP) إن للحكمانية أهدافا أساسية تتمثل فيما يأتي:

1 ـ تحقيق الانسجام والعدالة الاجتماعية وذلك بتحديد الحد الأدنى لمستوى معيشة جميع المواطنين.

2 ـ تحقيق وإدامة حالة من الشرعية في المجتمع.

3 ـ الكفاءة في تحقيق التنمية الاقتصادية وفي تخصيص واستغلال الموارد العامة[2].

إن تبني نظام الإدارة المحلية تقف وراءه مجموعة من الاعتبارات أو الدوافع غير أن هذه الاعتبارات أو الدوافع لا تقف في مرتبة واحدة، بل تكون خاضعة لأولويات قد يختلف تحديدها من دولة إلى أخرى، ففي النموذج الانكلوسكسوني والذي تمثله بريطانيا والولايات المتحدة الأمريكية وغيرها من دول الكومنولث، تعد الإدارة المحليـة أو الحكـم المحلـي كمـا يـسمى عنـدهم التجسيد الحقيقـي للديمقراطيـة، وتشكل في الوقت نفسه علاجاً لأية مساوئ أو نقائص تنتجها الممارسة الديمقراطية على المستوى القومي، فالحكم المحلي في بريطانيا أداة

(1) د. محمد محمود الطعامنة، نظم الإدارة المحلية، بحث مقدم إلى الملتقى العربي الأول لنظام الإدارة المحلية في الوطن العربي والمعقود في سلطنة عُمان ـ صلالة من الفترة 18 ـ 20 آب 2003 والمنشور في الانترنيت على الرابط WWW. kambota.forumarabia.net /t2164. تاريخ زيارة الموقع 2010/9/3.

(2) د. زهير الكايد، الحكمانية قضايا وتطبيقات، المنظمة العربية للتنمية الإدارية، القاهرة، 2003، ص23.

لمقاومة تحكم السلطة المركزية دون دراية بالظروف المحلية، ومن جانب هـي أداة لغـرس الشعـور بالاستقلال ومقاومة عدم المبـالاة السياسية من جانب آخـر، أمـا النموذج اللاتيني والذي تمثله كل من فرنسا وألمانيا وايطاليا فان الإدارة المحلية تعد وسيلة لتحقيق الاستقرار السياسي فالإدارة تمثل حلولاً لمشاكل تعاني منها هـذه الدول وهي عدم الاستقرار السياسي ومخاطر التفتت القومي [1].

يلاحظ في هذا الصدد أن عدم الاستقرار السياسي ومخاوف التفتت القومي والطائفي، تمثل اكبر الهواجس التي تعاني منها الدول النامية، وهذا يفسر لنا سبب المحاكاة والتقليد الذي تتبعه هذه الدول لتجارب الإدارة المحلية في فرنسا، والـتي تمثـل النمـوذج اللاتـيني في الإدارة المحليـة وابتعادهـا عـن النمـوذج الانكلوسكسوني الذي تمثله بريطانيا وذلك لان الهيئات المحلية فيها تتمتع بسلطات وحريات أوسع مما تتمتع به الهيئات المحلية في فرنسا وسنرى حقيقة ذلك عند مقارنة هذا الأمر في موضع لاحق من الأطروحة.

المطلب الثاني
أهداف الإدارة المحلية

لم يعد ينظر إلى الإدارة المحلية على أنها مجرد أسلوب من أساليب التنظيم الإداري تتقاسم من خلاله مع السلطة الإدارية المركزية ممارسة الوظيفة الإدارية فحسب بل أصبحت الإدارة المحلية تشكل منظومة متكاملة تسعى إلى تحقيق أهداف عديدة.

وتتوزع أهـداف الإدارة المحلية إلى أهـداف سياسـية وإدارية واقتصادية واجتماعية سنتناولها في الفروع الأربعة الآتية:

---

(1) د. عبد المطلب احمد غانم، الإدارة المحلية، المنظمة العربية للتنمية الإدارية، 2004، ص293 وما بعدها.

الفرع الأول

الأهداف السياسية

يمكن إجمال الأهداف السياسية للإدارة المحلية في النقاط الآتية :

1- يعد نظام الإدارة المحلية تجسيداً حقيقياً لما بات يعرف في الفقه الإداري بالديمقراطية الإدارية، فلم يعد ينظر إلى الديمقراطية أنها الوسيلة الوحيدة فقط لاختيار الشعب لممثليه في البرلمان بل أصبح مداها يتسع ليشمل فضلاً عن ذلك ضرورة إشراك المواطنين في إدارة المصالح المحلية، حيث ذهب رأي في الفقه في هذا الصدد إلى أن «الديمقراطية السياسية تكون نظاماً أجوف إذا لم تصاحبها ديمقراطية محلية لان اهتمام المواطن بالشؤون العامة هي فرع من اهتمامه بشؤون إقليمه...»[1] .

2- يهدف نظام الإدارة المحلية إلى إيجاد الحلول للمشاكل التي تواجه بعض الدول ذات التعددية القومية والدينية فتشكيل الإدارة المحلية بحد ذاتها خير وسيلة لتعبر من خلالها بعض فئات المجتمع وخصوصاً الأقليات عن تطلعاتها من خلال المشاركة الفعّالة في تنظيمات الإدارة المحلية مما يعزز البناء السياسي في الدولة[2] .

ويمكن القول في هذا الصدد إن الأقليات القومية والدينية التي تتواجد في بعض الدول، قد لا تسمح لهم اللعبة الديمقراطية وما يترتب عليها من سيادة حكم الأغلبية من أن يكون لهم دور مؤثر في الحياة السياسية العامة، فتأتي الإدارة المحلية لتخفف من مساوئها فتفتح المجال أمامهم للمشاركة في إدارة الشؤون والمصالح المحلية ولان تواجدهم المكثف يكون في العادة في بعض أقاليم الدولة فيمكن أن يكون لهم دور مؤثر في الهيئات المحلية مما يشعرهم

---

(1) د. سليمان الطماوي، مبادئ القانون الإداري، مصدر سابق، ص 99.

(2) د. محمد محمد بدران، مصدر سابق، ص 23، ويضيف د. شاب توما منصور في هذا الصدد «يقتضي وجود بعض القوميات المحلية الأخذ بنمط إداري محلي يكفل لها قدراً من الانطلاق في إطار الوحدة الوطنية للدولة..» ؛ شاب توما منصور، المصدر السابق، ص 122.

بوجودهم ويزيل بذلك مخاطر التفتت القومي والديني في المجتمع الذي يعيشون فيه.

3- ومن جانب آخر تتيح الإدارة المحلية الفرصة لتدريب وإعداد قيادات المستقبل في المجالين التشريعي والتنفيذي على المستوى القومي، وتؤكد الدراسات الميدانية التي أجريت على الخلفية الاجتماعية والمهنية والعلمية والسياسية لأعضاء المجالس التشريعية في بعض الدول، أن نسبة معقولة من هؤلاء الأعضاء قد مارسوا العمل كأعضاء منتخبين في المجالس المحلية قبل انتخابهم لعضوية البرلمان[1].

إذن فالإدارة المحلية تعد خير مدرسة لإعداد قادة المستقبل فهي تمدهم بالخبرات والمهارات اللازمة في العمل السياسي وتمنحهم القدرة على استيعاب وسائل حل الصراع السياسي واتخاذ القرارات المناسبة.

الفرع الثاني
الأهداف الإدارية

إن اللجوء إلى تبني نظام الإدارة المحلية لم يكن ترفاً فكرياً بل ضرورة ملحة لتحقيق أهداف إدارية تتمثل بـ :-

1- تحقيق الكفاءة الإدارية من خلال تبسيط الإجراءات والقضاء على الروتين الإداري، فالمجالس المحلية أكثر وأسرع من السلطة الإدارية المركزية استجابةً لمطالب المواطنين في وحدات الإدارة المحلية وذلك لمعرفة هذه المجالس وقربها للمشاكل المحلية التي يعاني منها المجتمع المحلي وإحساسها بالمسؤولية المباشرة تجاه الناخبين[2].

---

(1) د. مصطفى الجندي، مصدر سابق، ص 112 ؛ منير محمد الوتري، مصدر سابق، ص37.

(2) أكرم سالم، فلسفة الإدارة والحكم المحلي، سلسلة الحوار المتمدن، والمنشور في الانترنيت على الرابط الاتي: www.ahewar.org./debat/show.art.
تاريخ الزيارة 27 / 1 / 2009.

2- إن الأخذ بنظام الإدارة المحلية يمكن من اختيار انسب الأساليب الإدارية التي تنسجم مع الظروف المحلية، فمن المعروف أن السلطة الإدارية المركزية تستخدم في العادة أنماطاً وأساليب موحدة على جميع المواطنين في إقليم الدولة برمته، وربما لا يشكل هذا الأسلوب ضرراً بالنسبة للمرافق العامة القومية، ولكن الأمر يختلف بالنسبة للمرافق العامة المحلية، حيث يعمل نظام الإدارة المحلية على تفادي الأساليب النمطية في الإدارة ؛ ذلك لأن مشكلات الوحدات الإدارية تختلف عن بعضها البعض[1].

فالإدارة المحلية تعمل على إيجاد المجال الخصب لتجربة النظم الإدارية الجديدة، حتى إذا ما أثبتت نجاحها أمكن تعميمها على باقي الوحدات الإدارية، أما إذا فشلت التجربة فإن الضرر لن يتعدى حدود الوحدة الإدارية التي طُبقت فيها هذه التجربة[2].

الفرع الثالث
الأهداف الاقتصادية

للإدارة المحلية أهداف اقتصادية يمكن إجمالها وفقاً لما يأتي :-

1- تعمل الإدارة المحلية على تقريب المنتج من المستهلك أو المستفيد من الخدمة ممن يؤديها، حيث يقرر ممثلو الوحدات الادارية في المجالس المحلية الخدمات المطلوبة ويشرفون على إدارتها في الوقت الذي يستطيعون هم أنفسهم الانتفاع والاستفادة بهذه الخدمات والاشتراك في تمويلها[3].

2- تستهدف الإدارة المحلية تحقيق العدالة في توزيع الأعباء المالية، وذلك لأن قيام الإدارة المركزية بإدارة المرافق القومية والمحلية معاً قد لا يؤدي إلى تحقيق العدالة في توزيع الأعباء المالية على دافعي الضرائب، وربما تتضرر بعض المرافق والأفراد من هذا التوزيع، ولكن في حالة تبني نظام الإدارة المحلية

---

(1) د. محمد محمود الطعامنة ؛ د. سمير عبد الوهاب، مصدر سابق، ص 43.

(2) د. محمد محمد بدران، مصدر سابق، ص 24.

(3) د. محمد صلاح عبد البديع السيد، مصدر سابق، ص 39.

سيتم توزيع المال باختيار أهالي الوحدات المحلية، فضلاً على أن ما يدفعونه من ضرائب ورسوم سيتم صرفه على هذه المرافق المحلية وهذا تحقيق من العدالة الاجتماعية وتساوي المواطنين في تحمل المسؤولية المالية والاستفادة منها[1].

الفرع الرابع

الأهداف الاجتماعية

يعمل نظام الإدارة المحلية على تحقيق أهداف اجتماعية يمكن تحديدها على النحو الأتي :

1- يؤدي تبني نظام الإدارة المحلية إلى دعم الروابط الروحية بين أفراد المجتمعات المحلية بطريقة تحول طاقاتهم إلى أعمال بحيث يستطيع كل مجتمع محلي أن يحقق لنفسه وجوداً ذاتياً بقصد تحقيق المصالح المشتركة لأفراده[2].

2- في ظل نظام الإدارة المحلية سيشعر الفرد بأهميته في التأثير في اتخاذ القرارات المحلية وتنفيذها مما يعزز ثقته بنفسه ويزيد من ارتباطه بالمجتمع المحلي وهي الخطوة الأولى نحو خلق وتطوير روح المواطنة الحرة[3].

هذه هي أهم الأهداف التي تسعى الدول إلى تحقيقها عبر تبني نظام الإدارة المحلية، وهذا لا يعني بأي حال من الأحوال عدم وجود انتقادات يمكن أن توجه إلى نظام الإدارة المحلية باعتبارها التطبيق العملي لفكرة اللامركزية الإدارية[4].

---

(1) د. محمد محمود الطعامنة ؛ د.سمير عبد الوهاب، مصدر سابق، ص 42.

(2) د. محمد صلاح عبد البديع السيد، مصدر سابق، ص 39

(3) د. خالد سمارة الزعبي، تشكيل المجالس المحلية، مصدر سابق، ص 66.

(4) ينظر: عيوب اللامركزية الإدارية، الصفحة (60) من الأطروحة.

الفصل الثالث

أركان الإدارة المحلية

سبق وأن عرّفنا الإدارة المحلية بأنها تنظيم قانوني يتولى بموجبه المشرع منح هيئات محلية مستقلة نسبياً إدارة الشؤون والمصالح المحلية على أن تخضع هذه الهيئات وأعمالها لرقابة وإشراف السلطة المركزية.

ومن خلال هذا التعريف يمكن القول أن الإدارة المحلية باعتبارها تمثل التطبيق العملي لفكرة اللامركزية الإدارية الإقليمية تقوم على ثلاثة أركان هي[1]:

الركن الأول:

الاعتراف بوجود مصالح محلية متميزة.

---

(1) لم يتخذ الفقهاء والباحثون في القانون الإداري مسلكاً واحداً في تحديد مضمون أركان الإدارة المحلية، فمن الفقهاء من يقيمها على عنصرين الأول الحرية والاستقلال للمجالس المحلية، والثاني الرقابة المركزية، ينظر: د. محمد فؤاد مهنا، المصدر السابق، ص132؛ في حين يذهب رأي أخر إلى تحديد أربعة عناصر للإدارة المحلية هي، 1 – وجود مصالح محلية، 2 – الاعتراف بالشخصية المعنوية، 3 – الاستقلال في الإدارة، 4 – رقابة السلطة المركزية، ينظر: د. محمد محمد بدران، المصدر السابق، ص 28 وما بعدها ؛ وهنالك أيضاً من يتوسع كثير في تحديد أركان الإدارة المحلية فالدكتور محمد فرغلي محمد يقيم الإدارة المحلية على خمسة مرتكزات هي: - 1 – وجود مصالح محلية، 2 – أهلية قانونية وشخصية معنوية، 3 – ذمة مالية مستقلة، 4 – أهلية التقاضي، 5 – وجود سلطات محلية ؛ ينظر د. محمد فرغلي محمد علي، المصدر السابق، ص 29، ويلاحظ على هذا التحديد أن أغلب هذه المرتكزات هي من النتائج القانونية التي ترتب على قيام الشخصية المعنوية كوجود ذمة مالية، أهلية التقاضي، ولا يصح أن تدخل هذه الأمور من ضمن أركان الإدارة المحلية لأنها في حقيقتها تمثل ضمانات لتحقيق استقلالية الهيئات المحلية. وبناء على ذلك نؤيد من يقتصر على تحديد أركان الإدارة المحلية على ثلاثة أركان والمبينة في المتن، كالدكتور سليمان الطماوي، المصدر السابق، ص 83 ؛ د. خالد قباني مصدر سابق، ص 70 ؛ محمد عبد العال السناري، مصدر سابق، ص 227 ؛ د. هاني علي الطهراوي، القانون الإداري، دار الثقافة للنشر والتوزيع، عمان، الأردن، 1998، ص 143 ؛ الدكتور ماهر صالح علاوي الجبوري مصدر سابق، ص 85.

الركن الثاني :

استقلالية الهيئات في إدارة المصالح المحلية.

الركن الثالث :

خضوع هذه الهيئات المحلية وأعمالها للرقابة.

من أجل إعطاء صورة واضحة عن هذه الأركان، سنقسم هذا الفصل على ثلاثة مباحث، نتناول في المبحث الأول الاعتراف بوجود المصالح المحلية، ومن ثم نسلط الضوء إلى الركن الثاني من أركان الإدارة المحلية المتعلق باستقلالية الهيئات المحلية التي تتولى إدارة المصالح المحلية في المبحث الثاني، أما المبحث الثالث سنتناول فيه خضوع الهيئات المحلية للرقابة.

المبحث الأول

الاعتراف بوجود مصالح محلية

نقطة البداية عند التطرق إلى موضوع الإدارة المحلية هي مسالة الاعتراف بأن ثمة مصالح من الأفضل أن يترك أمر إدارتها إلى من يهمهم الأمر بصورة مباشرة، وهم بطبيعة الحال سكان الوحدة الإدارية، وذلك لتخفيف العبء عن كاهل السلطة الإدارية المركزية بحيث تجعلها قادرة على التفرغ لإدارة المصالح القومية في الدولة.

ونظراً لوجود المصالح المحلية إلى جانب المصالح القومية، واختلاف الجهة التي تتولى إدارة هذه المصالح يتحتم وضع معايير دقيقة للتمييز بين ما يعد مصلحة قومية فيترك أمر إدارتها إلى السلطة الإدارية المركزية، وبين ما يعد مصلحة محلية ينبغي أن تتولاها هيئات محلية.

وإذا سلمنا بوجود مصالح محلية إلى جانب المصالح القومية فإن تحديد هذه المصالح لا يترك لا إلى السلطات الإدارية المركزية ولا إلى الهيئات المحلية وإنما يتولاها المشرع والذي يتبع أساليب متعددة في تحديد المصالح المحلية والمصالح القومية.

وبناءاً على ذلك سنقسم المبحث على مطلبين، نتناول في الأول معايير التمييز بين المصلحة القومية والمصلحة المحلية وفي الثاني نوضح فيه وسائل وأساليب تحديد المصالح القومية والمحلية.

المطلب الأول

معايير التمييز بين المصالح القومية والمصالح المحلية (*)

لا يمكن الحديث عن أية إشكالية تتعلق بالتمييز بين المصلحة القومية والمصلحة المحلية طالما اتبعت الإدارة أسلوب المركزية الإدارية، لأن هذا الأسلوب

(*) إن المصلحة المقصودة في هذا الصدد هي اللفظ المرادف لمصطلح المرفق العام، فالمصلحة العامة سواء أكانت قومية أو محلية يراد بها المرافق العامة، وقد دأبت بعض الدساتير الصادرة في مصر والعراق على استخدام مصطلح المصالح العامة والمرادف لمصطلح المرافق العامة، فعلى سبيل المثال نصت المادة 44 من دستور مصر لسنة 1923 على «... الملك يرتب المصالح العامة....» فالمقصود بالمصالح العامة هنا هو المرافق العامة وقد كرر دستور 1956 في مصر على استخدام مصطلح المصالح العامة في المادة 137 التي نصت على «.... أن يصدر رئيس الجمهورية القرارات اللازمة لترتيب المصالح العامة....» وفي دستور 1971 قرن المشرع الدستوري بين مصطلحي المرافق والمصالح العامة جاء ذلك في المادة 146 والتي نصت على أن «... يصدر رئيس الجمهورية القرارات اللازمة لإنشاء وتنظيم المرافق العامة وفي العراق نص دستور سنة 1925 والمسمى بالقانون الأساسي في المادة 94 على أن «لا يعطى انحصار أو امتياز لاستثمار مورد من موارد البلاد الطبيعية أو لاستعماله أو مصلحة من المصالح العامة....» ولم يرد في دستور 27 تموز 1958 أي إشارة إلى مصطلح المرافق العامة وفي المصالح العامة لكن في دستور 29 نيسان 1964 نص في المادة 69 فقرة أ على «توجيه وتنسيق المجال الوزاري والمصالح والهيئات العامة»

وقد تكرر النص على هذه المادة في دستور 21 أيلول 1968 في المادة 64 فقرة أ ثانياً. وفي دستور 1970 استخدم المشرع الدستوري لأول مرة مصطلح المرافق العامة حيث جرى ذلك في المادة 61 فقرة ج والتي حددت صلاحيات مجلس الوزراء حيث نصت على (الإشراف عن المرافق العامة والمؤسسات الرسمية....)

أما دستور 2005 النافذ فالملفت للنظر أنه لم يأت إلى ذكر مصطلح المرافق العامة لا من بعيد ولا من قريب وقد وردت إشارة غير مباشرة نصت عليها المادة 80 من الدستور حيث نصت على أن : - (...أولاً – تخطيط وتنفيذ السياسة العامة للدولة والخطط العامة، والإشراف على عمل الوزارات والجهات غير المرتبطة بوزارة)

يقوم أساساً على وجود جهة إدارية واحدة تتكفل بإدارة جميع المصالح العامة في الدولة ومن ثم لا يمكن أن نتصور إشارة أي تنازع يتعلق بممارسة الاختصاصات الإدارية.

ولكن المشكلة يمكن أن تثور فيما لو اتبعت الدولة في تنظيمها الإداري أسلوب اللامركزية الإدارية وذلك على اعتبار أن الأسلوب الأخير ينبني أساساً على التعدد في الجهات التي تمارس الوظيفة الإدارية.

وهذا التعدد يفرض بطبيعة الحال إيجاد المعايير المناسبة والتي يمكن من خلالها تمييز المصالح القومية عن المصالح المحلية حتى لا يحدث أي تنازع في الاختصاصات.

ولذلك سعى الفقه الإداري إلى إيجاد معايير يمكن من خلالها التمييز بين هذه المصالح والتي سنوردها في الفروع الآتية : -

الفرع الأول

معيــار التكلفــة

سبق أن بينا أن التمييز بين المصالح القومية والمصالح المحلية إنما يراد به التمييز بين المرافق العامة القومية والمرافق العامة المحلية، وعلى هذا الأساس تقوم التفرقة بين المرافق القومية والمحلية وفقاً لمعيار التكلفة التي تتطلبها إنشاء وإدارة المرافق العامة.

فإذا كانت هذه التكاليف باهظة ينبغي ترك هذه المرافق إلى إدارة وإشراف السلطة الإدارية المركزية نظراً لإمكانياتها الكبيرة، وبطبيعة الحال فان المرافق المحلية هي تلك المرافق التي لا تتطلب تكاليف باهظة بل تكاليف يسيرة ومعقولة تنسجم مع القدرة المالية للهيئات المحلية، والتي تتسم عادةً بأنها اقل مما تكون للسلطات المركزية[1].

وقد انتقد هذا المعيار على أساس انه إذا كان ينطبق بالفعل على بعض المرافق القومية والتي تتطلب تكاليف باهظة سواء من حيث إنشاءها، وإدارتها

---

(1) د.حسن محمد عواضة، الإدارة المحلية وتطبيقاتها في الدول العربية، المؤسسة الجامعية للدراسات والنشر والتوزيع بيروت، 1983، ص87 وما بعدها.

فقد لا تتحملها ميزانيات الإدارة المحلية كمصانع الأسلحة والذخائر، وإنشاء السدود والمشاريع الإستراتيجية المتعلقة بالطاقة النووية وما شابه ذلك، فان هذا المعيار لا يمكن الركون إليه في جميع الحالات.

فقد تنفق الإدارة المحلية أموالاً طائلة لإقامة مشاريع ومرافق تتعلق بالبنى التحتية كشق الطرق، وإنشاء شبكات المجاري الصحية، ومشاريع تصفية المياه وهذه المرافق على الرغم من التكلفة التي تتطلبها فإنها مع ذلك لا تخرج عن فكرة الطابع المحلي لها[1].

و يمكن أن نضيف انتقاداً آخر هو أن التمييز بين المرافق القومية والمرافق المحلية لا يمكن إقامته على أساس عامل متغير هو الجانب المالي والقدرة على الإنفاق، فإذا كانت ميزانيات الإدارة المحلية محدودة في وقت ما فإنها قد تتحسن بشكل كبير إذا مرت الدول بظروف اقتصادية مناسبة قد تجعل هذه الإدارات المحلية تنفق أموالاً طائلة لإقامة مشاريع ذات طابع محلي بحت.

الفرع الثاني

معيار الكفاءات الفنية المطلوبة

يقيم هذا المعيار التفرقة بين المرافق القومية والمرافق المحلية على أساس حاجة المرفق إلى الكفاءات، فإذا كانت إدارة المرفق تحتاج إلى كفاءات فنية وإدارية معينة فمن الأفضل أن تدار مركزياً نظراً لقدرة الدولة على جلب وإغراء الكفاءات العلمية والفنية العالية، ومن ثم إذا لم يكن المرفق بحاجة إلى هذه النوعية من الكفاءات فيفضل تركه للإدارة المحلية[2].

إن هذا المعيار ليس بأفضل حال من المعيار السابق إن لم يكن مشتقاً منه، فإذا كان الواقع يشير إلى حاجة المرافق القومية من الناحية الفنية إلى تخصصات علمية نادرة، كمرافق أو مشاريع إنتاج الطاقة النووية، أو مراكز علمية متخصصة

---

(1) د. كمال نور الله، اللامركزية من أجل التنمية القومية المحلية، بحث منشور في موسوعة الحكم المحلي، الجزء الأول، المنظمة العربية للعلوم الإدارية ب،ت، ص 81.

(2) د. محمد محمد بدران، مصدر سابق، ص 88.

بالبحث العلمي ، فإن ذلك ليس مرده حاجة هذه المرافق إلى الكفاءات العلمية ، ومن ثم لا يمكن توظيفها إلا من الإدارة المركزية بل مرده إلى أهمية المرفق وما يشكله من مصالح إستراتيجية لهذه الدولة ككل.

وأما القول بأن المرافق التي لا تحتاج إلى كفاءات علمية وفنية يحسن تركها للإدارة المحلية ، فهو أمر لا يستقيم مع منطق الإدارة السليمة التي تحرص على توظيف الكفاءات الفنية والإدارية سواء في المرافق القومية أم المرافق المحلية ؛ لأن هذه المرافق برمتها تهدف إلى تحقيق المصلحة العامة.

الفرع الثالث

معيار الفائدة المباشرة من المرفق العام

طبقاً لهذا المعيار يكون المرفق العام قومياً إذا كان نفعه المباشر يعود على جميع المواطنين في الدولة على قدم المساواة ، في حين يكون المرفق محلياً ومن ثم تتولى هيئات الإدارة المحلية أمر إدارته إذا كانت خدمات هذا المرفق تعود بالنفع المباشر على أبناء أو سكان وحدة إدارية معينة[1].

إذن العبرة وفقاً لهذا المعيار في تمييز المرفق القومي من المرفق المحلي تتحدد لمن يستفيد مباشرةً من المرفق ، فإذا كان النفع يعود على أبناء أو مواطني الدولة برمتها كنا أمام مرفق قومي تتولى السلطة المركزية إجراءاته ، أما إذا لم يكن كذلك فهو مرفق محلي تتولاه هيئات الإدارة المحلية.

يعد هذا المعيار أفضل حالاً من المعيارين السابقين ، وذلك لأن الواقع يشير فعلاً أن بعض المرافق العامة لا يشك في كونها مرافق قومية نظراً لفائدتها المباشرة لجميع أبناء الوطن بحيث لا تقتصر على أبناء وحدة إدارية معينة كمرفق الجيش والشرطة والمرافق الحيوية الأخرى كالموانئ والمطارات ومحطات توليد الطاقة الكهربائية والسدود ، كل هذه المرافق فائدتها المباشرة لا تقتصر على أبناء الوحدة الإدارية بل تشمل جميع المواطنين في الدولة.

(1) د. فؤاد العطار و د. علي محجوب، اختصاصات المجالس المحلية ودورها في تنفيذ مشاريع التنمية، المنظمة العربية للعلوم الإدارية، 1970، ص 7.

لكن من جانب آخر فإن معيار الفائدة المباشرة للمرفق العام لا يمكن أن يكون معيار جامع ومانع في التمييز بين المرفق القومي والمرفق المحلي، وذلك لأن الاعتماد على هذا المعيار يجعلنا نقر أن مرفقاً معيناً هو مرفق محلي نظراً للفائدة المباشرة التي تعود على أبناء وحدة إدارية معينة وحدهم.

فعلى سبيل المثال لو تم إنشاء مخفر حدودي في وحدة إدارية تكون حدودها الإدارية محاذية لحدود دولة أخرى ويعاني أبناء هذه الوحدة الإدارية ذات الطابع الزراعي من تجاوزات رعاة الأغنام المنتمين لتلك الدولة المحاذية على مزارعهم، فهل يمكن عد هذا المرفق (المخفر الحدودي) مرفقاً محلياً نظراً للفائدة المباشرة والمقتصرة على أبناء هذه الوحدة الإدارية؟

ستكون الإجابة بالتأكيد هي النفي وذلك لأن هذه التجاوزات لا تضر بالوحدة الإدارية وحدها، بل تمثل خرقاً لسيادة الدولة.

الفرع الرابع
معيار أهداف المرفق العام

وفقاً لهذا المعيار فإن التمييز بين المرافق القومية والمرافق المحلية يتحدد من خلال نطاق أهداف المرفق، فالمهام المتعلقة بالشؤون الخارجية والشؤون الدفاعية والتي تتمثل بالجيش والأمن الداخلي وتخطيط السياسة الاقتصادية والتربوية بما في ذلك إنشاء الجامعات والمراكز الثقافية، جميع هذه المهام ذات طابع قومي ولا يمكن أن تكون محلية لأنها تتعدى في أهدافها النطاق المحلي.[1]

يبدو أن هذا المعيار لا يختلف كثيراً عن معيار الفائدة المباشرة من المرفق العام لأن القول بأن المرفق القومي أهدافه تتعدى النطاق المحلي يعني بالضرورة أن المرفق المحلي هو ذلك المرفق الذي لا تتعدى أهدافه النطاق الجغرافي للوحدة الإدارية، وهذا في الواقع لا يصدق في جميع الأحوال لأن من المرافق العامة ما يكون هدفها الأساسي منحصراً في نقاط الوحدة الإدارية ومع ذلك لا يمكن القول أنه أصبح مرفقاً محلياً كما رأينا في المثال السابق فيما يتعلق بإنشاء المخافر الحدودية والتي ينحصر هدفها الأساسي توفير الأمن لأبناء تلك الوحدة الإدارية.

_____
(1) د. خالد قباني، مصدر سابق، ص 71 وما بعدها.

الفرع الخامس

معيار أهمية نشاط المرفق العام بالنسبة للدولة ككل

طبقاً لهذا المعيار تكون المرافق العامة قومية إذا كانت تمس الأمة في كيانها الشامل، باعتبارها كتلة واحدة، ومن ثم يجب أن تتولاها الحكومة المركزية، فالمرافق التي يستلزم حسن إدارتها أن تسّير في كل أرجاء الدولة على وتيرة واحدة يجب أن تناط بالدولة، لأنه إذا كان في توزيع العمل قوة فإن في توحيده وإدماجه حيث يجب التوحيد والاندماج قوة أكبر، أما الإدارة المحلية فيعهد إليها بالمرافق التي يتوفر فيها أحد شروط ثلاثة:-

1 – كونها تهم الأقاليم لأنها تتصرف إلى شأن من شؤونها الخاصة.

2 – أو كونها تستلزم في إدارتها رقابة دقيقة دائمة لا يستلزم أن تتولاها الحكومة المركزية.

3 – أو كونها من المرافق التي يضيرها توحيد النمط في إدارتها دون مراعاة الظروف المحيطة بها[1].

يمكن القول أن هذا المعيار يعد الأكثر دقة وإحاطة من المعايير السابقة فيما يتعلق بتمييز المرافق القومية عن المرافق المحلية ؛ لأننا لو طبقنا هذا المعيار على كثير من المرافق العامة لاستطعنا أن نحدد أن هذا المرفق قومي أو محلي تبعاً لأهمية النشاط الذي يمثله للدولة ككل[2] فمرفق الدفاع والشرطة ومرافق السدود والثروات الطبيعية كالنفط والغاز والمعادن الأخرى ومحطات توليد الكهرباء الموانئ والمطارات، كل هذه المرافق لو دققنا النظر فيها لوجدنا أهمية هذه المرافق

---

(1) نعتقد أن استخدام مصطلح أهمية النشاط بالنسبة للدولة ككل أدق من مصطلح الأمة لأن مصطلح الأمة أوسع من مصطلح الدولة فقد توجد شعوب تشترك في وحدة اللغة والأصل والتاريخ وتشكل أمة ومع ذلك نجدها موزعة على مجموعة دول، كالأمة العربية على سبيل المثال.

(2) د. محمد عبد الله العربي، دور الإدارة المحلية والبلديات في تنمية المجتمعات اقتصادياً واجتماعياً، بحث منشور في مجلة العلوم الإدارية، السنة التاسعة، العدد الأول، نيسان 1967، ص 43.

تتصل بالدولة ككل عبر جميع أقاليمها ومن ثم لا يمكن ولا يفضل أن يترك أمر إدارتها إلى هيئات الإدارة المحلية.

ويمكن أن نضيف ضابطاً آخر إلى هذا المعيار يساعدنا كثيراً في تمييز المرافق القومية عن المرافق المحلية وهو ضابط احتكار المرفق على أبناء الوحدة الإدارية.

فإذا كان احتكار إدارة مرفق معين لا يمكن أن يتسبب بأضرار على الدولة ككل أو لأحد أقاليمها أو وحداتها الإدارية الأخرى فهذا المرفق يكون مرفقاً محلياً وبالتالي تتولاها هيئات الإدارة المحلية، أما إذا حدث العكس فلا يمكن أن يكون هذا المرفق إلا مرفقاً قومياً.

وينبغي التذكير في هذا الصدد أن تأييدنا لمعيار أهمية نشاط المرفق العام بالنسبة للدولة ككل لا يعني أن هذا المعيار قد أصبح معياراً جامعاً ومانعاً.

وذلك يعود إلى أن مهمة التمييز بين المرافق القومية والمرافق المحلية ليست بالمهمة اليسيرة فتقدير كون هذا المرفق أو هذه المصلحة قومية، وتلك تمثل المصلحة المحلية يخضع لأمور واعتبارات قد تختلف من دولة إلى أخرى، بل حتى داخل الدولة الواحدة قد يختلف ذلك من فترة إلى أخرى، وحسب تغيير الظروف السياسية والاقتصادية والاجتماعية، والتي تلعب دوراً كبيراً في اتساع أو ضيق المصلحة القومية على حساب المصلحة المحلية أو العكس.

والغاية الأساسية في البحث عن معايير التمييز بين المصلحة القومية والمصلحة المحلية هو تحديد معالم واضحة بين اختصاصات السلطة الإدارية المركزية من جهة واختصاصات الإدارة المحلية من جهة أخرى.

فالإدارة المحلية ليست نداً للسلطة المركزية بحيث تعمل على التضاد معها بحيث يتم التصور أن السعي وراء مزيد من الاختصاصات وكأنه إعادة حق مغصوب ينبغي الوصول إليه وهذا الفهم المغلوط للإدارة المحلية يتقاطع مع الفلسفة الأساسية التي تنطلق منها الإدارة المحلية والتي تقوم على أساس توثيق الجهود الرسمية والشعبية للارتقاء بواقع الوحدات الإدارية بحيث تكون الإدارة المحلية هي المعاون للسلطة المركزية في القيام بأعبائها وتجعل الأخيرة تتفرغ للمصالح العامة القومية الأكثر أهمية.

والاعتماد على المعيار الدقيق في التمييز بين المرفق القومي والمرفق المحلي يمكن أن يجنبنا الكثير من حالات التنازع في الاختصاصات التي يمكن أن تثار بين السلطة الإدارية المركزية والإدارة المحلية فيما لو اتبعنا معياراً غير منضبط وغامض بحيث يؤدي بشكل أو بآخر إلى تقاطع وتداخل في ممارسة الاختصاصات الإدارية.

المطلب الثاني

وسائل وأساليب تحديد المصالح المحلية

سنقسم هذا المطلب على فرعين، نتناول في الفرع الأول وسائل تحديد المصالح المحلية ومن ثم نتناول في الفرع الثاني أساليب تحديد المصالح المحلية.

الفرع الأول

وسائل تحديد المصالح المحلية

لقد أصبح من الواضح مدى الصعوبة التي تكتنف عملية التمييز بين المصالح القومية والمصالح المحلية، نظراً لتشابك المصالح القومية مع المصالح المحلية في ظل المتغيرات التي تشهدها الدولة المعاصرة اليوم[1].

وبطبيعة الحال فإن مسالة تحديد ما يعد مصلحة قومية أو مصلحة محلية، لا ينبغي تركه لا إلى السلطة الإدارية المركزية ولا إلى هيئات الإدارة المحلية بل ينبغي

---

(1) ولعل من أبرز التغيرات أن العالم اليوم أصبح في ظل العولمة بمثابة القرية الصغيرة بفضل التطور التكنولوجي الهائل في تقنيات الاتصال المختلفة، حيث أصبح للتنمية المحلية بعد عالمي يتجاوز الوضع المحلي إلى العلاقات بين الدول المجاورة من أجل الانفتاح على العالم الخارجي وجذب الاستثمارات الأجنبية وعلى هذا الأساس لم تعد الإدارة المحلية شأناً محلياً، بل أصبحت جزءاً لا يتجزأ من بناء العالم الخارجي، ينظر الإدارة المحلية السعودية، بحث منشور في الانترنيت على الرابط www. darah. org. sa / bohes / Data / 5 / 4 / - n. n, istim تاريخ الزيارة 2011/9/10.

للمشرع وحده تولي هذه المسؤولية ولذلك يجمع الفقه الإداري على أن المشرع هو من يتولى وحده تحديد هذه المصالح[1].

وتحديد المصالح المحلية يتم عادة بوسيلتين، الوسيلة الأولى وتتم عن طريق الدستور باعتباره أعلى وثيقة قانونية في الدولة.

حيث يعترف الدستور بوجود هذه المصالح المحلية وينيط أمر إدارتها إلى هيئات الإدارة المحلية ويتم ذلك من خلال تحديده للاختصاصات التي تمارسها السلطة الإدارية المركزية من جهة وتلك الاختصاصات التي تمارسها الإدارة المحلية من جهة أخرى، سواء كان تحديد تلك الاختصاصات على سبيل الحصر أم على شكل قواعد عامة يترك أمر تفصيلها إلى القانون[2].

إن تحديد اختصاصات الإدارة المحلية بموجب الدستور سيؤدي بلا شك إلى تقويتها ويجعلها بمنأى عن أية محاولات تسعى من خلالها السلطة الإدارية المركزية عن طريق المشرع العادي الانتقاص بأي من هذه الاختصاصات، خصوصاً إذا اتسم الدستور بالجمود الذي يصعب أمر تعديله إلا بإتباع إجراءات معقدة[3].

وعلى الرغم من الإيجابيات التي تتحقق فيما يتعلق بتقوية دور الإدارة المحلية وتأكيد استقلاليتها إذا ما نص الدستور على اختصاصاتها فإنه وبالمقابل هنالك اعتبارات تجعل من غير المستحسن إيغال المشرع الدستوري نفسه في تفصيلات تتعلق باختصاصات الإدارة المحلية، إذا علمنا أن العمل الإداري بصفة عامة يتسم بالتغيير والتجدد وهذا التغيير والتجدد سيصطدم بعقبة كبيرة تتمثل بجمود النصوص الدستورية وما يترتب عليه من صعوبة تعديل النصوص المتعلقة بالإدارة المحلية.

---

(1) ينظر د. سليمان الطماوي، مبادئ القانون الإداري، مصدر سابق، ص 84 ؛ د. محمد عبد العال السناري مصدر سابق، ص 228 ؛ د. خالد سماره ألزغبي، لمصدر سابق، ص 56، ؛ د أحمد كمال أبو المجد، مصدر سابق، ص 74 ؛ د. محمد محمود الطعامنة وآخرون، مصدر سابق ص 26 ؛ د. شاب توما منصور، مصدر سابق، ص 86 ؛ د. ماهر صالح علاوي الجبوري، مصدر سابق، ص 85.

(2) د. خالد قباني، مصدر سابق، ص 74.

(3) المصدر نفسه، الصفحة نفسها.

وبناءً على ذلك ستصبح النصوص الدستورية الجامدة عائقاً حقيقاً لأيه محاولات تتعلق بمواكبة الإدارة المحلية للتطورات والتغيرات التي يفرضها الواقع، لذلك نجد بعض الدساتير قد حرصت على عدم ذكر التفصيلات المتعلقة باختصاصات الإدارة المحلية في صلب الدستور تجنباً من الوقوع في هذه الإشكالية[1].

أما الوسيلة الثانية التي تتم من خلالها المصالح المحلية أو بعبارة أخرى تحديد اختصاصات الإدارة المحلية فتتم خلال القوانين التي تصدرها السلطة التشريعية[2].

---

(1) نجد على سبيل المثال الدستور الفرنسي لعام 1958 النافذ قد ترك أمر تحديد مهام واختصاصات الإدارة المحلية إلى القانون، حيث نصت المادة 72 الفقرة الأولى على: - «الوحدات الإقليمية في الجمهورية هي البلديات والمقاطعات وأقاليم ما وراء البحار...» في حين أشارت الفقرة الثانية على: - «تدير هذه الوحدات شؤونها(=) (=)بحرية بواسطة مجالس منتخبة وبالشروط النصوص عليها في القانون» ؛ وفي بريطانيا لا توجد هذه الإشكالية كون الدستور الإنكليزي غير مدّون ومن ثم يتسم بالمرونة، وفي الدستور المصري لعام 1971 النافذ نصت المادة 163 على: - «يبين القانون طريقة تشكيل المجالس المحلية واختصاصاتها ومواردها المالية...» ؛ أما في العراق فقد خرج المشرع الدستوري عن هذه المسلّمة وذلك بتحديده في عدد من النصوص اختصاصات الإدارة المحلية، ولم تقف المسألة عند مجرد النص على هذه الاختصاصات في الدستور، حيث لا توجد مشكلة طالما كانت هذه الاختصاصات تتوافق فعلاً مع طبيعة اختصاصات الإدارة المحلية بل قد ذهب إلى منح اختصاصات تتعلق بإدارة الثروات الطبيعية كالنفط والغاز والتي لا يشك في كونها مرافق عامة قومية تهم الدولة ككل جاء ذلك في المادة 112 أولاً من الدستور الدائم لعام 2005 والتي نصت على أن: - «تقوم الحكومة الاتحادية بإدارة النفط والغاز المستخرج من الحقول الحالية مع حكومات الأقاليم والمحافظات المنتجة...»، في حين نصت الفقرة ثانياً على: - «تقوم الحكومة الاتحادية وحكومات الأقاليم والمحافظات المنتجة معاً برسم السياسات الإستراتيجية لتطوير ثروة النفط والغاز...»، ونصت المادة 113 على: - «تعد الآثار والمواقع الأثرية والبنى التراثية والمخطوطات والمسكوكات من الثروات الوطنية التي هي من اختصاصات السلطة الاتحادية، وتدار بالتعاون مع الأقاليم والمحافظات...»، ثم جاءت المادة 114 لتضع لنا طريقة في ممارسة الاختصاصات بصورة مشتركة مع حكومات الأقاليم والمحافظات، ينظر الفقرات أولاً – ثانياً – ثالثاً – رابعاً – خامساً – سادساً – سابعاً من المادة 114 وسنعلق على هذا الموضوع لاحقاً في هذه الأطروحة.

(2) د. خالد قباني، مصدر سابق، ص 74.

إن هذه الوسيلة في تقديرنا هي الوسيلة الأكثر عملية في تحديد اختصاصات الإدارة المحلية حيث تملك السلطة التشريعية القدرة على تعديل هذه الاختصاصات بين فترة وأخرى وحسب طبيعة الظروف المحيطة بالدولة، ولا يمكن عدّ هذه الوسيلة كما يراه البعض أنها تضعف استقلالية الهيئات المحلية ؛لأن ضمان استقلالية هذه الهيئات تستطيع السلطة التشريعية أن تكفلها من خلال القوانين المنظمة للإدارة المحلية، على اعتبار أن السلطة التشريعية في حقيقتها تمثل إرادة الشعب بأكمله.

من خلال ما تقدم يمكن القول أن الوسيلة المثلى في تحديد اختصاصات الإدارة المحلية يجب أو ينبغي أن تكون بيد المشرع العادي، وهذا لا يعني إبعاد دور المشرع الدستوري بشكل كامل بل يكفي على المشرع الدستوري أن يحدد الأطر أو القواعد العامة المتعلقة باختصاصات الإدارة المحلية تاركاً التفاصيل للمشرع العادي وبهذا الأسلوب نستطيع التخلص من الآثار السلبية المتعلقة بجمود النص الدستوري وصعوبة تعديله، وذلك لكي نحافظ على مرونة العمل الإداري في نطاق الإدارة المحلية هذه المرونة التي تستطيع الاستجابة لكل المتغيرات والظروف التي تحيط بالدولة.

الفرع الثاني
أساليب تحديد المصالح المحلية

سبق أن بينا أن تحديد المصالح المحلية أو القومية لا يترك أمر تحديدها لا إلى السلطة الإدارية المركزية، ولا إلى الإدارة المحلية، بل يتولى المشرع تلك المهمة، وسواء تم تحديد هذه المصالح في صلب الدستور أم في القوانين الصادرة من السلطة التشريعية، فهناك أسلوبان يتم من خلالها تحديد المصالح المحلية أو بعبارة أخرى اختصاصات الإدارة المحلية هما : -

أولاً : التحديد الحصري لاختصاصات الإدارة المحلية

وفقاً لهذا الأسلوب يعمد المشرع إلى تحديد اختصاصات الإدارة المحلية على سبيل الحصر بحيث لا يمكن لهيئات الإدارة المحلية ممارسة أي اختصاص لم يرد

على ذكره من قبل المشرع ؛ وإذا ما أريد توسيع اختصاصات الإدارة المحلية فلابد من إصدار تشريع جديد يحدد لها ذلك، ويطلق الفقه الإداري على هذا الأسلوب في تحديد الاختصاصات بالأسلوب الإنكليزي[1].

ويرى بعض الفقهاء أن الأسلوب ألحصري في تحديد الاختصاصات يحقق بعض المزايا والإيجابيات أهمها :-

1 – إن هذا الأسلوب في تحديد الاختصاصات يتسم عادة بالدقة والوضوح، مما يحول دون نشوء أي تنازع في الاختصاصات بين السلطة الإدارية المركزية والإدارة المحلية.

2 – يحول هذا الأسلوب دون منح الإدارة المحلية اختصاصات تخرج عن قدرتها فلا تعطى الإدارة المحلية إلا الاختصاصات التي تقدر على القيام بها.

3 – يقترن هذا الأسلوب عادة برقابة مخففة قليلة الوطأة من السلطة المركزية مما يؤدي إلى تدعيم استقلالية الإدارة المحلية. [2]

وبالمقابل لا يخلو هذا الأسلوب من بعض المساوئ أو العيوب أهمها :-

1 – إن التحديد ألحصري لاختصاصات الإدارة المحلية، يجعل ممارسة الإدارة المحلية لاختصاصاتها تتسم بشيء من الجمود ؛لأن أي تعديل في هذه الاختصاصات يستلزم صدور تشريع جديد من البرلمان، وقد يكشف ذلك بعض الصعوبات العملية المتعلقة بالوقت أو الإجراءات التي تتطلبها عملية التشريع في البرلمان.

---

(1) سمي الأسلوب ألحصري في تحديد الاختصاصات بالأسلوب الإنكليزي نظراً لأن المشرع الإنكليزي – في تنظيمه لاختصاصات الحكم المحلي كما هي التسمية في انكلترا - اتبع هذا الأسلوب، ينظر د. سليمان الطماوي، مصدر سابق ص ص 84 – 85 ؛ د. محمد محمود الطعامنة، مصدر سابق، ص 27 ؛ د. محمد عبد العال السناري، مصدر سابق ص 230.

(2) ينظر: د. فؤاد العطار، مصدر سابق، ص 7 ؛ د. عبد المعطي عساف و د. هاني خاشقجي، مصدر سابق، ص 42 ؛ وتعد الأردن من الدول العربية التي طبقت الأسلوب ألحصري في تجديد اختصاصات الإدارة المحلية، ينظر: د. محمد علي الخلايلة، الإدارة المحلية، دار الثقافة للنشر والتوزيع، عمان، الأردن، 2009، ص 99 ؛ د. خالد سماره ألزغبي، المصدر السابق، ص 317.

2 – إن الأسلوب ألحصري في تحديد الاختصاصات يتمثل عادة في وضع حد أدنى لمستويات الخدمة المقدمة، ومن ثم يحول دون قدرة الإدارة المحلية على المبادأة أو الابتكار أو إيجاد حلول جديدة(1).

ثانيا : التحديد العام لاختصاصات الإدارة المحلية

لا يختلف هذا الأسلوب عن أسلوب التحديد ألحصري للاختصاصات من حيث الجهة المختصة في تحديده، حيث يتولى المشرع أيضاً تحديد اختصاصات الإدارة المحلية، غير أن الاختلاف يكمن في طبيعة هذا التحديد والذي يتسم بالعمومية.

فوفقاً لهذا الأسلوب لا يضع المشرع مجموعة محددة من الاختصاصات تمارسها الإدارة المحلية بل يلجأ إلى النص بصورة عامة على القاعدة أو المبدأ العام الذي يقوم على أساس من أن جميع الشؤون والمصالح المحلية هي من اختصاص الإدارة المحلية(2).

فهذا الأسلوب يعطي لهيئات الإدارة المحلية حق تحديد المسائل ذات الأهمية المحلية والتي ينبغي لها أن تمارسها، غير أن ممارسة هذا الحق في تحديد الاختصاصات يجعله خاضعاً لرقابة السلطة المركزية كي تضمن عدم تجاوز هذه الهيئات لاختصاصها بما يناقض المصلحة العليا للدولة ككل(3)، ونطلق على هذا الأسلوب بالأسلوب الفرنسي نظراً لتطبيقه في فرنسا، وهو مطبق أيضاً في مصر والعراق(4).

---

(1) د. محمد علي الخلايلة، المصدر السابق، ص 99 ؛ د. محمد محمد بدران، مصدر سابق، ص 90.

(2) د. خالد قباني، مصدر سابق، ص 74.

(3) جورج فوديل و بيار دلفولفيه، المصدر السابق، ص 324.

(4) فعلى سبيل المثال نصت المادة الأولى من قانون الإدارة المحلية الفرنسي لسنة 1983 على: - «تنظم البلديات والمقاطعات والأقطار في قراراتها قضايا صلاحياتها....» أشار إليه جورج فوديل، المصدر السابق، ص 304 ؛ وفي مصر نصت المادة الثانية من قانون الإدارة المحلية رقم 43 لسنة 1079 على أن تتولى وحدات الإدارة المحلية في حدود السياسة العامة والخطة العامة للدولة إنشاء وإدارة جميع المرافق الواقعة في دائرتها....» أما في العراق فقد نص=

ويحقق هذا الأسلوب في تحديد الاختصاصات عدد من المزايا أهمها : –

1 – يتسم هذا الأسلوب بالمرونة مما يشجع هيئات الإدارة المحلية على المبادأة والابتكار دون أن تكون هنالك قيود محددة من المشرع.

2 – يؤدي الأخذ بهذا الأسلوب إلى تخفيف العبء في السلطة التشريعية، فلا تضطر من وقت لآخر إلى إصدار قوانين عديدة بل تكتفي بإصدار قانون يتسم بالعمومية فيما يتعلق بتحديد الاختصاصات الإدارية المحلية[1].

وبالمقابل لا يسلم هذا الأسلوب من بعض المساوئ يمكن تحديد أهمها : –

1 – لما كان المشرع يتبع في تحديد اختصاصات الإدارة المحلية وفقاً لأسلوب التحديد العام فإنه وفي كثير من الأحيان تتسم هذه التشريعات بعدم الوضوح والدقة مما يتسبب بنشوء تنازع في ممارسة الاختصاصات بين السلطة الإدارية المركزية والإدارة المحلية، يتحدد هذا التنازع عادة بأحقية كل منهما بممارسة هذا الاختصاص وهذا هو التنازع الإيجابي أو أن يتخلى الطرفان عن ممارسة الاختصاص وهذا هو التنازع السلبي[2].

2 – نظراً للاختصاصات العامة والواسعة التي تضطلع بها الإدارة المحلية وفقاً لهذا الأسلوب فإنها قد لا تتلاءم مع قدراتها المادية والفنية، هنا يضطر المشرع إلى التدخل لاستثناء بعض المصالح المحلية من اختصاصات الهيئات المحلية[3].

ثالثاً : المفاضلة بين الأسلوبين

لا يمكن من الناحية النظرية المجردة تفضيل أي من الأسلوبين على الآخر، وذلك لأن كلا الأسلوبين يتمتعان بقدر من المزايا لا يمكن إنكاره، كما أنهما في الوقت نفسه تعتريهما بعض المساوئ والعيوب.

─────────────────

= الدستور النافذ لعام 2005 في المادة 115 على أن «كل ما لم ينص عليه في الاختصاصات الحصرية للسلطات الاتحادية يكون من صلاحية الأقاليم والمحافظات غير المنتظمة في إقليم ....» ويظهر من هذا النص أن التحديد الحصري للاختصاصات يكون فقط للسلطات الاتحادية بينما تتمتع الأقاليم والمحافظات فيما عدا ذلك من اختصاصات.

(1) د. محمد محمد بدران، مصدر سابق، ص 90 وما بعدها.

(2) د. ماهر صالح علاوي الجبوري، مصدر سابق، ص 146 وما بعدها.

(3) د محمد محمد بدران، مصدر سابق ص 91 ؛د محمد علي الخلايلة، مصدر سابق، ص48.

ومن جانب آخر فان نجاح هذه الأساليب يتوقف بالدرجة الأولى على الظروف السائدة في الدولة سواء كانت سياسية أم اقتصادية أم اجتماعية، وعلى القدرة الحقيقية لهيئات الإدارة المحلية في ممارسة اختصاصاتها، فإعطاء أي اختصاص من المشرع لهيئات الإدارة المحلية ينبغي أن يكون على أساس من القدرة الفعلية لهذه الهيئات في ممارسة اختصاصاتها، فلا معنى لأية اختصاصات تمنح للإدارة المحلية إذا كان الواقع يشير إلى استحالة القيام بها.

ويمكن القول أن الناحية العملية تؤكد وهذا ما نؤيده إلى ضرورة أن تكون الاختصاصات التي تمارسها الإدارة المحلية محددة بشكل دقيق وواضح تلافياً لأي تنازع قد يحصل فيما لو اتبعنا الأسلوب العام لتحديد الاختصاصات.

إن سبب تفضيلنا الأسلوب ألحصري في تحديد الاختصاصات راجع إلى كون هذا الأسلوب يتسم بالوضوح والدقة، خصوصاً في البلدان التي لم تتوفر لها الظروف السياسية والاقتصادية والاجتماعية المناسبة.

فعدم الاستقرار السياسي وما يترتب عليه من آثار سلبية قد تهدد وحدة النسيج الاجتماعي في الدولة، لا يمكن أن يتلاءم مع الأسلوب العام في تحديد الاختصاصات، نظراً لأن هذا الأسلوب كما رأينا يتسم بالعمومية المفرطة والتي قد تصل إلى حد الغموض.

ومن ثم فإن تطبيقه في ظل هذه الظروف، ستنجم عنه حتماً إشكاليات التنازع في الاختصاصات بين السلطات المركزية والمحلية.

فالمشكلة لا تتعلق بكيفية حل إشكالات التنازع هذه، حيث يستطيع القضاء معالجة هذه الأمور وفق ضوابط معينة، لكن المشكلة التي يتخوف منها هي انعكاسات هذا التنازع على النسيج الاجتماعي مما قد يهدد وحدة الدولة بالتجزئة أو الانقسام.

وما قيل بالنسبة للأسلوب ألحصري في تحديد الاختصاصات إن من عيوبه هو أنه يحتاج وبشكل مستمر إلى تدخل المشرع بين فترة وأخرى إلى تعديل هذه الاختصاصات، فهذا العيب في نظر البعض قد يكون أحد أهم المزايا التي يمكن أن تسجل لهذا الأسلوب، فالمشرع هو المعبر عن إرادة الشعب برمته، وهو المختص كما رأينا في عد هذه المصلحة قومية أو محلية.

فضلاً عن ذلك فإن الواقع العملي يشير إلى أن الدول التي تأخذ الأسلوب ألحصري في تحديد الاختصاصات المتعلقة بالإدارة المحلية مثل «بريطانيا، والولايات المتحدة الأمريكية، والهند، واستراليا، ونيوزلندا» تتمتع فيه الإدارة المحلية باختصاصات واسعة وباستقلال كبير، في حين أن الأمر ليس كذلك في الدول إلتي تلجأ إلى الأسلوب العام كفرنسا ومصر[1].

المبحث الثاني

استقلالية الهيئات في إدارة المصالح المحلية

لا يكفي لقيام نظام الإدارة المحلية مجرد الاعتراف بوجود مصالح محلية متميزة، وإنما ينبغي فضلا عن ذلك أن تتولى إدارة هذه المصالح هيئات محلية تتمتع باستقلالية تجاه السلطة المركزية بما يمكنها وفي حدود اختصاصاتها باتخاذ القرارات دون أن تكون خاضعة لتوجيهات الإدارة المركزية، ولا تتلقى منها الأوامر والتعليمات كونها تخضع أساساً لسلطتها الرئاسية[2].

فاستقلال الهيئات المحلية في ممارسة اختصاصاتها لا يعد منحة من السلطة الإدارية المركزية بل هو استقلال أصيل مصدره الدستور والقانون[3].

واستقلالية الهيئات المحلية تحتاج في الواقع إلى مستلزمات أو شروط تعزز من هذه الاستقلالية، تتمثل بتمتع الوحدات الإدارية التي تتولى هذه الهيئات إدارة شؤونها بالشخصية المعنوية، فضلا عن الاستقلال المالي والإداري، وسنتناول هذه المستلزمات أو الشروط في المطالب الثلاثة الآتية:-

---

(1) د. محمد محمد بدران، مصدر سابق، ص 92.

(2) د. خالد قباني، المصدر السابق، ص 89.

(3) د. سليمان الطماوي، المصدر السابق، ص 87 ؛ وفي هذا الصدد ينبغي التذكير أن الاستقلالية التي تتمتع بها هذه الهيئات مهما بلغ حجمها لا يمكن أن يكون مطلقاً، فالاستقلالية المطلقة للإدارة المحلية معناه تعريض وحدة الدولة للتجزئة والانقسام وبصورة أدق تؤدي إلى خلق دولة داخل دولة، ينظر: د. مجدي مدحت النهري، المصدر السابق ص42.

المطلب الأول

تمتع الوحدة الإدارية بالشخصية المعنوية

من المعلوم أن الإدارة العامة في مختلف الدول تمارس نشاطها وتؤدي مهامها عن طريق ما يسمى بالأشخاص الإدارية، وهي بطبيعة الحال لا تعد أشخاصاً طبيعية، وإنما أشخاصاً معنوية(1).

ونظراً لأتساع إقليم الدولة وازدياد عدد سكانها وتنوع الحاجات التي يتطلب إشباعها فقد اصبح من الصعوبة تلبية ذلك من خلال السلطات الإدارية المتواجدة في العاصمة، فكان لزاماً على الدولة أن تقسم إقليمها إلى وحدات إدارية ذات طابعاً جغرافي وتسند إلى موظفيها في تلك الوحدات أمر إدارتها بالشكل الذي يخفف عنها الأعباء من جهة ويسهل أمر القيام بها من جهة أخرى(2).

غير أن تقسيم إقليم الدولة على وحدات إدارية دون أن يعترف لها بالشخصية المعنوية لا يخرجها عن كونها مجرد فرعاً من فروع السلطة الإدارية المركزية، وعلى هذا الأساس لا يمكن القول بوجود استقلالية للهيئات المحلية ما لم تمنح الوحدات الإدارية الشخصية المعنوية.

---

(1) د. ماهر صالح علاوي الجبوري، مصدر سابق، ص 71 ؛ وتعرف الشخصية المعنوية بأنها مجموعة من الأشخاص تستهدف تحقيق غرض مشترك، أو مجموعة من الأموال تخصص لغرض معين، ويعترف القانون بهذه المجموعة بالشخصية المعنوية، فتصبح أهلاً لاكتساب الحقوق والالتزام بالواجبات وينظر إليها ككتلة مجردة عن الأشخاص الطبيعية أو العناصر المكونة لها، وتنقسم الأشخاص المعنوية على قسمين أشخاص معنوية خاصة كالشركات والجمعيات التي تعود للأفراد، و أشخاص معنوية عامة والتي تتغير به و تنقسم بدورها لأشخاص عامة إقليمياً كالدولة والوحدات الإدارية كالمحافظات والاقضية وأشخاص معنوية عامة مرفقيه أو مصلحيه كالجامعات والمؤسسات والشركات العامة. ينظر: د. علي محمد بدير وآخرون، المصدر السابق، ص 82 وما بعدها ؛ د. سليمان الطماوي، ص55 وما بعدها.

(2) صداع دحام طوكان الفهداوي، مصدر سابق، ص 29.

حيث يعتمد نظام الإدارة المحلية بالدرجة الأولى على وجود وحدات إدارية مستقلة تتمتع بالشخصية المعنوية ضمن نطاق جغرافي من إقليم الدولة[1].

ويثار بهذا الصدد سؤالان مهمان، الأول يدور حول مدى إمكانية اعتبار منح الشخصية المعنوية للوحدة الإدارية من ضمن أركان الإدارة المحلية.

والثاني هو هل من الجائز أن تتمتع الهيئات المحلية - القائمة على إدارة المصالح المحلية التي تخص الوحدة - الإدارية بالشخصية المعنوية؟

فيما يتعلق بالإجابة عن السؤال الأول، فقد ذهب بعض الفقهاء والباحثين إلى عد الشخصية المعنوية للوحدة الإدارية ركناً أساسياً من أركان الإدارة المحلية[2].

وبالمقابل نجد من الفقهاء والباحثين من لم يعد الشخصية المعنوية للوحدة الإدارية من بين أركان الإدارة المحلية[3].

ويضيف أنصار هذا الرأي إلى أن منح الشخصية المعنوية للوحدة الإدارية يعدّ في الواقع من الوسائل التي تعطي اللامركزية الإدارية (الإدارة المحلية) فعاليتها، فهي تمثل شرطاً ضرورياً للامركزية[4].

---

(1) يذهب الدكتور خالد قباني في هذا الصدد «إن وجود المصالح المحلية وقيام أجهزة محلية تؤمن هذه المصالح إنما تشكل الإطار العام والأسباب الموضوعية لوجود لا مركزية حقيقية، فهي بحالتها هذه أشبه بحالة الجنين الموجود في الواقع ويتمتع بشيء من الحياة، ولكنها تبقى مقيدة وملجومة وبالتالي فإن منح الشخصية المعنوية تمثل عملية الولادة التي تخرج اللامركزية إلى الوجود القانوني ويعطيها إرادة ذاتية خاصة...» ينظر د.خالد قباني، مصدر سابق، ص ص 84 – 85.

(2) ينظر: محمد محمد بدران، المصدر السابق، ص 28 ؛د. محمد محمود الطعامنة وآخرون، المصدر السابق، ص 24 ؛د. محمد فرغلي محمد علي، المصدر السابق، ص 29 ؛د. علي محمد بدير وآخرون، المصدر السابق، ص 126.

(3) ينظر: سليمان الطماوي، المصدر السابق، ص 83 ؛د. ماهر صالح علاوي الجبوري، المصدر السابق، ص 85 ؛د. محمد عبد العال السناري، المصدر السابق، ص 227 ؛د. هاني علي الطهراوي، القانون الإداري، دار الثقافة للنشر والتوزيع، عمان الأردن، 1998، ص 143.

(4) ينظر : جورج فيدول وبيار دلفولفية، لمصدر سابق، ص 302 ؛د. شاب توما منصور، مصدر سابق، ص 88.

وبدورنا نؤيد الرأي الأخير الذي لا يعد مجرد منح الوحدات الإدارية الشخصية المعنوية من ضمن أركان الإدارة المحلية ، وهذا لا يعني بأي حال من الأحوال تقليل الأهمية المتعلقة بضرورة تمتع الوحدات الإدارية بالشخصية المعنوية.

فالوحدة الإدارية الإقليمية تمثل النطاق المكاني الذي يطبق فيه نظام الإدارة المحلية ، ولا يمكن تصور وجود استقلالية للهيئات المحلية التي تتولى إدارة المصالح المحلية دون أن يتم منح الوحدة الإدارية الشخصية ؛ لأن القول بغير ذلك معناه تحول هذه الوحدات إلى مجرد فرع من فروع السلطة الإدارية المركزية.

فالتقسيم الإداري لإقليم الدولة إلى وحدات إدارية حتى وإن تمتعت بالشخصية المعنوية لا يعني ذلك قيام نظام الإدارة المحلية لأن الأخير عبارة عن أسلوب من أساليب ممارسة الوظيفة الإدارية ويتحقق ذلك عندما يمنح المشرع الدستوري أو العادي اختصاصات إدارية إلى هيئات محلية منتخبة في الغالب تعمل تحت إشراف ورقابة السلطة المركزية، فقد يمنح المشرع الوحدة الإدارية الشخصية المعنوية دون أن يمنح اختصاصات حقيقية للهيئات التي تمثلها، وقد تسند ممارسة هذه الاختصاصات إلى ممثلي السلطة الإدارية المركزية في الوحدة الإدارية[1].

إذن فإن تمتع الوحدة الإدارية بالشخصية المعنوية يمثل في حقيقته شرطاً من شروط تحقيق وتأكيد استقلالية الهيئات المحلية ، ولا يمكن عدّه من ضمن أركان الإدارة المحلية وعلى هذا الأساس ينبغي عدم الخلط بين أركان الإدارة المحلية وشروط تحقيق استقلاليتها[2].

---

(1) فعلى سبيل المثال طرأ تعديل على قانون إدارة الألوية رقم 16 لسنة 1945 بعد انقلاب 14 تموز 1958 وذلك بموجب القانون رقم 36 لسنة 1959 والذي قرر حل جميع مجالس الألوية العامة وأعيد تشكيلها لتضم فقط الأعضاء الدائمين بحكم وظائفهم، ينظر: د. ماهر صالح علاوي الجبوري، مصدر سابق، ص 51.

(2) عند الرجوع إلى قواعد وأصول الفقه الإسلامي نجد أن الفقهاء يميزون بين الركن والشرط، فالركن عندهم هو «عنصر في التصرف الذي يتوقف عليه جزء من حقيقته وماهيته كالإيجاب القبول في جميع العقود، بخلاف الشرط فإنه عنصر يتوقف عليه الوجود الشرعي (والقانوني) للتصرف، لكنه خارج عن حقيقته وماهيته، كأهلية الأداء الكاملة شرط لصحة تصرفاته، و الشهادة في عقد الزواج شرط لصحته...»=

وبخصوص الإجابة عن التساؤل الثاني المتعلق بمدى إمكانية منح الهيئات المحلية (المجالس المحلية) الشخصية المعنوية، فإن الفقه الإداري مستقر عموماً على أن الشخصية المعنوية لا تمنح للمجالس المحلية، ولا ينبغي أن تتمتع بها وإنما يجب أن يكون منح الشخصية المعنوية بمجرد حل المجالس المحلية وهو ما لا يمكن تصوره من الناحيتين القانونية والمنطقية حيث سيكون بوسع المجلس المحلي الجديد التحلل من التزامات المجلس القديم لاختلاف الشخص الملتزم.

غير أن الصحيح أن تكون الشخصية المعنوية ثابتة للوحدة الإدارية بصرف النظر عن التغيرات التي تطرأ على المجالس المحلية[1].

فالمجالس المحلية في حقيقتها هي المعبّر عن إرادة الشخص المعنوي المتمثل بالوحدة الإدارية ولا ينبغي أن تتمتع هي الأخرى بالشخصية المعنوية.

ومن جانب آخر فإن منح الشخصية المعنوية للوحدة الإدارية الإقليمية تترتب عليه مجموعة من النتائج القانونية ويمكن إجمالها كالآتي: -

أولاً : ينبغي لقيام الشخص المعنوي وجود من يعبر عن إرادته، وجرت العادة أن يعهد بذلك إلى مجلس محلي يضم ممثلين عن أبناء الوحدة الإدارية، يتولى التعبير عن إرادتهم والتصرف طبقاً لمصالحهم، سواء تم اختيارهم بالتعيين أم عن طريق الانتخاب وهي الطريقة المثلى في هذا الصدد.

ثانياً : تكون للوحدة الإدارية وحدة مالية مستقلة عن ذمة الدولة، فتكون أحوالها متميزة عن أحوال الحكومة المركزية وعن أحوال الوحدات الإدارية الأخرى، ومن ثم لا يجوز لإحداها استعمال أموال الأخرى، والتصرف بها بدون موافقتها.

= ينظر: د. مصطفى إبراهيم الزلمي، أصول الفقه الإسلامي في نسيجه الجديد، بدون دار نشر، 1999، ص 286.

(1) ينظر: جورج فوديل وبيار دلفولفيه، مصدر سابق، ص 297 ؛ د. سليمان الطماوي، مصدر سابق، ص 58 ؛ د. محمد عبد العال السناري، مصدر سابق، ص 156 ؛ خالد سماره ألزغبي، تشكيل المجالس المحلية وأثرها على كفايتها، مصدر سابق، ص 269 ؛ محمد علي الخلايلة، مصدر سابق، ص 50.

ثالثاً : يكون للوحدة الإدارية صلاحية اكتساب الحقوق باستثناء تلك الملازمة لصفة الشخص الطبيعي، وتحمل الواجبات وفق القانون.

رابعاً : ويترتب على منح الشخصية المعنوية للوحدة الإدارية إنشاء جهاز إداري خاص بها ومستقل عن الجهاز الإداري في الدولة، على أن لا يمنعه ذلك من إضفاء صفة الموظف العمومي على موظفي المحلية.

خامساً: تتمتع الوحدات الإدارية من خلال المجالس أو الهيئات المعبرة عن إرادتها باستخدام وسائل القانون العام كإصدار القرارات الإدارية الملزمة، كما أن لا سلطة نزع الملكية للنفع العام وذلك في حدود القانون.

سادساً: والنتيجة الأخيرة المترتبة على منح الوحدة الإدارية الشخصية المعنوية، هي أن تملك حق التقاضي وذلك بأن تكون مدعياً أو مدعى عليها [1].

المطلب الثاني

الاستقلال الإداري للهيئات المحلية

يمثل الاستقلال الإداري في حقيقته أحد أهم النتائج التي تترتب على منح الوحدة الإدارية الشخصية المعنوية.

ولما كان الشخص المعنوي هو مجرد شخص افترض القانون وجوده ومنحه الحقوق وفرض عليه الالتزامات، فان ممارسة نشاطه تستوجب وجود أشخاص طبيعيه تعبر عن إرادته، تتمثل عادة في المجالس المحلية.

وإذا كان الفقه الإداري قد أجمع على أن استقلال الهيئات المحلية (المجالس المحلية) يمثل ركناً مهماً من أركان الإدارة المحلية [2]، إلا أنهم اختلفوا

──────────

(1) ينظر: د. سليمان الطماوي، مصدر سابق، ص 70 وما بعدها ؛ د. محمد محمد بدران، مصدر سابق، ص 30 ؛ د. خالد قباني، مصدر سابق، ص 17 وما بعدها ؛ د. طعيمه الجرف، القانون الإداري، مصدر سابق، ص 81 وما بعدها ؛ د. محمد عبد العال السناري، مصدر سابق، ص 203.

(2) ينظر: د. جورج فيدول وبيار دلفو لفيه، مصدر سابق، ص 302 ؛ د. سليمان الطماوي، مصدر سابق، ص 86 ؛ د. فؤاد العطار، مصدر سابق، ص 27 ؛ د. محمد حسين عبد العال، =

في الطريقة أو الوسيلة التي يتحقق فيها هذا الاستقلال فيما يتعلق بتشكيل هيئات الإدارة المحلية، إلى اتجاهين، الاتجاه الأول المؤيد لتعيين أعضاء الهيئات المحلية، وأما الاتجاه الثاني فيؤيد الانتخاب في اختيار أعضاء هذه الهيئات.

ومن أجل توضيح كلا الاتجاهين سنقسم المطلب على ثلاثة فروع، نتناول في الفرع الأول الاتجاه المؤيد للتعيين، وفي الفرع الثاني الاتجاه المؤيد للانتخاب، وسنخصص الفرع الثالث للمفاضلة بين الاتجاهين.

الفرع الأول

الاتجاه المؤيد للتعيين

يذهب أنصار هذا الاتجاه إلى أن استقلالية هيئات الإدارة المحلية لا تمنع من حيث المبدأ أن يكون للسلطة الإدارية المركزية دور في تعيين أعضاء هيئات الإدارة المحلية (المجالس المحلية) لأن هذا التعيين لا يعد إهداراً لمبدأ استقلالية الإدارة المحلية، طالما توافرت لأعضاء المجالس المحلية ضمانات تكفل استقلاليته تجاه السلطة المركزية.

ولعل أهم ضمانة يمكن أن يتمتع بها هؤلاء الأعضاء هو عدم قابليتهم للعزل من قبل السلطة المركزية[1]، ومن الضمانات الأخرى والتي يمكن من خلالها تأكيد استقلالية المجالس المحلية هو اشتراط المشرع في تعيين هؤلاء الأعضاء أن تتوفر روابط حقيقية بينهم وبين تمثيل المصالح المحلية، سواء كانت هذه الرابطة على أساس جغرافي (كأن يشترط ان يقيم الفرد المعين في الوحدة الإدارية مدة زمنية معينة) على أساس مهني كأن يمارس مهنة أو وظيفة معينة داخل الوحدة الإدارية

= الإدارة العامة، دار النهضة العربية، القاهرة، 1982، ص 78 ؛ د. خالد قباني، مصدر سابق، ص 78 ؛ د. خالد سماره ألزغبي، تشكيل المجالس المحلية....، مصدر سابق، ص 56 ؛ د. شاب توما منصور، مصدر سابق ص 86 ؛ د. ماهر صالح علاوي الجبوري، مصدر سابق، ص 86 ؛ د. على محمد بدير وآخرون، مصدر سابق، ص 123.

(1) د. محمد حسين عبد العال، مصدر سابق، ص 81.

المراد تعيينه فيها أو على أساس مالي كأن يكون له بعض المصالح التجارية أو العقارية[1].

ويسوق أنصار هذا الاتجاه عدد من الحجج الداعمة إلى أن تعيين السلطة المركزية لأعضاء المجالس المحلية لا يخل باستقلالية هذه المجالس وتشمل تلك الحجج ما يأتي : -

أولاً : إن نظام الإدارة المحلية يقوم في حقيقته على استقلالية المجالس المحلية في ممارسة اختصاصاتها دون أن تكون خاضعة لتعليمات وأوامر السلطة المركزية، ومن ثم لا يتوقف هذا الأمر على طريقة اختيار أعضاء المجالس المحلية.

فإذا كان الانتخاب يعد ركناً أساسياً من أركان الإدارة المحلية، لتعين استبعاد الأشخاص العامة المرفقية من نطاق اللامركزية الإدارية ما دامت قائمة على أساس التعيين، وهو ما لا يمكن التسليم به إذ أن الفقه مستقر على عدها إحدى صور اللامركزية الإدارية[2].

ثانياً : إن أعضاء السلطة القضائية يختارون بواسطة السلطة المركزية عن طريق التعيين، ولم يقل أحد أن هذا التعيين يمثل اعتداء على اختصاص السلطة القضائية أو انه يحد من حريتها، ما دام القضاة غير قابلين للعزل كذلك الحال بالنسبة لتعيين أعضاء المجالس المحلية[3].

ثالثاً : ويذهب البعض إلى إن اللجوء إلى وسيلة الانتخاب في اختيار أعضاء المجالس المحلية، قد يكون ضاراً بالمصالح العامة إذا كان سكان الوحدة الإدارية لم يبلغوا درجة من الوعي السياسي والتأهيل المطلوب لتسيير شؤون الإدارة المحلية[4].

---

(1) المصدر نفسه، ص 82.

(2) د. سليمان الطماوي، مبادئ القانون الإداري، مصدر سابق، ص 63 ؛ د. جورج فوديل وبيار دلفولفيه7، مصدر سابق، ص 302.

(3) د. خالد سماره ألزغبي، مصدر سابق، ص 70.

(4) د. محمود عاطف ألبنا، مصدر سابق، ص 117.

رابعاً : إن اختيار أعضاء المجالس المحلية عـن طريق الانتخاب قـد يأتي عـادة بأشخاص ليست لهم الدراية الكافية والخبرة اللازمة لإدارة الشؤون والمصالح المحلية، حيث تكون للاعتبارات السياسية والاجتماعية دوراً كبيراً في اختيار أعضاء المجالس المحلية، وليس على أساس ما يتمتعون به من خبرة وكفاءة.

خامساً: إن عد الانتخاب ركناً أساسياً في نظام الإدارة المحلية مرده الخلط بين الهدف الذي يرمي إليه نظام الإدارة المحلية وهذه الاستقلالية في مباشرة أعمالها وبين الوسيلة التي تلائم وتحقيق هذا الهدف فالانتخاب إذن لا يُعد هدف أو غاية بحد ذاته بل يعد وسيلة، وإذا اعتبرنا الانتخاب وسيلة معناه إمكانية تحقيق استقلالية أعضاء المجالس بوسائل أخرى قد يكون التعيين من ضمنها[1].

الفرع الثاني
الاتجاه المؤيد للانتخاب

يذهب أنصار هذا الاتجاه أن الانتخاب هو الوسيلة المثلى في اختيار أعضاء المجالس المحلية، وذلك على أساس أن نظام الإدارة المحلية يمثل تطبيقاً عملياً لما بات يعرف بديمقراطية الإدارة فانتخاب أعضاء المجالس المحلية يجعلهم يرتبطون ارتباطاً مباشراً بالمصالح المحلية[2].

ويضيف بعض الفقهاء في هذا الصدد إلى أن «جوهر اللامركزية أن يعهد إلى فريق من الأفراد بأن يشبعوا بعض حاجاتهم بأنفسهم، فلا يكفي أن يعترف المشرع بأن ثمة مصالح محلية متميزة.... وإنما يجب أن يشرف على هذه المصالح المحلية من يهمهم الأمر بأنفسهم، ولما كان من المستحيل على جميع أبناء الإقليم أو البلدة أن يقوموا بهذه المهمة بأنفسهم مباشرة، فإن من المتعين أن يقوم بذلك من ينتخبونه نيابة

---

(1) د. ثروت بدوي، مصدر سابق، ص 365.

(2) ينظر: د. أحمد كمال أبو المجد، المصدر السابق، ص 57 ؛ د. رمزي الشاعر، نظام الإدارة المحلية، القاهرة، ص 84.

عنهم، ومن ثم كان الانتخاب هو الطريقة الأساسية التي يتم عن طريقها تكوين المجالس المعبرة عن إرادة الشخص المعنوي العام الإقليمي»[1].

ويسوق أنصار هذا الاتجاه بعض الحجج والمبررات لدعم رأيهم وهي :

أولاً : إن وجود أعضاء منتخبين سيحول دون أن تمارس السلطة المركزية ضغوطاً عليهم، حيث أن ولاءهم سيكون في المقام الأول لأبناء الوحدة الإدارية الذين انتخبوهم، بخلاف لو تم تعيينهم من قبل السلطة المركزية فسيكونون خاضعين بشكل مباشر إلى السلطة المركزية، مما يضعف من استقلالية المجالس المحلية[2].

ثانياً : يذهب بعض أنصار هذا الاتجاه إلى أن انتخاب أعضاء المجالس المحلية من قبل أبناء الوحدة الإدارية ليس هدفه اختيار أفضل السبل لإدارة الوحدات الإدارية وإنما الهدف الأساسي هو تحقيق مشاركة أكثر ديمقراطية للمواطنين. فالمركزية الإدارية قد تؤمن إدارة أكثر حذقاً وتجرداً وتكاملاً واقتصاداً من اللامركزية الإدارية لكن الوطن ليس بحاجة إلى إدارة حسنة فقط بل بحاجة إلى حريات سياسية، والناخبون وأعضاء المجالس المحلية لا تكتمل تربيتهم وثقافتهم السياسية إلا عن طريق الانتخابات المحلية وفي المجالس المحلية[3].

ثالثاً : لا يمكن التسليم وفقاً لأنصار هذا الاتجاه بفكرة المقارنة بين المجالس المحلية والقضاء، والقول بأن تعيين القضاة لا يؤثر في استقلاليتهم طالما نص القانون على عدم قابليتهم للعزل، وذلك لأن عمل المجالس المحلية يختلف عن عمل القضاء، فالقاضي يمارس سلطة خطيرة ومهمة تتعلق بالفصل في المنازعات، ومن ثم فإن اختياره يتطلب توفر شروط علمية ومؤهلات لا يمكن الحصول عليها لو اتبعنا أسلوب الانتخاب في اختيارهم»[4].

---

(1) د. سليمان الطماوي، مبادئ القانون الإداري، مصدر سابق، ص 86.

(2) د. محمد علي الخلايلة، مصدر سابق، ص 68.

(3) د. خالد قباني، مصدر سابق، ص 80.

(4) د. محمد كامل ليلة الديمقراطية والإدارة المحلية، بحث منشور في مجلة السياسية الدولية، المجلد الرابع، 1968 ص 568 وما بعدها ؛ د. محمد علي الخلايلة، مصدر سابق، ص89.

رابعاً : ويرد أصحاب هذا الاتجاه على القول باختيار أعضاء المجالس المحلية بطريق الانتخاب سوف يؤدي إلى حرمان المجالس من ذوي الكفاءات، فهو قول مبالغ به، فاختيار أعضاء المجالس المحلية عن طريق الانتخاب سوف يؤدي اختيار أقدر العناصر على تمثيل المصالح المحلية، والأسرع في الاستجابة لها، كما أنه يعمل على تجديد الدم في المجالس المحلية باستمرار[1].

الفرع الثالث

المفاضلة بين الاتجاهين

قبل الدخول في تحديد أفضلية أي من الاتجاهين بخصوص الطريقة المثلى في اختيار أعضاء المجالس المحلية، ومن ثم تحقيق وكفالة استقلالية هذه المجالس، ينبغي التأكيد على مسألة مهمة في هذا الصدد، إن الإدارة المحلية في أي دولة لكي يكتب لها النجاح ينبغي أن تكون منبثقة من الواقع الذي تعيشه الدولة وما يرتبط بها من ظروف سياسية واجتماعية واقتصادية، حيث تفرض هذه الظروف نفسها بطريقة أو بأخرى في تحديد الوسيلة الملائمة في اختيار أعضاء المجالس المحلية.

ولعل من أخطر الإشكاليات التي تعاني منها الدول النامية خصوصاً الدول العربية ومن ضمنها العراق، هو التهافت المستمر للمحاكاة أو التقليد في تبني الكثير من النظم السياسية والإدارية المطبقة في الدول المتقدمة وخصوصاً الدول الغربية، دون الأخذ بعين الاعتبار الظروف والعوامل الموضوعية التي ساهمت في نجاح هذه التجارب في تلك الدول وفشلها في دولنا.

فاستنساخ تجارب هذه الدول بشكل مشوه من الطبيعي أن تترتب عليه نتائج عكسية مشوهة، إذن نخلص بنتيجة، إن أفضلية أي أسلوب في اختيار أعضاء المجالس المحلية يتوقف على طبيعة الظروف السياسية والاقتصادية والاجتماعية في الدولة.

---

(1) د. محمد فرغلي محمد علي ن مصدر سابق، ص 527 ؛د. محمد محمد بدران، مصدر سابق، ص 34 ؛د. مجدي مدحت النهري، مصدر سابق، ص 14 ؛محمد عبد العال السناري، مصدر سابق، ص 23.

وعلى هذا الأساس يمكن القول أن الإشكالية التي تعتري الاتجاهين، الاتجاه المؤيد للتعيين والاتجاه المؤيد للانتخاب، هي صفة الإطلاق لكلا الاتجاهين، وفي عبارة أخرى: إن كل اتجاه يعتقد من جانبه أن الوسيلة التي يؤيدها في اختيار أعضاء المجالس المحلية هي الوسيلة الوحيدة دون أن يضع في حسبانه طبيعة الظروف والعوامل في نجاح أي منهما.

إن الاختلاف الجوهري بين الاتجاهين مرده الاختلاف في الزاوية التي ينظر من خلالها كلاً منهما إلى نظام الإدارة المحلية.

فالاتجاه المؤيد في تعيين أعضاء المجالس المحلية يقدم الاعتبارات الإدارية المتمثلة في حسن اختيار أعضاء المجالس المحلية، حيث يكفل أسلوب التعيين للحصول على الأعضاء الذين يتسمون بالكفاءة والجدارة على حساب الاعتبارات السياسية التي يرجحها أصحاب الاتجاه المؤيد للانتخاب.

فعندهم المشاركة الشعبية في إدارة المرافق العامة هي الأهم بصرف النظر عما تفرزه وسيلة الانتخاب من وجود أعضاء أكفاء من عدمه طالما عبروا عن إرادة سكان الوحدة الإدارية، في حين نجد أن من المفترض أن تقوم الإدارة المحلية على أساس من التوازن بين متطلبات المشاركة الشعبية المتمثلة بالانتخاب ومتطلبات الكفاءة الإدارية والتي يؤمنها أسلوب التعيين.

في تقديرنا لا يمكن عد الانتخاب ركناً من أركان الإدارة المحلية بحيث إذا تخلف كنا أمام نظام إداري آخر.

فالركن الأساسي لقيام نظام الإدارة المحلية هو تحقق الاستقلال النسبي تجاه السلطة المركزية، ومن ثم فإن البحث عن وسائل تضمن هذا الاستقلال قد نجده في الانتخاب أو حتى في التعيين، ولذلك نجد أن أنصار الاتجاه المؤيد للانتخاب يرون في ذلك وسيلة لضمان استقلالية المجالس المحلية فطالما كان الانتخاب وسيلة فإن هذه الاستقلالية قد تتحقق به أو بغيره من الوسائل وإن كان الانتخاب يشكل الوسيلة الأهم في ضمان ذلك الاستقلال.

ولذلك نجد من الفقهاء على الرغم من تأييده لأتباع الانتخاب في اختيار أعضاء المجالس المحلية باعتباره الطريقة الأساسية التي من خلالها تكون المجالس المحلية،

إلا أنه من جانب آخر يعود ويعتبر إن مبدأ الانتخاب لا يعني أن يكون جميع الأعضاء الذين يتكون منهم المجلس المحلي منتخبين بل من الممكن قبول أعضاء معينين من السلطة المركزية شرط أن تكون الغلبة العددية للأعضاء المنتخبين[1].

وأخيراً يمكن القول إن خير وسيلة يمكن تطبيقها اليوم في العراق على وجه الخصوص حتى ولو لمرحلة معينة هي الجمع بين الانتخاب والتعيين مع جعل الغلبة للعناصر المنتخبة[2]، ويمكن أن نطلق على هذا بالاتجاه الوسط و المختلط وتأييدنا لهذا الاتجاه يعود للأسباب الآتية : -

1- إن الديمقراطية أصبحت اليوم تشكل مطلباً أساسياً لكثير من الشعوب خصوصاً الشعوب العربية، وأبرز دليل على ذلك موجة التظاهرات الشعبية التي تصاعدت خلال هذه الفترة في عدد من الدول العربية وقد نتجت عن تلك التظاهرات حدوث تغير في عدد من أنظمة الحكم سواءً في تونس ام في مصر وهنالك دول أخرى تسير على الطريق، فإذا تحققت الديمقراطية على الصعيد القومي فتنعكس بالتأكيد على الصعيد المحلي[3].

---

(1) د. سليمان الطماوي، مبادئ القانون الإداري، مصدر سابق، ص 86.

(2) كان قانون المحافظات الملغي رقم 159 لسنة 1969 قد أخذ بأسلوب الجمع بين الانتخاب والتعيين حيث نصت المادة 60 فقرة 2 على أن «يجب أن يكون عدد الأعضاء المنتخبين في المجلس ضعف عدد الأعضاء الدائمين» وبالرغم من ذلك فإن السلطة التنفيذية لم تطبق هذا النص ولم تجري أي انتخابات بخصوص ذلك.

(3) يقول الدكتور منذر الشاوي في هذا الصدد أن «هناك علاقة بين نظام الحكم على الصعيد القومي ونظام الحكم على الصعيد المحلي، فإن وجدت الديمقراطية على صعيد البلاد، انعكس هذا الوضع على الصعيد المحلي، إذا انعدمت الديمقراطية على الصعيد القومي فإنها تنعدم أيضاً على الصعيد المحلي وبالتالي تنعدم اللامركزية...» ينظر: د. منذر الشاوي، مصدر سابق، ص 148 وما بعدها، ويمكن أن نضيف الى قول الدكتور منذر الشاوي إلى أن نجاح الإدارة المحلية يعتمد في الواقع على نجاح النظام السياسي الذي يحكم الدولة، فإن كانت الممارسة الديمقراطية حقيقية وغير شكلية فإنه وبالتأكيد سينعكس أثرها على الإدارة المحلية، أما إذا اختزلت الديمقراطية بفكرة الوصول إلى السلطة فقط دون الأخذ بمحتواها الحقيقي على الصعيد القومي فتتجم عنه حتماً نتائج سلبية على الإدارة المحلية.

2- مع تسليمنا الكامل بأن الانتخاب هو أفضل الوسائل، وأكثر تأكيداً لضمان استقلالية المجالس المحلية ولكن إذا نظرنا إلى الواقع الذي نعيشه خصوصاً في العراق تجعلنا نتساءل هل أفرزت انتخابات مجالس المحافظات عناصر كفوءة وذات جدارة ؟

ألم تكن للاعتبارات الحزبية، والعرقية، والمذهبية، وحتى القبلية دور كبير ومؤثر في اختيار أعضاء المجالس المحلية؟

3- إن الأخذ بالتعيين والانتخاب معاً يؤدي إلى تحقيق التوازن بين متطلبات العمل الإداري الكفوء ومتطلبات الديمقراطية، ووجود الأعضاء المعينين وبالتحديد رؤساء الدوائر الفرعية في الوحدة الإدارية يمكن أن يعالج بعض من مساوئ الديمقراطية والتي قد لا تجلب بالضرورة أشخاص كفوءة.

المطلب الثالث

الاستقلال المالي للهيئات المحلية

على الرغم من أهمية الاستقلال الإداري، فإنه وبحد ذاته لا يعد كافياً في تحقيق استقلالية الهيئات المحلية، فلا معنى لمجرد تمتع الهيئات المحلية «المجالس المحلية» بالقدرة على اتخاذ القرار دون أن تكون خاضعة للسلطة الإدارية المركزية أو لسلطتها الرئاسية ما لم تتوفر لديها الموارد المالية اللازمة في تحويل مقتضى هذا القرار من الناحية النظرية إلى الناحية العملية في صورة خدمات تقدم لأفراد الوحدة الإدارية.

فالاستقلال المالي للهيئات المحلية لا يقصد منه فقط الإمكانية النظرية لحيازة ذمة مالية وإدارتها، وإنما الإمكانية العملية في تحصيل الموارد المالية وزيادتها أيضاً[1].

_____

(1) وفي هذا الشأن يشبه الفقيه الفرنسي جورج فيدول بين وضع الهيئات المحلية في حال عدم وجد استقلال مالي بوضع الفرد الراشد كامل الأهلية، ولكن ليس لديه لكي يعيش سوى إعانة والديه المالية ويشير بذلك على السلطة المركزية، ينظر: جورج فيدول وبيار دلفولفيه، مصدر سابق، ص ص303.

وبصورة عامة تتكون الموارد المالية للهيئات المحلية من مصدرين، أحدهما مصدر ذاتي داخلي كالضرائب والرسوم والائتمان، والآخر خارجي كالإعانات والقروض والتبرعات[1].

ولإعطاء صورة واضحة عن ذلك سنقسم المطالب على فرعين، فتناول في الفرع الأول الموارد المالية الداخلية للهيئات المحلية وفي الفرع الثاني سنخصص الحديث عن الموارد المالية الخارجية.

الفرع الأول

الموارد المالية الداخلية للهيئات المحلية

يقصد بالموارد الداخلية للهيئات المحلية بأنها تلك التي تنشأ وتتولد بقدر الإمكان داخل نطاق الوحدة الإدارية بحيث تكون خاضعة في فرضها وتحصيلها للسلطة المحلية المختصة[2].

فالهيئات المحلية تمتلك مصادر تمويل داخلية أو ذاتية تتمثل بالضرائب والرسوم والإيرادات الاستغلالية (الاستثمارية)، وسنبينها على النحو الآتي : -

أولاً : الضرائب :

تعرف الضريبة بصورة عامة بأنها «اقتطاع نقدي جبري تجبيه الحكومة أو إحدى هيئاتها من المكلفين بالضريبة، سواء كانوا أشخاصاً طبيعيين أم معنويين وفقاً للمقدرة التكليفية لكل منهم، وذلك لتحقيق أهداف سياسية واقتصادية واجتماعية فضلاً عن الهدف المالي»[3].

وتعد الضرائب من المصادر المهمة في تكوين الموارد المالية للهيئات المحلية، فإذا كانت الغاية الأساسية لهذه الهيئات هي تقديم الخدمات المحلية والنهوض بالمجتمع

---

(1) د. محمد محمد بدران، الإدارة المحلية، مصدر سابق، ص 71 وما بعدها.

(2) د. محمد محمد بدران، المصدر السابق، ص 69.

(3) د. طاهر الجنابي، علم المالية والتشريع الحالي، كلية القانون، جامعة بغداد، بدون تاريخ، ص 137 ؛ ينظر: كذلك د. عبد العال الصكبان، مقدمة في علم المالية العامة والمالية العامة في العراق، الجزء الأول، الطبعة الأولى، مطبعة العاني، بغداد، 1972، ص 155.

المحلي، فإن العدالة تقتضي أن يتحمل أفراد المجتمع المحلي جزءاً من الأعباء العامة في صورة ضرائب تسهم في تمويل المشاريع التي تعود بالنفع في محصلتها النهائية للمجتمع المحلي برمته[1].

وتثير الضرائب باعتبارها مورداً مهماً من موارد الهيئات المحلية تساؤل يتعلق بكيفية فرض الضرائب وتقسيم إيراداتها بين الهيئات المحلية وبين السلطة الإدارية المركزية ؟

هناك في الواقع ثلاثة طرق متبعة في هذا الصدد : -

الطريقة الأولى :

أن تفرض لصالح الهيئات المحلية نسبة معينة عن بعض الضرائب المركزية بحيث تقوم السلطة المركزية بفرضها وجبايتها ووضعها تحت تصرف الهيئات المحلية.

الطريقة الثانية :

المشاركة الضريبية ويقصد بها أن تتقاسم الحكومة المركزية والهيئات المحلية حصيلة الضرائب التي تجبى في الإقليم المحلي.

الطريقة الثالثة :

تتولى الهيئات المحلية بموجبها فرض وتحصيل الضرائب المحلية والتي تراها مناسبة دون تدخل من الحكومة المركزية[2].

ويلاحظ في هذا الشأن أن الطريقة الأولى والثانية لا تمثل في حقيقتها ضرائب مستقلة عن تلك التي تفرضها السلطة المركزية بل تمثل في الواقع ضرائب محلية مرتبطة بضرائب عامة مركزية وهذا الارتباط إما أن يأخذ بصورة إضافة (ضم) نسبته مئوية من قبل الهيئات المحلية على الضرائب العامة التي تفرضها وتجبيها

(1) د. محمد علي الخلايلة، المصدر السابق، ص 107.

(2) د. محمد محمد بدران، أسس تمويل الحكم المحلي ومصادره، دار النهضة العربية، القاهرة، 1983، ص 108.

السلطة المركزية[1]، أو أن تؤخذ صورة المشاركة في نسبة مقررة قانوناً في مجموع حصيلتها[2].

أما الطريقة الثالثة فتمثل ضريبة مستقلة تتميز بطابع محلي وتقرر لصالح الهيئات المحلية على وجه الاستقلال دون أي صلة بالضريبة العامة لا عن طريق الإضافة، ولا عن طريق الاشتراك أو المشاركة[3].

وهناك تساؤل مهم يتبادر إلى الذهن مفاده : هل بإمكان المجالس المحلية أن تفرض الضرائب عن طريق القرارات التي تصدرها بشكل مستقل عن السلطة المركزية؟

وهل يؤثر في الاستقلال المالي والإداري لو قامت السلطة المركزية بفرض الضريبة وجبايتها، ومن ثم تقوم بتوزيع حصيلتها بنسبة معينة عن الهيئات المحلية ؟

إن الإجابة عن هذا التساؤل تختلف باختلاف الزاوية التي ينظر فيها إلى الضرائب والرسوم، فإذا نظرنا إليها من زاوية كونها مورداً مالياً مهماً من موارد الهيئات المحلية فلا ضير أن تتولى السلطة المركزية أمر فرض الضرائب وجبايتها وهي الأقدر والأكفأ على ذلك، طالما تضمن للهيئات المحلية قدراً معقولاً من حصيلة الضرائب والرسوم بما يساعدها على القيام بواجباتها.

---

(1) فعلى سبيل المثال فقد كان قانون المحافظات العراقي رقم 159 لسنة 1969 الملغي قد أقر هذا النوع من الضرائب وأطلق عليها تسمية الضرائب في المادة 108 التي نصت على أن يكون «لمجلس المحافظة أن يفرض الضرائب على ضريبة العقار والضريبة الزراعية وضريبة الدخل والشركات بشرط الا تزيد على «2.5 ٪ اثنان ونصف من المائة من أصل الضريبة.....» ثم عدلت هذه النسبة على 5٪ بموجب أمر سلطة الائتلاف المؤقت رقم 71 لسنة 2004 الملغي ولم يؤخذ القانون الحالي للمحافظات غير المنتظمة في إقليم المعدل في هذا النوع من الضرائب.

(2) لقد أخذ قانون الإدارة المحلية المصري رقم 43 لسنة 1979 النافذ بهذا النوع من الضرائب التي في المادة 35 الفقرة الأولى التي أجازت للمحافظات الاحتفاظ بنصف حصيلة الضرائب التي تجبيها الحكومة من محافظات الثغور (المنافذ الحدودية» وقد ألغيت هذه الضريبة بموجب القانون رقم 187 لسنة 1986، ينظر: محمد صلاح عبد البديع السيد المصدر السابق، ص 183.

(3) كمال عبد الرحمن الجرف، الضرائب والرسوم المحلية، دار الجامعات المصرية بالإسكندرية، المطبع العالمية 1962، ص 133.

أما إذا نظرنا إلى الضرائب والرسوم من زاوية أنها تمثل اختصاصات ذات طابع مالي ينبغي للهيئات المحلية الاضطلاع بها، فإنه والحالة هذه يجب التقييد بالمبدأ الدستوري المتمثل بأن لا ضريبة ولا رسم إلا بقانون، والذي تحرص اغلب الدساتير على النص عليه[1].

وعلى هذا الأساس ينبغي الرجوع إلى التكييف الذي يعطيه المشرع دستورياً كان أم عادياً للقرارات التي تصدرها المجالس المحلية، فإن اعتبر هذه القرارات بمثابة قوانين فيكون للمجالس المحلية وفقاً لهذه الفرضية إمكانية سن القوانين الخاصة بالضرائب والرسوم المحلية وتكون المشكلة حينئذٍ هي الازدواج الضريبي وكيفية علاجه بالنسبة للضرائب التي تفرضها السلطة المركزية.

أما إذا لم تكن قرارات المجلس المحلية من الناحية الشكلية قوانين أو تشريعات فإن المجالس المحلية لا تستطيع فرض الضرائب والرسوم، وإلا عدّت مخالفة للمبدأ الدستوري المذكور، وهذا ما ينسجم في الواقع مع مفهوم الإدارة المحلية التي تقوم أساساً على الاضطلاع بالوظيفة الإدارية دون الوظيفتين التشريعية والقضائية[2].

ثانياً: الرسوم:

يعرّف بالرسم بأنه «مبلغ نقدي جبري يدفعه الأفراد للدولة مقابل نفع خاص يتم الحصول عليه منها»[3]:

---

(1) أشار إلى هذا المبدأ الدستور الفرنسي لعام 1958 النافذ في المادة 34 منه والتي نصت على «... يحدد القانون القواعد التي تخص المسائل الآتية.... وعاء الضرائب المختلفة الأنواع ومقدارها وتحصيلها....»؛ وفي الدستور المصري لعام 1971 النافذ في المادة 119 على أن «إنشاء الضرائب العامة وتعديلها أو نفاذها لا يكون إلا بقانون»؛ كذلك نص الدستور العراقي الدائم لعام 2005 في المادة 28 أولاً على أن«لا تفرض الضرائب والرسوم، ولا تعدل، ولا تجبى، ولا يعفى منها، الا بقانون».

(2) ينظر الصفحة (64) من الأطروحة.

(3) د. طاهر الجنابي، المصدر السابق، ص 138.

وما قيل في الضرائب يقال للرسوم في كل ما يتعلق بفرضه وتحصيله والقواعد التي تحكمه[1].

ثالثاً : الإيرادات الاستغلالية (الاستثمارية)

يقصد بالإيرادات الاستغلالية أو الاستثمارية وما تحصل عليه الوحدة المحلية في صور إيجار أو ريع لأموالها العقارية أو في صورة أثمان فيما يتعلق بالأرباح التي تتأتى من مشروعاتها الاقتصادية[2].

وتكتسب هذه الإيرادات أهمية كبيرة في ظل التطور الحاصل لنظام الإدارة المحلية، حيث لم يعد ينظر على الوحدات المحلية بأنها وحدات إدارية مستقلة فحسب، بل ينظر إليها كذلك باعتبارها وحدة اقتصادية مستقلة يكون لها – ما عدا اختصاصات السلطة المركزية – أن تمتلك كل الأصول المالية من كل الأنواع في دائرتها وتديرها بأسلوب المشروعات الاقتصادية، وذلك لتحقيق مرونة كبيرة في ميزانيات الإدارة المحلية، يكسبها في نهاية المطاف استقلالية معينة من السلطة المركزية[3].

الفرع الثاني

الموارد المالية الخارجية للهيئات المحلية

يقصد بالموارد الخارجية للهيئات المحلية بأنها تلك الموارد التي تتأتى من جهة خارجية مستقلة عن الهيئات المحلية سواء أكانت الحكومة المركزية أم من الأفراد أو الهيئات غير الحكومية أو من الدول الأجنبية والمنظمات الدولية.

وتتمثل هذه الموارد بالإعانات الحكومية (التخصيصات المركزية) والقروض والتبرعات أو الهبات وسنوضحها على النحو التالي : -

---

(1) ومن أهم الرسوم المحلية المعروفة هي «رسوم تراخيص البناء، رسوم النقل والمواصلات، رسوم ممارسة المهن التجارية والصناعية، رسوم دخول المتاحف وحدائق الحيوان، رسوم الإعلانات الخ....» ؛ ينظر: د. محمد محمد بدران، أسس تمويل الحكم المحلي، ص 198 وما بعدها.

(2) د. محمد محمد بدران، الإدارة المحلية، مصدر سابق، ص 74.

(3) د. زكي محمد النجار، مصدر سابق، ص 123.

أولاً : الإعانات الحكومية (التخصيصات المركزية) (*)

ويقصد بها الأموال الممنوحة من السلطة المركزية إلى الهيئات العامة مرفقيه كانت أم محلية وذلك بقصد معاونتها على أداء الواجبات المعهودة إليها.[1]

ويذهب عدد من الباحثين في هذا الشأن إلى أن الإعانات أو التخصيصات المركزية قد تؤثر في استقلالية الهيئات المحلية، فعن طريق هذه الإعانات قد تتدخل السلطة المركزية وتفرض رقابة صارمة على الهيئات المحلية مما يشل حريتها ويؤثر في مسار قراراتها[2].

على الرغم من تسليمنا ضرورة أن تكون الهيئات المحلية متمتعة باستقلال مالي، وأن الإعانات أو التخصيصات الحكومية قد تؤثر إلى حد ما في استقلالية هذه الهيئات، إلا أنه ينبغي عدم المبالغة والخوف من إمكانية تغلغل السلطة المركزية من خلال هذه الإعانات للتأثير في استقلالية الهيئات المحلية، ولا نؤيد مطلقاً من يشبه هذه الإعانات التي تقدمها الحكومة المركزية بالإعانات الدولية، والتي تقف وراءها في الغالب غايات ومصالح سياسية من الممكن أن تؤثر في استقلالية الدولة التي قبلت بها [3]، فالإعانات أو التخصيصات الحكومية تستهدف في الواقع تحقيق أهداف متعددة[4].

(*) ويلاحظ في هذا الصدد أن مصطلح الإعانات الحكومية قد تظهر الحكومة المركزية بمظهر المتصدق على الهيئات المحلية، وذلك لأن الأموال المدفوعة للهيئات المحلية لا تعد تكرماً من الحكومة بل هي واجب عليها لذلك نفضل استخدام مصطلح التخصيصات المركزية أو الحكومية بدلاً من الإعانات.

(1) د. عبد العال الصكبان، المصدر السابق، ص 68.

(2) ينظر: د. زكي محمد النجار، المصدر السابق، ص 301 ؛ محمد صلاح عبد البديع السيد، المصدر السابق، ص 192 ؛ د. عبد الجليل هويدي، المالية العامة للحكم المحلي، دار الفكر العربي، القاهرة، 1983، ص 86.

(3) د. عبد العال الصكبان، المصدر السابق، ص 69.

(4) ومن أهم هذه الأهداف: 1 – أن الإعانات أو التخصيصات الحكومية قد يكون الهدف منها التغلب على ظاهرة تفاوت الموارد المالية بين الوحدات الإدارية. 2 – أنها تسهم في تخفيف العبء الضريبي على المواطنين المحليين، فلو تقاعست السلطة المركزية عن تقديم العون=

ثانياً : القروض العامة

يعرف القرض العام بأنه «مبلغ من المال تستدينه هيئة عامة، الدولة أو غيرها، من الجمهور مع التعهد برد المبلغ المقترض ودفع فائدة عنه طوال مدة القرض، وذلك طبقاً لأذن يصدر من البرلمان أو من يخوله ذلك....»[1].

وتمنح غالبية نظم الإدارة المحلية في العالم الهيئات المحلية سلطة الاقتراض لتمويل المشروعات الضخمة التي تتطلب تمويلاً كبيراً قد تعجز الميزانيات المحلية عن تغطيته، ولكن سلطة الهيئات المحلية في هذا الشأن ليست مطلقة بل مقيدة بضرورة الحصول على إذن من السلطة التشريعية أو الحكومة المركزية، وذلك للتأكد من سلامة هذه المشروعات ومدى لزومها للإدارة المحلية[2].

ثالثاً : التبرعات والهبات

ويقصد بها المبالغ النقدية أو العينية والهبات والوصايا التي يقدمها الأفراد والهيئات الخاصة والمنظمات الدولية الحكومية وغير الحكومية طوعاً وبدون تكليف للهيئات المحلية[3].

فبالنسبة للتبرعات والهبات التي يقدمها سكان الوحدة الإدارية فإنها تعكس في الواقع شعور الأفراد في أهمية مساهمتهم في تحمل الأعباء العامة[4].

= المالي للوحدات االادارية لاضطرت الأخيرة إلى خيارين كلاهما ضار لأبناء الوحدة الإدارية، فأما أن تزيد من معدلات ضرائبها لتمويل الإنفاق أو أن تتنازل عن تقديم الخدمة. 3 – وقد يكون الهدف منها توجيه الهيئات المحلية القيام ببعض المشاريع أو أداء نوع معين من الخدمات. ينظر: د. محمد محمد بدران، الإدارة المحلية، مصدر سابق، ص 75 وما بعدها؛ د. علاء سليم العامري، الإدارة المحلية مفهومها، أهدافها، أركانها موسوعة الثقافة القانونية، بغداد، 2008، ص 47.

(1) د. عبد العال الصكبان، المصدر السابق، ص 429.

(2) د. خالد سماره ألزغبي، تشكيل المجالس المحلية، المصدر السابق، ص 205.

(3) د. محمد علي الخلايلة، المصدر السابق، ص 108.

(4) وفي هذا السياق فإن التوصيات التي جاء بها المؤتمر العربي الثالث للعلوم الإدارية الذي انعقد في القاهرة شهر تشرين الأول سنة 1965 تصب في هذا الجانب، حيث جاء في الفقرة د منها «... في تمويل المجالس يجب أن نذكر أن المال عصب كل نشاط إداري، ولا جدوى في تخويل=

ولا تشكل التبرعات المقدمة من سكان الوحدة الإدارية أي خطورة مثلما تشكله التبرعات المقدمة من الدول الأجنبية أو من المنظمات الدولية الحكومية وغير الحكومية، لذلك من الواجب أن تخضع هذه التبرعات لموافقة السلطة المركزية كونها تمس سيادة واستقلال الدولة.

من خلال ما تقدم يتضح لنا أهمية الاستقلال المالي للهيئات المحلية والذي لا يقل أهمية عن الاستقلال الإداري، في الوقت الذي ينبغي للهيئات المحلية الاعتماد بشكل كبير على الموارد الداخلية لها والتقليل من اللجوء إلى الموارد الخارجية، لأن وفرة الموارد المالية تشكل في الواقع مع الإدارة الرشيدة للهيئات المحلية أهم مستلزمات نجاح الهيئات المحلية في ممارسة اختصاصاتها.

المبحث الثالث

خضوع الهيئات المحلية للرقابة

يكاد يجمع الفقه الإداري على أن الاستقلال الذي تتمتع به الهيئات المحلية في إدارة الشؤون والمصالح المحلية لا يمكن أن يكون مطلقاً، بل لابد أن تخضع هذه الهيئات لنوع من الرقابة والتي تختلف مدياتها من دولة إلى أخرى، وبحسب طبيعة

= اختصاصات للمجالس المحلية بدون أن ندبر لها الموارد المالية لمواجهة إنفاقها وفي تدبير هذه الموارد يجب أن نهدف إلى تحقيق المطالب الآتية: -

أولاً: أن تكون هذه الموارد ذات مرونة تسمح بمواجهة النمو المطرد في مطالب الوحدات المحلية، إذ كلما كانت هذه الموارد مرنة، زادت مقدرة الهيئات المحلية على النتاج والنمو.

ثانياً: أن تكون هذه الموارد ذات طابع محلي بحت، فلا يتجاوز وعاؤها نطاق الوحدة المحلية، ويحسن بالحكومة المركزية أن تحيل إلى مجلس الوحدات المحلية حصيلة الضرائب ذات الطابع المحلي، كضريبة الأرض وضريبة المباني أو غيرها من الضرائب.....

ثالثاً: مع التسليم بجواز إمداد الحكومة المركزية للهيئات المحلية بإعانات مالية لبعض المرافق التي أحيلت إليها - ولا مناص من ضخامة هذه الإعانة في الفترة الأولى - يجب أن يكون الاعتماد الأكبر للهيئات المحلية على مواردها الذاتية فذلك أدعى إلى تغذية شعور مواطنيها بمسؤوليتهم المحلية..... نقلاً عن د. شاب توما منصور، المصدر السابق، ص 120.

الظروف السياسية والاقتصادية والاجتماعية وتعد في الوقت نفسه هذه الرقابة ركناً أساسياً لقيام الإدارة المحلية[1].

والرقابة على هيئات الإدارة المحلية تتولاها جهات متعددة وبوسائل مختلفة، فقد تكون الرقابة سياسية، كالرقابة التي تمارسها المجالس النيابية «السلطة التشريعية» فضلاً عن الرقابة الشعبية التي يمارسها أفراد الشعب عن طريق هيئة الناخبين والرأي العام وقد تكون الرقابة قضائية يمارسها القضاء سواء كان عادياً أو إدارياً، وأخيراً يمكن أن تكون الرقابة إدارية تتولاها السلطة الإدارية المركزية والتي اصطلح على تسميتها بالوصاية الإدارية، لذلك سنتناول هذه الأنواع من الرقابة في ثلاثة مطالب، سيكون المطلب الأول مخصصاً للحديث عن الرقابة السياسية، أما المطلب الثاني فسنتناول فيه الرقابة القضائية، وفي المطلب الثالث

---

(1) ينظر المزيد: د سليمان الطماوي، مبادئ القانون الإداري، مصدر سابق، ص 87 ؛ د. بكر قباني، الرقابة الإدارية دار النهضة العربية، 1985، ص 91 ؛ د. محمد محمد بدران، الادارة المحلية، مصدر سابق، ص 35 ؛ د. خالد قباني مصدر سابق، ص 91 ؛ د. عبد الرزاق الشيخلي، العلاقة بين الحكومة المركزية والإدارات المحلية، بحث منشور في الانترنيت على الرابط :- Php+ 6604 www. Sha tharat. net
تاريخ الزيارة 27 / 10 / 2011 ؛ د. ماهر صالح علاوي الجبوري، المصدر السابق، ص86 ؛ د. علي محمد بدير وآخرون، المصدر السابق، ص 121 ؛ وبالمقابل يوجد من الفقهاء من لا يعد الرقابة ركناً من أركان الإدارة المحلية، حيث يذهب الدكتور شاب توما منصور في هذا الصدد: «... يرى الكثير من المؤلفين أن الوصاية الإدارية هي من مقومات نظام اللامركزية الإدارية ولكننا لا نرى صحة هذا الرأي على إطلاقه، إذ ماذا نسمي النظام الذي يمنح الهيئات المحلية استقلالاً في إدارة شؤونها الإدارية ؟ صحيح أن من مقتضيات هذا النظام وجود الرقابة الإدارية ولكن وجودها ليس بركن من أركان النظام. بحيث إذا انعدمت قلنا بأننا أمام نظام آخر...». ينظر د. شاب توما منصور، المصدر السابق، ص 89 الهامش (1) ؛ ويرد على الرأي باعتباره يغالي في استقلالية الهيئات المحلية، حيث أن استقلال هذه الهيئات لا يمكن أن يكون إلا نسبياً، لأن القول بالاستقلال التام والمطلق معناه تعريض وحدة الدولة السياسية والإدارية للتفتيت والتجزئة وهو يخالف منطق الإدارة السليم والذي يجعل من الرقابة أمراً أساسياً في ضمان قيام الإدارة العامة سواء أكانت مركزية أم محلية بمهامها على الوجه الأكمل.

سنعرض الرقابة الإدارية وسنعرض في المطلب الرابع والأخير المفاضلة بأنواع الرقابة عن الهيئات المحلية.

المطلب الأول

الرقابــــة السياسية

تتحقق الرقابة السياسية عندما تقوم سلطة سياسية بممارسة الرقابة على أعمال الإدارة، ومن ثم تُعدّ الرقابة سياسية في هذه الحالة سواء من حيث السلطة التي تتولاها أم من حيث الآثار المترتبة عليها[1].

تتخذ الرقابة السياسية صوراً مختلفة، فقد تتمثل بالرقابة البرلمانية التي تمارسها المجالس النيابية في الدول، وقد تتمثل بالرقابة الشعبية التي يمارسها أفراد الشعب سواء باعتبارهم يمثلون هيئة الناخبين أم باعتبارهم يمثلون الرأي العام، والذي تسهم في تكوينه الأحزاب السياسية وجماعات الضغط، فضلاً عن وسائل الإعلام المختلفة، لذلك سنقسم المطلب على فرعين نتناول في الفرع الأول الرقابة البرلمانية وسنتناول في الفرع الثاني الرقابة الشعبية.

الفرع الأول

الرقابة البرلمانية

يقصد بالرقابة البرلمانية هي تلك التي تمارسها المجالس النيابية على السلطة التنفيذية إلى جانب وظيفتها الأساسية وهي التشريع[2].

---

(1) د. نجيب خلف أحمد و د. محمد علي جواد، القضاء الإداري، بغداد، 2010، ص 43 ؛ ينبغي عدم الخلط بين الرقابة السياسية التي تمارس على أعمال الإدارة العامة سواء كانت مركزية أم لا مركزية (الإدارة المحلية) وبين الرقابة السياسية التي تشكل إحدى صور الرقابة على دستورية القوانين ؛ ينظر: د. إحسان المفرجي وآخرون المصدر السابق، ص 171.

(2) د. سامي جمال الدين، الرقابة على أعمال الإدارة، منشأة المعارف بالإسكندرية، 2002، ص 276.

لما كان نظام الإدارة المحلية في حقيقته من صنع البرلمان، فهو الذي يقرر تشكيل الهيئات المحلية ويحدد اختصاصاتها، والبرلمان في كل ذلك صاحب الحق في تعديل هذه الاختصاصات بالزيادة أو بالنقصان[1].

تستخدم السلطة التشريعية في رقابتها وسائل متعددة، كالسؤال والاستجواب[2] فضلاً عن لجان التحقيق والتي تهدف إلى تقصي الحقائق حول موضوع معين، وهذه اللجان يكون لها الحق في دعوة أعضاء الهيئات المحلية والاستماع إليهم[3].

من الوسائل الأخرى في ممارسة الرقابة البرلمانية هو إعطاء حق لعدد معين من أعضاء البرلمان طرح موضوعها للمناقشة، لاستيضاح سياسة وأداء مجلس الوزراء أو أحد الوزارات[4].

قد تتم الرقابة بصورة أخرى من خلال مناقشة الميزانية العامة للدولة أمام البرلمان، فإقرار الموازنة العامة يعد من أبرز وسائل الرقابة المالية التي يمارسها

---

(1) د. عبد الرزاق الشيخلي، الإدارة المحلية، المصدر السابق، ص 144.

(2) د. يعرف السؤال كوسيلة من وسائل الرقابة البرلمانية بأنه «استفهام عضو البرلمان عن نية الحكومة في أمر من الأمور». ينظر: د. حمدي سليمان القبيلات، الرقابة الإدارية والمالية على الأجهزة الحكومية، مكتبة دار الثقافة للنشر والتوزيع، عمان، الأردن، 1998، ص31 ؛ بينما يعرف الاستجواب بأنه «محاسبة رئيس الوزراء أو أحد الوزراء على تصرف يتصل بأحد الأمور العامة وتنتهي هذه المحاسبة التي تحمل معنى الاتهام إلى جانب سحب الثقة بالوزارة» . ينظر: د. سامي جمال الدين، المصدر السابق، ص 278.

(3) د. خالد سماره الزغبي، المصدر السابق، ص 201.

(4) فعلى سبيل المثال نص الدستور العراقي النافذ لعام 2005 على الوسائل المتبعة في ممارسة الرقابة البرلمانية فقد نص في المادة 61 الفقرة سابعاً: أ – لعضو مجلس النواب أن يوجه إلى رئيس الوزراء والوزراء أسئلة في أي موضوع يدخل في اختصاصهم ولكل منهم الإجابة عن أسئلة الأعضاء وللسائل وحده حق التعقيب على الإجابة.

ب – يجوز لخمسة وعشرين عضواً في لأقل من أعضاء مجلس النواب طرح موضوع عام للمناقشة لاستيضاح سياسة وأداء مجلس الوزراء أو أحدى الوزارات، أما الفقرة ج فنصت على (لعضو مجلس النواب وبموافقة خمسة وعشرين عضواً، توجيه استجواب إلى رئيس مجلس الوزراء أو الوزراء لمحاسبتهم في الشؤون التي تدخل في اختصاصاتهم.....».

البرلمان على السلطة التنفيذية والإدارة المحلية على اعتبار أن ميزانية الإدارة المحلية تدخل ضمن الموازنة العامة للدولة، فالأخيرة تحدد إيرادات الدولة ونفقاتها إضافة للحساب الختامي، والمبدأ السائد أنه لا يجوز جمع أي مبلغ أو إيراد للخزينة بدون تخويل من السلطة التشريعية وكذلك المال لا يجوز إنفاق أي مبلغ دون وجود اعتماد صريح من السلطة التشريعية[1].

من جانب آخر قد تعطي بعض القوانين المنظمة للإدارة المحلية للسلطة التشريعية دور مهم فعال في الرقابة على الهيئات المحلية قد تصل على حد حل الهيئات أو المجالس المحلية[2].

الفرع الثاني

الرقابة الشعبية

للرقابة الشعبية أهمية خاصة بالنسبة لنظام الإدارة المحلية، وذلك لأن الإدارة المحلية تعد تطبيقاً عملياً لفكرة الديمقراطية الإدارية، فأعضاء المجالس المحلية يتم انتخابهم في الغالب من أبناء الوحدة الإدارية، إن لم يكن جميعهم، ويترتب على ذلك توفر صلة مباشرة تجمع هؤلاء الأعضاء بناخبيهم مما يجعلهم متأثرين بشكل مباشر وغير مباشر بالرأي العام المحلي[3].

تمارس الرقابة الشعبية بواسطة الناخبين أنفسهم، وتتخذ هذه الرقابة صورة متعددة تظهر بداية في اختيار أعضاء المجالس المحلية بواسطة سكان الوحدة الإدارية الذين لهم حق الانتخاب، وقد تتمثل بإعطاء الحق لسكان الوحدة الإدارية في الرفض أو الموافقة على بعض قرارات الهيئات المحلية قبل أن توضع موضع التنفيذ[4].

(1) د. خالد سماره ألزغبي، المصدر السابق، ص 201.

(2) د. محمود عاطف ألبنا، تنظيم الإدارة المحلية، مكتبة القاهرة الحديثة، القاهرة، 1969، ص 142.

(3) د. محمد عبد العال السناري، المصدر السابق، ص 428.

(4) د. خالد سماره الزعبي، المصدر السابق، ص 207.

وقد تمتد الرقابة الشعبية لهيئة الناخبين في إعطائهم الحق في عزل الأعضاء إذا ما فقدوا ثقتهم بهم[1].

من جانب آخر يلعب الرأي العام دوراً كبيراً في الرقابة على أعمال الإدارة سواء كانت مركزية أم لا مركزية[2].

و يمارس الرأي العام رقابته عن طريق الأحزاب السياسية وجماعات الضغط فضلاً عن وسائل الإعلام المتنوعة والتي تلعب دوراً مؤثراً سواء في تكوين الرأي العام أم في تحديد اتجاهاته.

فالأحزاب السياسية في الدول الديمقراطية تعد صانعة للرأي العام ومحددة لاتجاهاته وذلك لأن الديمقراطية لا تستقيم بغير حرية الرأي والتعبير وحرية المعارضة، فلا ريب أن نظام التعددية الحزبية يساعد كثيراً على توفير هذه الحريات، إذ أن الأفراد المبعثرين لا يستطيعون مقاومة الانحراف والتعسف في استعمال السلطة، حيث تسهم التعددية الحزبية في خلق معارضة تساعد في الاستقرار السياسي وتحول دون الاستبداد الحكومي، ويمثل دوراً هاماً في الرقابة على أعمال الإدارة من حيث مشروعيتها وملاءمتها في الوقت نفسه[3].

---

(1) د. عادل محمود حمدي، المصدر السابق، ص 434.

(2) يعرف الرأي العام بأنه «الحكم الذي تصل إليه الجماعة في مسألة ذات اعتبار عام وذلك بعد مناقشات علنية» ويعرف أيضاً بأنه «التعبير عن آراء منظمة حول موضوعات عامة أو خاصة ولهذه الآراء تأثير على الحكومة وعلى القرارات التي تتخذها»، ينظر: د. علي محمد حسين، رقابة الأمة على الحكام، المكتب الإسلامي في بيروت ومكتبة الخاني في الرياض، 1988، ص 345.

(3) د. سامي جمال الدين، مصدر سابق، ص 429 ؛ وتجدر الإشارة في هذا الصدد أنه لا يمكن الحديث عن أي دور رقابي يمكن أن تمارسه الأحزاب في الدول ذات النظام الحزبي الواحد، فالحزب الحاكم هو الذي يمثل السلطة ويقود الدولة وإذا ما وجدت ثمة أحزاب في أحزاب سلطة تسير في فلك الحزب الحاكم، ومن ثم لا يسمح في ظل هذا لنظام وجود معارضة سياسية حقيقية حيث يستعاض عنها بفكرة النقد والنقد الذاتي، ومن أبرز الدول ذات النظام والحزب الواحد، الاتحاد السوفييتي قبل تفككه سنة 1991 المانيا النازية وإيطاليا الفاشية بالإضافة إلى جميع الدول التي استقلت عن الاستعمار في الوطن العربي وأمريكا اللاتينية، للمزيد ينظر: د. علي محمد حسين، المصدر السابق، ص 443 وما بعدها.

وتسهم جماعات الضغط مساهمة فعالة في التأثير في الإدارة العامة المركزية والمحلية على حد سواء، وذلك بدفعها بطريقة وبأخرى على اتخاذ القرارات فيما يخدم أغراض هذه الجماعات التي تكون «جماعات منظمة لها مطالب ومصالح محددة تدافع عنها بوسائل مشروعة دون أن يكون ضمن أغراضها الوصول إلى السلطة ودون أن تكون حزباً أو تنظيماً سياسياً، ومن أمثلتها النقابات المهنية ومنظمات المجتمع المدني وجماعات الضغط السياسية والتي تسمى باللوبي...»[1].

أما بالنسبة لوسائل الإعلام المختلفة، فقد أصبحت تمثل أهم أدوات تكوين الرأي العام القومي والمحلي والتعبير عنه، حيث يستطيع الرأي العام المحلي، ومن خلال وسائل الإعلام أن يؤثر في أعضاء المجالس المحلية وعلى أعمالها، وذلك بالنقد وكشف الأخطاء حتى يتم تحقيق الصواب[2].

وقد شهدت وسائل الإعلام تطوراً كبيراً في السنوات الأخيرة سواء كان من خلال ظهور القنوات الفضائية فضلاً عن تقنيات الاتصال الحديثة كشبكة الانترنيت وما يقدمه من خدمات والتي ساهمت في تكوين رأي عام قوي لا يستهان به[3].

لا يمكن أن نغفل في هذا الصدد وسيلة مهمة من وسائل التعبير عن الرأي العام والتي تتمثل بالتظاهرات السلمية والتي أصبحت اليوم من أنجع الوسائل في التأثير والضغط على الأنظمة الحاكمة خصوصاً في الدول العربية[4].

---

(1) د. محمد أبو ضيف باشا خليل، جماعات الضغط وتأثيرها على القرارات الإدارية والدولية، دار الجامعة الجديدة، القاهرة، 2008، ص 18 وما بعدها.

(2) د. محمد عبد العال السناري، المصدر السابق، ص 429.

(3) يمكن أن نطلق على الرأي العام الذي يتشكل عن طريق شبكة الانترنيت تسمية الرأي العام الإلكتروني، وقد يمثل في الواقع الرأي العام السائد بشكل حقيقي وذلك أن التعبير عن الرأي من خلال خدمات الانترنيت كالفيس بوك وتويتر ويوتيوب يعطي حرية واسعة قد لا يمكن أن تتوفر حتى في القنوات الفضائية، التي يمكن التأثير فيها بطريقة أو بأخرى.

(4) لقد أفرزت التظاهرات السلمية في عدد من الدول العربية إلى إسقاط الأنظمة الحاكمة كما حصل في تونس ومصر في مطلع 2011، وفي العراق ساهمت التظاهرات السلمية التي انطلقت في 25 / شباط / 2011 إلى إجبار بعض المحافظين على تقديم الاستقالة، كمحافظ البصرة.

الفرع الثالث

تقويم الرقابة السياسية

سبق أن رأينا أن الرقابة السياسية لها صورتان، الرقابة البرلمانية التي تمارسها المجالس النيابية «التشريعية» والرقابة الشعبية.

فبالنسبة للرقابة البرلمانية التي تعد من الاختصاصات المهمة التي تمارسها المجالس النيابية إضافة لاختصاصها الأصيل في التشريع، فهي تعد أهم أعمدة النظام النيابي بحيث يمكن أن تؤدي دوراً كبيراً في الحد من احتمالات انحراف السلطة التنفيذية عن مسارها الصحيح، وذلك لأنها تملك من الآليات والوسائل ما يمكنها من القيام بواجب الرقابة ابتداء بالسؤال والتحقيق وانتهاءً بالاستجواب والذي يمكن أن يترتب عليه سحب الثقة عن الحكومة.

لكن وبالرغم مما تشكله الرقابة البرلمانية من أهمية إلا أن عليها بعض المآخذ يمكن حصرها بالنقاط الآتية :-

1- بالنسبة للرقابة التي يمارسها البرلمان وفقاً للدستور على بعض الأعمال الإدارية فإنها مقصورة في معظم الأحيان على الأعمال اللائحية أو القرارات التنظيمية دون القرارات الفردية التي تمس بشكل مباشر حقوق وحريات المواطنين أو الأفراد.

2- لا يوجد ما يمنع من انحراف البرلمان ذاته لاسيما عندما يمارس رقابته على الإدارة نتيجة للاعتبارات السياسية أو الحزبية التي تتدخل في عمله، بل قد يسعى البرلمان إلى محاولة إضفاء المشروعية على انحرافات الإدارة حتى لا يكون محرجاً أمام الرأي العام، مما قد يؤدي إلى إسقاط الوزارة التي يرتبط بقائها بمصلحة الأغلبية البرلمانية[1].

3- ويمكن أن نضيف في هذا الصدد أن طبيعة عمل المجالس النيابية وتقييدها بمواعيد محددة في السنة، وشكليات تتعلق بانعقاد الجلسات وإكمال النصاب، كل هذه المسائل تجعل من الرقابة البرلمانية غير شاملة ولا تستطيع استيعاب كل نشاط الإدارة الذي يفترض خضوعه للرقابة.

(1) د. سامي جمال الدين، المصدر السابق، ص 279 وما بعدها.

أما بالنسبة للرقابة الشعبية فهي كما رأينا فقد تصاعدت أهميتها في الآونة الأخيرة مما يجعلها في بعض الأحيان تتفوق على جميع أنواع الرقابة التي تمارس على أعمال الإدارة سواء كانت مركزية أم لا مركزية «الإدارة المحلية»، غير أنها وبالرغم من ذلك لا يمكن أن يؤدي هذا النوع من الرقابة بشكل مباشر إلى إلغاء القرارات الإدارية المخالفة للقانون، ومن ثم فإنها أقل أهمية من حيث احترام مبدأ المشروعية مقارنة بالأنواع الأخرى من الرقابة[1].

المطلب الثاني
الرقابة القضائية

يقصد بالرقابة القضائية بأنها تلك الرقابة التي تباشرها السلطة القضائية ممثلة بمحاكمها وعلى اختلاف أنواعها ودرجاتها والتي تستهدف أعمال الإدارة العامة وذلك تحقيقاً لمبدأ المشروعية[2].

وتهدف الرقابة القضائية بصورة عامة إلى تحقيق أمرين : -

الأول : تقويم عمل الإدارة العامة سواء كانت مركزية أم لا مركزية (الإدارة المحلية) وإجبارها على احترام القانون أو بعبارة أخرى احترام مبدأ المشروعية، ويتحقق ذلك من خلال إلغاء قرارات الإدارة العامة التي يشوبها عيب من عيوب القرار الإداري.

الثاني : حماية حقوق وحريات الأفراد عن طريق إلغاء القرارات الإدارية الماسة بهذه الحقوق والحريات فضلاً عن التعويض إن كان له مقتضى[3].

---

(1) د. نجيب خلف أحمد، د محمد علي جواد، المصدر السابق، ص 46.

(2) المصدر نفسه، ص 55 ؛ وفي هذا الصدد ينبغي عدم الخلط بين مصطلح المشروعية والشرعية فالأول يقصد به خضوع السلطات الإدارية للقانون الوضعي حيث يقصد بالشرعية هي الصفة التي يجب أن تملكها حكومة ما بحيث تتفق هذه الصفة والرائد السائد في الفقه الاجتماعية حول أمن السلطة وطريقة ممارستها. ينظر في ذلك، منذر الشاوي، المصدر السابق، ص 66 وما بعدها.

(3) د. حمدي سليمان القبيلات، الرقابة الإدارية والمالية، المصدر السابق، ص 42.

وتختلف الدول في جهة القضاء الذي تسند إليه مهمة ممارسة الرقابة القضائية على أعمال الإدارة العامة ، ففي الدول الانكلوسكسونية تباشر المحاكم العادية تلك الرقابة ؛ وذلك لأن هذه الدول (كالمملكة المتحدة والولايات المتحدة) تأخذ بنظام القضاء الموحد ، بخلاف الحال بالنسبة للدول التي تأخذ بنظام القضاء المزدوج والذي يعني بوجود قضاء إداري متخصص إلى جانب القضاء العادي ومن أبرز الدول التي أخذت بهذا النظام فرنسا ، وعلى صعيد الدول العربية كانت مصر أول الدول العربية التي تحولت إلى نظام القضاء المزدوج[1].

تعد الرقابة القضائية من أهم صور الرقابة على أعمال الإدارة العامة ، إذ يعد القضاء أكثر الأجهزة القادرة على حماية مبدأ المشروعية وضمان الحقوق والحريات الفردية ، وذلك لما يتمتع به القضاء من حيادية واستقلالية والتي تجعل له مكانة سامية في نفوس الأفراد ويثبت دعائم القانون ويشيع الإحساس بالعدل ويزيد الاطمئنان والاستقرار[2].

أهم ما يميز الرقابة القضائية أنها لا تمارس تلقائياً وبعبارة أخرى فإن القضاء لا يستطيع التعرض لمشروعية تصرفات الإدارة إلا من خلال دعوى ترفع أمامه من كل ذي صلة ، وإذا ما رفعت دعوى أمام القضاء لا يكون للأخير إلا أن يحكم بمشروعية أو عدم مشروعية القرارات الإدارية إضافة إلى التعويض إن كان له مقتضى ، غير أن القضاء ليس له أن يصدر للإدارة أوامر أو توجيهات أو يلزمها باتخاذ موقف معين وإن كان هذا الموقف يمثل نتيجة منطقية لما قضي به من عدم مشروعية قرار الإدارة[3].

بالرغم من تسليمنا الكامل لأهمية الرقابة القضائية على أعمال الإدارة العامة وعلى وجه التحديد الإدارة المحلية ، فهي تمثل أحد السلطات الثلاث في الدولة إلى

_____

(1) د. خالد سماره الزغبي، مصدر سابق، ص 202 ؛ ومن الجدير بالذكر فإن العراق قد أصبح أيضاً من الدول ذات النظام المزدوج بموجب التعديل الثاني لقانون مجلس شورى الدولة ذي الرقم 106 لسنة 1989.

(2) د. سامي جمال الدين، المصدر السابق، ص 304.

(3) د. حسن السيد بسيوني، دور القضاء في المنازعات الإدارية، دار الفكر العربي، القاهرة، 1981، ص 23.

جانب السلطتين التشريعية والتنفيذية فضلاً عن أنها تعد أكثر أنواع الرقابة استقلالية، غير أن الواقع يشير إلى عدم الاكتفاء بالرقابة القضائية وحدها على الأعمال الإدارية المحلية، وذلك لأن القضاء بصورة عامة لا يمكن إلا أن يحكم بمشروعية أو عدم مشروعية تصرفات الإدارة، فهو لا يمكن أن يمتد برقابته على مدى توفر الملائمة من عدمها إلا في أحوال معينة تتعلق بالعقوبات الانضباطية والحريات العامة[1].

فقد تكون قرارات الإدارة المحلية سليمة وموافقة للقانون غير أن الظروف المحيطة باتخاذ القرار قد تجعله غير ملائم وقد تترتب عليه نتائج خطيرة لا يستطيع القضاء نظراً لمشروعيته إلا أن يقرّه، هذا الأمر يجعلنا أمام حقيقة وهي أن الرقابة القضائية وعلى الرغم من أهميتها إلا إنها ليست كافية وبالتالي تبقى الحاجة إلى أنواع أخرى من الرقابة يكمل بعضها البعض بحيث تحقق نوعاً من التوازن بين المصالح المتعارضة.

المطلب الثالث
الرقابـــة الإداريــة

يقصد بالرقابة الإدارية بهذا الصدد بأنها تلك الرقابة التي تمارسها السلطة الإدارية المركزية على هيئات الإدارة المحلية والتي اصطلح على تسميتها في الفقه الإداري بالوصاية الإدارية[2].

لغرض إعطاء صورة واضحة عن هذا الموضوع ينبغي لنا عرض الجدل الواقع الذي دار حول صحة تسمية الوصاية الإدارية من عدمها مع ترجيح الرأي الذي نراه مناسباً وسيكون ذلك في الفرع الأول، أما الفرع الثاني فسنتناول فيه تعريف الرقابة الإدارية على الهيئات المحلية، وفي الفرع الثالث والأخير سنعرض فيه أساليب ووسائل الرقابة الإدارية.

---

(1) د. نجيب خلف احمد،د.محمد علي جواد، مصدر سابق، ص 65.

(2) د. حمدي سليمان القبيلات، مبادئ الإدارة المحلية، مصدر سابق، ص 59.

الفرع الأول

الوصاية الإدارية وإشكالية التسمية

يمثل مصطلح الوصاية الإدارية الترجمة العربية للمصطلح الفرنسي (Latuteue administrative)، حيث استخدم في فرنسا للدلالة على أن الأشخاص اللامركزية تكون في وضع مماثل لوضع القاصر في ظل القانون المدني، وهذا التقريب بين وضع المدن المختلفة ووضع ناقصي الأهلية كان الهدف منه إيجاد مبررات لإشراف الملوك على البلديات من أجل حماية مصالحها المالية[1].

انقسم الفقه الإداري حول صحة تسمية الوصاية الإدارية من عدمها إلى فريقين، الفريق الأول من الفقهاء قد أنكر استخدام مصطلح الوصاية الإدارية للدلالة على فكرة الرقابة التي تمارسها السلطة الإدارية المركزية على الهيئات المحلية، وذلك على أساس أن اصطلاح الوصاية الإدارية مأخوذ من نظام الوصاية المدنية المعروف في القانون المدني، وإن قياس ذلك لا يمكن القبول به لأنه قياس مع الفارق[2].

والأدلة التي يوردها أصحاب هذا الفريق الرافض لاصطلاح الوصاية الإدارية تكمن في الاختلاف الكبير بين الوصاية المدنية في ثلاث مسائل رئيسة : -

أولا : الاختلاف من حيث الطبيعة، فالوصاية المدنية ترتكز أساساً على أساس قيام الوصي بمهمة التمثيل القانوني للقاصر، مما يسمح له بمباشرة حقوقه والعمل باسمه، في حين إن فكرة التمثيل هذه لا تتحقق في ظل الوصاية الإدارية، وذلك لأن الهيئات المحلية ليست قاصرة أو عديمة الأهلية، فهي تمثل الوحدة الإدارية التي منحها المشرع الشخصية المعنوية وما يترتب عليه من امتلاكها أهلية الأداء والتعاقد وقبول الهبات في الحدود التي يسمح بها القانون[3].

---

(1) د. بكر قباني، مصدر سابق، ص 86.

(2) د. توفيق شحاتة، القانون الإداري، القاهرة، 1974، ص 178 ؛د. طعيمة الجرف، القانون الإداري المصدر سابق، ص 276 ؛د. محمد محمد بدران، مصدر سابق، ص 36 ؛د. عبد الرزاق الشيخلي، العلاقة بين الحكومة المركزية والإدارات المحلية، مصدر سابق، ص 4.

(3) د. ماهر صالح علاوي الجبوري، المصدر السابق، ص 75.

فالأهلية هذه هي التي تجعل من الهيئات المحلية تمتلك عنصر المبادأة أو المبادرة في ممارسة تصرفاتها من الهيئات المحلية[1].

ثانيا : الاختلاف من حيث الغاية، فالوصاية المدنية تستهدف مصلحة القاصر أو عديم الأهلية في حين تستهدف الوصاية الإدارية تحقيق المصالح العامة للدولة فضلاً عن أنها قد تستهدف في بعض الأحيان تحقيق مصالح الأفراد[2].

ثالثا : الاختلاف من حيث الوسيلة، فتتم الوصاية المدنية عن طريق حلول الوصي محل القاصر أو عديم الأهلية والخاضع لهذه الوصاية، في حين تمارس الوصاية الإدارية بوسائل متعددة منها التصريح أو الإذن والتصديق والإلغاء والإيقاف بالنسبة لأعمال الهيئات المحلية وإن كانت وسيلة الحلول قد توجد في ظل الوصاية الإدارية بصفة استثنائية[3].

لذلك ذهب بعض الفقهاء إلى استخدام مصطلحات أخرى بدلاً عن الوصاية الإدارية فقد استخدم البعض مصطلح «الرقابة الإدارية» [4]، في حين ذهب البعض الآخر إلى استخدام مصطلح «الرقابة اللامركزية» [5]، وذهب آخر إلى استخدام

---

(1) د. بكر قباني، مصدر سابق، ص 12.

(2) وتتمثل حماية مصالح الأفراد عندما تلجأ جهة الوصاية الإدارية بإدراج ديون الأفراد لواجب الأداء تلقائياً في ميزانية الهيئات المحلية في حال امتناع الأخيرة الوفاء بها بالرغم من إنذارها. ينظر: د. حمدي سليمان القبيلات، مبادئ الإدارة المحلية، مصدر سابق، ص 58.

(3) د. بكر قباني، مصدر سابق، ص 83 ؛ د. طعيمة الجرف، مصدر سابق، ص 276.

(4) د. عثمان خليل عثمان، الإدارة العامة وتنظيمها، القاهرة، 1971، ص 150 ؛ د. توفيق شحاتة، المصدر السابق، ص 178 ؛ ؛ د. محمد أبو السعود وهيب، التنظيم القانوني للهيئات والمرافق المحلية، دار الثقافة الجامعية، القاهرة، 1983، ص 181 ؛ د. شابا توما منصور، مصدر سابق، ص 88 ؛ د. ماهر صالح علاوي الجبوري، مصدر سابق، ص 87.

(5) د. عبد الحميد متولي، المصطلحات المقترح تعديلها، بحث منشور في مجلة العلوم الإدارية، السنة السابعة، العدد الثالث، ديسمبر 1965، ص 15.

مصطلح «الرقابة المركزية»[1]، في حين نجد من يستخدم مصطلح الهيمنة الرقابية بدلاً من مصطلح الوصاية الإدارية[2].

أما الفريق الآخر من الفقهاء فقد ذهب إلى ضرورة الاحتفاظ باصطلاح الوصاية الإدارية وتفضيله على اصطلاح الرقابة الإدارية على أساس أن مصطلح الوصاية قد درج الفقه على استخدامه للدلالة على رقابة السلطة الإدارية المركزية على الهيئات المحلية[3].

يذهب رأي في الفقه في هذا الصدد إلى أنه «..وبالرغم من الاعتبارات السليمة التي تميز بين الوصاية المدنية والوصاية الإدارية، فالمعروف أن القانون الإداري قد استعار كثيراً من اصطلاحات القانون الخاص ولكنها اكتسبت في القانون الإداري معنى مغايراً، ومثال ذلك العقود الإدارية، والملكية في الأموال العامة والمسؤولية الإدارية... الخ، ثم أن الاصطلاح مستقر في فرنسا رغم أن لديهم ما يقابل الرقابة الإدارية....»[4].

نخلص مما تقدم أن الإشكالية التي أثيرت حول استخدام مصطلح الوصاية الإدارية للدلالة على الرقابة التي تمارسها السلطة الإدارية المركزية على الهيئات المحلية مردها المقاربة مع فكرة أو نظام الوصاية المعروف في القانون المدني، وعلى الرغم من تسليمنا بوجاهة التفرقة بين الوصاية الإدارية والوصاية المدنية إلا أن أصحاب الرأي الرافض لاستخدام مصطلح الوصاية لم يستطيعوا إيجاد مصطلح بديل يعطي المعنى القانوني بشكل دقيق.

فاستخدام مصطلح الرقابة الإدارية لا يمكن قصره على الرقابة على الهيئات المحلية، فهو مصطلح مرن ويتسع معناه ليشمل كل أنواع الرقابة التي تمارسها

---

(1) د. محمد محمد بدران، مصدر سابق، ص 36.

(2) د. سعد العلوش، نظرية المؤسسة العامة وتطبيقها في التشريع العراقي، رسالة دكتوراه مقدمة إلى جامعة القاهرة، كلية الحقوق، 1967، الهامش رقم (1).

(3) د. محمود عاطف ألبنا، مصدر سابق، ص 136 ؛ د. عادل محمود أحمدي، مصدر سابق، ص 118 ؛ د. خالد قباني، مصدر سابق، ص 93 ؛ د. خالد سماره ألزغبي، مصدر سابق، ص 202 ؛ د. عثمان خليل عثمان، الإدارة العامة، مصدر سابق، ص 206.

(4) د. سليمان الطماوي، مصدر سابق، ص 87.

السلطة الإدارية سواء على موظفيها الخاضعين لرابطة التسلسل الهرمي، حتى الرقابة التي تمارسها على الهيئات والأشخاص المعنوية الخاصة كالجمعيات والنقابات وغيرها [1].

أما استخدام مصطلح الرقابة اللامركزية، فإنه أيضاً لا يعطي المعنى الدقيق لفكرة الرقابة التي تمارسها السلطة الإدارية المركزية على الهيئات المحلية، فمصطلح الرقابة اللامركزية قد يوحي أن لها مقابل آخر هو الرقابة المركزية، ويمكن أن تشير أيضاً على الرقابة التي تمارسها الهيئات المحلية ذات المستوى الأعلى على الهيئات ذات المستوى الأدنى[2].

كذلك الحال بالنسبة لاستخدام مصطلح الرقابة المركزية، فلا يمكن لهذا المصطلح أن يشير بشكل دقيق على الرقابة التي تمارسها السلطة الإدارية المركزية كونه من المصطلحات المرنة والذي يتسع ليشمل كل أنواع الرقابة التي تتولاها هيئات مركزية سواء كانت تنفيذية أم تشريعية أم قضائية أو حتى من خلال هيئات الرقابة المركزية المستقلة.

أما استخدام مصطلح الهيمنة الرقابية فنؤيد ما ذهب إليه البعض من أن الهيمنة المذكورة لا تتم إلا في مجال الرابطة التسلسلية للهرم الوظيفي المعبر عنها بالسلطة

---

(1) يذهب جورج فوديل إلى أن مصطلح الرقابة الإدارية قد يكون الأصح، إلا أنه مع ذلك لا يخلو من عيب كونه الرقابة الإدارية ليس مصطلح خاص للدلالة على الرقابة التي تمارس على الهيئات المحلية، بل قد تشمل معاني أخرى، وهكذا يقتضي توقع أن يكون لتعبير الوصاية على الأقل في اللغة الشائعة بقايا معينة...»، جورج فوديل وبيار دلفوفيه المصدر السابق، ص303.

(2) تعطي بعض النظم الإدارية للمجالس المحلية ذات المستوى الأعلى سلطة الرقابة على المجالس المحلية الأدنى مثال ذلك ما جاءت به اللائحة التنفيذية لقانون الإدارة المحلية المصري رقم 707 لسنة 1970 والتي نصت في المادة 454 على أن «يتولى المجلس الشعبي للمحافظة الإشراف على أعمال ونشاط المجلس المحلي للمركز...» وفي العراق فإن قانون المحافظات غير المنظمة في إقليم رقم 21 لسنة 2000 مجلس المحافظة سلطة على المجالس المحلية في الأقضية والنواحي حيث نصت المادة 20، ثالثاً، 1 – «لمجلس المحافظة حل المجالس المحلية بالأغلبية المطلقة بناءً على طلب القائمقام بالنسبة لمجلس القضاء أو مدير الناحية بالنسبة لمجلس الناحية...».

الرئاسية، في حين أن الهيئات المحلية تتمتع باستقلالية معينة ومن ثم أنها لا تخضع للسلطة الرئاسية التي يخضع لها الموظفين العاملين في الإدارة المركزية(1).

نخلص مما تقدم الصعوبة الجمة التي تكتنف اختيار المصطلح المناسب الذي يُؤطر العلاقة بين السلطة الإدارية المركزية والإدارة المحلية الأمر الذي يجعلنا نتمسك بمصطلح الرقابة الإدارية باعتباره من المصطلحات الشائعة الاستعمال في الوقت الحاضر(2)، على الرغم من أن هذا المصطلح يتسع ليشمل كل أنواع الرقابة التي تمارسها السلطة الإدارية المركزية كما سبق القول فإن استخدامه في سياق الحديث عن الإدارة المحلية يعطي المعنى المراد، بالإضافة إلى ذلك لا يعطي استخدام مصطلح الرقابة الإدارية انطباعاً سلبياً بالنسبة للهيئات المحلية مثلما يعطيه مصطلح الوصاية الإدارية والذي يظهر هذه الهيئات وكأنها ناقصة الأهلية وغير جديرة بالثقة التي يمنحها أفراد المجتمع المحلي لها.

الفرع الثاني

تعريف الرقابة الإدارية على الهيئات المحلية

على الرغم من ألأهمية التي تتعلق باختيار المصطلح المناسب في تحديد العلاقة بين السلطة الإدارية المركزية والإدارة المحلية، فإن الأهم من ذلك هو تحديد أطراف هذه العلاقة وبيان مضمونها والغاية منها سواء استخدمنا مصطلح الرقابة الإدارية أم الوصاية الإدارية، وعلى هذا الأساس أورد الفقه الإداري تعريفات متعددة للرقابة التي تمارس على الهيئات المحلية، فمنهم من عرف الرقابة الإدارية بأنها «مجموعة السلطات التي يقررها القانون لسلطة عليا على أشخاص الهيئات اللامركزية وأعمالهم حماية للمصلحة العامة»(3).

---

(1) د. بكر قباني، مصدر سابق، ص 85.

(2) د. ماهر صالح علاوي الجبوري، مصدر سابق، ص 87.

(3) Maspetiol ex Latutelle administrative ،Paris, 1930, P.10.

أشار إليه د. خالد قباني، المصدر السابق ص 94

لاشك أن هذا التعريف قد عدّ ممارسة الرقابة الإدارية لا تتم إلا بما يقرره القانون، فالرقابة تمثل في الواقع استثناء من الأصل وهو استقلالية الهيئات المحلية ومن ثم لا يمكن ممارستها إلا إذا نص عليها المشرع، من جانب آخر فإن التعريف قد أشار إلى أسلوب ممارسة هذه الرقابة والذي قد يكون على الهيئات في ذاتها أو على الأعمال الصادرة منها ؛ إلا أنّ ما يؤخذ على هذا التعريف أنه لم يحدد بشكل دقيق الجهة القائمة بالرقابة، واكتفى بذكر السلطة العليا التي تشمل في الواقع السلطات العليا في الدولة كافة سواء كانت تشريعية أو تنفيذية أم قضائية ؛ بالإضافة إلى ذلك إن هذا التعريف أغفل إمكانية صدور الرقابة من قبل الهيئات المحلية ذات المستوى الأعلى على الهيئات ذات المستوى الأدنى، واكتفى التعريف أيضاً بأن الغاية من ممارسة الرقابة هو تحقيق المصلحة العامة والتي تمثل عنصر الملائمة دون أن يضيف احترام مبدأ المشروعية، كما وإن هذا التعريف لم يبين وسائل هذه الرقابة.

كما عرّف البعض الآخر الرقابة الإدارية بأنها «رقابة الدولة أو السلطات المركزية فيها على الهيئات اللامركزية أو على أشخاصها أو على أعمال هذه الهيئات»[1].

ويلاحظ على هذا التعريف أنه وبالرغم من تحديده للجهة الخاضعة للرقابة الإدارية وهي الهيئات اللامركزية والأسلوب الذي يمكن أن تمارس فيه الرقابة سواء كان على الهيئات ذاتها أم على أشخاصها أم على الأعمال الصادرة عنها ، إلا إنه لم يحدد بشكل دقيق الجهة القائمة على هذه الرقابة وهي بطبيعة الحال السلطة الإدارية المركزية أو الهيئات المحلية ذات المستوى الأعلى عندما تمارس رقابتها على الهيئات ذات المستوى الأدنى، في حين نجد التعريف قد حدد ذلك برقابة الدولة أو السلطات المركزية ومن المسلم به إن إطلاق مصطلح الدولة أو السلطات المركزية يتسع ليشمل السلطات الثلاث في الدولة التشريعية والتنفيذية والقضائية، بالإضافة إلى ذلك فإن هذا التعريف لم يحدد كسابقة وسائل الرقابة والغاية منها هي تحقيق المصلحة العامة واحترام مبدأ المشروعية.

---

(1) د. حمدي سليمان القبيلات، مبادئ الإدارة المحلية، المصدر السابق، ص 59.

ذهب آخرون في تعريف الرقابة بأنها «أداة قانونية بموجبها تضمن وحدة الدولة وذلك بإقامة علاقة قانونية دائمة ومستمرة بين الأجهزة المستقلة والسلطة المركزية....»[1].

يظهر من هذا التعريف أنه وعلى الرغم من تأكيده أن الرقابة هي أداة قانونية أي أنها لا تمارس إلا بمقتضى القانون فهو قد قصر هدف الرقابة على ضمان وحدة الدولة الذي يمثل الهاجس الكبير للسلطة الإدارية المركزية إلا إن الواقع يشير إلى وجود أهداف أخرى كالحفاظ على المصلحة العامة واحترام مبدأ المشروعية وإن التعريف لم يحدد الوسائل التي يمكن ممارستها من أجل القيام بالرقابة.

نخلص مما تقدم إن التعريفات السابقة لم تكن شاملة وواضحة بشأن تحديد مفهوم الرقابة، مما دفع بعض الفقهاء إلى أن يضع الضوابط التي ينبغي أن يشملها تعريف الرقابة أو الوصاية الإدارية، وهي كالآتي : -

أولاً : صدور الرقابة الإدارية أساساً من السلطة الإدارية المركزية مع إمكانية صدورها أحياناً من الهيئات المحلية.

ثانياً : ان تفرض هذه الرقابة على المرافق العامة اللامركزية (الإقليمية والمرفقية)

ثالثاً : الصفة الاستثنائية للرقابة، وذلك على أساس عدم جواز مباشرتها إلا إذا نص عليها المشرع.

رابعاً : بيان الأسلوب المتبع في الرقابة سواء كان على الهيئات أم على أعمالها فضلاً عن بيان الوسائل المتبعة في ذلك (كالتصريح والتصديق والإلغاء والإيقاف والحلول).

خامساً : ينبغي أن تستهدف الرقابة احترام مبدأ المشروعية وحماية المصلحة العامة[2].

على ضوء هذه الضوابط يمكن لنا تعريف الرقابة الإدارية بأنها تلك الرقابة التي تباشرها السلطة الإدارية المركزية وفي بعض الأحيان الهيئات المحلية وذلك في

---

(1) د. عمار بو ضياف، الأسس العامة للسلطة الإدارية بحث منشور في الانترنيت على الرابط الآتي:
www. Science Juridiaues. Ahlamon+DE.NE+/Montadae. h+m
تاريخ الزيارة 2010/9/1، ص 16.
(2) بكر قباني، مصدر سابق، ص 79.

مواجهة الهيئات اللامركزية الإدارية سواء كانت إقليمية كالإدارة المحلية أم مرفقيه كالمؤسسات العامة، حيث تنصب هذه الرقابة على الهيئات المحلية ذاتها أو على أعضائها أو على أعمالها كالتصريح والتصديق والإلغاء والإيقاف والحلول وفي الحدود التي يرسمها المشرع بغرض تحقيق المصلحة العامة واحترام مبدأ المشروعية.

الفرع الثالث

أساليب ووسائل الرقابة الإدارية

لقد اتضح لنا سابقاً إن الرقابة الإدارية التي تمارسها السلطة الإدارية المركزية على الهيئات المحلية هي ذات طابع استثنائي، أي بمعنى أن جهة الرقابة الإدارية لا تستطيع مباشرتها إلا إذا نص المشرع على ذلك، وبطبيعة الحال فإن الوسائل المتبعة في الرقابة الإدارية لا يمكن استخدامها إلا إذا نص عليها المشرع.

وتمارس الرقابة الإدارية بأسلوبين متميزين : -

- **الأسلوب الأول** : الرقابة الإدارية على الهيئات المحلية وأعضائها.
- **الأسلوب الثاني** : الرقابة الإدارية على أعمال الهيئات المحلية.

ومما يلاحظ في هذا الصدد أن أغلب أعمال الرقابة تنصب على الأسلوب الثاني وهو الوصاية على أعمال الهيئات المحلية[1].

وبناءاً على ذلك سنتناول هذين الأسلوبين مع بيان الوسائل المتبعة في كل منهما في ما ياتي :

أولاً : الرقابة الإدارية على الهيئات المحلية وأعضائها

تمارس الرقابة الإدارية على الهيئات المحلية بفرضين ؛ الفرض الأول : هو أن تمارس هذه الرقابة على الهيئات المحلية بمجموعها أو بعبارة أخرى تمارس على المجالس المحلية ذاتها، أما الفرض الثاني تمارس فيه الرقابة الإدارية على أعضاء الهيئات المحلية.

---

(1) ينظر: فؤاد العطار، نظرية اللامركزية الإقليمية، بحث منشور في مجلة العلوم القانونية والاقتصادية، السنة الثامنة العدد الأول، 1966، ص 55.

فبالنسبة للفرض الأول، تمارس الرقابة الإدارية بوسيلتين هما:

الوسيلة الأولى : الإيقاف

يقصد بهذه الوسيلة كإحدى وسائل الرقابة الإدارية على الهيئات المحلية ذاتها هو أن ينص القانون في بعض الأحيان على تخويل جهة الرقابة الإدارية سلطة وقف المجلس الأعلى لمدة معينة ولأسباب محددة وذلك لتحقيق المصلحة العامة، ويتم عادة وقف المجالس المحلية عن العمل تمهيداً لحلها، كما هو الحال في فرنسا إذ يجوز قانوناً للإدارة المركزية وقف المجلس البلدي لمدة معينة بقرار مسبب[1].

وبطبيعة الحال فإن قرار السلطة المركزية بإيقاف المجالس المحلية يخضع بدوره باعتباره قراراً إدارياً لرقابة القضاء الإداري، إذ يمكن للمجلس الموقوف عن العمل الطعن بهذا القرار أمام القضاء الإداري للتأكد من مشروعيته.

وقد تقوم الجهة القائمة بالرقابة بإيقاف المجالس المحلية عن العمل بصيغة أخرى فقد يخوّل القانون السلطة الإدارية المركزية طلب تأجيل انعقاد جلسات المجالس المحلية إلى أمد معين، وفي الحقيقة يشكل هذا التأجيل نوعاً من أنواع إيقاف المجالس المحلية عن عملها[2].

الوسيلة الثانية : حل المجالس المحلية

تعد هذه الوسيلة من أكثر الوسائل شدة وأكثر خطورة ومساس باستقلالية المجالس المحلية لذلك لا يجوز استخدام هذه الوسيلة كغيرها من وسائل الرقابة الإدارية إلا إذا نص عليها القانون[3].

---

(1) د. بكر قباني، مصدر سابق، ص 134.

(2) حيث أجاز قانون المحافظات رقم 159 لسنة 1969 الملغي لوزير الداخلية و المحافظ تأجيل اجتماعات المجالس المحلية، حيث نصت المادة 130 من هذا القانون على أن «للوزير تأجيل اجتماعات مجلس أية وحدة إدارية لمدة لا تتجاوز ستين يوماً وللمحافظ تأجيل اجتماعات مجلس القضاء ومجلس الناحية لمدة لا تتجاوز خمسة عشر يوماً....» وبالجدير بالذكر فإن قانون المحافظات غير المنتظمة في إقليم رقم 21 لسنة 2008 المعدل لم ينص على هذه الوسيلة.

(3) د. محمد عبد لعال السناري، مصدر سابق، ص 232.

ونظراً لخطورة هذا الإجراء يحاط عادة بضمانات مثل عدم إمكانية اللجوء إلى وسائل حل المجالس المحلية، إلا إذا عجزت المجالس المحلية عن القيام بعملها بسبب الإهمال وبقرار مسبب قابل للطعن أمام القضاء الإداري فضلاً عن ضرورة تشكيل مجلس مؤقت يدير شؤون المجلس المنحل لحين إجراء انتخابات جديدة، وفي بعض الأحيان يصدر قرار الحل من السلطة التشريعية وليس من السلطة الإدارية[1].

أما بالنسبة للرقابة الإدارية على الأعضاء فتتم عادة عندما يمنح المشرع السلطة الإدارية إمكانية تعيين بعضاً من أعضاء المجالس المحلية وقد يقتصر التعيين على رؤساء الوحدات الإدارية دون أعضاء المجالس المحلية، وهذا لا يمنع من إمكانية إعادة صياغة السلطة الإدارية المركزية تعيين رؤساء الوحدات الإدارية وبعض من أعضاء المجالس المحلية، ومن خلال هؤلاء الأعضاء المعينين تمارس السلطة الإدارية رقابتها على المجالس المحلية[2].

---

(1) ففي فرنسا على سبيل المثال يجوز قانوناً للسلطة المركزية أن تقرر حل المجلس البلدي على أن يتم ذلك الحل بمرسوم مسبب بعد أخذ موافقة مجلس الوزراء وأن ينشر قرار الحل في الجريدة الرسمية وأن تحل محل المجلس البلدي المنحل لجنة إدارية خاصة تتولى أعمال المجلس البلدي المنحل لحين إجراء الانتخابات؛ ينظر: د. بكر قباني، المصدر السابق، ص 135، أما في مصر فقد أجاز قانون الإدارة المحلية رقم 143 لسنة 1979 في المادة 145 والتي نصت على «يصدر بحل المجلس الشعبي المحلي للمحافظة أو لغيرها من وحدات الإدارية المحلية قرار من مجلس الوزراء... لأسباب تقتضيها المصلحة العامة... وينشر القرار الصادر بحل المجلس الشعبي في الجريدة الرسمية ويخطر به مجلس الشعب خلال أسبوعين من تاريخ صدروه...» أما في العراق فقد أعطى قانون المحافظات رقم 159 لسنة 1969 الملغي سلطة الحل لمجلس الوزراء حيث نصت المادة 129 على أن «لمجلس الوزراء بناءً على اقتراح الوزير حل مجالس الوحدات الإدارية إذا خالفت هذه المجالس واجباتها أو أصبح بقاءها مضراً بالمصلحة العامة أو فقدت أكثرية أعضائها المنتخبين» في حين جعل قانون المحافظات غير المنتظمة في إقليم رقم 21 لسنة 2008 المعدل في المادة 20 ثانيا منه سلطة حل المجالس المحلية لمجلس النواب.

(2) د. حمدي سليمان القبيلات، مبادئ الإدارة المحلية، مصدر سابق، ص 67؛ خالد سماره الزغبي، مصدر سابق، ص 202.

ثانياً : الرقابة الإدارية على أعمال الهيئات المحلية

يمكن تحديد أهم الوسائل المتبعة في الرقابة الإدارية على أعمل الهيئات المحلية على وفقً النقاط الآتية :

1- التصريح أو الإذن السابق:

ويقصد به الإجراء الذي بمقتضاه تقرر السلطة الإدارية المركزية بأن مشروع القرار الذي تزمع الهيئات المحلية اتخاذه لا يخالف أية قاعدة قانونية ولا يمس المصلحة العامة[1].

وفي حال رفض السلطة الإدارية المركزية إعطاء التصريح أو الإذن بالتصرف فإن هذا الرفض يعد قراراً إدارياً يمكن الطعن به أمام القضاء الإداري من قبل الهيئات المحلية ذات الشأن[2].

2- التصديق:

يقصد به إقرار السلطة الإدارية المركزية للأعمال الصادرة من الهيئات المحلية بحيث يمكن أن تكون في موضع التنفيذ على أساس أنه لا يخالف أية قاعدة قانونية ولا يمس المصلحة العامة[3].

وثمة تشابه بين التصريح والتصديق من حيث أن لهما غاية واحدة وهي حصول موافقة السلطة الإدارية المركزية (جهة الوصاية الإدارية)، غير أن الاختلاف بينها يكمن من حيث وقت صدورهما، فالتصريح سابق لصدور القرار من الهيئات المحلية في حين يكون التصديق لاحقاً بعد اتخاذ القرار من هذه الهيئات، الأمر الذي يترتب عليه أن التصريح يجب أن يكون صريحاً وليس ضمنياً بعكس الحال للتصديق فقد يكون صريحاً وقد يكون ضمنياً من خلال انقضاء المدة القانونية لممارسة الإدارة المركزية سلطاتها بالتصديق مع سكوتها طول هذه المدة يفسر بقبولها التصديق، ذلك حتى لا تبقى هيئات الإدارة المحلية تحت رحمة السلطة

---

(1) د. سليمان الطماوي، مبادئ القانون الإداري، مصدر سابق، ص 90.

(2) د. بكر قباني، مصدر سابق، ص 141.

(3) المصدر نفسه، ص 142.

الإدارية المركزية، وبطبيعة الحال فإن رفض التصديق يمكن الطعن به باعتبار قراراً إدارياً أمام القضاء الإداري من قبل الهيئات المحلية[1]: –

3- الإلغاء:

يقصد بالإلغاء كوسيلة من وسائل الرقابة الإدارية على أعمال الهيئات المحلية، وهو ذلك القرار الإداري الصادر من السلطة الإدارية المركزية (جهة الرقابة الإدارية) والذي يلغي بموجبه قراراً صادراً من الهيئات المحلية لأنه يخالف قاعدة قانونية أو يمس المصلحة العامة[2].

لا يمكن للسلطة الإدارية المركزية ممارسة هذه الوسيلة إلا إذا نص المشرع على ذلك، وأن يصدر الإلغاء خلال مواعيد محددة، وذلك من أجل الحفاظ على استقرار الأوضاع القانونية[3].

ثمة تشابه بين عدم التصديق والإلغاء من حيث النتيجة التي ترتب على عدم المصادقة وهي بمثابة الإلغاء الضمني للقرار[4].

من جانب آخر لا يجوز للسلطة الإدارية المركزية أو (جهة الرقابة الإدارية) أن تمارس الإلغاء الجزئي للقرار الصادر من الهيئات المحلية، لأنه يؤدي إلى تشويه القرار الأصلي ومن ثم ظهور قرار جديد لم تتجه إليه إرادة الهيئات المحلية، ولا يمكن كذلك لجهة الرقابة إجراء أي تعديل على القرار، فهي إما أن تقبل القرار كله أو ترفضه برمته، وذلك بخلاف الحال بالنسبة للسلطة الرئاسية التي يمكن لها أن تمارس إلى جانب الإلغاء سلطة تعديل القرارات الصادرة من المرؤوسين[5].

---

(1) د. خالد قباني، مصدر سابق، ص 104.

(2) د. عادل محمود حمدي، مصدر سابق، ص 177.

(3) د. بكر قباني، مصدر سابق، ص 164.

(4) د. مصطفى أبو زيد، نظام الإدارة المحلية في القانون المقارن، بحث منشور في مجلة العلوم الإدارية، العدد الأول السنة الثالثة، 1961، ص 163.

(5) د. رفعت عيد سيد، مصدر سابق، ص 251.

إذا ما لجأت جهة الرقابة الإدارية إلغاء قرار الهيئات المحلية فإن هذا الإلغاء يعد قراراً إدارياً يمكن الطعن من قبل الهيئات المحلية وفقاً للقواعد العامة للطعن أمام القضاء الإداري[1].

4- الإيقاف:

تقوم فكرة الإيقاف على أساس صدور قرار إداري من الهيئات المحلية ويكون قابلاً للتنفيذ، إلا إن السلطة الإدارية المركزية تستطيع إذا خولها لقانون ذلك إيقاف تنفيذ هذا القرار لفترة معينة، ويتم ذلك عادةً تمهيداً لإلغاء هذا القرار[2].

تلجأ السلطة الإدارية (جهة الرقابة) إلى إيقاف تنفيذ بعض قرارات الهيئات المحلية لتلافي الأضرار التي يمكن أن تترتب على الاستعجال في تنفيذ بعض القرارات، كما أنه يمكن السلطة المركزية من الحصول على الوقت الكافي لبحث إجراء الإلغاء عند اللزوم[3].

بطبيعة الحال فإن ممارسة سلطة الإيقاف تكون بالمواعيد نفسها المحدد لممارسة سلطة الإلغاء يمكن أيضاً الطعن بقرار الإيقاف وفق القواعد العامة[4].

5- الحلول:

يقصد بالحلول كوسيلة من وسائل الرقابة الإدارية هو حلول السلطة الإدارية (جهة الرقابة الإدارية) محل الهيئات المحلية في اتخاذ القرارات التي تؤمن سير المصالح العامة لحساب وعلى مسؤولية الهيئات المحلية[5].

فإذا كان من مظاهر استقلال الهيئات المحلية قدرتها القانونية على الامتناع عن القيام بما لا تراه مناسباً أداءه من الأعمال، غير أن هذا الاستقلال يقابله ضرورة تدخل الهيئات المحلية بالقيام بالأعمال التي تدخل ضمن اختصاصاتها، وذلك حتى لا يؤدي امتناعها أو إهمالها القيام بذلك تعريض المصالح العامة للخطر، ومن ثم فإن

---

(1) د. خالد قباني، مصدر سابق، ص 104.

(2) د. عادل محمود حمدي، مصدر سابق، ص 178.

(3) د. بكر قباني، مصدر سابق، ص 173.

(4) د. خالد قباني، المصدر السابق، ص 104.

(5) المصدر نفسه، ص 105.

إقرار المشرع سلطة الحلول لجهة الوصاية مرده التوفيق بين اعتبارات الاستقلالية والحفاظ على المصالح العامة[1].

لما كانت هذه الوسيلة من أقسى وسائل الرقابة الإدارية وأكثرها مساساً باستقلالية الهيئات المحلية فإن هناك شروطاً لابد من تحققها لممارسة هذه الوسيلة وهي :

أ) أن ينص القانون الخاص بالإدارة المحلية صراحة على ممارسة الحلول.

ب) وجوب صدور إنذار من السلطة الإدارية المركزية للهيئات المحلية بضرورة عدم امتناعها عن القيام بممارسة اختصاصاتها[2].

إلى جانب الحلول في المجال الإداري الذي سبق ذكره، فهناك الحلول في المجال المالي وذلك عندما يمنح المشرع جهة الرقابة الإدارية سلطة الإدراج التلقائي في ميزانية الهيئات المحلية، كإدراج المصروفات الإلزامية الواقعة على عاتق الهيئات المحلية في حال عدم القيام بإدراجها والتي تتمثل بالديون المستحقة للأفراد[3].

تلك أهم وسائل الرقابة الإدارية التي تمارسها السلطة الإدارية المركزية (جهة الرقابة الإدارية) على الهيئات المحلية وعلى أعمالها، ويجب التذكير أن جميع هذه الوسائل لا يمكن ممارستها إلا إذا نص عليها المشرع، وذلك على اعتبار أن الرقابة الإدارية ذات طابع استثنائي، من جانب آخر فإن هذه الوسائل تمارس عادة من خلال القرارات الإدارية ومن ثم يمكن الطعن بها من قبل الهيئات المحلية إذا اعتقدت مخالفتها لمبدأ المشروعية.

---

(1) د. رفعت عبد سيد، مصدر سابق، ص 252.

(2) د. بكر قباني، مصدر سابق، ص 177.

(3) د. بكر قباني، مصدر سابق، ص 178.

المطلب الرابع

المفاضلة بين أنواع الرقابة على الهيئات المحلية

سبق وأن رأينا أن هيئات الإدارة المحلية تخضع لأنواع متعددة من الرقابة، فهناك الرقابة السياسية التي تمارسها المجالس النيابية والرأي العام، وهنالك الرقابة التي يمارسها القضاء سواء كان قضاءً عادياً أم قضاءً إدارياً وبحسب طبيعة التنظيم القضائي في الدولة، فضلا عن هذين النوعين من الرقابة هنالك الرقابة التي تمارسها السلطة الإدارية المركزية والتي اصطلح على تسميها بالوصاية الإدارية.

يثار في هذا الصدد سؤالان هما : ما هو نوع الرقابة التي تكتمل فيها أركان الإدارة المحلية ؟ وأي منها أكثر فاعلية ؟

قبل الإجابة عن هذين التساؤلين، ينبغي بيان أن تطبيقات الإدارة المحلية في معظم دول العالم تؤكد وجود قيود تفرض على الإدارة المحلية، والتي تستهدف إلى تحقيق هدفين أساسيين هي جوهر كل نظام إداري سليم : -

الهدف الأول، إداري:

وهو ضمان حسن إدارة المرافق العامة المحلية بشكل كفوء وسليم.

الهدف الثاني، سياسي:

وهو صيانة وحدة الدولة وضمان وحدة اتجاه السياسة الإدارية العامة في أجزاء الدولة جميعها[1].

بطبيعة الحال تتأثر الرقابة على الإدارة المحلية من حيث تحديد الجهة التي تتولاها ومن حيث مدياتها بالظروف السياسية والاقتصادية والاجتماعية السائدة في الدولة.

وعلى هذا الأساس هنالك نموذجين معروفين في تطبيقات الرقابة على الهيئات المحلية، النموذج الإنكليزي والذي لا يعد الرقابة الإدارية (الوصاية الإدارية) عنصراً

---

(1) د. محمد فؤاد مهنا، تنظيم علاقة الحكومة المركزية بالسلطات المحلية، مصدر سابق، ص139.

أساسياً في نظام الإدارة المحلية أو نظام الحكم المحلي كما يسمى في إنكلترا والولايات المتحدة الأمريكية، حيث أن الهيئات المحلية لم تكن تخضع في الأصل لأية رقابة إدارية وإنما تخضع فقط لرقابة السلطة التشريعية والقضائية، أما النموذج الفرنسي فإن هيئات الإدارة المحلية تخضع فيه لرقابة السلطة الإدارية المركزية، التي تسمى بالوصاية الإدارية حيث تعد ركناً أساسياً من أركان الإدارة المحلية بالإضافة إلى خضوع هذه الهيئات لرقابة السلطة التشريعية والسلطة القضائية، والقاعدة التي يجري عليها نظام الإدارة المحلية في فرنسا هو خضوعها لرقابة فعالة وأوسع نطاقاً من مثيلاتها في النظام الإنكليزي فهي تنصب على الهيئات المحلية وأعمالها[1].

بخصوص الإجابة عن التساؤل الأول المطروح، يمكن القول ومن الناحية النظرية المجردة لا يمكن عد أي نوع من أنواع الرقابة ركناً من أركان الإدارة المحلية بمعزل عن الأنواع الأخرى للرقابة فعلى سبيل المثال لا يمكن القول إن الرقابة الإدارية هي النوع الوحيد من أنواع الرقابة الذي تكتمل به أركان الإدارة المحلية ؛ وذلك لأن الأخذ بأي نوع من الرقابة على الهيئات المحلية أمر تستلزمه طبيعة ظروف كل دولة، فنظام الحكم المحلي في إنكلترا يقوم على أعضاء حرية واسعة للهيئات والمجالس المحلية تجاه السلطة المركزية، فلم تنشأ الإدارة المحلية أو الحكم المحلي في إنكلترا بدوافع تخفيف العبء عن الحكومة المركزية وإشراك السكان المحليين في تسيير أمورهم، وإنما قامت كردّ فعل على تسلط الإقطاعيين والبرجوازيين، وعند تشكيلها لم ينشأ أي صراع بين الحكومة المركزية وبين هذه الهيئات حول توزيع الاختصاصات أو تحديد طريقة الرقابة، فأعطيت بذلك الهيئات المحلية حرية واسعة تحت رقابة البرلمان والقضاء وليس للحكومة المركزية سوى رقابة محدودة عليها وعلى أعمالها[2].

على هذا الأساس فإن الركن الثالث الذي تكتمل فيه أركان الإدارة المحلية هو وجود الرقابة بصورة مجردة دون تحديد نوعها، فمن الممكن أن تكون الرقابة

---

(1) د. سليمان الطماوي، مبادئ القانون الإداري، مصدر سابق، ص 17 وما بعدها، وسنعرض بالتفصيل تطبيقات هذه الرقابة في موضع لاحق في الأطروحة.

(2) د. ماهر صالح علاوي الجبوري، مصدر سابق، ص 88.

تشريعية تباشرها المجالس النيابية وقد يتولى القضاء هذه الرقابة فضلاً عن ممارستها من قبل السلطة الإدارية المركزية، ومن ثم فإن تحديد أي نوع من أنواع الرقابة أمر يختلف من دولة الى أخرى وبحسب الظروف المحيطة بها.

أما بالنسبة للإجابة عن التساؤل الثاني بخصوص تحديد أي من أنواع الرقابة عن الهيئات المحلية أكثر فاعلية، يمكن القول أن الرقابة التي تمارسها السلطة الإدارية المركزية (الرقابة الإدارية) هي أكثر أنواع الرقابة فاعلية بالقياس إلى الأنواع الأخرى كالرقابة السياسية والرقابة القضائية.

فالرقابة السياسية ممثلة برقابة السلطة التشريعية على الرغم من دورها الأساس في نشأة الإدارة المحلية من حيث تشكيل المجالس المحلية وتحديد اختصاصاتها سواء بالزيادة أم بالنقصان، وحتى دورها المتعلق في بعض الأحيان بحل المجالس المحلية، فإنها تبقى مع ذلك تنصب بشكل رئيسي على الأمور الجوهرية التي تتعلق بالمسائل العامة للدولة، بعيداً عن الخوض في التفصيلات الجزئية، وذلك لضخامة حجم الأعمال الإدارية المطلوب رقابتها من قبل السلطة التشريعية، إضافة إلى عدم تخصص أغلب أعضاءها في المسائل الفنية الدقيقة للأنشطة الإدارية، ناهيك عن قصر مدة الدورات البرلمانية يجعلها تضطر للاكتفاء برقابة السياسات العامة للإدارة المركزية والمحلية على حد سواء[1].

أما بالنسبة للرقابة الشعبية التي تمثل الصورة الثانية للرقابة السياسية، سواء تلك التي تمارسها هيئة الناخبين أم ما يمثله الرأي العام ووسائل تكوينه كالأحزاب السياسية وهي سمات الضغط ووسائل الإعلام ؛ فلا أحد يستطيع أن ينكر الأهمية المتصاعدة لهذه الرقابة اليوم، فقد أصبحت وسيلة رقابية فعالة ساهمت وسائل الإعلام بالدرجة الأساس في إعطائها دوراً مؤثراً.

غير إنه وبالرغم ما للرقابة الشعبية من قوة وتأثير في السلطة المركزية والإدارة المحلية بحيث تحملها على التزام المشروعية إلا إن هذه القوة وذلك التأثير لا يمكن أن يصل إلى حد إلغاء القرارات التي تصدرها هذه الهيئات هذا من جهة، ومن جهة أخرى فإن هذا التأثير لا يتحقق إلا في الدول التي يتوفر فيها أسباب الوعي والنضج

(1) د. حمدي سليمان القبيلات، الرقابة الإدارية والمالية، مصدر سابق، ص 37 وما بعدها.

لأهمية هذه الرقابة، فضلاً عن ذلك لابد من تمتع الأفراد بالحريات الأساسية من حرية شخصية وحرية الرأي والاجتماع وحرية الصحافة ووسائل الإعلام[1].

وبخصوص الرقابة القضائية فلا يختلف اثنان حول أهمية هذه الرقابة على أعمال الإدارة المركزية والمحلية على حد سواء، كون القضاء يتمتع بحيادية واستقلالية كبيرين قد لا نجدهما في باقي أنواع الرقابة، غير أن الرقابة القضائية لا تتحرك تلقائياً بل لابد من وجود دعوى ترفع من كل ذي مصلحة، لذلك نجد أن الكثير من القرارات الإدارية غير المشروعة التي تصدر من الهيئات المحلية تبقى بمنأى من الإلغاء القضائي نتيجة عدم رفع دعوى الطعن بها.

من جانب آخر فإن من طبيعة الرقابة القضائية أنها تقتصر على البحث في مشروعية العمل الإداري والتحقق من مدى موافقته للقانون، ومن ثم فإن القضاء لا يستطيع أن يمد رقابته بصورة عامة على ملائمة العمل الإداري من عدمه إلا في أحوال معينة[2].

أما الرقابة الإدارية أو على نحو أخر (الوصاية الإدارية) على الهيئات المحلية فتمثل في تقديرنا أكثر أنواع الرقابة فاعلية، وذلك بما لها من شمولية واتساع بحيث تتغلغل في جميع تفاصيل العمل الإداري للهيئات المحلية.

وإذا كانت الرقابة الإدارية لا يمكن ممارستها إلا إذا نص عليها المشرع، باعتبارها ذات طابع استثنائي، فإن الوسائل التي تمارس فيها هذه الوصاية تعطيها دفعاً قوياً، وكذلك بسبب ما تملكه السلطة الإدارية المركزية القائمة على هذه الوصاية من قدرة فنية وإمكانات تجعلها تتمتع بالمرونة الكاملة وهي تمارس عملية الرقابة وتستطيع أن تستوعب جميع أعمال الإدارة المحلية.

─────────────────

(1) د. سامي جمال الدين، مصدر سابق، ص 276.

(2) إذا كان القاضي وخصوصاً القاضي الإداري هو قاضي المشروعية إلا أن القضاء الإداري قد فرض رقابته على عنصر الملائمة على سبيل الاستثناء وعلى جانب عنصر المشروعية في القرارات المقيدة للحريات وكذلك في ميدان العقوبات الانضباطية، ينظر: د. محسن خليل، القضاء الإداري ورقابته على أعمال الإدارة، منشأة المعارف بالإسكندرية 1961، ص 68.

والملاحظ في هذا الصدد أن أغلبية الفقهاء والباحثين في مجال القانون الإداري في مصر والعراق قد عدّو الوصاية الإدارية أو رقابة السلطة الإدارية المركزية هي الركن الثالث الذي تكتمل فيه أركان الإدارة المحلية[1].

إن مسلك الفقهاء والباحثين في هذا الشأن مرده سببان، الأول هو أن الإدارة المحلية في كل من مصر والعراق تمثل في الحقيقة محاكاة لتنظيم الإدارة المحلية الفرنسي والذي يعد الوصاية الإدارية الركن الثالث من أركان الإدارة المحلية، وبطبيعة الحال يتأثر الفقهاء والباحثين باتجاهات المشرع الذي ينظم أمور الإدارة المحلية ؛ والسبب الثاني الذي يجعل هؤلاء الفقهاء والباحثين يركزون اهتمامهم في تقديرنا بالرقابة التي تمارسها السلطة الإدارية المركزية (الوصاية الإدارية) يعود إلى إن الأنواع الأخرى من الرقابة سواء كانت سياسية أم قضائية، فإن ممارستها تدخل في صلب عمل كل نوع، فهي رقابة مفترضة، فالسلطة التشريعية عندما تمارس الرقابة على أعمال الإدارة فإنها تمارسها باعتبارها تدخل ضمن وظائفها الأساسية إلى جانب وظيفة التشريع، وكذلك الحال بالنسبة للرقابة القضائية، فالقاضي عندما يعرض عليه النزاع بصدد مشروعية أو عدم مشروعية قرار صادر من الهيئات المحلية ينبغي له تطبيق القانون.

من خلال ما تقدم، يمكن القول أن الاعتبارات السابقة تجعلنا نقر بأن الرقابة الإدارية هي أكثر أنواع الرقابة فاعلية، خصوصاً إذا علمنا أن واقع الإدارة المحلية في البلدان العربية ومنها العراق لا زال هشاً ينقصها الخبرة والدراية في بعض الأحيان، ومن ثم فإن القائمين على أمور الإدارة المحلية سيكونون بحاجة إلى من يصحح لهم مسارهم ويرشدهم إلى إتباع أكثر الوسائل تحقيقاً للمصالح العامة سواء كانت قومية أو محلية.

ومن جانب آخر فإن الرقابة الإدارية ينبغي أن لا تصل إلى حد إنهاء استقلالية الهيئات المحلية وطمس شخصيتها، بل على المشرع أن ينظم حدود تلك الرقابة التي

---

(1) على سبيل المثال ينظر: د. سليمان الطماوي، مبادئ القانون الإداري، مصدر سابق، ص87؛ د. بكر قباني مصدر سابق، ص 91 ؛ د. محمد محمد بدران، مصدر سابق، ص35؛ د. عبد الرزاق الشيخلي، مصدر سابق، ص 141 ؛ د. ماهر صالح علاوي الجبوري، مصدر سابق، ص 81 ؛ د. علي محمد بدير وآخرون مصدر سابق، ص 121.

تحقق نوعاً من التوازن بين استقلالية الهيئات المحلية وهي الأصل وبين الحفاظ على المصالح العامة للدولة ككل.

أخيراً ينبغي القول إن التأكيد على أهمية الرقابة الإدارية لا يعني أبداً الاستغناء عن باقي أنواع الرقابة سواء كانت سياسية أم قضائية، فالرقابة السياسية والقضائية تبقى محتفظة بأهميتها وهي تمثل ضمانة عامة تستطيع أن تضبط عمل الوصاية الإدارية من جهة فضلاً عن تصحيحها للأمور التي تفوت على الوصاية الإدارية.

الباب الثاني
الإطار التطبيقي للإدارة المحلية في العراق والدول المقارنة

الباب الثاني

الإطار التطبيقي للإدارة المحلية في العراق والدول المقارنة

تأخذ الدول وعلى اختلاف أشكالها السياسية بنظام الإدارة المحلية، حيث أصبح هذا النظام من مظاهر الدولة الحديثة الذي يتصل اتصالاً وثيقاً بتوزيع وظائفها الإدارية المتعددة والمتزايدة بين السلطات الإدارية المركزية وبين هيئات محلية تمارس عملها في نطاق جغرافي معين ضمن إقليم الدولة.

وعلى الرغم من تبني أغلبية الدول إن لم نقل جميعها لنظام الإدارة المحلية، إلا أن كل دولة تتجه إلى أن يكون لها نظامها الإداري الخاص والذي ينسجم مع ظروفها السياسية والاجتماعية والاقتصادية ولتي تمثل في مجموعها بيئة الإدارة المحلية، وبطبيعة الحال فإن نجاح الدول في ذلك مرهون بتحقيق ذلك الانسجام وبعكسه ستكون النتائج وخيمة ليس على الدولة وجهازها الإداري فحسب وإنما تنعكس على المصلحة العامة للمجتمع باعتبارها غاية كل نشاط إداري.

وعلى هذا الأساس فإن الوقوف على تجارب الدول وتطبيقاتها المتعلقة بالإدارة المحلية خصوصاً في الدول التي اخترناها للمقارنة كبريطانيا وفرنسا، سيجعلنا نعرف موقع نظام الإدارة المحلية المطبق حالياً في العراق بين تلك التطبيقات وكيف يمكن الاستفادة من هذه التجارب والتطبيقات في إثراء وتقويم نظامنا الإداري الجديد وذلك للارتقاء به نحو الأفضل وبما ينسجم مع واقعنا السياسي والاقتصادي والاجتماعي هذا من جهة، ومن جهة أخرى فإن دراسة تطبيقات الإدارة المحلية سواء في العراق أم الدول المقارنة هدفها أيضاً التحقق من مدى مراعاتها للأسس العامة والنظرية في هذا الشأن.

من أجل ذلك سيتوزع هذا الباب على ثلاثة فصول، نتناول في الفصل الأول تشكيل الإدارة المحلية في العراق والدول المقارنة، وفي الفصل الثاني سنخصه للحديث عن اختصاصات الإدارة المحلية في العراق والدول المقارنة، أما الفصل الثالث والأخير فسنتناول فيه الرقابة على الإدارة المحلية في العراق والدول المقارنة.

الفصل الأول

تشكيل الإدارة المحلية في العراق والدول المقارنة

سبق وأن بيّنا أن تولي هيئات محلية منتخبة في الغالب إدارة الشؤون أو المصالح المحلية يعد من الأركان الأساسية لقيام نظام الإدارة المحلية ، ومن ثم لا يمكن القول بوجود نظام الإدارة المحلية إن لم توجد هيئات تتمتع باستقلالية معينة تجاه السلطة المركزية ، حيث تنطلق فلسفة الإدارة المحلية من فكرة مؤداها توثيق الجهود الشعبية والرسمية للقيام بأعباء الإدارة العامة على أفضل وجه.

ومن أجل الوقوف على تطبيقات تشكيل الإدارة المحلية في العراق والدولة المقارنة سنقسم الفصل على مبحثين، نتناول في المبحث الأول تشكيل الإدارة المحلية في الدول المقارنة، المبحث الثاني سنخصصه للحديث عن تشكيل الإدارة المحلية في العراق.

المبحث الأول

تشكيل الإدارة المحلية في الدول المقارنة

لما كانت الدول التي اخترناها للمقارنة هي بريطانيا وفرنسا، سنقسم المبحث على مطلبين، نتناول في المطلب الأول، تشكيل الإدارة المحلية في بريطانيا، أما المطلب الثاني فسنتناول فيه تشكيل الإدارة المحلية في فرنسا.

المطلب الأول

تشكيل الإدارة المحلية في بريطانيا ^(*)

يعدّ نظام الحكم المحلي في بريطانيا من الأنظمة الإدارية العريقة، حيث تمتد جذوره إلى القرن الخامس للميلاد وهو في حقيقته سابق في نشأته على قيام الحكومة المركزية⁽¹⁾.

إن الإحاطة بجميع التفاصيل المتعلقة بتشكيل الإدارة المحلية (أو الحكم المحلي كما يطلق عليه في بريطانيا) يقتضي منا التطرق أولاً إلى التقسيم الإداري للوحدات الإدارية المحلية ومن ثم بيان تكوين المجالس المحلية وجهازها التنفيذي فضلاً عن ذلك ينبغي التعرض إلى التنظيم القانوني للانتخابات المحلية وعضوية المجالس المحلية، وعلى هذا الأساس سنقسم المطلب إلى ثلاثة فروع نتناول في الفرع الأول التقسيم الإداري للوحدات الإدارية المحلية، وفي الفرع الثاني سنعرض فيه تشكيل المجالس المحلية وجهازها التنفيذي، أما الفرع الثالث والأخير سنخصصه للحديث عن التنظيم القانوني للانتخابات المحلية وعضوية المجالس المحلية.

(*) يطلق اسم (بريطانيا) على كل من إقليم انكلترا وويلز واسكتلندا، أما المملكة المتحدة فتطلق على الأقاليم الثلاثة السابقة فضلا عن إلى إقليم أيرلندا الشمالية، ينظر: د. صلاح الدين صادق، الحكم المحلي في انكلترا، موسوعة الحكم المحلي منشورات المنظمة العربية للعلوم الإدارية، 1977، ص 229 ؛ وسنقتصر في دراستنا التطبيقات الإدارية المحلية في بريطانيا على انكلترا فقط دون باقي الأقاليم كونها تكتسب أهمية كبرى من حيث تواجد الحكومة المركزية والبرلمان.

(1) د. مصطفى أبو زيد فهمي، المصدر السابق، ص 173 ؛ ومن الجدير بالذكر فإن الأصول الأولى لنظام الحكم المحلي في إنكلترا يعود إلى عهد السكسون الذين استقروا في جماعات صغيرة متناثرة، حيث كان يرأس كل هذه التجمعات شخص من بينهم له لقب خاص، واختلفت هذه الألقاب من وقت لآخر فقد أطلق على الشخص الذي يرأس هذه التجمعات بالرئيس ثم الشريف والمحافظ على السلام أو محقق العدالة، ينظر: د. هاني علي الطهراوي، قانون الإدارة المحلية والحكم المحلي في الأردن وبريطانيا، دار الثقافة للنشر والتوزيع، 2004، ص 229.

الفرع الأول

التقسيم الإداري في بريطانيا

دأبت غالبية الدول على تضمين دساتيرها نصوصاً تتعلق بالتقسيمات الإدارية التي تتكون منها الدولة[1]، وبطبيعة الحال لا يتاح ذلك إلا في الدساتير المدونة، ولما كان الدستور الانكليزي يعد من الدساتير غير المدونة فلا يمكن الحديث عن أي تنظيم دستوري لهذه التقسيمات[2].

ونظراً لعدم وجود دستور مدون في بريطانيا فقد تكفل المشرع العادي بمهمة تحديد التقسيمات الإدارية، ووفقاً لقانون الحكم المحلي لسنة 1933 الذي كان يسري على جميع أقاليم المملكة المتحدة (انكلترا وويلز واسكتلندا وجمهورية أيرلندا الشمالية)، حتى عام 1974[3]، فقد حدد التقسيمات الإدارية لجميع أقاليم المملكة المتحدة على النحو الآتي :

──────────────

(1) فعلى سبيل المثال فقد نص الدستور الفرنسي لعام 1958 في الفقرة الأولى من المادة 72 على أن «الوحدات الإقليمية في الجمهورية هي البلديات والمحافظات وأقاليم ا وراء البحار..» ؛ وفي الدستور المصري لعام 1971 نصت المادة 161 على أن «تقسيم جمهورية مصر العربية إلى وحدات إدارية تتمتع بالشخصية الاعتبارية منها المحافظات والمدن والقرى...» ؛ أما في الدستور العراقي النافذ لعام 2005 فقد نصت المادة 116 على أن «يتكون النظام الاتحادي في جمهورية العراق من عاصمة وأقاليم ومحافظات لا مركزية وإدارات محلية».

(2) تقسم الدساتير من حيث شكلها إلى دساتير مدونة، وهي التي تصدر على شكل وثيقة رسمية واحدة وتعد غالبية دساتير دول العالم مدونة ؛ أما الدستور غير المدون وهو الذي لا يتدخل المشرع الدستوري في وضع أحكامه وتثبيتها في وثيقة معينة بل يستمد أحكامه من العرف والسوابق القضائية والمثال الواضح للدستور غير المدون وقد يكون الوحيد هو الدستور الانكليزي، للمزيد ينظر: د. إحسان ألمفرجي وآخرون، مصدر سابق، ص 195.

(3) د. خالد سماره ألزغبي، تشكيل المجالس المحلية، مصدر سابق، ص 76.

1 – المقاطعات (County) :

تعد المقاطعات من أكبر وأقدم الوحدات الإدارية في نظام الحكم المحلي البريطاني، حيث تمتد أصول نشأتها إلى مرحلة الفتح الأنكلوسكسوني[1].

وتتباين المقاطعات فيما بينها من حيث المساحة والسكان ويصل مجموعها حوالي **64** مقاطعة في عموم أقاليم المملكة المتحدة[2].

2 – المدن في مستوى المقاطعات (County Boroughs) :

ويطلق عليها أحياناً تسمية المدن التجارية[3]، وهي تدخل ضمن التقسيم الجغرافي للمقاطعات ولكنها مستقلة عنها من الناحية الإدارية والمحلية[4].

---

(1) مرّ التاريخ الانكليزي في عدة أدوار ومراحل لأقوام وأسر حكمت شبه الجزيرة البريطانية وهي كالآتي :
1 – الدور الصلتي، **2** – دور الفتح الروماني الذي بدأ سنة **25** قبل الميلاد وأيضاً سنة **449** بعد الميلاد، **3** – دور الفتح الانكلوسكسوني من عام **449** – **1066**، **4** – دور الفتح النورماندي من عام **1066** – **1145** ؛ **5** – حكم أسرة بلانتاجنيت من عام **1145** – **1485**، **6** – حكم أسرة آل تيودور **1485** – **1603**، **7** – حكم أسرة آل ستيوارت **1603** – **1714** **8** – حكم أسرة هانوفر من عام **1714** حتى الآن ولكنها غيرّت في عام **1914** اسمها الألماني واتخذت اسم وند سور للمزيد ينظر: د. عبد المجيد حسيب القيسي، الإدارة المحلية في انكلترا، مطبعة الرابطة، بغداد، **1956**، ص **20**.

(2) تتوزع هذه المقاطعات في أقاليم المملكة المتحدة حيث يوجد **47** مقاطعة في إقليم انكلترا وفي ويلز **8** مقاطعات أما اسكتلندا فتتكون من **9** مقاطعات، أما جمهورية أيرلندا الشمالية فلا تتكون من مقاطعات بل من وحدات إدارية تسمى المراكز (districts) ؛ ينظر: د. محمد فرغلي محمد علي، المصدر السابق، ص **315** وما بعدها.

(3) ظهر هذا النوع من المدن في انكلترا في القرن الخامس عشر على شكل أسواق ومراكز تجارية وصناعية حصلت على براءات ملكية اعترفت بكيانها، وقد ازداد انتشار المدن وبرزت أهميتها في القرن الثامن عشر خصوصاً بعد الثورة الصناعية، ينظر: د. عبد المجيد حسيب القيسي، مصدر سابق، ص **98** – **99**.

(4) د. هاني علي الطهراوي، مصدر سابق، ص **235**.

3 – المدن البلدية (Municipal Boroughs) :

وهي وحدات إدارية تقع ضمن النطاق الجغرافي للمقاطعة، وهي تتضمن في الواقع عدداً من التجمعات السكانية[1].

وقد تبنى قانون الحكم المحلي لعام 1933 مبدأ تطور الوحدات الإدارية بحيث يمكن أن تتحول الوحدات الإدارية الأدنى إلى وحدات إدارية أعلى إذا ازداد عدد سكانها عن حد معين، فعلى سبيل المثال فإن المدن البلدية وهي من المستوى الثالث ممكن أن تتحول إلى مدن ذات مستوى المقاطعات إذا ازداد عدد سكانها عن مائة ألف نسمة، وقد أوقف المشرع الانكليزي تطبيق هذا المبدأ بموجب القانون الصادر سنة 1958[2].

4 – المراكز الحضرية والمراكز الريفية (Urban and Rural districts) :

بالنسبة للمركز الحضري فهو عبارة عن وحدة محلية تكون بمنزلة الوسط بين المدينة والقرية، أما المركز الريفي فهو عبارة عن وحدة محلية تضم مجموعة قرى صغيرة، وقد عدّت هذه المراكز جزءاً من وحدات الحكم المحلي بموجب قانون الحكم المحلي الصادر لسنة 1873 الذي نظمها وحدد اختصاصاتها[3].

5 – الأبرشيات (Parishes) :

وهي أصغر وحدات الإدارة المحلية في بريطانيا، وهي تمثل في الواقع قرى صغيرة لا يتجاوز عدد سكانها المئات[4].

---

(1) د. عبد المجيد حسيب القيسي، مصدر سابق، ص 106.

(2) د. هاني علي الطهراوي، مصدر سابق، ص 235.

(3) د. عزت حافظ الأيوبي، مبادئ في نظم الإدارة المحلية، دار الطلبة العرب، بيروت، 1977، ص 192.

(4) الأبرشية تسمية قديمة كانت تطلق على محلات العبادة التابعة لقصر اللورد والمنتشرة في ضيعاته، فلما زال الإقطاع وفقد اللورد سلطاته تولت كل أبرشية وبدافع ديني محض العناية بالبيوت والسكان المحيط بها، حيث كانت تؤوي الفقراء وتقوم بإطعامهم، وقد أصبحت ضمن الوحدات الإدارية بموجب قانون الفقراء الصادر عام 1601 إذ جعلها مسئولة عن جميع الشؤون في منطقتها كما منحها حق فرض الرسوم المحلية على السكان، ينظر: د. عبد المجيد حسيب القيسي المصدر السابق، ص 102.

6 – مدينة لندن :

ونظراً لخصوصيتها باعتبارها عاصمة بريطانيا، فقد أوجد لها المشرع تقسيماً خاصاً بها، فقد أطلق قانون الحكم المحلي الخاص بمدينة لندن سنة 1963 صفة المدينة الكبرى عليها والتي تضم مقاطعة لندن القديمة ومقاطعة مدلسكس، وتتقسم هذه المقاطعات إلى أحياء يصل عددها حوالي 32 حياً[1].

هذه هي أهم التقسيمات الإدارية التي جاء بها قانون الحكم المحلي لسنة 1933، والذي تسري أحكامه على جميع أقاليم المملكة المتحدة ؛ غير أنه وبصدور قانون الحكم المحلي لسنة 1972 فقد اقتصر تطبيقه على انكلترا وويلز فقط، بحيث لا يسري على اسكتلندا وايرلندا الشمالية حيث صدرت لهما قوانين خاصة بهذا الشأن[2].

وقد جاء قانون الحكم المحلي لسنة 1972 النافذ حالياً بتقسيم جديد للوحدات الإدارية حيث أصبحت تقسم على النحو الآتي : -

أولاً : مقاطعات حضرية (Metropolitan Counties) :

حيث يطلق هذا الاصطلاح على مقاطعة تتكون من عدة مدن متاخمة تتسم بالطابع الصناعي والتجاري ذات الكثافة السكانية العالية ولا توجد فيها إلا القليل من المناطق الريفية، ويبلغ عددها ست مقاطعات، وتقسم هذه المقاطعات بدورها إلى مراكز حضرية ويطلق عليها أحياناً تسمية الأحياء أو المدن ويصل مجموعها في المقاطعات الستة إلى 36 مركزاً حضرياً[3].

ثانياً : مقاطعات غير حضرية (Non – Metropolitan Counties) :

وهي تمتاز بالطابع الريفي الزراعي وهي تقع خارج مدينة لندن الكبرى والمقاطعات الحضرية ويصل عددها نحو 41 مقاطعة، وتتقسم كل مقاطعة غير حضرية إلى مراكز غير حضرية (ريفية) يبلغ مجموعها في المقاطعات الأحد

---

(1) د. هاني علي الطهراوي، مصدر سابق، ص 239.

(2) د. خالد سماره ألزغبي، مصدر سابق، ص 76.

(3) د. محمد فرغلي محمد علي، مصدر سابق، ص 284.

والأربعون حوالي 296 مركزاً، وينقسم كل مركز ريفي إلى عدد من الأبرشيات التي تمثل أصغر وحدات الإدارة المحلية في انكلترا[1].

ويظهر من ذلك أن التقسيم الإداري للوحدات المحلية غير متماثل، ويلعب الطابع الحضري والريفي دوراً كبيراً في التميز بينها، وقد حاول أيضاً المشرع الانكليزي تقليل مستويات الوحدات الإدارية من خمسة مستويات كما رأينا إلى ثلاثة مستويات هي المقاطعات (حضرية وغير حضرية) ومراكز (حضرية وغير حضرية) وأبرشيات باستثناء مدينة لندن كما رأينا فلها حكمها الخاص.

الفرع الثاني
تشكيل المجالس المحلية وجهازها التنفيذي

سنتناول في هذا الفرع تشكيل المجالس المحلية وتشكيل جهازها التنفيذي على النحو الآتي :

أولاً : تشكيل المجالس المحلية

سبق وأن بينا أن قانون الحكم المحلي لسنة 1972 قسم الوحدات الإدارية في بريطانيا على ثلاث مستويات (مقاطعات ومراكز وأبرشيات)، وبطبيعة الحال سيكون لكل وحدة إدارية مجلس محلي يمثلها، لذلك سنتناول تشكيل المجالس المحلية لهذه الوحدات بالإضافة إلى تشكيل المجالس المحلية في العاصمة لندن التي أعطاها المشرع الانكليزي وضعاً خاصاً، في النقاط الآتية : -

أ - مجالس المقاطعات:

والتي تشمل المقاطعات الحضرية وغير الحضرية، حيث تمثل هذه المجالس الهيئات الأساسية في نظام الحكم المحلي البريطاني، ويتكون كل مجلس من رئيس وعدد من الأعضاء ينتخبون لمدة أربع سنوات، ويتم انتخاب رئيس المجلس ونائبه من بين أعضاء المجلس لمدة عام واحد فقط[2].

(1) د. محمد فرغلي محمد علي، مصدر سابق، ص 285.
(2) د. محمد علي الخلايلة، مصدر سابق، ص 78.

وبالنسبة إلى عدد أعضاء مجالس المقاطعات فلا توجد نسبة ثابتة لعددهم، نظراً لاختلاف المقاطعات فيما بينها كما رأينا إلى مقاطعات حضرية وغير حضرية فضلاً عن الاختلاف في التقسيمات الإدارية التي تتكون منها كل مقاطعة، إلا أن عددهم مع ذلك يتراوح بين (60 إلى 100) عضواً يتجدد ثلثهم كل سنة عن طريق القرعة، وتجري الانتخابات لشغل المقاعد الخالية، ولغرض تحقيق فكرة التجديد المستمر لأعضاء المجالس المحلية من خلال تزويدها بدماء جديدة مع السماح بإعادة ترشيح العضو الذي خرج بالقرعة لغرض انتخابه مجدداً(1).

ويلاحظ في هذا الشأن أن نظام التجديد الجزئي لعضوية مجالس المقاطعات قد يترتب عليه فقدان المجلس للعناصر الكفوءة ؛ ذلك لأن عملية التجديد تتطلب إخراج ثلث أعضاء المجلس بالقرعة لكن ما يخفف من هذه النتيجة هو إمكانية ترشيح العضو الذي خرج بالقرعة للانتخابات التكميلية.

ومن الجدير بالذكر أن اختيار أعضاء مجالس المقاطعات يتم عن طريق الانتخاب فقط وبذلك ألغى قانون الحكم المحلي لسنة 1972 على نظام الأعضاء المعينين والذين يطلق عليهم تسمية الأعضاء الشيوخ (Aldermen)(2).

ب - مجالس المراكز:

وهي تشمل المراكز الحضرية وغير الحضرية، ولا تختلف عن مجالس المقاطعات من حيث تكوينها، حيث يتم اختيار أعضاءها عن طريق الانتخاب ولمدة أربع سنوات، ويتم تجديد ثلث الأعضاء كل سنة عن طريق القرعة أو يتم إجراء

---

(1) د. خالد سماره ألزغبي، مصدر سابق، ص 103.

(2) كان قانون الحكم المحلي لعام 1933 قد حدد نوعين من الأعضاء في مجالس المقاطعات، أعضاء منتخبين من بين مواطني المقاطعة عن طريق الانتخاب المباشر ويكوّنون ثلاثة أرباع العدد الكلي للمجلس، أما الأعضاء الآخرين والذين يطلق عليهم تسمية الشيوخ فيتم اختيارهم من خلال الأعضاء المنتخبين ويشكلون نسبة ربع أعداد أعضاء المجلس، ويبرر وجود الأعضاء المعينين لغرض الاستفادة من الكفاءات التي قد تحجم عن الدخول في الانتخابات، ينظر: د. هاني علي الطهراوي، قانون الإدارة المحلية، لمصدر سابق، ص 240 وما بعدها.

انتخابات تكميلية لملئ الشواغر مع السماح للعضو الذي خرج اسمه بالقرعة بإعادة ترشيحه مرة أخرى، ويتم أيضاً اختيار رئيس ونائب لرئيس المجلس من بين أعضاءه[1].

ويتراوح عدد أعضاء مجالس المراكز الحضرية من (50 إلى 80) عضواً بينما يتراوح أعداد أعضاء مجالس المراكز الحضرية أو الريفية من (30 إلى 60) عضواً[2].

ج- مجالس الأبرشيات:

وهي تمثل المستوى الأدنى من مستويات الإدارة المحلية في بريطانيا، ويتكون كل مجلس من هذه المجالس من مجموعة من الأعضاء يتم اختيارهم عن طريق الانتخاب المباشر مدة ثلاث سنوات حيث تنتهي عضوية الجميع بانتهائها مرة واحدة[3].

ويتم اختيار رئيس ونائب رئيس المجلس لمدة سنة واحدة من بين أعضاء المجلس، ويتراوح عدد أعضاء مجالس الأبرشيات من (5 إلى 30) عضواً[4].

ويلاحظ في هذا الشأن أن مدة العضوية في مجالس الأبرشيات تقل بسنة عن مدة عضوية مجالس المقاطعات التي تكون أربع سنوات، فضلاً عن ذلك فإن مبدأ التجديد الجزئي السنوي غير معمول به كما هو الحال بالنسبة لمجالس المقاطعات والمراكز وفي تقديرنا يعود ذلك إلى قصر مدتها من جهة وكونها أقل أهمية قياساً بالمجالس الأخرى.

د - تشكيل المجالس المحلية في العاصمة لندن:

تميزت العاصمة لندن بتنظيم إداري مستقل عن تنظيم المجالس المحلية الأخرى في بريطانيا كونها عاصمة البلاد مما يجعلها تكتسب أهمية سياسية واقتصادية، وقد مرّ تنظيم المجالس المحلية في ثلاث مراحل هي :

---

(1) د. خالد سماره ألزغبي، مصدر سابق، ص 103.

(2) المصدر نفسه، ص 132.

(3) د. محمد علي الخلايلة، مصدر سابق، ص 78.

(4) د. خالد سماره ألزغبي، مصدر سابق، ص 134.

المرحلة الأولى :

في ظل قانون الحكم المحلي لمدينة لندن سنة 1963 حيث تشكلت بموجبه ثلاثة مجالس محلية هي: مجلس مدينة لندن الكبرى والذي يضم 92 عضواً يتم انتخابهم لمدة أربع سنوات دون الأخذ بنظام التجديد الجزئي المعمول به في مجالس المقاطعات والمراكز، والنوع الثاني من المجالس هو مجالس الأحياء اللندنية التي تبلغ 32 مجلساً، أما المجلس الثالث فهو مجلس مدينة لندن التاريخية يصل عددهم حوالي 159 عضواً يتم انتخابهم لعام واحد فقط بالإضافة إلى 25 عضو من الشيوخ يتم انتخابهم من هيئة الناخبين وتكون عضويتهم مدى الحياة[1].

المرحلة الثانية :

والتي شهدت صدور قانون الحكم المحلي لمدينة لندن لسنة 1985 والذي ألغى إنشاء مجلس مدينة لندن الكبرى وتم نقل الكثير من الاختصاصات التي كان يتمتع بها هذا المجلس إلى المجالس ذات المستوى الثاني وهي مجالس الأحياء اللندنية[2].

المرحلة الثالثة :

التي شهدت صدور قانون سلطة لندن الكبرى سنة 1999 النافذ حالياً وقد أبقى هذا القانون على مجالس الأحياء اللندنية المذكورة آنفاً وأنشأ القانون الجديد هيئة جديدة أسماها سلطة لندن الكبرى، وتتألف هذه السلطة من محافظ لندن (أو عمدة لندن) الذي ينتخب بشكل مباشر من جمهور لندن، ومجلس محافظة لندن الذي يتكون من 25 عضواً يتم انتخابهم لمدة أربع سنوات لمرة واحدة ويتم انتخاب رئيس ونائب لرئيس المجلس من بين أعضاءه[3].

---

(1) د. محمد علي الخلايلة، مصدر سابق، ص 77.

(2) لقد صدر هذا القانون في ظل حكومة حزب المحافظين برئاسة (تاتشر) التي ثبتت مشروع هذا القانون الذي تضمن إلغاء مجلس مدينة لندن الكبرى بسبب المخالفات التي ارتكبها والمتعلقة بواجباته الأساسية، ينظر: د. هاني علي الطهراوي، المصدر السابق، ص 307.

(3) صدر هذا القانون في ظل حكومة حزب العمال برئاسة (توني بلير) والذي قدم في سنة 1998 قانون استفتاء جمهور لندن حول إعادة إنشاء سلطة جديدة للحكم المحلي في لندن وجاءت=

ثانياً : تشكيل الجهاز التنفيذي للمجالس المحلية في بريطانيا

إذا كانت المجالس المحلية في بريطانيا وبمختلف مستوياتها تعد أعلى سلطة إدارية ضمن النطاق الجغرافي للوحدات التي تمثلها ، فإن ممارسة اختصاصاتها تكون في حدود المداولة والتقرير، ومن ثم فإن تنفيذ قراراتها تتم عادة من خلال لجان تعمل تحت إشرافها[1].

وتتمتع المجالس المحلية في مختلف مستوياتها بإنشاء ما تراه مناسباً من اللجان، إلا إن قانون الحكم المحلي لعام 1972 ألزم المجالس المحلية تشكيل بعض اللجان مثل لجان الأمن (البوليس) والصحة والتعليم والسياسة والموارد وما عدا هذه اللجان فإن المجالس لها أن تشكل اللجان الخاصة للقيام بإدارة أي مرفق من المرافق العامة التي تدخل ضمن اختصاصاتها[2].

ولم يشترط قانون الحكم المحلي أن يكون جميع أعضاء اللجان من أعضاء المجالس المحلية المنتخبين، بل أجاز أن تضم في عضويتها أشخاصاً من خارج المجالس المحلية باستثناء لجنة السياسة والموارد فقد اشترط أن تقتصر عضويتها على الأعضاء المنتخبين فقط، واشترط القانون مجموعة من الضوابط في اختيار أعضاء اللجان من غير الأعضاء المنتخبين أن يكون من أصحاب الاختصاصات العلمية، فعلى سبيل المثال لجنة الأمن فقد اشترط القانون أن يكون ثلثي أعضاء اللجنة من المنتخبين والثلث الآخر من القضاة، كما اشترط أن تضم لجنة التعليم والتي يقرر القانون إنشاءها أن يكونوا من بين المؤهلات والخبرات في مجال التعليم وهكذا بالنسبة لبقية اللجان[3].

= نتيجة الاستفتاء بالموافقة وعلى أثرها قدمت الحكومة مشروع قانون سلطة لندن الكبرى وصدر سنة 1999، وقد تم إجراء انتخابات عمدة لندن ومجلس محافظة لندن للمرة الأولى في أوائل شهر مايس عام 2000، ينظر: د. فهمي محمود شكري، تعميق الديمقراطية للحكم المحلي في لندن للألفية الثالثة، دار مجدلاوي للنشر والتوزيع، عمان، سنة 2000، ص 274.

(1) د. محمد فؤاد مهنّا، المصدر السابق، ص 134.

(2) د. خالد سماره ألزغبي، تشكيل المجالس المحلية...، المصدر السابق، ص 144.

(3) د. هاني علي الطهراوي، قانون الإدارة المحلية، المصدر السابق، ص 262.

ويشترط القانون أن تتوفر في الأعضاء الذين تم اختيارهم في عضوية اللجان الشروط نفسها التي تتطلبها عضوية المجالس المحلية إلى جانب الشروط المتعلقة بتخصصاتهم العلمية[1].

من جانب آخر قد تكون هنالك الحاجة إلى لجان مشتركة يتم تشكيلها من مجلسين محليين فأكثر لتتولى إدارة بعض المرافق العامة إذا اقتضت الضرورة، كأن يتفق مجلسين أو أكثر على تشكيل مشروع واحد لتجهيزه بالكهرباء إذا ما عجزت موارد كل منها عن القيام بهذا المشروع[2].

أما بالنسبة لتشكيل الجهاز التنفيذي في العاصمة لندن، فقد رأينا مدى التغيير الذي جاء بها قانون سلطة لندن الكبرى الصادر سنة **1999** في هيكلية الإدارة المحلية في لندن، ولعل أبرز هذه التغييرات فيما يتعلق بالجانب التنفيذي هو إيجاد منصب تنفيذي جديد هو منصب عمدة لندن (أو محافظ سلطة لندن الكبرى) الذي يتم انتخابه بشكل مباشر من جمهور لندن.

وبالرغم من أهمية اللجان التي تمثل الذراع التنفيذي للمجالس المحلية من حيث امتلاكها الكفاءات والخبرات خصوصاً أنها تفسح المجال في اختيار أشخاص تتمتع بالكفاءة قد تحجم عن الدخول في معترك الانتخابات، فإن العمل التنفيذي يتطلب السرعة بعيداً عن الجدل المستمر الذي يتمخض عنه اختلاف الآراء بين أعضاء اللجنة الواحدة، لذلك نجد أن الدول الأخرى محل المقارنة كفرنسا كما سنرى لاحقاً تسند مهمة تنفيذ قرارات المجالس المحلية إلى شخص واحد يدعى بالمحافظ أو العمدة، ويذهب البعض أن نظام اللجان في الحكم المحلي له أسبابه الخاصة[3].

---

(1) د. خالد سماره الزغبي، المصدر السابق، ص **145**.

(2) د. عبد المجيد حسيب القيسي، المصدر السابق، ص **139**.

(3) يذهب د. هاني علي الطهراوي في هذا الصدد أنه «.... ومن الناحية التاريخية فإن أسلوب اللجان قد ظهر نتيجة تطور نظام الحكم المحلي في مراحله الحديثة، وبسبب إدخال هذا الأسلوب كبديل عن بعض وحدات السلطات المحلية المتعددة، فأصبحت اللجنة الواحدة تحل محل سلطة محلية مستقلة كانت تتولى خدمة معينة، .... وبذلك أصبح نظام الحكم المحلي مترابطاً في هيكله وفي الخدامات التي يقدمها، وكمثال السلطات المحلية المستقلة التي ألغيت وحلت محلها اللجان المتخصصة، هيئة الوصايا، هيئة الصحة، هيئة المدارس، وغيرها...» د. هاني علي الطهراوي، مصدر سابق ص **264**.

الفرع الثالث

التنظيم القانوني للانتخابات والعضوية في المجالس المحلية

سنتناول في البدء التنظيم القانوني لانتخابات المجالس المحلية ومن ثم نعرض التنظيم القانوني لعضوية المجالس المحلية في النقاط الآتية :

أولاً : التنظيم القانوني لانتخابات المجالس المحلية

لما كان الانتخاب يعد الوسيلة المتبعة في اختيار أعضاء المجالس المحلية، فإن ذلك يدعونا إلى معرفة الشروط الواجب توفرها في الناخب والمرشح مع معرفة النظام الانتخابي المتبع والجهة التي تتولى الإشراف على الانتخابات المحلية في بريطانيا(1).

أ- الشروط الواجب توفرها في الناخب:

حدد المشرع الانكليزي في قانون تمثيل الموطنين لعام 1983 مجموعة من الشروط ينبغي أن تتوفر في الناخب سواء كان ذلك في انتخابات المجالس المحلية أم في انتخابات مجلس العموم وهذه الشروط هي :

1 – أن يكون متمتعاً بالجنسية البريطانية أو بجنسية جمهورية أيرلندا الشمالية، سبق أن بينا أن بريطانيا تضم ثلاثة أقاليم هي (انكلترا وويلز واسكتلندا)، أما المملكة المتحدة فتشمل الأقاليم الثلاثة مع إقليم جمهورية أيرلندا وهي دولة مستقلة لا ترتبط ببريطانيا إلا برباط تاريخي وثقافي مشترك(2).

2 – أن لا يقل سن الناخب عن ثمانية عشر سنة.

3 – أن يكون مقيماً إقامة دائمة في نطاق الوحدة المحلية التابع لها في تاريخ الانتخاب.

---

(1) ينبغي التذكير في هذا الصدد أن التنظيم القانوني لانتخابات المجالس المحلية بشكل عام تتضمن عدة أمور، ابتداءً من تقسيم الدوائر الانتخابية وإعداد سجلات الانتخابات وبيان النظام الانتخابي المتبع والجهة المشرفة على الانتخابات فضلاً عن العملية الانتخابية التي تشمل التصويت وفرز الأصوات وإعلان النتائج، ولذلك سنقتصر في دراستنا للتنظيم القانوني للانتخابات المحلية على النقاط التي حددناها أعلاه في الدول المقارنة والعراق على حد سواء.

(2) د. محمد فرغلي محمد علي، مصدر سابق، ص 704.

4 – أن لا يكون محروماً من مباشرة الحقوق السياسية لصدور أي أحكام مقيدة للحرية ضده ما لم يكن قد رد إليه الاعتبار، كما يجب ألا يكون قد أدين في جرائم متعلقة بإفساد الانتخابات في السنوات الخمس السابقة على موعد الانتخاب [1].

5 – أن تتوفر فيه الأهلية الأدبية وهي الصلاحية الفعلية.

6 – أن يكون اسمه مدرجاً في كشوف الانتخابات، وتستخدم هذه الكشوف أيضاً في الانتخابات الخاصة بمجلس العموم البريطاني [2].

ب – الشروط الواجب توفرها في المرشح:

حدد قانون الحكم المحلي البريطاني لسنة 1972 مجموعة من الشروط الواجب توفرها في المرشح لعضوية المجالس المحلية وهذه الشروط هي :

1 – أن يكون متمتعاً بالجنسية البريطانية أو جنسية ايرلندا الشمالية.

2 – ألا يقل عمره عن واحد وعشرين سنة في اليوم المحدد لإجراء الانتخابات.

3 – أن يكون اسمه مسجلاً في جدول الانتخابات المحلية للوحدة التي يتقدم إليها، أو لديه إقامة فعلية لمدة اثنا عشر شهراً كاملة سابقة على الانتخاب، أو أن يكون عمله الرئيسي أو الوحيد خلال المدة المشار إليها في المنطقة التي يرغب ترشيح نفسه لعضوية مجلسها.... والإقامة تكون إما بالسكن أو العمل أو بتملك أو استئجار في نطاق الوحدة المحلية، وبالنسبة للأبرشيات فيكتفي بالإقامة في نطاقها ولو كان على بعد ثلاثة أميال من حدودها.

4 – ألا يكون موظفاً تابعاً للوحدة المحلية الذي ينوي ترشيح نفسه لعضوية مجلسها إلا إذا مرت سنة كاملة على تركه الوظيفة في الوحدة المحلية [3].

---

(1) ومن الأمثلة على جرائم الانتخابات جريمة الغش والتزوير أو القيام بأعمال شغب أثناء إجراء الانتخابات، ينظر: د. هاني علي الطهراوي، مصدر سابق، ص 247.

(2) المادة 31 من قانون تمثيل المواطنين البريطاني لسنة 1983، أشار إليه د. محمد محمد بدران، الحكم المحلي في المملكة المتحدة، دار النهضة العربية، 1991، ص 222.

(3) المادة 79 من قانون الحكم المحلي البريطاني لسنة 1972 أشار إليها د. محمد فرغلي محمد علي، مصدر سابق ص 5.

5 – أن يكون متمتعاً بشروط الأهلية الأدبية والجنائية، فلا يكون قد صدر حكم بإشهار إفلاسه أو صدر حكم ضد المرشح بالحبس لأكثر من ثلاثة أشهر في الخمس سنوات السابقة على ترشيحه لعضوية المجلس المحلي أو أدين في جريمة تتعلق بإفساد الانتخابات أو صدر ضده حكم من المحكمة بعد صلاحيته لعضوية المجالس المحلية بسبب تجاوزه المصروفات الانتخابية المحددة في القانون، أو صدر بحقه قرار من المراقب المالي باعتباره قد ألحق أضراراً مالية بالمجلس المحلي أبان عضويته السابقة فيه تتجاوز 200 جنيه إسترليني وذلك خلال السنوات الخمس السابقة على الترشيح[1].

وأبرز الملاحظات المتعلقة بشروط الترشيح لعضوية المجالس المحلية أن المشرع الانكليزي قد رفع بعمر المرشح إلى واحد وعشرين سنة بالقياس إلى الناخب الذي اشترط أن يكون الحد الأدنى لعمره هو 18 عاماً، وبخصوص الشرط المتعلق بالإقامة، فقد اشترط على الناخب أن تكون لديه إقامة دائمة حتى يكون ناخباً وهذا منطقي على اعتبار أن الناخب لديه مصلحة مباشرة في اختيار أعضاء المجالس المحلية التي تعمل على خدمته وخدمة الوحدة المحلية المقيم بها، بينما نجد المشرع قد تساهل كثيراً فيما يتعلق بشرط إقامة المرشح، فلم يوجب أن تكون لديه إقامة دائمة كما هو الحال مع الناخب، بل أوجد عدة خيارات يمكن أن تفسح المجال لمن يرغب بالترشيح لعضوية المجالس المحلية منها على سبيل المثال أن يكون اسمه مسجلاً في جدول الانتخاب للوحدة المحلية وهذا بطبيعة الحال لا يتحقق إلا لمن كانت لديه إقامة دائمة، لذلك أوجد المشرع ضابطاً آخر هو شرط الإقامة الفعلية لمدة 12 شهراً، فإن لم يتحقق ذلك لا يمكن الترشح إذا كان عمله الرئيس أو الوحيد في الوحدة المحلية، وقد حدد المشرع صفة الإقامة إما تكون بالسكن أو العمل أو التملك أو الإيجار وبالمقابل نجد المشرع الانكليزي قد وضع ضوابط صارمة فيما يتعلق بالأهلية الجنائية أو في إساءة التصرف بالجوانب المالية أبان عضوية المرشح السابقة.

---

(1) ينظر: د. خالد سماره ألزغبي، تشكيل المجالس المحلية....، المصدر السابق، ص 154 ؛ د. محمد محمد بدران الحكم المحلي في المملكة المتحدة، المصدر السابق، ص 224.

جـ- النظام الانتخابي لعضوية المجالس المحلية في بريطانيا :

تجري الانتخابات المحلية في بريطانيا تطبيقاً لمبدأ الاقتراع العام السري[1]، ويتم انتخاب أعضاء المجالس المحلية وفقاً لنظم الانتخاب الفردي وبالأغلبية النسبية على دور واحد[2].

وبموجب هذا النظام تقسم الوحدات الإدارية إلى مجموعة من الدوائر الانتخابية بحيث يتم انتخاب مرشح واحد عن كل دائرة ومن ثم يفوز المرشح بالمقعد في الدائرة الانتخابية إذا حصل على أكثر الأصوات عدداً بصرف النظر عن مجموع الأصوات التي حصل عليها باقي المرشحين مجتمعين وتتحدد نتيجة الانتخاب من الدور الأول وهو الدور الوحيد في النظام الانتخابي البريطاني[3].

د- الجهة المشرفة على الانتخابات المحلية :

تتولى المجالس المحلية في بريطانيا الإشراف على عملية الانتخاب ابتداء" من عملية التصويت مروراً بالفرز وإعلان النتائج، ويتم ذلك من خلال موظفين يتم تعيينهم من قبل المجالس المحلية[4].

---

(1) أقرت بريطانيا الاقتراع العام لأول مرة على مستوى دول العالم سنة 1918 بعد أن كانت القوانين الانتخابية تشترط النصاب المالي والعلمي، وقد سُمح في تلك السنة أيضاً مشاركة النساء في التصويت ولكن ممن يبلغن سن الثلاثين، ثم خُفّض إلى سن 21 سنة 1928 وأصبحت فيما بعد متساوية مع الرجل في التصويت والترشح ؛ وبالنسبة إلى الاقتراع السري فهو لم يقر في بريطانيا إلا في سنة 1827، وكان قبل ذلك علناً، فكل ناخب كان يعتلي منصة مرتفعة ويعطي رأيه بصوت مرتفع على مسمع ومرأى الجميع، وكان الناخبون الانتهازيون يمتنعون عن الأداء بأصواتهم حتى اللحظات الأخيرة من الاقتراع ثم يعرضون أصواتهم في المزاد ويعطونها للمرشح الذي يدفع ثمناً أعلى، ينظر عبد و سعد و علي مقلة و عصام نعمة إسماعيل، النظم الانتخابية، منشورات الحلبي الحقوقية، بيروت، لبنان، 2005، ص 39.

(2) د. محمد فرغلي محمد علي، مصدر سابق، ص 719.

(3) د. محمد فرغلي محمد علي، مصدر سابق، ص 720.

(4) المصدر نفسه، الصفحة نفسها.

ثانياً : التنظيم القانوني لعضوية المجالس المحلية في بريطانيا

سنتناول في هذا الجانب الأمور الآتية :

أ - أنواع العضوية :

سبق وأن رأينا أن عضوية المجالس المحلية في بريطانيا وبمختلف مستوياتها يتم اختيارهم عن طريق الانتخاب المباشر، وذلك وفقاً لقانون الحكم المحلي لسنة 1972 النافذ، في الوقت الذي كانت المجالس المحلية في ظل قانون الحكم المحلي لسنة 1933 تضم نوعين من الأعضاء، منتخبين وآخرين يتم تعيينهم من خلال الأعضاء المنتخبين.

أما بالنسبة إلى مدة العضوية فتكون في مجالس المقاطعات الحضرية وغير الحضرية ومجالس المراكز الحضرية وغير الحضرية أربع سنوات، ويتم تجديد ثلث أعضاء هذه المجالس سنوياً في حين تستمر عضوية الآخرين في السنة الرابعة، أما مجالس الأبرشيات فتكون مدة العضوية فيها ثلاث سنوات فقط يتم بعدها انتخاب جميع الأعضاء دون الأخذ بنظام التجديد الجزئي.

ب - حقوق وواجبات أعضاء المجالس المحلية :

فيما يخص واجبات الأعضاء في المجالس المحلية البريطانية فإنها تتمثل عادة بحضور جلسات المجلس المحلي أو اجتماعات اللجنة التنفيذية التي يكون عضواً فيها في المواعيد المحددة[1].

ومن القيود التي تفرض على عضو المجلس المحلي في بريطانيا عدم مشاركته في المناقشة والتصويت في المواضيع المعروضة على المجلس إذا كانت له أو لزوجته مصلحة شخصية في هذا الموضوع[2].

أما بالنسبة لحقوق الأعضاء في المجالس المحلية فتتمثل في تمتع العضو بالحصانة عن ما يبديه من آراء ومناقشات وتصريحات صحفية تتعلق بعمل

---

(1) د. صلاح الدين صادق، مصدر سابق، ص 278.

(2) د. علي مهدي علي العلوي با رحمة، الإدارة المحلية في الجمهورية اليمنية، رسالة ماجستير مقدمة إلى كلية القانون جامعة بغداد، 1996، ص 184.

المجــالس المحليــة، فضــلاً عــن حقــه في حضــور الاجتماعــات والتصويــت علــى القرارات[1].

أما بالنسبة للحقوق المالية لأعضاء المجالس المحلية في بريطانيا فإن عضويتهم مـن حيـث المبـدأ مجانيـة ولا يتقاضـى فيهـا العضـو أي مقابـل، فالعمـل في المجـالس المحليـة في بريطانيا يعد نوعاً مـن أنواع المساهمة الشعبية مـن أجل خدمة المجتمـع المحلي، ومـع ذلك أجـاز قانون الحكـم المحلي لسنة 1972 صرف مخصصات بدل حضـور أو إقامة أو تنقل من وإلى مقر اجتماعات المجلس المحلي[2].

ويستحق رئيس المجلس المحلي ونائبـه في جميـع المستويات الإداريـة المحليـة في بريطانيا مكافئات شهرية لتغطية نفقات أعمالهم وبالقدر الذي يحدده المجلس المحلي[3].

جـ - انتهاء العضوية :

تنتهي عضوية المجـالس المحليـة في بريطانيا لأسباب متعددة يمكن حصرها بالنقاط الآتية :

1 – انتهاء العضوية بانتهاء مدة عمل المجالس المحلية :

سبق أن بينا أن مدة عمل المجالس المحليـة هـي أربـع سنوات بالنسبة لمجالس المقاطعات ومجالس المراكـز الحضريـة وغير الحضرية وثلاث سنوات بالنسبة لمجالس الأبرشيات، وبناءً على ذلك فإن عضوية الأشخاص في المجالس المحلية تنتهي بانتهاء المدة المحددة.

2 – انتهاء العضوية بالقرعة :

تأخذ المجالس المحلية في بريطانيا بنظام التجديد الجزئي ووفقاً لهذا النظام كما رأينا سابقاً يتعين إخراج ثلث أعضاء المجلس المحلي بالقرعة سنوياً، وهذا النظام لا يسري إلا على المجالس المحلية في المقاطعات والمراكز ولا يشمل مجالس الأبرشيات.

---

(1) المصدر نفسه، ص 185.

(2) د. خالد سماره الزغبي، تشكيل المجالس المحلية...، مصدر سابق، ص 118.

(3) د. محمد علي الخلايلة، قانون الإدارة المحلية، مصدر السابق، ص 98.

3 - انتهاء العضوية بفقدان شرط من شروطها :

سبق وأن بينا أن المشرع الانكليزي قد حدد مجموعة من الشروط اللازم توفرها في المرشح لعضوية المجالس المحلية كشرط الجنسية البريطانية والسن والأهلية الأدبية والجنائية، ومن ثم فإن فقدان العضو شرطاً من هذه الشروط يصدر المجلس المحلي قراراً بفصل العضو إذا انتفت إحدى هذه الشروط[1].

4 - انتهاء العضوية بسبب الغياب

سبق أن بينا أن من واجبات العضو في المجالس المحلية البريطانية الالتزام بالحضور إلى اجتماعات المجلس الدورية، ومن ثم فإن غياب العضو عن هذه الاجتماعات بما في ذلك اجتماعات اللجان التنفيذية مدة ستة أشهر بدون عذر مشروع يجوز للمجلس المحلي اتخاذ قرار بفصله[2].

نخلص مما تقدم أن تشكيل الإدارة المحلية في بريطانيا وفقاً لقانون الحكم المحلي لسنة 1972 يتمثل بثلاث أنواع من المجالس المحلية تمثل في الواقع ثلاث وحدات إدارية هي المقاطعات والمراكز والأبرشيات، وإن تشكيل هذه المجالس تتم عن طريق الانتخاب ولجميع الأعضاء.

وأهم ما يميز نظام الإدارة المحلية في بريطانيا أن مستوياتها غير متماثلة سواء على صعيد التقسيمات الإدارية أم على صعيد المجالس المحلية الممثلة لها.

المطلب الثاني

تشكيل الإدارة المحلية في فرنسا

للحديث عن تشكيل الإدارة المحلية في فرنسا، سنقسم المطلب على ثلاثة فروع، نتناول في الفرع الأول التقسيم الإداري في فرنسا، ثم نتناول في الفرع الثاني تشكيل المجالس المحلية وجهازها التنفيذي، أما الفرع الثالث والأخير سنخصصه للحديث عن التنظيم القانوني للانتخابات والعضوية في المجالس المحلية.

---

(1) علي مهدي علي العلوي بارحمة، مصدر سابق، ص 184.
(2) د. هاني علي الطهراوي، مصدر سابق، ص 272.

الفرع الأول
التقسيم الإداري في فرنسا

لما كان الدستور الفرنسي يعد من الدساتير المدونة بخلاف ما عليه الحال كما رأينا سابقاً في بريطانيا ، فقد تضمن هذا الدستور النافذ لسنة 1958 الإشارة إلى التقسيم الإداري للجمهورية الفرنسية فقد نصت الفقرة الأولى من المادة 72 منه على أن «الوحدات الإقليمية في الجمهورية هي البلديات والمحافظات وأقاليم ما وراء البحار وكل وحدة إقليمية أخرى تنشأ بقانون»[1] .

واستناداً إلى هذا النص الدستوري أضاف المشرع العادي بموجب قانون حقوق وحريات البلديات والمحافظات والأقاليم رقم 213 لسنة 1982 وحدة إدارية جديدة هي الأقاليم[2] ، وبذلك أصبحت هناك أربعة وحدات إدارية ثلاث منهن ذات مركز دستوري وهي البلدية والمحافظة وأقاليم ما وراء البحار وواحدة ذات مركز تشريعي هي الإقليم ، وثمة ملاحظة تجدر الإشارة إليها ، وهي أن الاختلاف بين الوحدات الإدارية ذات المركز الدستوري وذات المركز التشريعي يترتب عليه عدم إمكانية إلغاء الوحدات ذات المركز الدستوري إلا بتعديل المادة التي نصت عليها وهي بطبيعة الحال المادة 72 من الدستور الفرنسي[3] .

وإذا كانت أقاليم ما وراء البحار تعد من الوحدات الإقليمية التي تتكون منها الجمهورية الفرنسية كما نصت المادة 72 من الدستور التي سبق وأن أشرنا إليها ، فقد جعل لها الدستور نظاماً خاصاً يختلف عن الوحدات الإدارية داخل فرنسا[4] ،

---

(1) Code Administrative, Dalloz, 1998, P. i5.

(2) جورج فيدول وبيار دلفولفيه ، مصدر سابق، ص 323.

(3) د. زكي محمد النجار، مصدر سابق، ص 76.

(4) حيث نصت المادة 74 من الدستور الفرنسي على أن «يكون لأقاليم ما وراء البحار في الجمهورية نظام خاص تراعى فيه مصالحها الخاصة في نطاق الجمهورية....»، وأقاليم ما وراء البحار تشمل تلك الأقاليم التي تعود إلى حقبة الاستعمار الفرنسي وهي في تناقص مستمر بسبب استقلالها عن فرنسا ولم تبق إلا أربع أقاليم ، ينظر: جورج فيدول وبيار دلفولفيه، مصدر سابق، ص 224.

وبناءً على ذلك سنقتصر في دراستنا للتقسيم الإداري في فرنسا على كل من الإقليم والمحافظة والبلدية في ثلاثة فروع متتالية.

أولاً: الإقليم

ارتبط نشأة الإقليم كوحدة إدارية بالجانب الاقتصادي، إذ يرجع الأخذ به إلى فترة الحرب العالمية الأولى عندما قامت الحكومة الفرنسية بإنشاء بعض اتحادات الغرف التجارية وذلك للمساهمة في حل المشاكل الاقتصادية الناتجة عن الحرب، ثم تطورت الأمور بعد ذلك إلى إنشاء أقاليم اقتصادية وقد صدر مرسوم في 1938/6/14 القاضي بإنشاء عشرون إقليماً اقتصادياً، إلا أنها كانت مجرد تجمع لاتحادات الغرف التجارية[1].

ولما كانت هذه الأقاليم ذات طابع اقتصادي، فقد حاول الرئيس الفرنسي (شارل ديغول) من خلال مشروع الاستفتاء الذي طرحه على الشعب في 27/ نيسان/ 1969 أن يجعل من هذه الأقاليم أقاليم إدارية ذات شخصية معنوية مستقلة، إلا أن الشعب الفرنسي رفض هذا المشروع فاستقال على إثرها من منصبه[2].

وفيما بعد استطاع الرئيس (جورج بومبيدو) أن يقنع البرلمان الفرنسي من خلال المشروع الذي تقدم به إليه بأن تكون هذه الأقاليم مؤسسات عامة أي أشخاص عامة مرفقيه وليست وحدات إدارية إقليمية، وبالفعل صدر القانون رقم 619 في 1972/7/5 الذي منح الأقاليم الشخصية المعنوية باعتبارها مؤسسات عامة مرفقيه، وأن يتضمن كل إقليم على ثلاث محافظات على الأقل[3].

واستمر هذا الوضع بالنسبة إلى الأقاليم حتى صدور قانون حقوق وحريات البلديات والمحافظات والأقاليم رقم 213 لسنة 1982 الذي اعترف لأول مرة بالأقاليم باعتبارها وحدات إدارية إقليمية وليست مؤسسات عامة مرفقيه، وبموجب

---

(1) د. محمد أبو السعود حبيب، التنظيم القانوني للهيئات والمرافق المحلية، مكتبة سعيد وهبة، القاهرة، 1985، ص 138.

(2) Georges Dupuis, Marie – Jose Gedon, Patrice Chreten, Drioit administrative 6 edition Armand Colin, P245.

(3) جورج فيدول وبيار دلفولفيه، مصدر سابق، ص 322.

هذا القانون أصبح التقسيم في فرنسا يشمل ثلاث وحدات إدارية يحتل الإقليم فيها المستوى الأعلى، ثم المحافظة، وأخيراً البلدية وتتمتع جميع هذه الوحدات بالشخصية المعنوية[1].

ويتكون كل إقليم ما لا يقل عن ثلاث محافظات، ويصل عدد الأقاليم في فرنسا إلى اثنان وعشرون إقليماً[2].

ولما كان الإقليم يعد من الوحدات الإدارية، فإن رئاستها تسند إلى شخص يطلق عليه مفوض الجمهورية في الإقليم، بعد أن كان يطلق عليه وفقاً لقانون 5 تموز لسنة 1972 بالمحافظ (Leprefet)، فقد كان محافظ الإقليم وفقاً لهذا القانون يمثل دوراً مزدوجاً، فهو من جهة يمثل السلطة الإدارية المركزية كونه يعين بموجب مرسوم صادر من رئيس الجمهورية ومن جهة أخرى يكون رئيساً للجهاز التنفيذي للإقليم، إلا أنه وبعد صدور القانون رقم 213 لسنة 1982 أصبح يمثل السلطة المركزية فقط وانتهى دوره كمنفذ لقرارات مجلس الإقليم حيث أسندت سلطة تنفيذ قرارات الإقليم إلى رئيس مجلس الإقليم[3].

ثانياً : المحافظة

كان التقسيم الإداري في فرنسا قبل صدور القانون رقم 213 لسنة 1982 يتضمن نوعين من الوحدات الإدارية، المحافظة والبلدية، إلا أنه وبعد صدور هذا القانون أصبحت المحافظة تحتل المرتبة الوسطى بين الإقليم والبلدية.

وترجع نشأة المحافظة إلى القانون الصادر سنة 1790، الذي يعد أول قانون بعد الثورة الفرنسية يتعلق بالتنظيم الإداري، حيث تم إنشاء 83 محافظة غير أن هذا القانون لم يعترف لهذه المحافظات بالشخصية المعنوية[4].

---

(1) Jean – Marc Peyrical, Droit Administratife, Montchrestien, Paris, 1997, P.81

(2) جورج فيدول وبيار دلفولفيه، مصدر سابق، ص 360.

(3) د. خالد سماره الزغبي، مصدر سابق، ص 81، ومن الجدير بالذكر أن قانون 6 شباط 1992 قام بإعادة تسمية محافظ الإقليم مرة أخرى بدلاً من تسمية مفوض الجمهورية في الإقليم، ينظر: جورج فيدول وبيار دلفولفيه، مصدر سابق، ص 36.

(4) Jean – Marc Peyrical ، op. cit ، p 79.

واستمر الأمر على هذا الحال حتى صدور القانون المؤرخ في 1838/5/10 الذي منح المحافظة الشخصية المعنوية[1].

ويتميز التنظيم الإداري للمحافظات شأنها في ذلك شأن البلديات بخاصية التماثل فيما بينها من حيث التشكيل والاختصاصات بصرف النظر عن مساحتها وعدد سكانها ودون أن يكون للجانب الحضري أو الريفي أساسًا للتمييز فيما بينها كما رأينا ذلك في بريطانيا.

ويبلغ عدد المحافظات في فرنسا 96 محافظة، حيث تضم كل محافظة عدداً من البلديات لا تقل في بعضها عن 106 بلدية ولا يزيد في البعض الآخر عن 900 بلدية[2].

والمحافظة كوحدة إدارية يرأسها المحافظ الذي يعين بمرسوم من رئيس الجمهورية بناءً على اقتراح الوزير الأول ووزير الداخلية، وقد فقد المحافظ بموجب القانون رقم 213 لسنة 1982 سلطته كمنفذ لقرارات مجلس المحافظة التي انتقلت إلى رئيس المجلس العام للمحافظة، ويقتصر دوره الآن باعتباره كما نصت عليه المادة الأولى من مرسوم 29 شباط 1988 «ممثل الدولة في المحافظة.... وهو وديع سلطة الدولة في المحافظة وهو كمفوض للحكومة الممثل المباشر للوزير ولكل وزارة»[3].

---

(1) Georges Dupuis، op. cit، p 240.

(2) ينظر: جورج فيدول وبيار دلفولفيه، مصدر سابق، ص 351 ؛ علي مهدي علي با رحمة، مصدر سابق، ص 103.

(3) كان لقب المحافظ أول ما أطلق على الوحدات الإدارية للمحافظة ثم صدر مرسوم في 10 أيار 1982 الذي استخدم تسمية مفوض الجمهورية بدلاً من المحافظ واستمرت هذه التسمية لحين صدور مرسوم 29 شباط 1988 الذي أعاد تسمية المحافظ من جديد، للمزيد ينظر: جورج فيدول وبيار دلفولفيه، المصدر السابق، ص 35 وما بعدها ؛ جلال محمد بكير، الأسلوب الفرنسي في الإدارة المحلية، بحث منشور في مجلة مصر المعاصرة، السنة الثانية والستون، العدد 343، كانون الثاني 1971، ص 391.

ثالثاً: البلدية

تعد البلدية الوحدة الإدارية الأساسية في نظام الإدارة المحلية الفرنسي، ويكون موقعها في قاعدة الهرم للتقسيم الإداري في فرنسا بعد الإقليم والمحافظة[1].

ومما تجدر إليه الإشارة ان لفظ البلدية (Commune) يطلق على المدن والقرى على حدٍ سواء وعلى الرغم من التفاوت فيما بينها من حيث الأهمية وعدد السكان، حيث يصل إجمالي عدد البلديات في فرنسا في الوقت الحاضر إلى (36.500) بلدية والتي في معظمها لا تتضمن إلا عدداً قليلاً من السكان، حيث أن هنالك (32.200) بلدية لا يزيد عدد سكانها عن (2000) نسمة، ولعل هذا الأمر يعد من أهم المشاكل التي تواجه التنظيم البلدي في فرنسا[2].

ويظهر طابع اللامركزية الإدارية واضحاً في نظام البلديات الفرنسي، حيث لا يوجد فيها ممثلاً للحكومة المركزية وتتشكل كافة هيئاتها بالانتخاب، حتى أن رجل التنفيذ بها وهو العمدة يتم اختياره بطريق الانتخاب من بين أعضاء المجلس البلدي[3].

ويتميز التنظيم الإداري للبلديات بالتجانس والتماثل من حيث التشكيل والاختصاصات باستثناء

مدينة باريس العاصمة ومدن أخرى كمرسيليا وليون فإن لها تنظيم بلدي خاص[4].

---

(1) المصدر نفسه، الصفحة نفسها.

(2) Patrick Janin: Cours de droit administratife

(3) د. محمد فرغلي محمد علي، مصدر سابق، ص 348.

(4) جورج فيدول وبيار فيدول دلفولفيه، مصدر سابق، ص 366 ؛ سنعرض التنظيم الإداري في العاصمة باريس عند الحديث عن تشكيل المجالس المحلية في موضع لاحق من لأطروحة.

الفرع الثاني

تشكيل المجالس وجهازها التنفيذي

سبق وأن رأينا أن التقسيم الإداري في فرنسا يتضمن ثلاث وحدات إدارية، هي الإقليم والمحافظة والبلدية، وبناءً على ذلك فإن لكل وحدة إدارية سيكون لها مجلساً محلياً وهيئة تنفيذية تتولى تنفيذ قراراتها.

وعلى هذا الأساس سنتناول في هذا الفرع تشكيل المجالس المحلية وجهازها التنفيذي في كل من الإقليم والمحافظة والبلدية.

أولاً : تشكيل المجالس المحلية وجهازها التنفيذي في الإقليم

يتكون الإقليم كوحدة إدارية من عدة هيئات هي مجلس الإقليم والمجلس الاقتصادي والاجتماعي ولجنة القروض العامة أما محافظ الإقليم كما رأينا سابقاً لم يعد له دوراً تنفيذياً في الإقليم بعد صدور قانون رقم 213 لسنة 1982 الذي أسند الوظيفة التنفيذية إلى رئيس مجلس الإقليم، وعلى هذا الأساس سنتناول تشكيل هذه الهيئات في النقاط الآتية :

أ - مجلس الإقليم :

يعد مجلس الإقليم من أهم الهيئات المحلية في الإقليم، وبموجب القانون رقم 213 لسنة 1982 المشار إليه أنفاً، أصبح تشكيل مجلس الإقليم يتم عن طريق الانتخاب، حيث يتم اختيار جميع أعضاء مجلس الإقليم بالانتخاب العام المباشر بخلاف ما كان عليه الحال بموجب قانون 5 تموز لسنة 1972[1].

---

(1) كان مجلس الإقليم بموجب قانون 5 تموز 1972 يتألف من فئات عديدة هي:

أ - أعضاء مجلس الشيوخ والنواب المنتخبين من الإقليم وتصل نسبتهم 50٪ من أعضاء مجلس الإقليم.

ب - الفئة الثانية تتألف من 30٪ من عدد أعضاء المجلس وتضم ممثلين عن الوحدات المحلية الذين يتم اختيارهم من المجالس العامة للمحافظات.

جـ - وتمثل هذه الفئة نسبة 20٪ من عدد أعضاء المجلس يتم اختيارهم عن طريق المجالس البلدية، ينظر : (2) Georg upuis: op. cit. p 245.

ويتألف مجلس الإقليم من عدد من الأعضاء يطلق عليه تسمية المستشارين يتراوح عددهم بين 25 إلى 50 عضواً، وبخصوص مدة عضوية مجلس الإقليم فقد جرى عليها التعديل فبعد أن كانت وفقاً للقانون رقم 213 لسنة 1982 تتحدد لمدة ست سنوات يتم فيها تجديد نصف الأعضاء كل ثلاث سنوات[1]، فقد ألغى قانون التعديل الصادر في كانون الأول سنة 1990 نظام التجديد النصفي لعضوية مجلس الإقليم وشمل أيضاً ذلك أعضاء المجلس العام في المحافظة، ومن ثم أصبحت مدة العضوية ست سنوات يخضع بنهايتها انتخاب جميع الأعضاء مجدداً[2].

ب – رئيس مجلس الإقليم:

سبق وأن رأينا أن المشرع الفرنسي في القانون رقم 213 لسنة 1982 قد أسند مهمة تنفيذ قرارات مجلس الإقليم إلى رئيس مجلس الإقليم، بعد أن كان محافظ الإقليم (أو مفوض الجمهورية في الإقليم) هو من يتولى مهمة التنفيذ.

ويتم انتخاب رئيس المجلس ونوابه من بين أعضاء مجلس الإقليم لمدة سنة واحدة قابلة للتجديد[3].

جـ – المجلس الاقتصادي والاجتماعي:

وقد كان يطلق عليه وفقاً لقانون 5 تموز لسنة 1972 تسمية اللجنة الاقتصادية والاجتماعية وقد استمرت هذه التسمية حتى بعد صدور قانون 213 لسنة 1982، إلا أن هذه التسمية تبدلت بعد صدور قانون 6 شباط سنة 1992 إلى المجلس الاقتصادي والاجتماعي[4].

---

(1) ينظر: د. محمد فرغلي محمد علي، مصدر سابق، ص 336 ؛ د. خالد سماره الزغبي، تشكيل المجالس المحلية.. مصدر سابق، ص 104.

(2) Agatha Van Long، Genevieve Gondouin، Veronique Inserguet – Brisset، Dictionnare de droit administrative، 2e edition، Armand colin، Dalloz، Paris، 1999، p. 789.

(3) Ibid، p. 24.

(4) جورج فيدول وبيار دلفولفيه، مصدر سابق، ص 398.

ويضم المجلس الاقتصادي والاجتماعي عدداً من الأعضاء يتم تعيينهم من خلال الإقليم وهو الذي يتولى أيضاً تحديد عددهم، حيث يتم اختيارهم من بين ممثلي الهيئات والأنشطة ذات الطابع الاقتصادي والاجتماعي والمهني والثقافي والرياضي في نطاق الإقليم[1].

د - لجنة القروض العامة :

وهي تتشكل من مجموعة من الأعضاء يتم اختيارهم من بين أعضاء مجلس الإقليم والمجلس العام في المحافظة والمجلس البلدي الذي تدخل ضمن النطاق الجغرافي للإقليم[2].

ثانياً : تشكيل المجلس المحلي وجهازه التنفيذي في المحافظة

تمثل المحافظة المستوى الثاني في التقسيم الإداري في فرنسا، إذ أنها تقع في مرتبة الوسط بين الإقليم والبلدية.

ويمثل المحافظة كوحدة إدارية مجلس محلي يسمى المجلس العام الذي يمثل السلطة التقريرية فيها، أما الجهاز التنفيذي للمجلس العام، فقد أصبح من مهام رئيس المجلس العام في المحافظة وعلى هذا الأساس سنعرض كيفية تشكيل المجلس العام في المحافظة وكيفية اختيار رئيسه في النقاط الآتية:

أ-المجلس العام في المحافظة:

وهو الهيئة التي تتولى إدارة الشؤون والمصالح المحلية، حيث يتشكل هذا المجلس عن طريق انتخاب أعضاءه بالاقتراع العام المباشر[3].

ويتم انتخاب أعضاء المجلس العام لمدة ست سنوات تنتهي بعدها عضوية الجميع مرة واحدة ودون الأخذ بنظام التجديد النصفي الذي كان معمولاً به قبل صدور قانون كانون الأول لسنة 1990 الذي ألغي بموجبه نظام التجديد النصفي[4].

---

(1) Jean – Marc Peyrical: op. cit. p. 82.

(2) د. محمد فرغلي محمد علي، مصدر سابق، ص 337 ؛ انتصار شلال مارد، مصدر سابق، ص 85.

(3) Patrick Janin: op. cit. p. 241.

(4) Agatha Van Lang et other: op. cit. p. 241.

ولما كانت المحافظات الفرنسية غير متساوية من حيث عدد السكان، فإن عدد أعضاء المجالس العامة سيختلف من محافظة على أخرى، وبالإجمالي يتراوح عددهم بين 25 – 50 عضواً[1].

ومن الممكن أن يجمع الشخص بين عضوية المجلس المحلي سواء في الإقليم أو المحافظة أو البلدية مع عضوية البرلمان، ولكن لا يجوز الجمع بين عضوية أكثر من مجلس محلي أو الجمع بين عضوية المجلس وتقلد الوظائف العامة[2].

ب – رئيس المجلس العام:

يذهب بعض الفقهاء الفرنسيين الى أن الإصلاح المهم الذي جاء به قانون 213 لسنة 1982 هو سحب مهمة تنفيذ قرارات المجلس العام من المحافظ وإسنادها إلى رئيس المجلس العام[3].

ويتم انتخاب رئيس المجلس العام من بين أعضاء المجلس وفقاً لإجراءات فيها نوع من التعقيد لم يشترط المشرع إتباعها عند اختيار رئيس مجلس الإقليم كما رأينا سابقاً [4].

ومدة رئاسة المجلس العام تبلغ ست سنوات، بعد أن كانت من قبل ثلاث سنوات، وقد تم ذلك بعد صدور قانون كانون الأول لسنة 1990 المذكور آنفاً،

---

(1) د. مصطفى الجندي، المرجع في الإدارة المحلية، منشئات المعارف بالإسكندرية، 1971، ص 164.

(2) د. محمد فرغلي محمد علي، المصدر السابق، ص 341 ؛ د. خالد سماره ألزغبي، تشكيل المجالس المحلية... المصدر السابق، ص 114.

(3) جورج فيدول وبيار دلفولفيه، المصدر السابق، ص 391.

(4) يتطلب انتخاب رئيس المجلس العام تحقق نصاب 3/2 من أعضاء المجلس العام، فإن لم يتحقق ذلك يعقد الاجتماع بقوة القانون بعد ثلاثة أيام وبدون شرط النصاب، وقد أوجب المشرع إجراء جولتين يتم فيها انتخاب رئيس المجلس بالأغلبية المطلقة، فإن لم تتحقق هذه الأغلبية يتم إجراء جولة ثالثة يفوز فيها المرشح لرئاسة المجلس الذي يكسب أعلى نسبة من الأصوات (الأغلبية النسبية)، وفي حالة تساوي الأصوات يرشح الأكبر سناً، ينظر: نفسها ؛ Agatha Van Lang، pte: op. cit. p. 78.

والذي ألغى نظام التجديد النصفي لعضوية المجلس العام، حيث كان يستوجب انتخاب رئيس جديد بعد كل تجديد نصفي [1].

ويكون لرئيس المجلس عدداً من النواب يتراوح بين (4 – 10) نواب يتم انتخابهم من خلال المجلس العام، حيث يكون رئيس المجلس ونوابه هيئة المكتب [2].

ثالثاً : تشكيل المجلس المحلي وجهازه التنفيذي في البلدية

تعد البلدية كما رأينا الوحدة الأساسية في نظام الإدارة المحلية في فرنسا، إذ يكون موقعها بعد الإقليم والمحافظة.

ويتشكل في كل البلديات الفرنسية مجلس محلي يسمى بالمجلس البلدي يتولى السلطة التقريرية فيما تناط مهمة التنفيذ برئيس المجلس البلدي، وتخضع جميع المجالس في جميع البلديات إلى نظام مماثل باستثناء العاصمة باريس وليون ومرسيليا فقد أفرد لها المشرع وضعاً خاصاً، وعلى هذا الأساس سنعرض تشكيل المجلس البلدي وكيفية اختيار رئيسه مع بيان الوضع الخاص في هذا الشأن للعاصمة باريس فقط دون باقي المدن ذات الوضع الخاص كليون ومرسيليا، وسنتناول ذلك في النقاط الآتية :

أ - المجلس البلدي :

يتشكل المجلس البلدي في كل بلدية من البلديات الفرنسية عن طريق الانتخاب العام والمباشر [3].

وتتفاوت أعضاء المجلس البلدي من مجلس إلى آخر، نظراً لاختلاف عدد سكان البلديات حيث يتراوح عددهم بين (9 – 69) عضواً [4].

ويكون انتخاب أعضاء المجلس البلدي لمدة ست سنوات، وتنتهي بانتهاء هذه المدة عضوية الجميع في المجلس البلدي [5].

---

(1) Jean – Marc Peyrical: op. cit. p. 79.
(2) Agatha Van lang: op. cit. p. 78.
(3) جورج فيدول وبيار دلفولفيه، المصدر السابق، ص **370**.
(4) Jean – Marc Peyrical: op. cit. p. 79.
(5) Agatha Van Lang، ete، others، op. cit. p. 78.

ب - رئيس المجلس البلدي :

ويطلق عليه أيضاً تسمية (العمدة)، وهـو يمثل الجهـاز التنفيذي للمجلس البلدي، حيث ينتخب المجلس البلدي رئيساً له وعدداً من المعاونين مـن بيـن أعضاء المجلس لمدة ست سنوات[1].

فإذا كان رئيس المجلس البلدي أو (العمدة كما يسمى في فرنسا) يمثل البلدية باعتباره منتخباً من بين أعضاء المجلس البلدي، فإنه يحمل فضلاً عن ذلك صفة ممثل الدولة في البلدية في بعض المسائل الإدارية والقضائية[2].

جـ - الوضع الخاص للعاصمة باريس :

تخضع العاصمة باريس شأنها شأن غالبية عواصم الدول في العالم إلى تنظيم إداري خاص وذلك لأهميتها من الناحية السياسية والاقتصادية والاجتماعية[3].

تتضمن العاصمة باريس وحدتين إداريتين في آن واحد، فهي بلدية ومحافظة في الوقت ذاتـه وكانت تخضع في تنظيمهـا الإداري إلى عـدة قوانين أهمهـا، القانون الصادر في 27 كانون الثاني عام 1964، حيث لم يكن هنالك تمييز بين المجلس البلدي لمدينة باريس والمجلس العام للمحافظة ذاتها وحسب تفسير المجلس الدستوري في ذلك الوقت، فإن مجلس باريس لم يكن مجلساً بلدياً ولا مجلساً عامـاً، ولكنـه يعـد بمثابـة جمعيـة عموميـة لمـداولات لهـا طابعهـا الخاص[4].

غير أن الإصلاحات التي جاء بها القانون رقم 1131 الصادر في 31 كانون الأول سنة 1975 قد ميزت بشكل واضح بين المجلس البلدي لمدينة باريس والمجلس العام للمحافظة، حيث أصبح انتخاب العمدة ومعاونيه يكون مـن بيـن أعضاء

---

(1) Jean – Marc Peyrical: op. cit. p. 77.

(2) جورج فيدول وبيار دلفولفيه، مصدر سابق، ص 381 ؛ وسنعرض اختصاصات رئيس المجلس البلدي في موضع لاحق من الأطروحة.

(3) د. محمد علي الخلايلة، مصدر سابق، ص 84.

(4) انتصار شلال مارد، مصدر سابق، ص 94.

المجلس البلدي، وقد انتخب جاك شيراك (الرئيس الفرنسي السابق) كأول عمدة لباريس بعد هذه الإصلاحات[1].

فبالنسبة للمجلس العام للمحافظة في باريس يتم اختيار أعضاءه بالطريقة ذاتها التي يختار بها أعضاء المجلس العام في المحافظات الأخرى، وبموجب الإصلاحات التي أدخلت على التنظيم الإداري في باريس سنة 1982 نقلت جميع الصلاحيات التي كان يمارسها محافظ باريس إلى رئيس المجلس البلدي (العمدة) الذي أصبح يرأس مجلس باريس والمجلس العام في آن واحد[2].

الفرع الثالث

التنظيم القانوني للانتخابات والعضوية للمجالس المحلية

من أجل استعراض الأحكام العامة فيما يتعلق بالتنظيم القانوني للانتخابات المحلية في فرنسا فضلاً عن الأحكام المتعلقة بعضوية المجالس المحلية فيها، لذا سنتناول التنظيم القانوني للانتخابات المحلية في فرنسا، ومن ثم سنتناول التنظيم القانوني لعضوية المجالس المحلية في فرنسا في النقاط الآتية:

أولاً : التنظيم القانوني للانتخابات المحلية في فرنسا

سنتناول فيما يتعلق بالتنظيم القانوني للانتخابات المحلية في فرنسا الأمور الآتية: -

أ- الشروط الواجب توفرها في الناخب وتتمثل بـ: -

1 - شرط الجنسية :

أشار الدستور الفرنسي لعام 1958 ضمناً إلى شرط الجنسية بالنسبة للناخبين حتى يتسنى لهم ممارسة حق التصويت في الانتخابات، جاء ذلك في الفقرة 3 من المادة 3 في الدستور الفرنسي والتي نصت على أن «يعتبر ناخبين جميع المواطنين

_____

(1) د. محمد فرغلي محمد علي، مصدر سابق، ص 364.

(2) جورج فيدول وبيار دلفولفيه مصدر سابق، ص 382 ؛د. محمد علي الخلايلة، مصدر سابق، ص 84.

الفرنسيين البالغين سن الرشد من الجنسين ويتمتعون بحقوقهم المدنية والسياسية وذلك بالشروط المنصوص عليها في القانون...»[1].

وقد حصر قانون الانتخاب الفرنسي الصادر في 5 تموز 1974 ممارسة الحقوق السياسية ومن ضمنها حق الانتخاب أو التصويت على الفرنسيين، وبالنسبة للأجانب الذين اكتسبوا الجنسية الفرنسية فلا يحق لهم أن يكونوا ناخبين إلا بعد 5 سنوات من ممارسة الانتخابات و 10 سنوات لغرض الترشيح للعضوية، إلا أنه وبعد صدور القانون رقم 1046 لسنة 1983 فقد أصبح بإمكان المواطن المجنس الذي يكتسب الجنسية عن طريق الزواج التمتع بحق الانتخاب والترشيح على حد سواء من اليوم التالي لاكتسابه الجنسية الفرنسية[2].

ومن الجدير بالذكر أن معاهدة(ماستريخت) التي أبرمت من دول الاتحاد الأوربي في 9/ شباط / 1992 كانت قد قررت في إحدى بنودها السماح لرعايا دول الاتحاد الأوربي بأن يكونوا ناخبين ومرشحين لعضوية المجالس البلدية فقط دون باقي المجالس[3].

2 – شرط السن :

حدد قانون الانتخاب الفرنسي الصادر في 5 تموز سنة 1974 شرط السن الذي ينبغي أن يبلغه الشخص حتى يكون مؤهلاً لممارسة حقه في الانتخاب بإكمال ثمان عشرة سنة في آخر يوم لإقفال جداول الانتخاب وهو الجدول الذي يقيد فيه أسماء الناخبين المؤهلين[4].

3 – أن يكون اسم الناخب مقيداً في الجداول الانتخابية :

ومن المسلم به أن الناخب لا يمكن أن يكون مسجلاً إلا في جدول واحد، وهو عادة جدول البلدية التي يقيم فيها إقامة دائمة، ومن الممكن أن يدرج الناخب اسمه في بلدية أخرى، إذا توافرت بعض الشروط كالإقامة لمدة لا تقل عن ستة أشهر

---

(1) CODE A Dministratif: op. cit. p. 2.

(2) د. محمد فرغلي محمد علي، مصدر سابق، ص 563.

(3) Jean Marc Peyrical: op. cit. p. 77.

(4) عبد و سعد وآخرون، مصدر سابق، ص 41.

أو كان قد دفع ضرائب لمدة خمس سنوات متتالية في نطاق الوحدة الإدارية التي يرغب قيد اسمه في جداولها الانتخابية[1].

4 – أن تتوفر في الناخب الأهلية المدنية والجنائية:

يقصد بالأهلية المدنية هو أن يكون الشخص أهلاً للقيام بممارسة حقه الانتخابي ولا يكون فاقداً للأهلية العقلية، ومن ثم فإن فقد الأهلية العقلية تعد من حالات الوقف عن مباشرة الحقوق السياسية التي تشمل أيضاً من صدرت أحكام بإشهار إفلاسهم والأشخاص الخاضعين للوصاية[2].

أما بالنسبة للأهلية الجنائية فقد حدد المشرع الفرنسي في قانون الانتخاب سابق الذكر الحالات التي يحرم فيها الشخص في مباشرة الحقوق السياسية ومن بينها حق الانتخاب والتي تمثل الأشخاص المحكوم عليهم بجرائم مخلة بالشرف كالسرقة وخيانة الأمانة والاختلاس، وهذا الحرمان يمكن أن يزول بالعفو الشامل أو رد الاعتبار[3].

ب – شروط الترشيح لعضوية المجالس المحلية:

لكي يكون الشخص أهلاً للترشح لعضوية المجالس المحلية في فرنسا، ينبغي أن تتوفر فيه الشروط العامة الواجب توفرها في الناخب فضلاً عن شروط أخرى انطلاقاً من قاعدة أن كل مرشح ناخب وليس العكس، وهذه الشروط هي: –

1 – شرط الجنسية:

إذا كان المشرع الفرنسي قد اشترط في الناخب أن يكون متمتعاً بالجنسية الفرنسية، فإنه ومن باب أولى تحققه بالنسبة للمرشح، وبخصوص المواطن المتجنس ينبغي مرور عشر سنوات على تجنسه حتى يستطيع الترشح لعضوية المجالس المحلية في حين كانت المدة خمس سنوات بالنسبة لممارسة حق الانتخاب، واستثنى من هذه المدة المتجنس المتزوج من فرنسية أو المرأة المجنسة والمتزوجة من فرنسي.

---

(1) بيار باكيت، مصدر سابق، ص 91.

(2) د. محمد فرغلي محمد علي، مصدر سابق، ص 702.

(3) المصدر نفسه، ص 700.

2 – شرط السن :

ميز قانون رقم 213 لسنة 1982 سابق الذكر بين عضوية المجالس البلدية والمجالس المحلية الأخرى (كمجلس الإقليم والمجلس العام والمحافظة) من حيث شروط السن، حيث لم يشترط تجاه المرشح لعضوية المجالس البلدية سوى بلوغه 18 من عمره في حين اشترط أن يبلغ المرشح لعضوية مجلس الإقليم والمجلس العام في المحافظة 21 سنة[1].

3 – شرط الأهلية المدنية والجنائية :

وهي تشمل في الواقع الناخب والمرشح وقد سبق أن بينا ذلك، ولتجنب التكرار.

4 – شرط القيد في الجدول الانتخابي أو في جدول الضرائب :

فقد اشترط قانون الانتخاب الفرنسي أن يكون اسم المرشح مقيداً في الجدول الانتخابي في الوحدة الإدارية التي يريد الترشيح لعضوية مجلسها، وبطبيعة الحال لا يتحقق ذلك إلا بالإقامة الاعتيادية، فإن لم تتحقق الإقامة فيمكن أن يقيد اسمه في جدول الانتخاب إذا كان اسمه مقيد في سجل الضرائب المباشر قبل الأول من كانون الثاني والسنة التي تم فيها الانتخابات أو أثبت أنه يجب قيد اسمه في سجل الضرائب إن لم يكن مقيداً أو إنه ورث عقاراً في الوحدة الإدارية أثناء هذه الفترة[2].

ج- النظام الانتخابي المتبع في اختيار أعضاء المجالس المحلية في فرنسا :

يختلف النظام الانتخابي المتبع من مجلس محلي إلى آخر، وبعبارة أخرى لا يوجد في فرنسا نظام انتخابي واحد معمول به في اختيار جميع أعضاء المجالس المحلية، وإنما هنالك أنظمة متعددة فبالنسبة لانتخابات أعضاء مجلس

---

(1) Jean Marc Peyrical: op. cit. p. 77.

(2) د. محمد فرغلي محمد علي، مصدر سابق، ص 567.

الإقليم، فإنها تخضع لنظام الانتخاب بالقائمة المفتوحة المكونة بالتمثيل النسبي[1].

أما بالنسبة لانتخابات المجلس العام في المحافظة فإنها تخضع لنظام الانتخاب الفردي المقترن بالأغلبية على مرحلتين أو على جولتين[2].

وبخصوص انتخابات أعضاء المجلس البلدي، فإنها تخضع لنظام الانتخاب بالقائمة المفتوحة المقترنة بالأغلبية وعلى جولتين[3].

د- الجهة المشرفة على الانتخابات المحلية في فرنسا:

تتولى العملية الانتخابية في فرنسا لجان تتشكل بقرار من المحافظ وتسند رئاسة اللجان إلى رؤساء المجالس البلدية (العمد) وأجازت المادة **67** من قانون الانتخاب الفرنسي سابق الذكر لكل مرشح أو قائمة الحق في تعيين ممثل أو مندوب لها من بين الناخبين المقيدين في إطار الوحدة الإدارية حيث يكون لهم دور في مراقبة العملية الانتخابية وفرز الأصوات[4].

(**1**) Agatha Van Lang: op. cit. p. 79؛ وبموجب هذا النظام تحصل كل قائمة على عدد من المقاعد يتناسب مع نسبة الأصوات الصحيحة التي حصلت عليها القائمة في الانتخاب، ينظر: عبد و سعد وآخرون، مصدر سابق ص **239**.

(**2**) Patrick Janin: op. cit. p 75، وفقاً لهذا النظام إن المرشح سيفوز بالمقعد إذا حصل على **50 + 1** من عدد الأصوات على أن لا يقل عدد الأصوات التي حصل عليها المرشح عن ربع عدد الناخبين، وإذا لم يتحقق ذلك تجرى جولة ثانية يفوز بموجبها المرشح الذي يحصل على أعلى الأصوات، ولا يشترك في الجولة الثانية إلا المرشح الذي حصل على لا يقل عن **12.5**٪ من عدد الناخبين المسجلين، وفي حال تساوي الأصوات يفوز بالمقعد الأكبر سناً من بين المتنافسين ينظر: جورج فيدول، وبيار دلفولفيه، مصدر سابق، ص**2 383**.

(**3**) ووفقاً لهذا النظام إذا حصلت القائمة على **50 + 1** من عدد الأصوات فسيكون لها نصف المقاعد ويوزع باقي المقاعد حسب التمثيل النسبي للقوائم الفائزة، أما إذا لم تحصل أي قائمة على أغلبية **50 + 1** فتجرى جولة ثانية لا يمكن أن تشترك إلا القائمة الحاصلة على **10**٪ من عدد الأصوات وتعطى القائمة التي حصلت على أعلى نسبة من الأصوات نصف المقاعد ويوزع ما تبقى من المقاعد على القوائم الأخرى حسب التمثيل النسبي، ينظر: جورج فيدول وبيار دلفولفيه مصدر سابق، ص **371**.

(**4**) د. صلاح الدين فوزي، النظم والإجراءات الانتخابية، دار النهضة العربية، **1984**، ص **409**.

وتخضع هذه اللجان الانتخابية في عملها إلى إشراف القضاء من خلال لجان قضائية يشكلها المجلس الدستوري لهذا الغرض مهمتها مراقبة العملية الانتخابية وعمل هذه اللجان في جميع مراحل العملية الانتخابية، وترفع هذه للجان القضائية تقاريرها إلى المجلس الدستوري الذي له عند الاقتضاء أن يطالب إلى الاستماع إلى أعضاء هذه اللجان القضائية بصدد أي طعن بالعملية الانتخابية[1].

ثانياً: التنظيم القانوني لعضوية المجالس المحلية في فرنسا

سنتناول في هذا الفرع ثلاث مسائل رئيسية تتعلق بالتنظيم القانوني لعضوية المجالس المحلية سنعرضها على النحو الآتي: -

أ - أنواع العضوية ومدتها:

أشار الدستور الفرنسي لعام **1958** وبشكل صريح إلى أن عضوية المجالس المحلية لا يمكن أن تتحقق إلا من خلال الانتخاب، جاء ذلك في الفقرة الثانية من المادة **72** التي نصت على أن «تدير هذه الوحدات شؤونها بحرية وبواسطة مجالس منتخبة»[2].

وقد اتضح لنا عند دراستنا لتشكيل المجالس المحلية في فرنسا والمتمثلة بمجلس الإقليم والمجلس العام في المحافظة والمجلس البلدي أن جميع هذه المجالس تتكون من مجموعة من الأعضاء يتم اختيارهم عن طريق الانتخاب العام المباشر.

وبناءً على ذلك لا يوجد أعضاء معينين يمكن أن تختارهم السلطة المركزية لعضوية المجالس المحلية، فالعضوية في المجالس المحلية في فرنسا تقتصر على المنتخبين.

أما بالنسبة لمدة العضوية في المجالس المحلية، فقد رأينا فيما سبق أن مدة العضوية في جميع المجالس المحلية في فرنسا (مجلس الإقليم والمجلس العام والمجلس البلدي) هي ست سنوات، بعد أن ألغى المشرع الفرنسي نظام التجديد النصفي لأعضاء مجلس الإقليم والمجلس العام للمحافظة بموجب القانون الصادر في **11** كانون الأول **1990**.

---

(1) د. محمد فرغلي محمد علي، مصدر سابق، ص **752**.

(2) Code A dministratif: op. cit. p. 15.

ب - حقوق وواجبات أعضاء المجالس المحلية:

بالنسبة للواجبات التي تقع على عاتق أعضاء المجالس المحلية فتتمثل بالالتزام بالحضور إلى اجتماعات المجالس التي تنعقد في اجتماعات فصلية أي كل ثلاثة أشهر، والقيام بأي عمل يكلف به العضو من قبل المجلس[1].

أما فيما يتعلق بالحقوق التي يتمتع بها أعضاء المجالس المحلية في فرنسا، فيمكن تقسيمها على نوعين، حقوق غير مالية وأخرى مالية، فتتمثل الأولى بحق العضو إبداء رأيه في أية قضية معروضة على المجلس المحلي وله الحق في طلب الاستيضاحات فضلاً عن حقه الأصيل المتمثل بالتصويت على القرارات التي يتخذها المجلس[2].

أما الحقوق المالية فإن المبدأ المعمول به في فرنسا لا يختلف عن رأينا في بريطانيا بخصوص أن عضوية المجالس المحلية كقاعدة عامة هي مجانية، بمعنى آخر لا يتقاضى أعضاء المجالس المحلية أي مقابل مالي نظير عضويتهم بها، باستثناء نفقات السفر والإقامة التي يتكبدها العضو أثناء حضوره جلسات المجلس المحلي أو إحدى لجانه حيث يجوز للمجلس المحلي أن يصرف مخصصات سفر وإقامة لأعضاء المجلس، وهذا يعني أن عضو المجلس المحلي لا يتقاضى راتباً شهرياً والشخص الوحيد الذي يتقاضى راتباً شهرياً يحدده المجلس هو رئيس المجلس المحلي ونوابه في الإقليم والبلدية والمحافظة، وبطبيعة الحال يوقف صرف هذه الرواتب بمجرد انتهاء مدة رئاسة المجلس أو لأي سبب آخر[3].

جـ - انتهاء العضوية في المجالس المحلية:

تنتهي عضوية الشخص في المجلس المحلي بشكل طبيعي بانتهاء المدة المحددة لعمل المجلس وهي بطبيعة الحال ست سنوات، ويمكن أن تنهي العضوية بأسباب

---

(1) د. خالد سماره ألزغبي، مصدر سابق، ص 117.

(2) المصدر نفسه، ص 118.

(3) د. محمد علي الخلايلة، مصدر سابق، ص 98.

أخرى منها الاستقالة، حيث يستطيع العضو الراغب في ترك العمل في المجلس المحلي المنتخب فيه من خلال تقديم استقالته إلى المجلس المحلي، وقد تنتهي عضوية الشخص في المجلس عن طريق إقالته بقرار من المجلس المحلي الذي ينتمي إليه وذلك في حالتين، الأولى الغياب ولو لمرة واحدة دون عذر مشروع عن اجتماعات المجلس، والثانية إذا فقد شرطاً من الشروط الواجب توفرها في العضوية، لأن هذه الشروط ينبغي أن تتوفر ليس فقط عند الترشح بل تستمر حتى بعد انتخابه بالمجلس كأن يفقد جنسيته الفرنسية أو في حال فقده لقواه العقلية أو ارتكابه الجرائم المخلة بالشرف، و قرارات المجالس المحلية فيما يتعلق بالإقالة يمكن الطعن بها أمام مجلس الدولة الفرنسي[1].

من خلال ما تقدم يتبين لنا أن نظام الإدارة المحلية في فرنسا يقوم على ثلاث مستويات هي الأقاليم والمحافظات والبلديات إذا استثنينا أقاليم ما وراء البحار نظراً لوضعها الخارجي كما رأينا.

وجميع هذه الوحدات المحلية يمثلها مجالس محلية يتم تشكيلها عن طريق الانتخاب العام المباشر ومن ثم عضوية المجالس المحلية في فرنسا تقتصر على العناصر المنتخبة فقط.

ومن الإصلاحات التي جاء بها قانون 213 لسنة 1982 المسمى بقانون حقوق وحريات الأقاليم وحريات الأقاليم والمحافظات والبلديات، هو سحب الدور التنفيذي الذي كان يمارسه رئيس الوحدة الإدارية في الإقليم والمحافظة والمعين من السلطة الإدارية المركزية وإسناده إلى كل رئيس مجلس الإقليم والمجلس العام في المحافظة.

وبخصوص أعداد الأعضاء في المجالس المحلية الفرنسية فهي أقل نسبياً مما عليه الحال في المجالس المحلية في بريطانيا، ولعل السبب في ذلك أن المهام التنفيذية به كما رأينا في بريطانيا تمارس من خلال اللجان التي تشكلها المجالس المحلية والتي تحتاج من الناحية العملية إلى عدد كبير من الأعضاء.

وبالنسبة للشروط العامة الواجب توفرها في الناخب والمرشح للانتخابات المحلية في فرنسا فهي لا تختلف كثيراً عما رأيناه عند دراستنا لذلك في بريطانيا.

_____

(1) د. صلاح صادق، الحكم المحلي في فرنسا، مصدر سابق، ص 511.

كذلك الحال بالنسبة إلى الحقوق والواجبات بالنسبة لأعضاء المجالس المحلية، ومن الملفت للنظر أن في كلا الدولتين بريطانيا وفرنسا فإن العمل في المجالس المحلية يكون من حيث المبدأ مجاني، وذلك لا يمنع من وجود بعض المخصصات تمنح لتغطية نفقات السفر والإقامة التي يتكبدها العضو لحضور اجتماعات المجلس المحلي، وقد رأينا أيضاً أن في بريطانيا وفرنسا يتمتع رؤساء المجالس المحلية برواتب شهرية طيلة فترة عملهم في المجالس.

أما بالنسبة للنظام الانتخابي فقد وجدنا أن لكل مجلس محلي نظامه الانتخابي الخاص به فيما تخضع عضوية المجالس المحلية في بريطانيا إلى نظام انتخابي واحد.

المبحث الثاني

تشكيل الإدارة المحلية في العراق

شهد النظام الإداري في العراق كما رأينا سابقاً تغييراً كبيراً بعد **2003/4/9**، وما تبعه من إصدار قانون إدارة الدولة للمرحلة الانتقالية لعام **2004** أو أمر سلطة الائتلاف رقم **71** والمتعلق بالسلطات المحلية لسنة **2004**[1].

وقد وصلت ذروة هذا التغيير بعد صدور الدستور الدائم لعام **2005** وصدور قانون المحافظات غير المنتظمة في إقليم رقم **21** لسنة **2008** المعدل[2].

---

(1) صدر الدستور العراقي النافذ عن طريق الاستفتاء الشعبي الذي جرى في **2005/10/15**، وقد نشر في الجريدة الرسمية وهي الوقائع العراقية بالعدد **4012** في **2005/12/28**، وتضمن الدستور **144** مادة مع الديباجة وتوزعت هذه المواد على ستة أبواب، خصص الباب الأول للحديث عن المبادئ الأساسية وشملت المواد من **1 – 13**؛ وتضمن الباب الثاني موضوع الحقوق والحريات التي شملتها المواد من **14 – 46**؛ أما الباب الثالث والرابع فقد خصصت للحديث عن السلطات الاتحادية واختصاصاتها عالجتها المواد **47 – 115**؛ أما الباب الخامس الذي تضمن موضوع سلطات الأقاليم وقد عالجتها المواد من **116 – 125**؛ في حين كان الباب السادس مخصصاً للحديث عن الأحكام الختامية والانتقالية وشملها المواد **126 – 144**.

(2) نشر في الوقائع العراقية بالعدد **4070** في **2008/3/31**.

ولغرض تسليط الضوء على تشكيل الإدارة المحلية في العراق وفقاً للدستور الدائم وقانون المحافظات المذكورين آنفاً، سنقسم المبحث إلى أربع مطالب، نتناول في المطلب الأول التقسيم الإداري في العراق، وفي المطلب الثاني سنتناول تشكيل المجالس المحلية وجهازها التنفيذي ومن ثم سنخصص المطلب الثالث للحديث عن التنظيم القانوني للانتخابات المحلية، أما المطلب الرابع سنتناول فيه التنظيم القانوني لعضوية المجالس المحلية.

المطلب الأول

التقسيم الإداري في العراق

سبق وأن رأينا أن العراق كدولة قد تحول بموجب قانون إدارة الدولة للمرحلة الانتقالية لعام 2004 من دولة موحدة بسيطة إلى دولة اتحادية (فيدرالية)[1].

وجرى التأكيد على هذا التحول في الدستور النافذ لعام 2005 الذي نص في المادة الأولى على أن : «جمهورية العراق دولة اتحادية واحدة مستقلة، ذات سيادة كاملة نظام الحكم فيها جمهوري نيابي (برلماني) ديمقراطي، وهذا الدستور ضامن لوحدة العراق».

وقد حددت المادة 116 من الدستور الدائم لعام 2005 مكونات النظام الاتحادي بقولها «يتكون النظام الاتحادي في جمهورية العراق من عاصمة وأقاليم ومحافظات لامركزية وإدارات محلية».

ولما كانت هذه المكونات تمثل في الواقع الهيكل التنظيمي للدولة العراقية فإنها تثير العديد من الإشكاليات والتي تحتم علينا التطرق لحيثياتها، لذلك سنقسم المطلب على ثلاثة فروع سنخصص الفرع الأول للحديث عن الأقاليم لأهميتها، ومن ثم سنتناول في الفرع الثاني موضوع المحافظات، أما الفرع الثالث والأخير سنخصصه للحديث عن العاصمة والإدارات المحلية التي عدّها الدستور في المادة المذكورة آنفاً من مكونات النظام الاتحادي.

---

(1) ينظر: المادة الرابعة من قانون ادارة الدولة للمرحلة الانتقالية لعام 2004.

الفرع الأول

الأقاليم

لم تكن الأقاليم جزءً من التقسيم الإداري في العراق منذ قيام الدولة العراقية الحديثة سنة **1921** حتى عام **2003**، فقد كان التقسيم الإداري للدولة العراقية يقتصر على اللواء (المحافظة) والقضاء والناحية والقرى في بعض الأحيان.

غير أن المشرع العراقي في دستور سنة **1970** الملغي قد تبنى تقسيماً إدارياً جديداً قد يوافق أو يترادف إلى حد ما معنى الإقليم ألا وهو المنطقة، فقد أشارت الفقرة جـ من المادة الثامنة من دستور **1970** إلى أن «تتمتع المنطقة التي غالبية سكانها من الأكراد بالحكم الذاتي وفقاً لما يحدده القانون».[1]

وبصرف النظر عن نجاح أو فشل هذه التجربة إلا إنها أظهرت ولأول مرة تقسيماً إدارياً جديداً يعلو المحافظة، ألا وهي المنطقة التي كانت تضم في حينها ثلاث محافظات[2].

وقد أصبح الإقليم بموجب المادة **116** المذكورة آنفاً من الدستور الدائم لعام **2005** أحد مكونات النظام الاتحادي، هذا النظام الذي يقوم على أساس تقاسم السلطات الثلاث (التشريعية والتنفيذية والقضائية) في الدولة بين جهتين، أحدهما تمثل إقليم الدولة برمته وهي السلطات الاتحادية والأخرى تمارس سلطاتها على جزء معين من إقليم الدولة، وقد أقرت نصوص الدستور الدائم هذا الأمر[3].

---

(1) أضيفت الفقرة جـ إلى المادة الثامنة من دستور **1970** الملغي بموجب قرار مجلس قيادة الثورة المنحل رقم (**247**) في **1** آذار **1974**.

(2) وهذه المحافظات هي: السليمانية، وأربيل، ودهوك ؛ ينظر: د. محمد عمر مولود، المصدر السابق، ص **488**.

(3) فقد نصت المادة **120** من الدستور النافذ لعام **2005** على أن «يقوم الإقليم بوضع دستور له يحدد هيكل سلطات الإقليم وصلاحياته....» ؛ في حين نصت المادة **121** اولا من الدستور النافذ على أن «لسلطات الأقاليم الحق في ممارسة السلطات التشريعية والتنفيذية والقضائية وفقاً لأحكام هذا الدستور باستثناء ما ورد فيه من اختصاصات حصرية للسلطات الاتحادية».

ولما كان النظام الاتحادي في العراق لم يتبلور بعد، فقد اقتصر تطبيقه حالياً على إقليم كردستان الذي نشأ وفقاً لظروف تاريخية خاصة[1]، وقد أقر قانون إدارة الدولة للمرحلة الانتقالية لعام **2004** الوضع الخاص لإقليم كردستان، كما أقر ذلك الدستور الدائم لعام **2005**[2].

وعلى الرغم من كون إقليم كردستان هو الإقليم الاتحادي الوحيد حالياً، فإن الدستور الدائم لعام **2005** قد أقر في الوقت نفسه تشكيل أقاليم جديدة تؤسس وفقاً لأحكامه[3].

وقد بينت المادة **119** من الدستور الدائم لعام **2005** أنه: «يحق لكل محافظة أو أكثر تكوين إقليم بناءاً على طلب بالاستفتاء عليه، يقدم بإحدى الطريقتين:

أولاً: طلب من ثلث الأعضاء في كل مجلس من مجالس المحافظات التي تروم تكوين الإقليم.

ثانياً: طلب من عشر الناخبين في كل محافظة من المحافظات التي تروم تكوين الإقليم.»

---

(1) في هذا الشأن فإن النظام السياسي السابق قرر سحب الإدارات التابعة للحكومة المركزية ومنطقة كردستان في **1991/10/23**، وقد أدى ذلك إلى حصول فراغ قانوني وإداري في هذه المنطقة مما دفع بالجبهة الكردستانية (القيادة السياسية الكردية آنذاك) إلى إجراء انتخابات لأول برلمان في الإقليم والتي جرت في **1992/5/19** وتم على أثر ذلك تشكيل حكومة إقليم كردستان، وتم إنشاء أنها سلطة قضائية مستقلة تتكون من كافة أنواع المحاكم وعلى رأسها محكمة تمييز الإقليم، وقد استمرت المؤسسات الإقليمية حتى **4/9/ 2003** ينظر: د. محمد عمر مولود، المصدر السابق، ص **533**.

(2) نصت المادة **53** من قانون إدارة الدولة للمرحلة الانتقالية لعام **2004** الملغي على أن «يعترف بحكومة إقليم كردستان بصفتها الحكومة الرسمية للأراضي التي كانت تدار من قبل الحكومة في **19** آذار **2003**....»؛ نصت المادة (**117**) من الدستور الدائم لعام **2005** على أن «يقر هذا الدستور عند نفاذه إقليم كردستان وسلطاته القائمة إقليماً اتحادياً».

(3) الفقرة ثانياً من المادة **117** من الدستور النافذ لعام **2005**.

واستناداً إلى المادة 118 من الدستور النافذ لعام 2005[1]، صدر قانون الإجراءات التنفيذية الخاصة بتكوين الأقاليم رقم 13 لسنة 2008[2].

أشار هذا القانون إلى أن الإقليم يتكون من محافظة أو أكثر[3]، ويتم تكوينه عن طريق الاستفتاء بطلب مقدم أما من ثلث الأعضاء في كل مجلس من مجالس المحافظات التي تروم بتكوين الإقليم أو بطلب يقدم من عشر الناخبين في كل محافظة من المحافظات التي ترغب بتكوين الإقليم فضلاً على ذلك أضاف المشرع في قانون الإجراءات التنفيذية الخاصة بتكوين الأقاليم حالة ثالثة لم ينص عليها الدستور الدائم لعام 2005 في المادة 119 المذكورة آنفاً ألا وهي حالة طلب انضمام أحد المحافظات إلى إقليم يقدم عن طريق ثلث أعضاء مجلس المحافظة مشفوعاً بموافقة ثلث أعضاء المجلس التشريعي للإقليم[4].

وأهم ما يلاحظ في هذا الشأن أن المشرع العراقي في هذا القانون قد أضاف حالة جديدة لم يأت الدستور بذكرها في المادة 119 التي حددت كما رأينا طريقتين فقط لتقديم طلب تكوين الأقاليم

أحدهما يكون مقدماً من ثلث أعضاء كل مجلس من مجالس المحافظات أو أن يكون من خلال طلب يقدمه عشر الناخبين في كل محافظة من المحافظات التي تروم تكوين إقليم، ثم إن الصياغة اللغوية للمادة 119 لا تحتمل إضافة حالة جديدة من قبل المشرع العادي التي نصت على أن «يحق لكل محافظة أو أكثر، تكوين إقليم بناءاً على طلبٍ بالاستفتاء عليه يقدم بإحدى طريقتين......» ولطالما حدد المشرع الدستوري طريقتين على سبيل الحصر فإن المشرع العادي لا يستطيع مخالفة ذلك بإضافة طريقة أو حالة جديدة، وبناءاً على ذلك نعتقد أن الفقرة الثالثة من

---

(1) نصت المادة 118 من الدستور النافذ لعام 2005 على أن «يسن مجلس النواب في مدةٍ لا تتجاوز ستة أشهر من تاريخ أول جلسة له، قانوناً يحدد الإجراءات التنفيذية الخاصة بتكوين الأقاليم...».

(2) منشور في الوقائع العراقية بالعدد 4060 في 2008/2/11.

(3) المادة الأولى من قانون الإجراءات التنفيذية الخاصة بتكوين الأقاليم رقم 13 لسنة 2008.

(4) الفقرات أولاً وثانياً وثالثاً من المادة الثانية من قانون الإجراءات التنفيذية الخاصة بتكوين الأقاليم رقم 13 لسنة 2008.

المادة 2 من قانون الإجراءات التنفيذية الخاصة بتكوين الأقاليم رقم 13 لسنة 2008 جاءت مخالفة لنص المادة 119 من الدستور، ومن ثم فإن إضافة طريقة جديدة تتطلب تعديلاً دستورياً[1].

وتختلف الإجراءات المتبعة في تكوين الأقاليم باختلاف طريقة تقديم الطلب بتكوينها فإذا كان الطلب مقدم من ثلث أعضاء مجلس المحافظة أم المجالس الأخرى، التي ترغب في تكوين الإقليم فإن هذا الطلب يرفع إلى مجلس الوزراء الذي يكلف بدوره المفوضية العليا للانتخابات خلال مدة لا تتجاوز خمسة عشر يوماً من تاريخ تقديم الطلب، لغرض اتخاذ إجراءات الاستفتاء ضمن الإقليم المراد تكوينه خلال مدة لا تجاوز الثلاثة شهور[2].

أما إذا كان الطلب مقدم من عشر الناخبين فيقدم الطلب مباشرة إلى مكتب المفوضية العليا للانتخابات في المحافظة[3].

---

(1) وفي السياق ذاته نجد أن المحكمة الاتحادية العليا أجابت على استفسار مقدم من مجلس النواب – لجنة النزاهة في 2006/6/27 حول إمكانية إضافة كلمة (العامة) إلى نهاية عبارة هيئة النزاهة الواردة في المادة 102 من الدستور في قانون الهيئة بقولها «.... لا يمكن إضافة كلمة (العامة) إلى نهاية عبارة هيئة النزاهة الواردة في المادة (102) من الدستور وذلك على قانون هيئة النزاهة عند تشريعه، لأن نص المادة 102 من الدستور قد حدد الاسم ابتداءً ولا يجوز مخالفته...»، ينظر: رأي المحكمة الاتحادية، العليا على استفسار مجلس النواب المنشور في الانترنت على الرابط www. aladaanews Net / index. php? = News وفي هذا الشأن يمكن القول أن إضافة كلمة واحدة وهي (العامة) إلى تسمية القانون الخاص بهيئة النزاهة يعد مخالفة لنصوص الدستور وفقاً لرأي المحكمة الاتحادية ن فإنه ومن باب أولى تعد إضافة المشرع الفقرة الثالثة من قانون الإجراءات التنفيذية الخاصة بتكوين الأقاليم مخالفة صريحة لنصوص الدستور وبالتحديد المادة 119 التي حدد طريقتين فقط في تقديم طلب تكوين الإقليم ولم يكن من بينها الحالة الثالثة التي أضافها المشرع في قانون الإجراءات التنفيذية الخاصة بتكوين الأقاليم رقم 13 لسنة 2008.

(2) ينظر: الفقرة أ – ب من المادة (3) من قانون الإجراءات التنفيذية الخاصة بتكوين الأقاليم رقم 13 لسنة 2008.

(3) وقد وضع القانون المذكور آنفاً مجموعة من الإجراءات ينبغي إتباعها من أجل حساب تحقق نصاب عشر الناخبين حيث نصت المادة 4 – أولاً على أن «.... يقدم الطلب ابتداءً من 2٪ من الناخبين =

ويثار تساؤل فيما يتعلق بالإجراءات المتبعة في تكوين الأقاليم، إذا كان الطلب مقدم من ثلث أعضاء مجلس المحافظة أو المجالس الأخرى، فقد حددت هذه الإجراءات بأن يقدم الطلب إلى مجلس الوزراء الذي يتولى بدوره تكليف المفوضية العليا للانتخابات لاتخاذ إجراءات الاستفتاء خلال مدة خمسة عشر يوماً، فما هو الحكم القانوني في حال أصدر مجلس الوزراء رفضاً صريحاً لهذا الطلب أو سكت ولم يصدر منه أي قرار صريح سواء بالقبول أم الرفض ؟

إن الإجابة عن هذا السؤال تتطلب منا الرجوع إلى نص المادة **119** من النافذ لعام **2005** والتي لم تعطي أي دور لمجلس الوزراء ولا حتى مجلس النواب في مسألة طلب المحافظات تكوين الأقاليم لأن المشرع الدستوري لو أراد ذلك لنصّ على ضرورة موافقة مجلس النواب على طلب تكوين الأقاليم قبل إحالته إلى مفوضية الانتخابات، وفي حال سكوت مجلس الوزراء وانتهت المدة التي حددها القانون لغرض تكليف المفوضية وهي **15** يوماً فلا يمكن تفسيرها بالموافقة ذلك أن المفوضية لا تستطيع المباشرة في إجراء الاستفتاء في حال كون الطلب مقدماً من ثلث أعضاء مجلس المحافظة إلا بتكليف مجلس الوزراء، وعلى الرغم من وجود مثال حي لهذه الإشكالية[1]، لم يطلب من المحكمة الاتحادية العليا توضيح دور

= إلى مكتب المفوضية العليا للانتخابات في المحافظة يتضمن شكل الإقليم المراد تكوينه وعلى المفوضية الإعلان عن ذلك خلال ثلاثة أيام من تقديم الطلب بالصحف.... وأن تحدد مدة لا تقل عن شهر للمواطنين الذين تتوفر بهم شروط الناخبين في إبداء رغباتهم الداعمة للطلب ضمن سجل معد لذلك من أجل حساب تحقق النصاب المطلوب».

(1) من الأمثلة على ذلك تصويت مجلس محافظة صلاح الدين بأغلبية الثلثين من عدد أعضاءه على جعل محافظة صلاح الدين إقليماً اقتصادياً وإدارياً في **2011/10/27**، ثم تبعه مجلس محافظة ديالى عندما صدرت بغالبية عدد أعضاءه على إعلان المحافظة إقليماً في **2011/12/12**، وعلى الرغم من تقديم طلبات تشكيل الإقليميين إلى مجلس الوزراء وانتهاء مدة الخمسة عشر يوماً التي تتطلب من مجلس الوزراء تكليف المفوضية العليا المستقلة للانتخابات، فأن هذا التكليف لم يصدر حتى الآن، الخبر منشور على موقع السومرية نيوز على الرابط :

www. alsumaria news. com ar /1/3643: 01

تاريخ الزيارة **2012/2/1**.

مجلس الوزراء في هذا الشأن، وإن كنا نعتقد أن إقحام مجلس الوزراء في هذا الأمر غير مبرر ويمكن أن يشكل مخالفة دستورية واضحة لنص المادة 119 المذكورة آنفاً التي نصت على أن «يحق لكل محافظة أو أكثر تكوين إقليم بناءً على طلب بالاستفتاء....» وهذا يعني أن الأسلوب المتبع في تكوين الأقاليم هو الاستفتاء ومن ثم فإن الجهة الوحيدة المسؤولة عن إجراءه هي المفوضية العليا المستقلة للانتخابات[1].

ومن جانب آخر تتبادر إلى الذهن أسئلة عديدة تتعلق بمدى أحقية المحافظة التي كونت إقليماً مع محافظات أخرى أن تسحب هذا الإقليم أو أن تتفك عنه والرجوع إلى صيغة المحافظة أو أن تشكل إقليماً مستقلاً عن الإقليم الذي تكونت معه ؟

في الواقع إن أحكام أو نصوص الدستور النافذ لعام 2005، وكذلك قانون الإجراءات التنفيذية الخاصة بتكوين الأقاليم رقم 13 لسنة 2008، قد خلت من معالجة هذه الفرضيات إلا إنه يمكن الرجوع إلى القواعد العامة في ممارسة الاختصاصات التي اقرها القضاء الإداري في هذا الشأن[2] ومن ثم بإمكان المحافظة أن تطلب فك ارتباطها من الإقليم والرجوع إلى صيغة المحافظة أو أن تكون إقليماً مستقلاً شرط أن تتبع الإجراءات التي حددها المشرع في تكوين الأقاليم ويكون الاستفتاء الخيار الوحيد لتحقيق هذه الفرضيات، وإن كان من الواجب إجراء تعديلٍ على قانون الإجراءات التنفيذية الخاصة بتكوين الأقاليم يضيف هذه الفرضيات بالشكل الذي يدفع الاختلاف في الاجتهاد والرأي.

---

(1) نصت المادة (2) الفقرة الثالثة من قانون المفوضية العليا المستقلة للانتخابات رقم (11) لسنة 2007 على أن تتولى المفوضية 1) القيام بإعلان وتنظيم أنواع الانتخابات والاستفتاءات الاتحادية والمحلية في المحافظات غير المنتظمة في إقليم

(2) إنشاء القضاء الإداري في فرنسا بعض قواعد الاختصاص... على سبيل المثال قاعدة (توازي الاختصاص)، ووفقاً لهذه القاعدة أنه إذا حدد المشرع بنص جهة مختصة للقيام بعمل ما وسكت عن تحديد الجهة المختصة بتعديله أو إلغائه تكون الجهة الإدارية الأولى هي المختصة بذلك، ينظر: د. ماهر صالح علاوي الجبوري، المصدر السابق، ص 320.

الفرع الثاني

المحافظات غير المنتظمة في إقليم

عدّت المادة 116 من الدستور النافذ لعام 2005 المحافظات من بين مكونات النظام الاتحادي، وبينت الفقرة الأولى من المادة 122 من الدستور التقسيمات الإدارية التي تتكون منها المحافظة التي جاء فيها «تتكون المحافظات من عدد من الأقضية والنواحي والقرى».

وأشارت الفقرة الثانية من المادة 122 إلى أن «تمنح المحافظات التي لم تنتظم في إقليم الصلاحيات الإدارية والمالية الواسعة، بما يمكنها من إدارة شؤونها على وفق مبدأ اللامركزية الإدارية وينظم ذلك بقانون»، واستناداً إلى ذلك صدر قانون المحافظات غير المنتظمة في إقليم رقم 21 لسنة 2008 المعدل الذي عرف المحافظة بأنها «وحدة إدارية ضمن حدودها الجغرافية وتتكون من أقضية ونواحي وقرى» [1].

ويلاحظ في هذا الشأن أن التنظيم الإداري الذي جاء به الدستور الدائم لعام 2005، وقانون المحافظات غير المنتظمة في إقليم رقم 21 لسنة 2008 المعدل، قد أخذ بالتقسيم الرباعي للوحدات الإدارية، وسنتطرق إلى كل وحدة من هذه الوحدات الإدارية على النحو الآتي:

---

(1) ينظر: الفقرة الثالثة من المادة الأولى من قانون المحافظات غير المنتظمة في إقليم رقم 21 لسنة 2008 المعدل؛ وتجدر الإشارة إلى أن المشرع العراقي لم يكن موفقاً في صياغة هذه الفقرة التي بينت أن المحافظة كوحدة إدارية تتكون من أقضية ونواح وقرى وكان الأولى أن يكون النص كالآتي: تقسم المحافظة إلى أقضية والاقضية إلى نواح والنواحي إلى قرى...» ذلك أن النص الذي جاء به المشرع يوحي أن الوحدات التي تتكون منها المحافظة تكون ذات مستوى أفقي متساوي من حيث المرتبة وليس مستوى عمودي تخضع الوحدة الإدارية الأدنى إلى الوحدة الإدارية الأعلى ولذلك كان المشرع في قانون المحافظات رقم 159 لسنة 1969 الملغي أكثر دقة عندما نص في للمادة الثانية 1 – تنقسم جمهورية العراق إلى محافظات والمحافظات إلى أقضية والاقضية إلى نواحي ويكون لكل منها الشخصية المعنوية....».

أولاً : المحافظة

تعد المحافظة كما تقدمت الإشارة إليها آنفاً من مكونات النظام الاتحادي، وهي تأتي من حيث المرتبة بعد الإقليم، وهي باعتبارها وحدة إدارية فقد اعترف لها المشرع في قانون المحافظات رقم 21 لسنة 2008 المعدل بالشخصية المعنوية[1].

وقد سكت الدستور النافذ لعام 2005 وكذلك قانون المحافظات غير المنتظمة في إقليم رقم 21 لسنة 2008 المعدل عن تحديد الجهة المختصة في استحداث المحافظة باعتبارها وحدة إدارية[2] الأمر الذي يدفعنا إلى التساؤل حول مدى إمكانية السلطة التشريعية الاتحادية في استحداث المحافظة ؟

بالرجوع إلى المادة 61 من الدستور الدائم لعام 2005 التي حددت اختصاصات مجلس النواب وكذلك المادة 110 التي حددت الاختصاصات الحصرية للسلطات الاتحادية لا نجد من بينها اختصاص استحداث المحافظات، والسبب في تقديرنا يعود إلى وجود إرادة ضمنية لدى المشرع الدستوري على الإبقاء على عدد المحافظات الحالية البالغة عددها خمسة عشر محافظة وهي غير منتظمة في إقليم إلى الآن بالإضافة إلى المحافظات الثلاث التي يتكون منها إقليم كردستان، هذه الإرادة كانت صريحة في قانون إدارة الدولة للمرحلة الانتقالية الذي نص في المادة 57، الفقرة جـ على أن «تبقى حدود المحافظات الثمانية عشر بدون تبديل خلال المرحلة الانتقالية»، فالمشرع الدستوري في الدستور الدائم لعام 2005 أراد أن يستكمل النظام الاتحادي أركانه الأساسية المتمثلة بالأقاليم الفيدرالية ولطالما جعل من المحافظة النواة الأساسية لتكوين الأقاليم وفقاً للمادة

---

(1) نصت المادة 22 من قانون المحافظات غير المنظمة في إقليم رقم 21 لسنة 2008 المعدل على أن «يكون لكل وحدة إدارية شخصية معنوية واستقلال مالي وإداري.....».

(2) نص قانون المحافظات رقم 59 لسنة 1969 الملغي في المادة الرابعة على أن «تستحدث المحافظة ويعين ويغير مركزها واسمها وتثبت وتعدل حدودها ويفك ارتباط الأقضية والنواحي منها وتلحق بمحافظة أخرى بمرسوم جمهوري يصدر بناءً على اقتراح الوزير وموافقة مجلس الوزراء ومصادقة مجلس قيادة الثورة».

119 من الدستور النافذ، ولم ينص على جعل استحداث المحافظات من بين الاختصاصات الحصرية للسلطات الاتحادية فإن إقدام السلطة التشريعية الاتحادية على هذا الأمر سيصطدم بعقبة دستورية تتمثل بممارسة مجلس النواب اختصاصات تخرج عن اختصاصاته الحصرية.

من جانب آخر فإن من مقتضيات استحداث أية محافظة جديدة تتطلب في الواقع إعادة فك وارتباط الأقضية والنواحي مع جعل أحد الأقضية مركزاً جديداً للمحافظة المستحدثة، هذا الإجراء سيحدث تنازعاً بالاختصاص بين السلطات الاتحادية و المحافظة التي يطالها هذا التغيير في الوقت الذي جعل قانون المحافظات غير المنتظمة في إقليم رقم 21 لسنة 2008 المعدل من بين اختصاصات مجلس المحافظة «المصادقة بالأغلبية المطلقة لعدد أعضاء المجلس على إجراء التغييرات الإدارية على الأقضية والنواحي والقرى بالدمج والاستحداث وتغيير أسمائها ومركزها وما يترتب عليها من تشكيلات إدارية ضمن حدود المحافظة بناءً على اقتراح المحافظ أو ثلث أعضاء المجلس»[1].

وبناءً على ما تقدم يمكن القول بعدم إمكانية السلطة التشريعية استحداث المحافظات الجديدة دون إجراء تعديل دستوري يمنحها هذا الاختصاص.

ثانياً : القضاء

يحتل القضاء المستوى الثاني من مستويات الإدارة المحلية، وهو يأتي بعد المحافظة من حيث المرتبة[2].

ويتمتع القضاء باعتباره وحدة إدارية بالشخصية المعنوية[3].

وبخصوص استحداث القضاء، فقد بين قانون المحافظات غير المنتظمة في إقليم رقم 21 لسنة 2008 المعدل، إن مجلس المحافظة يملك المصادقة على إجراء

(1) الفقرة 11 من المادة 7 من قانون المحافظات غير المنتظمة في إقليم رقم 21 لسنة 2008 المعدل.

(2) ينظر: المادة 22 من الدستور الدائم لعام 2005 ؛ والفقرة السابعة من المادة الأولى من قانون المحافظات غير المنتظمة في إقليم رقم 21 لسنة 2008 المعدل.

(3) ينظر: المادة 22 من قانون المحافظات غير المنتظمة في إقليم رقم 21 لسنة 2008 المعدل.

التغييرات الإدارية على الأقضية والنواحي والقرى بالدمج والاستحداث ويكون ذلك باقتراح المحافظ أو ثلث أعضاء مجلس المحافظة[1].

ويصل العدد الإجمالي للأقضية في خمسة عشر محافظة – باستثناء محافظات إقليم كردستان الثلاثة – إلى 98 قضاءً[2].

ثالثاً : الناحية

تمثل الناحية المستوى الثالث من مستويات الإدارة المحلية، حيث تأتي من حيث المرتبة بعد المحافظة والقضاء، وتتمتع الناحية بالشخصية المعنوية ويتم استحداثها من قبل مجلس المحافظة وبالطريقة ذاتها التي تحدثنا فيها عن القضاء.

ويصل عدد النواحي في العراق وبالتحديد الخمسة عشر محافظة التي لم تنتظم في إقليم إلى 298 ناحية[3].

رابعاً : القرية

سبق وأن رأينا أن الدستور النافذ قد عد القرية في المادة 122 المذكورة آنفاً من بين التقسيمات الإدارية التي تتكون منها المحافظة، فهي تمثل في المرتبة الرابعة بعد المحافظة والقضاء والناحية وقد أشار إليها أيضاً قانون المحافظات غير المنتظمة في إقليم في الفقرة الثالثة من المادة الأولى التي نصت أن المحافظة «وحدة إدارية ضمن حدودها الجغرافية وتتكون من أقضية ونواح وقرى» وبالرغم من ذلك فإن الفقرة السابعة من المادة نفسها التي عرفت الوحدة الإدارية اقتصرت على ذكر المحافظة والقضاء والناحية، والأمر الذي يخرج القرية من بين الوحدات الإدارية، فطالما لم يعدّها المشرع من بين الوحدات الإدارية يعني بالضرورة عدم تمتعها بالشخصية المعنوية التي تنمح فقط كما رأينا في المادة 22 من قانون المحافظات المذكورة آنفاً

---

(1) ينظر الفقرة 11 من المادة السابعة من قانون المحافظات غير المنتظمة في إقليم رقم 21 لسنة 2008 المعدل.

(2) علي عبد الله آل جعفر وعلاء محسن شنشول الكناني، التغييرات الإدارية في العراق بين الأعوام (1947 – 2003)، بحث منشور في الانترنت على الرابط الآتي:

تاريخ الزيارة 2012/2/1. www. homoudi – org / Arabic / dialogue of intenct / 04 m

(3) علي عبد الأمير آل جعفر وعلاء محسن شنشول الكناني، مصدر سابق.

للوحدات الإدارية، والدليل الأبرز على ذلك أن قانون التعديل الأول لقانون المحافظات غير المنتظمة في إقليم رقم 15 لسنة 2010، قد جعل القرى تدار من قبل مجلس الناحية ومدير الناحية.... من خلال المختار الذي يمارس عمله وفقاً للقانون[1].

الفرع الثالث

العاصمة والإدارات المحلية

أولاً : العاصمة (بغداد)

تكتسب العاصمة في أية دولة أهمية كبيرة من النواحي السياسية والاقتصادية والاجتماعية والثقافية، فالعاصمة تمثل قلب الدولة وتتواجد فيها المؤسسات الرئيسة للدولة وقد رأينا في الدول المقارنة أنها أولت عناية خاصة للتنظيم الإداري للعاصمة، ففي بريطانيا أوجد المشرع للعاصمة لندن تنظيماً إدارياً خاصاً يختلف عن سائر الوحدات الإدارية الأخرى، حيث تتكون سلطة لندن الكبرى من مجلس محلي منتخب ومحافظ أو عمدة لندن الذي ينتخب بشكل مباشر من سكان لندن، وفي فرنسا فإن العاصمة باريس تمثلها في الواقع وحدتين إداريتين في أن واحد هما البلدية والمحافظة، يمثل الأولى مجلس باريس والثانية مجلس محافظة باريس وأصبح رئيس مجلس باريس يرأس كلا المجلسين في آن واحد.

أما في العراق فإن العاصمة بغداد قد مرت من حيث تنظيمها الإداري بتحولات كثيرة[2]، وقد أشارت المادة 11 من الدستور النافذ لعام 2005 أن «بغداد عاصمة جمهورية العراق».

---

(1) ينظر: المادة الثامنة من قانون التعديل الأول لقانون المحافظات غير المنتظمة في إقليم رقم 15 لسنة 2010.

(2) يعود تأسيس أمانة بغداد إلى زمن الدولة العثمانية في عهد الوالي مدحت باشا عام 1860، حيث كانت بمستوى بلدية وجاءت تسمية أمانة بغداد وتسميه رئيسها بـ (أمين العاصمة وفقاً لقانون إدارة البلدية رقم 84 لسنة 1931 الذي ألغى بموجبه قانون البلديات العثماني، وكان ارتباط أمانة العاصمة بادئ الأمر بوزارة الداخلية حتى قيام انقلاب 14 تموز 1958، =

وقد عدّت المادة **116** من الدستور النافذ المذكورة آنفاً العاصمة من بين مكونات النظام الاتحادي وبينت المادة **124** من الدستور في فقرتها الأولى أن «بغداد بحدودها البلدية عاصمة جمهورية العراق، وتمثل بحدودها الإدارية محافظة بغداد» ونصت الفقرة الثانية إلى أن «ينظم وضع العاصمة بقانون»، في حين أشارت الفقرة الثالثة إلى أنه «لا يجوز للعاصمة أن تنظم لإقليم».

ويلاحظ في هذا الشأن أن المشرع في الدستور النافذ لعام **2005** أراد أن يعطي وضعاً خاصاً للعاصمة بغداد، غير أنه قد وقع في إشكالية تترتب عليها آثار قانونية غير منطقية، فالمشرع الدستوري كما جاء في المادة **124** المذكورة آنفاً أن بغداد بحدودها البلدية عاصمة جمهورية العراق وتمثل بحدودها الإدارية محافظة بغداد، وهذا يعني أن الدستور قد أوجد وحدتين إداريتين في نطاق جغرافي واحد، فبغداد هي عاصمة ومحافظة في آن واحد، والسؤال المطروح في هذا الصدد هو كيفية تعيين الحدود الفاصلة بين العاصمة بغداد والمحافظة بغداد ؟

فإذا كانت الحدود البلدية للعاصمة بغداد تمتد بدائرة نصف قطرها **25 – 30** كم من مركز مدينة بغداد (ساحة التحرير)[1]، فإن التقسيمات الإدارية لمحافظة بغداد تضم ثمانية أقضية بنواحيها وهي الرصافة، الصدر، الكاظمية، المحمودية، المدائن، والكرخ و الأعظمية، أبو غريب[2].

= وبعد صدور نظام وزارة البلديات رقم **45** لسنة **1960** أصبحت ترتبط بوزارة البلديات، ثم فك ارتباطها من وزارة البلديات وألحقت بديوان رئاسة الجمهورية، وتم في ذلك الوقت تحويل أمين العاصمة الصلاحيات الممنوحة للوزير بموجب أحكام قانون السلطة التنفيذية رقم **50** لعام **1964** المعدل، وفي عام **1987** تم تغيير تسمية أمانة العاصمة إلى أمانة بغداد وكذلك تم إلغاء محافظة بغداد وجعلها مدينة بغداد، وبعد **2003/4/9** أعيد ارتباط أمانة بغداد إلى مجلس الوزراء وهو الوضع القائم حالياً، وقد أعاد الدستور الدائم تسمية العاصمة وفقاً للمادة **11** منه، ينظر: تاريخ بغداد مقالة منشورة في الانترنت على الرابط :

gov. / q ،www. amanat Baghdad

(1) د. كامل الكناني، الدستور وتشكيل الأقاليم، بحث منشور في الانترنت على الرابط الآتي:

www. hamaudi. org / Arabic / dialogue e – of – intellenct / 08 / 06. htm

ص **18**، تاريخ الزيارة **2012/2/15**.

(2) د. علي عبد الأمير آل جعفر وعلاء محسن شنشول الكناني، مصدر سابق، ص **12**.

وهذا يعني أن أقضية الرصافة، والصدر، و الكاظمية، والكرخ، والأعظمية تمثل في الوقت ذاته جزءً من الحدود البلدية لأمانة العاصمة وكذلك جزءً من الحدود الإدارية لمحافظة بغداد، ولما كانت الفقرة الثالثة من المادة 124 من الدستور النافذ أنفة الذكر لا تجوّز للعاصمة أن تنظم لإقليم فهذا يعني إمكانية محافظة بغداد أن تشكل إقليما كأي محافظة أخرى، غير أن التداخل في الحدود الإدارية مع الحدود البلدية يمنع ذلك لذلك ينبغي للمشرع معالجة هذه الإشكالية.

ثانياً : الإدارات المحلية

عدّت المادة 116 من الدستور الدائم المذكورة آنفاً الإدارات المحلية من بين مكونات النظام الاتحادي، والسؤال المطروح هنا، ما المقصود بالإدارات المحلية في هذا الشأن ؟ وهل تعد وحدات إدارية جديدة ؟

بالرجوع إلى الفصل الرابع من الباب الخامس من الدستور النافذ الذي حمل عنوان الإدارات المحلية نجد أن المشرع الدستوري في المادة 125 قد حدد المقصود بالإدارات المحلية بأن «يضمن هذا الدستور الحقوق الإدارية والسياسية والثقافية والتعليمية للقوميات المختلفة كالتركمان، و الكلدان والآشوريين، وسائر المكونات الأخرى، وينظم ذلك بقانون».

فإذا كان قصد المشرع الدستوري تأكيد حقوق القوميات المختلفة التي يتكون منها المجتمع العراقي، نجد أن إيراد هذا النص في هذا الموضع لا مبرر له خصوصاً وأن الباب الثاني من الدستور والمتعلق بالحقوق والحريات قد تكفل بذلك لكل العراقيين[1]، أما إذا كان المقصود بالإدارات المحلية خلق مناطق حكم ذاتي لهذه القوميات على اعتبار أن المادة ذكرت ضمان الدستور للحقوق الإدارية فإنه ومن الناحية القانونية تتعلق بكيفية اقتطاع أجزاء إدارية من محافظات قائمة ومن هي الجهة المختصة بذلك ؟

---

(1) فعلى سبيل المثال نصت المادة 14 من الدستور إلى أن «العراقيون متساوون أما القانون دون تمييز بسبب الجنس أو العرق أو القومية أو الأصل أو اللون أو الدين أو المذهب أو المعتقد أو الرأي أو الوضع الاقتصادي أو الاجتماعي».

إذا قيل أنه بإمكان القيام بـذلك من جانب السلطة التشريعية الاتحادية استناداً إلى المادة 125 التي أشارت إلى أن ينظم ذلك بقانون فإنها لا تملك كما رأينا سابقاً اختصاص استحداث المحافظات و الأقضية والنواحي فكيف يتسنى لها ذلك، ناهيك عن النتائج السلبية التي تترتب على تمزيق وحدة النسيج الاجتماعي للمجتمع العراقي على أساس ديني أو قومي أو حتى مـذهبي، فضلاً على ذلك أنه حتى مصطلح الإدارات المحلية والتي مفردها الإدارة المحلية لا يمكن أن يشير إلى موضوع المادة (125)، فالإدارة المحلية كمـا مـر بنا تعد التطبيق العملي لفكرة اللامركزية الإدارية .

ويظهر مما تقدم أن المشرع في الدستور الدائم لعام 2005 لم يكن موفقاً في بيان التقسيم الإداري للدولة العراقية، فهو قد خلط في المادة 116 المذكورة آنفاً بين التقسيمات التي تعد في الواقع الجزء المقابل للسلطات الاتحادية ألا وهي الأقاليم التي تمارس الوظائف الثلاث التشريعية والتنفيذية والقضائية، وبين تقسيمات تمثل مجرد وحدات إدارية تمارس مهامها وفقاً لمبدأ اللامركزية الإدارية مـن خلال مجالس محلية منتخبة، وهذه هي المحافظات التي وصفها الدستور بأنها غير منتظمة في إقليم، فالنظام الاتحادي للدولة العراقية يقتصر في الوقت الحاضر على إقليم واحد، ومـن ثم يمكن وصف الدولة العراقية بأنهـا دولة موحدة بسيطة إذا ما استثنينا إقليم كردستان.

وقد أدرك المشرع الدستوري الوضع الشاذ الذي جاء به في هذا الشأن، والدليل الأبرز على ذلك أنه أتاح للمحافظات غير المنتظمة في إقليم التحـول مـن صيغتها الحالية إلى صيغة الأقاليم الفيدرالية، وإن كنا نعتقد أن مسلك المشرع الدستوري في هذه النقطة يمثل في الواقع هروباً مـن المشكلة ولا يعد حلاً لها، ولطالما تبنى الشكل الاتحادي (الفيدرالي) للدولة العراقية فكان عليه حسم الجدل بجعل كل محافظة من المحافظات الخمسة عشر – باستثناء إقليم كردستان – إقليماً اتحادياً في صلب الدستور دون أن يجعل أمر تشكيلها متعلقاً بمشيئة هـذه المحافظة وتلك التي تعاني من وجود انقسامات حادة مؤيدة وأخرى رافضة لتشكيل الأقاليم، وإذا كان البعض يرى أن الظروف السياسية الحالية لا تسمح بتشكيل الأقاليم، حيث

أنها ستؤدي إذا ما تشكلت إلى تجزئة وانقسام الدولة، وإذا كان لهذا التخوف مبرراته المشروعة، فالسؤال الذي يطرح نفسه : لماذا تبنى المشرع الدستوري إذن النظام الاتحادي ونص عليه في الدستور إذا كانت الظروف غير مهيأة لقيامه ؟

وللخروج من هذه الإشكالية ينبغي إعادة النظر في نصوص الدستور النافذ لعام **2005** المتعلقة بتشكيل أو تكوين الأقاليم.

المطلب الثاني

تشكيل المجالس المحلية وجهازها التنفيذي

للحديث عن تشكيل المجالس المحلية وجهازها التنفيذي في العراق، سنقسم المطلب على فرعين نتناول في الفرع الأول تشكيل المجالس المحلية، ومن ثم سنتناول تشكيل الجهاز التنفيذي للمجالس المحلية في الفرع الثاني.

الفرع الأول

تشكيل المجالس المحلية

سبق وأن رأينا أن النظام الاتحادي في العراق لم يتبلّور بشكل كامل، ويقتصر تطبيقه حالياً على إقليم كردستان، كونه الإقليم الاتحادي الوحيد لحد الآن[1]، أما المحافظات غير المنتظمة في إقليم التي تتكون من عدد من الأقضية والنواحي، فهي تدار وفقاً لمبدأ اللامركزية الإدارية الواسعة من خلال مجالس محلية يتم تشكيلها لهذا الغرض.

وتأسيساً على ذلك سنتناول تشكيل المجالس المحلية في كل من المحافظة والقضاء والناحية في النقاط الآتية : -

---

(1) ينظر: المادة **117** أولاً من الدستور النافذ لعام **2005** ؛ ومن الجدير بالذكر إن إقليم كردستان يتكون حالياً من ثلاث محافظات تدار وفقاً لمبدأ اللامركزية الإدارية حسب ما جاء في قانون المحافظات لإقليم كردستان رقم **3** لسنة **2009** المنشور في وقائع كردستان – الجريدة الرسمية لإقليم كردستان – في العدد **100** في **2009/6/1**.

أولاً : مجلس المحافظة

يعد مجلس المحافظة وفقاً لما جاء في قانون المحافظات غير المنتظمة في إقليم رقم 21 لسنة 2008 المعدل أعلى سلطة تشريعية ورقابية ضمن الحدود الإدارية للمحافظة[1].

ويتكون مجلس المحافظة من عدد من الأعضاء يتم اختيارهم عن طريق الانتخاب السري المباشر[2].

وبالتأكيد فإن انتخاب جميع أعضاء مجلس المحافظة سيعزز من استقلاليتهم تجاه السلطة الإدارية المركزية، ومن ثم لا يجعلهم خاضعين لإرادتها، الأمر الذي سينعكس بدوره على أداء مجلس المحافظة الذي سيمارس مهامه بحرية أكبر فيما لو كان هناك أعضاء معينين تتولى السلطة الإدارية المركزية اختيارهم، مثلما كان عليه الحال في قانون المحافظات الملغي رقم 159 لسنة 1969[3].

وبخصوص عدد أعضاء مجلس المحافظة فقد بين المشرع في قانون المحافظات غير المنتظمة في إقليم أن مجلس المحافظة يتكون من خمسة وعشرين مقعداً، يضاف إليها مقعد واحد لكل 200.000 مائتي ألف نسمة لما زاد عن 500.000 ألف نسمة[4].

---

(1) نصت المادة (2) أولاً من قانون المحافظات غير المنتظمة في إقليم رقم 21 لسنة 2008 المعدل إلى أن «مجلس المحافظة هو أعلى سلطة تشريعية ورقابية ضمن الحدود الإدارية للمحافظة....» وسنناقش الإشكالية التي أثيرت بصدد الصفة التشريعية لمجلس المحافظة في موضع لاحق.

(2) نصت المادة 3 أولاً البند 4 من قانون المحافظات غير المنتظمة في إقليم إلى «أن يتم انتخاب أعضاء المجالس عن طريق الانتخاب السري المباشر حسب قانون الانتخابات للمجالس».

(3) تبنى قانون المحافظات رقم 159 لسنة 1969 الملغي نظام الجمع بين العناصر المعينة والمنتخبة عندما نص في المادة 54، 1 – يتكون مجلس المحافظة من.... جـ، أعضاء منتخبين من مركز المحافظة.... د، أعضاء دائمين وهم معاون المحافظ للإدارة المحلية ورؤساء الدوائر الفرعية في مركز المحافظة بصفتهم ممثلين عن الوزارات المختصة.

(4) المادة 3 – أولاً – 1 – من قانون المحافظات غير المنتظمة في إقليم رقم 21 لسنة 2008 المعدل.

وهذا يعني أن المشرع العراقي قد حدد عدداً ثابتاً من المقاعد التي يشغلها أعضاء مجلس المحافظة وهو خمسة وعشرون مقعداً لكل المحافظات بصرف النظر عن عدد سكانها، ولكن في الوقت نفسه راعى المشرع التفاوت الذي قد يحصل بين المحافظات من حيث عدد سكانها عندما قرر إضافة مقعداً واحداً لكل **200.000** ألف نسمة لما زاد على الحد الأدنى المفترض لعدد سكان المحافظة وهو **500.000** ألف نسمة[1].

على الرغم من تأييدنا لمسلك المشرع فيما يتعلق بتحديد أعضاء مجلس المحافظة الذي أخذ بنظر الاعتبار التفاوت الحاصل بين عدد سكان المحافظات اليوم في العراق، إلا أن هنالك بعض المشاكل العملية التي تواجه مجلس المحافظة في حال كان مجموع أعضاءه يمثل عدداً زوجياً، فكيف يتم حسم مشكلة تساوي عدد الأصوات في المجلس ؟

فلو فرضنا أن عدد أعضاء مجلس المحافظة هو **28** عضواً بضمنهم رئيس المجلس وصوّت نصف الأعضاء مع القرار والنصف الآخر ضده فكيف سيصدر القرار؟، فإذا قيل إن صوت رئيس المجلس سيكون المرجح لاتخاذ القرار من عدمه، فهذا القول لا يصدق إلا إذا كان مجموع أعضاء المجلس يمثل عدداً وترياً (فردياً) حينئذ يمكن أن يكون تصويت رئيس المجلس مرجحاً، ولعل الخروج من هذه الإشكالية يكمن في ضرورة أن ينص المشرع صراحةً على رجحان صوت رئيس المجلس من اتخاذ

---

(1) فلو كان عدد سكان المحافظة مليون وسبعمائة ألف نسمة، سيكون عدد مقاعدها الأساسية 25 مقعداً، ثم تستقطع الحد الأدنى الذي أشار إليه المشرع وهو 500.000 ألف نسمة، فالمشرع قال..... لما زاد عن 500.000 ألف نسمة أي أن المحافظة التي يقل عدد سكانها أو يساوي 500.000 ألف نسمة ليس لها مقاعد إضافية – فيكون المتبقي من عدد سكان المحافظة الذي يزيد على 500.000 ألف هو مليون ومائتين ألف نسمة، ثم يقوم بتقسيم النسبة التي حددها المشرع 200.000/1.200.000 = 6، أي أن المقاعد الإضافية ستكون 6 فيجمع مع المقاعد الأصلية ليظهر المجموع الكلي لعدد أعضاء مجلس المحافظة 6 + 25 = 31 عضواً هو مجموع أعضاء مجلس المحافظة، ينظر: د. حنان محمد القيسي و د. طه حميد العنبكي و د. أسامة باقر مرتضى، شرح تفصيلي لقانون المحافظات غير المنتظمة في إقليم رقم 21 لسنة 2008، مؤسسة النور الجامعية، سنة 2010، ص 72.

القرارات بصرف النظر عن كون مجموع أعضاء المجلس يمثل في الواقع عدداً زوجياً أم وترياً[1].

ويتولى مجلس المحافظة انتخاب رئيساً للمجلس ونائباً للرئيس في أول جلسة يعقدها المجلس يدعو لها المحافظ خلال خمسة عشر يوماً من تاريخ المصادقة على نتائج الانتخابات[2].

ثانياً : مجلس القضاء

يمثل مجلس القضاء المستوى الثاني من مستويات الإدارة المحلية، إذ يأتي بعد مجلس المحافظة من حيث المرتبة، ويتكون مجلس القضاء من عدد من الأعضاء يتم اختيارهم عن طريق الانتخاب المباشر[3].

ويتكون مجلس القضاء من عشرة مقاعد يضاف إليها مقعداً واحداً لكل خمسين ألف نسمة[4].

وأهم ما يلاحظ في هذا الشأن أن المشرع العراقي لم يضع حداً أدنى لعدد سكان مجلس القضاء لكي يتم إضافة مقاعد لما زاد على عدد معين مثلما فعل مع مجلس المحافظة عندما قرر كما رأينا سابقاً إضافة مقعد لكل 200.000 ألف

---

(1) وفي هذا السياق ذهب مجلس شورى الدولة في قراره الإفتائي المرقم 76 / 2009 في 2009/9/13 رداً على استيضاح صادر من وزارة الدولة لشؤون المحافظات بشأن الحالات المستوضح عنها مجلس محافظة كربلاء بخصوص كيفية تحقيق الأغلبية البسيطة والمطلقة لأعضاء المجلس، أجاب مجلس شورى الدولة «...... وحيث أن عدد= =أعضاء مجلس محافظة كربلاء 27 عضواً وأن النصف هو 13.5 ولكون عدد الأعضاء لا يتجزأ فيجبر النصف تبعاً لذلك ويكون 14 عضواً ينظر قرارات شورى الدولة في ضوء قانون المحافظات غير المنتظمة في إقليم رقم 21 لسنة 2008، بغداد 2010، ص 66.

(2) الفقرة الأولى من المادة السابعة من قانون المحافظات غير المنتظمة في إقليم رقم 21 لسنة 2008المعدل.

(3) المادة 3 أولاً – البند 4 من قانون المحافظات غير المنتظمة في إقليم رقم 21 لسنة 2008 المعدل.

(4) المادة 3 أولاً – البند 2 من قانون المحافظات غير المنتظمة في إقليم رقم 21 لسنة 2008 المعدل.

في حال كون عدد سكان المحافظة يزيد على 500.000 ألف نسمة، بينما قرر أن يكون لمجلس القضاء إضافة المقاعد الأساسية العشرة مقعداً إضافياً لكل خمسين ألف نسمة.

وينتخب مجلس القضاء رئيساً للمجلس في أول جلسة يعقدها المجلس بدعوة من والقائمقام خلال خمسة عشر يوماً من تاريخ المصادقة على نتائج الانتخابات[1].

ثالثاً : مجلس الناحية

ويمثل المستوى الثالث من مستويات الإدارة المحلية، إذ يأتي بعد مجلس المحافظة ومجلس القضاء، ويتم اختيار أعضاء مجلس الناحية عن طريق الانتخاب المباشر السري، ويتكون مجلس الناحية من سبعة مقاعد ويضاف إليها مقعداً واحداً لكل خمسة وعشرون ألفاً نسمة.[2]

وينتخب مجلس الناحية رئيساً له بالأغلبية المطلقة لعدد أعضاءه في أول جلسة يعقدها المجلس يدعو لها مدير الناحية خلال خمسة عشر يوماً من تاريخ المصادقة على نتائج الانتخابات. [3]

وبخصوص مدة عمل المجالس المحلية (مجلس المحافظة، مجلس القضاء، مجلس الناحية) فقد قرر المشرع مدة عملها بأربع سنوات تبدأ بأول جلسة لها. [4]

بقي أن نشير إلى أنه بالرغم من نص الدستور الدائم لعام 2005 إلى عدّ القرى من بين التقسيمات التي تتكون منها المحافظة في المادة 122 التي سبق وأن أشرنا إليها، فإن المشرع في قانون المحافظات غير المنتظمة في إقليم لم ينص على تشكيل

---

(1) المادة 8 الفقرة الأولى من قانون الحافظات غير المنتظمة في إقليم رقم 21 لسنة 2008 المعدل.

(2) المادة 3 أولاً – البند 3 من قانون المحافظات غير المنتظمة في إقليم رقم 21 لسنة 2008 المعدل.

(3) المادة 12 الفقرة أولاً من قانون المحافظات غير المنتظمة في إقليم رقم 21 لسنة 2008 المعدل.

(4) المادة 4 من قانون المحافظات غير المنتظمة في إقليم رقم 21 لسنة 2008، وفي هذا الصدد كان على المشرع أن يحدد سقفاً زمنياً يجب أن تعقد الجلسة الأولى في خلالها كما حدد ذلك فيما يتعلق بانتخاب رئيس مجلس المحافظة والقضاء والناحية، كما حدد انعقاد الجلسة الأولى خلال مدة 15 يوماً من تاريخ المصادقة على نتائج الانتخابات.

مجالس محلية تمثل القرى كما فعل المشرع البريطاني، إلا أن قانون التعديل الأول لقانون المحافظات غير المنتظمة في إقليم رقم 15 لسنة 2010، جعل القرى والأحياء تدار من قبل مجلس الناحية ومدير الناحية كل حسب اختصاصه من خلال المختار الذي يمارس عمله وفق القانون. [1]

الفرع الثاني

تشكيل الجهاز التنفيذي للمجالس المحلية

تتوزع سلطات الإدارة المحلية في العراق بين جهتين، تتولى إحداهما أعمال المداولة والتقرير وهي المجالس المحلية (مجلس المحافظة، مجلس القضاء، مجلس الناحية)، أما الأخرى فتتولى تنفيذ قرارات هذه المجالس، والذين يتولون هذه المهمة هم رؤساء الوحدات الإدارية كالمحافظ والقائمقام ومدير الناحية.

وعلى هذا الأساس سنتناول الكيفية التي يتم فيها اختيار رؤساء الوحدات الإدارية وعلى النحو الآتي : -

---

(1) ينظر المادة 8 من قانون التعديل الأول لقانون المحافظات غير المنتظمة في إقليم رقم 15 لسنة 2008 والمنشور في الوقائع العراقية بالعدد 4147 في 2010/3/9 ؛ وفي السياق ذاته نص قانون المختارين رقم 17 لسنة 2010 المنشور في الوقائع العراقية بالعدد 4201 في 2011/8/1 في المادة 2 الفقرة الأولى على أن «يكون لكل محلة ضمن الحدود البلدية ولكل قرية مختار» وأشارت الفقرة الثانية من المادة نفسها على أن «ينتخب المجلس المحلي بالأغلبية المطلقة المختار ويعين بقرار من المحافظ» في حين أشارت الفقرة الثالثة على أن «تعد القرية لأغراض هذا القانون مجموعة المساكن التي لا يقل عدد ساكنيها عن 300 ثلاثمائة فرد» والملاحظ في هذا الشأن أن تعيين المختار يجب أن يصدر بقرار المحافظ بعد انتخابه من المجلس المحلي في الوقت الذي ينبغي أن يصدر أمر تعيينه من رئيس الوحدة الإدارية دون أن يقتصر على المحافظ بل يجب أن يشمل باقي رؤساء الوحدات الإدارية كالقائمقام ومدير الناحية خصوصاً أن التعديل الذي جاءت به المادة 8 قد جعلت إدارة القرى والأحياء تتم من قبل مجلس الناحية ومدير الناحية من خلال المختار، لذلك ينبغي رفع هذا التعارض بأن يكون تعيين المختار يجب أن يصدر بقرار من رئيس الوحدة الإدارية الذي يعمل المختار في النطاق الجغرافي المحدد للوحدة الإدارية .

أولاً : المحافظ

لقد عزز الدستور النافذ 2005 من استقلالية مجلس المحافظة من خلال إسناد مهمة تنفيذ قراراته إلى المحافظ المنتخب من قبله[1].

والمحافظ باعتباره الرئيس التنفيذي الأعلى في المحافظة، قد عده المشرع في قانون المحافظات غير المنتظمة في إقليم 21 لسنة 2008 المعدل بدرجة وكيل وزير فيما يخص الحقوق والخدمة الوظيفية[2].

ويتولى مجلس المحافظة انتخاب المحافظ ونائبه بالأغلبية المطلقة لعد أعضاءه خلال مدة أقصاها ثلاثون يوماً من تاريخ انعقاد أول جلسة، وفي حال لم يحصل أي من المرشحين على الأغلبية المطلقة يتم التنافس بين المرشحين الحاصلين على أعلى الأصوات، وينتخب من يحصل على أكثرية الأصوات في الاقتراع الثاني[3].

ولا يشترط أن يكون المحافظ من بين أعضاء مجلس المحافظة، بل يمكن أن ينتخب المحافظ من داخل أو خارج المجلس[4].

وقد أحسن المشرع فعلاً عند عدم اشتراطه أن يكون المحافظ من بين أعضاء مجلس المحافظة مما يفتح الباب أمام الكفاءات الإدارية التي تعزف عن المشاركة في الانتخابات لأسباب معينة.

وأشارت المادة 26 الفقرة أولاً إلى أن «يصدر تعيين المحافظ بمرسوم جمهوري خلال خمسة عشر يوماً من تاريخ انتخابه وعندها يباشر مهامه».

ويظهر من هذا النص أن المحافظ على الرغم من انتخابه من مجلس المحافظة، إلا إنه لا يستطيع مباشرة مهامه دون صدور المرسوم الجمهوري الخاص بتعيينه

---

(1) حيث جاء في المادة 122 الفقرة ثالثاً من الدستور النافذ لعام 2005 على أن «يعد المحافظ الذي ينتخب مجلس المحافظة، الرئيس التنفيذي الأعلى في المحافظة، لممارسة صلاحياته المخول بها من قبل المجلس».

(2) المادة 24 من قانون المحافظات غير المنتظمة في إقليم رقم 21 لسنة 2008 المعدل.

(3) المادة 7 الفقرة سابعاً – البند 2 من قانون المحافظات غير المنتظمة في إقليم رقم 21 لسنة 2008 المعدل.

(4) المادة 26 الفقرة ثانياً من قانون المحافظات غير المنتظمة في إقليم رقم 21 لسنة 2008 المعدل.

الأمر الذي يثير تساؤلاً فيما لو انتهت المدة القانونية وهي خمسة عشر يوماً ولم يصدر المرسوم الجمهوري الخاص بتعيين المحافظ هل يعد ذلك بمثابة الموافقة الضمنية؟

يبدو أن المادة 26 المشار إليها أعلاه تمنع تحقق هذه المسلمة المستقرة في الفقه الإداري التي تقوم على أساس تفسير سكوت الإدارة عن إصدار القرار في خلال فترة محددة بمثابة القبول، والسبب في ذلك أن المشرع في المادة المذكورة قد علق مباشرة المحافظ لمهامه على إصدار المرسوم، الأمر الذي يثير إشكاليات في الواقع العملي يمكن أن تؤثر في استقلالية مجالس المحافظات، ففي قرار إفتائي لمجلس شورى الدولة رداً على استيضاح مقدم من مجلس محافظة كربلاء حول مدى إمكانية امتناع (مجلس الرئاسة) عن إصدار المرسوم الخاص بتعيين المحافظ لوجود خلاف سياسي أو وجود مانع قانوني، بين مجلس شورى الدولة رأيه بالقول «...... 1 – إن انتخاب مجلس المحافظة لمحافظ جديد لا تتوافر فيه الشروط القانونية المطلوبة مع علمه بذلك هو إخلال جسيم وخطير بواجباته وإن حق مجلس الرئاسة أن يرفض التعيين إذا تحقق أن الشروط القانونية غير مستوفية، 2 – إن مجلس الرئاسة ملزم بتطبيق أحكام القانون ولا يجوز للمحافظ أن يباشر عمله قبل صدور المرسوم الجمهوري بتعيينه....»[1].

والملاحظ في القرار الإفتائي لمجلس شورى الدولة أنه لم يحسم الجدل في هذه المسألة، فهو من جهة يعطي الحق لمجلس الرئاسة (رئيس الجمهورية في الوقت الحاضر) في رفض التعيين إذا كانت الشروط القانونية غير مستوفية في المحافظ ومن جهة أخرى يلزم مجلس الرئاسة بتطبيق القانون غير أنه لم يوضح الحكم القانوني في حال عدم التزام مجلس الرئاسة بأصدار المرسوم رغم توفر الشروط القانونية في المحافظ وفي تقديرنا أن المادة 26 المذكورة آنفاً تشكل مخالفة دستورية لنصوص أوردها الدستور، منها على سبيل المثال، الفقرة ثالثاً من المادة 125 من الدستور الدائم التي نصت على أن «يعد المحافظ الذي ينتخبه مجلس المحافظة الرئيس التنفيذي الأعلى في المحافظة، لممارسة صلاحياته المخول بها من قبل المجلس»

---

(1) ينظر: القرار 76 / 2009 في 2009/2/13، قرارات مجلس الدولة، مصدر سابق، ص 84.

وكذلك الفقرة رابعاً التي نصت على أن «ينظم بقانون انتخاب مجلس المحافظة والمحافظ...» والفقرة خامساً التي نصت على أن «لا يخضع مجلس المحافظ لسيطرة وإشراف أية وزارة أو جهة غير مرتبطة بوزارة...».

ففي هذه النصوص الثلاثة تأكيد على أن المحافظ يتم انتخابه من مجلس المحافظة، ولطالما يكون انتخاب المحافظ بقرار من مجلس المحافظة فإن الأخير لا يخضع لرقابة أو إشراف أية وزارة فضلاً على ذلك فإن النصوص الدستورية التي حددت اختصاصات رئيس الجمهورية لم يكن من بينها اختصاص إصدار مراسيم تعيين المحافظين، فإذا كان لابد من إعطاء دور لرئيس الجمهورية يجب أن يكون هذا الدور مقتصراً على المصادقة حيث أن رئيس الجمهورية لا يملك ابتداءً تعيين المحافظ كما كان عليه الحال في قانون المحافظات رقم 159 لسنة 1969 الملغي[1]، ومن ثم ينبغي تعديل المادة 26 الفقرة أولاً ليكون دور رئيس الجمهورية المصادقة على انتخاب المحافظ خلال خمسة عشر يوماً من تاريخ انتخابه ويعد مصادقاً على هذا الانتخاب بمضي المدة المقررة، وبهذا سنتجنب أية إشكاليات ممكن أن تثار بهذا الصدد.

ويكون للمحافظ نائبين بدرجة مدير عام ينتخبها المجلس من داخله أو خارجه ويتولى المحافظ إصدار أمر تعيينهما خلال خمسة عشر يوماً من تاريخ انتخاب المجلس لهما[2].

ولما كان المحافظ لا يستطيع مباشرة مهامه إلا بصدور المرسوم الجمهوري الخاص بتعيينه خلال مدة خمسة عشر يوماً من تاريخ انتخابه وبذلك قد يحصل أن يصدر هذا المرسوم في اليوم الأخير أي في اليوم الخامس عشر فكيف يتسنى للمحافظ إصدار تعيين نائبيه خلال هذه المدة فلذلك ينبغي تمديد المدة التي يصدر خلالها المحافظ أمر تعيين نائبيه بثلاثين يوماً لتجنب هذا الإشكال.

___

(1) نصت المادة الثالثة عشر – 1 – من قانون المحافظات رقم 159 لسنة 1969 الملغي على أن «يعين المحافظ ويرفع وينقل بمرسوم جمهوري بناءً على اقتراح الوزير وموافقة مجلس الوزراء....».

(2) المادة 27 – أولاً من قانون المحافظات غير المنتظمة في إقليم رقم 21 لسنة 2008 المعدل.

ثانياً : القائمقام

يعد القائمقام أعلى موظف تنفيذي في وحدته الإدارية وهي القضاء [1] .

ويتولى مجلس القضاء انتخاب القائمقام بالأغلبية المطلقة لعدد أعضاءه، وفي حال عدم حصول أي من المرشحين على هـذه الأغلبية (وهـي **50 + 1** من مجموع أعضاء المجلس) تجرى جولة ثانية لا يشترك فيها إلا الحاصلين على أعلى الأصوات في الجولة الأولى، ويفوز بالمنصب من يحصل على أكثرية الأصوات [2] .

ويصدر المحافظ أمـراً إدارياً بتعيين القائمقـام ويكـون خاضـعاً لتوجيهـه وإشرافه [3] ، ويكون القائمقام بدرجة مدير عام [4] .

ثالثاً : مدير الناحية

يعد مـدير الناحية أعلى موظف تنفيذي في وحدته الإدارية وهـي الناحية [5] ، ويتولى مجلس الناحية انتخاب مدير الناحية بالأغلبية المطلقة لعدد الأعضاء وفقاً للإجراءات ذاتها المتبعة في انتخاب القائمقام [6] .

ويتولى المحافظ إصدار أمـر تعيين مـدير الناحيـة ويكون خاضـعاً لتوجيهـه وإشرافه [7] ، ويكون مدير الناحية بدرجة معاون مدير عام [8] .

وأهم ما يلاحظ في هذا الشأن أن المشرع العراقي لم يشترط صدور مرسوم جمهـوري بتعـيين القائمقـام أو مـدير الناحيـة مثلمـا اشـترط علـى ذلـك بالنسبة

---

(1) المادة 39 – أولاً من قانون المحافظات غير المنتظمة في إقليم رقم 21 لسنة 2008 المعدل.

(2) المادة 8 – ثالثاً من قانون المحافظات غير المنتظمة في إقليم رقم 21 لسنة 2008 المعدل.

(3) المادة 39 – ثالثاً من قانون المحافظات غير المنتظمة في إقليم رقم 21 لسنة 2008 المعدل.

(4) المادة 39 – رابعاً من قانون المحافظات غير المنتظمة في إقليم رقم 21 لسنة 2008 المعدل.

(5) المادة 39 – الفقرة أولاً من قانون المحافظات غير المنتظمة في إقليم رقم 21 لسنة 2008 المعدل.

(6) المادة 12 – ثالثاً – 1 – من قانون المحافظات غير المنتظمة في إقليم رقم 21 لسنة 2008 المعدل.

(7) المادة 39 – ثالثاً من قانون المحافظات غير المنتظمة في إقليم رقم 21 لسنة 2008 المعدل.

(8) المادة 39 – رابعاً من قانون المحافظات غير المنتظمة في إقليم رقم 21 لسنة 2008 المعدل.

للمحافظ، وهذا مسلك حسن يعزز في الواقع من استقلالية المجالس المحلية التي تتولى انتخاب القائمقام، ومدير الناحية فضلاً عن ذلك إنه سيتجنب الإشكاليات المتعلقة بعدم صدور المرسوم وما يترتب عليها من تأثير سلبي في مصالح الوحدات الإدارية.

من جانب آخر لم يحدد المشرع سقفاً زمنياً ينبغي أن يصدر خلاله المحافظ أمراً إدارياً بتعيين القائمقام ومدير الناحية، كما حدد ذلك بالنسبة لتعيين المحافظ، فقد أوجب المشرع كما رأينا سابقاً أن يصدر المرسوم الجمهوري الخاص بتعيين المحافظ خلال خمسة عشر يوماً من تاريخ انتخاب مجلس المحافظة له، وبناءً على ذلك ينبغي للمشرع أن يوجب على المحافظ إصدار أمر تعيين القائمقام ومدير الناحية خلال خمسة عشر يوماً من تاريخ انتخابهما من مجلس القضاء والناحية.

من جانب آخر لم يجعل المشرع العراقي نواباً للقائمقام ومدير الناحية كما جعل ذلك للمحافظ[1].

المطلب الثالث

التنظيم القانوني لانتخابات المجالس المحلية

لما كان اختيار أعضاء المجالس المحلية في العراق يتم عن طريق الانتخاب العام المباشر، فإن ذلك يحتم علينا دراسة التنظيم القانوني لانتخابات المجالس المحلية في العراق، غير أن دراستنا لهذا الأمر ستقتصر على بعض المسائل المتعلقة بهذا الموضوع، كالشروط الواجب توفرها في الناخب والمرشح مع معرفة النظام الانتخابي المتبع والجهة المشرفة على الانتخابات المحلية، وبناءً على ذلك سنقسم المطلب على ثلاثة فروع، نتناول في الفرع الأول الشروط الواجب توفرها في الناخب، وفي الفرع الثاني سنتناول الشروط الواجب توفرها في المرشح، أما الفرع الثالث

(1) عوضاً عن ذلك قرر المشرع في المادة 40 أولاً من قانون المحافظات غير المنتظمة في إقليم على ما يأتي: «عند غياب القائمقام يكلف المحافظ أحد مدراء النواحي التابعة للقضاء ليقوم مقامه» ونصت الفقرة الثانية من المادة نفسها أنه «عند غياب مدير الناحية يكلف القائمقام أحد مدراء النواحي في القضاء ليقوم مقامه».

والأخير سنخصصه للحديث عن النظام الانتخابي المتبع والجهة التي تتولى الإشراف على الانتخابات المحلية.

الفرع الأول

الشروط الواجب توفرها في الناخب

حدد قانون انتخاب مجالس المحافظات و الأقضية والنواحي رقم 36 لسنة 2008 المعدل مجموعة من الشروط الواجب توفرها في الناخب بينها المادة الخامسة منه ، والتي نصت على أن يشترط في الناخب أن يكون : –

أولاً : عراقي الجنسية

لما كان الانتخاب يعد من الحقوق السياسية، فإن ممارسته لا تتاح إلا لمواطني الدولة الذين يتمتعون بجنسيتها ، وعلى هذا الأساس فإن كل من يتمتع بالجنسية العراقية يملك حق الانتخاب ، ومن ثم فإن الأجنبي المقيم في العراق لا يتمتع بهذا الحق.

فضلاً عن ذلك تقضي القاعدة العامة في هذا الشأن أن يتم التمييز بين المواطن الأصلي والمواطن بالتجنس فيما يتعلق بممارسة الحقوق السياسية بحيث لا يسمح للمجنس بالتمتع بهذه الحقوق إلا بمضي فترة معقولة تكون كافية لإثبات ولائه وانتمائه لوطنه الجديد [1].

ولما كانت نصوص قانون انتخاب مجالس المحافظات والاقضية والنواحي المذكورة آنفاً ، قد خلت من تنظيم المسألة ، فإنه وعند الرجوع إلى قانون الجنسية العراقي رقم 26 لسنة 2006 ، نجد أن المشرع العراقي قد خرج على القاعدة العامة التي تقضي بضرورة التمييز بين المواطن الأصلي والمواطن المتجنس ، وذلك عندما قرر تمتع غير العراقي الذي يحصل على الجنسية العراقية بطريقة التجنس بجميع

---

(1) د. عثمان خليل عثمان، موجز القانون الدستوري، ط 3 ، دار الفكر العربي، القاهرة، 1952، ص 268.

الحقوق التي يتمتع بها العراقي[1] دون أن يشترط مضي مدة معينة كي يثبت جدارته وانتمائه للعراق كما فعل ذلك المشرع الفرنسي في هذا الشأن حيث اشترط مضي خمس سنوات على اكتساب الأجنبي للجنسية حتى يتسنى له ممارسة حق الانتخاب وكان على المشرع العراقي أن يقرر مثل ذلك.

ثانياً : أن يكون الناخب كامل الأهلية

هذا ما أشارت إليه الفقرة الثانية من المادة الخامسة من قانون انتخاب مجالس المحافظات والاقضية والنواحي المذكورة آنفاً، ويعد هذا الشرط من الشروط البديهية التي ينبغي أن تتوافر في الناخب، فلا يمكن السماح للصغير أو المجنون أو المعتوه في أن يكونوا ناخبين، كذلك المحجور عليه بحكم قضائي كالسفيه وذي الغفلة[2].

ثالثاً : أن يكون الناخب قد أتم الثامنة عشر من عمره في السنة التي تجري فيها الانتخابات

لما كان من مستلزمات كمال الأهلية بلوغ سن الرشد، في الوقت الذي حدد القانون المدني العراقي في المادة 106 سن الرشد بثماني عشرة سنة كاملة، فكان الأولى بالمشرع أن يدرج هذا الشرط مع الفقرة الثانية التي تشترط أن يكون الناخب كامل الأهلية.

والملاحظ في هذا الشأن أن المشرع العراقي قد اشترط أن يتم الناخب ثمانية عشر من عمره في السنة التي تجري فيها الانتخابات، وهذا الأمر سيخلق بعض الإشكاليات، فعلى سبيل المثال لو تقرر إجراء الانتخابات المحلية في 2013/1/1 فسيكون بإمكان الشخص الذي سيبلغ سبعة عشر عاماً وشهر الاشتراك في الانتخاب على اعتبار أنه سيتم الثامنة عشرة في الشهر الأخير من سنة 2013 وهي

---

(1) نصت المادة 9 من قانون الجنسية العراقية رقم 126 لسنة 2006 على أن «يتمتع غير العراقي الذي يحصل على الجنسية العراقية بطريقة التجنس وفقاً لأحكام المواد (5، 4، 6، 11، 7) من هذا القانون بالحقوق التي يتمتع بها العراقي الا ما استثنى بقانون خاص» .

(2) بينت المادة 46 من القانون المدني العراقي رقم 40 لسنة 1951 المقصود بكامل الأهلية حيث نصت على أن: «كل شخص بلغ سن الرشد متمتعاً بقواه العقلية غير محجور عليه يكون كامل الأهلية مباشرة حقوقه المدنية».

السن التي تجري فيها الانتخابات، وهذا مخالف للمبدأ العام الذي يقضي بإتمام سن الرشد القانوني في الوقت الذي رأينا في الدول المقارنة كبريطانيا أن المشرع فيها اشترط إتمام سن الثامنة عشر.

رابعاً : أن يكون اسم الناخب مسجلاً في سجل الناخبين

يعد هذا الشرط من الشروط الأساسية التي تتمحور حوله بقية الشروط التي تحدثنا عنها، حيث لا يسمح للناخب من الإدلاء بصوته في يوم الانتخاب حتى ولو كان عراقي الجنسية وكامل الأهلية وبالغاً الثامنة عشرة من عمره ما لم يكن مسجلاً في سجل الناخبين[1].

وتتولى المفوضية العليا المستقلة للانتخابات مهمة إنشاء وتحديث سجل الناخبين[2]، وتعتمد المفوضية في وضع سجل الناخبين وتحديد عدد مقاعد الدائرة الانتخابية على أحدث إحصائية لقاعدة بيانات وزارة التجارة الخاصة بالبطاقة التموينية لحين إجراء الإحصاء السكاني العام[3].

وأهم ما يلاحظ في هذا الشأن أن قانون انتخاب مجالس المحافظات والأقضية والنواحي رقم 36 لسنة 2008 المعدل لم يشترط من الناخب الإقامة في الوحدة الإدارية التي يمارس فيها حقه في التصويت، وإنما اكتفى كما رأينا أن يكون اسم الناخب مسجلاً في سجل الناخبين الذي يعتمد البطاقة التموينية بالدرجة الأساس التي لا تشترط بالضرورة تحقق الإقامة الفعلية.

من جانب آخر لم يتطرق قانون انتخاب مجالس المحافظات والاقضية والنواحي إلى مسألة إعفاء العسكريين ورجال الشرطة من الانتخاب، بل سمح لهم بالانتخاب من خلال بيانه إجراء عملية اقتراع العسكريين ومنتسبي الأمن الداخلي في مراكز

---

(1) جبار جمعة اللامي، دراسة حول قانون الانتخابات العراقية الجديدة، بحث منشور في الانترنت على الرابط الآتي: www. achnina / art 72 m. تاريخ الزيارة 2012/3/1.

(2) المادة 4 من قانون المفوضية العليا المستقلة للانتخابات رقم 11 لسنة 2007 المعدل.

(3) المادة 17 أولاً من قانون انتخاب مجالس المحافظات و الأقضية والنواحي رقم 36 لسنة 2008 المعدل.

اقتراع خاصة تحددها المفوضية للتنسيق مع الوزارة المختصة[1]، وكان الأحرى بالمشرع العراقي أن يقرر إعفاء العسكريين ومنتسبي قوى الأمن الداخلي من التصويت حفاظاً على حياد المؤسسات العسكرية والأمنية وجعلها بمنأى عن الاشتغال بالسياسة، والسبب الذي يدعونا إلى تقرير هذا الإعفاء هو أن الديمقراطية في العراق لا تزال ناشئة وفي طور النمو لذا من المفضل أن ينصرف الجيش والشرطة لتأدية مهامه الأساسية فقط.

الفرع الثاني

الشروط واجب توفرها في المرشح

كفل قانون المحافظات غير المنتظمة في إقليم رقم **21** لسنة **2008** المعدل تحديد الشروط الواجب توفرها فيمن يرغب بالترشح لعضوية المجالس المحلية وهذه الشروط حددتها المادة **5** من القانون المذكور على النحو الآتي : -

أولاً : أن يكون عراقياً كامل الأهلية قد أتم الثلاثين سنة من عمره عند الترشيح

وفيما يتعلق باشتراط كون المرشح عراقياً والذي يقصد به أن يكون متمتعاً بالجنسية العراقية فقد ميز المشرع العراقي في قانون الجنسية رقم **26** لسنة **2006** المذكورة بين المواطن العراقي الأصلي وبين غير العراقي المتجنس بالجنسية العراقية، فقد أشارت الفقرة الثانية من المادة **9** على أن «لايجوز لغير العراقي الذي يحصل على الجنسية العراقية بطريق التجنس وفقاً لأحكام المواد (**4**، **6**، **7**، **11**) من هذا القانون أن يكون وزيراً أو عضواً في هيئة برلمانية قبل مضي عشر سنوات على تاريخ اكتسابه الجنسية العراقية»، ونؤيد من يذهب إلى أن كلمة (هيئة برلمانية) جاءت مطلقة فإنها تشمل والحالة هذه البرلمان الاتحادي

(**1**) نصت المادة (**47**) من قانون انتخاب مجالس المحافظات والاقضية والنواحي رقم **36** لسنة **2008** على أن: «تجري عملية اقتراع العسكريين ومنتسبي قوى الامن الداخلي في مراكز اقتراع خاصة تحددها المفوضية بالتنسيق مع الوزارات المختصة».

(مجلس النواب ومجلس الاتحاد) والبرلمانات المحلية إذا جاز التعبير بالنسبة لمجالس المحافظات والاقضية والنواحي [1].

وعلى الرغم من تأييدنا لهذا الرأي إلا إننا نجد من الضرورة النص صراحةً دفعاً لأي إشكاليات ممكن أن تحصل بسبب الاختلاف في التفسير، وفي السياق ذاته أجاز الدستور الدائم لعام 2005 تعدد الجنسية للعراقي وأوجب في الوقت ذاته على من يتولى منصباً سياسياً أو أمنياً رفيعاً التخلي عن أية جنسية أخرى مكتسبة على أن يتولى القانون تنظيم ذلك [2]، والسؤال المطروح هنا : هل يعد منصب رؤساء الوحدات الإدارية وأعضاء المجالس المحلية الثلاث من المناصب السيادية ؟ومن ثم يجب على من يتولى هذه المناصب التخلي عن أية جنسية أخرى مكتسبة ؟

للإجابة عن هذا التساؤل يمكن القول أن الإدارة المحلية تكتسب أهمية كبيرة ومن ثم فإن ممثلي الإدارة المحلية سواء كانوا رؤساء للوحدات الإدارية أم أعضاء في المجالس المحلية تدخل مهامهم في تقديرنا ضمن مفهوم المناصب السيادية في ضوء الاختصاصات المهمة والحسّاسة التي تقع على عاتقهم وبناءً على ذلك يجب التخلي عن أية جنسية أخرى كي يثبتوا ولاءهم للوطن أولاً ولسكان الوحدة المحلية التي ينتمون لها ثانياً.

بالإضافة لذلك فإن تمتع عضو المجلس المحلي أو رئيس الوحدة الإدارية بأكثر من جنسية سيسهم بشكل أو بآخر بازدياد معدلات الفساد الإداري والمالي في الهيئات التي يمارس عمله فيها كونها ستكون أي الجنسية الثانية الغطاء القانوني الذي يوفر له منافذ الهروب والاحتماء من الملاحقة القانونية [3].

─────────────

(1) المحامي طارق حرب، شرط الجنسية في الترشيح للبرلمانات المحلية، مقال منشور في الانترنت على الرابط الآتي: -   www. Iraq center. Net / vb / 53494. htm / align تاريخ الزيارة 2012/2/3.

(2) المادة 18 الفقرة رابعاً من الدستور العراقي الدائم لعام 2005.

(3) الملفت للنظر أنه على الرغم من مضي سبع سنوات على نفاذ الدستور النافذ، نجد أن المشرع لم يفعّل العديد من النصوص الدستورية، ومنها على سبيل المثال نص المادة 18 الفقرة رابعاً من الدستور والتي نصت على«يجوز تعدد الجنسية للعراقي، وعلى من يتولى منصبا سياديا أو امنيا رفيعا التخلي عن أية جنسية أخرى مكتسبه،وينظم ذلك في قانون».

وبخصوص الشروط الأخرى التي نصت عليها الفقرة الأولى من المادة المذكورة آنفاً، فنجد أن المشرع قد ارتفع بسن المرشح وهو إتمام الثلاثين سنة وهو مسلك حسن، ذلك أن المهام التي تضطلع بها المجالس المحلية ليست باليسيرة الأمر الذي يتطلب توافر خبرات لا يمكن أن يكتسبها الشخص إلا إذا بلغ سناً معيناً، أما ما يتعلق بشرط إكمال الأهلية الواجب توفره بالمرشح فقد تكلمنا عنه في سياق حديثنا عن شروط الناخب و لتجنب التكرار نحيل إلى ما سبق.

ثانياً : أن يكون المرشح حاصلاً على الشهادة الإعدادية كحد أدنى أو ما يعادلها

قد لا يكفي بلوغ الشخص سناً معيناً على توفر الكفاءة اللازمة للقيام بأعباء الإدارة المحلية فقد أضاف المشرع العراقي إليها أن يكون المرشح حاصلاً على الشهادة الإعدادية أو ما يعادلها كإعدادية الصناعة أو التجارة[1].

وعلى الرغم من أن هذا الشرط يمثل تقدماً نوعياً قياساً على ما كان عليه الحال بالنسبة لقانون المحافظات رقم 159 لسنة 1969 الملغي الذي اشترط في المرشح لعضوية المجالس المحلية أن يحسن القراءة والكتابة[2]، فإن ذلك لا يعد كافياً في تقديرنا ومن ثم نؤيد مع من يذهب إلى اشتراط حصول المرشح على الشهادة الجامعية الأولية كحد أدنى خصوصاً وإن البلد اليوم يزخر بأصحاب المؤهلات العلمية التي تحتاجهم في الواقع المجالس المحلية[3].

ثالثاً : أن يكون حسن السيرة والسمعة والسلوك وغير محكوم بجناية أو جنحة مخلة بالشرف

لا خلاف في أن يكون المرشح لعضوية المجالس المحلية حسن السمعة ومحمود السيرة، كونه سيمثل أهالي وحدته الإدارية في المجلس المحلي، ولكن الخلاف يكمن في تحديد الجهة التي تتولى إثبات هذه الصفات أو نفيها، الأمر الذي يحوّل

(1) المادة 5 – فقرة ثانياً من قانون المحافظات غير المنتظمة في إقليم رقم 21 لسنة 2008 المعدل.
(2) ينظر: الفقرة 10 من المادة 57 من قانون المحافظات رقم 159 لسنة 1969 الملغي.
(3) د. حنان القيسي وآخرون، المصدر لسابق، ص 76.

العملية الانتخابية إلى عملية انتقائية تتجاذبها الأهـواء مـن المصالح السياسية الضيقة[1].

ولتلافي هذه الإشكالية يمكن الاكتفاء بشرط عدم المحكومية بجناية أو جنحة مخلة بالشرف والتي تدل دلالة واضحة على انتفاء حسن السيرة والسلوك[2]، ويمكن أن نضيف إلى هـذا الشرط شـروط أخـرى على سبيل المثال ألا يكون المرشح قد سبق وأن تم إقالته من عضوية المجـالس المحلية لأي سبب مـن الأسباب التي أوردها المشرع للإقالة[3]، أو أن لا يكون ممن تم معاقبتهم بعقوبة الفصل أو العزل لأسباب تتعلق بالإخلال بالواجبات الوظيفية.

رابعاً : أن يكون المرشح من أبناء المحافظة بموجب سجل الأحوال المدنية أو مقيماً فيها بشكل مستمر لمدة لا تقل عن عشر سنوات على أن لا تكون إقامته فيها لأغراض التغيير الديمغرافي

وفقاً لهذا الشرط فإن المرشح لا يكون من أبناء المحافظة إلا بفرضين، الأول : أن يكون المرشح مسجلاً في سجل الأحوال المدنية أو ما يعبر عنه بمسقط الـرأس، أما الفرض الثاني : فيتحقق إذا كان المرشح مقيماً في المحافظة إقامة مستمرة لمدة لا تقل عن عشر سنوات شرط أن لا تكون إقامته لأغراض التغيير الديمغرافي[4].

_____

(1) د. حنان القيسي وآخرون، المصدر السابق، ص 77.

(2) بين قانون العقوبات العراقي رقم 111 لسنة 1969 المعدل المقصود بالجرائم المخلة بالشرف في المادة 21 / 1 – أ – وهي السرقة والاختلاس والتزوير وخيانة الأمانة والاحتيال والرشوة وهتك العرض ؛ وقد عدّ قانون الإرهاب رقم 13 لسنة 2011 الجرائم الإرهابية مـن بيـن الجرائم المخلة بالشرف، ينظر المادة 6 منه.

(3) حددت المادة 7 الفقرة – ثانياً 1 – من قانون المحافظات غير المنتظمة في إقليم رقم 21 لسنة 2008 الأسباب العامة في إقالة أعضاء المجالس المحلية ورؤساء الوحدات الإدارية وهي : – أ – عدم النزاهة أو استغلال المنصب الوظيفي، ب – التسبب في إهدار المال العام، ج – فقدان أحد شروط العضوية، د – الإهمال أو التقصير المتعمدين في أداء الواجب والمسؤولية.

(4) مصطلح (الديمغرافي) لفظ يوناني الأصل مؤلف من شقين ديمو ويعني الشعب أو السكان و غراف ويعني الوصف وبهذا يصبح المعنى الحرفي لهذا المصطلح هو وصف السكان=

ويلاحظ في هذا الشأن إنه وعلى الرغم من تسليمنا بضرورة وجود رابطة قوية بين أبناء الوحدة الإدارية، والمرشح الذي سيمثلهم في عضوية المجلس المحلي، إلا إن المغالاة في تأكيد هذه الرابطة غير مبرر، وسيؤدي بمرور الوقت إلى تحول هذه الوحدات الإدارية إلى كانتونات منغلقة على نفسها تقف حائلاً أمام حركة التعايش المجتمعي، ناهيك عن حرمانها من الاستفادة من العناصر الكفوءة والتي قد لا تتوفر فيها شرط التسجيل في سجل الأحوال المدنية أو شروط الإقامة المذكورة.

وبخصوص أن لا تكون الإقامة لأغراض التغيير الديمغرافي، نتساءل عن المعايير المحددة للتغيير الديمغرافي، ومن هي الجهة التي تقرر كون إقامة هذا الشخص هي لأغراض التغيير الديمغرافي؟ وما هو الضمان لعدم التعامل بانتقائية بهذا الجانب؟

فضلاً على ذلك إن هذا الشرط يتعارض مع نصوص عديدة في الدستور النافذ لعام 2005[1] ويلاحظ أيضاً أن المشرع كما تقدم بنا لم يشترط في الناخب الشروط ذاتها المتعلقة بالمرشح فيما يخص السكن والتسجيل في سجل الأحوال المدنية، فكان الأولى أن يؤكد ارتباط الناخب بالوحدة الإدارية كونه هو المستفيد النهائي من خدمات المجالس المحلية[2].

خامساً : أن لا يكون المرشح من أفراد القوات المسلحة أو المؤسسات الأمنية عند ترشحه

تقتضي طبيعة العمل في القوات المسلحة أو في المؤسسات الأمنية كأجهزة الشرطة والمخابرات وغيرها، السهر على حماية الوطن وأمن المواطن والتي تتطلب

= أو الدراسة الوصفية لعدد السكان وتحركاتهم، ينظر: د. حنان القيسي وآخرون، مصدر سابق، ص 78.

(1) مثال ذلك المادة 44 من الدستور النافذ لعام 2005 والتي نصت على أن «للعراقي حرية التنقل والسفر والسكن داخل العراق وخارجه»، وكذلك المادة 20 التي تنص على أن «للمواطنين رجالاً ونساءً حق المشاركة في الشؤون العامة والتمتع بالحقوق السياسية بما فيها حق التصويت والانتخاب والترشيح».

(2) من الجدير بالذكر أن قانون الانتخابات رقم 16 لسنة 2005 المعدل أجاز للمرشح لعضوية مجلس النواب أن يختار الدائرة التي يرغب في الترشح عنها، ينظر: المادة 8 من هذا القانون.

اليقظة التامة في كل وقت بعيداً عن التجاذبات التي تفرزها طبيعة العمل السياسي، وبذلك يمكن القول أن المشرع قد أحسن صنعاً عندما أقر ذلك، وإن كان الأولى من حيث الصياغة القانونية أن يكون التعبير أكثر دقة كأن تكون العبارة كالآتي : «لا يجوز لأفراد القوات المسلحة أو المؤسسات الأمنية الترشح لعضوية المجالس المحلية قبل تقديمهم الاستقالة وقبولها من مراجعهم المختصة لأن العبارة التي جاء بها المشرع توحي أنه ومن باب مفهوم المخالفة بإمكان الشخص أن يكون من أفراد القوات المسلحة أو المؤسسات الأمنية بعد ترشحه أي بعد أن يصبح عضواً في المجلس المحلي وهذا يخالف في الواقع الحكمة الأساسية التي تقضي بإبعاد المؤسسات العسكرية والأمنية من النشاط السياسي.

سادساً : أن لا يكون المرشح مشمولاً بأحكام وإجراءات اجتثاث البعث أو أي قانون آخر يحل محله

نتيجة للإرث السيئ الذي تركه النظام السياسي السابق، وما شهده العراق من أحداث مؤلمة في مرحلة حكم حزب البعث المنحل، فقد أشار الدستور النافذ إلى عدم جواز الترشيح للمناصب التنفيذية والتشريعية والقضائية ممن كان مشمولاً بإجراءات اجتثاث حزب البعث[1].

وقد صدر قانون الهيئة الوطنية العليا للمساءلة والعدالة رقم 10 لسنة 2008، التي تمثل هيئة كاشفة عن المشمولين بإجراءات المساءلة والعدالة.[2]

وفي هذا الجانب يذهب البعض إلى أن هذا الشرط يشكل قيداً واضحاً على حرية الترشيح ويفسح المجال الواسع لاجتهادات القائمين على إدارة عملية الترشيح، ويفضل أن يترك للسلطة القضائية أمر تقدير وإثبات أو نفي هذه الأوصاف عن المرشح لعضوية المجالس المحلية[3].

---

(1) ينظر : المادة 135 من الدستور الدائم لعام 2005.

(2) منشور في الوقائع العراقية بالعدد 4061 في 14\2\2008.

(3) د. حنان القيسي وآخرون، مصدر سابق، ص 80.

سابعاً : أن لا يكون المرشح قد أثرى بشكل غير مشروع على حساب الوطن أو المال العام بحكم قضائي

يعد الفساد الإداري والمالي من أخطر الآفات التي تنخر هيكل الدولة الإداري، وانطلاقاً من ذلك حرص المشرع العراقي على عدم جواز السماح للشخص الذي أثرى بشكل غير مشروع على حساب الوطن والمال العام بالترشيح لعضوية المجالس المحلية.

ولما كان قانون العقوبات يخلو من النص على تجريم ما يسمى جريمة الإثراء غير المشروع على حساب الوطن أو المال العام، ولطالما جعل المشرع مناط إثباتها هو الحكم القضائي فإنها والحالة تدخل ضمن الشرط المتعلق بحسن السيرة والسلوك وعدم المحكومية بالجنايات والجنح المخلة بالشرف ومن ثم لا داعي من إفرادها بشكل مستقل.

الفرع الثالث

النظام الانتخابي والجهة المشرفة على الانتخابات المحلية

سنعرض في هذا الفرع الأمور الآتية : -

أولاً : النظام الانتخابي المتبع في اختيار أعضاء المجالس المحلية في العراق

من استقراء نصوص قانون انتخابات مجالس المحافظات والاقضية والنواحي رقم 36 لسنة 2008 المعدل يمكن القول أن المشرع العراقي أخذ بنظام القائمة المفتوحة والقائمة المنفردة المقترنة بالتمثيل النسبي[1].

(1) نصت الفقرة الخامسة من المادة الأولى من قانون انتخابات مجالس المحافظات والاقضية والنواحي رقم 36 لسنة 2008 المعدل على أن المقصود بالقائمة المفتوحة «وهي القائمة التي تحوي على أسماء المرشحين المعلنة على أن لاتتجاوز عدد المقاعد المخصصة للدائرة» وأشارت الفقرة السادسة من المادة المذكورة آنفاً على أن المقصود بالقائمة المنفردة «وهي القائمة التي يحق لفرد واحد أن يرشح بها للانتخابات على أن يكون مسجلاً لدى المفوضية».

وفقاً لهذا النظام الانتخابي يسمح للناخب بالتصويت للقائمة المفتوحة التي تتضمن عدد من المرشحين على أن لا يتجاوز عدد المقاعد المخصصة لتلك الدائرة أو التصويت للقائمة المنفردة التي تضم مرشحاً واحداً فقط(1) ثم تجمع الأصوات الصحيحة التي حصلت عليها القوائم المفتوحة والمنفردة، وتقسم على القاسم الانتخابي ستظهر بعدها نتيجة عدد المقاعد التي حصلت عليها هذه القوائم.(2)

بالنسبة لتوزيع المقاعد الانتخابية على مرشحي القائمة المفتوحة سيكون على أساس ترتيب المرشحين استناداً إلى عدد الأصوات التي حصل عليها المرشح، فيكون الفائز الأول هو من يحصل على أعلى عدد من الأصوات ضمن القائمة المفتوحة وهكذا بالنسبة لبقية المرشحين على أن تكون امرأة في كل ثلاثة فائزين بغض النظر عن الفائز بين الرجال.(3)

وبخصوص مرشحي القوائم المنفردة التي تتألف من مرشح واحد، فيجب أن يحصل على ما يعادل القاسم الانتخابي في الأقل للحصول على المقعد الانتخابي وتهمل باقي الأصوات الزائدة عن القاسم الانتخابي.(4)

وفي حال وجود مقاعد شاغرة فإنها توزع على القوائم المفتوحة الفائزة بحسب نسبة ما حصلت عليه من المقاعد، وذلك لغرض استكمال جميع المقاعد المخصصة للدائرة الانتخابية.(5)

وأهم ما يلاحظ في هذا الشأن أنه وعلى الرغم من تبني المشرع العراقي نظام القائمة المفتوحة التي تتيح للمصوت اختيار الشخص الذي يرغب بتمثيله في عضوية

---

(1) المادة 12 – الفقرة ثالثاً من قانون انتخاب مجلس المحافظات والاقضية والنواحي رقم 36 لسنة 2008 المعدل.

(2) المادة 13 – أولاً من قانون انتخاب مجلي المحافظات والاقضية والنواحي رقم 36 لسنة 2008 المعدل.

(3) المادة 13 – الفقرة ثانياً من قانون انتخاب مجالس المحافظات والاقضية والنواحي رقم 36 لسنة 2008 المعدل.

(4) المادة 13 – الفقرة رابعاً من قانون انتخاب المحافظات والاقضية والنواحي رقم 36 لسنة 2008 المعدل.

(5) المادة 13 – الفقرة خامساً من قانون انتخاب المحافظات والاقضية والنواحي رقم 36 لسنة 2008 المعدل.

المجلس المحلي من بين باقي مرشحي القائمة المفتوحة، والذي استبدل بنظام القوائم المغلقة الذي عُمل به في انتخابات مجالس المحافظات في عام **2005**، إلا إنه تبنى نظام القائمة المغلقة بشكل ضمني من خلال توزيع عدد الأصوات الزائدة على المرشحين الآخرين في القائمة المفتوحة بخلاف ذلك بالنسبة لمرشحي القوائم المنفردة، إذ أن الأصوات التي تزيد على ما يعادل القاسم الانتخابي للمرشح المنفرد سوف تهمل كما تقدم بنا الأمر الذي لا يحقق العدالة والمساواة بين مرشحي القوائم المفتوحة والقوائم المنفردة، فالقائمة المفتوحة ستحصل على عدد من المقاعد بقسمة مجموع الأصوات الصحيحة التي حصلت عليها هذه القائمة على القاسم الانتخابي، ومن ثم توزع المقاعد على مرشحي القائمة يحسب أعلى الأصوات التي حصل عليها المرشح، و لايشترط أن يجتاز بذلك القاسم الانتخابي، في حين نجد أن المشرع اشترط من مرشحي القوائم المنفردة الحصول على ما يعادل القاسم الانتخابي حتى يضمن الحصول على المقعد الانتخابي، ولتوضيح ذلك سنضرب المثال الآتي : -

لو افترضنا أن المقاعد المخصصة لمحافظة (س) هي **28** مقعداً وكان مجموع الأصوات الصحيحة التي أدلى بها الناخبون هو (**400.000**) أربعمائة ألف صوت، وحصلت القائمة المفتوحة أ على **180**الف صوت، وحصلت القائمة المفتوحة ب على **120** ألف صوت، وحصلت القائمة المنفردة التي تضم مرشحاً واحداً جـ على **40** ألف صوت، وحصلت القائمة المنفردة د على **30** ألف صوت والقائمة المنفردة هـ **30** ألف صوت ولكي نستخرج القاسم الانتخابي يجب قسمة مجموع عدد الأصوات الصحيحة على عدد المقاعد المخصصة للمحافظة وفقاً لهذا المثال تكون المعادلة على النحو الآتي : -

400.000 ÷ 28 = 14.285 القاسم الانتخابي

ولغرض معرفة عدد المقاعد التي حصلت عليها كل قائمة نقوم بقسمة الأصوات الصحيحة التي حصلت عليها القائمة على القاسم الانتخابي وتكون النتيجة مجموع المقاعد التي تحصل عليها القائمة :

القائمة أ، **180.000** ÷ 14.285 = 12 مقعد

القائمة ب، **120.000** ÷ 14.285 = 8 مقاعد

القائمة المنفردة جـ، **40.000** ÷ 14.285 = 1 مقعد واحد وسيهمل **25.715** ألف صوت

القائمة المنفردة د، **30.000** ÷ 1 = 14.285 ، مقعد واحد وسيهمل **15.715** ألف صوت

القائمة المنفردة هـ، **30.000** ÷ 1 = 14.285 ، مقعد واحد وسيهمل **15.715** ألف صوت

ولما كان مجموع المقاعد التي حصلت عليها هذه القوائم هي **23** مقعداً من أصل **28** مقعداً فهذا يعني أن هناك خمسة مقاعد شاغرة ستوزع على القوائم المفتوحة أ و ب فقط تحسب نسبة المقاعد التي حصلت عليها من مجموع المقاعد المخصصة، فستكون **3** مقاعد للقائمة أ و **2** مقعد للقائمة ب.

وبذلك نخلص أن الجمع بين نظام القائمة المفتوحة والقائمة المنفردة لا يحقق العدالة والمساواة بين المرشحين، الأمر الذي ينبغي للمشرع أن يتبنى النظام الانتخابي الفردي المقترن بالأغلبية كالمعمول به في الانتخابات المحلية البريطانية كما تقدمت الإشارة إليه، أو أن يلغي نظام القوائم المنفردة والإبقاء على نظام القائمة المفتوحة حصراً.

ثانياً : الجهة المشرفة على الانتخابات المحلية

تتولى المفوضية العليا المستقلة للانتخابات – وهي هيئة حكومية مستقلة ومحايدة تتمتع بالشخصية المعنوية وتخضع لرقابة مجلس النواب – الإشراف والتنظيم والتنفيذ لجميع أنواع الانتخابات والاستفتاءات الاتحادية والإقليمية وفي المحافظات غير المنتظمة في إقليم.[1]

وتتألف المفوضية العليا المستقلة للانتخابات من مجلس المفوضين والإدارة الانتخابية، ويتكون مجلس المفوضين من تسعة أعضاء، اثنان منهم على الأقل من القانونيين يختارهم مجلس النواب بالأغلبية بعد ترشيحهم من لجنة مجلس النواب[2].

ويتولى مجلس المفوضين العديد من الصلاحيات أهمها إنشاء وتحديث سجل الناخبين وتنظيم سجل قوائم المرشحين للانتخابات والمصادقة عليها، والمصادقة على إجراء العد والفرز وإعلان النتائج النهائية[3].

---

(1) المادة 2 من قانون المفوضية العليا المستقلة للانتخابات رقم (11) لسنة 2007.

(2) المادة 3 من قانون المفوضية العليا المستقلة للانتخابات رقم (11) لسنة 2007.

(3) المادة 4 من قانون المفوضية العليا المستقلة للانتخابات رقم (11) لسنة 2007.

أما بالنسبة للإدارة الانتخابية التي تتألف من المكتب الوطني والمكاتب الانتخابية في الأقاليم والمحافظات وفق هيكلية يصادق عليها مجلس المفوضين، فإنها تتولى مسؤولية تنفيذ الأنظمة والقرارات الصادرة من مجلس المفوضين وإدارة كافة النشاطات كافة ذات الطابع ألعملياتي والإجرائي والتنفيذي على الصعيدين الوطني والإقليمي [1].

وأهم ما يلاحظ في هذا الشأن إن المفوضية العليا المستقلة للانتخابات، ومن تسميتها تدل أنها هيئة مستقلة عن السلطة التنفيذية، ومن ثم لا يكون للأخيرة أي دور في العملية الانتخابية سواء على الصعيد الانتخابات العامة الوطنية أم المحلية، وهذا بحد ذاته خطوة إيجابية، وإن كانت هنالك بعض الملاحظات هو طريقة اختيار أعضاء مجلس المفوضين فنجد الأولى أن يتم ترشيح هؤلاء الأعضاء من قبل مجلس القضاء الأعلى من بين القضاة، ومن ثم لا نفضل أن يتم ترشيحهم من لجنة مجلس النواب لأن ذلك سيمس في الواقع استقلالية المفوضية، حيث ستلعب الاعتبارات السياسية دوراً في هذا الشأن.

المطلب الرابع

التنظيم القانوني لعضوية المجالس المحلية

يشمل التنظيم القانوني لعضوية المجالس المحلية أموراً عديدة، يتعلق بعضها في تحديد أنواع العضوية فيها ومدتها، ويتعلق البعض الآخر بواجبات وحقوق الأعضاء، بالإضافة إلى بيان الأسباب التي تنتهي بها عضوية المجالس المحلية.

وطالما تحدثنا عن عضوية المجالس المحلية في العراق ومدتها في معرض دراسة تشكيل المجالس المحلية[2]، ولتجنب التكرار، فسنقتصر على بيان الأمور الأخرى المتعلقة بالعضوية وذلك في الفرعين الآتيين.

---

(1) المادة 5 من قانون المفوضية العليا المستقلة للانتخابات رقم (11) لسنة 2007.

(2) حيث تبين أن أعضاء المجالس المحلية في العراق يتم اختيارهم عن طريق الانتخاب العام لمدة أربع سنوات، ينظر الصفحة (190) من الأطروحة.

الفرع الأول
واجبات وحقوق أعضاء المجالس المحلية

فيما يتعلق بواجبات أعضاء المجالس المحلية في العراق، فإن قانون المحافظات غير المنتظمة في إقليم رقم 21 لسنة 2008 المعدل، يتضمن نصوصاً صريحة تحدد واجبات الأعضاء في المجالس المحلية، إلا أنه عند استقراء بعض نصوص هذا القانون يمكن أن نحدد أهم هذه الواجبات كالالتزام بالحضور إلى جلسات المجالس المحلية المقررة وفقاً للنظام الداخلي لهذا المجلس(1)، الذي يعد من أهم واجبات الأعضاء في المجالس المحلية، حيث رتب القانون آثار قانونية في حال الإخلال بهذا الواجب كالإقالة من عضوية المجلس (2).

وواجبات الأعضاء لا تقتصر على الالتزام بالحضور إلى جلسات المجلس فقط وإنما على الأعضاء الالتزام بحسن التصرف واحترام الجلسة وإلا سيخضعون لعقوبات انضباطية(3).

فضلاً على ذلك هنالك العديد من الواجبات التي تقع على عاتق عضو المجلس المحلي نستطيع استخلاصها من مفهوم المخالفة(4).

---

(1) لم ينظم قانون المحافظات غير المنتظمة في إقليم رقم 21 لسنة 2008 المعدل الأمور المتعلقة بانعقاد جلسات المجالس المحلية وكيفية انعقادها بل ترك ذلك للأنظمة الداخلية لكل مجلس من المجالس المحلية، ينظر: المادة 7 من الفقرة 14 والمادة 8 الفقرة 12 والمادة 12 الفقرة 10 من هذا القانون.

(2) على سبيل المثال نصت المادة 6 – أولاً – 3 من قانون المحافظات غير المنتظمة في إقليم إلى أن «يعد العضو مقالاً إذا تخلف عن الحضور أربع جلسات متتالية أو غاب ($\frac{1}{4}$) ربع عدد جلسات المجلس خلال مدة أربعة شهور دون عذر مشروع».

(3) فقد قررت الفقرة 2 من المادة 15 من قانون المحافظات غير المنتظمة في إقليم النافذ على أن «للمجالس بأغلبية عدد أعضاءها الحاضرين تنحية أحد الأعضاء عن جلسة واحدة أو أكثر من جلستها إذا تصرف في مجلسه تصرفاً أساء إلى سمعة المجلس الذي هو عضو فيه».

(4) مثال ذلك ما نصت عليه المادة 7 الفقرة ثامناً – البند 1 – التي حددت أسباب إقالة رؤساء الوحدات الإدارية وأعضاء المجالس المحلية بـ: أ – عدم النزاهة أو استغلال المنصب الوظيفي، =

أما بالنسبة للحقوق التي يتمتع بها أعضاء المجالس المحلية، يمكن تصنيفها إلى نوعين، حقوق مالية، وحقوق غير مالية، وبخصوص الحقوق غير المالية تتمثل بتمتع أعضاء المجالس المحلية بحرية إبداء آرائهم في المناقشات التي تحصل في اجتماعات المجلس الذي ينتمون له، وقد قررت ذلك المادة **15 – 1** – التي نصت على أن «يتمتع أعضاء المجالس المحلية بحرية إبداء آرائهم في المناقشات»، ويلاحظ في هذا الشأن أن المشرع العراقي على الرغم من منحه أعضاء المجالس حرية إبداء الرأي إلا إنه في الواقع لم يقرر أية ضمانة على ممارسة هذه الحرية، فكان الأولى أن يقرر كما ذهب إلى ذلك المشرع في قانون المحافظات الملغي رقم **159** لسنة **1969**[1].

أما الحقوق المالية لأعضاء المجالس المحلية في العراق، فعد قانون المحافظات غير المنتظمة في إقليم منح أعضاء المجالس المحلية مقابل خدمتهم في هذه المجالس مكافئة شهرية تعادل ما يتقاضاه المدير العام من راتب ومخصصات بالنسبة لعضو مجلس المحافظة في حين يتقاضى أعضاء المجالس المحلية الأخرى لمجلس القضاء والناحية ما يعادل راتب ومخصصات معاون مدير عام.

ولم يكتفي المشرع العراقي في منح أعضاء المجالس المحلية مكافآت شهرية لقاء عضويتهم بل قرر منحهم رواتب تقاعدية بعد انتهاء عضويتهم في هذه المجالس[2].

نعتقد في هذا الجانب أن المشرع العراقي قد أفرط كثيراً في منح الحقوق المالية لأعضاء المجالس المحلية وكذلك الحال بالنسبة لرؤساء الوحدات الإدارية، في الوقت الذي رأينا في الدول المقارنة كبريطانيا وفرنسا قد أخذت بمبدأ مجانية

= ب – التسبب في هدر المال العام، جـ – فقدان احد شروط العضوية، د – الإهمال والتقصير المتعمد في أداء الواجب والمسؤولية».

(1) حيث قررت الفقرة **1** من المادة **80** من قانون المحافظات الملغي رقم **159** لسنة **1969** على أن «يتمتع عضو مجلس الوحدة الإدارية بحرية في إبداء أرائه في مناقشات المجلس ولا يجوز مؤاخذته عما يبديه من آراء أثناء تأديته واجباته ضمن حدود واجبات المجلس».

(2) ينظر: المادة **71** الفقرة أولاً وثانياً من قانون المحافظات غير المنتظمة في إقليم رقم **21** لسنة **2008** المعدل.

العضوية باستثناء بعض المخصصات اليسيرة التي تدفع لتغطية نفقات السفر والإقامة لأعضاء المجالس المحلية[1].

فضلاً عن ذلك منح التعديل الأول لقانون المحافظات غير المنتظمة في إقليم رقم 15 لسنة 2010 أعضاء المجالس البلدية (القواطع والأحياء) الذين شغلوا مناصبهم بعد 2003/4/9 الحقوق التقاعدية التي يستحقها عضو مجلس الناحية ووفقاً لذات الشروط[2]، علماً أن جميع أعضاء مجالس الأقضية والنواحي والقواطع والأحياء، لم يتم انتخابهم وإنما تم اختيارهم من قبل مجالس المحافظات بالتنسيق مع سلطة الائتلاف المؤقتة ووفقاً للأمر 71 لسنة 2004 الخاص بالسلطات المحلية.

بناءً على ما تقدم يمكن القول إن كانت المهام التي يضطلع بها أعضاء المجالس المحلية كذلك الحال بالنسبة لرؤساء الوحدات الإدارية تستوجب منحهم مكافآت شهرية، ينبغي منحها أثناء قيام العضوية بعبارة أخرى فإن المكافآت التي تمنح لأعضاء المجالس المحلية ورؤساء الوحدات الإدارية يجب أن تنتهي بانتهاء الدورة الانتخابية ومن ثم لا نؤيد منحهم رواتب تقاعدية التي سترهق موازنة الدولة كون أن أعدادهم ستتزايد من دورة انتخابية إلى أخرى في الوقت الذي تقوم فلسفة الإدارة المحلية على فكرة المساهمة الشعبية الطوعية لخدمة أبناء الوحدة الإدارية فلا يقبل أن تكون العضوية في هذه المجالس المحلية، وسيلة للتربح على حساب مصلحة المواطن، فضلاً عن ذلك فإن منح الرواتب التقاعدية لهؤلاء يتعارض مع نص

---

(1) نصت المادة 18 ثالثاً – 1 – من قانون المحافظات غير المنتظمة في إقليم رقم 21 لسنة 2008 المعدل على أن «يمنح أعضاء المجالس ورؤساء الوحدات الإدارية ونائبا المحافظ الذين شغلوا مناصبهم بعد تاريخ 2003/4/9 راتباً تقاعدياً لا يقل عن 80% من المكافآت الشهرية المحددة بموجب هذا القانون على أن لا تقل الخدمة الفعلية عن ستة أشهر أو في حالة إصابته بعجز أعاقه عن أداء مهامه أثناء مدة العضوية»، و قد تم تخفيض مدة الخدمة من سنة إلى ستة أشهر بموجب قانون التعديل الأول لقانون المحافظات غير المنتظمة في إقليم رقم 21 لسنة 2008 المعدل.

(2) المادة 8 من قانون التعديل الأول من قانون المحافظات غير المنتظمة في إقليم رقم 21 لسنة 2008 المعدل.

المـادة **14** مـن الدسـتور، الـتي تقـرر أن «العراقيـون متسـاوون أمـام القانون دون تمييز....»[1].

<h1 style="text-align:center">الفرع الثاني</h1>
<h2 style="text-align:center">انتهاء العضوية في المجالس المحلية</h2>

العضوية في المجالس المحلية ليست مؤبدة، ومن ثم فإن لها نهاية قد تكون نهاية طبيعية أو استثنائية.

فالنهاية الطبيعية لعضوية المجالس المحلية تكون عن طريق الآتي : -

أ) انتهاء مدة الدورة الانتخابية والتي تبلغ أربع سنوات، وسبق أن رأينا أن سريان مدة العضوية تكون من أول جلسة تعقد خـلال خمسة عشر يوماً من تاريخ المصادقة على نتائج الانتخابات المحلية.

ب) وفاة العضو أو إصابته بعاهـة مسـتديمة أو بعجـز أو مرض خطير يمنعه من الاستمرار في عمله بناءً على قرار صادر من لجنة طبية مختصة[2].

وبطبيعة الحال فإن وفاة العضو سـتؤدي إلى انتهاء العضوية بقوة القانون، أمـا بالنسبة لإصابة العضو بعاهة مستديمة أو بعجـز أو بمرض خطيـر والتي تمنعه من الاستمرار بعمله استناداً إلى قرار صادر من لجنة طبية مختصة فإنها تؤدي إلى انتهاء العضوية الأمر الذي يثير تساؤلاً في هذا الخصوص مفاده هو : هـل أن قرار اللجنة الطبية هو الذي ينهي العضوية بقوة القانون ؟

يبدو أن المشرع اراد أن يكون قرار اللجنة الطبية هـو الفيصل في هذا الشأن وذلك حتى لا يساء استخدام هذا الأمر من قبل المجلس المحلي.

---

(1) ومن الجدير بالذكر إن قانون التقاعد الموحد رقم 27 لسنة 2006 المعدل قرر في المادة 8 – أولاً «إذا كانت خدمات الموظف المحال على التقاعد تقل عن 15 سنة خدمة تقاعدية بمنح المكافأة....»، فإذا كان الموظف الذي لديه خدمة تقل عن خمسة عشر سنة لا يستحق راتباً تقاعدياً فعلى أي أساس يتم احتساب الراتب التقاعدي لأعضاء المجالس المحلية الذين لا يشترط أن تكون خدمتهم سوى ستة أشهر كحد أدنى ؟
(2) المادة 6 – أولاً – 1 – من قانون المحافظات غير المنتظمة في إقليم رقم 21 لسنة 2008 المعدل.

أما النهاية غير الطبيعية أو الاستثنائية لعضوية المجالس المحلية فتتمثل كالآتي:-

1 – الاستقالة :

أجاز المشرع العراقي لعضو المجلس المحلي سواء أكان عضو مجلس محافظة أم قضاء أم ناحية، أن يقدم استقالته من عضوية المجلس، ويتم ذلك بتقديم طلب تحريري إلى رئيس المجلس المحلي المعني الذي يقوم بدوره بعرض طلب الاستقالة في أول جلسة تالية لغرض البت بها[1].

وعدّ المشرع الاستقالة مقبولة إذا صوت عليها الأغلبية المطلقة لعدد أعضاء المجلس، أو في حال إصرار العضو مقدم الاستقالة حتى وإن رفضها المجلس بالأغلبية المطلقة[2].

2 – الإقالة بسبب الغياب :

قرر قانون المحافظات غير المنتظمة في إقليم اعتبار العضو مقالاً في حال تخلفه عن حضور أربع جلسات متتالية، أو في حالة الغياب ربع عدد جلسات المجلس خلال مدة أربعة أشهر، وفي الحالتين يصدر قرار الإقالة من المجلس بالأغلبية المطلقة لعدد أعضاءه[3].

بقي أن نشير في هذا الصدد عند ظاهرة باتت تؤرق الجميع وتؤثر في سير المجالس المحلية إلى الحد الذي قد يُشِلُ من حركتها وهذه الظاهرة هي تعليق عضو أو مجموعة من الأعضاء لعضويتهم في المجلس المحلي الذي ينتمون له، كنوع من أنواع الاحتجاج وبصرف النظر عن الأسباب التي تقف وراء هذه الظاهرة ينبغي لنا التساؤل عن الحكم القانوني فيها ؟.

للإجابة عن هذا التساؤل يمكن القول أن المشرع العراقي في قانون المحافظات رقم 21 لسنة 2008 المعدل، لم يجعل تعليق العضوية من بين الحقوق التي يتمتع

---

(1) المادة 6 – أولاً – 2 – أ– من قانون المحافظات غير المنتظمة في إقليم رقم 21 لسنة 2008 المعدل.

(2) المادة 6 – أولاً – 2 – ب – من قانون المحافظات غير المنتظمة في إقليم رقم 21 لسنة 2008 المعدل.

(3) المادة 6 – أولاً – 3 – من قانون المحافظات غير المنتظمة في إقليم رقم 21 لسنة 2007 المعدل.

بها أعضاء المجلس المحلي، بل قد أوجب كما رأينا من الأعضاء التزام الحضور إلى جلسات المجلس وإلا سيترتب على هذا الغياب بدون عذر مشروع وفقاً للحدود التي حدها المشرع من بين أسباب انتهاء العضوية، حيث يمكن للمجلس المحلي التصويت على إقالة العضو المتخلف عن جلسات المجلس أربع جلسات متتالية أو غاب ربع عدد جلسات المجلس، ولطالما عدّ المشرع عضو المجلس المحلي في أثناء مدة عضويته مكلفاً بخدمة عامة لأغراض تطبيق قانون العقوبات، نجد ولدى الرجوع إلى قانون العقوبات العراقي رقم 111 لسنة 1969 المعدل، أن ظاهرة تعليق العضوية تدخل ضمن الجرائم التي تعاقب عليها المادة 364 من قانون العقوبات المذكور[1].

والعلّة التي تدعو إلى عدّ هذه الظاهرة من بين الجرائم التي يعاقب عليها قانون العقوبات أنها تؤثر تأثيراً شديداً في عمل المجالس المحلية التي من مهمتها الأساسية إدارة المصالح والمرافق المحلية التي تهم أبناء الوحدة الإدارية وبالشكل الذي يجعلها تتعارض مع مبدأ انتظام سير المرافق العامة.

3 – انتهاء العضوية بسبب تحقق إحدى الأسباب الحصرية التي أوردها المشرع للإقالة:

أجاز المشرع في قانون المحافظات إنهاء العضوية لأي عضو من الأعضاء بالأغلبية المطلقة لعدد أعضاءه في حال تحقق احد الأسباب الواردة في المادة 7 / الفقرة 8[2].

---

(1) حيث نصت المادة 364 من قانون العقوبات لسنة 1969 المعدل على أن «يعاقب بالحبس مدة لا تزيد على سنتين وبغرامة لا تزيد على مائتي دينار... كل موظف أو مكلف بخدمة عامة أو عمل ترك عمله ولو بصورة الاستقالة أو امتنع عمداً عن واجب من واجبات وظيفته أو عمله... حتى كان من شأن الترك أو الامتناع أن يجعل حياة الناس وصحتهم أو أمنهم في خطر، أو كان من شأن ذلك أن يحدث اضطراباً بين الناس، أو إذا عطّل مرفقاً عاماً، يعد ظرفاً مشدداً إذا وقع الفعل من ثلاثة أشخاص أو أكثر...».

(2) وهذه الأسباب هي: أ – عدم النزاهة أو استغلال المنصب الوظيفي. ب – التسبب في هدر المال العام. ج – فقدان أحد شروط العضوية. د – الإهمال أو التقصير المتعمد في أداء الواجب والمسؤولية.

ولما كانت القرارات التي تصدرها المجالس المحلية بخصوص إنهاء العضوية لأي سبب من الأسباب التي أوردها المشرع تعد من القرارات الخطيرة، فقد قرر المشرع بالمقابل ضماناً للعضو المقال الحق في الطعن بهذه القرارات أمام محكمة القضاء الإداري مدة **15** يوماً من تاريخ تبليغه بالقرار، وعلى محكمة القضاء الإداري البت بالطعن خلال **30** يوماً يكون قرارها باتاً[1].

---

(1) ينظر: المادة **1** من قانون التعديل الأول لقانون المحافظات غير المنتظمة في إقليم رقم **15** لسنة **2010**.

الفصل الثاني

اختصاصات الإدارة المحلية في العراق والدول المقارنة

لا يكفي لقيام نظام الإدارة المحلية وجود هيئات محلية منتخبة تتمتع باستقلالية معينة من حيث تشكيلها فحسب، بل ينبغي أن تسند إلى هذه الهيئات جميع الاختصاصات أو المهام المتعلقة بإدارة الشؤون والمصالح المحلية.

فتولي هيئات محلية إدارة جميع الشؤون ذات الطابع المحلي يمثل في الواقع الجوهر الحقيقي لنظام الإدارة المحلية الذي تقوم فكرته الأساسية على أن يتولى أبناء أو سكان الوحدة الإدارية المحلية إدارة شؤونهم المحلية بعيداً عن هيمنة السلطة الإدارية المركزية.

ولغرض الوقوف ومعرفة الجانب التطبيقي لاختصاصات الإدارة المحلية في العراق والدول المقارنة سنقسم الفصل على مبحثين، نتناول في المبحث الأول اختصاصات الإدارة المحلية في الدول المقارنة، أما المبحث الثاني فسنخصصه للحديث عن اختصاصات الإدارة المحلية في العراق.

المبحث الأول

اختصاصات الإدارة المحلية في الدول المقارنة

سنقسم المبحث على مطلبين، نتناول في المطلب الأول اختصاصات الإدارة المحلية في بريطانيا، أما المطلب الثاني فسنخصصه للحديث عن اختصاصات الإدارة المحلية في فرنسا.

المطلب الأول

اختصاصات الإدارة المحلية في بريطانيا

تبنى المشرع البريطاني في تحديده لاختصاصات المجالس المحلية الأسلوب الحصري والمتمثل بإيراد اختصاصات محددة على سبيل الحصر تتولاها المجالس المحلية، بحيث لا يسمح لها أن تتولى القيام بأي مهام أو اختصاصات لم يأت المشرع على ذكرها.

من جانب آخر فإن المجالس المحلية في بريطانيا وعلى مختلف مستوياتها تمارس نوعين من المهام، فهي من جهة تمارس أعمال المداولة والتقرير، ومن جهة أخرى تتولى تنفيذ القرارات التي تتخذها المجالس المحلية من خلال لجان تنفيذية تتولى هذه المجالس أمر تشكيلها.

وقبل الحديث عن اختصاصات المجالس المحلية في بريطانيا ارتأينا أولاً أن نذكر أنواع التشريعات المحدد لاختصاصات المجالس المحلية فيها، وسنخصص لذلك الفرع الأول أما الفرع الثاني سنتناول فيه اختصاصات المجالس المحلية ولجانها التنفيذية، ، وبالمقابل فإن ممارسة هذه الهيئات لاختصاصاتها تحتاج في الواقع إلى موارد مالية كافية تتمكن من خلالها الهيئات المحلية من القيام بواجباتها على النحو المطلوب، فما الفائدة من تمتع الهيئات المحلية من الناحية النظرية بإدارة جميع الشؤون والمصالح ذات الطابع المحلي إن لم تكن بين أيديها الموارد المالية اللازمة، ولذلك يحسن بنا أن نخصص فرعا ثالثا عن الموارد المالية للإدارة المحلية في بريطانيا.

الفرع الأول
أنواع التشريعات المحددة لاختصاصات المجالس المحلية

تأخذ التشريعات المحددة لاختصاصات المجالس المحلية في بريطانيا أنواع ثلاثة :-

أولاً : التشريع العام

ووفقاً لهذا النوع من التشريعات، فإن المشرع يحدد اختصاصات عامة تستطيع كل المجالس المحلية التي هي من نوع واحد من ممارستها[1].

وأحكام التشريع العام المحدد لاختصاصات المجالس المحلية إما أن تكون إجبارية أو اختيارية فهي إجبارية حيث تجعل أداء الخدمة المطلوبة واجباً على المجالس المحلية، وأبرز الأمثلة على ذلك قوانين التعليم التي تلزم مجالس المحافظات

---

(1) د. هاني علي الطهراوي، المصدر السابق، ص 273، وأبرز مثال على ذلك قانون الحكم المحلي لسنة 1972 وقانون الخدمة الاجتماعية لسنة 1970، ينظر: انتصار شلال مارد، المصدر السابق، ص 58 الهامش 2.

والمراكز بمباشرة شؤون التعليم في وحداتها الإدارية وهي اختيارية إذا كان التشريع أو القانون يخوّل المجالس المحلية القيام بها دون أن تكون ملزمة فهناك تشريع عام يبيح للمجالس المحلية حق تشييد بنايات لائقة لها ولكنه لا يحكم عليها ذلك بل ترك لها الحرية في القيام بها من عدمه[1].

ثانياً: التشريع الخاص

يصدر التشريع الخاص عندما يلجأ مجلس محلي معين إلى البرلمان (مجلس العموم)، يطلب منه استصدار قانون خاص يخوله اختصاصات معينة بحيث يمارسها وحده دون باقي المجالس المحلية[2].

والسبب الذي يقف وراء إصدار مثل هكذا تشريعات مرده اختلاف الظروف بين وحدة إدارية إلى أخرى، فقد تشكو وحدة إدارية من كثرة تعرضها للفيضانات في حين تعاني الأخرى من نقص مياه الشرب، ولكي يتم تأمين احتياجات كلا الوحدتين على سبيل المثال لابد من معاملة كل وحدة إدارية على حدة وعلى حسب ظروفها[3].

فإذا استطاع المجلس المحلي أن يقنع البرلمان بتشريع قانون خاص يمنحه اختصاصات معينة فإن البرلمان يصدر قانوناً خاصاً يطلق عليها «Private Bill» يتضمن منح الاختصاصات المطلوبة والتي تقتصر على المجلس المحلي الذي تقدم بطلبها دون سائر المجالس المحلية[4].

ويخضع هذا النوع من التشريعات إلى إجراءات معقدة ودقيقة، ويفسح فيها المجال لجميع من يهمهم الأمر بما فيها الحكومة المركزية الإدلاء بوجهات نظرهم أو بيان أوجه معارضتهم للمطالب الذي قدمها المجلس المحلي المذكور، وبالرغم من ذلك فإن المجالس المحلية لا تجدها إلا وتنهال على البرلمان بطلب القوانين الخاصة

(1) د. عبد المجيد حسيب القيسي، مصدر سابق، ص 159.

(2) د. حسن محمد عواضة، مصدر سابق، ص 96.

(3) د. خالد سماره ألزغبي، مصدر سابق، ص 178.

(4) د. خالد قباني، مصدر سابق، ص 76.

التي يتيح لها الاضطلاع بمهام ووظائف جديدة مدفوعة بواجبها في خدمة أبناء الوحدة الإدارية[1].

ثالثاً : التشريع الشرطي

فقد تروق الفكرة التي من أجلها استصدرت إحدى المجالس المحلية قانوناً خاصاً من البرلمان للمجالس المحلية الأخرى فتحاول هي أيضاً من جانبها استصدار هذه القوانين، وحتى لا يتم إشغال البرلمان بإصدار تشريعات منفردة لكل مجلس من هذه المجالس، فإنه يلجأ غالباً إلى إصدار تشريع شرطي يسمح بممارسة اختصاصات معينة لكل مجلس محلي تتوفر فيه شروط خاصة كأن تبلغ إيراداتها مستوى معين أو أن يصل عدد نفوسها حداً معيناً[2].

فالاختصاصات المقررة لمجلس محلي في وحدة إدارية قليلة السكان، ومن ثم ضعيفة الموارد قد لا تكون هي بعينها لمجلس محلي من المستوى نفسه في وحدة إدارية تضيق بسكانها ولها موارد مالية لا بأس بها[3].

الفرع الثاني

اختصاصات المجالس المحلية ولجانها التنفيذية في بريطانيا

لما كانت اختصاصات المجالس المحلية في بريطانيا تختلف من مجلس محلي لآخر نظراً لاختلاف مستوياتها من جهة، واختلاف الظروف التي تحيط لكل منها من جهة أخرى، فإن عرض اختصاصات كل مجلس محلي يشكل في الواقع مهمة صعبة لذلك سنكتفي بعرض الاختصاصات العامة التي تضطلع بها المجالس المحلية ولجانها التنفيذية، فضلاً عن اختصاصات المجلس المحلي في العاصمة وذلك في النقاط الآتية :-

---

(1) د. عبد المجيد حسيب القيسي، مصدر سابق، ص 160 ؛ د. خالد سماره ألزغبي، مصدر سابق، ص 178

(2) د. خالد سماره ألزغبي، مصدر سابق، ص 178.

(3) محمد علي يوسف، مصدر سابق، ص 163.

أولاً : اختصاصات المجالس المحلية

يمكن حصر أهم الاختصاصات التي تمارسها المجالس المحلية في المجالات الآتية:

أ - خدمات الشرطة (البوليس) والدفاع المدني :

يتولى كل مجلس من المجالس المحلية في بريطانيا إدارة شؤونه الأمنية على نحو مستقل من خلال لجنة تشكل لهذا الغرض باستثناء الوضع في العاصمة لندن حيث تخضع بها قوات الشرطة إلى وزارة الداخلية، من جانب آخر يقع على عاتق هيئة المطافئ التابعة للمجلس المحلي اتخاذ التدابير اللازمة لمنع الحوادث والحريق وتهيئة البلاد لمواجهة أي ظروف طارئة بالتنسيق مع السلطات المركزية[1].

وقد يبدو من الغريب أن تكون قوات الشرطة تتبع الهيئات المحلية ولا تتبع الحكومة المركزية، ولكن الغرابة تتلاشى إذا ما علمنا أن الرغبة في حفظ الأمن كانت الباعث الرئيسي لقيام نظام الإدارة المحلية أو الحكم المحلي كما يسمى في بريطانيا حيث ابتدأت تشكيلات الشرطة (البوليس) في انكلترا قبل حوالي ألف عام وكانت محلية في شكلها[2].

تتوزع قوات الشرطة إلى ثلاث وأربعون فرقة في انكلترا، وكل فرقة منها مسئولة عن منطقة قد تكون مقاطعة أو مجموعة مقاطعات وهي موضوعة تحت سلطة لجنة الشرطة (البوليس) التي يشكلها المجلس المحلي والتي تتألف من عدد من أعضاء المجلس المحلي المنتخبين فضلاً عن عدد من القضاة يتم اختيارهم لعضوية هذه اللجنة[3].

───────────────

(1) د. محمد علي الخلايلة، مصدر سابق، ص 101.

(2) للمزيد ينظر: د. عبد المجيد حسيب القيسي، مصدر سابق، ص 225 وما بعدها.

(3) كلود غيو، النظام السياسي والإداري في بريطانيا، ترجمة عيسى عصفور، منشورات عويدات بيروت، باريس ـ الطبعة الأولى، 1983، ص 45.

ب – خدمات التعليم :

تعد هذه الخدمة من الخدمات المهمة التي تضطلع بها المجالس المحلية في بريطانيا، حيث تخضع المدارس العامة لإشراف سلطات أو لجان التعليم التابعة للمجالس المحلية[1].

وتتولى المجالس المحلية من خلال لجانها المختصة إنشاء وتجهيز وإدارة المدارس للمراحل الأساسية كافة ولعموم الأطفال الذين تتراوح أعمارهم بين الخامسة والثامنة عشر ويكون التعليم مجاني[2].

جـ – خدمات الصحة العامة

وتشمل خدمات التمريض، ورعاية الأمومة، والطفولة، والصحة المدرسية، والتطعيم ضد الأمراض بأنواعه المختلفة، كما تشمل أيضاً خدمات الإسعاف والحفاظ على البيئة من التلوث والإشراف على أماكن غسل الملابس، والحمامات الشعبية وإنشاء المجازر الصحية، وغيرها من الخدمات ذات الطابع الصحي[3].

د – الخدمات الاجتماعية

وتقدم الخدمات الاجتماعية لجميع سكان الوحدات الإدارية مع التركيز على الفئات الأكثر احتياجاً، وتتمثل هذه الخدمات بإنشاء دور لرعاية الأيتام والمسنين ومراكز التأهيل لذوي الاحتياجات الخاصة كما تشمل أيضاً خلق فرص عمل للشباب[4].

هـ – التخطيط والإسكان

فيما يتعلق بوظيفة التخطيط التي تعد من أهم الوظائف أو الاختصاصات التي تمارسها المجالس المحلية والتخطيط المقصود به في هذا الشأن هو التخطيط العمراني الذي يعمل على إخضاع الحركة العمرانية إلى تنظيم عام وفق خطة

(1) د. محمد علي الخلايلة، مصدر سابق، ص 101.

(2) د. عبد المجيد حسيب القيسي، مصدر سابق، ص 219.

(3) د. عبد المجيد حسيب القيسي، مصدر سابق، ص 211.

(4) كلود غيّو، مصدر سابق، ص 87 ؛ د. محمد علي الخلايلة، مصدر سابق، ص 102.

مرسومة تراعي فيها الاعتبارات الصحية ومصلحة السكان فضلا عن التوسعات المحتملة للمدينة في المستقبل[1].

أما بالنسبة لخدمات الإسكان فإن المجالس المحلية تتولى الإشراف على مدى الالتزام بالشروط الخاصة بالبناء الجديد أو إعادة بناء أو ترميم المباني القديمة ويتم ذلك من خلال الأنظمة الخاصة التي تضعها هذه المجالس من أجل الحفاظ على جمالية المدينة من جهة والحفاظ على المباني ذات الطابع الأثري من جهة أخرى، فضلاً عن ذلك تتولى المجالس المحلية إنشاء مساكن جديدة لغرض بيعها أو تأجيرها بأسعار مدعومة لذوي الدخل المحدود[2].

فضلاً عن ذلك تقوم المجالس المحلية بتوزيع الإعانات التي تقدمها الحكومة المركزية لأغراض الإسكان وخفض الإيجارات لتكون في متناول محدودي الدخل، وقد صدر قانون تمويل الإسكان سنة 1972 يقصر الدعم على الطبقات الفقيرة[3].

ومن الجدير بالذكر أن بعض الاختصاصات التي كانت تمارسها المجالس المحلية تم انتزاعها أما إلى الإدارات المركزية أو إلى مؤسسات عامة ومستقلة أنشأها المشرع، فقد انتقلت عام 1948 وظائف التأمين الاجتماعي من يد المجالس المحلية إلى السلطات الإدارية المركزية، كما وانتقل تجهز الكهرباء والغاز عام 1947 الذي كانت تتولاها المجالس المحلية إلى مؤسسات عامة مستقلة أنشئت لهذا الغرض، ويرجع إعادة النظر في توزيع بعض الاختصاصات المحلية إلى أسباب مختلفة، منها صغر حجم الوحدات الإدارية التي تمثلها هذه المجالس، أو لأن مثل هذه المجالس لا تملك القدرة على أداء بعض الخدمات التي تحتاج إلى تخصصات وخبرات معينة فضلاً عن الموارد المالية التي تشكل في الواقع أهم الأسباب في عدم قدرة المجالس المحلية القيام بأعبائها[4].

_____

(1) د. عبد المجيد حسيب القيسي، مصدر سابق، ص 215.

(2) المصدر نفسه، ص 216.

(3) انتصار شلال مارد، مصدر سابق، ص 61.

(4) د. هاني علي الطهراوي، مصدر سابق، ص 276.

ولعلنا نستخلص مـن هـذا الأمـر نتيجـة أن العبرة في نجـاح المجالس المحلية في القيام بواجباتها لا يرتبط بحجم ونوعية الاختصاصات التي تمارسها ، بل ترتبط من الناحيـة الواقعيـة بمـدى قدرتها الحقيقيـة مـن حيـث امتلاكهـا القـدرات الماديـة والبشرية اللازمة لذلك ، فما الفائدة من تمتع المجالس المحلية باختصاصات واسعة من الناحية النظرية ، وهي لا تملك الأدوات اللازمة للقيام بهـا ! ولذلك لا نجد أية اعتراضات في بريطانيا على انتقال بعض الاختصاصات المحلية إلى السلطة الإدارية المركزية فليس مهماً لديهم مـن يتولى القيام بهذه الاختصاصات ، بل المهم من يستطيع أن يحقق المنفعة القصوى سواء قامت بها المجالس المحلية أم السلطة الإدارية المركزية.

هذه هـي أهم الاختصاصات التي تمارسها المجالس المحلية في بريطانيـا ، وهـي تملك من أجل القيام بهـا سلطة إصدار القـرارات الإداريـة التنظيميـة أو مـا يعـرف بالتشريع الفرعي ، فالمجالس المحلية في بريطانيا لا تملك سلطة إنشاء القوانين بل تملك إصدار التشريعات الفرعية الثانوية التي تكون مستندة على القانون الصادر من السلطة التشريعية المختصة(1).

ثانياً : اختصاصات اللجان التنفيذية

سبق وأن رأينا أن مهمة المجالس المحلية في بريطانيا تقتصر على أعمال المداولة والتقرير فضلاً عن الإشراف والرقابة، اما ممارسة الدور التنفيذي لهذه المجالس يكون مـن خـلال لجـان تتولى تشكيلها وهي تعمل تحت إشـراف رقابة المجالس المحلية.

والعمل داخل اللجان هو العمل الإداري بصورته الحقيقية وعن طريقها يحصل سكان الوحدة الإداريـة على الخدمات التـي ينتظرونهـا مـن مجالسهم المحليـة ، ويمكن حصر أهم الاختصاصات التي تتولاها اللجان التنفيذية وهي كالآتي :

1- تتولى كل لجنة القيام بوظيفة معينة مـن وظائف الإدارة المحلية فهنالك لجنة الصحة والتعليم والبوليس والإسكان والسياسة والموارد وغيرها من اللجان.

―――――――――

(1) د. فهمي محمود شكري، نظام الحكم المحلي في بريطانيا، مصدر سابق، ص 10.

2- تكون كل لجنة مسؤولة عن القطاع الإداري الذي تمثله.

3- تضع كل لجنة البرامج والخطوط الأساسية لأعمالها[1].

وتستعين اللجان التنفيذية من أجل القيام بمهامها بجهاز كبير من الموظفين الذين يمثلون عصب الجهاز الإداري للمجالس المحلية الذي يتكون من إدارات متخصصة تتولى تنفيذ قرارات المجالس المحلية ولجانها التنفيذية، وتتوزع هذه الإدارات حسب نوع الخدمة التي تقدمها، ويرأس هذه الإدارات إما رئيس قسم أو مدير، ويشكل فريق استشاري من عدد من مدراء أو رؤساء الأقسام والذي يمثل في الواقع أهم مصادر تقديم الاستشارات والآراء والدراسات والإحصائيات على المجالس المحلية أو إلى لجانه التنفيذية المتخصصة، وتتولى الإدارات كل حسب اختصاصها تقديم الخدمات التي تقررها المجالس المحلية تحت إشراف مباشر من اللجان التنفيذية والتي تخضع بدورها إلى إشراف ورقابة المجالس المحلية التي ترتبط بها[2].

ثالثاً : اختصاصات المجالس المحلية في العاصمة لندن

سبق وأن رأينا عند دراستنا لتشكيل المجالس المحلية في العاصمة لندن أن التنظيم الإداري لها قد مرّ بمراحل عديدة كان آخرها بعد صدور قانون سلطة لندن الكبرى سنة **1999**، والذي أقرّ إنشاء سلطة عليا على مستوى لندن بأكملها، وتتألف هذه السلطة التي تسمى بسلطة لندن الكبرى من عمدة لندن ومجلس مدينة لندن الكبرى فضلاً عن وجود مجالس الأحياء اللندنية البالغة عددها **32** مجلساً[3].

ولما كانت الاختصاصات التي تمارسها مجالس الأحياء اللندنية لا تختلف من حيث المبدأ عن سائر الاختصاصات التي تمارسها المجالس المحلية الأخرى، فإننا سنكتفي بعرض اختصاصات مجلس مدينة لندن الكبرى مع اختصاصات عمدة لندن في النقاط الآتية:-

---

(1) د. هاني علي الطهراوي، مصدر السابق، ص 258.

(2) د. هاني علي الطهراوي، مصدر سابق، ص 269.

(3) ينظر: الصفحة (156) من الأطروحة.

أ – اختصاصات مجلس مدينة لندن الكبرى

وتتمثل هذه الاختصاصات على النحو الآتي :

1 – يتولى المجلس المصادقة على مشروع الموازنة المحلية المقدمة من عمدة لندن، وللمجلس صلاحية تعديل أو رفض مشروع الموازنة شرط حصول ذلك على ثلثي أعضاء المجلس.

2 – للمجلس صلاحية التحقيق في القضايا التي يمارسها عمدة لندن ذات الصلة بشؤون مدينة لندن.

3 – يتولى المجلس تقديم الاستشارات للعمدة وخاصة عند قيامه بوضع خطته الإستراتيجية[1].

ب – اختصاصات عمدة لندن، وتتمثل بالآتي :

1 – يتولى العمدة وضع الخطط المستقبلية ويحضر مشروع الموازنة لسلطة لندن.

2 – يتولى إدارة هيئة المواصلات ووكالة التنمية الاقتصادية الخاص بمدينة لندن.

3 – يعمل مع شرطة العاصمة للحد من تفشي الجريمة.

4 – يشرف ويتابع عمل سلطة الإطفاء والطوارئ في لندن[2].

ويلاحظ في هذا الشأن سعة الاختصاصات التي يمارسها عمدة لندن على حساب سلطة المجلس المحلي لمدينة لندن والذي يكاد دوره استشارياً لعمدة لندن الذي يجمع بين يديه سلطات التقرير والتنفيذ في آن واحد، في الوقت الذي رأينا فيه المجالس المحلية الأخرى التي تتولى سلطات التقرير والتنفيذ من خلال لجان تتولى هي تشكيلها، ويمكن تفسير السلطة القوية التي يتمتع بها عمدة لندن كونه منتخباً بشكل مباشر من جمهور لندن بعكس اللجان التنفيذية التابعة للمجالس المحلية، والتي تضم في عضويتها بعض الأشخاص من غير المنتخبين باستثناء لجنة السياسة والموارد التي تقتصر في عضويتها على الأعضاء المنتخبين في المجالس المحلية.

---

(1) د. هاني الطهراوي، مصدر سابق، ص 311.
(2) د. فهمي محمد شكري، تعميق الديمقراطية للحكم المحلي في لندن، مصدر سابق، ص274.

الفرع الثالث

الموارد المالية للإدارة المحلية في بريطانيا

تعتمد المجالس المحلية في بريطانيا في تمويلها على نوعين من الموارد، موارد داخلية أو ذاتية وموارد خارجية، ولغرض معرفة ماهية هذه الموارد سنتناول كل منها على حدة وعلى النحو الآتي :

أولاً : الموارد المالية الداخلية

يقصد بالموارد المالية الداخلية هي تلك الموارد التي تحصل عليها المجالس المحلية نتيجة ممارسة نشاطها وتتمثل بالضريبة العقارية والرسوم وإيرادات المجالس المحلية من أملاكها ومشروعاتها وسنبينها على النحو الآتي : -

1 - الضريبة العقارية :

تملك المجالس المحلية في بريطانيا سلطة فرض الضرائب المحلية في الحدود التي تخولها القوانين، وهي تتمثل في الواقع الضريبة الوحيدة التي تفرضها المجالس المحلية في بريطانيا، حيث تفرض هذه الضريبة على شاغلي العقارات سواء كانوا مالكين أم مستأجرين، وتتولى المجالس المحلية وخلال لجانها المختصة بتحصيل هذه الضريبة[1].

ويلاحظ في هذا الشأن أن الضريبة العقارية لا تفرض على أصحاب العقارات المالكين لها فحسب، بل تشمل حتى المستأجرين، والسبب في شمول المستأجرين بدفع الضريبة العقارية هو أن المجالس المحلية تملك العديد من المساكن بحيث لو كان المالك هو الملتزم بدفعها لأدى ذلك إلى نقص كبير في موارد المجالس المحلية في هذا الشأن[2].

ومن الجدير بالذكر أن الضريبة العقارية تم فرضها من قبل المجالس المحلية في بريطانيا بموجب قانون الفقراء الصادر عام 1601 في عهد الملكة إليزابيث

(1) د. حسن محمد عواضة، مصدر سابق، ص 229.

(2) د. محمد علي الخلايلة، مصدر سابق، ص 109.

لتوزع حصيلتها على الفقراء ويرجع فرض ضريبة على العقارات لكونها تشكل المظهر المادي الواضح للثراء، حيث أن المشرع لم يستطع آنذاك أن يجد غير العقار مقياساً لتقدير الثراء[1].

وتشكل هذه الضريبة نسبة تتراوح من 20% إلى 25% من ميزانية المجالس المحلية في بريطانيا[2].

وقد أعفى المشرع البريطاني فرض هذه الضريبة على العقارات التي يشغلها التاج، والمباني الحكومية، وأقسام الشرطة، وأماكن العبادة ومساكن السفراء، وقد يكون الإعفاء جزئياً بالنسبة للعقارات التي تشغلها النوادي الاجتماعية والجمعيات الخيرية والهيئات التعليمية[3].

وبعد أن كانت المجالس المحلية تتولى من خلال لجانها المختصة تقدير الوعاء الضريبي وتتولى في الوقت نفسه أمر جبايتها، فقد حصلت مشاكل عديدة تتعلق باختلاف نسبة التقديرات من وحدة إدارية إلى أخرى، الأمر الذي دفع بالمشرع سنة 1948 إلى إصدار قانون يجعل مهمة تقدير الوعاء الضريبي وتقرير الإعفاءات إلى مصلحة الأملاك العقارية وهي دائرة مركزية، وتخضع القرارات الخاصة بتقدير الوعاء الوظيفي للطعن بها أمام محاكم محلية تشكل لهذا الغرض، وتخضع بدورها هذه المحاكم للتمييز أمام المحكمة العليا[4].

ويقتضي التذكير في هذا الشأن أن مجالس المقاطعات لا تملك من الناحية القانونية سلطة فرض ضريبة العقار وإنما تتولى ذلك فقط مجالس المراكز سواء كانت حضرية أم غير حضرية، والسبب الذي يمنع ذلك هو أن المقاطعات ما هي إلا تحديد إداري مصطنع يضم في جوانبه عدداً من المدن (المراكز) والتي يكون لكل منها مجلس محلي خاص بها تمارس عملها في حدود إدارية معينة، أما مجلس

---

(1) د. عبد المجيد حسيب القيسي، مصدر سابق، ص 125.

(2) د. هاني علي الطهراوي، مصدر سابق، ص 282.

(3) المصدر نفسه، ص 283.

(4) د. عبد المجيد حسيب القيسي، مصدر سابق، ص 169 ؛ د. حسن محمد عواضة، المصدر السابق، ص 229.

المقاطعة فقد أنشئ ليشرف على توحيد العمل وتنسيقه بين تلك المجالس، ومن ثم فإن عقارات المقاطعة هي العقارات ذاتها العائدة للمجالس المحلية التي تنتمي إلى المقاطعة ولهذا ليس لمجلس المقاطعة فرض ضريبة على العقارات مادام شاغلوا هذه العقارات يدفعونها إلى المجالس المحلية التي تمثل الوحدات الإدارية التي تتكون منها المقاطعة، ويفرض القانون على هذه المجالس أن تخصص نسبة معينة من حصيلة هذه الضريبة إلى مجلس المقاطعة[1].

2- الرسوم:

إلى جانب الضريبة العقارية، فإن المجالس المحلية بإمكانها فرض الرسوم نظير القيام بخدمات معينة، كالرسوم التي يتم دفعها مقابل استعمال الأسواق التجارية ودخول المتاحف ومدن الألعاب واستعمال مواقف السيارات العائدة ملكيتها إلى المجلس المحلي[2].

3- إيرادات المجالس المحلية من أملاكها ومشروعاتها:

وتشمل هذه إيرادات العقارات والأراضي المملوكة للمجالس المحلية وكذلك إيرادات المنشأة الصناعية والتجارية التي تملكها هذه المجالس، وتمثل نسبة هذه الإيرادات تقريباً 30٪ من مجموع الموارد المالية التي تحصل عليها المجالس المحلية، وهذه النوع من الإيرادات قد لا تستهدف الربح فقط بل خدمة الجمهور مثل خدمات الإمداد بمياه الشرب، وخدمات المطارات والمرافق الأخرى المملوكة للسلطات المحلية[3].

ثانياً: الموارد الخارجية

وتشمل هذه الموارد على الإعانات الحكومية والقروض والتبرعات ونسبتها على النحو الآتي:

---

(1) د. عبد المجيد حسيب القيسي، مصدر سابق، ص 171.
(2) د. محمد علي الخلايلة، مصدر سابق، ص 109.
(3) د. هاني علي الطهراوي، مصدر سابق، ص 284.

1 – الإعانات الحكومية

وهي الأموال التي تحصل عليها المجالس المحلية من الحكومة المركزية لتغطية جزء من نفقاتها فضلاً عن مساهماتها في تخفيف العبء الضريبي المحلي عن كاهل المكلفين بدفعها من أبناء الوحدة الإدارية[1].

وتشكل الإعانات الحكومية نسبة تتراوح من **30%** إلى **60%** في بعض الأحيان من نسبة الموارد التي تحصل عليها المجالس المحلية، وتجد أساسها في النصوص التشريعية أو بعبارة أخرى القوانين الصادرة من البرلمان والتي تلزم الحكومة المركزية بتقديمها للمجالس المحلية، وتوزع هذه الإعانات على أساس الاحتياجات الفعلية للمجالس المحلية وحجم الخدمات المناط بها، ومن ثم فإنها ستختلف حتماً بين وحدة إدارية وأخرى، ومراعاة الاختلاف بين الوحدات الإدارية مرده قانون الحكم المحلي العام 1972، أما قبل ذلك فقد كانت الإعانات توزع على أساس نظام النسب الثابتة الموحدة التي لم تكن تأخذ بعين الاعتبار الظروف المحيطة بكل وحدة إدارية[2].

وتقسم الإعانات الحكومية على قسمين : –

القسم الأول :

يشمل الإعانات المخصصة والتي تقدمها الحكومة المركزية إلى المجالس المحلية لتغطية نشاط من النشاطات التي تتولاها هذه المجالس، حيث تقدم هذه الإعانات بأسلوبين، الأول يتم وفقاً لنسبة مئوية ثابتة من تكلفة الخدمات التي تقدمها المجالس المحلية فعلى سبيل المثال تلتزم الحكومة المركزية بدفع **50%** من نفقات رجال وعناصر الشرطة المحلية التي تتبع المجالس المحلية فضلاً عن خدمات الإسكان وتحسين البيئة ورعاية الأحداث، أما الأسلوب الثاني فيقوم على أساس تقدير الظروف المحيطة بكل وحدة محلية ويهدف فضلاً عن ذلك التشجيع في إقامة مشروعات تتولى تقديم خدمات معينة[3].

(1) د. محمد علي الخلايلة، مصدر سابق، ص **108**.

(2) د. منير شلبي، المرفق المحلي، دار الفكر العربي، القاهرة، ص **209**.

(3) د. هاني علي الطهراوي، مصدر سابق، ص **285**.

القسم الثاني :

ويشمل الإعانات العامة التي تقدمها الحكومة المركزية إلى المجالس المحلية دون أن تكون موجهة لتمويل مشروع معين تقوم به هذه المجالس، والتي يكون الغرض من منحها هو زيادة الموارد المالية للمجالس المحلية بصورة عامة حتى تتمكن من أداء مهامها على الوجه المطلوب[1].

2 – القروض:

أجاز المشرع البريطاني للمجالس المحلية اللجوء إلى عقد القروض لغرض تمويل مشاريعها الاستثمارية وسد احتياجاتها، شرط حصول المجالس المحلية على موافقة الحكومة المركزية ممثلة في الوزارة التي يعنيها الأمر قبل اللجوء إلى الاقتراض[2].

وفي السياق نفسه لا يمكن للمجالس المحلية صرف القروض على النفقات الاعتيادية أو التشغيلية وإنما تقتصر فقط على المشاريع الكبيرة ذات الطابع الاستثماري[3]، وإذا كانت هناك حاجة ملحة لتغطية بعض النفقات فقد أجاز المشرع البريطاني في قانون الحكم المحلي لسنة 1972 عقد القروض المؤقتة ريثما تحصل على مواردها المحلية الأخرى[4].

ويتسم تسديد القروض بالتقسيط السنوي مضافاً إليه الفائدة وعلى مدد زمنية تتراوح من 20 إلى 80 عاماً[5].

3 – التبرعات والهبات:

وتشمل المبالغ النقدية أو العينية، التي تحصل عليها المجالس المحلية من خلال الهبات والوصايا التي يقدمها المواطنون والهيئات الخاصة، فضلاً عن التبرعات التي تقدمها المؤسسات الأجنبية وبطبيعة الحال – يجب أن تخضع هذه التبرعات لموافقة الحكومة المركزية قبل أن يقبلها المجلس المحلي المعني.

---

(1) د. عبد المجيد القيسي، مصدر سابق، ص 187.

(2) د. هاني علي الطهراوي، مصدر سابق، ص 285.

(3) د. حسن محمد عواضة، مصدر سابق، ص 230.

(4) د. عبد المجيد حسيب القيسي، مصدر سابق، ص 192

(5) د. محمد علي الخلايلة، مصدر سابق، ص 108.

هذه هي أهم الموارد المالية التي تتمتع بها المجالس المحلية في بريطانيا، ولقد تبين لنا أن المنح أو الإعانات الحكومية تشكل النسبة الأكبر في تمويل المجالس المحلية قياساً على سائر الموارد المالية تأتي بعدها إيرادات المجالس المحلية من أملاكها ومشاريعها الاستثمارية، في حين نجد الضرائب العقارية تمثل المرتبة الثالثة فيما يتعلق بتمويل المجالس المحلية.

المطلب الثاني

اختصاصات الإدارة المحلية في فرنسا

يتميز نظام الإدارة المحلية في فرنسا في أن الاختصاصات التي تضطلع بها المجالس المحلية تتحدد وفقاً لقاعدة عامة وليس على أساس التحديد الحصري للاختصاصات المحلية كالذي اتبعه المشرع البريطاني كما مرّ بنا سابقاً، فالمجالس المحلية في فرنسا هي المسؤولة عن إدارة الشؤون والمصالح المحلية كافة، في حين تتولى السلطة الإدارية المركزية إدارة المصالح القومية التي تهم عموم الشعب.

للحديث عن اختصاصات الإدارة المحلية في فرنسا، وبيان ماهية مواردها المالية، سنقسم المطلب على أربعة فروع، نتناول في الفروع الثلاثة اختصاصات المجالس المحلية مع اختصاصات جهازها التنفيذي في كل من الإقليم والمحافظة والبلدية، وهي المستويات الثلاثة الذي يتكون منها نظام الإدارة المحلية الفرنسية، أما الفرع الرابع فسنخصصه للحديث عن الموارد المالية للإدارة المحلية في فرنسا.

الفرع الأول

اختصاصات مجلس الإقليم وجهازه التنفيذي

يتولى مجلس الإقليم مهام المداولة والتقرير أما الجانب التنفيذي فقد أسند بعد الإصلاحات التي جاء بها قانون حقوق وحريات البلديات والمحافظات والأقاليم رقم 213 لسنة 1982 إلى رئيس المجلس المحلي، بعد أن كان محافظ الإقليم يمارس هذا الجانب وعلى هذا الأساس سنتناول اختصاصات مجلس الإقليم واختصاصات رئيس مجلس الإقليم في النقاط الآتية: -

أولاً : اختصاصات مجلس الإقليم

يمثل مجلس الإقليم المستوى الأعلى من مستويات الإدارة المحلية في فرنسا ويتولى ممارسة مجموعة من الاختصاصات يمكن بيان أهم هذه الاختصاصات في النقاط الآتية : -

1 – يتولى المجلس بحث المسائل التي تهم الإقليم والتي تتركز بصفة أساسية في كيفية تحقيق التنمية الاقتصادية والاجتماعية والثقافية والعلمية ، حيث يتولى تقديم التوصيات الخاصة بتقديم المساعدات المالية إلى الحكومة المركزية لغرض دعم الاستثمارات الرأسمالية في الإقليم[1].

2 – يتولى مجلس الإقليم انتخاب رئيس مجلس الإقليم ونوابه من بين أعضاء المجلس الذي يرأس الجهاز التنفيذي في الإقليم [2].

3 – يساهم مجلس الإقليم في وضع الخطة القومية واعتماد الجانب الذي يهم الإقليم وفقاً للمعايير التي يحددها القانون[3].

4 – يمارس مجلس الإقليم مهمة التخطيط في جوانب التعليم والتخطيط العمراني والنقل والبيئة[4].

5 – ومن المهام الأخرى التي يمارسها الإقليم هو إنشاء المجلس الاقتصادي والاجتماعي ويتولى اختيار أعضاءه من بين ممثلي الهيئات والأنشطة ذات الطابع الاقتصادي والاجتماعي والمهني والثقافي والرياضي، حيث يعمل هذا المجلس على تقديم الاستشارات إلى مجلس الإقليم في مسائل مختلفة منها إجراء

---

(1) Andy Smith and Paul Hegwood ‹regional government in France and Spain ‹searching for spread ou + on www. ucl. acuk / spp / puplications / unit. htm. p. 12

تاريخ الزيارة 2012/3/1

(2) Patrick Janin: op. cite. p 77 ? Georges Dupuis: op. cite

(3) جورج فيدول وبيار دلفولفيه، مصدر سابق، ص 397.

(4) Jean – Marc Peyrical: op. cite. p 82.

الدراسات المتعلقة بالمشاريع الاقتصادية أو الثقافية فضلاً عن المسائل المتعلقة بتنفيذ برامج الخطة القومية في نطاق الإقليم [1].

6 – يتولى أيضاً مجلس الإقليم تشكيل لجان القروض العامة، التي تضم في عضويتها عدداً من أعضاء مجلس الإقليم وأعضاء المجالس العامة للمحافظات والمجالس البلدية، التي تدخل ضمن نطاق الإقليم، حيث تتولى هذه اللجنة إبداء الآراء الاستشارية المتعلقة بإبرام القروض من قبل المجالس المحلية التي تقع ضمن دائرة أو نطاق الإقليم [2].

ثانياً: اختصاصات رئيس مجلس الإقليم

أصبح رئيس مجلس الإقليم بعد صدور قانون حقوق وحريات البلديات والمحافظات والإقليم رقم 213 لسنة 1982 يمثل الجهاز التنفيذي لمجلس الإقليم الذي يتولى كما رأينا مهمة اختياره من بين أعضاء المجلس، ويمكن حصر المهام التي يمارسها رئيس المجلس بالنقاط الآتية: -

1 – يحضّر رئيس المجلس مداولات مجلس الإقليم ويتولى تنفيذ قراراته.

2 – يمثل الإقليم كوحدة إدارية أمام القضاء.

3 – يتولى إعداد مشروع الموازنة الخاصة بالإقليم.

4 – تقديم تقرير سنوي إلى مجلس الإقليم يتضمن المشاريع التي تم تنفيذها وأوضاع الخطة القومية في إطار الإقليم وكذلك الأنشطة التي قامت بها الهيئات التابعة لمجلس الإقليم كالمجلس الاقتصادي والاجتماعي ولجنة القروض الفرعية [3].

الفرع الثاني

اختصاصات المجلس العام للمحافظة وجهازه التنفيذي

سنتناول اختصاصات المجلس العام وجهازه التنفيذي الذي يمثله رئيس المجلس العام للمحافظة في نقطتين: -

---

(1) جورج فيدول وبيار دلفولفيه، مصدر سابق، ص 397.

(2) د. محمد فرغلي محمد علي، مصدر سابق، ص 237.

(3) Patrick Janin: op. cite، p. 77، Jean – Marc Peyrical: op. cite، p. 82.

أولاً : اختصاصات المجلس العام للمحافظة

منح المشرع الفرنسي في قانون حقوق وحريات البلديات والمحافظات والأقاليم رقم **213** لسنة **1982** سابق الذكر المجلس العام للمحافظة اختصاصات واسعة من خلال ما نصت عليه المادة **46** بالقول «.... وبصفة عامة يختص المجلس بكل المسائل التي تتعلق بالمحافظة» وهذا يعني أن اختصاصات المجلس العام للمحافظة تشمل كل الشؤون أو المصالح ذات الطابع المحلي ومن ثم فإن المصالح ذات الطابع القومي تخرج بطبيعة الحال عن اختصاصاته ويمارس مجلس الدولة الفرنسي رقابته التي تضمن عدم خروج المجلس عن نطاق الاختصاصات المحلية[1].

ويمكن بيان أهم الاختصاصات التي يضطلع بها المجلس العام للمحافظة بالنقاط الآتية : -

1 – يتولى المجلس العام للمحافظة انتخاب رئيس المجلس العام ونوابه الذين يمثلون الجهاز التنفيذي للمجلس[2].

2 – يمارس المجلس مهمة الإشراف والرقابة على بعض الأنشطة البلدية الواقعة ضمن نطاق المحافظة كتحديد رسوم المستشفيات وتقديم الإعانات للمحتاجين وتحديد نسب اشتراك البلديات في المشاريع المشتركة بين أكثر من بلدية فضلاً عن فض الخلافات التي تحصل بين البلديات[3].

3 – إبداء الرأي للسلطة المركزية فيما يتعلق بالتعديلات الجغرافية في حدود المحافظات والبلديات[4].

4 – يضمن المجلس آلية أداء الوظائف في المحافظة وأداء المرافق العامة لواجباتها وخاصة المرافق العامة ذات الصبغة الاجتماعية كدور رعاية الطفولة والمسنين وتقديم المساعدات الاجتماعية[5].

---

(1) جورج فيدول وبيار دلفولفيه، مصدر سابق، ص **388** ؛ د. خالد سماره الزغبي، مصدر سابق، ص **180** ؛ د حسن محمد عواضة، لمصدر سابق، ص **93**.

(2) Agatha Van Lang: op. cite ،p. 78.

(3) د. حسن محمد عواضة، مصدر سابق، ص **94**.

(4) Jean – Marc Peyrical: cite: p. 79.

(5) Patrick Jean: op. cite ،p. 76.

5 – ويملك المجلس العام للمحافظة سلطة إنشاء المرافق العامة المحلية كالمرافق الخاصة بتقدير المياه الصالحة للشرب وإنشاء خطوط المواصلات وصيانة الطرق وإقامة القناطر وإنشاء الحدائق العامة[1].

ثانياً : اختصاصات رئيس المجلس العام للمحافظة

أصبح رئيس المجلس العام للمحافظة يمثل الجهاز التنفيذي للمجلس العام بعد أن كان يمارسها المحافظ قبل صدور قانون حقوق وحريات البلديات رقم **213** لسنة **1982** كما تقدمت الإشارة إليه.

ويمارس رئيس المجلس العام مجموعة من الاختصاصات يمكن حصرها في النقاط الآتية : -

1 – يقوم رئيس المجلس بتحضير مداولات المجلس ويتولى أمر تنفيذ قراراته.

2 – يتولى إعداد وتحضير مشروع الموازنة وتقديمها إلى المجلس للمصادقة عليها.

3 – يمارس رئيس المجلس العام السلطة الرئاسية تجاه جميع موظفي المرافق العامة المحلية[2].

4 – يمارس رئيس المجلس سلطات البوليس المتعلقة بقانون المرور[3].

5 – يتولى رئيس المجلس العام التنسيق مع المحافظ المعين من السلطة المركزية فيما يتعلق بأداء المرافق المحلية ومرافق الدولة.

6 – يبرم العقود ويتولى تنفيذها ويمثل المحافظة أمام القضاء[4].

(1) جورج فيدول وبيار دلفولفيه، المصدر السابق، ص **389** ؛ د. خالد سماره ألزغبي، المصدر السابق، ص **180**.

(2) Georges Depuis: op. cite ،p. 244 ? Patrick Janin: op. cite ،p. 78.

(3) Agatha Van Lang: op. cite ،p. 78.

(4) جورج فيدول وبيار دلفولفيه، مصدر سابق، ص **392**.

الفرع الثالث

اختصاصات المجلس البلدي وجهازه التنفيذي

سنعرض في هذا النوع اختصاصات المجلس البلدي واختصاصات جهازه التنفيذي المتمثل برئيس المجلس البلدي، فضلاً عن ذلك اختصاصات المجلس المحلي في العاصمة باريس وذلك في النقاط الآتية : -

أولاً : اختصاصات المجلس البلدي

يمثل المجلس البلدي كما تقدمت الإشارة إليه المستوى الثالث من مستويات الإدارة المحلية ويتولى أعمال المداولة والتقرير في جميع المسائل ذات الطابع المحلي ضمن نطاق البلدية ويمكن إجمال أهم الاختصاصات التي يمارسها المجلس البلدي في فرنسا في النقاط الآتية : -

1 – يملك المجلس البلدي سلطة إنشاء مرافق عامة جديدة في البلدية ويكون إنشاء البعض منها إلزامية بحكم القانون، كالمستشفيات، والمراكز الصحية، والمرافق العامة المختصة بتقديم الرعاية الاجتماعية كدور العجزة والأيتام(1).

2 – المصادقة على الموازنة المحلية التي يقدمها رئيس المجلس البلدي(2).

3 – يتولى المجلس البلدي المهام المتعلقة بالتخطيط العمراني، والإشراف على المؤسسات التعليمية، كبناء وصيانة المدارس الابتدائية والمتوسطة، وطرق النقل، والبيئة، وتوزيع مياه الشرب، والاهتمام بالأمور الثقافية والرياضية ومساعدة المؤسسات الخاصة(3).

4 – إنشاء المكتبات العامة والمتاحف والمسارح ودور السينما(4).

---

(1) Patrick Janin: op. cite ،p. 74.

(2) Agatha Van Lang: op. cite ،p. 78.

(3) Jean – Marc Peyrical: op. cite ،p. 77.

(4) د. خالد سماره ألزغبي، مصدر سابق، ص 181.

ثانياً : اختصاصات رئيس المجلس البلدي

يتولى رئيس المجلس البلدي أو العمدة كما يسمى في فرنسا مهمة تنفيذ قرارات المجلس البلدي وهو يمارس نوعين من الاختصاصات، اختصاصات يمارسها باعتباره يرأس الجهاز التنفيذي للمجلس واختصاصات يمارسها بصفته ممثلاً عن الدولة أو السلطة المركزية في نطاق البلدية، فبالنسبة للنوع الأول من الاختصاصات يمكن إجمالها على النحو الآتي : -

1 – يتولى رئيس المجلس البلدي تحضير مداولات المجلس.

2 – يناط برئيس المجلس البلدي مهمة تنفيذ القرارات التي يصدرها المجلس البلدي، والقاعدة العامة في هذا الشأن أن رئيس المجلس البلدي لا يستطيع أن يعمل إلا بموجب قرار من المجلس البلدي باستثناء إذا كان المشرع قد زوده بصلاحيات خاصة[1].

3 – يتولى رئيس المجلس البلدي إعداد مشروع الموازنة كما أنه يتولى إبرام العقود ويمثل البلدية أمام القضاء[2].

4 – يمارس رئيس المجلس البلدي سلطات الضبط الإداري دون أي مشاركة من المجلس البلدي في هذا الخصوص، وهو يملك إصدار القرارات المتعلقة بالضبط الإداري من أجل حماية النظام العام بعناصره التقليدية لحفظ الأمن العام والصحة العامة والسكنية العامة وغير التقليدية المتمثلة بالحفاظ على الآداب والأخلاق العامة[3].

وقد توسعت اختصاصات رئيس المجلس البلدي بعد الحرب العالمية الثانية، وتكاد تشمل جميع الأمور الحياتية اليومية للمواطنين[4].

---

(1) جورج فيدول وبيار دلفولفيه، مصدر سابق، ص 379.

(2) جورج فيدول وبيار دلفولفيه، مصدر سابق، ص 380.

(3) Patrick Janin: op. cite ،p. 75.

(4) ومن هذه الاختصاصات، تسجيل الولادات وإبرام عقود الزواج والرعاية الطبية وإصدار شهادات الترخيص بدفن الموتى وبناء المساكن الشعبية لذوي الدخل المحدود والترخيص

أما بالنسبة للاختصاصات التي يمارسها رئيس المجلس البلدي بصفته ممثلاً عن السلطة المركزية فتتمثل كالآتي : -

1 – ينشر رئيس المجلس البلدي قوانين الدولة وأنظمتها وينفذها، ولاسيما الأنظمة وتدابير الشرطة التي تتخذها السلطات المركزية.

2 – تخضع المرافق العامة القومية لرقابة وإشراف رئيس المجلس البلدي، فهو المسؤول عن ضمان أداء هذه المرافق لواجباتها، كما يتولى الإشراف على عملية الإحصاء والأمور المتعلقة بتجنيد الجيش والتعليم الإلزامي.

3 – يمارس رئيس المجلس البلدي بعض المهام القضائية وهو ضابط الشرطة القضائية وهو يستطيع ممارسة النيابة العامة أمام المحاكم المختصة[1].

والسبب الذي يقف وراء إسناد بعض مهام السلطة المركزية إلى رئيس المجلس البلدي يعود إلى أن البلدية كوحدة إدارية لا يوجد فيها رئيس وحدة إدارية يتم تعيينه من السلطة المركزية كما هو الحال للإقليم والمحافظة حيث يرأس كل منها شخص يتم تعيينه في السلطة المركزية ويسمى بالمحافظ أو مفوض الجمهورية يتولى الإشراف على المرافق العامة القومية.

ثالثاً : اختصاصات المجالس المحلية في العاصمة باريس

سبق وأن رأينا عند دراستنا لتشكيل الإدارة المحلية في فرنسا أن المشرع قد أوجد في العاصمة باريس وحدتين إداريتين في آن واحد، فالعاصمة باريس هي بلدية ومحافظة في الوقت نفسه، ولما كان لكل وحدة إدارية مجلس محلي يمثلها ويتولى إدارة شؤونها ومصالح محلية فقد أصبح هنالك مجلسين هما المجلس العام للمحافظة والمجلس البلدي أو مجلس باريس كما يسمى في فرنسا[2].

والاختصاصات التي يمارسها مجلس باريس ومجلس محافظة باريس لا تخرج عن الاختصاصات التي تمارسها المجالس المحلية المناظرة لها في باقي الوحدات

للمحلات التجارية والصناعية وغيرها من الاختصاصات للمزيد ينظر: د. حسن محمد عواضة، مصدر سابق، ص 95 وما بعدها.

(1) جورج فيدول وبيار دلفولفيه، مصدر سابق، ص 381 ؛ د. محمد فرغلي محمد علي، مصدر سابق، ص 358

(2) ينظر: الصفحة (171) من الأطروحة.

الإدارية، إلا أن الإصلاح الجديد الذي جاء به قانون 22 تموز سنة 1982 حاول رفع التعارض أو الازدواجية بين هذين المجلسين عندما جعل رئيس مجلس باريس أو عمدة باريس يرأس المجلسين في آن واحد، فعمدة باريس يمارس الاختصاصات ذاتها التي يمارسها أي رئيس بلدي آخر باستثناء سلطات الضبط الإداري التي يتولاها جهاز الشرطة الذي يخضع لوزارة الداخلية، وكذلك يمارس العمدة اختصاصات رئيس المجلس العام للمحافظة ولكن هذا الإصلاح كما يراه البعض من الفقهاء لم يضع حلولاً كاملة لإشكالية هذه الازدواجية[1].

هذه هي أهم الاختصاصات التي تمارسها المجالس المحلية في فرنسا مع جهازها التنفيذي وينبغي التذكير أن الاختصاصات التي حددها المشرع الفرنسي قد جاءت على سبيل المثال لا الحصر ومن ثم فإن المجالس المحلية تستطيع ممارسة أي اختصاص لا يتسم بالطابع المحلي حتى وإن لم ينص عليه المشرع إلا إنها تخضع في ذلك لقيدين :

القيد الأول :

عدم التعرض لممارسة أي اختصاص ذو طابع قومي، وفي هذا الشأن يكون مجلس الدولة الفرنسي هو صمّام الأمان الذي يمنع المجالس المحلية من تجاوز اختصاصاتها، حيث يتولى مجلس الدولة إبداء الرأي في ممارسة المجالس المحلية لأي اختصاصات جديدة لم تكن تمارسها في السابق حيث يقرر مدى توفر الطابع المحلي لهذا الاختصاص من عدمه وتكون قراراته في هذا الشأن ملزمة.

القيد الثاني :

ويمثل هذا القيد بعدم السماح للمجالس المحلية بالتعرض لممارسة أي نشاط اقتصادي سواء كان اقتصادياً أم صناعياً، ومصدر هذا القيد جاء بموجب قانون صدر في بداية قيام الثورة الفرنسية سنة 1891 الذي كفل مبدأ حرية التجارة والصناعة للقطاع الخاص والذي أضحى من المبادئ العامة في التشريعات الفرنسية[2].

---

(1) ينظر: جورج فيدول وبيار دلفولفيه، مصدر سابق، ص 46 وما بعدها.
(2) د. حسن محمد عواضة، مصدر سابق، ص 93.

الفرع الرابع

الموارد المالية للإدارة المحلية

تعتمد الإدارة المحلية في فرنسا لغرض القيام بواجباتها على نوعين من الموارد، الأولى هي الموارد الداخلية والذاتية، والثانية هي الموارد الخارجية، ومن أجل تسليط الضوء على هذين النوعين من الموارد سنتناول كل منها على حدة وفق الآتي :-

أولاً : الموارد المالية الداخلية

وتشتمل هذه الموارد الضرائب المحلية والرسوم وأثمان الخدمات وأرباح المشروعات الاستثمارية، وسنوضحها في النقاط الآتية :-

أ- الضرائب المحلية :

يوجد في فرنسا أربع ضرائب محلية، الأولى هي الضريبة على الأملاك العقارية، وتشمل المنازل والمصانع، والثانية تتمثل بالضريبة على القيمة الايجارية ويتحملها الذي يشغل العقار حتى ولو كان مستأجراً، والثالثة وتشمل الضريبة على العقارات غير المشيدة، وذلك لحمل أصحابها على بنائها، أما الضريبة الرابعة فهي ضريبة المهن وتفرض على أساس الراتب أو الدخل المتأتي من المهن، وقد حد القانون الخاص بضريبة المهن لسنة **1975** حد أقصى قدره الخمس $\frac{1}{5}$ بالنسبة للمرتبات وثمن $\frac{1}{8}$ الإيرادات السنوية للمهن الحرة[1].

وتبلغ الموارد المالية المتأتية من الضرائب المحلية في فرنسا نسبة مرتفعة فهي على سبيل المثال قد وصلت في عام **2006** إلى نسبة **45**٪ من مجموع الموارد التي تحصل عليها الهيئات المحلية في فرنسا[2].

---

(1) المصدر نفسه، ص **230**.

(2) Les resources des collectives locales ،p. 2.

منشور على الرابط الآتي تاريخ الزيارة **2012/2/1**.

ب – الرسوم المحلية :

إلى جانب الضرائب هناك الرسوم المحلية التي تعد ذات حصيلة محددة إذا ما قورنت بحصيلة الضرائب وتشمل رسوم دخول الحدائق والملاهي ورسوم الإعلانات[1].

جـ- أثمان الخدمات التي تقدمها المجالس المحلية للمواطنين :

وكذلك إيرادات الأملاك الخاصة للمجالس المحلية مثل أجور المساكن والعقارات المملوكة للمجلس المحلي وأرباح المشروعات الاستثمارية، وتعد هذه الموارد في الواقع ذات حصيلة محدودة قد لا تتجاوز نسبة 8 – 9 ٪ من إجمالي الموارد التي تحصل عليها المجالس المحلية[2].

ثانياً : الموارد المالية الخارجية وتشمل هذه الموارد :

أ – الإعانات أو المنح الحكومية :

تقرر المجالس المحلية في فرنسا على الإعانات أو المنح التي تقدمها الحكومة المركزية لها فهي تشكل مورداً أساسياً من الموارد المالية للمجالس المحلية، حيث بلغت نسبة الإعانات أو المنح الحكومية في عام 2006 حوالي 32 ٪ من إجمالي إيرادات المجالس المحلية، وتهدف الإعانات الحكومية في كثير من الأحيان إلى تخفيض الأعباء عن المكلفين بدفع الضرائب المحلية من جهة ولمواجهة زيادة النفقات الناجمة من نقل الصلاحيات والاختصاصات والسلطة الإدارية المركزية إلى المجالس المحلية من جهة أخرى[3].

ب – القروض :

تمثل القروض مصدر من مصادر التمويل المهمة للمجالس المحلية، حيث تلجأ الأخيرة إلى إبرام القروض لغرض تمويل مشروعاتها الكبيرة وتنفيذ برامج التنمية

---

(1) علي مهدي علي العلوي بارحمة، مصدر سابق، ص 194.

(2) د. عبد الجليل هويدي، مصدر سابق، ص 58

(3) Les resources des collectives: op. cit، p. 4.

المحلية، وتشكل القروض نسبة **10٪** من إجمالي الإيرادات التي تحصل عليها المجالس المحلية[1].

ومن أهم الجهات التي تمنح القروض للمجالس المحلية هي الصندوق القومي للأعمال العقارية وصندوق الودائع والتأمينات الذي يقدم قروضاً لفترات تصل إلى عشرين عاماً، وكذلك الصندوق القومي

للغابات والذي يحصر قروضه للمحافظة على الغابات حيث تصل مدة هذه القروض إلى ثلاثين عاماً[2].

جـ- الموارد الأخرى:

وتشمل الهبات والتبرعات التي تقدمها المؤسسات الخاصة الوطنية والأجنبية فضلاً عن المنح التي يقدمها الاتحاد الأوربي وتبلغ هذه الموارد جميعها حوالي **11٪** من إجمالي الإيرادات التي تحصل عليها المجالس المحلية في عام **2006**[3].

ويلاحظ في هذا الشأن أن المجالس المحلية في فرنسا تعتمد على الموارد المالية الداخلية أو الذاتية بنسبة أكبر بالقياس على الموارد المالية الخارجية، حيث تشكل نسبة مجموع الموارد الداخلية تقريباً **60٪** من إجمالي الإيرادات التي تحصل عليها المجالس المحلية الأمر الذي سيعزز حتماً من استقلاليتها تجاه السلطات الإدارية المركزية، وتأتي الإعانات الحكومية في المرتبة الثانية من حيث تمويلها للمجالس المحلية والأعمال غير أن الاعتماد على المنح أو الإعانات الحكومية لا يشكل دائماً منفذاً للانتقاص من استقلالية المجالس المحلية، فقد رأينا أن المجالس المحلية في بريطانيا تعتمد على الإعانات أو المنح الحكومية بنسبة كبيرة قد تصل في بعض الأحيان إلى **60٪** من إجمالي مواردها ولم نجد من يشكك في مدة الاستقلالية التي تتمتع بها المجالس المحلية في بريطانيا.

---

(1) د. محمد علي الخلايلة، المصدر السابق، ص **111**.

(2) د. حسن محمد عواضة، المصدر السابق، ص **232**.

(3) Les resources des collectives: op. cit. p. 5.

المبحث الثاني

اختصاصات الإدارة المحلية في العراق

تتوزع ممارسة اختصاصات الإدارة المحلية في العراق بين جهتين، الأولى تتولى أعمال المداولة والتقرير وهي المجالس المحلية بمختلف مستوياتها (مجلس المحافظة ومجلس القضاء ومجلس الناحية)، والثانية تتولى مهمة تنفيذ قرارات هذه المجالس ويقوم بها في العراق رؤساء الوحدات الإدارية (المحافظة والقائم مقام ومدير الناحية).

وممارسة هذه المجالس مع جهازها التنفيذي لاختصاصاتها تتوقف في الواقع على مدى توفر الموارد المالية الكافية كي تتمكن من القيام بهذه الاختصاصات. ونظراً لأهمية وخطورة بعض الاختصاصات التي تتمتع بها هذه المجالس المحلية وفقاً للدستور الدائم لعام 2005 النافذ ارتأينا توضيح كيفية وماهية الاختصاصات التي تولى الدستور النافذ أمر توزيعها بين السلطات الاتحادية والأقاليم والمحافظات غير المنتظمة في إقليم قبل الحديث عن اختصاصات المجالس المحلية والمتمثلة بمجلس المحافظة ومجلس القضاء و مجلس الناحية واختصاصات رؤساء الوحدات الإدارية، التي نص عليها قانون المحافظات غير المنتظمة في إقليم رقم (21) لسنة 2008.

من أجل ذلك سنقسم المبحث على خمسة مطالب، نتناول في المطلب الأول، توزيع الاختصاصات بين السلطات الاتحادية والأقاليم والمحافظات غير المنتظمة في إقليم في الدستور لعام 2005، وفي المطلب الثاني سنتناول اختصاصات مجلس المحافظة، وفي المطلب الثالث سنعرض فيه اختصاصات مجلس القضاء ومجلس الناحية، أما المطلب الرابع فسنخصصه للحديث عن صلاحيات رؤساء الوحدات الإدارية، وفي المطلب الخامس والاخير سنبين فيه الموارد المالية للإدارة المحلية.

المطلب الأول

توزيع الاختصاصات بين السلطات الاتحادية والأقاليم والمحافظات غير المنتظمة في إقليم في الدستور النافذ لعام 2005

سبق وان بينا أن الدستور النافذ لعام 2005 قد تبنى النظام الاتحادي للدولة العراقية، غير أن هذا النظام لم يتبلور بشكل كامل، فهو مختصر حالياً على إقليم فيدرالي واحد وهو إقليم كردستان، في الوقت الذي لازالت فيه المحافظات الأخرى البالغة عددها خمسة عشر تدار وفقاً لمبدأ اللامركزية الإدارية حسب ما جاء في الدستور الدائم[1].

ولما كان المشرع الدستوري قد عدّ المحافظات غير المنتظمة في إقليم من ضمن مكونات النظام الاتحادي إلى جانب الأقاليم، فقد انعكس ذلك على توزيع الاختصاصات بين هذه المكونات، ينبغي لنا أن نسلط الضوء على الكيفية أو الطريقة التي وزع فيها المشرع الدستوري هذه الاختصاصات وماهية اختصاصات السلطات الاتحادية والأقاليم والمحافظات غير المنتفعة في إقليم، ولذلك سنقسم المطلب على ثلاثة فروع، نتناول في الفرع الأول، طريقة توزيع الاختصاصات في الدستور النافذ لعام 2005، وفي الفرع الثاني سنتناول اختصاصات السلطات الاتحادية، أما الفرع الثالث والأخير سنخصصه للحديث عن اختصاصات الأقاليم والمحافظات غير المنتظمة في إقليم.

---

(1) نصت المادة 122- ثانياً من الدستور النافذ لعام 2005 على أن «تمنح المحافظات التي لم تنظم في إقليم الصلاحيات الإدارية والمالية الواسعة، بما يمكنها من إدارة شؤونها على وفق مبدأ اللامركزية الإدارية......».

الفرع الأول

طريقة توزيع الاختصاصات في الدستور النافذ لعام 2005

لتجنب المشاكل التي قد تثار بسبب تداخل الاختصاصات بين السلطات الاتحادية وسلطات الأقاليم أو تتجه الدساتير إلى أحد الطرق الثلاثة في توزيع الاختصاصات وهي على النحو الأتي :-

الطريقة الأولى :

بموجب هذه الطريقة يتولى المشرع الدستوري تحديد اختصاصات السلطات الاتحادية على سبيل الحصر ويترك ما عدا ذلك إلى اختصاصات الأقاليم أو الولايات[1].

ويؤخذ على هذه هذه الطريقة أنها تؤدي إلى تقوية دور الأقاليم أو الولايات على حساب السلطات الاتحادية، والدول التي تبنت هذه الطريقة هي الولايات المتحدة الأمريكية وسويسرا والإمارات المتحدة[2].

الطريقة الثانية :

وفقاً لهذه الطريقة، فان الدستور يتولى تحديد اختصاصات الأقاليم أو الولايات على سبيل الحصر ويترك ما عدا ذلك إلى السلطات الاتحادية، ومن أمثلة الدول التي أخذت بهذه الطريقة هي الهند وكندا وفنزويلا[3].

تؤدي هذه الطريقة في الواقع توسيع اختصاصات السلطات الاتحادية وتقوية مركزها مع مرور الزمن حيث ستكون الاختصاصات الجديدة من نصيب السلطات الاتحادية[4].

---

(1) د. محمد كامل ليلة، النظم السياسية، دار العربي، القاهرة، 1967، ص132.

(2) د. إحسان المفرجي وآخرون، المصدر السابق، ص12، وفي هذا الصدد ذهب رأي في الفقه «أنه إذا كانت بعض الدساتير قد تبنت هذه الطريقة كالولايات المتحدة الأمريكية، فإن الواقع العلمي يشير إلى إن هذه الدول تتجه تدريجياً نحو توسيع اختصاصات السلطات الاتحادية على حساب الأقاليم أو الولايات»، ينظر: د. محمد كامل ليلة، مصدر سابق، ص132.

(3) د. إبراهيم عبد العزيز شيحا، مبادئ النظم السياسية، مصدر سابق، ص69.

(4) د. إحسان المفرجي وآخرون، مصدر سابق، ص112.

الطريقة الثالثة :

ويتم بموجبها تحديد اختصاصات السلطات الاتحادية واختصاصات الأقاليم والولايات على سبيل الحصر، وهذا يعني أن الدستور ينص على قائمتين، الأولى تتضمن جميع الاختصاصات التي هي من اختصاص السلطات الاتحادية في حين تتضمن القائمة الأخرى اختصاصات الأقاليم أو الولايات، بهذه الطريقة يتم معرفة ما سيكون من اختصاصات السلطات الاتحادية واختصاصات الأقاليم ابتداءً[1].

يعاب على هذه الطريقة أنها ستثير إشكاليات التنازع بالنسبة للاختصاصات التي لا تدخل ضمن اختصاصات السلطات الاتحادية، ولا أيضاً ضمن الأقاليم وذلك لأن المشرع الدستوري لا يمكن له مهما بلغت قدرته من الدقة وسعة الشمول الإحاطة بجميع الاختصاصات[2].

وأتباع أي طريقة من الطرق أعلاه في توزيع الاختصاصات بين السلطات الاتحادية والأقاليم أو الولايات، يعتمد في الواقع على طبيعة الظروف المحيطة بنشأة كل دولة، فالدولة الاتحادية التي تنشأ نتيجة انضمام أو اتحاد عدة دول مستقلة يتجه الدستور عادة إلى توسيع اختصاصات الأقاليم أو الولايات الداخلة في هذا الاتحاد رغبة منه بالاحتفاظ لها بقدر كبير من الاستقلال مما يجعل من اختصاص السلطات الاتحادية محددة كالولايات المتحدة الأمريكية ودولة الأمارات العربية، أما الدول الاتحادية التي تنشأ نتيجة تفكك دولة موحدة وبسيطة إلى مجموعة دول مع وجود رغبة في إنشاء دولة اتحادية، فإن الدستور يتجه عادة إلى تقوية دور السلطات الاتحادية على حساب الأقاليم والولايات، ومن ابرز الأمثلة لها الاتحاد السوفيتي سابقاً والبرازيل والأرجنتين.[3]

بعد أن عرضنا الطرق العامة في توزيع الاختصاصات في الدولة الاتحادية (الفدرالية) ينبغي لنا معرفة موقف المشرع الدستوري العراقي وفقاً للدستور الدائم

---

(1) د. منذر الشاوي، القانون الدستوري، مصدر سابق، ص254.

(2) د. محمد كامل ليلة، مصدر سابق، ص133.

(3) د. إحسان ألمفرجي وآخرون، مصدر سابق ص1 ؛ د. محمد عمر مولود، مصدر سابق، ص32.

لعام 2005 من ذلك، فقد نصت المادة (110) منه على إن «تختص السلطات الاتحادية بالاختصاصات الحصرية الآتية....» وأشارت المادة (114) من الدستور على مجموعة من الاختصاصات المشتركة بين السلطات الاتحادية وسلطات الأقاليم، في حين نصت المادة (115) من الدستور أن «كل ما لم ينص عليه في الاختصاصات الحصرية للسلطات الاتحادية، يكون من صلاحية الأقاليم والمحافظات غير المنتظمة في إقليم، والصلاحيات الأخرى المشتركة بين الحكومة الاتحادية والأقاليم، تكون الأولوية فيها لقانون الأقاليم والمحافظات غير المنتظمة في إقليم، في حالة الخلاف بينهما».

يتضح من النصوص السابقة إن الدستور الدائم لعام 2005 قد تبنى الطريقة الأولى التي تقدم ذكرها في توزيع الاختصاصات، حيث أنه حدّد اختصاصات السلطات الاتحادية على سبيل الحصر وترك ما عدا ذلك من اختصاص الأقاليم والمحافظات غير المنتظمة في إقليم وفي الاختصاصات التي جعلها مشتركة فأنها بالمحصلة النهائية ستكون من اختصاص الأقاليم والمحافظات عند الخلاف.

ومن تجدر إليه الإشارة في هذا الشأن إن النظام الاتحادي في العراق لم ينشأ عن طريق اتحاد مجموعة دول مستقلة حتى يتم فيه تقوية دور سلطات الأقاليم والمحافظات ولم ينشأ أيضاً عن طريق تفكيك الدولة العراقية إلى مجموعة دول مستقلة ثم نشأ النظام الاتحادي بعدها، إنما نشأ في تقديرنا في ظل تحول دستوري حدث بعد سقوط النظام السياسي السابق واحتلال العراق الأمر الذي يمليه المنطق القانوني السليم أن تكون اختصاصات السلطات الاتحادية أكثر اتساعاً من اختصاصات الأقاليم على اعتبار أن الدولة العراقية لم تنشأ عن طريق اتحاد مجموعة دول مستقلة حتى تكون اختصاصات السلطات الاتحادية محدودة على سبيل الحصر، ويبدو ان الاعتبارات السياسية هي التي لعبت دوراً كبيراً في ذلك، حيث يعود وتبني النظام الاتحادي إلى سببين : الأول كان بمثابة ردة فعل للمركزية الشديدة التي كان تتسم بها الدولة في ظل النظام السابق، وقد صرّح بذلك قانون أدارة الدولة للمرحلة الانتقالية لعام 2004عندما نص في المادة (52) منه على أن «يؤسس تصميم النظام الاتحادي في العراق بشكل يمنع تركيز السلطة في

الحكومة الاتحادية، ذلك التركيز الذي جعل من الممكن استمرار عقود الاستبداد والاضطهاد في ظل النظام السابق...».

أما السبب الأخر في تبني النظام الفدرالي كان استجابة لمطالب القومية الكردية في إقليم كردستان الذي تمتع بالاستقلال فعلياً عن الدولة العراقية بعد عام 1991، وابرز دليل على ذلك هو اعتراف المشرع الدستوري في الدستور الدائم لعام 2005 بإقليم كردستان كإقليم فدرالي كواقع حال بحيث لم تم تشكيله وفقاً للإجراءات التي تم تحديدها في الدستور[1].

الفرع الثاني

اختصاصات السلطات الاتحادية وفقا للدستور النافذ

خصص المشرع الدستوري العراقي في الدستور الدائم لعام 2005 الباب الرابع منه للحديث عن السلطات الاتحادية، وابتدأ هذا الباب بالنص في المادة (109) على أن «تحافظ السلطات الاتحادية على وحدة العراق وسلامته واستقلاله وسيادته ونظامه الديمقراطي الاتحادي»، وفي المادة (110) من الدستور أفصح المشرع الدستوري عن الطريقة التي اتبعها في توزيع الاختصاصات بين السلطات الاتحادية وسلطات الأقاليم والمحافظات غير المنتظمة في إقليم، وهي طريقة التعداد ألحصري للاختصاصات السلطات الاتحادية، بحيث يكون ما عداها من اختصاص الأقاليم والمحافظات[2] ويلاحظ في هذا الشأن ان المشرع الدستوري لم يدرج المادة (109)

---

(1) ينظر المواد 117 – أولاً ؛ 119 من الدستور الدائم لعام 2005.

(2) نصت المادة (110) من الدستور الدائم لعام 2005 على إن «تختص السلطات الاتحادية بالاختصاصات الحصرية الآتية :-

أولاً : رسم السياسة الخارجية والتمثيل الدبلوماسي، والتفاوض بشأن المعاهدات والاتفاقات الدولية، وسياسة الاقتراض والتوقيع عليها وإبرامها، ورسم السياسة الاقتصادية والتجارية الخارجية السيادية.

ثانياً: وضع سياسة الأمن الوطني وتنفيذها، بما في ذلك إنشاء قوات مسلحة وأدارتها لتأمين حماية وضمان امن حدود العراق، والدفاع عنه. =

المذكورة آنفاً التي بينت دور السلطات الاتحادية في المحافظة على وحدة العراق واستقلاله ضمن الفقرات التي حددتها المادة (110) والمتعلقة بالاختصاصات للسلطات الحصرية، الأمر الذي يدفعنا للتساؤل عن السبب أو الحكمة في ذلك ؟

ذهب البعض في هذا الشأن إلى أن السبب في إيراد هذا النص في مقدمة الباب المتعلق باختصاصات السلطات الاتحادية يعود للظروف التي رافقت كتابة الدستور والمعارضة الشديدة التي أبدتها الكثير من الجهات السياسية للنظام الفدرالي، فأراد المشرع الدستوري وضع تطمينات بان الفدرالية لا تعني التقسيم بأي حال من الأحوال، وان السلطات الاتحادية هي المكلفة بحفظ وحدة العراق واستقلاله من أي محاولة انفصال من أي جهة كانت[1].

يمكن أن نضيف إلى ذلك سبباً آخر، هو أن المشرع الدستوري لا ينظر إلى مهمة الحفاظ على وحدة العراق وسلامته واستقلاله إلى أنها مجرد اختصاص تمارسه السلطات الاتحادية كأي اختصاص أخر، وإنما ينظر إلى هذه المهمة بأنها واجب يقع على عاتق السلطات الاتحادية، ومن ثم فإن إيراد هذا النص ضمن الاختصاصات الحصرية سيذهب عنه هذه الفكرة، والدليل الأبرز على ذلك أن

= ثالثاً - رسم السياسة المالية، والكمركية، وإصدار العملة، وتنظيم الساسة التجارية عبر حدود الأقاليم والمحافظات في العراق، ووضع الميزانية العامة للدولة، ورسم السياسة النقدية وإنشاء البنك المركزي، وإدارته.

رابعاً : تنظيم أمور المقاييس والمكاييل والأوزان.

خامساً: تنظيم أمور الجنسية والتجنس والإقامة وحق اللجوء السياسي.

سادسا: تنظيم سياسة الترددات البثية والبريد.

سابعا: وضع مشروع الموازنة العامة والاستثمارية.

ثامناً: تخطيط السياسات المتعلقة بمصادر المياه من خارج العراق، وضمان مناسيب تدفق المياه إليه وتوزيعها العادل داخل العراق، وفقاً للقوانين والأعراف الدولية.

تاسعاً : الإحصاء والتعداد العام لسكان.

(1) جمال ناصر جبار الزيداوي، اختصاصات الأقاليم والمحافظات في العراق، بحث منشور في الانترنيت على الرابط الآتي :-

WWW. asrar – Khafaya.com / ihdex. php/ 2011- 10.19

تاريخ الزيارة 2012/4/1

المشرع الدستوري لم يستخدم عبارة «تختص السلطات الاتحادية في الحفاظ على وحدة العراق... وإنما استخدم عبارة تحافظ السلطات الاتحادية...» والمحافظة عادة لا تكون إلا على شيء ثمين لا يمكن المساومة عليه.

والسلطات الاتحادية الموكول إليها الحفاظ على وحدة العراق لا يقصد بها الحكومة الاتحادية او السلطة التنفيذية فقط وإنما تشمل السلطتين التشريعية والقضائية الاتحادية، حيث تسهم هذهِ السلطات الثلاث في الحفاظ على وحدة العراق من خلال ممارستها لواجباتها [1].

فضلاً عن الاختصاصات الحصرية التي تمارسها السلطات الاتحادية وحدها، فقد نص المشرع الدستوري في المادة (114) على مجموعة من الاختصاصات جعلها مشتركة بين السلطات الاتحادية والأقاليم حيث جاء فيها «تكون الاختصاصات الآتية مشتركة بين السلطات الاتحادية والأقاليم....» [2].

يثار في هذا الصدد تساؤل حول المقصود بالاختصاصات المشتركة وكيف بالإمكان حل إشكالات الاختلاف في ممارستها بين السلطات الاتحادية والأقاليم ؟

---

(1) نصت المادة 47 في الدستور الدائم لعام 2005 على أن «تتكون السلطات الاتحادية من السلطات التشريعية والتنفيذية والقضائية...».

(2) والاختصاصات المشتركة هي :- أولاً – إدارة الكمارك بالتنسيق مع حكومات الأقاليم والمحافظات غير المنتظمة في إقليم، وينظم ذلك بقانون.

ثانياً : تنظيم مصادر الطاقة الكهربائية الرئيسة وتوزيعها.

ثالثاً : رسم السياسة البيئية لضمان حماية البيئة من التلوث، والمحافظة على نظافتها، بالتعاون مع الأقاليم والمحافظات غير المنتظمة في إقليم.

رابعاً : رسم سياسات التنمية والتخطيط العام.

خامساً: رسم السياسة التعليمية الصحية العامة، بالتعاون مع الأقاليم والمحافظات غير المنتظمة في إقليم.

سادساً: رسم السياسة التعليمية والتربوية العامة بالتشاور مع الأقاليم والمحافظات غير المنتظمة فإقليم.

سابعاً : رسم سياسة الموارد المائية الداخلية، وتنظيمها بما يتضمن توزيعها عادلاً وينظم ذلك بقانون.

فيما يتعلق بالمقصود بالاختصاصات المشتركة ذهب البعض انها تعني عدم انفراد أي من السلطات الاتحادية والأقاليم في القيام بها دون مشاركة السلطة الأخرى سواء كان ذلك بالتشريع أم بالتنفيذ [1].

أما بالنسبة إلى حل إشكالات الاختلاف في ممارستها فقد جعل الدستور الأولوية في ممارسة هذه الاختصاصات المشتركة لقانون الأقاليم والمحافظات في حالة الخلاف مع السلطات الاتحادية حيث نصت المادة (115) من الدستور الدائم على أن «.... الصلاحيات الأخرى المشتركة بين الحكومة الاتحادية والأقاليم، تكون الأولوية فيها لقانون الأقاليم والمحافظات غير المنتظمة في إقليم، في حالة الخلاف بينهما».

هذا يعني إن اختصاصات الأقاليم والمحافظات تبقى مفتوحة لاستقبال المزيد من الاختصاصات بمرور الوقت، ويذهب البعض في الشأن إلى أن المشرع الدستوري منح الأقاليم والمحافظات اختصاصات واسعة جداً ولم يكتف بذلك وإنما أفرط في توسيع هذه الاختصاصات عندما أعطى الأولوية لقانون الأقاليم والمحافظات غير المنتظمة في إقليم في حالة التعارض والخلاف مع السلطات الاتحادية[2]، الأمر الذي يدفعنا إلى التساؤل عن الحكمة من إيراد الاختصاصات المشتركة طالما كانت المحصلة النهائية لممارستها تكون لسلطات الأقاليم والمحافظات غير المنتظمة في إقليم.

وبقدر تعلق الأمر باختصاصات المحافظات غير المنتظمة في إقليم، يلاحظ في هذا الشأن أنه وعلى الرغم من المادة (114) المذكورة آنفاً في الدستور الدائم قد قرنت المحافظات غير المنتظمة في إقليم مع الأقاليم ضمن الفقرات التي حددت هذه الاختصاصات المشتركة، إلا أن شمول المحافظات غير المنتظمة في إقليم قد اقتصرت في أربع فقرات من مجموع سبع فقرات نصت عليها المادة (114) [3].

---

(1) د. عدنان عاجل عبيد، مصدر سابق، ص28.

(2) د. إسماعيل علوان التميمي، والدستور والتعارض في اختصاصات المحافظات، بحث منشور في الانترنيت على الربط :- تاريخ الزيارة 23/ 2/2012، ص2. www. ahewaiorg. cam

(3) الفقرات أولاً، ثالثاً، خامساً، سادساً من المادة (114) من الدستور النافذ لعام 2005.

إلى جانب الاختصاصات الحصرية التي نصت عليها المادة (110) من الدستور المذكورة آنفاً والاختصاصات المشتركة بين السلطات الاتحادية وسلطات الأقاليم المنصوص عليها في المادة (114) المذكورة آنفاً أيضاً، فقد نصّ المشرع على المسائل المتعلقة بالنفط والغاز والآثار والمواقع الأثرية في مواد منفصلة، فقد نصت المادة (111) من الدستور لعام 2005 على ان «النفط والغاز هو ملك كل الشعب العراقي في كل الأقاليم والمحافظات»[1].

ثم أشارت المادة (112) فقرة أولاً إلى قيام الحكومة الاتحادية بإدارة النفط والغاز المستخرج من الحقول الحالية مع حكومات الأقاليم والمحافظات المنتجة [2]، في حين بينت الفقرة ثانياً من المادة ذاتها قيام الحكومة الاتحادية وحكومات الأقاليم والمحافظات معا يرسم السياسات الإستراتيجية اللازمة في تطور ثروة النفط والغاز [3].

يثار تساؤل مهم في هذا الشأن : هل تعد إدارة النفط والغاز ضمن الصلاحيات أو الاختصاصات المشتركة بين السلطات الاتحادية والأقاليم والمحافظات غير المنتظمة في إقليم بحيث تسري عليها أحكام المادة (115) من الدستور، التي

---

(1) مما تجدر إليه الإشارة في هذا الشأن إن العبارة التي أوردتها المادة (111) والتي نصت على أن النفط والغاز هو ملك كل الشعب العراقي... لم تكن دقيقة من الناحية القانونية لأن الملكية باعتبارها حقاً عينياً أصلياً لا تنصرف إلا إلى شخص قانوني سواء كان طبيعياً أو معنوياً، فالشعب لا يتمتع بالشخصية المعنوية، ومن ثم فان إسناد ملكية النفط والغاز إليه تعد مجازاً، بالإضافة إلى ذلك كان على المشرع أن يستخدم عبارة الثروات الطبيعية بما فيها النفط والغاز لأن الاقتصار على النفط و الغاز سُيخرج الثروات الطبيعية الأخرى ادارة السلطات الاتحادية كالكبريت والفوسفات واليورانيوم وغيرها والمعادن الثمينة التي تزخر بها أرض العراق.

(2) حيث نصت المادة 112 – أولاً على أن «تقوم الحكومة الاتحادية بإدارة النفط والغاز المستخرج من الحقوق الحالية مع حكومات الأقاليم والمحافظات المنتجة، على أن توزع وارداتها بشكل منصف يتناسب التوزيع السكاني في جميع أنحاء البلاد....»

(3) نصت الفقرة ثانياً من المادة 112 من الدستور على أن «تقوم الحكومة الاتحادية وحكومات والمحافظات المنتجة معاً برسم السياسات الإستراتيجية اللازمة لتطوير ثروة النفط والغاز.....».

أعطت الأولوية في ممارسة الاختصاصات المشتركة لقانون الأقاليم والمحافظات غير المنتظمة في إقليم في حالة الخلاف بينها ؟

من مطالعة النصوص الدستورية في هذا الشأن نجد إن المشرع الدستوري قد حدد الاختصاصات الحصرية للسلطات الاتحادية في المادة (110) ولم يكن من بينهـا مسـألة إدارة الـنفط والغـاز وبـالرجوع إلى المـادة (114) الـتي حـددت الاختصاصات المشتركة كما رأينا آنفاً بين السلطات الاتحادية وسلطات الأقاليم، لم تدرج أيضا مسألة إدارة النفط والغاز من ضمن الاختصاصات المشتركة، نفهم من ذلك إن المشرع الدستوري أراد أن تكون إدارة النفط والغاز ذات طابع خاص تدخل ضمن مفهوم الحفاظ على وحدة العراق وضمان استقلاله التي جعلها المشرع الدستوري في المادة (109) المذكورة آنفاً ضمن واجب السلطات الاتحادية ومن ثم لا يمكن أن تكون خاضعة لحكم المادة (115) المذكورة آنفاً التي جعلت الأولوية في حالة الخلاف لقانون الأقاليم والمحافظات ؛ لأننا لو سلمنا جدلاً بان إدارة النفط والغاز ستكون من نصيب سلطات الأقاليم والمحافظات غير المنتظمة في إقليم فإن إدارة هـذه الثروات مـن قبـل الأخيرة ستوفر بشكل أو بـآخر الظروف المؤاتيـة للانفصال أو التجزئة، ومن ثم كيف سيتسنى للسلطات الاتحادية التي أوكل إليها الدستور مهمة الحفاظ على وحدة العراق وضمان استقلاله إن لم يكن لديها أي دور في إدارة النفط والغاز؛ هذه الثروة لم يعد ينظر إليها إلى إنها مجرد مورد اقتصادي فحسب بل أصبحت ترتبط بشكل وثيق بالأمن القومي الذي أصبح يمثل الاهتمـام الرئيس للدول.

وإذا كانت عبارة (الحقول الحالية) التي وردت ضمن الفقرة الأولى مـن المادة (112) المذكورة آنفاً قد تعطي انطباعاً بان الحقول غير المكتشفة ستكون ضمن اختصاصات الأقاليم والمحافظات المنتجة للنفط حصراً فان الفقرة الثانية تتلافى هـذه الإشكالية عنـدما نصت علـى ان «تقـوم الحكومـة الاتحاديـة وحكومـات الأقاليم والمحافظات المنتجة معا برسم السياسيات الإستراتيجية اللازمة لتطور ثروة النفط والغـاز...» فرسم الإستراتيجية اللازمـة لتطور ثروة النفط والغاز تشمل في الواقع الحقول الحالية والمستقبلية ومن ثم تكون مجردة من العامل الزمني المؤقت،

لذلك ينبغي أن تكون إدارة النفط والغاز بيد السلطات الاتحادية على أن لا تكون بعيدة عن التنسيق المشترك الذي يخدم بشكل أو بآخر مصلحة الشعب العراقي.

بخصوص إدارة الآثار والمواقع الآثارية فقد عدّها المشرع الدستوري من الثروات الوطنية وهي من اختصاصات السلطات الاتحادية إلا أن إدارتها تكون بالتعاون مع سلطات الأقاليم والمحافظات غير المنتظمة في إقليم [1].

يمكن القول في هذا الصدد إن الصياغة التي جاءت بها المادة (113) بخصوص إدارة الآثار والمواقع، كانت أكثر دقة ووضوح من الصياغة التي جاءت بها المادة (111) الخاص بإدارة الثروات النفطية والغاز ؛ لذلك صرحت بان الآثار والمواقع هي من الثروات الوطنية وكان الأحرى بالمشرع الدستوري أن ينص على ذلك ليجنبنا أي إشكاليات تتعلق بتفسير النص [2].

الفرع الثالث

اختصاصات الأقاليم والمحافظات غير المنتظمة في إقليم في الدستور النافذ لعام 2005

ذكرنا عند دراستنا لاختصاصات السلطات الاتحادية إن المشرع الدستوري العراقي قد تبنى في الدستور النافذ لعام 2005 الطريقة التي تم من خلالها تحديد اختصاصات السلطات الاتحادية على سبيل الحصر وترك ما عدا ذلك للأقاليم والمحافظات غير المنتظمة بإقليم، وبالنسبة للاختصاصات المشتركة التي نصت عليها المادة (114)، فإنها ستؤول بالمحصلة النهائية إلى الأقاليم والمحافظات في حال

---

(1) المادة (113) من الدستور النافذ لعام 2005.

(2) من الملفت للنظر على الرغم من وجود خلاف حاد اليوم بين السلطة الاتحادية وحكومة إقليم كردستان حول إدارة الحقول المكتشفة حديثاً في إقليم كردستان لم نجد أي طلب لتفسير نص المادة (112) الخاصة بإدارة النفط والغاز لا من الحكومة الاتحادية ولا أيضاً من حكومة الإقليم إلى المحكمة الاتحادية العليا المختصة بتفسير النصوص الدستورية وفقاً لمادة (93) منه الدستور.

الخلاف مع السلطات الاتحادية علماً إن المحافظات غير المنتظمة في إقليم تتمتع بممارسة الاختصاصات المشتركة في أربع مسائل ذكرناها أنفاً.

ولطالما قرن المشرع الدستوري المحافظات غير المنتظمة في إقليم مع الأقاليم، يحق لنا أن نتساءل في هذا الصدد هل تحقق ذلك في الأمور جميعها أم لا ؟

من استقراء نصوص الدستور الدائم لعام **2005** نجد إن المشرع الدستوري قد عامل المحافظات غير المنتظمة في إقليم على قدم المساواة في مسائل عديدة وفي الوقت ذاته نجده في مسائل أخرى قد غض الطرف عن ذكر المحافظات غير المنتظمة في إقليم، وعلى هذا الأساس سنذكر الأمور والمسائل التي ساوى فيها المشرع الدستوري المحافظات مع الأقاليم فضلاً عن الأمور التي لم يساوي بينهما.

بالنسبة إلى الأمور أو المسائل التي تساوت فيها المحافظات مع الأقاليم فيمكن حصرها بالنقاط الآتية :-

أولاً : التمثيل في مجلس الاتحاد، الذي يكوّن مع مجلس النواب السلطة التشريعية الاتحادية، فقد نصت المادة (**65**) من الدستور الدائم على أن «يتم إنشاء مجلس تشريعي يدعى بـ (مجلس الاتحاد) يضم ممثلين عن الأقاليم والمحافظات غير المنتظمة في إقليم، وينظم تكوينه وشروط العضوية فيه واختصاصاته وكل ما يتعلق به، بقانون يسن بأغلبية ثلثي أعضاء مجلس النواب»، ويذهب البعض في هذا الصدد إلى أن أشراك المحافظات غير المنتظمة في إقليم في مجلس الاتحاد يعد خلطاً بين اللامركزية الإدارية واللامركزية السياسية، حيث ان المحافظات تعد وحدات أدارية تتمتع ببعض الصلاحيات ولكن تبقى ضمن مجال الوظيفة الإدارية وليس باعتبارها وحدات أو كيانات سياسية ومن ثم يجب استبعاد المحافظات عن تمثيل مجلس الاتحاد واقتصاره على الأقاليم فقط [1].

على الرغم من اتفاقنا مع هذا الرأي كون المحافظات تعد وحدات إدارية وليست كيانات سياسية إلا أن ذلك لا يمكن أن يترتب عليه عدم تمثيل

---

(1) د. محمد عمر مولود، مصدر سابق، ص**520** – **521**.

المحافظات غير المنتظمة في إقليم ؛ لأن النص الدستوري لازال سارياً ولم يعدّل بعد، ومن ثم فان المشرع الدستوري تعامل في هذه النقطة بالذات مع المحافظات باعتبارها كيانات سياسية وليست وحدات إدارية.

يضيف البعض الأخر في هذا الشأن إلى أن المشرع الدستوري قد أدرك الإشكالية الناجمة عن تمثيل المحافظات غير المنتظمة في إقليم في تشكيل مجلس الاتحاد، ولذلك قرر تأجيل العمل بالأحكام الخاصة بمجلس الاتحاد في المادة (137) ربما لغرض اكتمال تشكيل الأقاليم وتبلور النظام الاتحادي بصورته الكاملة[1].

ثانياً : أعطى المشرع الدستوري لكل إقليم أو محافظة حق اتخاذ أي لغة محلية[2].

ثالثاً : أورد المشرع الدستوري في المادة (93) من الدستور الدائم والتي حدد اختصاصات المحكمة الاتحادية ما يأتي «أولاً..... ثامناً أ- الفصل في تنازع الاختصاص بين القضاء الاتحادي، والهيئات القضائية للأقاليم والمحافظات غير المنتظمة في إقليم، ب- الفصل في تنازع الاختصاص فيما بين الهيئات القضائية للأقاليم، أو المحافظات غير المنتظمة في إقليم»، يظهر من هذا النص المثير للجدل إن المشرع الدستوري قد اعترف ضمناً أن للمحافظات غير المنتظمة في إقليم هيئات قضائية خاصة بها ومستقلة عن الهيئات القضائية الاتحادية في الوقت الذي نجد على ارض الواقع أن الهيئات القضائية في المحافظات غير المنضبطة في إقليم تعد جزءً من القضاء الاتحادي، وهذا النص في الواقع يثير الحيرة والاستغراب !.

---

(1) د. عدنان عاجل عبيد، مصدر سابق، ص18 ؛ هذا وقد جاء في المادة (137) أنه «يؤجل العمل بأحكام المواد الخاصة بمجلس الاتحاد أينما وردت في هذا الدستور، إلى حين صدور قرار من مجلس النواب... بعد دورته الانتخابية الأولى التي يعقدها بعد نفاذ هذا الدستور».

(2) نصت المادة 4- خامساً من الدستور النافذ لعام 2005 على أن «لكل إقليم أو محافظة اتخاذ أية لغة محلية أخرى، لغة رسمية إضافية، إذا أقرت غالبية سكانها ذلك باستفتاء عام».

رابعاً : أقرّ المشرع الدستوري تأسيس هيئة عامة لضمان حقوق الأقاليم والمحافظات غير المنتظمة في إقليم على قدم المساواة [1] .

خامساً: أوجب الدستور تشكيل هيئة عامة لمراقبة تخصيص الواردات الاتحادية تتكون من خبراء الحكومة الاتحادية والأقاليم والمحافظات وممثلين عنها[2].

سادساً: أقر المشرع الدستوري للأقاليم والمحافظات عن حد سواء تأسيس مكاتب للأقاليم والمحافظات في السفارات والبعثات الدبلوماسية لغرض متابعة الشؤون الثقافية والاجتماعية الإنمائية [3].

سابعاً : اعترف المشرع الدستوري ضمناً ان للمحافظات غير المنتظمة في إقليم سلطات تشريعية عندما جعل الأولوية فيما يتعلق بالصلاحيات المشتركة لقانون الأقاليم والمحافظات [4].

وبالمقابل فان الوضع المشابه الذي أراد ان يعطيه المشرع الدستوري للمحافظات غير المنتظمة في إقليم من حيث معاملتها مع الأقاليم على قدم والمساواة لم يصدق في الأمور جميعها ، حيث خصّ المشرع الدستوري بعض المسائل للأقاليم دون المحافظات غير المنتظمة في إقليم ويمكن حصرها بالنقاط الآتية :-

أولاً : أقّر المشرع الدستوري ان يكون للأقاليم وضع دستور خاص بها دون ان يقر بذلك للمحافظات غير المنتظمة في إقليم [5] كما جرى في النصوص التي عرضناها سابقاً.

---

(1) حيث نصت المادة (105) في الدستور النافذ على ان «تؤسس هيئة عامة لضمان حقوق الأقاليم والمحافظات غير المنتظمة في إقليم، في المشاركة العادلة في إدارة مؤسسات الدولة الاتحادية المختلفة، والبعثات والزمالات الدراسية، والوفود والمؤتمرات الإقليمية والدولية، وتتكون من ممثلي الحكومة الاتحادية، والأقاليم والمحافظات غير المنتظمة في إقليم، وتنظم بقانون.

(2) المادة (106) من الدستور النافذ العام 2005.

(3) المادة 121- رابعاً – من الدستور النافذ لعام 2005.

(4) المادة (115) من الدستور النافذ لعام 2005.

(5) المادة (120) من الدستور النافذ لعام 2005.

ثانياً : أكد المشرع الدستوري بشكل صريح لسلطات الأقاليم الحق في ممارسة السلطات التشريعية والتنفيذية والقضائية [1].

ثالثاً : أقر المشرع الدستوري ان حكومة الإقليم تختص بإنشاء قوى الأمن الداخلي كالشرطة والأمن

وحرس الأقاليم صراحة دون أن يعترف بذلك للمحافظات غير المنتظمة في إقليم[2].

رابعاً : حصن المشرع الدستوري اختصاصات الأقاليم من أي تعديل دستوري ينتقص من صلاحيات الأقاليم إلا بموافقة السلطة التشريعية في الإقليم المعني وبموافقة أغلبية سكانه باستفتاء عام [3].

من خلال ما تقدم يمكن القول ان المشرع العراقي في الدستور الدائم لعام 2005 الذي تبني النظام الفيدرالي كشكل للدولة العراقية، قد جعل اختصاصات السلطات الاتحادية محدودة في الوقت الذي وسّع فيه من اختصاصات الأقاليم والمحافظات غير المنتظمة في إقليم على قدم المساواة في مسائل عديدة، إلا أنه قد ترك هذه المساواة في مسائل أخرى جوهرية، الأمر الذي يجعلنا نؤكد وقوع المشرع الدستوري في تناقضات تتعلق بتوزيع الاختصاصات بين السلطات الاتحادية والأقاليم والمحافظات غير المنتظمة في إقليم، هذه التناقضات شوهت النظام الفدرالي الذي تبناه في الدستور الدائم فقد جعل الأقاليم في مركز الدولة المستقلة في الدولة الكونفدرالية، و بالنسبة للمحافظات غير المنتظمة في إقليم فان المشرع الدستوري قد جعلها في بعض الأحيان ترتقي إلى مستوى الأقاليم الفدرالية وأحيانا أخرى تعامل معها على أنها وحدات إدارية تدار وفقاً لمبدأ اللامركزية الإدارية.

---

(1) المادة 121- أولاً من الدستور ا النافذ لعام 2005.

(2) المادة 121- خامساً من الدستور النافذ لعام 2005.

(3) المادة 126- رابعاً من الدستور الدائم لعام 2005. ؛ ويذهب البعض في هذا النص يتضمن حضراً مؤبداً لتعديل الدستور في الناحية الواقعية من ذلك لأن الشروط التي حددتها هذه المادة لغرض أجراء التعديل هي من الشروط المستحيلة فلا يعقل ان تحصل موافقة المجلس التشريعي للإقليم عن أجراء تعديلات دستورية تنتقص من صلاحيات الأقاليم، ويمثل مصادرة حق الشعب باعتباره مصدراً للسلطة، للمزيد ينظر :- د. حسين عذاب السكيني، الموضوعات الخلافية في الدستور العراقي، مطبعة الغدير، البصرة، 2008، ص16.

المطلب الثاني

اختصاصات مجلس المحافظة

يمثل مجلس المحافظة المستوى الأول من مستويات الإدارة المحلية في العراق، يليه في المرتبة كل من مجلس القضاء ومجلس الناحية.

من استقراء نصوص قانون المحافظات غير المنتظمة في إقليم رقم 21 لسنة 2008 المعدل التي حددت اختصاصات مجلس المحافظة، يمكن لنا تصنيف هذه الاختصاصات إلى اختصاصات تشريعية وإدارية، ومالية، ورقابية، سنتناولها في الفروع الأربعة الآتية:

الفرع الأول

الاختصاص التشريعي لمجلس المحافظة

يعد الاختصاص التشريعي من أكثر اختصاصات مجلس المحافظة إثارة للجدل، فقد وردت الإشارة إلى هذا الاختصاص في المادة 2 – الفقرة الأولى من قانون المحافظات غير المنتظمة في إقليم والتي نصت على ان «مجلس المحافظة هو أعلى سلطة تشريعية ورقابية ضمن الحدود الإدارية للمحافظة....» كما وأشارت المادة (7) التي حددت اختصاصات مجلس المحافظة والتي من ضمنها «... ثالثاً إصدار التشريعات المحلية والأنظمة والتعليمات لتنظيم الشؤون الإدارية والمالية بما يمكنها من إدارة شؤونها وفق مبدأ للامركزية الإدارية وبما لا يتعارض مع الدستور والقوانين الاتحادية».

يتضح من النصوص أعلاه ان المشرع العراقي في قانون المحافظات غير المنتظمة في إقليم قد اعترف صراحة ان مجلس المحافظة هو أعلى سلطة تشريعية ضمن حدود المحافظة ويملك تبعاً لذلك إصدار التشريعات المحلية في الجوانب الإدارية والمالية الأمر الذي يدفعنا إلى التساؤل عن الأساس الدستوري الذي استند إليه المشرع العراقي في عدهِ مجلس المحافظة أعلى سلطة تشريعية ؟، وإذا سلمنا جدلاً بان مجلس المحافظة هو سلطة تشريعية فهل تضمن قانون المحافظات بيان الإجراءات أو المراحل التي تمر بها أي عملية تشريعية ؟

فيما يتعلق بالإجابة عن التساؤل الأول، فقد حدد المشرع الدستوري العراقي في الدستور النافذ لعام 2005 تطبيقاً لمقتضيات قيام الدولة الفدرالية مستويين للتشريع، الأول هو المستوى التشريعي الاتحادي (الفدرالي) والمتمثل بمجلس النواب والاتحاد اللذان يكونان معاً السلطة التشريعية الاتحادية [1].

وبالرغم من عدم تشكيل مجلس الاتحاد لحد ألان كما تقدم بنا سابقاً، فان مجلس النواب يختص وفقاً للدستور الدائم العام 2005 تشريع القوانين الاتحادية[2].

أما المستوى الثاني من مستويات التشريع فيتمثل بالأقاليم التي اعترف لها الدستور صراحة بممارسة السلطة التشريعية[3].

أما بالنسبة إلى عد مجلس المحافظة بأنه سلطة تشريعية فلم نجد أي نص دستوري يعترف صراحة ان مجلس المحافظة هو سلطة تشريعية سوى الإشارة الضمنية الوحيدة في المادة (115) من الدستور النافذ التي ذكرت فقرتها الأخيرة إلى ان «.... والصلاحيات الأخرى المشتركة بين الحكومة الاتحادية والأقاليم، تكون الأولوية فيها لقانون الأقاليم والمحافظات غير المنتظمة في إقليم، في حالة الخلاف بينها»، ولعل هذه الإشارة الضمنية قد جعلت المشرع في قانون المحافظات غير المنتظمة في إقليم يتحمس ويعتقد خطأً بان مجلس المحافظة بإمكانه إصدار قوانين ظناً منه أنه في عدّه لمجلس المحافظة سلطة تشريعية يمثل ذلك تطبيقاً للنص الدستوري، وباعتقادنا ان هذا النص لا يرتقي ابدأ إلى إلى المستوى الذي يمكن ان نقرّ لمجلس المحافظة ممارسة السلطة التشريعية لسبب بسيط ومنطقي ان المشرع الدستوري قد جعل في المادة 122/ ثانياً في الدستور المذكور آنفاً منح الصلاحيات للمحافظات تتركز في الدرجة الأولى على مبدأ اللامركزية الإدارية، هذا المبدأ

---

(1) نصت المادة (48) من الدستور النافذ لعام 2005 على ان «تتكون السلطة التشريعية الاتحادية من مجلس النواب ومجلس الاتحاد».

(2) أشارت المادة (61) من لدستور النافذ – يختص مجلس النواب بما يأتي :- أولاً –«تشريع القوانين الاتحادية».

(3) هذا ما نصت عليه المادة 121- أولاً – لسلطات الأقاليم، الحق في ممارسة السلطات التشريعية والتنفيذية والقضائية.....».

كما رأينا سابقاً في الباب الأول في الأطروحة أنه يقوم على توزيع الوظيفة الإدارية دون التشريعية والقضائية بين السلطة الإدارية المركزية وهيئات محلية تكون منتخبة في الغالب.

لعل من الفائدة ان نذكر في هذا الشأن موقف المحكمة الاتحادية العليا في العراق، وكذلك موقف مجلس شورى الدولة من منح مجلس المحافظة السلطة التشريعية، فبالنسبة إلى المحكمة الاتحادية العليا[1]، فلم تستقر في الواقع على موقف ثابت فيما يتعلق بمدى تمتع مجلس المحافظة بالسلطة التشريعية، ففي إحدى قراراتها التفسيرية التي صدرت بناءً على طلب الدائرة البرلمانية في مجلس النواب بخصوص تفسير المادة (115) في الدستور الدائم لعام 2005، بينت المحكمة الاتحادية العليا أنه «..... ومن خلال تدقيق أحكام المادة (115) والمواد الأخرى من دستور العراق 2005، تبين ان مجلس المحافظة لا يتمتع بصفة تشريعية لسن القوانين المحلية، ولكن يمارس صلاحياته الإدارية والمالية الواسعة استناداً إلى حكم الفقرة (ثانياً وليس ثالثاً كما جاء في القرار) من المادة (122) من الدستور بما يمكنها من إدارة شؤونها وفق مبدأ اللامركزية الإدارية وطبقاً لأحكام القانون الذي سيشرع وفق مقتضياتها...» [2].

يلاحظ في هذا الشأن ان المحكمة الاتحادية العليا في هذا القرار الذي نؤيده – قد قطعت الجدل وبشكل صريح بعدم تمتع مجلس المحافظة بصفة التشريعية، إلا أن المحكمة الاتحادية العليا لم تثبت على موقفها الصحيح والموافق للدستور، حيث أصدرت قراراً تفسيرياً أخر يتناقض كلياً مع قرارها المشار إليه سابقاً، فقد أجابت المحكمة الاتحادية العليا على طلب استيضاح من مجلس محافظة البصرة عن صلاحيته في فرض الضرائب والرسوم المحلية على «..... ان صلاحية مجلس المحافظة في سن القوانين المحلية تحكمه المواد 61/ أولاً و(110) و(114) و(115) و122/ ثانياً،

---

(1) أنشأت هذه المحكمة بموجب القانون 30لسنة 2005 والى قانون إدارة الدولة للمرحلة الانتقالية لسنة 2004 وعلى الرغم من ان الدستور النافذ قد نص على تشكيلها واختصاصاتها بموجب قانون إلا أنه لم يصدر لحد ألان.

(2) القرار رقم 13اتحادية / 2007 في 16/ 7/ 2007، منشور في كتاب، المحامي علاء صبري التميمي، قرارات وأراء المحكمة الاتحادية العليا، بغداد، 2009، ص246.

في الدستور، وان استقراء مضامين هذه المواد يشير إلى صلاحية مجلس المحافظة سن التشريعات المحلية لتنظيم الشؤون الإدارية والمالية بما يمكنها من إدارة شؤونها على وفق مبدأ اللامركزية الإدارية.....»[1].

وبالنسبة لموقف مجلس شورى الدولة، فإنه كان أكثر إقداماً في إبداء رأيه في هذا الشأن، إذ جاء في أحد قراراته الإفتائية حول صحة قانون المولدات ذات النفع العام رقم **2** لسنة **2009** الصادر من مجلس محافظة بابل إلى أن «... **1**- الدستور قد حدد الأحكام ذات العلاقة بتشريع القوانين وتصديقها وإصدارها وأن القوانين لا تصدر إلا استناداً لنص دستوري، **2**- إن المادة (**121**) من الدستور خولت سلطات الأقاليم الحق في ممارسة السلطات التشريعية والتنفيذية والقضائية وإصدار القوانين وفقاً لأحكامه ولم يخول المحافظات غير المنتظمة في إقليم هذه الصلاحية ولم يرد فيه إشارة بان تصدر المحافظات قوانين....»[2].

فضلاً على ذلك لَو سلّمنا جدلاً بان مجلس المحافظة يعد سلطة تشريعية مخوّل بسن التشريعات المحلية، وبمطالعة نصوص قانون المحافظات غير المنتظمة في إقليم لا نجد أية نصوص تتعلق بتنظيم مراحل العملية التشريعية في مجلس المحافظة كما هو المفترض في هذا الشأن كأن ينص المشرع مثلاً على تحديد الجهة التي تتولى اقتراح التشريع المحلي ثم التصويت عليه والمصادقة عليه وإصدارة ونفاذه[3]، وحتى

---

(1) القرار 25 / اتحادية / 2008 في 23 / 6 / 2008، ينظر: المحامي علاء صبري التميمي، المصدر السابق، ص 260.

(2) قرار رقم 1972 / 2009 في 20 / 10 / 2009 أشارت إليه د. حنان القيسي وآخرون، المصدر السابق، ص 103

(3) وفي هذا الشأن يذهب البعض إلى «...... ان التشريع يمر بأربعة مراحل هي الاقتراح والمناقشة والتصويت والإصدار والنشر، وتدخل المرحلتان الأولى والثانية فيما يسمى سن التشريع أو وضع التشريع، وتدخل المرحلتان الثالثة والرابعة فيما يسمى نفاذ التشريع.....» د. سمير السيد تناغوا، النظرية العامة للقانون، منشأة المعارف بالإسكندرية، 1974، ص31؛ يلاحظ في هذا الصدد ان المشرع العراقي استخدم عبارة إصدار التشريعات المحلية دون ان يستخدم عبارة سن التشريعات وهذا دليل أخر على ارتباك المشرع حتى في استخدام عبارات الصياغة القانونية.

صيغة النشر للتشريعات المحلية فقد استخدم المشرع في الفقرة ثاني عشر من المادة (7) عبارة «إصدار جريدة تنشر فيها كافة القرارات والأوامر التي تصدر من المجلس» ولم يتضمن نشر التشريعات المحلية وإنما اكتفى بنشر القرارات والأوامر، وهذا يدل على ان المشرع في قانون المحافظات قد أدرك إشكالية عده مجلس المحافظة بأنه سلطة تشريعية فأراد ان يعود إلى الاتجاه الصحيح، وقد رفض العديد مسلك المشرع العراقي في عدّه مجلس المحافظة سلطة تشريعية[1].

الفرع الثاني
الاختصاص الإداري لمجلس المحافظة

عند استقراء نصوص قانون المحافظات غير المنتظمة في إقليم رقم 21 لسنة 2008 المعدل نجد ان الاختصاصات الإدارية لمجلس المحافظة تدور في محورين، الأول يتعلق باختصاص مجلس المحافظة في انتخاب القيادات العليا في المحافظة والثاني يتعلق بإدارة الشؤون أو المصالح المحلية التي تمثل الجوهر الحقيقي لعمل الإدارة المحلية، وسنتناول ذلك على النحو الآتي :

أولاً : انتخاب القيادات العليا في المحافظة. منح المشرع العراقي في قانون المحافظات المذكور أنفا مجلس المحافظة اختصاصاً يتعلق بانتخاب أو اختيار القيادات العليا في المحافظة والتي تتمثل بالاتي :-

أ) انتخاب رئيس مجلس المحافظة ونائبه. تقتضي طبيعة عمل المجالس التي تتكون من مجموعة من الأعضاء وجود شخص يتولى إدارة الجلسات وتحديد المواضيع التي تدخل في جدول أعمال المجلس وغيرها من المهام.

---

(1) ينظر على سبيل المثال د. غازي فيصل مهدي، نصوص قانون المحافظات غير المنتظمة في إقليم رقم 21لسنة 2008في الميزان، بحث منشور في مجلة الملتقى، دار الكتب والوثائق، العدد 11، بغداد، 2008، ص146 ؛ د. حنان محمد القيسي وآخرون، المصدر السابق، ص102 ؛ عقيل الكلكاوي، قراءة في السلطات مجالس المحافظات وفقاً لقانون رقم 21لسنة 2008، بحث منشور في الانترنيت على الرابط الآتي :-
www. Burathnews. com / news / artical. / 8883. htm
ص13، تاريخ الزيارة 2012/2/22

ولأهمية وجود رئيس المجلس المحلي في هذا الشأن جعل المشرع العراقي في قانون المحافظات غير المنتظمة في إقليم النافذ انتخاب رئيس مجلس المحافظة ونائبه من أولى المهام التي على المجلس القيام بها عند عقدهِ الجلسة الأولى، التي يدعو إلى عقدها المحافظ خلال خمسة عشر يوماً من تاريخ المصادقة على نتائج الانتخابات، حيث تنعقد هذه الجلسة برئاسة أكبر الأعضاء سنا [1].

يلاحظ في هذا الشأن ان المشرع العراقي لم يذكر بشكل صريح ضرورة ان يكون انتخاب رئيس مجلس المحافظة ونائبه من بين أعضاء المجلس، في الوقت الذي رأينا فيه ان المشرع البريطاني والفرنسي قد أكد صراحةٍ أن يكون رئيس المجلس المحلي ونائبه وبمختلف مستويات المجالس المحلية من بين أعضاء المجلس.

من جانب آخر لم يحدد المشرع العراقي في قانون المحافظات غير المنتظمة في إقليم النافذ اختصاصات رئيس المجلس واختصاصات نائبه، وقد يفهم ضمناً انه ترك أمر تحديد تلك الاختصاصات إلى النظام الداخلي الذي أوجب إقراره من قبل المجلس خلال شهر من تاريخ انعقاد أول جلسة [2].

فضلاً على ذلك لم يحدد المشرع العراقي في قانون المحافظات غير المنتظمة في إقليم مدة رئاسة مجلس المحافظة الأمر الذي يجعل هذه المدة مقرونة بمدة المجلس ذاته وهي أربع سنوات[3]، في الوقت الذي رأينا فيه مدة رئاسة المجالس المحلية في بريطانيا هي سنة واحدة فقط وفي فرنسا تكون مدة رئيس مجلس

---

(1) المادة 7- أولاً من قانون المحافظات غير المنتظمة في إقليم رقم 21لسنة 2000المعدل.

(2) المادة 7- رابع عشر – من قانون المحافظات غير المنتظمة في إقليم رقم 21لسنة 2008 المعدل في فعلى سبيل المثال بين النظام الداخلي لمجلس محافظة بابل المصادق عليه في 2009/5/7 في المادة 12 منه على ان «يمارس رئيس المجلس الصلاحيات الآتية :- 1- تطبيق القانون والنظام الداخلي للمجلس، 2- افتتاح الدورات وجلسات المجلس ورئاستها.... 3- إدارة المناقشات والمحافظة على انتظامها....»، منشور في الانترنت على الرابط الأتي.... www. Babil council. org /documents ، ص3. تاريخ الزيارة 21 / 4 / 2012.

(3) نصت المادة 4 – من قانون المحافظات غير المنتظمة في إقليم رقم 21لسنة 2005 المعدل على ان «تكون مدة الدورة الانتخابية للمجالس، أربع سنوات تقويمية، تبدأ بأول جلسة لها....».

الإقليم هي سنة واحدة قابلة للتجديد، وكان على المشرع العراقي ان يجعل مدة رئاسة مجلس المحافظة وباقي المجالس المحلية الأخرى (مجلس القضاء والناحية) بسنتين قابلة للتجديد فإذا اثبت جدارته وكفاءته في إدارة جلسات المجلس فأنه سيحظى بالتأكيد بثقة أعضاء مجلس المحافظة مرة أخرى وذلك سيجنبنا البحث عن مدى توفر أسباب الإقالة التي بينتها الفقرة الثامنة من المادة السابعة [1].

ب) انتخاب المحافظ ونائبيه. لعل من أهم التطورات التي جاء بها الدستور الدائم لعام 2005 النافذ وقانون المحافظات غير المنتظمة في إقليم رقم 21 لسنة 2008 هو جعل انتخاب المحافظ من قبل مجلس المحافظة حيث أصبح المحافظ بذلك يمثل الجانب التنفيذي لمجلس المحافظة [2] وبالنسبة إلى إجراءات انتخاب المحافظ ونائبيه، وضرورة صدور المرسوم الجمهوري بتعيينه فإننا نحيل الأمر إلى موضع سابق تجنباً للتكرار [3].

ولنا أن نتساءل عن إمكانية إسناد مهمة الجانب التنفيذي إلى رئيس مجلس المحافظة بدلاً عن المحافظ كما هو الشأن في فرنسا عند ما جعل المشرع فيها رئيس المجلس العام للمحافظة يتولى الجانب التنفيذي بدلاً عن المحافظ المعين من السلطة الإدارية المركزية ؟ بالرجوع إلى نصوص الدستور الدائم لعام 2005 نجد ان المشرع الدستوري قد قطع الطريق أمام هذا الأمر عندما نص في المادة 122 - ثالثاً - يعد المحافظ الذي ينتخبه مجلس المحافظة، الرئيس التنفيذي الأعلى في المحافظة....» فلا يمكن استناداً إلى هذا النص إجراء ذلك إلا بتعديل النص الدستوري المشار إليه.

---

(1) والأسباب هي: «أ- عدم النزاهة أو استغلال المنصب الوظيفي، ب- التسبب في هدر المال العام، ج- فقدان احد شروط العضوية، د- الإهمال أو التقصير المتعمدين في أداء الواجب والمسؤولية».

(2) نصت المادة 122 -ثالثاً من الدستور الدائم لعام 2005 النافذ عل ان «يعد المحافظ الذي ينتخبه مجلس المحافظة، الرئيس التنفيذي الأعلى في المحافظة...» ؛ والمادة 7- فقرة سابعاً -1- من قانون المحافظات غير المنتظمة في إقليم رقم 21 لسنة 2008 التي نصت على «انتخاب المحافظ ونائبيه بالأغلبية المطلقة لعدد أعضاء المجلس....».

(3) ينظر الصفحة (194) من الأطروحة.

ت) المصادقة على ترشيح أصحاب المناصب العليا. أشار المشرع العراقي في الفقرة تاسعاً من المادة (7) من قانون المحافظات غير المنتظمة في إقليم النافذ إلى ان من بين اختصاصات مجلس المحافظة هي «المصادقة على ترشيح ثلاثة أشخاص لأشغال المناصب العليا في المحافظة وبالأغلبية المطلقة لعدد أعضاء المجلس وبناءً على اقتراح من المحافظة بما لا يقل عن خمسة وعلى الوزير المختص تعيين أحدهم».

عرفت المادة (1) من قانون المحافظات غير المنتظمة في إقليم في الفقرة التاسعة المقصود بالمناصب العليا «المدراء العامون ورؤساء الأجهزة الأمنية في المحافظة ولا تشمل رؤساء الجامعات والقضاء وقادة الجيش».

فإذا كان مجلس المحافظة كما رأينا أعلاه يتولى فقط المصادقة على ترشيح ثلاثة أشخاص لتولي المناصب العليا من بين خمسة يرشحهم المحافظ، ويتولى فيما بعد الوزير المختص تعيين احد الأشخاص الثلاثة فإن ذلك سيجعل في الواقع مجلس المحافظة المهيمن الحقيقي على أصحاب المناصب العليا، على الرغم من ارتباطهم العضوي والوظيفي بالوزير، الأمر الذي يدفعنا إلى التساؤل عن مدى مساس ذلك باختصاصات السلطات الاتحادية وفروع الوزارات الاتحادية في المحافظات ؟ وهل يعد ذلك خروجاً عن اختصاصات مجالس المحافظات التي حدد الدستور تنظيم صلاحياتها وفقاً لمبدأ اللامركزية الإدارية ؟.

بادئ ذي بدئ لقد حرص المشرع الدستوري على ضمان استقلالية مجلس المحافظة عندما نص في الفقرة خامساً من المادة (122) من الدستور الدائم عن ان «لا يخضع مجلس المحافظة لسيطرة أو إشراف أية وزارة أو أية جهة غير مرتبطة بوزارة، وله مالية مستقلة» فالمفهوم المخالف لهذا النص يشير إلى عدم أمكانية خضوع الوزارة أو الجهة غير المرتبطة بوزارة لأشراف وسيطرة مجلس المحافظة وبذلك نعتقد ان منح المشرع العراقي في قانون المحافظات مجلس المحافظة اختصاص لمصادقة أصحاب المناصب العليا يعد مخالفة دستورية للمادة التي اشرنا إليها أعلاه.

وسيكون الشخص الذي هو من أصحاب المناصب العليا في إشكالية خضوعه بشكل أو بأخر إلى جهتين في ان واحد، الوزارة التي ينتمي لها ومجلس المحافظة الذي له السلطة كما سنرى حتى في إعفائه من المنصب، وإذا كان المشرع في هذا الشأن يرغب في تمكين مجلس المحافظة الأشراف على كل نشاط الوزارات في المحافظة فكان الأمر عليه ان يعيد النظر في وجود بعض الوزارات التي تتداخل مهامها مع مهام واختصاصات مجلس المحافظة كوزارة البلديات والإشغال العامة وزارة العمل والشؤون الاجتماعية ووزارتي البيئة والصحة [1].

ثانيًا : اختصاصات مجلس المحافظة المتعلقة بإدارة الشؤون والمصالح المحلية. إن الجوهر الحقيقي لقيام نظام الإدارة المحلية يتمثل بإفساح المجال أمام المجالس المحلية المنتخبة بإدارة الشؤون والمصالح المحلية، والمتمثلة عادة بتقديم الخدمات لأبناء الوحدات الإدارية، والاختصاصات التي يمارسها مجلس المحافظ في هذا الشأن تتمثل كالأتي :-

---

(1) وقد أدرك المشرع العراقي هذا الأمر فأصدر قانون فك وارتباط دائرة الشؤون الاجتماعية في وزارة العمل والشؤون الاجتماعية رقم 18 لسنة 2010 حيث أوجب المادة 1- أولاً منه على ان «تشكل مديريه عامة في كل محافظة غير منتظمة في إقليم تسمى المديرية العامة للشؤون الاجتماعية ترتبط بالمحافظ....» ؛ وقد صدر كذلك قانون فك ارتباط دوائر وزارة البلديات والإشغال العامة رقم 20لسنة 2010 والذي نص في لمادة 1- أولاً – تشكل مديرية عامة في كل محافظة غير منتظمة في إقليم تسمى المديرية العامة للشؤون البلدية ترتبط بالمحافظ...» ؛ غير ان هذين القانونين على الرغم من أهميتها تم إلغاءهما بقرارين للمحكمة الاتحادية العليا على أساس أنهما قد صدرت عن طريق مقترح تقدمت به لجنة العمل والخدمات إلى رئاسة مجلس النواب ولم يأتنا عن طريق الحكومة باعتبارها المختصة بقديم مشاريع القوانين، ينظر قرار المحكمة الاتحادية الخاص بإلغاء قانون فك ارتباط دوائر وزارة الشؤون الاجتماعية رقم 18لسنة 2010 منشور على الرابط تاريخ الزيارة 2012/3/23. www. Iraq –lg – law. Org / ar / content

قرار المحكمة الاتحادية الخاص بإلغاء قانون فك ارتباط دوائر وزارة البلديات والإشغال العامة رقم 20 لسنة 2010، منشور عن الرابط . www. Iraq –lg – law. Org / ar / content تاريخ الزيارة 2012/3/23.

أ) رسم السياسة العامة للمحافظة، جعل المشرع العراقي في قانون المحافظات غير المنتظمة في إقليم من بين اختصاصات مجلس المحافظة هو رسم السياسة العامة للمحافظة في مجال تطوير الخطط بالمحافظة وبالتنسيق مع الوزارات المعنية[1].

يلاحظ في هذا الشأن أن هذا النص فيه نوع من الإبهام والغموض والصيغة التي جاء بها هذا النص المتمثل برسم السياسة العامة للمحافظة في مجال تطوير الخطط... وكأنه نص دستوري وليس نصاً تشريعياً يفترض أن يكون أكثر تفصيلاً، حيث لم يوضح المجال الذي يتم فيه تطوير الخطط سواء كان المجال الخدمي، أو الاقتصادي، أو الاجتماعي، أو الصحي، وقد يكون هذا المعنى المقصود، فضلاً عن ذلك منح المشرع مجلس المحافظة اختصاص تحديد أولويات المحافظة في المجالات كافة ورسم سياساتها ووضع الخطط الإستراتيجية لتمثيلها بما لا يتعارض مع التنمية الوطنية[2] يبدو ان هذه الفقرة المتعلقة بتحديد أولويات المحافظة تستوعب الفقرة السابعة المتعلقة برسم السياسة العامة، وكان الأحرى الاكتفاء بها، ذلك ان تحديد أولويات المحافظة يتم من خلال تقدير احتياجات المجتمع المحلي من الخدمات، حيث يتم إعداد قائمة من الاحتياجات معدّة وفق أولويات على مستوى الوحدات الإدارية تترجم فيما بعد إلى مشاريع يتولى مجلس المحافظة المصادقة عليها لكي يتولى المحافظ أمر تنفيذها، وتتدرج الأولويات من حيث الأهمية إلى أولويات قصوى وكبرى ومتوسطة[3].

─────────────

(1) الفقرة رابعاً من المادة (7) من قانون المحافظات غير المنتظمة في إقليم.

(2) الفقرة خامس عشر من المادة (7) من المحافظات غير المنتظمة في إقليم.

(3) يقصد بالأولوية القصوى هي تلك التي تتعلق بأمور طارئة قد تؤثر سلبياً على حياة الناس أو الممتلكات العامة للدولة والأفراد، أما الأولوية الكبرى وهي التي تتطلب حل سريع حيث ان التأخير قد يؤدي إلى الفشل في تقديم الخدمة مثل توفير الماء الصالح للشرب أو توفير الطاقة الكهربائية... للمزيد ينظر، برنامج الحكم المحلي، دليل التخطيط للمحافظة العراقية ط1، المجلد الثالث، حزيران، 2011، ص22.

أما المقصود بإستراتيجية التنمية التي أشارت إليها الفقرة خامس عشر من المادة 7- من قانون المحافظات، هي عبارة عن وثيقة يصدرها مجلس المحافظة ويصادق عليها التي تتضمن الأهداف أو الرؤى التي تسعى السلطة المحلية إلى تحقيقها وفقاً لإمكانيتها، وتتعلق بتطوير الخدمات في المجالات كافة الاقتصادية والخدمية في المحافظة وفق مؤشرات دقيقة تعبر عن واقع الحال وان لا تتعارض مع إستراتيجية التنمية الوطنية[1].

ومن الناحية العملية في بداية شهر آذار من كل سنة يتم التهيئة لإعداد خطة التنمية من قبل المحافظ ويصادق عليها مجلس المحافظة، وترسل بعدها إلى وزارة التخطيط في شهر تموز من كل سنة وفقاً لما جاء به قانون الإدارة المالية والدين العام رقم 54لسنة 2004[2].

وتتضمن خطة تنمية المحافظة التي يعدها المحافظ وضع الاستراتيجيات التي يعدّها مجلس المحافظة حيز التنفيذ من خلال تحويلها إلى خطط عملية على مستوى المحافظة لغرض تلبية احتياجات المجتمع المحلي وتوفير جميع متطلبات الحياة في المحافظة[3].

ب) المصادقة على إجراء التغيرات الإدارية على الأقضية والنواحي. أسند قانون المحافظات غير المنتظمة في إقليم إلى مجلس المحافظة اختصاصاً مهماً يتعلق بـ «المصادقة بالأغلبية المطلقة لعدد وأعضاء المجلس على إجراء التغيرات الإدارية على الأقضية والنواحي والقرى بالدمج والاستحداث وتغير أسمائها ومركزها

---

(1) برنامج الحكم المحلي، المصدر السابق، ص9 ؛ فعلى سبيل المثال أصدر مجلس بغداد إستراتيجية التنمية لمحافظة بغداد للأعوام (2010- 2014) حيث شملت الخطة الإستراتيجية المشاريع التي تنفذها قطاعات مختلفة كـ (المجاري والماء الصالح للشرب والصحة والتربية والخدمات البلدية، ينظر: محافظة بغداد، إستراتيجية التنمية للأعوام (2010- 2014) منشور في الانترنيت على الربط الآتي

تاريخ الزيارة 2012/3/23 www. Babilpc.gov. Iq / news. php؛

(2) القسم 6 الفقرة 4 من قانون الإدارة المالية والدين العام رقم 54 لسنة 2004 النافذ.

(3) برنامج الحكم المحلي، المصدر السابق، ص17.

وما يترتب عليها من تشكيلات إدارية ضمن المحافظة بناءً على اقتراح المحافظ أو ثلث أعضاء المجلس» [1].

يعد هذا الاختصاص من الاختصاصات الإدارية المهمة لمجلس المحافظة حيث كان استحداث الوحدات الإدارية كـا الأقضية والنواحي من اختصاصات السلطات الإدارية المركزية وفقاً لقانون المحافظات الملغى رقم **159** لسنة **1969**[2].

نظراً لأهمية هذا الاختصاص نطرح تساؤلات عديدة في هذا الشأن عن إمكانية إصدار مجلس المحافظة قراراً بفك ارتباط ناحية أو عدة نواحي من قضاء معين وإلحاقها بقضاء آخر ضمن حدود المحافظة ؟ وهل يمكن الطعن بقرارات الدمج أو الاستحداث من قبل الوحدات الإدارية التي تأثرت سلباً من تلك القرارات ؟ في البدء وقبل الإجابة عن التساؤل الأول يمكن القول أن المشرع العراقي في قانون المحافظات النافذ قد جعل اختصاص مجلس المحافظة في المصادقة على إجراء التغيرات الإدارية محصوراً بطريقتين هما الدمج والاستحداث، ويقصد بالدمج هو توحيد وحدتين إدارتين أو أكثر في وحدة إدارية واحدة، كأن يدمج قضائيين في قضاء واحد أو ناحيتين أو أكثر في ناحية واحدة، أما الاستحداث فيقصد به إنشاء وحدة إدارية جديدة لم تكن موجودة سابقاً، كأن يتم استحداث ناحية جديدة تضم قرية عصرية كبيرة أو مجموعة قرى، كما يمكن تصور تحويل الناحية إلى قضاء لأن النص جاء مطلقاً في إجراء التغيرات على الاقضية والنواحي والقرى.

وبالعودة إلى الإجابة عن التساؤل الأول المتعلق بمدى إمكانية مجلس المحافظة إصدار قرار فك ارتباط ناحية أو عدة نواحي من قضاء معين وإعادة إلحاقها

---

(1) الفقرة أحد عشر من المادة 7- من قانون المحافظات غير المنتظمة في إقليم رقم **21** لسنة **2008** المعدل.

(2) نصت المادة (5) من قانون المحافظات الملغي رقم **159**لسنة **1969**على ان «يستحدث القضاء ويعين ويغير مركزه واسمه وتعدل حدوده ويفك ارتباط الاقضية والنواحي منه وتلحق بقضاء أخر بمرسوم جمهوري....» ونصت المادة **6** من القانون نفسه على أن «تستحدث الناحية وتلغى وتعين حدودها ومركزها بمرسوم جمهوري...».

بقضاء أخر نعتقد أن النص المتقدم لا يسمح بذلك ؛لأنه قد حدد طريقتين فقط لإجراء التغيرات الإدارية هما الدمج والاستحداث، بينما كان قانون المحافظات الملغي رقم 159 لسنة 1969 يسمح بذلك [1].

أما بخصوص إمكانية الطعن بقرارات الاستحداث والدمج، فلا يوجد في الواقع أي مانع طالما كانت القرارات هي قرارات إدارية ومن ثم يمكن الطعن بها استناداً إلى المادة (100) من الدستور النافذ لعام 2005 والتي منعت تحصين القرارات الإدارية من الطعن [2].

ج- المصادقة على الخطط الأمنية بالمحافظة. لتعزيز دور مجالس المحافظات في شتى المجالات ومنها المجال الأمني الذي أصبح من الأولويات المهمة في العراق نظراً للظروف العصيبة التي مّر ولازال يمر بها العراق كدولة، أسند المشرع في قانون المحافظات اختصاصاً مهماً لمجلس المحافظة يتمثل بـ (المصادقة على الخطط الأمنية المحلية المقدمة من قبل المؤسسات الأمنية في المحافظة عن طريق المحافظ بالتنسيق مع الدوائر الأمنية الاتحادية مع مراعاة خططها الأمنية...» [3].

فيما يتعلق تحديد المقصود بالمؤسسات الأمنية فقد بيّن مجلس شورى الدولة في إحدى قراراته الإفتائية «... كل جهاز في المحافظة عمله ينصب على استتباب الأمن والنظام ومكافحة الجريمة بكل أنواعها وحماية المواطن ويشمل ذلك أجهزة قوى الأمن الداخلي وأجهزة الأمن الاتحادية في المحافظة وغيرها من التشكيلات الأمنية» [4].

---

(1) ينظر :- المادة (5) من قانون المحافظات الملغى رقم 159 لسنة 1969.

(2) حيث نصت المادة (100) من الدستور الدائم لعام 2005 على ان «يحظر النص في القوانين على تحصين أي عمل أو قرار إداري من الطعن» واستناداً لهذا النص الدستوري صدر قانون إلغاء النصوص القانونية التي تمنع المحاكم من سماع الدعاوى رقم 19 / لسنة 2005 المنشور في الوقائع العراقية بالعدد 4011 في 2005/2/22.

(3) الفقرة عاشراً- المادة (7) من قانون المحافظات غير المنتظمة في إقليم رقم 21 لسنة 2008 المعدل.

(4) القرار رقم 2009/75 في 2009/9/13 الحالة الرابعة إجابة عن استفسار مجلس محافظة ذي قار، قرارات مجلس شورى الدولة، المصدر السابق، ص58.

الفرع الثالث

الاختصاص المالي لمجلس المحافظة

يُعد الاختصاص المالي من الاختصاصات المهمة التي يتمتع بها مجلس المحافظة وقد أشار الدستور النافذ صراحة إلى هذا الاختصاص، ذلك من أجل تمكينه من إدارة شؤونه على وفق مبدأ اللامركزية الإدارية[1].

ومن مطالعة نصوص قانون المحافظات غير المنتظمة في إقليم رقم **21** لسنة **2008** المعدل، نجد أنه قد أورد عدد من الاختصاصات ذات الطابع المالي، وسنبينها على النحو الآتي :-

أولاً : إصدار التشريعات المحلية لتنظيم الشؤون المالية.

نصت الفقرة ثالثاً من المادة **7** من قانون المحافظات غير المنتظمة في إقليم على أن من اختصاصات مجلس المحافظة «إصدار التشريعات المحلية والأنظمة والتعليمات لتنظيم الشؤون الإدارية والمالية بما يمكنها من إدارة شؤونها وفق مبدأ اللامركزية الإدارية وبما لا يتعارض مع الدستور والقوانين الاتحادية».

من خلال هذا النص يتضح أن المشرع قد منح مجلس المحافظة اختصاص مالي يتمثل بإصدار التشريعات المحلية لتنظيم الشؤون المالية، الأمر الذي يدفعنا إلى التساؤل عن مدى إمكانية مجلس المحافظة وفقاً لهذا النص في سن القوانين الخاصة بفرض الرسوم والضرائب ؟

بادئ ذي بدء يجب التأكيد على أن فرض الضرائب والرسوم يخضع إلى مبدأ دستوري ألا وهو مبدأ قانونية الضريبة، والرسوم، والذي يقصد به عدم جواز فرض الضرائب، والرسوم إلا بموجب قانون صادر من السلطة التشريعية المختصة [2].

(1) جاء ذلك في المادة **122** / ثانيا من دستور عام **2005** والتي نصت على أن «تمنح المحافظات التي تنظم في إقليم الصلاحيات الإدارية والمالية الواسعة بما يمكنها من إدارة شؤونها على وفق مبدأ اللامركزية الإدارية، وينظم ذلك بقانون».

(2) عثمان سلمان غيلان، مبدأ قانونية الضريبة في تشريع الضرائب المباشرة، أطروحة دكتوراه مقدمة إلى كلية الحقوق، جامعة النهرين، **2005**، ص **38**.

وإقرار هـذا المبدأ في الواقع هدفه الحفـاظ على حقوق المكلفين مـن جهة، والخزينة العامة من جهة أخرى، وتترتب عليه نتيجة مهمة هـي عدم جواز تفويض السلطة التنفيذية بممارسة الاختصاص الأصيل للسلطة التشريعية والمتعلق بفرض الضرائب، أو جبايتها، أو تعديلها، أو الإعفاء منها[1].

واستناداً إلى مبدأ قانونية الضريبة والرسم، فإن إمكانية مجلس المحافظة في فرض الضرائب، والرسوم تعتمد على مدى تمتعه بممارسة السلطة التشريعية من عدمها، وقد رأينا فيما سبق عند دراستنا للاختصاص التشريعي لمجلس المحافظة، أنه وعلى الرغم من عدّ المشرع المحافظات غير المنتظمة في إقليم، مجلس المحافظة بأنه أعلى سلطة تشريعية في حدود المحافظة، إلا أن ذلك لم يجد لـه سنداً في الدستور النافذ لعام 2005، الذي اعترف صراحة للأقاليم في ممارسة السلطات الثلاث التشريعية، والتنفيذية، والقضائية إلى جانب السلطات الاتحادية الثلاث التشريعية، والتنفيذية، والقضائية دون أن يعترف بذلك للمحافظات غير المنتظمة في إقليم [2].

ولما كانت المحكمة الاتحادية العليا قد اتخذت موقفين متناقضين من مسألة إمكانية مجلس المحافظة في سن القوانين الخاصة بفرض الضرائب، والرسوم – فهي من جهة قد نفت الصفة التشريعية عن مجلس المحافظة ومن جهة أخرى اعترفت له بسن القوانين الخاصة بفرض الضرائب، والرسوم – [3]، فإن البعض يذهب في هذا الشأن إلى أنه لو تم التسليم بصحة رأي المحكمة الاتحادية الـذي منح مجلس المحافظة سلطة سن القوانين الخاصة بفرض الضرائب، والرسوم على أسـاس أنها تخرج عن الاختصاصات الحصرية للسلطات الاتحادية المنصوص عليها في المادة 110 من الدستور، فإن ذلك يعني بعـدم إمكانية مجلس النواب –الـذي يمثل السلطة التشريعيـة الاتحاديـة في إصدار القوانين الخاصـة بفرض الـضرائب،

──────────────

(1) د. عامر عياش عبد، و د. احمد خلف حسين، دستورية الضرائب في العراق، بحث منشور في مجلة الرافدين للحقوق، المجلد 13، العدد 49، السنة 16، حزيران 2011، ص 226.

(2) ينظر الصفحة (245) من الأطروحة.

(3) ينظر مضمون القرارين للمحكمة الاتحادية، الصفحة (247) من الأطروحة.

والرسـوم ، وذلـك لا يمكـن قبولـه مـن الناحيـة المنطقيـة ، ولا مـن الناحيتيـن القانونيـة
والسياسـية ، فالمعـروف أن فـرض الضـرائب وجبايتهـا مـن الاختصاصـات السياسـية
للدولـة علـى شـعبها وإقليمهـا ، وقـد عـدّ أصحـاب هـذا الـرأي إلـى أن الخـروج مـن هـذه
الإشـكالية يمكـن بإضافـة عبـارة «فـرض وجبايـة وتعديـل والإعفـاء مـن الضـرائب
والرسـوم الاتحاديـة إلـى نهايـة البنـد أولاً مـن المـادة 110 مـن الدسـتور العراقـي ، لتكـون
الضـرائب الاتحاديـة مـن الاختصاصـات الحصريـة للسـلطة الاتحاديـة ، وتبقـى الضـرائب
المحليـة مـن اختصاصـات سـلطات الأقاليـم [1].

وعلـى الرغـم مـن اتفاقنـا مـع هـذا الـرأي ، إلا إننـا نعتقـد أن الإشـكالية الرئيسـية
فـي هـذا الشـأن لا تكمـن فـي تعديـل المـادة 110 بإضافـة سـلطة فـرض الضـرائب ،
والرسـوم لتكـون جـزءاً مـن الاختصاصـات الحصريـة وإنمـا الإشـكالية تكمـن فـي
مـدى اعتبـار مجلـس المحافظـة سـلطة تشـريعية يسـتطيع مـن خـلال ذلـك سـن القوانيـن
الخاصـة بفـرض الضـرائب والرسـوم ، ولمـا كانـت النتيجـة التـي توصلنـا إليهـا فـي هـذا
الشـأن بـأن مجلـس المحافظـة لا يُعـدّ سـلطة تشـريعية كـون الدسـتور لـم ينـصّ صراحـة"
علـى منـح هـذه السـلطة للمحافظـات كمـا فعـل مـع الأقاليـم ، فـإن المحصلـة النهائيـة
تقضـي بعـدم إمكانيـة مجلـس المحافظـة بسـن القوانيـن بشـكل عـام ، ومـن ضمنهـا
القوانيـن الخاصـة بفـرض الضـرائب ، والرسـوم [2].

مـن خـلال مـا تقـدم يمكـن القـول أن مجلـس المحافظـة لا يملـك سـن القوانيـن
الخاصـة بفـرض الضـرائب والرسـوم ؛ ذلـك لأن المشـرع الدسـتوري لـم يقـرّ لـه بممارسـة
السـلطة التشـريعية والتـي يتنافـى منحهـا مـع مبـدأ اللامركزيـة الإداريـة التـي تقـوم
أساسـا علـى تقاسـم الوظائـف الإداريـة بيـن السـلطات المركزيـة والمحليـة دون الوظيفتيـن
التشـريعية ، والقضائيـة.

ثانياً : المصادقة على مشروع الموازنة العامة للمحافظة.

منـح المشـرع فـي قانـون المحافظـات غيـر المنتظمـة فـي إقليـم مجلـس المحافظـة
اختصـاص ذو طابـع مالـي يتمثـل بالمصادقـة علـى مشـروع الموازنـة العامـة للمحافظـة التـي

---

(1) د. عامـر عيـاش عبـد ؛ ود. احمـد خلـف حسـين، المصـدر السـابق، ص 232 ومـا بعدهـا.
(2) ينظـر الصفحـة (248) مـن الأطروحـة.

يتولى إعدادها المحافظ، ويملك مجلس المحافظة إضافة إلى ذلك إجراء المناقلة بين أبواب الموازنة العامة للمحافظة بالأغلبية المطلقة لعدد أعضاء المجلس، على أن تراعى المعايير الدستورية في التوزيع لمركز المحافظة والأقضية والنواحي، ويتم رفع الموازنة العامة للمحافظة بعد المصادقة عليها إلى وزارة المالية الاتحادية لغرض توحيدها مع الموازنة الفدرالية [1].

ثالثاً : من الاختصاصات الأخرى التي يمارسها مجلس المحافظة هي المصادقة بالأغلبية المطلقة لعدد أعضاء المجلس على قبول أو رفض التبرعات والهبات التي تحصل عليها المحافظة[2].

ويلاحظ في هذا الشأن أن المشرع لم يحدد الجهة التي تقدم التبرعات والهبات، ذلك أن التبرعات، والهبات قد تقدم من أبناء الوحدة الإدارية وقد تقدمها جهات خارجية سواء كانت دول أجنبية أم منظمات حكومية وغير حكومية، فإذا كانت التبرعات، والهبات المقدمة من أبناء الوحدات الإدارية لا تشكل أي خطورة على سيادة الدولة، على خلاف التبرعات والهبات المقدمة من دول أجنبية أو منظمات دولية حكومية أو غير حكومية فأنها تؤدي إلى المساس بسيادة الدولة وربما تكون وسيلة من وسائل التدخل غير المشروع، لذلك كان الأحرى بالمشرع العراقي أن يعلّق قبول التبرعات والهبات المقدمة من جهات خارجية عن موافقة السلطات الاتحادية، كون أن الأمر له صلة وثيقة بسيادة الدولة واستقلالها [3].

---

(1) المادة 7 – الفقرة خامساً، البند – 1 – من قانون المحافظات غير المنتظمة في إقليم رقم 21 لسنة 2008 المعدل.

(2) المادة 7 – الفقرة سادس عشر من قانون المحافظات غير المنتظمة في إقليم رقم 21 لسنة 2008 المعدل.

(3) ومن الجدير بالذكر أن قانون الموازنة العامة الاتحادية لعام 2012 قد أقر وسيلة رقابية غير مباشرة في هذا الشأن عندما نص في المادة الأولى، فقرة رابعاً منه على أن «تقيد المنح أو التبرعات المقدمة من قبل حكومات ومؤسسات أجنبية إلى الوزارات والجهات غير المنتظمة بوزارة أو المحافظات ومجالس المحافظات ايراداً نهائياً سواء كانت هذه المنح والتبرعات على شكل مساعدات فنية أو تنفيذ مشاريع على أن يتم قيد أقيامها التخمينية، ... ويكون قبول=

الفرع الرابع

الاختصاص الرقابي لمجلس المحافظة

لقد عرّف المشرع في قانون المحافظات غير المنتظمة في إقليم مجلس المحافظة بأنه «......أعلى سلطة تشريعية ورقابية ضمن الحدود الإدارية للمحافظة......» [1].

انطلاقا من كون مجلس المحافظة هو أعلى سلطة رقابية سنبين مجالات الرقابة التي يمارسها في هذا الشأن وعلى النحو الآتي :-

أولاً : رقابة مجلس المحافظة على رئيس المجلس ونائبه وأعضاء مجلس الحافظة،

سبق وان رأينا ان قانون المحافظات غير المنتظمة في إقليم، قد منح مجلس المحافظة سلطة انتخاب رئيس المجلس ونائبه في أول اجتماع يعقده المجلس، فإنه أعطى كذلك للمجلس حق إقالة رئيس المجلس ونائبه اذا تحقق أحد الأسباب الواردة في المادة 7- فقرة ثامناً وبطلب من ثلث أعضاء مجلس المحافظة[2].

الغريب في الأمر ان المشرع العراقي لم يقرر صراحة حق الطعن بقرار الإقالة لرئيس المجلس ونائبه مثلما قرر ذلك للمحافظ كما سيأتي ذكره. يثار تساؤل في هذا الشأن عن إمكانية عودة رئيس مجلس المحافظة ونائبه بعد إقالتهم من المنصب كأعضاء في مجلس المحافظة ؟

بالرجوع إلى أحكام الفقرة ثانياً من المادة (7) من قانون المحافظات التي حددت اختصاصات مجلس المحافظة نجدها أنها نصت صراحة على ان «إقالة رئيس المجلس أو نائبه من المنصب بالأغلبية...» وهذا يعني إمكانية

= المنح النقدية أو العينية وإعادة تخصيصها بالتنسيق بين الجهات المستفيدة وكل من وزارتي التخطيط والمالية»، منشور في الوقائع العراقية العدد 4533 في 12 / 3 / 2012.

(1) الفقرة أولاً من المادة (2) من قانون المحافظات غير المنتظمة في إقليم رقم 21 لسنة 2008 المعدل.

(2) والأسباب هذه هي :- أ- عدم النزاهة أو استغلال المنصب الوظيفي، ب- التسبب في هدر المال العام، ج - فقدان أحد شروط العضوية، د- الإهمال أو التقصير المتعمدين في أداء الواجب والمسؤولية.

عودتهما إلى لمجلس كأعضاء إلا ان رأي في الفقه ونحن نؤيده ذهب إلى أن المشرع قد جعل أسباب إنهاء العضوية هي ذاتها التي ترتب عليها الإقالة الأمر الذي يؤدي إلى ان إقالة رئيس مجلس المحافظة ونائبه يستلزم إقالتهما من العضوية[1].

يقتضي التذكير هنا ان المشرع العراقي لو جعل مدة رئاسة مجلس المحافظة ونائبه هي سنتين أو سنة واحدة قابلة للتجديد فسيوفر ذلك وسيلة رقابية غير مباشرة، فإذا ما أثبت رئيس المجلس جدارته وكفائتة، فإنه سيحظى بثقة أعضاء المجلس مجدداً والعكس صحيح وهذا الأمر سيجنبنا الخوض في مدى توافر أسباب الإقالة التي تتسم بالغموض والضبابية، والتي قد تفتح الباب أمام خلافات قد تحصل بين أعضاء مجلس المحافظة الأمر الذي سينعكس أثره السلبي في النهاية على أبناء الوحدة الإدارية.

أما بالنسبة لرقابة مجلس المحافظة على أعضاءه، فتأخذ هذه الرقابة مظهرين، الأول :والمتمثل بحق المجلس «إنهاء العضوية بالأغلبية المطلقة لعدد أعضائه في حال تحقق أحد الأسباب الواردة في المادة (7) فقرة (8) من هذا القانون» [2].

أما المظهر الثاني لرقابة مجلس المحافظة فيتمثل بتنحية أحد الأعضاء عن جلسة واحدة أو أكثر من جلساته إذا تصرف العضو في المجلس تصرفاً أساء إلى سمعة المجلس الذي هو عضو فيه [3].

ثانياً : رقابة مجلس المحافظة على المجالس المحلية، اذ منح قانون المحافظات النافذ مجلس المحافظة سلطة رقابية مهمة تتمثل بحل المجالس المحلية، وهي مجلس القضاء ومجلس الناحية بناءً على طلب يقدمه القائمقام بالنسبة لكل مجلس القضاء أو مدير الناحية بالنسبة لمجلس الناحية، أو

---

(1) د. حنان محمد القيسي، مصدر سابق، ص108 وما بعدها.

(2) المادة 6- 1 أولاً – 4- من قانون المحافظات غير المنتظمة في إقليم رقم 21 لسنة 2008 المعدل.

(3) المادة 15- 2 – من قانون المحافظات غير المنتظمة في إقليم رقم لسنة 2008المعدل.

يكون طلب حل مجلس القضاء أو الناحية مقدماً من ثلث أعضاء المجلس المحلي سواء في القضاء أم الناحية [1].

وأتاح المشرع للمجلس المنحل (مجلسي القضاء أو الناحية) أو لثلث أعضاءه الاعتراض على قرار الحل امام المحكمة الاتحادية العليا خلال خمسة عشرة يوماً من تاريخ صدوره، وعلى المحكمة ان تبت في الاعتراض خلال ثلاثين يوماً من تاريخ تسجيله لديها [2].

لعلنا نتساءل عن الحكمة في جعل الاعتراض على قرار حل مجلسي القضاء أو الناحية أمام المحكمة الاتحادية العليا وليس أمام محكمة القضاء الإداري طالما اعتبرنا ان قرارات مجلس المحافظة بشكل عام هي قرارات إدارية، ومن ثم يمكن الطعن بها أمام محكمة القضاء الإداري إذا علمنا ان المشرع في قانون التعديل الأول لقانون المحافظات رقم 15 لسنة 2010 قد جعل الطعن بقرار إقالة المحافظ أمام محكمة القضاء الإداري بدلاً عن المحكمة الاتحادية العليا [3].

ثالثاً : رقابة مجلس المحافظة على المحافظ ونوابه. سبق وان لاحظنا ان التطور الجديد الذي جاء به قانون المحافظات غير المنتظمة في إقليم رقم 21 لسنة 2008 هو أعطاء مجلس المحافظة صلاحية انتخاب المحافظ الذي يمثل الذراع التنفيذي لمجلس المحافظة [4].

─────────────────────

(1) المادة 20- ثالثاً – 1- من قانون المحافظات غير المنتظمة في إقليم ؛ وبالنسبة لأسباب حل المجلس المحلية فقد حددتها المادة 20- أولاً ان «...... 1- الإخلال الجسيم بالأعمال والمهام الموكلة إليه، 2- مخالفة الدستور والقوانين، 3- فقدان ثلث الأعضاء شروط العضوية».

(2) المادة 20 – ثالثاً – 2 – من قانون المحافظات غير المنتظمة في إقليم رقم 21 لسنة 2008 المعدل.

(3) نصت المادة (2) من قانون التعديل الأول رقم 15 لسنة 2010 على ان تلغى الفقرات (4و5 في البند ثامناً من المادة 7) من قانون المحافظات غير المنتظمة في إقليم ويحل محلها ما يلي :- 4- للمحافظ ان يطعن بقرار الإقالة لدى القضاء الإداري....»، منشور في الوقائع العراقية العدد 4117 في 2010/3/9.

(4) ينظر المادة 7- فقرة سابعاً - 1- من قانون المحافظات غير المنتظمة في إقليم رقم 21 لسنة 2008 المعدل.

وطالما يملك مجلس المحافظة انتخاب المحافظ ونائبيه بداءة فإنه يملك نتيجة لذلك حق إقالة المحافظ أو نوابه، فيما إذا تحققت فيه الأسباب التي أوردتها الفقرة ثامناً من المادة (7) من قانون المحافظات المذكور آنفاً.

اوجب المشرع قبل إصدار قرار الإقالة ان يتم استجواب المحافظ أو أحد نائبيه بناءً على طلب ثلث أعضاء مجلس المحافظة، حيث يتم سماع أقواله ورد التهم الموجهة إليه على اعتبار ان استجواب يحمل معنى الاتهام والمساءلة، وفي حال عدم قناعة الأغلبية البسيطة من أعضاء المجلس وهي «50 1 من أعضاء مجلس المحافظة الحاضرين بعد تحقيق النصاب وفقاً للمادة 1- احد عشر» من قانون المحافظات غير المنتظمة بإقليم، من ثم تعرض إقالة المحافظ للتصويت في جلسة ثانية، ويعد مقالاً إذا صدر القرار بالأغلبية المطلقة لعدد أعضاء المجلس[1].

ذهب البعض في هذا الشأن ان المشرع العراقي في قانون المحافظات غير المنتظمة في إقليم، لم ينص على أية إجراءات يمكن ان يستخدمها مجلس المحافظة لممارسة دوره الرقابي، كالسؤال أو طرح موضوع عام للمناقشة سوى ما أوردته الفقرة ثامناً المذكور آنفاً والمتعلقة باستجواب المحافظ [2]، وهذا يدل على ان المشرع لم يرغب ان يجعل من مجلس المحافظة سلطة تشريعية تملك أدوات رقابية فعّالة.

لطالما كان قرار الإقالة يعد من القرارات الإدارية، فقد أتاح المشرع العراقي للمحافظ الطعن بقرار الإقالة أمام محكمة القضاء الإداري خلال 15عشر يوماً من تاريخ تبليغه وعلى المحكمة ان تبت بالطعن خلال مدة ثلاثين يوماً من تاريخ استلامها الطعن[3].

---

(1) الفقرة ثامناً - 1- من المادة 7 من قانون المحافظات غير المنتظمة في إقليم رقم 21 لسنة 2008 المعدل.

(2) د. حنان محمد القيسي وآخرون، مصدر سابق، ص113.

(3) من الجدير بالذكر ان الطعن بقرار الإقالة أمام محكمة القضاء الإداري قد تقرر بموجب قانون التعديل الأول لقانون المحافظات رقم 15لسنة 2010 ونوهنا عن ذلك في موضوع سابق من الأطروحة.

وبين الفترة المحصورة بين تقديم الطعن بالإقالة من قبل المحافظ، ولحين البت في هذا الطعن يقوم المحافظ بتصريف أعمال المحافظة اليومية خلالها [1].

وقد اوجب المشرع على مجلس المحافظة بعد إنهاء مدة الطعن المشار إليها وعدم طعن المحافظ بقرار إقالته أو في حالة مصادقة محكمة القضاء الإداري على قرار الإقالة، أن ينتخب محافظ جديد خلال مدة لا تتجاوز خمسة عشر يوماً[2].

رابعاً : رقابة مجلس المحافظة على أصحاب المناصب العليا – سبق وان لاحظنا عند دراستنا لاختصاصات مجلس المحافظة الإدارية أن المشرع العراقي قد أعطى لمجلس المحافظة المصادقة على ترشيح ثلاثة أشخاص لإشغال المناصب العليا ؛ فإنه في الوقت نفسه قد منح مجلس المحافظة سلطة إعفاء هؤلاء، وهم المدراء العامون ورؤساء الأجهزة الأمنية من مناصبهم، حيث نصت الفقرة تاسعاً – 2 من المادة (7) من قانون المحافظات غير المنتظمة في إقليم على «إعفاء أصحاب المناصب العليا في المحافظة بالأغلبية المطلقة لأعضاء المجلس بناءاً على طلب خمس عدد أعضاء المجلس أو بناءاً على اقتراح من المحافظ ولمجلس الوزراء كذلك حق الإقالة باقتراح من الوزير المختص استناداً للأسباب الواردة في الفقرة (8) من هذه المادة».

يلاحظ في هذا الشأن إن أصحاب المناصب العليا يخضعون في هذا الشأن لجهتين في أن واحد، فمجلس المحافظة له الحق بإعفائهم من مناصبهم بالأغلبية المطلقة بناءً على طلب خمس أعضاء المجلس أو بناء على اقتراح المحافظ وكذلك يملك مجلس الوزراء إقالتهم باقتراح في الوزير المختص،

---

(1) المادة 7- الفقرة 8- البند 4 من قانون المحافظات غير المنتظمة في إقليم رقم 21 لسنة 2008 المعدل ؛ وبخصوص المقصود تصريف الأمور اليومية ذهب مجلس شورى الدولة في أحدى قراراته الإفتائية إلى ان «... تصريف الأمور اليومية يقصد به عدم اتخاذ قرارات مهمة ترتب التزامات على الوحدة الإدارية كإبرام العقود أو تنفيذ مشاريع جديدة.....» القرار رقم 2009/76 في 2009/9/13، ينظر قرارات مجلس شورى الدولة، المصدر السابق، ص90.

(2) المادة (7) الفقرة 8- البند (5) من قانون المحافظات غير المنتظمة في إقليم رقم 21 لسنة 2008 المعدل.

الأمر الذي يدفعنا إلى التساؤل عن الفرق بين مصطلحي الإعفاء والإقالة الوارد بالفقرة المذكورة أنفاً وهل يعد قرار الإعفاء الصادر من مجلس المحافظة منتجاً لآثاره بحد ذاته أم يحتاج صدور قرار من الوزير المختص بإقالة أصحاب المناصب العليا كما هو الحال عند تعيينهم ابتداءً ؟

من استقراء نصوص قانون المحافظات غير المنتظمة في إقليم، نجد ان المشرع يعد الإعفاء والإقالة من أدوات الرقابة التي يمتلكها مجلس المحافظة فقد أورد المشرع في المادة (51) من قانون المحافظات إلى ان «كل أمر فيه إعفاء أو إقالة ورد في هذا القانون يسبقه جلسة استجواب للشخص المعني»، وبخصوص عد قرار الإعفاء منتجاً لأثاره أم لا فان المشرع قد أطلق لمجلس المحافظة سلطة إعفاء أصحاب المناصب طالما تحققت بهم الأسباب الواردة في المادة7- من ثامناً – 1 من قانون المحافظات غير ان مجلس الانضباط العام قرر إلغاء قرار مجلس محافظة بابل رقم 189الصادر في 2011/12/21 والقاضي بإقالة مدير عام تربية بابل، وقد برر مجلس الانضباط قراره هذا «... إلى ان مجلس المحافظة لا يملك صلاحية إقالة الموظف من أصحاب المناصب العليا في المحافظة، إنما يملك حق الإعفاء أما الإقالة فهي من صلاحيات مجلس الوزراء استناداً إلى أحكام الفقرة 2 من البند تاسعاً من المادة (7) من قانون المحافظات رقم 21 لسنة 2008....»[1].

بالرغم من تأييدنا لاتجاه مجلس الانضباط العام ألا أننا نتساءل عن الفائدة أذن من منح مجلس المحافظة سلطة إعفاء أصحاب المناصب العليا إذا كانت قراراته غير نافذة ويستلزم صدور ذلك من مجلس الوزراء ؟.

خامساً: رقابة مجلس المحافظة – على أنشطة الهيئات التنفيذية المحلية – من جملة المهام الرقابية التي أسندها المشرع العراقي في قانون المحافظات غير المنتظمة في إقليم إلى مجلس المحافظة هي الرقابة على جميع أنشطة

---

(1) نقلاً عن خبر منشور في الإنترنيت عن الرابط الآتي:
تاريخ الزيارة 2012/4/25 www. Baghdad + imes. Net / Arabic / ? Sid.

الهيئات التنفيذية المحلية باستثناء المحاكم والوحدات العسكرية والكليات والمعاهد والدوائر الاتحادية[1].

ويثار تساؤل في هذا الصدد عن المقصود بالهيئات التنفيذية المحلية، وكيف يمارس مجلس المحافظة رقابته على أنشطة هذه الهيئات ؟

فيما يتعلق بالتساؤل الأول فقد بين مجلس شورى الدولة في أحدى قراراته الإفتائية إلى «... أن الهيئات التنفيذية في المحافظة هي جميع تشكيلات الدولة والقطاع العام التي لها دور في أداء الخطط والخدمات في المجالات كافة باستثناء ما ورد النص عليه» [2].

وقد استثنى المشرع كما رأينا أنفاً المحاكم والوحدات العسكرية الكليات والمعاهد من رقابة مجلس المحافظة على اعتبار ان المحاكم باختلاف أنواعها ودرجاتها تعد جزءاً من السلطة القضائية التي تتمتع استقلالية ومن ثم لا يستقيم خضوعها لرقابة مجلس المحافظة [3]، وبالنسبة للوحدات العسكرية فان استثنائها يعود إلى أنها تدخل ضمن الاختصاصات الحصرية للسلطات الاتحادية ومن ثم لا يجوز التدخل في شؤونها سواء كان ذلك بالتنظيم أم الإشراف استناداً إلى المادة **110**- ثانياً من دستور عام **2005**[4].

أما بالنسبة للكليات والمعاهد فان استثنائها من الرقابة يعود لكونها تعد مؤسسات مستقلة تتمتع بالشخصية المعنوية والتي تقدم خدماتها لجميع أنحاء العراق فهي لا تخضع إلا لإشراف وزارة التعليم العالي [5].

---

(1) الفقرة سابعاً – المادة (7) من المحافظات غير المنتظمة في إقليم رقم 21 لسنة 2008 المعدل.

(2) القرار رقم 2009/75 في 2009/9/17، قرارات مجلس شورى الدولة...، المصدر السابق، ص57.

(3) حيث نصت المادة 19- أولاً من الدستور الدائم لعام 2005 على ان «القضاء المستقل لا سلطان عليه لغير القانون».

(4) حيث جاء في الفقرة ثانياً من المادة 110 من الدستور الدائم لعام 2005 التي حددت الاختصاصات الحصرية للسلطات الاتحادية على ان «وضع سياسة الأمن الوطني وتنفيذها، بما في ذلك أنشاء قوات مسلحة وأدارتها لتأمين حماية وضمان أمن وحدود العراق، والدفاع عنه».

(5) د. حنان محمد القيسي وآخرون، مصدر سابق، ص113.

فضلاً عن هذه الاستثناءات أخرج المشرع العراقي الدوائر ذات الاختصاص الاتحادي من رقابة مجلس المحافظة دون ان يحدد لنا المقصود بها، إلا إننا يمكن القول أنها تعني جميع الدوائر الحكومية العاملة في المحافظة والتي تتولى ممارسة المهام الحصرية التي نصت عليها المادة (110) كدوائر الجنسية والإقامة والدوائر المرتبطة بوزارة التخطيط والمالية كالبنوك الحكومية.

وفيما يخص كيفية ممارسة مجلس المحافظة رقابته على أنشطة الهيئات التنفيذية فان المشرع العراقي في قانون المحافظات لم يحدد في الواقع أية إجراءات أو وسائل رقابية يمارسها، وربما ترك تحديد ذلك للنظام الداخلي الذي يضعه مجلس المحافظة.

فضلاً عن الاختصاصات الواسعة لمجلس المحافظة سواء في الجانب الإداري أم الرقابي فقد أضاف المشرع لمجلس المحافظة «ممارسة أية اختصاصات أخرى منصوص عليها في الدستور اوالقوانين النافذة» [1] ويلاحظ في هذا الشأن ان المشرع العراقي في قانون المحافظات المذكور آنفاً قد تبنى أسلوب التحديد العام لاختصاصات مجلس المحافظة فجميع الاختصاصات التي ذكرتها المادة (7) من قانون المحافظات المذكور آنفاً قد جاءت على سبيل المثال لا الحصر، والدليل الأبرز على ذلك أن المشرع قد أحال ممارسته أية اختصاصات منصوص عليها في الدستور او القوانين النافذة.

ومن الجدير بالذكر ان المشرع الدستوري قد أحال تنظيم صلاحيات المحافظات بموجب قانون [2] وقد أحال بدوره قانون المحافظات ممارسة أية اختصاصات إلى الدستور، فهذه الإحالة والإحالة المقابلة غير مستساغة، ذلك ان أغلب النصوص الدستورية التي أضافت بشكل أو بآخر اختصاصات لمجلس المحافظات تتوقف على صدور القوانين المنظمة لها [3].

---

(1) الفقرة سابع عشر من المادة 7- من قانون المحافظات غير المنتظمة في إقليم رقم 21لسنة 2008المعدل.

(2) المادة 122- ثانياً من الدستور الدائم لعام 2005.

(3) مثال ذلك المادة (105) من الدستور الدائم الخاص بتأسيس هيئة عامة لضمان حقوق الأقاليم والمحافظات والمادة 106 من الدستور الدائم الخاص بتأسيس هيئة عام لمراقبة تخصيص الواردات الاتحادية.

غير ان هنالك نصوصاً دستورية منحت مجالس المحافظات دون ان يتوقف أمر ممارستها عن صدور القانون، مثال ذلك مسالة تأسيس مكاتب للأقاليم والمحافظات في السفارات والبعثات التي نصت عليها المادة **121** رابعاً من الدستور الدائم، وكذلك الصلاحيات المشتركة التي نصت عليها المادة (114) من الدستور الدائم [1].

وهنالك قوانين أخرى قد منحت اختصاصات أضافية لمجلس المحافظة منها قانون الاستثمار رقم **13** لسنة 2006 الذي أجاز «للأقاليم والمحافظات غير المنتظمة في إقليم تشكيل هيئات استثمار في المناطق الخاضعة لها.....» [2].

من جانب أخر تستطيع مجالس المحافظات ممارسة الاختصاص الذي نص عليه قانون الإجراءات التنفيذية الخاصة بتكوين الأقاليم رقم **13** لسنة 2008، وان كان هذا القانون لم يشترط سوى ان يقدم ثلث أعضاء المجلس الذي يروم تكوين إقليم طلباً بذلك [3].

المطلب الثالث

اختصاصات مجلس القضاء والناحية

بعد ان استعرضنا اختصاصات مجلس المحافظة بشكل تفصلي ينبغي لنا ان نبين أهم اختصاصات مجلس القضاء والناحية، لذلك سنقسم المطلب الأول على فرعين نتناول في الفرع الأول، اختصاصات مجلس القضاء، و الفرع الثاني سنخصصه للحديث عن اختصاصات مجلس الناحية.

---

(1) الفقرة ثالثاً – خامساً – سادساً من المادة 104 من الدستور النافذ لعام 2005.

(2) المادة 5 من قانون الاستثمار رقم 13 لسنة 2006.

(3) المادة 5 من قانون الاستثمار رقم 13 لسنة 2006.

الفرع الأول

اختصاصات مجلس القضاء

يمثل مجلس القضاء المستوى الثاني من مستويات الإدارة المحلية في العراق، يأتي من حيث المرتبة بعد مجلس المحافظة، والملاحظ في هذا الشأن ان المشرع لم يضع تعريفاً لمجلس القضاء مثلما فعل مع مجلس المحافظة الذي عدّه أعلى سلطة تشريعية ورقابية، على أية حال يمكن تصنيف اختصاصات مجلس القضاء وفقاً لقانون المحافظات غير المنتظمة في إقليم إلى ثلاث مجالات هي :

أولاً : الاختصاصات الإدارية –

يمكن حصر الاختصاصات الإدارية لمجلس القضاء وفقاً لقانون المحافظات غير المنتظمة في إقليم رقم 21 لسنة 2008 المعدل بالنقاط الآتية :-

أ- انتخاب القيادات العليا في القضاء وتشمل :-

1- انتخاب رئيس مجلس القضاء، أوجب المشرع العراقي في القانون المحافظات «انتخاب رئيس مجلس القضاء بالأغلبية المطلقة لعدد الأعضاء في أول جلسة يعقدها المجلس بدعوى من القائمقام خلال خمسة عشر يوماً من تاريخ المصادقة على نتائج الانتخاب وتنعقد الجلسة برئاسة أكبر الأعضاء سناً» [1].
يلاحظ في هذا الشأن ان المشرع لم يجعل لرئيس مجلس القضاء نائباً له كما قرر ذلك بالنسبة لمجلس المحافظة، وفي تقديرنا لا يوجد مانع قانوني من انتخاب نائب رئيس المجلس شرط ان يتم تضمين ذلك في النظام الداخلي لمجلس القضاء[2] وقد أغفل المشرع تحديد ان يكون رئيس المجلس من بين أعضاءه بشكل صريح.

2- انتخاب القائمقام. يعد القائمقام الذراع التنفيذي لمجلس القضاء، وقد جعل المشرع العراقي في قانون المحافظات النافذ أمر اختياره يتم عن طريق انتخابه

---

(1) المادة 8- أولاً – من قانون المحافظات غير المنتظمة في إقليم رقم 21 لسنة 2008 المعدل.

(2) أشارت المادة 8 – فقرة من ثاني عشر من قانون المحافظات غير المنتظمة في إقليم رقم 21 لسنة 2008 المعدل على «وضع النظام الداخلي لمجلس القضاء».

من مجلس القضاء[1]، بعد ان كان يتم تعينه من قل السلطة الإدارية المركزية بموجب قانون المحافظات الملغي رقم 159لسنة 1969[2].

ولم يقرر المشرع العراقي ان يكون هنالك نائب القائمقام كما قرر ذلك بالنسبة للمحافظ حيث أوجب ان يكون له نائبين كما رأينا سابقاً، بل قرر في حال غياب القائمقام ان يكلف المحافظ أحد مدراء النواحي التابعة للقضاء ليقوم مقامه، ربما أراد المشرع من ذلك التقليل من إيجاد المناصب الإدارية المثقلة لأعباء الموازنة العامة للقضاء[3].

من الجدير بالذكر ان المشرع العراقي لم يقرر لمجلس القضاء اختصاص المصادقة على أصحاب المناصب العليا ولعل السبب في ذلك يعود إلى ان الدوائر العاملة في القضاء والتابعة للسلطة الإدارية المركزية هي دوائر فرعية بالنسبة لدوائر مركز المحافظة.

ب-الاختصاصات المتعلقة بإدارة الشؤون أو المصالح المحلية وتتمثل بالآتي:-

1- الموافقة على تسمية الشوارع وتخطيط الطرق[4] وكذلك الموافقة على التصاميم الأساسية في القضاء بالتنسيق مع المحافظة وضمن المخطط العام للحكومة الاتحادية[5].

أهم ما يلاحظ في هذا الشأن إن المشرع قد أقر بعض الاختصاصات لمجلس القضاء وهي ليست بذات أهمية بالنسبة لأبناء الوحدة الإدارية كما هو الحال بالنسبة فيما يتعلق بالموافقة على تسمية الشوارع التي لا تستحق الذكر في صلب القانون.

---

(1) المادة 8- فقرة – ثالثاً – 1- من قانون المحافظات غير المنتظمة في إقليم.

(2) ينظر المادة 12 فقرة 2- من قانون المحافظات الملغى رقم 159لسنة 1969.

(3) نصت المادة 40- أولاً من قانون المحافظات غير المنتظمة في إقليم رقم 21 لسنة 2008 أنه «عند غياب القائمقام يكلف المحافظ أحد مدراء النواحي التابعة للقضاء لقيام مقامه».

(4) الفقرة سادساً من المادة 8 من قانون المحافظات غير المنتظمة في إقليم رقم 21 لسنة 2008 المعدل.

(5) الفقرة سابعاً من المادة 8 من قانون المحافظات غير المنتظمة في إقليم 21 لسنة 2008 المعدل.

أما بالنسبة لموضوع تخطيط الطرق والموافقة على التصاميم الأساسية للقضاء تعد من الاختصاصات المهمة التي أسندت إلى مجلس القضاء في الوقت الذي لم يوردها ضمن اختصاصات مجالس المحافظات..

من جانب أخر فان الصيغ التي استخدمها المشرع في هذا الشأن جاءت مسبوقة بعبارة الموافقة على تسمية الشوارع، الموافقة على التصاميم أساسية دون ان يوضح او يحدد الجهة التي تتولى تقديم المقترح حتى يتم الموافقة عليه من مجلس القضاء، ثم ألا يستطيع مجلس القضاء ممارستها ابتداء"؟

2- المصادقة على الخطة الأمنية المقدمة من قبل رؤساء الأجهزة الأمنية المحلية عبر القائمقام [1] وهذا الاختصاص مشابه للاختصاص الذي أعطى لمجلس المحافظة فإلى ذلك نحيل تجنباً للتكرار.

ثانياً : الاختصاص الرقابي

منح قانون المحافظات غير المنتظمة في إقليم رقم 21 لسنة 2008 مجلس القضاء مجموعة من الاختصاصات الرقابية يمكن تحديدها بالأتي :-

أ) إعفاء رئيس المجلس والقائمقام – يتم إعفاء رئيس مجلس القضاء بالأغلبية المطلقة لعدد الأعضاء في حال تحقيق أحد الأسباب الواردة في المادة (7) الفقرة (8) من قانون المحافظات غير المنتظمة في إقليم [2].

الملاحظ في هذا ان المشرع استخدم مصطلح (إعفاء) رئيس المجلس من منصبه في الوقت الذي استخدم مصطلح (إقالة) رئيس مجلس المحافظة، وهذا يعني ان المشرع استخدم المصطلحين على سبيل المرادفة وليس الاختلاف.

ولما كان المشرع العراقي لم يقرر ان يكون هنالك نائباً لرئيس مجلس القضاء فستثور إشكالية عملية تتمثل بكيفية انعقاد جلسة استجواب وإقالة رئيس المجلس من دون وجود شخص يترأس الجلسة، ولذلك ينبغي للمشرع معالجة هذه الإشكالية بإيجاد منصب نائب رئيس مجلس القضاء وهذا الكلام يشمل مجلس الناحية أيضاً.

---

(1) المادة 8 فقرة عاشرا من قانون المحافظات غير المنتظمة في إقليم رقم 21لسنة 3008 المعدل.

(2) المادة 8- فقرة ثانياً من قانون المحافظات غير المنتظمة في إقليم رقم 21لسنة 2008 المعدل .

بالنسبة إلى إقالة القائمقام، فيجب ان يصدر قرار الإقالة بالأغلبية المطلقة لعدد الأعضاء بناءً على طلب ثلث عدد الأعضاء، أو بناءً على طلب المحافظ وذلك في حال تحقق الأسباب ذاتها التي أشارت إليها المادة 7- فقرة ثامناً، من قانون المحافظات أنفة الذكر[1].

وقد غفل المشرع النص صراحة على إعطاء رئيس المجلس والقائمقام حق الطعن بالاعتراض، وان كان في تقديرنا لهم حق الطعن أمام محكمة القضاء الإداري ما دام أن قرارات مجلس القضاء هي قرارات إدارية ومن ثم يمكن الطعن بها وفقاً للقواعد العامة.

ب) مراقبة سير عمليات الإدارة المحلية في القضاء[2]، من المهام الرقابية الأخرى التي أسندت إلى مجلس القضاء هي مراقبة سير عمليات الإدارة المحلية في القضاء، إلا أن هذا النص ينتابه الغموض، فما المقصود بعمليات الإدارة المحلية الخاضعة لرقابة مجلس القضاء ؟على الرغم من ان مصطلح عمليات الإدارة المحلية في القضاء غير واضح، إلا أن القصد قد يكون مراقبة جميع أنشطة هيئات الإدارة المحلية في القضاء كمجالس النواحي وكذلك الدوائر الفرعية التي تمارس نشاطها ومهامها ضمن حدود القضاء.

ج) مراقبة وتقييم النشاطات التربوية في حدود القضاء وتقديم التوصيات بشأنها عبر مجلس المحافظة[3]، ويكون عن طريق متابعة سير العملية التربوية في المدارس على مختلف مستويات (الابتدائية والمتوسطة والإعدادية) والوقوف على المشاكل والمعوقات التي تعترض سير العملية التربوية، وأي قصور أو تلكؤ في عمل دوائر التربية التي ترتبط بالمديرية العامة لتربية المحافظة يمكن تقديم توصيات إلى مجلس المحافظة، والذي بحكم سلطته على أصحاب المناصب العليا ومن ضمنهم مدير التربية يستطيع معالجة هذه الإشكاليات.

_____

(1) المادة 8 – فقرة – ثالثاً - 2- من قانون المحافظات غير المنتظمة في إقليم رقم 21 لسنة 2008 المعدل.

(2) المادة 8- فقرة رابعاً من قانون المحافظات غير المنتظمة في إقليم رقم 21 لسنة 2008 المعدل.

(3) المادة 8 – فقرة ثامناً من قانون المحافظات غير المنتظمة في إقليم رقم 21 لسنة 2008 المعدل.

د) مراقبة تنظيم استغلال الأراضي العامة ضمن الرقعة الجغرافية للقضاء والعمل على تطوير الزراعة والري [1].

يعد هذا الاختصاص الرقابي من الاختصاصات المهمة، وذلك ان معظم الاقضية في العراق ان لم نقل جميعها ذات طابع ريفي وزراعي، يستلزم ذلك وجود رقابة تمارس من أجل الحفاظ على الأراضي الزراعية التي شهدت في السنوات التي تلت عام 2003 تجاوزاً كبيراً عليها خصوصا الأراضي الزراعية المحاذية لمراكز الاقضية والنواحي التي تحولت إلى مجمعات سكنية، ولم يحدد المشرع على الرغم من أهمية هذا الأمر أي وسائل رقابية يمكن ان يمارسها مجلس القضاء من أجل تمكينه من أجل القيام بواجبه على أحسن وجه.

إضافة إلى الاختصاصات التي اشرنا إليها فقد منح المشرع العراقي مجلس القضاء ممارسة أية اختصاصات يخولها إياه مجلس القضاء بما لا يتعارض مع القوانين النافذة [2].

الفرع الثاني
اختصاصات مجلس الناحية

يمثل مجلس الناحية المستوى الثالث والأخير من مستويات الإدارة المحلية في العراق، وهو يأتي من حيث المرتبة بعد مجلسي المحافظة والقضاء، وقد حدد المشرع العراقي في قانون المحافظات غير المنتظمة في إقليم، مجموعة من الاختصاصات سنوردها على النحو الآتي :-

---

(1) المادة 8 – فقرة تاسعاً من قانون المحافظات غير المنتظمة في إقليم رقم 21 لسنة 2008 المعدل.

(2) المادة 8- فقرة أحد عشر من قانون المحافظات غير المنتظمة في إقليم رقم 21 لسنة 2008 المعدل.

أ-الاختصاصات الإدارية وتشمل :-

1- انتخاب رئيس مجلس الناحية. من أولى المهام التي أوجب المشرع فيها على مجلس الناحية القيام بها بعد المصادقة على نتائج الانتخابات هي انتخاب رئيس مجلس الناحية بالأغلبية المطلقة لعدد أعضاء مجلس الناحية [1].

2- انتخاب مدير الناحية. على غرار ما تكلمنا عنه فيما يخص انتخاب المحافظ والقائمقام، فان انتخاب مدير الناحية من قبل مجلس الناحية يعد من التطورات الجديدة التي جاء بها قانون المحافظات غير المنتظمة في إقليم رقم 21لسنة 2008 المعدل، بعد ان كان تعينه يتم من قبل السلطة الإدارية المركزية[2].

ويتم انتخاب مدير الناحية بالأغلبية المطلقة لعدد الأعضاء، وفي حال لم يحصل أي من المرشحين على الأغلبية المطلوبة يتم التنافس بين الحاصلين على الأصوات، وينتخب بعدها من يحصل على أكثر الأصوات [3].

3- المصادقة بالأغلبية البسيطة على الخطة الأمنية المقدمة من قبل إدارة شرطة الناحية بواسطة مدير الناحية [4].

ب- الاختصاصات الرقابية وتشمل :-

1- إعفاء رئيس مجلس الناحية بالأغلبية المطلقة لعدد الأعضاء في حال تحقق أحد الأسباب الواردة في المادة 7- الفقرة 8 من قانون المحافظات بناءً على طلب ثلث أعضاء مجلس الناحية[5].

---

(1) المادة 12- الفقرة أولاً من قانون المحافظات غير المنتظمة في إقليم رقم 21 لسنة 2008 المعدل.

(2) المادة 12 – الفقرة ثالثاً من قانون المحافظات غير المنتظمة في إقليم رقم 21 لسنة 2008 المعدل.

(3) المادة 12 – ثالثاً - 1- من قانون المحافظات غير المنتظمة في إقليم رقم 21 لسنة 2008 المعدل.

(4) المادة 12 – سابعاً من قانون المحافظات غير المنتظمة في إقليم رقم 21 لسنة 2008 المعدل.

(5) المادة 12- ثانياً من قانون المحافظات غير المنتظمة في إقليم رقم 21 لسنة 2008 المعدل.

2- إقالة مدير الناحية بالأغلبية المطلقة لعدد الأعضاء بناءً على طلب خمس عدد الأعضاء أو القائمقام في حال تحقيق أحد الأسباب الواردة في المادة 7- الفقرة 8 من قانون المحافظات [1].

3- الرقابة على سير الإدارة المحلية في الناحية [2].

4- الرقابة على الدوائر المحلية ورفع التوصيات في هذا الشأن إلى مجلس القضاء [3].

ان معظم هذه الاختصاصات هي ذات طابع رقابي ومن ثم تفتقد للاختصاصات المتعلقة بالإدارة الشؤون المحلية كتقديم الخدمات العامة التي يحتاجها أبناء القضاء والناحية، لذلك كان على المشرع ان يمنحها اختصاصات حقيقية تتعلق بإدارة الشؤون والمصالح المحلية.

المطلب الرابع

صلاحيات رؤساء الوحدات الإدارية

سبق وان رأينا ان قانون المحافظات قد جاء بتطور جديد يعزز من استقلالية وتكامل منظومة الإدارة المحلية في العراق، وذلك عندما اسند للمجالس المحلية على مختلف مستوياتها انتخاب رئيس للوحدة الإدارية لكل مستوى من مستويات الإدارة المحلية (المحافظة – القضاء الناحية) كي يتولى مهام الجانب التنفيذي للمجالس المحلية.

على هذا الأساس سنتناول صلاحيات رؤساء الوحدات الإدارية وهم المحافظ والقائمقام ومدير الناحية في ثلاثة فروع متتالية.

---

(1) المادة 12- ثالثاً- 2 من قانون المحافظات غير المنتظمة في إقليم رقم 21 لسنة 2008 المعدل.

(2) المادة 12 – فقرة رابعاً من قانون المحافظات غير المنتظمة في إقليم رقم 21 لسنة 2008.

(3) المادة 12- فقرة خامساً من قانون المحافظات غير المنتظمة في إقليم رقم 21 لسنة 2008.

الفرع الأول

صلاحيات المحافظ

يُعدُّ المحافظ الرئيس التنفيذي الأعلى في المحافظة وهو بدرجة وكيل وزير فيما يخص الحقوق والخدمة الوظيفية [1].

من استقراء نصوص قانون المحافظات غير المنتظمة في إقليم رقم **21** لسنة **2008** المعدل الخاصة بصلاحيات المحافظ يمكن تصنيفها إلى ثلاثة أنواع من الصلاحيات :-

أولاً :- الصلاحيات الإدارية :-

وتتوزع الصلاحيات الإدارية في ثلاثة أمور:

أ- الصلاحيات التنفيذية،

وتعد من أهم الصلاحيات التي يمارسها المحافظ، ذلك أن قيام الأخير بها ينهض المفهوم الحقيقي والمتكامل لنظام الإدارة المحلية والتي تتوزع مهامها على جهتين، تتولى الأولى صنع السياسات وإصدار القرارات والتي تتمثل بمجلس المحافظة، والأخرى تتولى تنفيذ هذه القرارات والتي يتولاها المحافظ باعتباره أعلى موظف تنفيذي في المحافظة، فقد أشارت المادة **(31)** على ان من صلاحيات المحافظ «أولاً.. ثانياً، تنفيذ القرارات التي يتخذها مجلس المحافظة بما لا يتعارض مع الدستور والقوانين النافذة...».

---

(1) المادة **24** من قانون المحافظات غير المنتظمة في إقليم رقم **21**لسنة **2008** المعدل ؛ مما تجدر إليه الإشارة إلى ان هذا التعريف الذي جاء به المشرع في قانون المحافظات غير المنتظمة في إقليم قد استقاه من الدستور الدائم لعام **2005** حيث جاء في المادة **122**- ثلثاً عن «يعد المحافظ الذي ينتخبه مجلس المحافظة، الرئيس التنفيذي الأعلى في المحافظة......» ؛ في حين كان قانون المحافظات الملغى رقم **59**لسنة **1969** قد عرّف المحافظ في المادة **20** منه على ان «المحافظ هو الموظف التنفيذي الأعلى في المحافظة وعليه تنفيذ القوانين والأنظمة والتعليمات والأمر الصادر من الوزراء» ؛ أما الأمر **71** لسنة **2007** فقد عرف المحافظ القسم **3**- **1** على أنه «المسؤول المدني الأعلى في المحافظة وهو مسؤول امام المحافظة......».

يلاحظ في هذا الشأن ان المشرع العراقي جعل تنفيذ المحافظ لقرارات مجلس المحافظة بما لا يتعارض مع الدستور والقوانين النافذة، وهـذا يعني وفقاً للمفهوم المخالف للنص ان المحافظ غير ملزم بتنفيذ قرارات المجلس إذا رأى أنها تتعارض مع الدستور والقوانين النافذة.

والاختصاص التنفيذي الآخـر الـذي يمارسـه المحـافظ هـو تنفيذ السياسـة العامة الموضوعة من قبل الحكومة في حدود المحافظة [1].

وتثير هـذه الصلاحية إشكالية تتعلق بالازدواجية الوظيفية للمحافظ، فهو كما رأينا أنفاً يتولى تنفيذ قرارات مجلس المحافظة الـذي انتخبه، ومـن ثم منحه المشرع صلاحية تنفيذ سياسة الحكومة الاتحادية والمتعلقة في الواقع بالاختصاصات الحصرية التي نصت عليها المادة (110) من الدستور الدائم لعام 2005 التي سبق ذكرها، الأمـر الـذي يجعلنا نتساءل عن مـدى خضوع المحـافظ لأوامـر وقرارات الحكومة الاتحادية وهـو غير معين مـن جانبها لانه لـو كـان كـذلك لا يمكن القول بأنه يحمل صفتين في أن واحد، الصفة الأولى باعتباره ممثل السلطة الإدارية المركزية (الحكومة الاتحادية)، والصفة الثانية باعتباره المنفذ لقرارات المجلس المحلي، ومن مطالعة النصوص لم نجد نصاً واحد يعد المحافظ أو رئيس الوحدة الإدارية ممثلاً عن السلطة الإدارية المركزية، بل نجد ان الدستور الدائم كما مر بنا في المادة 122- ثالثاً قد أكد على استقلالية المحافظ باعتباره المنتخب من مجلس المحافظة.

فضلاً عـن ذلـك فقد تنشأ بعض الإشكاليـات المتعلقـة بحصول تنازع في الاختصاص بين الحكومة الاتحادية ومجلس المحافظة فما هو موقف المحافظ ؟ هل يتولى تنفيذ قرار الحكومة الاتحادية أم قرار مجلس المحافظة الذي انتخبهُ ؟

يبدو ان المشرع العراقي في قانون المحافظات أراد ان يخلق توازن بين مصالح الحكومة الاتحادية التي تمثل المصالح القومية وبين مصالح الإدارة المحلية للمحافظات عندما أسند هذه الصلاحية للمحافظ، إلا أن هـذا التـوازن مـن الصعب تحقيقهُ على أرض الواقع لأن المحـافظ كمـا رأينـا ينتخب بالأغلبية المطلقـة لعـدد أعضـاء مجلس

---

(1) المادة 31 – ثالثاً من قانون المحافظات غير المنتظمة في إقليم رقم 21 لسنة 2008 المعدل.

المحافظة فلا يتصور منطقيا أن يخالف المحافظ قرارات مجلس المحافظة الذي انتخبه والذي بإمكانه أيضاً إقالته إذا أهمل أو قصّر في أداء الواجب والمسؤولية[1].

فقد رأينا في فرنسا ان المشرع فيها قد تخلص من إشكالية الازدواجية الوظيفية للمحافظ عندما سحب المهام التنفيذية منه وهو المعيّن من السلطة المركزية وأسندها إلى رئيس المجلس المحلي وظل المحافظ يمارس مهامه باعتباره المثل للسلطة الإدارية فقط[2].

ب- صلاحيات المحافظ المتعلقة بإنشاء المرافق العامة.

منح المشرع في قانون المحافظات صلاحيات مهمة للمحافظ تدخل في باب إنشاء أو استحداث المرافق العامة وتتمثل على النحو الآتي :-

1- استحداث الجامعات والكليات والمعاهد في المحافظة بالتنسيق مع وزارة التعليم العالي وفي حدود الموازنة العامة للمحافظة وبمصادقة مجلس المحافظة على هذا الاستحداث بالأغلبية المطلقة لعدد أعضاء المجلس[3].

2- استحداث وإلغاء مراكز الشرطة بمصادقة المجلس بالأغلبية المطلقة لعدد أعضاءه وفقاً للشروط الواردة في القوانين المختصة وضوابط وزارة الداخلية[4].

يلاحظ في هذا الشأن ان المحافظ يملك ابتداءً سلطة إصدار قرارات استحداث الجامعات أو الكليات أو مراكز الشرطة على ان تخضع هذه القرارات لمصادقة مجلس المحافظة، في الوقت الذي ينبغي ان تستند هذه الصلاحيات المهمة إلى مجلس المحافظة ابتداءً على ان يكون للمحافظ حق تقديم الاقتراح، والسبب في ذلك إن مهام المحافظ تقتصر على الجانب التنفيذي وليس التقريري الذي ينبغي ان يكون لمجلس المحافظة.

---

(1) فقد عود المادة 7 – فقرة مجموعة من الأسباب التي بتوافرها يمكن لمجلس المحافظة إقالة المحافظ خصوصًا البند د من هذه الفقرة التي نصت على «الإهمال والتقصير المتعمدين في أداء الواجب والمسؤولية».

(2) ينظر الصحة (166) من الأطروحة.

(3) المادة 31 – سادساً من قانون المحافظات غير المنتظمة في إقليم رقم 21 لسنة 2008 المعدل.

(4) المادة 31 – تاسعاً - 2- من قانون المحافظات غير منتظمة في إقليم رقم 21 لسنة 2008 المعدل.

جـ- صلاحيات المحافظ في مجال تعيين الموظفين.

منح المشرع في قانون المحافظات غير المنتظمة في إقليم المحافظ صلاحية تعيين الفئات الآتية :-

1- تعين نائبي المحافظ والقائمقام ومدير الناحية. لا يملك المحافظ صلاحية تعيين هؤلاء ابتداءً وإنما تكون صلاحيته بإصدار أوامر تعيينهم بعد انتخابهم من المجالس المحلية، فنائبي المحافظ يتم انتخابهم من قبل مجلس المحافظة ثم يتولى المحافظ بعد ذلك إصدار أوامر تعيينهما[1].

أما بالنسبة للقائمقام ومدير الناحية يتم انتخابهم من مجلس القضاء والناحية (مجلس القضاء بالنسبة للقائمقام ومجلس الناحية بالنسبة لمدير الناحية) ابتداءً ثم يتولى المحافظ إصدار أوامر تعيينهما[2].

ويثار تساؤل في هذا الشأن فيما لو امتنع المحافظ عن إصدار أوامر تعين الفئات الثلاث المذكورة أنفاً فما هو الحل ؟

ذهب البعض إلى ان صلاحية المحافظ تقتصر على إصدار أوامر تعين كل من نائبي المحافظ والقائمقام ومدير الناحية ومن ثم ليس له الامتناع أو الاعتراض على ذلك، على اعتبار ان سلطة الاختيار بادئ الأمر كانت للمجالس المحلية التي انتخبتهم، ومن ثم يكون دور المحافظ كدور رئيس الجمهورية الذي يتولى إصدار المرسوم الجمهوري الخاص بتعيين المحافظ المنتخب من مجلس المحافظة[3].

على الرغم من اتفاقنا مع هذا الرأي في أن المحافظ لا يملك ابتداءً صلاحية تعيين هذه الفئات الا بعد انتخابهم من مجالس المحلية ذات الصلة إلا ان ذلك

(1) نصت المادة 27 – أولاً من قانون المحافظات غير المنتظمة في إقليم النافذ على ان «يكون لكل محافظ نائبان بدرجة مدير عام ينتخبها المجلس من داخله أو خارجه ويصدر أمر المحافظ بتعينها.....».

(2) نصت المادة 39 ثالثاً من قانون المحافظات النافذ على ان «يصدر المحافظ أمراً إداريا بتعيين كل من القائمقام ومدير الناحية ويكونا خاضعين لتوجيهه وأشرافه».

(3) د. عثمان سلمان غيلان العبودي، اختصاص تعيين الموظف العام في ظل نظام اللامركزية الإدارية بحث منشور في مجلة التشريع والقضاء، العدد الرابع (تشرين الأول – تشرين الثاني – كانون الأول)، لسنة 2010، ص 77.

لا يسلب حق المحافظ في الاعتراض على قرار انتخابهم وفق المادة 31- فقرة أحد عشر والتي نصت على ان «للمحافظ الاعتراض على قرارات مجلس المحافظة أو المجلس المحلي.... إذا كانت مخالفة للدستور أو القوانين النافذة....».

2- تعيين معاونو المحافظ. أجاز المشرع في قانون المحافظات أن يكون للمحافظ عدداً من المعاونين في الشؤون الإدارية والفنية لا يزيد عددهم على خمسة، يقومون بالأعمال التي ينيطها المحافظ بهم ويعملون تحت إشرافه[1].

ولم يحدد المشرع الجهة التي تتولى تعيينهم بشكل صريح مثلما فعل مع نواب المحافظ، فهل يتم انتخابهم من مجلس المحافظة ويصدر المحافظ أمر تعينهم ؟ أم يتولى المحافظ تعينهم ابتداءً من دون الحاجة إلى انتخابهم من مجلس المحافظة ؟ طرحت هذه التساؤلات أمام مجلس شورى الدولة فذهب في أحدى قراراته الإفتائية إلى «.... أن معاون المحافظ (بدرجة مدير عام) يعين في الدرجة الأولى من جدول سلم الدرجات الوظيفية، وحيث أن القانون المذكور – أي قانون المحافظات غير المنتظمة في إقليم – لم يحدد الجهة التي تُعين معاون المحافظ في حين خول المحافظ صلاحية تعيين نائب المحافظ والقائمقام ومدير الناحية وحيث ان المحافظ لا يتبع وزارة أو أي جهة أخرى.... وحيث ان صلاحية المحافظ في التعيين بموجب القانون محددة بالدرجة الخامسة فما دون... يرى المجلس :

1- ان معاون المحافظ يعين من بين موظفي المحافظة ممن لديهم خدمة وظيفية فعلية في مجال اختصاصهم مدة لا تقل عن (10) سنوات بعد توفر الدرجة.

2- يصدر المحافظ أمراً بتعيين معاون المحافظ بعد حصول موافقة الأمانة العامة لمجلس الوزراء على المرشح لحين إجراء تدخل تشريعي بتوسيع صلاحيات المحافظ[2].

---

(1) المادة 33 – أولاً من قانون المحافظات غير المنتظمة في إقليم رقم 21 لسنة 2008 المعدل.

(2) القرار 21 / 2010 في 2010/2/17 صدر بصدد استيضاح محافظ كربلاء بكتاب المرقم (40324) في 2009/9/17 عن إجراءات تعيين معاون المحافظ، قرارات مجلس شورى الدولة، المصدر السابق، ص117.

3- اختيار أعضاء هيئة مستشاري المحافظ. أوجب المشرع أن تؤلف في كل محافظة هيئة استشارية لا تزيد عن سبعة خبراء، تضم موظفين يختارهم المحافظ من المتخصصين في الشؤون القانونية والفنية والمالية، وحسب ما يقتضيه الحال ترتبط بالمحافظ مباشرة وتعمل تحت إشرافه وتوجيهه [1] واهم ما يلاحظ في هذا الشأن ان المحافظ لا يتولى تعيين أعضاء هيئة المستشارين وإنما يتولى اختيارهم من الموظفين، وهنالك قرارا لمجلس شورى الدولة في هذا الأمر [2].

ثانياً :- الصلاحيات المالية

أقر المشرع العراقي في قانون المحافظات صلاحيات ذات طابع مالي تتمثل بالدرجة الأساس «إعداد الموازنة العامة للمحافظة وفق المعايير الدستورية عدا ما يقع ضمن اختصاصات الحكومية الاتحادية لرفعها إلى مجلس المحافظة» [3].

وتتضمن الموازنة العامة للمحافظة الموازنات الخاصة بمجلس المحافظة ومجالس الاقضية والنواحي ومكاتب كل من المحافظ والقائمقام ومدير الناحية [4].

ويلاحظ في هذا الشأن ان المشرع جعل اعداد موازنة المحافظة وفقاً للمعايير الدستورية عدا ما يقع ضمن اختصاصات الحكومة الاتحادية، فما هو المقصود بالمعايير الدستورية؟

---

(1) المادة 34- أولاً من قانون المحافظات غير المنتظمة في إقليم رقم 21 لسنة 2008 المعدل.

(2) حيث ذهب مجلس شورى الدولة في هذا الصدد «... ان تعبير (موظفين) الوارد في المادة (34) من قانون المحافظات يشمل أي موظف على الملاك الدائم بدرجة معاون مدير عام يختاره المحافظ ويكون من ذوي الخبرة والاختصاص في الشؤون القانونية أو الفنية أو المالية أو في المجال يقتضيه الحال ولا يشمل المتعاقد......» القرار 75/ 2009 في 13 / 9 / 2009 الحالة الخامسة، قرارات مجلس شورى الدولة، المصدر السابق، ص59.

(3) المادة 21- أولاً من قانون المحافظات غير في إقليم رقم 21 لسنة المعدل.

(4) د. علي هادي حميدي الشكراوي، صلاحيات المحافظين وفق دستور العراق لعام 2005 وقانون المحافظات غير المنتظمة في إقليم لسنة 2008، بحث منشور في الانترنيت على الرابط الآتي :-

تاريخ الزيارة، 2012/4/21، ص4. www. Uobabylon. eda. iq / uobcoleges

ذهب البعض في هذا الشأن إلى ان المقصود بالمعايير الدستورية هي الضوابط التي حددها الدستور الدائم فيما يتعلق بتحديد موارد المحافظات مثال ذلك المادة 121- ثالثاً و المادة 112 من الدستور الدائم[1].

أما المقصود بعبارة عدا ما تقع ضمن اختصاصات الحكومية الاتحادية فيراد بها الصلاحيات أو الاختصاصات ذات الطابع المالي التي تدخل ضمن صلاحيات المحافظات غير المنتظمة في إقليم وعلى وجه الخصوص الاختصاصات المشتركة التي نصت عليها المادة (114) من الدستور الدائم[2].

ثالثاً: الصلاحيات الرقابية

لما كان المحافظ يمثل اعلى موظف تنفيذي في المحافظة، فقد استند إليه المشرع مجموعة من الصلاحيات الرقابية تمكن إجمالاً في النقاط الآتية :-

أ) الإشراف على سير المرافق العامة في المحافظات وتفتيشها ما عدا المحاكم والوحدات العسكرية والجامعات والكليات والمعاهد [3].

طالما كان نص المشرع في منح المحافظ سلطة الإشراف على المرافق العامة دون تحديدها سواء كانت مرافق عامة قومية أم محلية، فإنها والحالة تشمل جميع المرافق العامة سواء تلك التي للحكومة الاتحادية أم تلك التي تعود لسلطات المحافظات وتستثنى المحاكم والوحدات العسكرية والكليات والمعاهد من الإشراف والتفتيش.

من الجدير بالذكر ان المشرع في قانون المحافظات النافذ كما رأينا عند الحديث عن اختصاصات مجلس المحافظة في مجال الرقابة على جميع أنشطة الهيئات المحلية قد استثنى الدوائر ذات الاختصاص الاتحادي فضلاً عن

---

(1) د. حنان محمد القيسي وآخرون، مصدر سابق، ص 160، ؛ وفي هذا الخصوص فقد جاء في المادة 121 – ثالثاً من الدستور على ان «تخصص للأقاليم والمحافظات حصة عادلة من الإيرادات المحصلة اتحادياً تكفي للقيام بأعبائها.....».

(2) ينظر الفقرة أولاً من المادة 114 من الدستور الدائم لعام 2005.

(3) المادة 31 – الفقرة رابعاً من قانون المحافظات غير المنتظمة في إقليم رقم 21 لسنة 2008 المعدل.

المحاكم ووحدات الجيش والكليات والمعاهد ، في الوقت الذي جعل رقابة وأشراف المحافظ تشمل جميع المرافق العامة سواء كانت مركزية أم محلية، ولعل السبب في ذلك هو أن المشرع قد اسند إلى المحافظ مهمة تنفيذ السياسة العامة للحكومة الاتحادية فهذه المهمة تقتضي منحه ذلك[1].

ونتيجة للسلطة الإشرافية للمحافظ على جميع المرافق العامة، فقد ألزم المشرع جميع الوزارات والجهات غير المرتبطة بوزارة أن تشعر المحافظ بالمخاطبات التي تجريها مع دوائرها ومرافقها في نطاق المحافظة لاطلاعه عليها ومراقبة تنفيذها [2].

ب) ضمن المهام الرقابية غير المباشر للمحافظ هو ان المشرع قد منحه حق تقديم مقترح إعفاء أصحاب المناصب العليا[3] وإقالة القائمقام [4].

ج) صلاحية المحافظ في الاعتراض على قرارات مجلس المحافظة أو المجلس المحلي [5]،

ولأهمية هذه الصلاحية الرقابية للمحافظ ارتأينا تناولها في موضوع الرقابة على الإرادة المحلية في الفصل القادم.

د) أوكل المشرع للمحافظ صلاحية «... اتخاذ الإجراءات الإدارية والقانونية للمدراء العاملين والموظفين العاملين في المحافظة بمصادقة المجلس بالأغلبية البسيطة» [6].

لنا ان نتساءل عن المقصود باتخاذ الإجراءات الإدارية والقانونية التي يمارسها المحافظ في مواجهة المدراء العاملين والموظفين العاملين في المحافظة.

---

(1) المادة 31 – ثالثاً من قانون المحافظات غير المنتظمة في إقليم رقم 21 لسنة 2008 المعدل.

(2) المادة 32 – من قانون المحافظات غير المنتظمة في إقليم رقم 21 لسنة 2008 المعدل.

(3) المادة 7 – فقرة – تاسعاً - 2- من قانون المحافظات رقم 21 لسنة 2008 المعدل.

(4) المادة 8 – ثالثاً – 2 – من قانون المحافظات غير المنتظمة في إقليم رقم21لسنة 2008 المعدل.

(5) المادة 31 – أحد عشر – 1- من قانون المحافظات غير المنتظمة في إقليم رقم 21 لسنة المعدل.

(6) المادة 31 – ثامناً من قانون المحافظات غير المنتظمة في إقليم رقم 21 لسنة المعدل.

أجاب مجلس شورى الدولة في هذا الشأن إلى ان «.... أ المقصود بالإجراءات الإدارية والقانونية هي الإجراءات التي لا تدخل ضمن الصلاحيات الشخصية للوزير المختص وتقتصر على التوجيه والمحاسبة وتشكيل لجان تحقيقه بحق الموظفين العاملين في المحافظة ضمن صلاحيته كمحافظ عند مخالفتهم لالتزاماتهم القانونية تجاه المحافظ.

ب - يشعر المحافظ الوزير المختص أو رئيس الجهة غير المرتبطة بوزارة بتوصيات اللجان ألتحقيقيه في شأن موظفيها وسلوكياتهم ومقترحاته بشأنهم، المقترنة بمصادقة مجلس المحافظة والوزارات أو الجهة غير المنتظمة بوزارة ملزمة تنص تلك التوصيات....» [1].

يتضح في ذلك ان المحافظ لا يملك إيقاع العقوبات الانضباطية على الموظفين العاملين في المحافظة، وإنما يقتصر ذلك على إجراء التحقيق وتقديم التوصيات إلى مراجعهم المختصة كالوزراء ورؤساء الجهات غير المنتظمة بوزارة الذين يتولون فرض العقوبات الانضباطية.

الفرع الثاني

صلاحيات القائمقام ومدير الناحية

يعد القائمقام ومدير الناحية أعلى تنفيذي في وحدته الإدارية وهي القضاء والناحية [2]، وقد أسند إليهما المشرع في قانون المحافظات غير المنتظمة في إقليم» النافذ مجموعة من الصلاحيات سنعرضها على النحو الآتي :-

---

(1) القرار رقم 76/ 2009 في 13 / 9/ 2009، الحالة الثالث عشرة، قرارات مجلس شورى الدولة، المصدر السابق، ص 94- 95..

(2) المادة 39 – أولاً من قانون المحافظات غير المنتظمة في إقليم رقم 21 لسنة 2008 المعدل.

أولا- صلاحيات القائمقام. يمارس القائمقام مجموعة من الصلاحيات والتي تتمثل بالآتي :-

أ) تنفيذ القرارات التي يتخذها مجلس القضاء الموافقة للدستور والقوانين النافذة[1] تعد هذه الصلاحية من أهم صلاحيات القائمقام كونه يمثل الجهاز أو الذراع التنفيذي لمجلس القضاء، فالقرارات التي يصدرها الأخير يقع أمر تنفيذها على عاتق القائمقام شرط ان تكون موافقة للدستور أو القوانين النافذة، الأمر الذي يجعلنا نتساءل عن إمكانية القائمقام الاعتراض على قرارات مجلس القضاء إذا كانت مخالفة للدستور أو القوانين النافذة ؟

من مطالعة نصوص قانون المحافظات غير المنتظمة في إقليم، نجد ان المشرع في هذا القانون لم يعترف صراحة بان تكون للقائمقام صلاحية الاعتراض على قرارات مجلس القضاء، ولعل السبب في ذلك يعود إلى ان المشرع قد منح المحافظ كما رأينا حق الاعتراض على قرارات مجلس المحافظة وكذلك قرارات مجلس القضاء[2].

ب) الإشراف المباشر على دوائر الدولة في القضاء : وموظفيها وتفتيشها ويستثنى من ذلك الجيش والمحاكم والجامعات والمعاهد وفرض العقوبات المقررة قانوناً على المخالفين بمصادقة مجلس القضاء[3].

يلاحظ في هذا الشأن أن هذه الفقرة التي خوّلت القائمقام سلطة الإشراف والتفتيش أوضح تعبيراً من النص الذي اشرنا إليه آنفاً والمتعلقة بسلطة المحافظ في الإشراف والرقابة على المرافق العامة إذ أن القائمقام له الإشراف المباشر على دوائر الدولة في القضاء وموظفيها فضلاً عن التفتيش[4].

---

(1) المادة 41 – أولاً من قانون المحافظات غير المنتظمة في إقليم رقم 21 لسنة 2008 المعدل.

(2) المادة 31- أحدى عشر من قانون المحافظات غير المنتظمة في إقليم رقم لسنة 2008 المعدل.

(3) المادة 41 – ثانياً – 1 من قانون المحافظات غير المنتظمة في إقليم رقم 21 لسنة المعدل.

(4) حيث نصت المادة 31 – رابعاً التي بينت صلاحيات المحافظ بـ «الإشراف على سير المرافق العامة في المحافظة وتفتيشها ما عدا المحاكم والوحدات العسكرية والجامعات والكليات والمعاهد».

استناداً إلى ذلك بإمكان القائمقام تفتيش كافة الدوائر الرسمية التابعة لمختلف الوزارات كدوائر البلدية والتسجيل العقاري والاتصالات والمستشفيات ومراكز الشرطة وغيرها من الدوائر العاملة في القضاء [1].

ومن اجل تمكين القائمقام من القيام بواجبه الرقابي أوجب المشرع على رؤساء الدوائر الرسمية في المحافظة بإرسال نسخة إلى القائمقام من الأوامر والقرارات التي يرسلونها إلى فروع دوائرهم في القضاء لغرض الاطلاع عليها ومتابعة تنفيذها فيما يخص القضاء [2].

ج) الصلاحيات المتعلقة بحفظ الأمن أوكل المشرع في قانون المحافظات القائمقام مهمة الحفاظ على الأمن والنظام وحماية المواطنين وأرواحهم وممتلكاتهم [3]. كما أوجب على القائمقام الحفاظ على حقوق الدولة وصيانة أملاكها وتحصيل إيراداتها وفقاً للقانون [4].

من اجل قيام القائمقام بواجب حفظ الأمن والنظام فقد منحه المشرع صلاحية في ان يأمر الشرطة بالتحقيق في الجرائم التي تقع في حدود القضاء [5] كما يمكن للقائمقام ان يأمر تشكيل المخافر والمفارز من الشرطة بصورة مؤقتة في القضاء على الأمن عند الحاجة [6].

د) كما يتولى القائمقام مهمة إعداد الموازنة المحلية للقضاء وإحالتها إلى مجلس القضاء للمصادقة عليها [7].

─────────────────────

(1) يوسف محمد كاظم السعدي، سلطة رئيس الوحدة الإدارية في تفتيش الدوائر، مقاله منشور على الانترنيت على الرابط الآتي، تاريخ الزيادة 6/21 / 2012. www. Baghdad. goviq / bbm / 3015

(2) المادة 42 من قانون المحافظات غير المنتظمة في إقليم رقم 21 لسنة 2008 المعدل.

(3) المادة 41 – ثالثاً – 1 من قانون المحافظات غير المنتظمة في إقليم رقم 21 لسنة 2008 المعدل.

(4) المادة 41- ثالثاً - 2- من قانون المحافظات غير المنتظمة في إقليم رقم 21 لسنة 2008 المعدل.

(5) المادة 41 – ثانياً - 2 – من قانون المحافظات الغير المنتظمة في إقليم رقم 21 لسنة 2008 المعدل.

(6) المادة 41 – خامساً من قانون المحافظات غير المنتظمة في إقليم رقم 21 لسنة 2008 المعدل.

(7) المادة 41 – رابعاً من قانون المحافظات غير المنتظمة في إقليم رقم 21 لسنة المعدل .

ثانياً :- صلاحيات مدير الناحية. يعد مدير الناحية اعلى موظف تنفيذي في الناحية، وقد منحه المشرع الصلاحيات الآتية :

أ) الإشراف المباشر على الدوائر الرسمية في حدود الناحية وعلى موظفيها وتفتيشها باستثناء الجيش والمحاكم والجامعات والمعاهد [1].

يلاحظ في هذا الشأن إن المشرع لم يقرر لمدير الناحية كما قرر ذلك للقائمقام فيما يتعلق بفرض العقوبات على الموظفين العاملين في الناحية، ولا نعلم لماذا أختصر ذكر ذلك على القائمقام دون المحافظ ومدير الناحية.

ب) من الصلاحيات المهمة التي أعطيت لمدير الناحية هي الحفاظ على الأمن والنظام في حدود الناحية[2]، كما يقع على مدير الناحية مهمة الحفاظ على حقوق الدولة وأملاكها وتحصيل إيراداتها وفقاً للقانون [3].

و من أجل تمكين مدير الناحية بالقيام بمهامه في حفظ الأمن والنظام أوكل إليه المشرع صلاحية ان يأمر الشرطة بالتحقيق في الجرائم التي تقع في حدود الناحية على ان يحال التحقيق إلى قاض التحقيق المختص ويتم بعدها إعلام مدير الناحية بنتيجة التحقيق[4] هذه هي الصلاحيات التي منحها في قانون المحافظات غير المنتظمة في إقليم لمدير الناحية ونجدها قد خلت من صلاحية مهمة تتعلق تنفيذ مدير الناحية لقرارات مجلس الناحية، ولا نعلم في الواقع السبب الذي دفع بالمشرع إلى إغفال ذكر هذه الصلاحية المهمة، فضلاً عن ذلك لم يذكر المشرع أيضاً صلاحية إعداد موازنة الناحية فكان الأحرى ان ينص عليها وان كانت تدخل ضمن موازنة

---

(1) المادة 43- أولاً - 1- من قانون المحافظات غير المنتظمة في إقليم رقم 21 لسنة 2008 المعدل.

(2) المادة 43 - ثانياً - 1- من قانون المحافظات غير المنتظمة في إقليم رقم 21 لسنة 2008 المعدل.

(3) المادة 43 - ثالثاً - 2- من قانون المحافظات غير المنتظمة في إقليم رقم 21 لسنة 2008 المعدل.

(4) المادة 43- أولاً - 2- من قانون المحافظات غير المنتظمة في إقليم رقم 21 لسنة 2008 المعدل.

القضاء التي يعدها القائمقام فذلك لا يمنع في أن يكون للناحية موازنة خاصة بها القيام بأعباء أداءه الخدمات المحلية.

هذه هي أهم الصلاحيات التي يمارسها رؤساء الوحدات الإدارية (المحافظ والقائمقام ومدير الناحية) وقد أوضح لنا مدى الصلاحيات الواسعة التي يمارسها المحافظ بالقياس إلى الصلاحيات المحددة يمارسها القائمقام ومدير الناحية وخصوصا الأخير الذي لم يمنحه المشرع في قانون المحافظات غير المنتظمة في إقليم رقم 21 لسنة 2008 الصلاحية الجوهرية المتعلقة بتنفيذ قرارات مجلس الناحية.

بقي أن نشير إلى مسالة في غاية الأهمية والمتعلقة بوجود قوانين وقرارات لمجلس قيادة الثورة المنحل التي منحت رؤساء الوحدات الإدارية سلطات قاض جنح [1]. و لنا أن نتساءل عن إمكانية ممارستها الآن من قبل رؤساء الوحدات الإدارية ؟

بالنسبة إلى موقف المحكمة الاتحادية العليا من مسألة منح رؤساء الوحدات سلطات قاضي جنح بموجب القوانين والقرارات الصادر من مجلس قيادة الثورة

---

(1) مثال ذلك قانون حماية وتنمية الإنتاج الزراعي رقم لسنة 1978 والتي منحت رئيس الوحدة الإدارية حق إصدار عقوبة الحبس أو الغرامة لكل من خالف هذا القانون المادة 12 ؛ وقانون رقم / 176 لسنة 1974 الذي منح رؤساء الوحدات بموجب تخويل من وزير العدل بناءً على اقتراح وزير الداخلية وتأييد وزير الري سلطات حاكم جزاء، المادة 1- الفقرة جـ ؛ قرار مجلس قيادة الثورة الخاص بمصادرة المواشي التي ترعى في المناطق الزراعية رقم 1045 لسنة 1980 ؛ قرار مجلس قيادة الثورة المنحل رقم 1630 لسنة 1981 الذي نص في المادة الأولى منه على «يكتسب المحافظون رؤساء الوحدات الإدارية في الاقضية والنواحي سلطة قاض جنح لممارسة السلطات الجزائية المنصوص عليها في القرارات التي تجيز منحهم تلك السلطات ؛ قرار مجلس قيادة الثورة المنحل رقم 154 لسنة 1981 الخاص بإزالة التجاوزات على أملاك الدولة ومخالفة التصاميم الأساسي ؛ قرار مجلس قيادة الثورة المنحل الخاص بتنظيم ذبح الحيوانات رقم 151 لسنة 1973 ؛ وهنالك قوانين أيضاً أتاحت لرؤساء الوحدات ممارسة سلطات قاض جنح كقانون تنظيم مناطق تجميع الأنقاض رقم 67 لسنة 1986 ؛ قانون تنظيم صيد استغلال الأحياء المائية وحمايتها رقم 48 لسنة 1986، قانون تنظيم صيد و استغلال الإحياء المائية وحمايتها رقم 48 لسنة 1976 ؛ قانون الاستثمار المعدني رقم لسنة 1988 ؛ والجدير بالذكر ان جميع القوانين والقرارات الصادرة مجلس قيادة الثورة المنحل لازالت نافذة، ولم تعدل وتلغى.

المنحل المذكورة أنفاً، نجد أنها قد رفضت في أحد قراراتها النظر في استيضاح قدمه مجلس محافظة البصرة بخصوص ما جاء في كتاب الأمانة العامة لمجلس الوزراء المرقم ق/ 2/ 5/ 106 / 9537 في 22/ 3/ 2011، المتضمن إمكانية ممارسة رؤساء الوحدات الإدارية السلطات الجزائية الواردة في القوانين النافذة استناداً إلى المادة 130 من الدستور التي تنص على أن «تبقى التشريعات النافذة معمولاً بها ما لم تلغى أو تعدل وفقاً لأحكام الدستور» وبنت المحكمة الاتحادية العليا رفضها إلى انه ليس من اختصاصات المحكمة الاتحادية إعطاء الرأي في المسائل القانونية، وان ذلك يدخل ضمن اختصاصات مجلس شورى الدولة [1] إلا أن المحكمة الاتحادية العليا ومن خلال اختصاصها بالنظر بدستورية القوانين، قضت في إحدى قراراتها بعدم دستورية نص المادة 237/ ثانياً/أ من قانون الكمارك رقم 23لسنة 1984، أو التي منحت مدير الكمارك أو من يخوله سلطة التوقيف الأشخاص المخالفين لهذا القانون مدة ثلاثة أيام، وقد بنت المحكمة الاتحادية قرارها بهذا شأن للأسباب الآتية:-

1- إن الفقرة (ثانياً) من المادة (13) من الدستور النافذ تعتبر باطلاً أي نص قانوني أخر يتعارض معه.

2- إن مدراء المراكز الكمركية هم موظفون وليسوا قضاة وان قيامهم بحجز الأشخاص يتعارض مع الفقرة (ثاني عشر) من المادة (19) من الدستور والتي تحظر الحجز كما أن الفقرة (الثالثة عشر) من المادة المذكورة تستوجب عرض الأوراق التحقيقية على القاضي المختص خلال مدة لا تتجاوز أربع عشرين ساعة من حين القبض على المتهم» [2].

---

(1) قرار رقم 5 لسنة 2012 منشور في الانترنيت على الرابط الآتي :-

www. Iraq – lg –Law. org / ar / wobfm – Se nd

تاريخ الزيارة 21/6/ 2012.

(2) قرارات رقم15/اتحادية لسنة 2012 منشور في الانترنيت على الرابط الآتي :-

www. Iraq – lg –Law. org / ar / wobfm – Se nd. 8042

تاريخ الزيارة 12/6/2012.

بالمقابل نجد أن مجلس شورى الدولة في أحد قراراته الإفتائية يذهب إلى رأي مغاير للرأي الذي ذهبت إليه المحكمة الاتحادية، فقد أجاب مجلس شورى الدولة على استيضاح مقدم من وزارة البلديات والإشغال العامة المرقم 1970 في 2006/10/4 في شأن نفاذ القوانين التي خوّلت رؤساء الوحدات الإدارية سلطات جزائية باعتبارهم قضاة جنح حيث يرى مجلس شورى الدولة إلى «ان الدستور قد نص في المادة 130 منه، على إبقاء التشريعات النافذة معمولاً بها ما لم تلغ أو تعدل وفقاً لأحكام الدستور... وتأسيساً على ما تقدم.... ان القوانين وقرارات مجلس قيادة الثورة المنحل التي تخّول رؤساء الوحدات الإدارية سلطات جزائية ما زالت نافذة ما دامت لم تلغ أو تعدل وفقاً لأحكام الدستور....» [1].

وبدورنا نؤيد ما جاء في قرار مجلس شورى الدولة بهذا الخصوص، ذلك ان الواقع يشير بالفعل إلى بطئ القضاء في حسم الدعاوى نتيجة الإجراءات التي يفترض إتباعها إمامه فضلاً عن وجود زخم كبير في عدد القضايا المعروضة عليه، الأمر الذي سيؤخر حتماً من سرعة حسمها، خصوصا مع ازدياد ظاهرة التجاوز على أملاك الدولة وأموالها بشكل خطير إضافة إلى أمور أخرى ذكرتها القوانين وقرارات مجلس قيادة الثورة المنحل المذكور آنفاً، كل هذه الاعتبارات تحتم ضرورة أن يتم منح رؤساء الوحدات الإدارية سلطات قاضي جنح وبتقديرنا فان ذلك لا يمس بمبدأ الفصل بين السلطات [2].

---

(1) قرار رقم 2008/14 في 2/3/ 2008 الصادر مجلس شورى الدولة المنشور في الانترنيت على الرابط الآتي: www.moj.gov.iq/decision1
تاريخ الزيارة 2012/6/24.

(2) للمزيد ينظر، خالد لفتة شاكر، الاختصاص القضائي للإدارة في غير منازعات الوظيفية العامة، أطروحة دكتوراه مقدمة إلى كلية القانون جامعة بغداد، 1990، ص201 وما بعدها.

المطلب الخامس

الموارد المالية للإدارة المحلية في العراق

لا يمكن الحديث عن استقلالية حقيقية للإدارة المحلية في العراق، سواء تمثلت بالمجالس المحلية (مجلس المحافظة والقضاء والناحية) أم برؤساء الوحدات الإدارية، ما لم تتوافر موارد مالية كافية للقيام بالأعباء والمهام المكلفة بها.

وقد بينت المادة (44) من قانون المحافظات غير المنتظمة في إقليم رقم 21 لسنة 2008 المعدّل مجموعة من الموارد المالية لتصنيفها من حيث مصادرها إلى موارد مالية داخلية وأخرى خارجية، ومن أجل بيان هذه الموارد سنقسم المطلب على فرعين، نتناول في الفرع الأول الموارد المالية الداخلية للمحافظة، أما الفرع الثاني سنخصصه للحديث عن الموارد المالية الخارجية للمحافظة.

الفرع الأول

الموارد المالية الداخلية للمحافظة

سبق وأن بينا المقصود بالموارد المالية الداخلية للإدارة المحلية بأنها تلك التي تنشأ بقدر الإمكان داخل نطاق الوحدة الإدارية، بحيث تكون خاضعة في ربطها وتحصيلها للسلطة المحلية[1].

وتتمثل الموارد المالية الداخلية للمحافظة وفقاً للمادة (44) من قانون المحافظات غير المنتظمة في إقليم بالآتي :-

أولاً : الإيرادات المتحصلة للمحافظة من جراء الخدمات التي تقدمها والمشاريع الاستثمارية التي تقوم بها [2].

نتيجة لسعة الاختصاصات التي تمارسها هيئات الإدارة المحلية في المحافظة (المجالس المحلية وجهازها التنفيذي)، فقد أقر المشرع لها الحصول على

---

(1) ينظر الصفحة (114) من الأطروحة.

(2) الفقرة ثانياً من المادة (44) من قانون المحافظات غير المنتظمة في إقليم رقم 21 لسنة 2008 المعدل.

الإيرادات الناجمة عن تقديم الخدمات كالإيرادات المتحصلة من المتنزهات والحدائق العامة وساحات وقوف السيارات التي تنشئها الإدارة المحلية بالإضافة إلى عوائد المشاريع الاستثمارية كالفنادق السياحية ومراكز التسوق الكبيرة[1].

وعلى الرغم من أهمية هذه الإجراءات إلا أنها لا تشكل في الواقع سوى نسبة ضئيلة بالقياس إلى حجم الموارد المالية التي تحتاجها فعلاً المحافظة للقيام بأعبائها ؛ ذلك لأن الرسوم التي تقتضيها هيئات الإدارة المحلية في المحافظة نظير الخدمات التي تقدمها هي رسوم رمزية لا تغطي في الواقع سوى تكلفة تقديمها.

ثانياً : من الموارد المالية الداخلية التي منحها المشرع للمحافظات في المادة 44 فقرة ثانياً من قانون المحافظات هي «الإيرادات المتحصلة من الرسوم والغرامات المحلية المفروضة وفقاً للدستور والقوانين الاتحادية النافذة»[2].

واهم ما يلاحظ على هذا النص انه لم يحدد ماهية هذه الرسوم والغرامات ولا الجهات التي تتولى فرضها، الأمر الذي يشير، طالما جاء النص مطلقاً، والمطلق يجري على إطلاقه إلى أنها تشمل جميع الرسوم والغرامات التي تفرضها الدوائر الحكومية في المحافظة التي تتولى تقديم الخدمات العامة للمواطنين كدوائر البلدية والمرور والمرافق العامة الاقتصادية الخ.....

وعلى الرغم من صراحة هذا النص الذي يمنح المحافظات الاحتفاظ بحصيلة الرسوم والغرامات سواء التي تستوفيها الدوائر الاتحادية أم هيئات الإدارة المحلية نجد أن المشرع ينص دائماً في قوانين الموازنة العامة السنوية على أن «تقيد جميع إيرادات الدوائر الممولة مركزياً إيراداً نهائياً للخزينة العامة»[3].

---

(1) دليل إعداد الموازنة للمحافظات العراقية، كراس منشور بدعم من الوكالة الأمريكية للتنمية الدولية، الطبعة الأولى، المجلد الرابع، 2011، ص6.

(2) المادة (44 / فقرة ثالثاً) من قانون المحافظات غير المنتظمة في إقليم رقم 21 لسنة 2008 المعدل.

(3) ينظر على سبيل المثال المادة (16) من قانون الموازنة العامة الاتحادية لعام 2012 و المادة (17) من قانون الموازنة العامة الاتحادية لعام 2011.

ولذلك ينبغي إزالة هذا اللبس ذلك أن النص المذكور آنفاً والذي عدّ الإيرادات المتحصلة من الرسوم والغرامات من ضمن الموارد المالية للمحافظة معطل من الناحية الواقعية نتيجة وجود القيد الموجود في قوانين الموازنة العامة الاتحادية.

ثالثاً : الإيرادات المتحصلة من بدلات بيع وإيجار أموال الدولة المنقولة وغير المنقولة وفقاً لقانون بيع وإيجار أموال الدولة والقوانين الأخرى النافذة [1].

وأهم ما يلاحظ على هذا النص أن المشرع أقر صراحة احتفاظ المحافظة بجميع الإيرادات المتحصلة من قانون بيع وإيجار أموال الدولة المنقولة وغير المنقولة وبصرف النظر عن عائدية هذه الأموال سواء للإدارة المركزية أم المحلية إلا أن المادة (16) من قانون الموازنة العامة الاتحادية لعام 2012 المذكورة آنفاً قد تمنع تحقق هذا الأمر ذلك أنها قررت قيد جميع الإيرادات المحصلة اتحادياً إيراداً نهائياً للخزينة العامة ومن ثم ليس بإمكان المحافظة الاحتفاظ بالموارد المالية المتحصلة من بدلات بيع وإيجار أموال الدولة المنقولة وغير المنقولة إلا التي تعود ملكيتها للمحافظة حصراً.

الفرع الثاني

الموارد المالية الخارجية للمحافظة

إلى جانب الموارد المالية الداخلية للمحافظة، هنالك موارد مالية خارجية نصت عليها كذلك المادة (44) من قانون المحافظات غير المنتظمة في إقليم رقم 21 لسنة 2008 المعدل، وسنوضح هذه الموارد في النقاط الآتية :-

أولا : التخصيصات الاتحادية :

تُعدّ التخصيصات الاتحادية من أهم الموارد المالية الخارجية التي تحصل عليها المحافظة من خلال الموازنة المالية الممنوحة من قبل الحكومة الاتحادية، فقد نصت

---

(1) المادة (44 – فقرة خامساً) من قانون المحافظات غير المنتظمة في إقليم رقم 21 لسنة 2008 المعدل.

المادة (44 – الفقرة أولاً) من قانون المحافظات غير المنتظمة في إقليم رقم 21 لسنة 2008 المعدل على ان الموارد المالية للمحافظة تتكون من «الموازنة المالية الممنوحة للمحافظة من قبل الحكومة الاتحادية حسب المعايير الدستورية المعدّة من وزارة المالية والمصادق عليها من مجلس النواب».

وتمثل هذه التخصيصات الممنوحة للمحافظة من خلال الموازنة العامة الاتحادية، ومن أهم الموارد للإدارة المحلية في العراق، حيث تشكل المورد المالي الوحيد المتحقق فعلياً.

ويثار تساؤل في هذا الصدد عن المقصود بالمعايير الدستورية التي ينبغي للحكومة الاتحادية التقيد بها عند منح التخصيصات السنوية للمحافظات في الموازنة العامة الاتحادية ؟.

للإجابة عن هذا التساؤل ينبغي التأكيد على أن العائدات المالية للدولة العراقية تتأتى بالدرجة الأولى من مبيعات النفط والغاز ولما كان الدستور قد اقر أن النفط والغاز هما ملك للشعب العراقي في كل الأقاليم والمحافظات، فإنه قد أقرّ في الوقت ذاته معايير تتعلق بتوزيع عائدات النفط والغاز وفقاً للتوزيع السكاني، حيث نصت المادة (112 / أولاً) من الدستور النافذ لعام 2005، على ان «تقوم الحكومة الاتحادية بإدارة النفط والغاز..، على أن توزع وارداتها بشكل منصف يتناسب مع التوزيع السكاني في جميع أنحاء البلاد، مع تحديد حصة لمدة محددة للأقاليم المتضررة..، بما يؤمن التنمية المتوازنة للمناطق المختلفة من البلاد، وينظم ذلك بقانون».

كما أشارت المادة (121 / ثالثاً) من الدستور على أن (. تخصص للأقاليم والمحافظات حصة عادلة من الإيرادات المحصلة اتحادياً، تكفي للقيام بأعباء ومسؤولياتها، مع الأخذ بعين الاعتبار مواردها وحاجاتها، ونسبة السكان فيها».

من خلال هذين النصين من الدستور الدائم يتضح المقصود بالمعايير الدستورية والتي ستستند في الأساس على نسبة السكان في توزيع الموارد المالية سواء المتأتية من عائدات النفط والغاز أم الموارد الأخرى المحصلة اتحادياً كالضرائب والرسوم أو غيرها من الموارد[1].

---

(1) فقد نصت المادة (13 / أولاً) من قانون الموازنة العامة الاتحادية لعام 2012 على أن «تحدد حصص المحافظات غير المنتظمة في إقليم بنسبة عدد سكانها.....».

ونظراً لأهمية هذا الأمر أوجب الدستور الدائم لعام **2005** تأسيس هيئة عامة لمراقبة تخصيص الواردات الاتحادية [1].

وقد بينت المادة المذكورة أعلاه المهام والمسؤوليات التي تضطلع بها هذه الهيئة[2].

ثانياً : التبرعات والهبات :

ومن الموارد المالية الخارجية التي أقرّ قانون المحافظات غير المنتظمة في إقليم، للمحافظة هي التبرعات والهبات التي تحصل عليها بما لا يتعارض مع الدستور والقوانين الاتحادية النافذة [3].

وسبق وأن رأينا أن المشرع قد منح مجلس المحافظة اختصاصاً يتعلق بالمصادقة على قبول أو رفض التبرعات والهبات، غير أن سلطة مجلس المحافظة في قبول هذه التبرعات والهبات خصوصاً المقدمة من جهات أجنبية سواء كانت دول أم منظمات دولية حكومية أو غير حكومية مقيدة بضرورة موافقة السلطات الاتحادية المختصة وهي بطبيعة الحال وزارتي المالية والتخطيط.

ثالثاً : القروض :

لم يورد المشرع في قانون المحافظات غير المنتظمة في إقليم رقم **21** لسنة **2008** المعدل، القروض ضمن الموارد المالية للمحافظة التي نصت عليها المادة (**44**) منه والمذكورة أنفاً، وكذلك لم يوردها المشرع ضمن اختصاصات مجلس المحافظة

---

(1) حيث نصت المادة (**106**) من الدستور على أن (**0** تؤسس بقانون، هيئة عامة لمراقبة تخصيص الواردات الاتحادية، وتتكون الهيئة من خبراء الحكومة الاتحادية والأقاليم والمحافظات وممثلين عنها...».

(2) ومن هذه المسؤوليات هي أولا :- التحقق من عدالة توزيع المنح والمساعدات والقروض الدولية بموجب استحقاق الأقاليم والمحافظات غير المنتظمة في إقليم، ثانياً: التحقق من الاستخدام الأمثل للموارد المالية الاتحادية واقتسامها، ثالثاً: ضمان الشفافية والعدالة عند تخصيص الأموال لحكومات الأقاليم أو المحافظات غير المنتظمة في إقليم، وفقاً للنسب المقررة».

(3) المادة «**44** – فقرة رابعاً» من قانون المحافظات غير المنتظمة في إقليم رقم **21** لسنة **2008** المعدل.

والتي نصت عليها المادة (7) من القانون ذاته، الأمر الذي يدفعنا إلى التساؤل إلى إمكانية مجلس المحافظة من اللجوء إلى القروض كمورد من الموارد التي يمكن الاعتماد عليها ؟.

على الرغم من عدم وجود نص صريح يخول مجلس المحافظة ذلك إلا أنه وبالرجوع إلى المادة (7- فقرة سابع عشر) من قانون المحافظات غير المنتظمة في إقليم نجد انها قد منحت المحافظة «ممارسة أية اختصاصات أخرى منصوص عليها في الدستور والقوانين النافذة»، وقد أورد قانون الإدارة المالية والدين العام رقم **94** لسنة **2004** صلاحية للمحافظات الحصول على القروض [1].

رابعاً:

إضافة إلى الموارد المالية التي ذكرتها المادة (**44**) من قانون المحافظات غير المنتظمة في إقليم رقم **21** لسنة **2008** المعدل، هنالك موارد مالية جديدة تم إقرارها لصالح المحافظات والتي ورد النص عليها في قوانين الموازنة العامة الاتحادية للعام **2010** و **2011** و **2012**، غير أن هذه الموارد لا تشمل في الواقع جميع المحافظات وإنما محافظات معينة سواء تلك المنتجة للنفط والغاز أو المكررة للنفط الخام أو المحافظات ذات المنافذ الحدودية، فقد أوجبت المادة (**22**- فقرة ثانياً) من قانون الموازنة العامة الاتحادية لعام **2012** «على وزير المالية الاتحادي بالتنسيق مع وزير التخطيط الاتحادي تخصيص مبالغ للمشاريع عن كميات المعادلة (**1**) دولار عن كل برميل نفط خام منتج في المحافظة أو (**1**) دولار عن كل برميل نفط خام مكرر في مصافي المحافظة و(**1**) دولار عن كل متر مكعب منتج من الغاز الطبيعي في المحافظة.....» [2].

---

(1) نص القسم **10** – الفقرة - **2** – من قانون الإدارة المالية والدين العام رقم **94** لسنة **2004** على أن «يجوز للمحافظات والحكومات الإقليمية بعد إبلاغ وزير المالية الحصول على قروض وإصدار ضمانات حسب حدود الديون المقررة في قانون الميزانية السنوية وكذلك حسب حدود الديون المقررة لكل وحدة وفقاً للتخصيصات المصادق عليها من مجلس الوزراء بناء على توصية من وزير المالية...».

(2) ينظر كذلك المادة (**25** / ثانيا ص) من قانون الموازنة العامة لعام **2011**؛ المادة (**43** / أولاً) من قانون الموازنة العامة الاتحادية لعام **2010**.

وقد أوجبت الفقرة سادساً من المادة (22) المذكورة آنفاً من قانون الموازنة العامة لعام 2012 «على وزير المالية الاتحادي بالتنسيق مع وزير التخطيط الاتحادي إعادة تخصيص الإيرادات المتحققة فعلاً في المنافذ الحدودية (البرية، والبحرية، والجوية).... إلى موازنة المحافظات الحدودية[1].

وهناك إيرادات أخرى تتمتع بها بعض المحافظات التي تتواجد فيها العتبات المقدسة فقد قرر قانون الموازنة العامة الاتحادية عشرون دولار (20) دولار من كل سمة دخول للزائر الأجنبي للعتبات المقدسة[2].

وفي هذا الصدد يثار تساؤل عن مدى دستورية منح المحافظة المنتجة للنفط والغاز أو المكررة للنفط الخام تخصيصات معينة دون باقي المحافظات؟

للإجابة عن هذا التساؤل ينبغي التأكيد أولاً أن المشرع في قانون المحافظات غير المنتظمة في إقليم رقم 21 لسنة 2008 المعدل قد أوجب على الحكومة الاتحادية ممثلة بوزارة المالية عند منح المحافظات التخصيصات المالية في الموازنة العامة الاتحادية الالتزام والتقيد بالمعايير الدستورية[3]، فلقد رأينا أن المقصود بهذه المعايير الضوابط التي وضعها المشرع الدستوري فيما يتعلق بتوزيع عائدات النفط

---

(1) ينظر كذلك المادة (25 – الفقرة ثالثاً) من قانون الموازنة العامة لعام 2011 ؛ المادة (42) من قانون الموازنة العامة الاتحادية لعام 2010.

(2) حيث نصت المادة (43 – فقرة ثانياً) من قانون الموازنة العامة الاتحادية لعام 2010 على أن «يتولى وزير المالية الاتحادية تخصيص (20 دولار (عشرون دولار) من كل سمة دخول للزائر الأجنبي للعتبات المقدسة من باب الإيرادات الأخرى توزيع إلى المحافظات المعنية على أن يتم صرفها لتطوير مدن العتبات المقدسة» ؛ وقد أوجبت الفقرة خامساً من المادة (22) من قانون الموازنة العامة الاتحادية لعام 2012 «على وزير المالية إعادة تخصيص الإيرادات المتحققة من تأشيرة الدخول للعراق لزيارة العتبات المقدسة للأعوام (2010 – 2011) إلى موازنة المحافظات المبينة أدناه وحسب النسب المؤشرة إزاء كل منها وعلى أن تصرف على خدمات الزائرين والبنى التحتية لها: 40 % محافظة كربلاء، 25% محافظة النجف، 15 % محافظة صلاح الدين / سامراء، 10 % محافظة بغداد / الكاظمية، 10 % محافظة بغداد / الأعظمية.

(3) ينظر المادة (44 – فقرة أولاً) من قانون المحافظات غير المنتظمة في إقليم رقم 21 لسنة 2008 المعدل.

والغاز بحسب النسب السكانية في جميع أنحاء البلاد، وإذا كانت العبارة التي أوردتها المادة (112 / أولا) من الدستور والمتعلقة بـ «تحديد حصة لمدة محدودة للأقاليم المتضررة...» فقد جاءت مبهمة وإن وزارة التخطيط لم تحدد إلى ألان معايير المحرومية، وحتى لو حددت بعض المعايير، فذلك لا ينبغي أبداً تفضيل المحافظات المنتجة للنفط والغاز باعتبارها منتجة فقط على سائر المحافظات، علماً أن الدستور قد اقر في المادة (111) منه على أن «النفط والغاز هو ملك كل الشعب العراقي في كل الأقاليم والمحافظات».

ومن خلال ما تقدم يمكن القول أن تخصيص نسبة معينة من إنتاج النفط والغاز أو تكريره يعد مخالفة صريحة لنصوص المادتين (111) و (112 / أولاً) من الدستور الدائم لعام 2005، وإذا كانت ثمة ضرورة في منح هذه التخصيصات ينبغي تعويض المحافظات الأخرى غير المنتجة للنفط بزيادة تخصيصاتها وذلك للارتقاء بجميع المحافظات وذلك تجنباً لحصول تفاوت كبير بين مستويات المحافظات.

هذه هي أهم الموارد المالية التي تتمتع بها المحافظة وقد رأينا أن المحافظات غير المنتظمة في إقليم تعتمد وبالدرجة الأساس في حصولها للموارد المالية على تلك الموارد الخارجية وخصوصاً التي تأتي من خلال التخصيصات الحكومية الممنوحة من خلال الموازنة العامة الاتحادية.

الفصل الثالث

الرقابة على الإدارة المحلية في العراق والدول المقارنة

إذا كانت الإدارة المحلية ممثلة بهيئاتها أو مجالسها المحلية تتمتع باستقلالية في إدارة شؤونها ومصالحها المحلية، فإن هذه الاستقلالية لا يمكن أن تكون مطلقة، ومن ثم لابد من خضوعها إلى الرقابة التي تعدّ كما تقدم بنا ركناً أساسياً من أركان الإدارة المحلية.

ولا تعد الرقابة قيداً على حرية الهيئات المحلية أو معوقاً لأعمالها، طالما كانت تمارس في حدود القانون، فعلى الرغم من أصالة استقلال هذه الهيئات والذي مصدره المشرع سواء كان دستورياً أم عادياً إلا إنه استقلال نسبي تمارسه تحت رقابة تصدر من جهات متعددة.

وتختلف مديات الرقابة على الإدارة المحلية من دولة إلى أخرى، وبحسب طبيعة الظروف السياسية والاقتصادية والاجتماعية التي تلعب دوراً مؤثراً في ذلك، ومن أجل الوقوف على التطبيقات العملية للرقابة على الإدارة المحلية في العراق والدول المقارنة، سنقسم الفصل على مبحثين، نتناول في المبحث الأول الرقابة على الإدارة المحلية في الدول المقارنة، أما المبحث الثاني سيكون مخصصاً للحديث عن الرقابة على الإدارة المحلية في العراق.

المبحث الأول

الرقابة على الإدارة المحلية في الدول المقارنة

للحديث عن واقع الرقابة على الإدارة المحلية في الدول المقارنة، سنقسم المبحث على مطلبين نتناول في المطلب الأول الرقابة على الإدارة المحلية في بريطانيا، أما المطلب الثاني فسنتناول فيه الرقابة على الإدارة المحلية في فرنسا.

المطلب الأول

الرقابة على الإدارة المحلية في بريطانيا

إذا كانت هيئات الإدارة المحلية في بريطانيا تتمتع باختصاصات واسعة و باستقلالية كبيرة في ممارسة اختصاصاتها، إلا أن ذلك لا يعني عدم إمكانية خضوعها للرقابة، فالرقابة كما تقدم تعد ركناً أساسياً من أركان الإدارة المحلية، وهي التي تضمن عدم انحراف هيئات الإدارة المحلية عن مسارها المرسوم لها عند ممارستها لاختصاصاتها ومهامها.

والإدارة المحلية في بريطانيا تخضع لأشكال وأنواع متعددة من الرقابة، فقد تكون الرقابة سياسية وقضائية وإدارية، ولغرض معرفة مضامين هذه الأنواع من الرقابة سنقسم المطلب على ثلاثة فروع نتناول في الفرع الأول الرقابة السياسية على الإدارة المحلية في بريطانيا، ومن ثم نتناول في الفرع الثاني الرقابة القضائية، أما الفرع الثالث والأخير سنخصصه للحديث عن الرقابة الإدارية.

الفرع الأول

الرقابة السياسية

سبق وأن بينا أن الرقابة السياسية التي تمارس على الإدارة المحلية تتخذ في الواقع صورتين، فقد تكون الرقابة برلمانية عندما تمارسها السلطة التشريعية المختصة، وقد تكون الرقابة شعبية، ولذلك سنتناول هاتين الصورتين للرقابة السياسية على الإدارة المحلية في النقاط الآتية : -

أولاً : الرقابة البرلمانية (رقابة السلطة التشريعية)

لما كان البرلمان البريطاني – والمتمثل بمجلس العموم واللوردات – يملك سلطة إنشاء الوحدات الإدارية والمجالس المحلية الممثلة لها ويتولى تنظيمها وتحديد اختصاصاتها، فإن الواقع العملي يشير إلى أن تدخل البرلمان يكون غالباً لمصلحة المجالس المحلية، وذلك من خلال منحها وبشكل مستمر اختصاصات واسعة وجديدة[1].

_____

(1) د. محمد علي الخلايلة، مصدر سابق، ص 118.

ولعل السبب الذي يقف وراء ذلك مرده إلى أن التقاليد الإنكليزية قد أضفت على الاستقلال المحلي قوة تحول في الواقع ضد أي محاولات للانتقاص منه، فنظام الإدارة المحلية في بريطانيا قد نشأ قبل نشوء الدولة، وبطبيعة الحال فإن هذه الاعتبارات تلعب بشكل أو بآخر دوراً مؤثراً في عدم مساس السلطة التشريعية أو محاولة الانتقاص من استقلالية الهيئات أو المجالس المحلية[1].

إلا أنه وبالرغم من ذلك نجد البرلمان وهو يراقب على المجالس المحلية قد يلغي بعض الاختصاصات التي تمارسها هذه المجالس أو يعلق تنفيذها على تحقق شروط معينة، وتقرير رقابة البرلمان على هذا تتمثل في الأمور الآتية : -

أ) لما كانت المجالس المحلية تلجأ إلى فرض الضرائب والرسوم المحلية لغرض تمويل مشروعاتها والقيام بأعبائها فإن البرلمان يملك وحده الحق في تخويل هذه المجالس من ممارسة هذه الاختصاصات وفي الحدود التي يقررها، وابرز دليل على ذلك إن البرلمان قد شخص من خلال رقابته حدوث بعض الإشكاليات المتعلقة باختلاف تقدير أوعية ضريبة العقار من مجلس محلي إلى آخر، فقد اصدر قانونا سنة 1948 سحب اختصاص تقدير الوعاء الضريبي من أيدي المجالس المحلية وأسند المهمة إلى مصلحة الأملاك العقارية وهي دائرة مركزية[2].

ب) إن قيام المجالس المحلية بأداء الخدمات والإشراف على المرافق العامة المحلية التي تتولاها يوجب عليها أن لا تتدخل في النشاط الفردي بالشكل الذي يقيد من حقوق وحريات الأفراد الأمر الذي يدفع بالبرلمان إلى وضع ضوابط تكفل عدم انتهاك هذه الحقوق والحريات، وفي بعض الأحيان يعلق البرلمان منح بعض الاختصاصات للمجالس المحلية على استطلاع الأوضاع المحلية بكل وحدة إدارية على حدة[3].

---

(1) د. زكي محمد النجار، ص 137 ؛ د. خالد سماره الزغبي، مصدر سابق، ص 213.

(2) د. عبد المجيد حسيب القيسي، مصدر سابق، ص 169 ؛ د. حسن محمد عواضة، مصدر سابق، ص 229 .

(3) د أحمد كمال أبو المجد، دراسات في نظم الإدارة المحلية، مكتبة القاهرة الحديثة، 1968، ص 128.

والملاحظ أن رقابة البرلمان على المجالس المحلية تقف عند هذا الحد أي الرقابة التي تمارس من خلال إصدار القوانين الخاصة بممارسة هذه المجالس لمهامها، فالسلطة التشريعية من حيث طبيعة عملها، لاتملك الوسائل أو الجهاز الذي يكفل له مراقبة سير العمل في المجالس المحلية والنظر في مدى التزامها أو خروجها عن الضوابط التي تحكم نشاطها ولذلك نجد في كثير من الأحيان يكلف المشرع السلطة الإدارية المركزية بالقيام ببعض المهام المتعلقة بواجب الإشراف والمراقبة[1].

ثانياً : الرقابة الشعبية

تحترم التقاليد الإنكليزية العريقة الرأي العام وتوليه اهتماماً كثيراً، إذ يعبر الناخب بحرية تامة عن رضائه بأداء أعضاء المجالس المحلية من عدمه يوم الانتخاب[2].

وقد أوجب قانون الحكم المحلي البريطاني لعام **1972** المجالس المحلية على إفساح المجال للجمهور والصحافة للإطلاع على كل الوثائق المتعلقة بعمل المجالس المحلية وكيفية سير الأمور بالفعل داخل هذه المجالس[3].

ويعد حق الجمهور في الإطلاع على الوثائق الخاصة بعمل المجالس المحلية الذي كفله المشرع من أهم وسائل الرقابة الشعبية على عمل المجالس المحلية، حيث تلعب هذه الرقابة دوراً كبيراً ومؤثراً في حسن أداء هذه المجالس ذلك إن إطلاع الجمهور والصحافة على هذه الوثائق سيحدد لهم مكامن الخلل والزلل في عمل المجالس المحلية، الأمر الذي سينعكس تأثيره على إحجام الناخبين على انتخاب الأعضاء الذين تبين عدم كفاءتهم في العمل وتقصيرهم على أداء ما يترتب عليهم من أعباء.

ومن الأمثلة الأخرى للرقابة الشعبية على أعمال المجالس المحلية ما أشار إليه قانون سلطة مدينة لندن الكبرى لعام **1999**، والذي أوجب على مجلس مدينة لندن وعمدة لندن أن يعقدوا اجتماعين في السنة يحضره الجمهور والصحافة ويسمى

---

(1) د. عبد المجيد حسيب القيسي، مصدر سابق، ص **145** وما بعدها ؛ د. هاني علي الطهراوي، مصدر سابق ص **228**.

(2) د. خالد سمّاره، ألزغبي، مصدر سابق، ص **207**.

(3) د. هاني علي الطهراوي، مصدر سابق، ص **278**.

هذه الاجتماع (بوقت الأسئلة الشعبية) حيث يتاح للجمهور والصحافة طرح الأسئلة المتعلقة بنشاطات وعمل عمدة لندن ومجلس مدينة لندن الكبرى، والاستفسار عن كافة الموضوعات والسياسات التي يقرّها المجلس المحلي، ومن خلال المناقشات يحكم الجمهور على المسؤولين في سلطة لندن الكبرى والذي ينعكس تأثيره في الانتخابات المحلية[1].

وبالنسبة لباقي المجالس المحلية فإن الأصل في انعقاد هذه الجلسات أن تكون علنية، يفسح المجال للجمهور والصحافة وغيرهم من حضور هذه الجلسات العلنية ومن خلال ذلك يستطيع الجمهور والرأي العام من مراقبة المجالس المحلية ومعرفة كيفية إدارتها للشؤون والمصالح المحلية الخاص بهذه الوحدة الإدارية أو تلك[2].

الفرع الثاني

الرقابة القضائية

يعد حق اللجوء إلى القضاء من أهم وسائل الرقابة الفعّالة، إذ تساعد قرارات المحاكم على تشكيل أو تكوين سلوك إداري تعمل السلطات المحلية في إطاره، فالإدارة المحلية تخضع لرقابة القضاء شأنها شأن أي فرد عادي[3].

ولما كان القضاء البريطاني يقوم على مبدأ وحدة القضاء، فإن المحاكم العادية تختص بنظر جميع المنازعات ومن ضمنها المنازعات الإدارية، إلا إذا وجد نص قانوني صريح يخرج بعض المنازعات من اختصاص المحاكم العادية، مثال ذلك مجلس التعليم الذي يتكون من عناصر قضائية وإدارية الذي يختص في قضايا المعاهد العلمية والقرارات الخاصة بموظفيها[4].

---

(1) د. فهمي محمود شكري، تعميق الديمقراطية للحكم المحلي في لندن، مصدر سابق، ص241.

(2) د. هاني علي الطهراوي، المصدر السابق، ص 257.

(3) د. محمود عاطف ألبنا، نظم الإدارة المحلية، مكتبة القاهرة الحديثة، 1968، ص 108.

(4) د. زكي محمد النجار، مصدر سابق، ص 137 ؛ د. هاني علي الطهراوي، مصدر سابق، ص 322.

ولما كانت اختصاصات الإدارة المحلية في بريطانيا محدد على سبيل الحصر، فإن المجالس المحلية لا تستطيع الخروج عنها وإلا فإن الحكومة المركزية الحق في اللجوء إلى القضاء لإجبار تلك المجالس على احترام القانون، وحق الحكومة في ذلك لا يعدو حق الأفراد العاديين في الطعن أمام القضاء في القرارات الصادرة من هذه المجالس[1].

وعندما تنظر المحاكم الإنكليزية في مدى مشروعية القرارات التي تصدرها المجالس المحلية فإنها تطبق القاعدة العامة التي تقضي توافر حسن النية والمعقولية في هذه القرارات وقد طبقت المحاكم مبدأ المعقولية في قضايا كثيرة[2].

ولما كانت عدم المعقولية في قرارات المجالس المحلية تتحقق في حالة عدم مراعاة قواعد العدالة بين فئات المجتمع، فقد ألغت إحدى المحاكم قراراً صادراً من مجلس مدينة برمنغهام لم تراعى فيه قواعد العدالة والمساواة[3].

---

(1) د. خالد سمّاره ألزغبي، مصدر سابق، ص 214.

(2) ومن هذه القضايا قضية مجلس مدينة كنت «Kent city council» وملخصها أن هذا المجلس أصدر تشريعاً فرعياً يحضر على أي شخص إحداث أصوات مزعجة سواء بالعزف على آلة موسيقية أو الغناء في طريق عام في نطاق خمسين ياردة من أحد المساكن بالشكل الذي يؤثر على السكينة العامة التي تعد عنصراً مهماً من عناصر النظام العام، وقد أستدعي أحد الأشخاص أمام القضاء بدعوى انتهاكه أو مخالفته لهذا القرار التنظيمي وقد دفع هذا الشخص= =بعدم مشروعية القرار التنظيمي أو التشريع الفرعي على أساس عدم معقوليته وتطلب الأمر عرض القضية أمام المحاكم العليا لتقرير المبادئ التي يمكن أن تطبق في مثل هذه الحالات وقد رأت المحكمة ضرورة تأييد هذه التشريعات الفرعية بقدر الإمكان وتعتبر هذه التشريعات غير معقولة فقط إذا كانت انتقائية أي لا تتصف بالعموم والتجريد أو كانت غير عادلة بشكل واضح أو إذا كان تطبيقها يؤدي إلى تدخل معيب في حرية الأفراد، أشار على هذه القضية، د. هاني علي الطهراوي، مصدر سابق، ص224.

(3) وتتلخص وقائع هذه القضية " أن مجلس مدينة برمنغهام استطاع الحصول على قانون برلماني خاص يسمح له بإدارة مرفق النقل العام وتتقاضى من أجل ذلك الأجرة المناسبة من الركاب، ولكن هذا المجلس اتخذ قراراً بالسماح للمسنين (الرجال فوق السبعين من عمرهم والنساء بعد الخامسة والخمسين، بالانتقال المجاني بالسيارات التابعة لهذا المرفق على أن تتحمل=

ولا تقف رقابة القضاء الإنكليزي عند حد إلغاء القرارات غير المشروعة أو غير المعقولة للمجالس المحلية، بل امتدت الرقابة في حال عجزت المجالس المحلية أو أهملت في القيام بواجباتها، فقد يوجب القانون على المجالس المحلية تأسيس مشروع لإسالة الماء الصالح للشرب في الوحدة المحلية، أو إنشاء فرقة إطفاء الحرائق إلا إن المجلس المحلي قد يهمل أو يتوانى في القيام بهذا الأمر، فيحق لكل ذي مصلحة إقامة الدعوى على هذا المجلس المحلي للمطالبة بتنفيذ ما أوجبه القانون وينبغي التمييز بهذا الصدد بين حالتين : -

الأولى : إذا ترتب على عدم قيام المجلس المحلي بالعمل الواجب عليه حصول إضرار بشخص ما يحق له إقامة الدعوى والمطالبة من المحكمة بالتعويض عن الضرر المتحقق وإجبار المجلس المحلي على القيام بالعمل على النحو الذي رسمه القانون، ويمكن تصور تحقق هذه الحالة إذا أهمل المجلس المحلي تأسيس فرقة إطفاء، فنشب حريق ألحق الضرر بالفرد المشتكي[1].

الثانية: وتشمل الحالة التي لا يؤدي إهمال المجلس المحلي لواجباته تحقق أي ضرر للأفراد ومع ذلك فإن المدعي العام يستطيع إقامة الدعوى باسم المواطنين ضد المجلس المحلي المعني بالإهمال والتقصير يطالب من خلال هذه الدعوى إجباره على تنفيذ أو القيام بواجباته، ذلك أن المشرع لا يقدم على إعطاء الاختصاصات إلى المجلس المحلي إلا بعد التأكد من ضرورتها لأبناء الوحدة الإدارية وبناءً على ذلك تصدر المحكمة أمراً قضائياً إلى المجلس المحلي المهمل على القيام بواجباته، وعدم تنفيذ المجلس لمثل هذه

= الضريبة المحلية العجز الذي ينجم عن هذا الإعفاء، وعندما طعن أحد الأفراد المولين للضريبة المحلية بهذا القرار أمام المحكمة، فقررت الأخيرة عدم مشروعية هذا القرار على أساس أنه يميز بين فئة من الناس على حساب ممولي الضريبة المحلية...»، ينظر: د. منير إبراهيم شلبي، المصدر السابق، ص 225.

(1) د. هاني علي الطهراوي، المصدر السابق، ص 229.

الأوامر القضائية يعد جريمة تسمى بجريمة اهانة المحكمة والتي تعرض مرتكبيها لعقوبة جزائية كالسجن[1].

فضلاً عن ذلك قد تصدر المحكمة في حال إهمال المجلس القيام بواجباته حكماً يسوء التصرف الذي يضر كثيراً بسمعة المجلس المحلي وقد يؤدي إلى قطع الإعانات الحكومية عنها، وقد تصل في بعض الأحيان رقابة القضاء إلى الحد الذي يؤدي إلى سحب العمل موضوع الدعوى، والقيام بإدارته بنفسها أو من تعهد به إلى لجنة خاصة تؤلفها لهذا الغرض، أو إلى هيئة محلية أخرى، على واقع الحال لا يصل إلى هذا الحد إلا نادراً لأن الحكومة المركزية تسارع عادة إلى تدارك الموضوع بوسائل عديدة[2].

هذه هي أهم صور الرقابة القضائية على المجالس المحلية في بريطانيا ويتضح أنها رقابة فعّالة ومهمة تضمن قيام المجلس المحلي بواجباتها وعدم خروجها عن ذلك فضلاً عن عدم التقصير والإهمال الأمر الذي يجعل من المجالس المحلية في حرص شديد على القيام بمهامها على الوجه الأكمل؛ لأن أي تقصير أو إهمال سينجم عنه تدخل القضاء كما رأينا من خلال الدعوى التي تقام أمامها ويقتضى التذكير أن الرقابة القضائية على الرغم من فعّاليتها وأهميتها إلا أنها ومن خلال طبيعتها لا تتحرك تلقائياً ومن ثم تعتمد على تحريكها أما على النائب العام أو المواطنين أو الحكومة المركزية.

الفرع الثالث

الرقابة الإدارية

إذا كانت السمة المميزة لنظام الإدارة المحلية في بريطانيا، أن المجالس المحلية فيها تتمتع باستقلالية كبيرة في أداء شؤونها أو مصالحها المحلية دون تدخل ورقابة مباشرة وصريحة من السلطة الإدارية المركزية، فذلك لا يعني أن الأخيرة لا تتمتع

(1) د. خالد سمّاره ألزغبي، مصدر سابق، ص 215؛ د. محمد علي الخلايلة، مصدر سابق، ص 119

(2) د. عبد المجيد حسيب القيسي، مصدر سابق، ص 260.

بأي سلطات رقابية تجاه المجالس المحلية[1]، فإذا كانت قوانين الإدارة المحلية قد خلت من الإشارة الصريحة إلى حق السلطة الإدارية المركزية في ممارسة الرقابة على المجالس المحلية، فإن هذه الرقابة نجدها في قوانين متفرقة كقوانين الصحة والتعليم والشرطة (البوليس) وغيرها، ولعل السبب في ذلك أن المشرع البريطاني قد تجنب لفترة من الزمن ومسايرة للرأي العام النص الصريح على إخضاع المجالس المحلية لرقابة السلطة الإدارية المركزية إلا إن ذلك لا يمنعه من وضع نصوص ضمنية تحقق للسلطة الإدارية المركزية هذا الغرض. [2]

وبناءً على ذلك فإن رقابة السلطة الإدارية المركزية على المجالس المحلية في بريطانيا اتخذت مظاهر وصور شتى سنبينها على النحو الآتي : -

أولاً : طلب المعلومات والإحصائيات

يمكن للسلطة الإدارية المركزية الطلب من المجالس المحلية تزويدها بالمعلومات والإحصائيات عن شتى مظاهر نشاطها ومختلف فعالياتها، ذلك أن الدولة الحديثة تولي اهتماماً كبيراً بتنظيم الإحصائيات لجميع مناحي الحياة، ومن خلال هذه المعلومات والإحصائيات تمكن السلطة الإدارية المركزية في بريطانيا من الإطلاع على مقدار النشاط الذي تقوم به المجالس المحلية وطريقة عملها وأوجه الصرف لوارداتها ويمكن عد هذه الوسيلة من أيسر طرق الرقابة وأقلها أثراً[3].

ثانياً : الرقابة على أعمال المجالس المحلية

قد يعلق المشرع في بعض الأحيان نفاذ القرارات الإدارية وخصوصاً ذات الطابع اللائحي أو التنظيمي التي تصدرها المجالس المحلية على مصادقة السلطة الإدارية المركزية ممثلة بالوزير المختص، خصوصاً القرارات التي تتعلق بالمحافظة على الأمن، أو تلك المنظمة لأمور الصحة أو التعليم، ويكون للوزير إما المصادقة على

---

(1) المصدر نفسه، ص 249.

(2) د. محمد علي الخلايلة، مصدر سابق، ص 119.

(3) د. عبد المجيد حسيب القيسي، مصدر سابق، ص 250 وما بعدها.

هذه القرارات أو رفضها كلياً دون أن يسمح له بإجراء أي تعديل على هذه القرارات وإلا عُدّ ذلك مساساً باستقلالية المجالس المحلية[1].

ويجب أن لا يفهم أن المصادقة من الوزارة المعنية على قرارات المجلس المحلية هي بمثابة السيف المسلط عليها، بحيث تعمل على عرقلة نشاطها وإنما تقوم على فكرة توثيق جهود التعاون المشترك بين السلطة الإدارية المركزية والمجالس المحلية وبناءً على ذلك فإن عملية التصديق أو الرفض الذي تمارسه الوزارة المعينة يخضع لاعتبارات عديدة أهمها : -

أ) عدم تعرض اللائحة المحلية (القرار الإداري التنظيمي) مع مبدأ المشروعية.

ب) أن يكون من شأن هذه اللوائح التنظيمية تحقيق هدف يعود بالنفع العام على أبناء الوحدة المحلية.

جـ) أن تكون هناك ضرورة ملحة لإصدار هذه اللوائح وليس لمجرد تحقيق رغبة المجالس المحلية في ممارسة هذا الاختصاص.

د) ألا يؤدي تطبيق اللائحة إلى الفوضى والاضطراب في سير العمل الإداري في الوحدة المحلية[2].

ثالثاً : الرقابة على المجالس المحلية وموظفيها

لم يقرر المشرع البريطاني اختصاص رقابي للسلطة الإدارية المركزية على أعضاء المجالس المحلية ولا حتى الموظفين العاملين في هذه المجالس، فالسلطة الإدارية المركزية لا تدخل في التعيين أو التأديب أو العزل أو الإيقاف أو الحل لا على الأعضاء المنتخبين ولا على الموظفين العاملين في الجهاز الإداري للمجالس المحلية، إلا أن هنالك مجالات معينة قد سمح فيها المشرع للسلطة الإدارية المركزية في التدخل وذلك على النحو الآتي : -

أ) تراقب السلطة الإدارية المركزية قرارات المجالس المحلية المتعلقة بإنشاء بعض الوظائف التي يكون التعيين فيها واجباً على المجالس المحلية، كوظائف الأطباء وسكرتيري المجالس.

---

(1) د. حسن محمد عواضة، مصدر سابق، ص 37.

(2) انتصار شلال مارد، مصدر سابق، ص 74.

ب) تراقب السلطة الإدارية المركزية قرارات المجالس المحلية بشأن تعيين الموظفين المكلفين برعاية الأطفال وتنظيم الاعتراض على تعيينهم إن لم يكونوا مؤهلين لذلك.

جـ) تراقب السلطة الإدارية المركزية قرارات فصل بعض الوظائف كالأطباء.

د) تصدر السلطة الإدارية في بعض الأحيان تعليمات إلى بعض المجالس المحلية بخصوص تعيين وترقية بعض الموظفين كرجال الإطفاء[1].

وأهم ما يلاحظ في هذا الشأن أن الرقابة التي تمارسها السلطة الإدارية المركزية على قرارات المجالس المحلية المتعلقة ببعض الوظائف، لا يقصد منها المساس باستقلالية المجالس المحلية وإنما الهدف منه ضمان ألا يكون هنالك تهاون من قبل بعض المجالس المحلية فيمن يشغل الوظائف العامة والضرورية كالأطباء والمعلمين ورجال الإطفاء.

رابعاً : إصدار اللوائح التنظيمية

من المتعارف عليه أن المشرع عندما يحدد اختصاصات المجالس المحلية في صلب القانون فإنه لا يضع التفاصيل الكاملة وإنما يكتفي بتحديدها بشكل عام ويترك في بعض الأحيان للسلطة الإدارية المركزية إصدار اللوائح أو التعليمات التي تسهل تنفيذ القانون على نحو سليم، كاللوائح التي تتعلق بتنظيم الشروط الهندسية للمباني فمن خلال هذه اللوائح تمارس السلطة المركزية دورا توجيهيا للمجالس المحلية[2].

خامساً : الرقابة المالية

إذا كانت المجالس المحلية في بريطانيا تتمتع بالاستقلال الكامل في وضع ميزانيتها وتملك إدخال التعديلات والمناقلة بين أبوابها دون اعتماد من السلطة الإدارية المركزية، إلا إن قانون المنح الصادر عام **1935** قد سمح للسلطة الإدارية المركزية أن تمارس الرقابة على المجالس المحلية المستفيدة من هذه المنح أو الإعانات

---

(1) د. خالد سمّاره الزعبي، مصدر سابق، ص 219 ؛ د. حسن محمد عواضة، مصدر سابق، ص 36.

(2) د. هاني علي الطهراوي، لمصدر سابق، ص 318.

المالية الحكومية، حيث تملك السلطة الإدارية المركزية فحص ميزانية المشروع المطلوب تمويله بالمنح أو الإعانات الحكومية[1].

من جانب آخر علّق المشرع البريطاني حق المجالس المحلية في إبرام عقود القروض العامة لتمويل مشاريعها كبناء المستشفيات والمساكن الشعبية واستصلاح الأراضي على موافقة السلطة الإدارية المركزية ممثلة بوزارة الإسكان والحكم المحلي التي تستطيع من خلال ذلك التأكد من سلامة المشروع الذي يبرم عقد القروض العامة من أجل تمويله ثم تمتد هذه الرقابة لتشمل مراحل تنفيذه[2].

وتمارس السلطة الإدارية المركزية رقابتها على الرسوم التي تفرضها المجالس المحلية لتغطية نفقات بعض المرافق العامة، ومن ابرز الأمثلة على ذلك، تعليق المشرع فرض رسوم دفن الموتى والأسواق العامة والمسالخ والمجازر لموافقة وزارة الصحة[3].

سادساً : التفتيش الإداري والمالي

يهدف التفتيش الإداري إلى التأكد من حسن أداء المجالس المحلية للمهام الملقاة على عاتقها حيث تتولى كل وزارة في الحكومة بالتفتيش على أعمال المرافق المحلية التي تديرها هذه المجالس والتي تمارس نشاطاً مماثلاً لأنشطتها، حيث تتولى الوزارة المعنية تقديم تقرير للبرلمان يكون له التأثير الإيجابي أو السلبي على حجم الإعانات المالية السنوية التي يتم منحها للمجالس المحلية[4].

──────────────

(1) د. خالد سمّاره ألزغبي، مصدر سابق، ص 217.

(2) د. حسن محمد عواضة، مصدر سابق، ص 38.

(3) د. خالد سمّاره الزعبي، مصدر سابق، ص 217.

(4) ينظر: د. سليمان الطماوي، مبادئ القانون الإداري، مصدر سابق، ص 89 ؛ د. ماهر صالح علاوي الجبوري، مصدر سابق، ص 88 ؛ د. محمد علي الخلايلة، مصدر سابق، ص 119 ؛ فعلى سبيل المثال يقوم المفتشون المرسلون من وزارة التعليم إلى سلطات التعليم المحلي بالإطلاع على أصول التدريس ومستواه ويرفعون التقارير إلى وزاراتها، كما يقوم المفتشون المختصون بشؤون الشرطة بتفقد أوضاع الشرطة المحلية أو إدارات الإطفاء ويتولون وضع التقارير عن كفاءة وإدارة هذه القوات أو الإدارات والكلام ينطبق على جميع المرافق العامة، د. هاني علي الطهراوي، مصدر سابق، ص 320.

أما التفتيش المالي الذي تمارسه وزارتا الإسكان والحكم المحلي يتم بواسطة مفتشيها الذين يتولون مراجعة الأعمال المالية للمجالس المحلية وفحص ميزانياتها والتأكد من قانونية أوامر الصرف عنها[1].

سابعاً : الحلول

يعد الحلول كما رأينا سابقاً من أشد وسائل الرقابة الإدارية، وذلك إذا ما ثبت امتناع المجالس المحلية عن القيام بمهامها أو الإهمال فيها فإن المشرع في بعض الأحيان يقرر حلول السلطة الإدارية المركزية محل المجالس المحلية في اتخاذ القرارات التي تؤمن سير المصالح العامة في الوحدة الإدارية.

وبناءً على ذلك فإن المشرع البريطاني قد يعطي في بعض الأحيان للوزير المختص في أن يحل محل المجلس المحلي المقصّر أو الممتنع عن أداء مهامه دون حاجة إلى تدخل القضاء شرط أن يتم إخطار أو إنذار هذا المجلس المحلي للقيام بواجباته خلال مدة معينة، وإلا استعمل الرخصة التي أعطاها المشرع للوزير بالحلول محل المجلس المحلي وعلى حساب ومسؤولية الأخير[2].

وبخطورة هذه الوسيلة الرقابية على استقلالية المجالس المحلية فإن السلطة الإدارية المركزية لا تستطيع اللجوء إليها إلا إذا نص المشرع صراحة على ذلك، وفي حال عدم وجود هذا النص الصريح تستطيع السلطة الإدارية ممثلة بالوزير المختص الطلب من القضاء نزع إدارة المرفق المحلي المهمل عن سيطرة المجلس المحلي لتتولى إدارته على حساب ومسؤولية المجلس المحلي المهمل[3].

ثامناً : رقابة الهيئات أو المؤسسات المستقلة على المجالس المحلية

توجد رقابة أخرى تمارسها المؤسسات الحكومية المستقلة على المجالس المحلية وأبرز الأمثلة على هذه المؤسسات، السلطات الصحية الإقليمية التي تختص بتنسيق العمل وإدارة الخدمات الصحية عبر المجالس المحلية التي تتولى تقديم هذه الخدمة،

---

(1) د. حسن محمد عواضة، مصدر سابق، ص 39.

(2) انتصار شلال مارد، مصدر سابق، ص 78.

(3) د. هاني علي الطهراوي، المصدر السابق، ص 318.

وكذلك سلطات المياه الإقليمية التي تمتد مسؤوليتها على طول أحواض الأنهر في كل من إنكلترا وويلز، وتتولى أيضاً وكالة خدمة التشغيل التي تمتد مسؤوليتها إلى العاملين في مختلف وظائف السلطات المحلية رعاية شؤونهم والمساهمة في إقرار الأنظمة الخاصة بهم [1].

ويقتضي التذكير أن تنظيم الوحدات الإدارية في بريطانيا يأخذ بالتنظيم الأفقي وفيه تتساوى كافة الوحدات الإدارية في الوضع القانوني، فلا يكون لأكبر وحدة محلية أو أعلاها مستوى أي سلطة رقابية أو إشراف على الوحدات الأدنى منها [2].

نخلص مما تقدم أن المجالس المحلية في بريطانيا وعلى الرغم من استقلاليتها الكبيرة في إدارة مصالحها المحلية إلا أنها مع ذلك تخضع إلى أنواع متعددة من الرقابة سواء كانت سياسية (رقابة برلمانية وشعبية)، أم تكون قضائية تتولاها المحاكم، أو تكون هذه لرقابة إدارية تتولاها السلطة الإدارية المركزية، ونصوص الرقابة الإدارية تبين لنا أنه وعلى الرغم من عدم وجود نصوص صريحة تعطي السلطة الإدارية المركزية الحق في ممارسة الرقابة على أعمال المجالس المحلية، فإن المشرع البريطاني قد اتبع طريقة أخرى لفرض هذه الرقابة وبصورة ضمنية بموجب قوانين متفرقة، ولم نجد في السياق ذاته أي انتقادات في الفقه الإداري للرقابة الإدارية على المجالس المحلية في بريطانيا، والسبب في تقديرنا هو وجود وعي عام سواء لدى السلطة الإدارية المركزية أم لدى المجالس المحلية فالسلطة الإدارية المركزية عندما تمارس رقابتها التي منحها إياها المشرع بوسائل عديدة فإنها لا تمارس من أجل تقييد حرية هذه المجالس المحلية أو المساس باستقلاليتها وإنما الهدف منها إصلاح مسار هذه المجالس، وبالمقابل فإن المجالس المحلية لا تجد أية غضاضة عند ممارسة السلطة الإدارية المركزية لهذه الرقابة طالما كان الهدف منها الارتقاء بالعمل الإداري السليم.

---

(1) د. فهمي شكري، نظام الحكم المحلي في بريطانيا، المصدر السابق، ص 160.

(2) د. زكي محمد النجار، المصدر السابق، ص 138.

المطلب الثاني

الرقابة على الإدارة المحلية في فرنسا

تخضع الإدارة المحلية في فرنسا إلى أنواع متعددة من الرقابة، سواء كانت سياسية أم قضائية أم إدارية، ولغرض معرفة مضمون هذه الأنواع من الرقابة سنقسم المطلب على ثلاثة فروع، نتناول فيها الأنواع الثلاثة من الرقابة.

الفرع الأول

الرقابة السياسية

تتخذ الرقابة السياسية مظهرين هما الرقابة البرلمانية، التي تمارسه السلطة التشريعية المخصصة، والرقابة الشعبية التي تمارس من قبل هيئة الناخبين والرأي العام والذي تلعب وسائل الإعلام المختلفة دوراً كبيراً في تكوينه، وعلى هذا الأساس سنتناول هذين المظهرين للرقابة على النحو الآتي : -

أولاً : الرقابة البرلمانية

وتمارسها السلطة التشريعية – و تتمثل بالجمعية الوطنية و مجلس الشيوخ – التي تختص بسن القوانين المتعلقة بالإدارة المحلية من حيث إنشاء الوحدات الإدارية، أو إلغاءها أو من حيث أسلوب تشكيل مجالسها المحلية المعبرة عن إرادتها، فضلاً عن تحديد اختصاصاتها والموارد المالية التي تتمتع بها لغرض القيام بواجباتها[1].

ومما تجدر الإشارة في هذا الشأن أن المشرع العادي في فرنسا لا يملك إنشاء أو إلغاء إلا الوحدات الإدارية ذات المركز التشريعي، والتي تقتصر فقط على الإقليم التي أنشأها المشرع بموجب قانون حقوق وحريات البلديات والمحافظات والأقاليم رقم 213 لسنة 1982 استناد إلى نص المادة 72 الفقرة الأولى من الدستور الفرنسي لعام 1958 التي أقرت للمشرع إنشاء وحدات إدارية جديدة، أما البلديات والمحافظات فهي تعد ذات مركز دستوري لا يملك المشرع العادي إلغاءها

---

(1) د. خالد سمّاره الزعبي، مصدر سابق، ص 223.

كمستوى من مستويات الإدارة المحلية إلا بتعديل المادة 72 من الدستور لعام 1958[1].

ولا يقتصر دور السلطة التشريعية على مجرد إصدار القانون المتعلق بالإدارة المحلية، ولكنه يتابع نشاط السلطة المحلية ويوجه السلطة الإدارية المركزية إلى مكامن الخطأ والقصور في هذا الشأن عن طريق الاستجواب وطرح الأسئلة على الوزراء المسؤولين[2].

من جانب آخر فإن رقابة البرلمان قد تكون ضمانة عند إساءة السلطة الإدارية المركزية لسلطتها الرقابية على المجالس المحلية، فعلى سبيل المثال علّق المشرع الفرنسي ممارسة السلطة الإدارية المركزية لسلطتها في حل المجلس العام للمحافظة على موافقة البرلمان[3].

ثانياً : الرقابة الشعبية

سبق وأن بينا أن الرقابة الشعبية قد تمارس بواسطة هيئة الناخبين على أعضاء المجالس المحلية الذين انتخبوهم للقيام نيابة عنهم إدارة شؤونهم ومصالحهم المحلية، ولغرض كفالة تحقق هذه الرقابة أوجب المشرع الفرنسي أن تكون جلسات المجالس المحلية من حيث المبدأ علنية بحيث يسمح بحضور الجمهور والصحافة[4]، فمن خلال حضور الجمهور لهذه الجلسات سيكون بمقدور هيئة الناخبين التعرف عن قرب عن كيفية سير العمل داخل هذه المجالس الأمر الذي سينعكس حتماً على مجرى الانتخابات المحلية المقبلة.

من جانب آخر أتاح المشرع الفرنسي بموجب قانون 6 شباط 1992 للمجالس البلدية تنظيم استفتاء بلدي لأخذ رأي أبناء الوحدة الإدارية حول ممارسة هذه المجالس لاختصاصات تعتقد أنها ذات طابع محلي، وبالرغم من أن المشرع لم يجعل

---

(1) د. زكي محمد النجار، مصدر سابق، ص 76.

(2) د. محمد صلاح عبد البديع، مصدر سابق، ص 75.

(3) د. خالد سمّاره الزغبي، المصدر السابق، ص 223 ؛ علي مهدي العلوي بارحمة، المصدر السابق، ص 210.

(4) جورج فيدول وبيار دلفولفيه، المصدر السابق، ص 392.

نتيجة هذا الاستفتاء ملزمة للمجالس البلدية إلا أن الأخيرة من الناحية العملية في حال كانت نتيجة الاستفتاء سلبية فإنها لا تخرج في الواقع عن الرأي العام الذي أفرزه هذا الاستفتاء[1].

واللجوء لهذا الاستفتاء يقتصر فقط على المجالس البلدية دون باقي المجالس الأخرى كمجلس الإقليم أو المجلس العام للمحافظة، فضلاً عن ذلك فإن المشرع الفرنسي قد وضع قيود تتعلق بأن لا يتناول الاستفتاء إلا القضايا البلدية، مما يستبعد المسائل ذات الشأن الوطني أو حتى المتعلقة بالمحافظة أو الإقليم[2].

ويلاحظ في هذا الشأن أن المشرع الفرنسي ومن خلال إقراره نظام أو أسلوب الاستفتاء البلدي، إنما يريد في الواقع توثيق الجهود الشعبية مع ممثليهم في المجالس البلدية خصوصاً إذا علمنا أن اختصاصات المجالس البلدية غير محددة بشكل حصري ومن ثم يؤدي اللجوء إلى الاستفتاء إلى الحصول على دعم شعبي يعزز موقف هذه المجالس فيما لو مارست اختصاصات جديدة تعتقد أنها ذات صلة بالشؤون المحلية للبلدية الأمر الذي قد يخفف من حدة الرقابة التي يمكن أن تمارس عليها.

الفرع الثاني
الرقابة القضائية

لما كانت فرنسا تعد من الدول ذات النظام القضائي المزدوج والذي يقوم على أساس وجود قضاء إداري متخصص إلى جانب القضاء العادي، فإن محاكم القضاء الإداري هي المختصة بجميع منازعات الإدارة العامة سواء كانت مركزية أم لا مركزية[3].

دور رقابة القضاء الإداري في فرنسا على الأعمال التي تصدر من المجالس المحلية تنحصر في غالبها على الطعن الذي يرفع أمامها ضد قرارات المجالس المحلية

---

(1)، المصدر نفسه، ص 377.

(2) المصدر نفسه، ص 378

(3) د. سليمان الطماوي، القضاء الإداري، قضاء التعويض، دار الفكر العربي، القاهرة، 1968، ص 75.

بمختلف مستوياتها فضلاً عن المنازعات الناشئة عن العقود الإدارية التي تبرمها هذه المجالس[1].

وفي هذا السياق فإن الدعاوى التي ترفع على المجالس المحلية يمكن أن تكون مقدمة من الأفراد أصحاب الشأن (الناخب أو الممول) أو أن تقدم بواسطة ممثلي الدولة وبالمقابل فإن هذه المجالس تملك حق إقامة الدعاوى ضد الدولة وكل الأشخاص العامة أو الخاصة من أجل الدفاع عن مصالحها الخاصة التي اعترف بها القانون على وجهة الخصوص[2].

ولما كانت اختصاصات المجالس المحلية في فرنسا تحدد وفقاً لقاعدة عامة تقضي بإمكانية هذه المجالس لجميع الاختصاصات التي تعتقد أنها ذات طابع محلي صرف فإنه وبالمقابل يمارس مجلس الدولة الفرنسي رقابته في هذا الصدد، وذلك لضمان عدم خروج هذه المجالس عن الاختصاصات التي ينبغي أن تتسم دائماً بالطابع المحلي وفي الحدود التي تسمح بها وفقاً لمبادئ القانون العامة المستقرة في فرنسا[3].

والقضاء الفرنسي وعلى رأسه مجلس الدولة عندما يمارس رقابته على الأعمال الصادرة من المجالس المحلية قد لا يكون دائماً مقيداً لحرية هذه المجالس في إدارة شؤونها المحلية، فبعد أن قضى بأن قيام المجلس البلدي بإنشاء مرافق عامة ينافس بها المهن التجارية أو الصناعية يعد أمراً غير جائز قانونياً كونه يمثل اعتداء على حرية التجارة[4]، نجد في أحكام أخرى يؤيد فيها قيام

---

(1) د. زكي محمد النجار، مصدر سابق، ص 160 وما بعدها.

(2) د. محمد أحمد إسماعيل، مساهمة في النظرية القانونية للجماعات المحلية الإدارية، المكتب الجامعي الحديث، القاهرة، 2012، ص 1084.

(3) د. حسن عواضة، مصدر سابق، ص 93.

(4) فعلى سبيل المثال قام مجلس الدولة الفرنسي بإلغاء قرارها ورد مجلس بلدي مدينة (كوري) الذي قرر إنشاء مستشفى لعلاج المرضى من أهالي البلدية، ولما طعن بهذا القرار أمام مجلس الدولة قضى الأخير بعدم مشروعية القرار كونه يخالف مبدأ حرية التجارة والصناعة نقلاً عن د. خالد سماره ألزغبي، المصدر السابق، ص 182.

المجلس المحلي بإنشاء مرافق عامة ذات طابع اقتصادي طالما لبت هذه المرافق مصلحة عامة محلية[1].

وتتولى المحاكم الإدارية وقف تنفيذ القرارات الصادرة من المجالس المحلية بناءً على طلب المحافظ، وقد حدد المشرع في قانون حرية وحقوق البلديات والمحافظات والأقاليم رقم 213 لسنة 1982 شرطين في هذا الشأن، الأول أن يتقدم بمطلب وقف تنفيذ القرار في غضون عشرين يوماً من تاريخ إخطاره بالقرار، الثاني أن يكون هناك أسباب جدية[2].

وتبقى رقابة القضاء الإداري على المجالس المحلية في فرنسا في حدود الحفاظ على مبدأ المشروعية، وهي على الرغم من أهميتها فإنها لم تصل إلى المدى الذي وصلت إليه الرقابة القضائية على المجالس المحلية في بريطانيا التي تصل إلى حد سحب إدارة المرفق العام المحلي إذا ما ثبت تقصير المجلس المحلي أو إهماله في إدارته.

والقاسم المشترك بين الرقابة القضائية على الإدارة المحلية في بريطانيا وفرنسا أن كليهما تستهدفان حماية مبدأ المشروعية، وإنها أي الرقابة القضائية لا تترك تلقائياً ومن ثم لابد من وجود دعوى مرفوعة أمامها من أصحاب الشأن.

الفرع الثالث
الرقابة الإدارية

بصدور قانون حريات وحقوق البلديات والمحافظات والأقاليم رقم 213 لسنة 1982، تغيير وضع الرقابة الإدارية على الهيئات المحلية في فرنسا، حيث انحصرت أغلب أحكام هذا القانون في موضوع الرقابة التي كانت موضع نقد

---

(1) فعلى سبيل المثال أقرّ مجلس الدولة الفرنسي في قضية مجلس مدينة «Nateer» إقدام الأخير على إنشاء عيادة طب الأسنان وذلك بسبب الأسعار المرتفعة جداً التي يطلبها أصحاب العيادات الخاصة، وطالما كان هذا المرفق يلبي حاجة ملحة لبناء الوحدة الإدارية، ينظر: جورج فيدول وبيار دلفولفيه، مصدر سابق، ص 545.

(2) د. خالد سمّاره الزعبي، مصدر سابق، ص 227 ؛ د. زكي محمد النجار، مصدر سابق، ص 150.

الفقه الإداري نظراً لشدتها لدرجة أنها أصبحت تشكل تهديداً لاستقلالية المجالس المحلية[1].

والرقابة الإدارية في فرنسا إما أن تمارس على المجالس المحلية ذاتها، أو على الأعمال الصادرة منها، وسنتناولها على النحو الآتي :-

أولاً : الرقابة على المجالس المحلية

تملك السلطة الإدارية المركزية وسائل رقابية مهمة تستهدف بها المجالس المحلية ذاتها وتنحصر هذه الوسائل في الوقف والحل[2].

فيما يتعلق بالوقف هو عبارة عن قرار إداري تصدره السلطة الإدارية المركزية يتضمن إيقاف المجلس المحلي المعني عن العمل لفترة محددة، ويتم عادة اللجوء إليه تمهيداً للحل[3].

وقد أجاز المشرع الفرنسي للسلطة الإدارية المركزية اللجوء إلى وقف المجلس البلدي لمدة لا تتجاوز شهراً بقرار مسبب يصدر من ممثل الدولة في المحافظة وهو المحافظ أو مفوض الجمهورية مع التذكير في هذا الشأن وقف المجلس البلدي لمدة شهر عن العمل يكون في الظروف الاعتيادية، أما الظروف الاستثنائية كالحرب فقد أجاز المشرع وقف المجلس البلدي لحين انتهاء الظرف الاستثنائي وفي هذه الحالة أوجب المشرع أن يضمن قرار الوقف تشكيل لجنة بديلة لإدارة شؤون المجلس البلدي الموقوف عن العمل[4].

وبطبيعة الحال يخضع القرار الصادر بإيقاف المجلس البلدي للطعن به أمام محاكم القضاء الإداري للتحقق من مشروعيته[5].

أما بالنسبة إلى حل المجالس فتعد هذه الوسيلة من أخطر وسائل الرقابة الإدارية على المجالس المحلية، كونها تستهدف إنهاء المجلس المحلي ذاته ومن ثم

---

(1) د. خالد سمّاره الزعبي، مصدر سابق، 224.

(2) جورج فيدول وبيار دلفولفيه، مصدر سابق، 419.

(3) د. بكر قباني، مصدر سابق، ص 134.

(4) د. محمد أحمد إسماعيل، مصدر سابق، ص 1112

(5) المصدر نفسه، ص 1114.

انتهاء عضوية الأشخاص تبعاً لذلك ونظراً لخطورة هـذه الوسيلة الرقابية فقد أحاطها المشرع الفرنسي بضمانات معينة، فبالنسبة إلى حل المجلس العام للمحافظة أوجب المشرع أن يصدر قرار الحل بموجب مرسوم مسبب من مجلس الوزراء والذي بدوره يرسل مرسوم الحل إلى البرلمان خلال فترة وجيزة على أن يتولى رئيس المجلس العام إدارة الشؤون المحلية بدلاً من المجلس، والقرارات التي يصدرها رئيس المجلس العام في هذا الشأن لا تكون نافذة إلا بموافقة ممثل الدولة (المحافظ أو مفوض الجمهورية) في المحافظة[1].

ويقتضي بعد حل المجلس العام للمحافظة إجراء انتخابات جديدة خلال مدة لا تتجاوز شهرين من خلال المرسوم الخاص بالحل[2].

وبالنسبة لحل مجلس الإقليم وهو خاضع للإجراءات ذاتها التي يخضع لها حل المجلس العام للمحافظة[3].

وبخصوص حل المجلس البلدي فيتم هذا الأمر بمرسوم مسبب صادر من مجلس الوزراء ويتم نشر قرار الحل في الجريدة الرسمية على أن يتم انتخاب مجلس بلدي جديد خلال مدة شهرين من تاريخ صدور مرسوم الحل[4].

ومن أجل ضمان تسيير شؤون البلدية يتم تعيين لجنة خاصة من ثلاثة إلى سبعة أعضاء بموجب قرار يصدر مـن ممثل الدولة (المحـافظ أو مفوض الجمهورية) في الأيام الثمانية التي تلي قرار الحل، على أن تتولى اللجنة تصريف الأعمـال اليومية للبلدية[5].

والأسباب الداعية إلى حل المجـالس المحلية كثيرة، منها مـا يكون بسبب الرفض المستمر من الأغلبية في المجلس المحلي للتصويت على الميزانية، أو قد يكون بسبب امتناع المجلس المحلي بأعماله بسبب الإهمال أو الخلافات التي تنشأ بين

---

(1) المصدر نفسه، الصفحة نفسها.

(2) جورج فيدول وبيار دلفولفيه، مصدر سابق، ص 419.

(3) المصدر نفسه، ص 420.

(4) د. بكر قباني، المصدر السابق، ص 135.

(5) د. محمد أحمد إسماعيل، المصدر السابق، ص 1116.

أعضاء المجلس إلى الحد الذي يؤدي فيه هذا الخلاف إلى انقسام الأعضاء إلى فريقين مما يعرقل كفالة سير أعمال المجلس[1].

وفي جميع الأحوال لا يمكن حل جميع المجالس المحلية بمرسوم واحد، وإنما يكون مرسوم أو قرار الحل موجهاً إلى مجلس محلي معين تحققت به الأسباب الداعية إلى هذا الحل، وبطبيعة الحال تخضع قرارات الحل إلى رقابة القضاء الإداري[2].

إلى جانب الرقابة التي تمارس على المجالس المحلية ذاتها، هناك رقابة أخرى تمارس على أعضاء هذه المجالس أو على جهازها التنفيذي، حيث أعطى المشرع الفرنسي لممثل الدولة في المحافظة (المحافظ أو مفوض الجمهورية) الطلب إلى المحاكم الإدارية من خلال دعوى يرفعها أمامها تتضمن إقالة أي عضو من أعضاء مجلس الإقليم والمجلس العام للمحافظة أو المجلس البلدي وذلك في حال رفض هذا العضو القيام بالواجبات الملقاة على عاتقه أو في حالة فقدانه لإحدى شروط الترشيح لعضوية هذه المجالس[3].

أما بالنسبة للرقابة الإدارية التي تمارس على الجهاز التنفيذي للمجالس المحلية، فقد أجاز المشرع وقف رئيس المجلس البلدي (العمدة) عن العمل مدة لا تزيد عن شهر بقرار وزاري، كما يمكن عزله بمرسوم صادر من مجلس الوزراء، ويكون القرار في الحالتين مسبباً وخاضعاً للطعن به أمام القضاء الإداري[4].

أما بالنسبة إلى رئيس مجلس الإقليم ورئيس المجلس العام للمحافظة فلم يقرر المشرع الفرنسي أية رقابة عليهم لا بالوقف ولا بالعزل، والإجراء الوحيد الذي يمكن أن يتخذ بحقهم من خلال طلب المحافظ إقالتهم من المحاكم الإدارية باعتبارهم أعضاء في هذه المجالس[5].

---

(1) د. بكر قباني، المصدر السابق، ص 1115.

(2) د. محمد أحمد إسماعيل، المصدر السابق، ص 1115.

(3) جورج فيدول وبيار دلفولفيه، المصدر السابق، ص 420.

(4) المصدر نفسه، ص 421.

(5) جورج فيدول وبيار دلفولفيه، المصدر السابق، ، ص421.

ثانياً : الرقابة على الأعمال الصادرة من المجالس المحلية

قبل الحديث عن أهم مظاهر الرقابة الإدارية على الأعمال الصادرة من المجالس المحلية في فرنسا، ينبغي لنا بيان أن القاعدة العامة تفضي باعتبار جميع القرارات الصادرة من المجالس المحلية في فرنسا (كمجالس الأقاليم أو المجالس العامة للمحافظة والمجالس البلدية) نافذة بقوة القانون من تاريخ نشرها إذا كانت قرارات تنظيمية أو من تاريخ تبليغها إذا كانت قرارات فردية ويستثنى من ذلك قرارات معينة علّق المشرع الفرنسي نفاذها على إحالتها إلى ممثل الدولة في المحافظة والإقليم(1).

والقرارات التي ألزم المشرع المجالس المحلية بإحالتها إلى ممثل الدولة تتمثل على النحو الآتي :-

أ) القرارات التنظيمية والفردية المتعلقة بالضبط الإداري.

ب) والقرارات التنظيمية (اللوائح) التي تصدرها المجالس المحلية تطبيقاً لنصوص قانون حريات وحقوق البلديات والمحافظات والأقاليم رقم **2123** لسنة **1982**.

جـ) جميع القرارات المتعلقة بإبرام العقود الإدارية كعقود القروض العامة والعقود المتعلقة بمنح امتياز أو إيجار المرافق العامة المحلية ذات الطابع الصناعي والكيماوي.

د) القرارات الإدارية المتعلقة بالتعيين، أو الترقية، أو العقوبات التأديبية المتعلقة بالموظفين العاملين في الوحدات المحلية(2).

فيجب على المجلس البلدي الموجود في المدينة التي يقع فيها مركز المحافظة أن يرسل هذه القرارات إلى المحافظ (مفوض الجمهورية) أما البلديات الأخرى فترسلها إلى نائب المحافظ الموجود في الدائرة التي تقع فيها البلدية، وبالنسبة للمجلس العام

---

(1) المصدر نفسه، ص **425**.

(2) د. خالد سمّاره الزغبي، مصدر سابق، ص **226** ؛ د. محمد أحمد إسماعيل، مصدر سابق، ص**1125** وما بعدها ؛ Le control des actes adminstr atives des cell ectivites local، www. Luc. busrtman. peisc. sty. fr / licienc / controle. htm.

للمحافظة فإنه يرسل القرارات المعينة إلى المحافظ، بينما يتولى مجلس الإقليم إرسال هذه القرارات إلى محافظ الإقليم[1].

ويقتضي التذكير في هذا الصدد أن إحالة هذه القرارات من قبل المجالس المحلية إلى ممثل الدولة لا يعني تعليق نفاذها لحين إصدار الموافقة عليها من قبل ممثل الدولة بل هي وسيلة فقط لإعلام ممثل الدولة أو السلطة الإدارية المركزية لهذه القرارات حتى يتسنى له ممارسة رقابته التي نصت عليها الفقرة الثالثة من المادة **72** من الدستور الفرنسي والتي جاء فيها «تكون مهمة مندوب الحكومة في المحافظات والأقاليم تمثيل المصالح القومية والرقابة الإدارية وضمان احترام القوانين»، وعلى هذا الأساس بإمكان المجالس المحلية تنفيذ هذه القرارات من تاريخ الإحالة إلى ممثل الدولة والذي لا يملك إذا رأى عدم مشروعيتها إلا وسيلة واحدة، وهي الطعن بها أمام المحاكم الإدارية خلال مدة لا تتجاوز شهرين من تاريخ الإحالة[2].

ويستطيع ممثل الدولة الطلب من المحاكم الإدارية المختصة وقف تنفيذ القرارات الصادرة من المجالس المحلية، ويكفي أن يستند الطلب إلى أسباب جدية تتعلق بعدم إمكانية إعادة الحال إلى ما كان عليه، ويخضع طلب وقف التنفيذ لسلطة القاضي التقديرية في هذا الشأن، ويقدم عادة طلب وقف التنفيذ كإجراء تمهيدي للطعن به بالإلغاء[3].

---

(1) د. خالد سمّاره، مصدر سابق، **226**.

(2) جورج فيدول وبيار دلفولفيه، مصدر سابق، ص **310**؛ وتجدر الإشارة في هذا الشأن أن مشروع قانون حريات وحقوق البلديات والمحافظات والأقاليم رقم **213** لسنة **1982** كان قد طعن به من قبل **83** نائباً من حزب التجمع من أجل الجمهورية و**96** شيخاً من تجمع الوسط أمام المجلس الدستوري، وذلك لمخالفة بعض نصوص لأحكام الدستور وعلى وجه التحديد المادة **72** / فقرة ثالثاً والتي أسندت مهمات رقابية لمندوب الحكومة وقد قبل المجلس الدستوري في هذا الطعن وصدر تعديل على مشروع القانون وذلك بإضافة نص يلزم المجالس المحلية عدم تنفيذ بعض القرارات إلا بعد إحالتها إلى ممثل الدولة، ينظر: بهذا الصدد، د.زكي محمد النجار، مصدر سابق، ص **146** وما بعدها؛ د. محمد أحمد إسماعيل، مصدر سابق، ص **1124**؛ جورج فيدول وبيار دلفولفيه، مصدر سابق، ص **425**.

(3) د. خالد سمّاره ألزغبي، مصدر سابق، ص **227**.

غير أن المشرع الفرنسي أوجب على المحكمة الإدارية وقف تنفيذ القرار خلال ثمان وأربعون ساعة من تقديم طلب وقف التنفيذ من قبل ممثل الدولة، في حال كان القرار المطعون به يعرّض الحرية العامة أو الفردية للخطر، على أن يخضع قرار وقف التنفيذ للاستئناف خلال **15** يوماً وفي هذه الحالة على رئيس قسم المنازعات القضائية في مجلس الدولة، أو مستشار الدولة المفوض لهذا الغرض أن يبت بالأمر خلال ثمان وأربعون ساعة من تقديم طلب الاستئناف[1].

وبخصوص القرارات الأخرى التي تصدرها المجالس المحلية والتي لا تلزم المجالس بإحالتها إلى ممثل الدولة فإن هذه القرارات يمكن تنفيذها من تاريخ نشرها أو تسليمها وبحسب نوعية القرارات الصادرة، ويتاح لممثل الدولة أو ذو الشأن من الأفراد الطعن بها أمام المحاكم الإدارية وفقاً للقواعد العامة[2].

من هنا يتبين أن القاضي الإداري أصبح بعد صدور قانون حريات وحقوق البلديات والمحافظات والأقاليم رقم **213** لسنة **1982** المعدّل، هو المختص وحده بالنطق بإلغاء أعمال السلطات المحلية ومن ثم فإن ممثل الدولة (مفوض الجمهورية) سواء كان في الإقليم أو المحافظة لم يعد بإمكانه إلغاء قرارات المجالس المحلية وسيقتصر دوره في هذا الشأن الطعن بهذه القرارات أمام المحاكم الإدارية[3].

بقي أن نتساءل بعد فقدان ممثل الدولة (المحافظ أو مفوض الجمهورية) سلطته في الإلغاء على وفق ما أشرنا إليه سابقاً عن مصير مظاهر الرقابة الأخرى عن أعمال المجالس المحلية هل فقدها ممثل الدولة أو فقدتها السلطة الإدارية المركزية بعد صدور قانون حريات وحقوق البلديات والمحافظات والأقاليم رقم **213** لسنة **1982** المعدل ؟

---

(1) وقد نصت على هذه الحالة المواد (3 و 46 و 69 من قانون رقم 213 لسنة 1982 المعدل بالقانون الصادر في 22 يوليو 1982، نقلاً عن د. محمد أحمد إسماعيل، مصدر سابق، ص 1132.

(2) جورج فيدول وبيار دلفولفيه، مصدر سابق، ص 436.

(3) د. محمد أحمد إسماعيل، المصدر السابق، ص 1124 ؛ ومن الجدير بالذكر كان المحافظ (ممثل الدولة) هو الذي يلعن إلغاء القرارات الصادرة من المجالس المحلية قبل صدور قانون 213 سنة 1982، ينظر جورج فيدول، لمصدر سابق، ص 422.

ومظاهر الرقابة هذه تتمثل بالإذن والتصديق والوقف والحلول، وسنتناول هذه المظاهر في النقاط الآتية :-

1 - الإذن أو التصريح:

أوجب المشرع الفرنسي على المجالس المحلية وقبل اتخاذها القرار الرجوع إلى السلطة الإدارية المركزية لأخذ الإذن المسبق أو التصريح باتخاذ قرار في مسائل معينة كاللجوء إلى عقد القروض العامة والتي يستلزم المشرع أخذ إذن مسبق من وزير الاقتصاد والمالية، فضلاً عن ذلك فقد أوجب المشرع الحصول على مرسوم خاص من مجلس الدولة بإذن بقيام المجالس المحلية في المساهمة في رأس مال أحد الشركات التجارية، زيادة على ذلك فإن مجلس الإقليم يستطيع بعد الحصول على إذن من الحكومة تنظيم لقاءات منتظمة مع الجماعات اللامركزية الأجنبية التي لها حدود مشتركة مع الإقليم وذلك لغايات المشاورة وفي إطار التعاون[1].

2 - التصديق:

إذا كانت القاعدة العامة تقضي باعتبار قرارات المجالس المحلية نافذة من تاريخ صدورها إلا أن المشرع في بعض الأحيان كاستثناء من هذه القاعدة، يستطيع تعليق نفاذ هذه القرارات على مصادقة السلطة الإدارية المركزية، ومن ابرز الأمثلة على ذلك إن الموازنة المحلية التي تتضمن عجزاً يزيد عن 5٪ فإنها تخضع لمصادقة السلطة المركزية، وكذلك الحال بالنسبة إلى قبول التبرعات والهبات والقرارات المتعلقة بتاجر العقارات التي تملكها المجالس المحلية فإنها تحتاج إلى مصادقة السلطة الإدارية المركزية المختصة[2].

3 - الوقف:

الوقف عبارة عن قرار تصدره السلطة المركزية توقف بموجبه وبشكل مؤقتً تنفيذ قرار صادر من أحد المجالس المحلية، وهذا الإجراء تقدم عليه السلطة

---

(1) د. محمد أحمد إسماعيل، مصدر سابق، ص 1136 ؛ جورج فيدول وبيار دلفولفيه، مصدر سابق، ص 431.

(2) د. حسن محمد عواضة، مصدر سابق، ص 33.

المركزية تمهيداً لإلغائه من قبل القضاء، ومن الأمثلة على هذه الوسيلة الرقابية خضوع قرارات البوليس المتخذة بواسطة العمدة (رئيس المجلس البلدي)، إلا أن القانون الخاص بحريات وحقوق البلديات والمحافظات والأقاليم رقم **213** لسنة **1982** ألغى وسيلة الوقف كقرار متخذ من السلطة الإدارية المركزية[1].

ولعل البديل الذي يمكن أن تلجأ إليه السلطة الإدارية المركزية هو طلب وقف تنفيذ القرار بطلب يقدمه ممثل الدولة إلى المحاكم الإدارية المختصة.

4 – الحلول:

يعد الحلول من أكثر الوسائل الرقابية مساساً باستقلالية المجالس المحلية، كونها تؤدي إلى حلول السلطة الإدارية المركزية محل المجلس المحلي، والقيام بإدارة شؤون الوحدة الإدارية على حساب ومسؤولية المجلس المحلي المهمل أو الممتنع عن القيام بواجباته التي حددها القانون.

فقد أجاز المشرع الفرنسي حلول ممثل الدولة محل المجالس المحلية (مجلس الإقليم والمجلس البلدي والمجلس العام للمحافظة) في حالة امتناعها أو تقصيرها في القيام بالواجبات الملقاة على عاتقها[2].

وهناك حالات أخرى يتم فيها حلول ممثل الدولة (المحافظ أو مفوض الجمهورية) محل رئيس المجلس البلدي ورئيس المجلس العام للمحافظة على أي إهمال أو تقصير يتعلق بوظائف الضبط الإداري (البوليس الإداري)[3].

ونظراً لخطورة الحلول كوسيلة رقابية على استقلالية المجالس المحلية أوجب المشرع الفرنسي قبل اللجوء إلى هذه الوسيلة أن يتم إنذار المجلس المحلي المهمل أو الممتنع على القيام بعمله خلال فترة معقولة، فإذا لم يستجب المجلس المحلي لذلك يمكن حينئذ لممثل الدولة الحلول محل هذا المجلس المحلي[4].

---

(1) د. محمد أحمد إسماعيل، مصدر سابق، ص **1144**.

(2) جورج فيدول وبيار دلفولفيه، مصدر سابق، ص **432**.

(3) د. محمد أحمد إسماعيل، مصدر سابق، ص **1148**.

(4) جورج فيدول وبيار دلفولفيه، مصدر سابق، ص **432**.

من جانب آخر قد يكون الحلول متعلقاً بالمسائل المالية، ومن ثم يمكن حصر الحالات التي تم فيها الحلول في المسائل المالية على النحو الآتي : -

الحالة الأولى :

يتمثل الحلول في هذا الشأن عند عدم التزام المجالس المحلية بالموعد النهائي للتصويت على الموازنة، فقد ألزم المشرع الفرنسي أن يتم التصويت على الموازنة المحلية لهذه المجالس قبل **31** آذار من كل عام و**15** إبريل (نيسان) عند انتخاب المجلس المحلي الجديد، ففي هذه الحالة يراجع ممثل الدولة (المحافظ سواء في المحافظة أم في الإقليم) الغرفة الإقليمية للمحاسبات لكي تقدم في الشهر التالي مقترحات لتسوية الموازنة، وممثل الدولة ليس مقيداً بهذه المقترحات الخاصة بتسوية الموازنة، حيث يستطيع رفضها بشكل صحيح، ويتولى هو تنظيم الموازنة ويجعلها نافذة من تاريخ مراجعة الغرفة الإقليمية، وتسحب في الوقت نفسه من المجلس المحلي المعني سلطة إجراء أي مداولة تتعلق بالموازنة[1].

الحالة الثانية :

التي يتحقق فيها الحلول عندما يوجد إخلال في التوازن الحقيقي بين النفقات الأساسية والنفقات التشغيلية، عندها يراجع ممثل الدولة الغرفة الإقليمية للحاسبات يطلب منها تقديم مقترحات حول هذا الأمر إلى المجلس المحلي المعني، ويعطي الأخير مهلة شهر كي يجتمع ويعالج المشكلة، وفي حال عدم انعقاد هذه الجلسة تصبح الموازنة بعد تعديلها من الغرفة الإقليمية للمحاسبات نافذة بقرار من ممثل الدولة[2].

الحاثة الثالثة :

التي يتم فيها اللجوء إلى الحلول تكون عند عدم التزام المجلس المحلي بتقييد النفقات الإلزامية في الموازنة المحلية، عندها يراجع ممثل الدولة الغرفة الإقليمية للمحاسبات فضلاً عن ذلك يمكن لأي شخص له مصلحة أن يراجع الغرفة الإقليمية

---

(1) Agatha Van Lang: op. cit. p. 87.

(2) جورج فيدول وبيار دلفولفيه، مصدر سابق، ص **433** ؛ د. حسن محمد عواضة، مصدر سابق، ص **34**.

للمحاسبات التي تتولى إنذار هذه المجالس المحلية وتمهله مدة شهر للقيام بإدراج هذه النفقات وفي حال عدم الالتزام بذلك، تطلب الغرفة الإقليمية للمحاسبات من ممثل الدولة القيام بإدراج هذه النفقات تلقائياً ويجعلها نافذة.[1]

ويقصد بالنفقات الإلزامية هي تلك الديون المستحقة الأداء على المجلس المحلي[2]، وبطبيعة الحال فإن جميع قرارات ممثل الدولة في مجال الحلول يمكن الطعن بها أمام القاضي الإداري ووفقاً للقواعد العامة.

نخلص مما تقدم أن الرقابة على الإدارة المحلية في فرنسا شهدت تحولاً جذرياً بعد صدور قانون حريات وحقوق البلديات والمحافظات والأقاليم رقم **213** لسنة **1982**، الذي خفف كثيراً من حدة الرقابة الإدارية لصالح الرقابة القضائية الأمر الذي جعل وضع الرقابة على الإدارة المحلية في فرنسا يقترب كثيراً من واقع الرقابة على الإدارة المحلية في بريطانيا، وإن كانت الرقابة القضائية في الأخيرة أكثر فاعلية من الرقابة القضائية في فرنسا على الرغم من شموليتها إلا أنها تقتصر على مراقبة مبدأ المشروعية فقط.

المبحث الثاني

الرقابة على الإدارة المحلية في العراق

بينا مما سبق أن الإدارة المحلية في العراق تتوزع على جهتين، تتولى الأولى أعمال المداولة والتقرير التي تضطلع بها مجالس محلية منتخبة (مجلس المحافظة، مجلس القضاء، مجلس الناحية)، أما الجهة الثانية فتتولى تنفيذ مهمة هذه المجالس وقد أسندت إلى رؤساء الوحدات الإدارية وهم المحافظ والقائمقام ومدير الناحية الذين يتم انتخابهم من المجالس المحلية.

إذا كانت الإدارة المحلية بطرفيها التقريري والتنفيذي تتمتع باستقلالية كبيرة في إدارة الشؤون أو المصالح المحلية التي تقوم أساساً على الإيفاء بمتطلبات أبناء

(1) جورج فيدول وبيار دلفولفيه، مصدر سابق، ص 433.

(2) د. محمد أحمد إسماعيل، مصدر سابق، ص 1149.

الوحدات الإدارية بجميع الخدمات، فان هذه الاستقلالية لا يمكن أن تكون مطلقة وإلا ستعرض وحدة الدولة الإدارية والسياسية للتفتيت والتجزئة.

لذلك لابد من وجود رقابة تمارس على الإدارة المحلية تضمن عدم خروجها عن المسار الصحيح الذي رسمه لها المشرع سواء تمثل بالمشرع الدستوري أم بالمشرع العادي.

ومن استقراء نصوص الدستور الدائم لعام 2005 وقانون المحافظات غير المنظمة في إقليم رقم 21 لسنة 2008 المعدل، والقوانين الأخرى ذات الصلة نجد أن الإدارة المحلية في العراق تخضع لذات الأنواع من الرقابة التي تخضع لها الإدارة المحلية في الدول المقارنة كبريطانيا فرنسا والتي قد تختلف مدياتها من نوع إلى أخر، وهذه الأنواع من الرقابة تتمثل بالرقابة السياسية والرقابة القضائية والرقابة الإدارية.

من اجل استعراض هذه الأنواع من الرقابة على الإدارة المحلية في العراق سنقسم المبحث على ثلاثة مطالب، نتناول في المطلب الأول الرقابة السياسية، وفي المطلب الثاني سنعرض الرقابة القضائية، أما المطلب الثالث والأخير فسنخصصه للحديث عن الرقابة الإدارية.

المطلب الأول

الرقابة السياسية

تتخذ الرقابة السياسية على الإدارة المحلية مظهرين، الأول يتمثل بالرقابة التي تمارسها السلطة التشريعية والتي يطلق عليها اصطلاحاً بالرقابة البرلمانية، بينما يتمثل المظهر الأخر بالرقابة الشعبية، ومن أجل استعراض هذين المظهرين للرقابة السياسية سنقسم المطلب على فرعين نتناول في الفرع الأول، الرقابة البرلمانية، أما الفرع الثاني فسنتناول فيه الرقابة الشعبية.

الفرع الأول
الرقابة البرلمانية

تظهر أهمية الدور الرقابي للبرلمان لأعمال الإدارة العامة كونه الذي يحدد من خلال القوانين التي يصدرها، الأسس والمبادئ العامة التي تحكم أسس النشاط الإداري سواء تلك التي تمارسها السلطة الإدارية المركزية أم هيئات الإدارة اللامركزية (الإدارة المحلية).

وفقاً للدستور الدائم لعام **2005** تتكون السلطة التشريعية الاتحادية من مجلسا النواب والاتحاد[1]، ولما كان مجلس الاتحاد لم يجر تشكيله لحد الآن، فان مجلس النواب هو الذي يضطلع بمهام تشريع القوانين الاتحادية ورقابة السلطة التنفيذية[2].

ذكرنا فيما سبق أن الرقابة البرلمانية على الإدارة المحلية في الدول المقارنة كبريطانيا وفرنسا تمارس بطريقة غير مباشرة من خلال تشريع القوانين، فالمشرع هو الذي ينشا الوحدات الإدارية، وهو الذي ينص على طريقة تشكيل المجالس المحلية الممثلة لها، ويحدد اختصاصاتها وله من أجل ذلك توسيع هذه الاختصاصات أو تضييقها حسب ما يراه مناسباً، كذلك يمارس البرلمان رقابته من خلال المصادقة على الموازنة العامة للدولة حيث تكون الموازنة المحلية جزءً منها فيستطيع زيادة موارد الإدارة المحلية، وله أيضاً إنقاصها بحسب تقسيمه لواقع سير عمل الإدارة المحلية، أما في العراق فان المشرع لم يكتفي بالرقابة التقليدية التي يمارسها مجلس النواب من خلال تشريع القوانين المنظمة عمل الإدارة المحلية وإنما نص في قانون المحافظات غير المنتظمة في إقليم على خضوع مجلس المحافظة والمجالس المحلية الأخرى كمجالس القضاء والناحية لرقابة مجلس النواب[3].

---

(1) نصت المادة **48** من الدستور الدائم لعام **2005** على أن «تتكون السلطة التشريعية الاتحادية من مجلس النواب ومجلس الاتحاد».

(2) نصت المادة **61** من الدستور الدائم لعام **2005** على ان«يختص مجلس النواب بما يأتي- أولا- تشريع القوانين الاتحادية. ثانيا- الرقابة على السلطة التنفيذية...».

(3) نصت المادة **2**- ثانياً من قانون المحافظات غير لمنتظمة في إقليم رقم لسنة **2008** المعدل على «يخضع مجلس المحافظة والمجالس المحلية لرقابة مجلس النواب».

ويثار تساؤلين في هذا الشأن، عن السبب الذي دفع المشرع العراقي بالنص صراحة على خضوع المجالس المحلية لرقابة مجلس النواب دون السلطة الإدارية المركزية ؟ ولماذا لم يكتف بالرقابة التي يمارسها مجلس النواب والمستمدة من وظيفته الأصلية في تشريع القوانين، والرقابة على السلطة التنفيذية ؟

فيما يتعلق بالتساؤل الأول فان الظروف التي رافقت نشوء النظام الفدرالي في العراق بعد **2003/4/9** قد دفعت إلى هذا الاتجاه، فقد رأينا أن السبب الرئيسي أو الجوهري في تبني المشرع الدستوري العراقي للنظام الفدرالي، كان عبارة عن ردة فعل تجاه الطابع المركزي الذي اتسمت به الدولة إبان النظام السياسي السابق، فالخوف من عودة الاستبداد إضافة إلى الوضع الخاص لإقليم كردستان دفعت باتجاه تبني هذا النظام.

ولما كان النظام الفدرالي في العراق لم يتبلور بشكل كامل على كل أجزاء الدولة حيث اقتصر حالياً على إقليم واحد هو إقليم كردستان، فقد جعل المشرع الدستوري المحافظات غير المنتظمة في إقليم تدار وفقاً لمبدأ للامركزية الإدارية مع إتاحة المجال أمامها في الوقت نفسه إلى التحول إلى صفة الأقاليم الفدرالية[1].

وتأكيداً لاستقلالية هذه المحافظات أقّر المشرع الدستوري عدم خضوع المجالس المحلية فيها إلى رقابة السلطة الإدارية المركزية[2].

ولعل المشرع العراقي في قانون المحافظات غير المنتظمة في إقليم قد أدرك أن المشرع الدستوري اسقط دعامة أو ركناً أساسياً من أركان الإدارة المحلية، ألا وهو خضوع المجالس المحلية للرقابة فتدارك ذلك بالنص على خضوع مجلس المحافظات والمجالس المحلية الأخرى لرقابة مجلس النواب دون السلطة الإدارية المركزية، اعتقاداً منه أن رقابة مجلس النواب سوف لن تصل إلى الحد الذي تطمس في استقلالية المجالس المحلية، انطلاقاً من كون مجلس النواب يمثل كيانات سياسية عديدة تستطيع بشكل أو بآخر الحفاظ على استقلالية هذه المجالس.

---

(1) ينظر المادة **119** و **122** ثانياً من الدستور العراقي لعام **2005**.

(2) نصت المادة **122** خامساً من الدستور الدائم لعام **2005** على أن «لا يخضع مجلس المحافظة لسيطرة أو الإشراف أية وزارة أو أية جهة غير مرتبطة بوزارة وله مالية مستقلة».

أما الإجابة عن السؤال المتعلق حول سبب عدم اكتفاء المشرع العراقي بالرقابة التقليدية التي يمارسها مجلس النواب من خلال سن التشريعات المتعلقة بإنشاء الوحدات الإدارية، وتحديد طريقة تشكيل المجالس المحلية وتحديد صلاحياتها كما هو شأن الرقابة البرلمانية في بريطانيا وفرنسا، يعود إلى أن مجلس النواب لا يملك سلطة استحداث الوحدات الإدارية كونها تخرج عن الاختصاصات الحصرية التي نصت عليها المادة (110) من الدستور الدائم كما رأينا ذلك سابقاً، وإذا كان المشرع الدستوري قد أوكل إلى المشرع العادي تنظيم صلاحيات المحافظات غير المنتظمة وإقليم فإنها مقيدة في الواقع بالمواد (110 و 114 و 115) من الدستور النافذ[1]، هذه الاعتبارات دفعت بالمشرع العراقي بالنص صراحة على خضوع المجالس المحلية لرقابة مجلس النواب.

وتأخذ رقابة مجلس النواب على مجلس المحافظة والمجالس المحلية الأخرى ثلاث صور، الأولى تتمثل برقابة مجلس النواب على المجالس المحلية ذاتها، والصورة الثانية تتمثل بالرقابة على أعمالها، أما الصورة الثالثة فتمثل برقابة مجلس النواب على المحافظ، و سنوضحها على النحو الآتي:-

أولاً : رقابة مجلس النواب على المجالس المحلية ذاتها :

اقر المشرع العراقي في قانون المحافظات غير المنتظمة في إقليم في المادة(20 / ثانياً) أنه «المجلس النواب حل المجلس بالأغلبية المطلقة لعدد أعضائه بناءاً على طلب من المحافظ أو طلب ثلث عدد أعضائه إذا تحقق احد الأسباب المذكورة أعلاه».

يظهر من النص أعلاه أن سلطة مجلس النواب تقتصر على حل مجلس المحافظة دون مجلسي القضاء والناحية، ذلك أن عبارة «... حلْ المجلس...» الواردة في النص المشار إليه يقصد بها مجلس المحافظة فقط[2]، ولعل الدليل الأبرز كذلك أن الفقرة

---

(1) تتعلق المادة (110) من الدستور الدائم ببيان الاختصاصات الحصرية للسلطات الاتحادية، أما المادة (114) فقد تحدثت عن الاختصاصات المشتركة بين السلطات الاتحادية والأقاليم والمحافظات.

(2) حددت المادة (الأولى) من قانون المحافظات غير المنتظمة في إقليم معاني عدد من المصطلحات الواردة في القانون منها الفقرة الرابعة التي عرفت المجلس بأنه «.... مجلس المحافظة....».

ثالثاً من المادة (20) جعلت لمجلس المحافظة سلطة حل المجالس المحلية وهي بطبيعة الحال (مجلس القضاء والناحية) في الوقت الذي رأينا فيه أن المشرع جعل مجلس المحافظة والمجالس المحلية تخضع لرقابة مجلس النواب[1].

والسبب في ذلك يعود في الواقع إلى ان مجلس المحافظة أكثر أهمية من المجالس المحلية الأخرى (مجلس القضاء والناحية) فأسند المشرع لمجلس النواب سلطة حل مجلس المحافظة الذي يمارس بدوره سلطة حل المجالس المحلية الأدنى منه.

على أية حال فقد وضع المشرع شروط شكلية وموضوعية ينبغي أن تتوفر حتى يمارس مجلس النواب سلطته في حل مجلس المحافظة، فالشروط الشكلية فتتمثل أن يكون طلب حل مجلس المحافظة صادراً من المحافظ أو من ثلث عدد أعضاء مجلس المحافظة فضلاً عن ذلك يجب أن يصدر قرار الحل من مجلس النواب بالأغلبية المطلقة لعدد أعضائه.

أما الشروط الموضوعية فتتمثل بتحقق احد الأسباب التي نصت عليها المادة (20 / أولاً) وهي:

1- «.. الإخلال الجسيم بالأعمال والمهام الموكلة إليه.

2- مخالفة الدستور والقوانين.

3- فقدان ثلث الأعضاء شروط العضوية».

وبالمقابل أعطى المشرع لمجلس المحافظة حق الاعتراض على قرار الحل الصادر من مجلس النواب أمام المحكمة الاتحادية العليا خلال خمسة عشر يوماً من تاريخ صدوره وعلى المحكمة البت في الاعتراض خلال مدة ثلاثين يوماً من تاريخ تسجيله لديها[2].

ثانياً : رقابة مجلس النواب على قرارات المجالس المحلية :

لم يورد المشرع العراقي في قانون المحافظات غير المنتظمة في إقليم في بادئ الأمر اختصاص مجلس النواب في الرقابة على قرارات مجلس المحافظة، إلا أن

---

(1) ينظر المادة (2) الفقرة ثانياً من قانون المحافظات غير المنتظمة في إقليم رقم 21 لسنة 2008 المعدل.

(2) المادة 20 ثالثاً، 2- من قانون المحافظات غير المنتظمة في إقليم رقم 21 لسنة 2008 المعدل.

قانون التعديل الأول رقم 15 لسنة 2010 قد أضاف اختصاصاً رقابياً جديداً لمجلس النواب، حيث نصت المادة 4 من قانون التعديل الأول لقانون المحافظات على أن «يلغى البند (ثانياً) من المادة (20) من القانون ويحل محلها ما يلي : ثانياً – أ – لمجلس النواب أن يعترض على القرارات الصادرة من المجلس إذا كانت مخالفة للدستور أو القوانين النافذة، وفي حالة عدم إزالة المخالفة فلمجلس النواب إلغاء القرار بالأغلبية البسيطة........»

يلاحظ في هذا الشأن أن رقابة مجلس النواب تقتصر أيضا على القرارات الصادرة من مجلس المحافظة فقط ولا تمتد إلى قرارات مجلس القضاء والناحية على اعتبار أن عبارة «... القرارات الصادرة من المجلس......» يقصد بها مجلس المحافظة وفقاً لما بيناه أنفاً.

ولعل السبب الذي دعا المشرع إضافة هذا الاختصاص الرقابي لمجلس النواب على قرارات مجلس المحافظة يعود إلى أن وسيلة حل مجلس المحافظة من قبل مجلس النواب تمثل في تقدير المشرع وسيلة قاسية على مجالس المحافظات فأراد أن يوجد وسيلة رقابية أخرى أقل وطأة على استقلالية المجالس المحلية.

ويلاحظ في هذا الشأن أن أهم الانتقادات التي وجهت إلى الرقابة البرلمانية أنها لا تصل إلى الحد الذي تلغي فيه قرارات المجالس المحلية[1]، غير أن المشرع العراقي استطاع بهذا التعديل الجديد أن يعطي للرقابة البرلمانية فاعلية كبيرة، ولكن ذلك لا يمنعنا من التساؤل عن مدى انسجام هذه الوسيلة الرقابية (الاعتراض على قرارات المجالس المحلية وإلغاءها) مع طبيعة عمل البرلمان المحكوم في الواقع بإجراءات شكلية معقدة تتعلق بانعقاد جلساته في أوقات محددة، ناهيك عن أعبائه الكبيرة المتعلقة بتشريع القوانين ومراقبة أداء الحكومة الاتحادية، حتى هذه الرقابة التي يمارسها فإنها تقتصر على المسائل المهمة، فلا يملك البرلمان (مجلس النواب) الوقت الكافي لمتابعة ما تصدره مجالس المحافظات من قرارات فهناك خمسة عشرة مجلس محافظة، يصدر كل مجلس من هذه المجالس في اليوم الواحد عشرات القرارات فهل يملك مجلس النواب القدرة من الناحية العملية على متابعة هذه القرارات !.

---

(1) ينظر: الصفحة (126) من الأطروحة.

من جانب آخر نرى أن المشرع قد منح مجلس النواب في بادئ الأمر سلطة الاعتراض على قرارات المجالس المحلية، حيث يتم الطلب من المجلس المحلي المعنى إزالة المخالفة التي شابت القرار الذي أصدره، ولكن المشرع لم يحدد مدة زمنية يجب على المجلس المحلي إزالة المخالفة خلالها، ويبدو أنها تركت ذلك إلى تقدير مجلس النواب الذي يمكن أن يحدد هذه المدة التي ينبغي للمجلس المحلي تصحيح قراره من خلالها، وإلا فإن مجلس النواب بإمكانه إلغاء هذا القرار في الوقت الذي يراه مناسبا.

ونلاحظ في هذا الشأن أنه على الرغم من أهمية الوسيلة الرقابية التي منحها المشرع لمجلس النواب في الاعتراض على قرارات مجالس المحافظات، وثم إلغاءها إن كانت مخالفة للدستور والقوانين النافذة، فإنها تمثل في الواقع خروج عن مهام مجلس النواب الأصلية، وذلك لسببين: الأول أنه ليس من مهام مجلس النواب النظر في دستورية القرارات من عدمها حيث تُعدّ هذه من مهام المحكمة الاتحادية العليا.[1]

والسبب الآخر هو أن مجلس النواب غير معني كذلك بضرورة أن تكون قرارات مجالس المحافظات موافقة للقوانين فهذه من مهام محكمة القضاء الإداري[2]، ومن ثم فإن المشرع لم يكن موفقاً أبداً في منح هذه الوسيلة الرقابية، ناهيك عن التجاذبات التي تسيطر على عمل مجلس النواب المحكوم بقاعدة عرفية أصبحت ملزمة أكثر من الدستور ذاته ألا وهي التوافق السياسي التي أضعفت الدور الرقابي لمجلس النواب، وهذا الكلام ينطبق أيضا على سلطة مجلس النواب في حل مجالس المحافظات، ولعل خير برهان على ذلك، وعلى الرغم من مرور أربعة سنوات على نفاذ قانون المحافظات وعمل المجالس المحلية لم نشهد لحد الآن قراراً

---

(1) نصت المادة (93) من الدستور الدائم لعام 2005 على أن «تختص المحكمة الاتحادية العليا بما يأتي :- أولاً – الرقابة على دستورية القوانين والأنظمة النافذة.....».

(2) نصت المادة 7 – ثانيا – ء – من قانون مجلس شورى الدولة رقم 65 لسنة 1979 المعدل على أن «تختص محكمة القضاء الإداري بالنظر في صحة الأوامر والقرارات الإدارية التي تصدر من الموظفين والهيئات....».

من البرلمان يتعلق بحلّ مجلس واحد من مجالس المحافظات، أو حتى إلغاء قرار واحد صادر منها على الرغم من ارتكاب مجالس المحافظات لمخالفات دستورية وقانونية في أحيان كثيرة.

ولعل المخرج الوحيد من ذلك أن يمنح المشرع مجلس الوزراء صلاحية الاعتراض على قرارات مجالس المحافظات أمام المحكمة الاتحادية العليا إن كان القرار مخالفاً للدستور وأمام محكمة القضاء الإداري إذا خالف القوانين النافذة، وفيما يتعلق بحل مجلس المحافظة ينبغي منح مجلس الوزراء أيضاً حق تقديم اقتراح حل مجلس المحافظة إلى البرلمان، ذلك أن النص النافذ حالياً في قانون المحافظات غير المنتظمة في إقليم يعلق مسألة حل مجلس المحافظة من قبل مجلس النواب على تقديم طلب إما من المحافظ وهو المنتخب من مجلس المحافظة أو من ثلث عدد أعضاءه الذين قد لا تكون لديهم مصلحة في حل مجلس المحافظة الذين هم أعضاء فيه، مع التذكير في هذا الصدد أن منح مجلس الوزراء هذه الصلاحيات لا يخل أبداً باستقلال مجالس المحافظات التي منع الدستور كما رأينا خضوعها إلى أية وزارة أو جهة غير مرتبطة بوزارة، ذلك أن الكلمة الأخيرة هي ليست بيد مجلس الوزراء وإنما بيد القضاء سواء كان دستورياً أم قضائياً أو إدارياً، فيما يخص الاعتراض على القرارات وفي يد مجلس النواب في مسألة حل مجالس المحافظات.

ثالثاً : فضلاً عن الوسيلتين التي منحها المشرع لمجلس النواب أتاح للأخير أيضا وسيلة رقابية أخرى تتعلق بإمكانية مجلس النواب إقالة المحافظ بالأغلبية المطلقة بناءً على اقتراح رئيس الوزراء[1] عند تحقيق احد الأسباب الآتية :

1- عدم النزاهة أو استغلال المنصب الوظيفي.

2- التسبب في هدر المال العام.

3- فقدان أحد شروط العضوية.

4- الإهمال أو التقصير المتعمدين في أداء الواجب[2].

---

(1) المادة 7 – ثامناً – 2 من قانون المحافظات غير المنتظمة في إقليم رقم 21 لسنة 2008 المعدل.

(2) حيث ذكرت هذه الأسباب المادة 7 – ثالثاً – 1 من قانون المحافظات رقم 21 لسنة 2008 المعدل.

يتضح من ذلك أن إقالة مجلس النواب للمحافظ تتوقف على تقديم طلب من رئيس الوزراء وأن كان الأولى يقدم اقتراح هذه الإقالة من مجلس الوزراء وليس لرئيس مجلس الوزراء، ذلك حتى لا تكون هنالك انتقائية في هذا الشأن وإن كان مجلس النواب هو صاحب الكلمة الأخيرة.

ويثار تساؤل في هذا الشأن حول الإجراءات التي يتبعها مجلس النواب في إقالة المحافظ، فهل يستلزم استجواب المحافظ أمام مجلس النواب قبل التصويت على إقالته أم يمكن أن يصدر قرار الإقالة دون الحاجة إلى هذا الاستجواب ؟

عند الرجوع إلى المادة (51) من قانون المحافظات نجدها قد نصت على أن «كل أمر فيه أعضاء أو إقالة ورد في هذا القانون يسبقه جلسة استجواب للشخص المعني»، ولما كان الأمر بالإعفاء أو الإقالة جاء مطلقاً فيجب على مجلس النواب إجراء استجواب للمحافظ للتأكد من وجود أحد الأسباب التي تستدعي الإقالة والمذكورة أنفاً، ولكن ذلك يجعلنا نتساءل أيضا إن كان استجواب المحافظ من مجلس النواب يكون وفقاً للإجراءات التي حددها الدستور الدائم في المادة (61) الفقرة سابعاً – جـ والتي نصت على أن « لعضو مجلس النواب وبموافقة خمسة وعشرين عضواً، توجيه استجواب إلى رئيس مجلس الوزراء أو الوزراء، لمحاسبتهم في الشؤون التي تدخل في اختصاصهم ولا تجري المناقشة في الاستجواب إلا بعد سبعة أيام في الأقل من تقديمه»، ويلاحظ على هذا النص أن الاستجواب الذي يجريه مجلس النواب موجه فقط لرئيس مجلس الوزراء أو الوزراء من دون إمكانية شمول المحافظ كونه لم ينتخب من مجلس النواب حتى يتم استجوابه من قبله، و بالرغم من ذلك نعتقد بعدم وجود مانع قانوني لاستجواب المحافظ من قبل مجلس النواب، طالما أتاح المشرع للمحافظ الطعن بقرار الإقالة أمام محكمة القضاء الإداري[1].

---

(1) نصت المادة السابعة – ثامناً – 4 – أن «للمحافظ أن يعترض على قرار الإقالة أمام محكمة القضاء الإداري خلال خمسة عشرة يوماً من تاريخ تبلغه به، وتبت المحكمة بالطعن خلال مدة (30) ثلاثين يوماً من تاريخ استلامها الطعن، وعليه أن يقوم بتصريف أعمال المحافظة خلالها». ويذكر أن المادة قبل تعديلها بموجب قانون التعديل الأول رقم 15 لسنة 2010=

الفرع الثاني

الرقابة الشعبية

تُعدّ الرقابة الشعبية من صور الرقابة السياسية المهمة التي تمارس على الإدارة المحلية بوسائل ومظاهر شتى.

فقد تمارس الرقابة الشعبية عن طريق هيئة الناخبين، حيث تنصب هذه الرقابة على أعضاء المجالس المحلية، باعتبارهم منتخبين من أبناء الوحدات الإدارية ولهم صلة مباشرة معهم ومن ثم فإن أي تقصير في أدائهم سينعكس عليهم سلباً عند ترشحهم مرة أخرى إلى عضوية هذه المجالس، الأمر الذي سيجعلهم في حرص دائم على أن يعطوا أكثر ما عندهم لخدمة أبناء الوحدات الإدارية حتى يستطيعوا كسب ثقتهم مرة أخرى.

ولكي تمارس هيئة الناخبين رقابتها بشكل فعّال على أعضاء المجالس المحلية، وعلى رؤساء الوحدات الإدارية أيضاً، ينبغي للمشرع أن يتيح لهم وسائل ممارستها، كأن ينص المشرع على أن تكون جلسات المجالس علنية ويتاح للجمهور حضورها ولوسائل الإعلام من تغطيتها، حيث خلت نصوص قانون المحافظات غير المنتظمة في إقليم من هذا الأمر، ربما ترك تحديد ذلك إلى الأنظمة الداخلية التي أوصى المشرع على كل مجلس محلي إقرار نظام داخلي خاص به[1].

= لقانون المحافظات غير المنتظمة في إقليم كانت قد جعلت الطعن بقرار الإقالة امام المحكمة الاتحادية العليا.

(1) حيث أشارت المادة 7 – فقرة رابع عشر من قانون المحافظات غير المنتظمة في إقليم إلى إقرار نظام داخلي لعمل مجلس المحافظة وكذلك الحال بالنسبة إلى مجلس القضاء التي أشارت إلى ذلك المادة (8) فقرة ثاني عشر، والمادة (15) فقرة عاشراً بالنسبة لمجلس الناحية ؛ فعلى سبيل المثال فقد نص النظام الداخلي لمجلس محافظة بابل في المادة (7) منه على أن «تكون جلسات المجلس علنية....» ؛ منشور في الانترنيت على الرابط الآتي :

www.bablioucil.ory/docomet/

تاريخ الزيارة 21 / 6 / 2012 ؛ وقد ورد أيضاً النظام الداخلي لمجلس محافظة البصرة في المادة (29) على أن تكون جلسات المجلس علنية....» منشور في الانترنيت على الرابط الآتي:

www. Alsolait. net lindex.php?. ؛ تاريخ الزيارة 21 / 6 / 2012

وقد تمارس الرقابة الشعبية عن طريق التظاهرات السلمية التي كفلها الدستور للموطنين والتي يعبر من خلالها المتظاهرين عن احتجاجهم من سوء الخدمات التي تقدمها المجالس المحلية، وقد تكون موجهة حتى ضد الحكومة المركزية، ولعل خير دليل التظاهرات السلمية التي اندلعت في **25** / شباط / **2011** والتي أطلق عليها شعبياً تسمية تظاهرات يوم الغضب، حيث عمت هذه التظاهرات جميع محافظات العراق، ودارت معظم مطالب المتظاهرين حول تحسين الخدمات والقضاء على البطالة وتوفير الأمن، وقد أسهمت هذه التظاهرات في دفع عدد من المحافظين إلى تقديم استقالتهم[1].

وتسهم وسائل الإعلام المختلفة في تفعيل دور الرقابة الشعبية على الإدارة المحلية خصوصاً مع الانفتاح الإعلامي الذي يشهده العالم اليوم، والعراق جزء من هذا العالم، حيث تصدر فيه مئات الصحف وهنالك عشرات القنوات الفضائية، ناهيك عن وسائل الاتصال الحديثة كشبكة الانترنيت والخدمات التي يوفرها حيث تساهم جميعها في كشف مواطن الخلل والزلل لعمل المجالس المحلية[2]. من جانب أخر تسهم كذلك الأحزاب والجمعيات ومؤسسات المجتمع المدني في تفعيل الرقابة الشعبية على الإدارة المحلية فضلاً عن الحكومة المركزية، وقد كفل الدستور في الواقع جميع الوسائل التي تؤدي بشكل أو بآخر إلى تفعيل دور الرقابة الشعبية[3].

---

(1) فقد قدم محافظ بابل سلمان ناصر طه الزركاني استقالته استجابة لمطالب المتظاهرين باستقالته ؛ خبر منشور على موقع السومرية نيوز على الرابط
تاريخ الزيارة **22**/ **6** / **2012**.، www. Samaria News. com / ar / 4. 41. htm
وقد استقال أيضا استجابة لمطالب المتظاهرين محافظ البصرة عبود شلتاغ ومحافظ واسط لطيف حمد الطرفة، خبر منشور في الانترنيت على الرابط
تاريخ الزيارة **22**/ **6** / **2012**www. Ahebat . azawi. net / index / qhp؛.

(2) د. مازن ليلو راضي، القضاء الإداري، دراسة منشورة على الانترنيت على الرابط الأتي:-
تاريخ الزيارة **23** / **6** /**2012** www. ao –acabmli. com /docs / admin station،

(3) نصت المادة (**38**) من دستور عام **2005** على ان «تكفل الدولة، بما لا يخل بالنظام العام:
أولاً: حرية التعبير عن الرأي بكل الوسائل.
ثانياً : حرية الصحافة والطباعة والإعلان والإعلام والنشر.
ثالثاً : حرية الاجتماع والتظاهر السلمي، وتنظم بقانون.

المطلب الثاني
الرقابة القضائية

يقتضي مبدأ المشروعية خضوع الدولة وهيئاتها وإفرادها جميعاً لأحكام القانون، وان لا تخرج عن حدودها ؛ ومن مستلزمات هذا المبدأ أن تحترم الإدارة العامة سواء كانت مركزية أم لامركزية (إدارة محلية) أحكام القانون فيما تصدره من أعمال وإلا عُدّت غير مشروعة، ومن ثم ستكون معرضة للبطلان من قبل القضاء[1].

ومن مطالعة نصوص قانون المحافظات غير المنتظمة في إقليم رقم 21 لسنة 2008 المعدل، نجد أن المشرع قد أخضع بعض القرارات التي تصدرها الإدارة المحلية (ممثلة في المجالس المحلية وأجهزتها التنفيذية) لرقابة المحكمة الاتحادية العليا، في حين أخضع البعض الآخر لرقابة محكمة القضاء الإداري، ومن أجل استعراض واقع الرقابة التي تمارسها المحكمة الاتحادية العليا ومحكمة القضاء الإداري على الإدارة المحلية، سنقسم المطلب على فرعين، نتناول في الفرع الأول، رقابة لمحكمة الاتحادية الفرع الثاني للحديث عن رقابة محكمة القضاء الإداري.

الفرع الأول
رقابة المحكمة الاتحادية العليا

قبل الحديث عن رقابة المحكمة الاتحادية العليا فيما يتعلق بالإدارة المحلية، ينبغي لنا إعطاء نبذة مختصرة عن تشكيل هذه المحكمة، حيث يعود بادئ الأمر تشكيلها إلى قانون إدارة الدولة للمرحلة الانتقالية، حيث نصت المادة (44) من قانون إدارة الدولة للمرحلة الانتقالية لعام 2004 على أن «أ.... يجري تشكيل محكمة في العراق بقانون وتسمى المحكمة الاتحادية العليا.....».

---

(1) د. نجيب خلف أحمد ومحمد علي جواد، مصدر سابق، ص3.

واستناداً إلى هذا النص المشار إليه أعلاه وبناءً على موافقة مجلس الرئاسة (رئاسة الجمهورية)، اصدر مجلس الوزراء وحسب صلاحياته التشريعية قانون المحكمة الاتحادية العليا رقم **30** لسنة **2005**[1].

يلاحظ في هذا الشأن أن قانون المحكمة الاتحادية العليا لم يصدر من السلطة التشريعية المختصة وفقاً لقانون إدارة الدولة للمرحلة الانتقالية وهي (الجمعية الوطنية) وإنما صدر بأمر من مجلس الوزراء[2].

قد نص الدستور النافذ في المادة **92** ثانياً منه على أن «تتكون المحكمة الاتحادية العليا، من عددٍ من القضاة، وخبراء في الفقه الإسلامي، وفقهاء القانون، ويُحدد عددهم، وتنظيم طريقة اختيارهم، وعمل المحكمة، بقانون يُسن بأغلبية ثلثي أعضاء مجلس النواب»[3].

ومن استقراء نصوص قانون المحافظات غير المنتظمة في إقليم رقم **21** لسنة **2008** المعدل، نجد أن رقابة المحكمة الاتحادية العليا في هذا الشأن تتحدد في جانبين، الأول يتعلق بالرقابة على قرارات حل المجالس المحلية، والثاني يتعلق بالنظر في الاعتراض الذي يقدمه المحافظ على قرارات المجالس المحلية، وسنعرض هذين الجانبين على النحو الآتي :-

---

(1) وقد نص قانون المحكمة الاتحادية العليا رقم **30** لسنة **2005** في المادة **4** منه على مهام هذه المحكمة على النحو الأتي «... أولاً – الفصل في المنازعات التي تحصل بين الحكومة الاتحادية وحكومات الأقاليم والمحافظات والبلديات والإدارات المحلية، ثانياً – الفصل في المنازعات المتعلقة بشرعية القوانين والقرارات والأنظمة...، ثالثاً – النظر في الطعون المقدمة على الأحكام والقرارات الصادرة من محكمة القضاء الإداري...».

(2) مُنح مجلس الوزراء صلاحية إصدار الأوامر التي لها قوة القانون بموجب ملحق إدارة الدولة للمرحلة الانتقالية لعام **2004** والذي أصدره مجلس الحكم ليكون نافذاً في **1/ 6 / 2004** والمنشور في الوقائع العراقية بالعدد **3986** في **9 / 1 / 2004**، حيث نص القسم الثاني من هذا الملحق «... لمجلس الوزراء وبموافقة رئاسة الدولة والإجماع إصدار أوامر لها قوة القانون وتبقى سارية المفعول حتى يتم إلغاؤها......».

(3) ويلاحظ في هذا الشأن أنه على الرغم من مرور سبع سنوات على نفاذ الدستور، فلم يصدر القانون الخاص بتشكيل المحكمة الاتحادية العليا وفقاً للدستور الدائم لعام **2005**.

أولاً: رقابة المحكمة الاتحادية العليا على قرارات حل المجالس المحلية:

سبق وأن ذكرنا أن المشرع العراقي في قانون المحافظات غير المرتبطة في إقليم قد منح مجلس المحافظة ومجلس النواب سلطات رقابية تتمثل بحل المجالس المحلية، فضلاً عن ذلك فقد منحت المجالس المحلية سلطة الحلْ الذاتي لها[1].

وأتاحت الفقرة ثالثاً – 2 – من المادة (20) المذكورة آنفاً «للمجلس المُنحّل أو لثلث أعضائه أن يعترض على قرار الحل أمام المحكمة الاتحادية العليا خلال خمسة عشر يوماً من تاريخ صدوره وعلى المحكمة أن تبت في الاعتراض خلال ثلاثين من تاريخ تسجيله لديها»

ويثار تساؤل في هذا الشأن فيما إذا كان المشرع العراقي في قانون المحافظات غير المنتظمة في إقليم موفقاً في جعل الاعتراض على قرارات حل المجالس المحلية أمام المحكمة الاتحادية العليا ؟

ذهب البعض إلى أن إعطاء أو منح المحكمة الاتحادية العليا اختصاص النظر في قرارات حل المجالس المحلية يخالف أحكام المادة (93) من الدستور، والتي حددت اختصاصات المحكمة الاتحادية على سبيل الحصر ولم يكن من بينها هذا الاختصاص[2].

---

(1) نصت المادة (20 / أولاً) من قانون المحافظات غير المنتظمة في إقليم النافذ على أن «يُحل المجلس والمجالس المحلية بالأغلبية المطلقة لعدد أعضاء المجلس بناءاً على طلب ثلث الأعضاء في الحالات الآتية :-

1- الإخلال الجسيم بالأعمال والمهام الموكلة إليه، 2- مخالفة الدستور والقوانين، 3- فقدان ثلث الأعضاء وشروط العضوية ؛ في حين أشارت الفقرة ثانياً من هذه المادة على أن «لمجلس النواب حل المجلس بالأغلبية المطلقة لعدد أعضائه بناءاً على طلب من المحافظ أو طلب من ثلث عدد أعضائه إذا تحقق أحد الأسباب المذكورة أعلاه» ؛وأشارت الفقرة ثالثاً 1- من المادة المذكورة أنفاً على أن «لمجلس المحافظة حل المجالس المحلية بالأغلبية المطلقة لعدد أعضائه بناءً على طلب من القائمقام بالنسبة لمجلس القضاء أ، مدير الناحية بالنسبة لمجلس الناحية أو ثلث أعضاء المجلس المحلي في حال تحقق أحد الأسباب المذكورة أعلاه».

(2) د. غازي فيصل مهدي، نصوص قانون المحافظات غير المنتظمة في إقليم رقم 21 لسنة 2008 في الميزان، بحث منشور في مجلة الملتقى، العدد (11) بغداد، 2008، ص 147 ؛ وتمثلت=

في حين أشاد البعض الآخر بالمسلك الذي اتبعه المشرع العراقي في هذا الشأن وعلى وجه الخصوص قرار مجلس النواب بحلْ مجلس المحافظة الذي يعد من قبيل المنازعات التي تحصل بين مجالس المحافظات والسلطات الرقابية المركزية[1].

وبدورنا نعتقد أن الإشكالية لا تقتصر في الواقع فقط على ممارسة المحكمة الاتحادية العليا لاختصاصها البت في الاعتراضات على قرارات حل المجالس المحلية كونها تخرج عن الاختصاصات الحصرية المحدودة بموجب الدستور النافذ، فهي تستطيع من الناحية القانونية ممارسة هذا الاختصاص حتى وان لم ينص عليه المشرع الدستوري، طالما منح هذا الاختصاص من المشرع في قانون المحافظات الذي نص صراحة على ذلك، ولكن الإشكالية تكمن في تعارض الاختصاص الممنوح للمحكمة الاتحادية مع طبيعة عملها باعتبارها محكمة قضاء دستوري وليس قضاء إداري، ذلك أن السلطات الممنوحة لمجلس النواب في حل مجلس المحافظة، والسلطات الممنوحة للأخير فيما يخص حل مجلسي القضاء والناحية، تمثل في الواقع تطبيقاً لقانون المحافظات إذا ما توفرت الأسباب المذكورة أنفاً، والقرارات التي تصدر بصدد حلْ المجالس المحلية هي قرارات إدارية ومن ثم يجب أن تسند مهمة النظر في عدم مشروعيتها إلى محكمة القضاء الإداري التي تختص بالنظر في صحة الأوامر والقرارات الإدارية[2].

فضلاً عن ذلك فان النظر في قرارات حل المجالس المحلية من قبل المحكمة الاتحادية تقتضي الرجوع إلى نص قانون المحافظات في هذا الشأن، وتتولى تفسيره

= اختصاصات المحكمة الاتحادية التي نصت عليها المادة (93) من الدستور الدائم بما يأتي «.... أولاً – الرقابة على دستورية القوانين والأنظمة النافذة، ثانيا – تفسير النصوص الدستورية، ثالثا – الفصل في القضايا التي تنشأ عن تطبيق القوانين الاتحادية والقرارات والأنظمة والتعليمات والإجراءات الصادرة عن السلطة الاتحادية.....، رابعاً – الفصل في المنازعات التي تحصل بين الحكومة الاتحادية، وحكومات الأقاليم والمحافظات والبلديات والرادارات المحلية.......».

(1) فواز خلف ظاهر الجبوري، الرقابة على الهيئات الإدارية اللامركزية الإقليمية في العراق، رسالة ماجستير مقدمة إلى كلية القانون، جامعة تكريت، 2011، ص 159.

(2) تنُظر، الفقرة ثانياً – د – في المادة 7 من قانون مجلس شورى الدولة رقم 65 لسنة 1979 المعدل.

وبيان أوجه المخالفة التي شابت القرار، فهذه العملية برمتها تخرج عن عمل المحكمة الاتحادية العليا ولعل ابرز دليل على ذلك أن المحكمة الاتحادية العليا ردّت العديد من طلبات التوضيح أو التفسير للنصوص التي أوردها قانون المحافظات غير المنتظمة في إقليم استناداً إلى أن تفسير القوانين يخرج عن اختصاصات المحكمة الاتحادية التي نصت عليها المادة (93) من الدستور[1].

بناءً على ذلك فان الاختصاص الأصيل في الطعن بقرارات حل المجالس المحلية يجب ان يبقى لمحكمة القضاء الإداري.

ثانيا: رقابة المحكمة الاتحادية العليا على قرارات المجالس المحلية التي يعترض عليها المحافظ.

أتاح المشرع في قانون المحافظات غير المنتظمة في إقليم للمحافظ صلاحية الاعتراض على قرارات مجلس المحافظة، ومجلسي القضاء والناحية، إذا كانت مخالفة للدستور أو القوانين النافذة أو التي تخرج اختصاصات المجالس، أو كانت مخالفة للخطة العامة للحكومة الاتحادية أو للموازنة[2].

للمحافظ في هذا الشأن أن يعيد القرار إلى المجلس المعني خلال مدة أقصاها خمسة عشر يوماً من تاريخ تبليغه مشفوعاً بأسباب اعتراضه[3].

---

(1) مثال ذلك قرار المحكمة الاتحادية العليا رقم 30 / اتحادية / في 15 / 9 / 2008 والذي يستوضح فيه مجلس المحافظة النجف الاشرف بكتابه المرقم 4 / 3892 في 27/ 7/ 2008 من المحكمة الاتحادية العليا عن مدى تمتع مجالس المحافظات بالشخصية المعنوية التي ينص عليها القانون فأجابت المحكمة «...... وجد أن الطلب المذكور أنفاً لا يدخل ضمن اختصاصات هذه المحكمة المحدد اختصاصاتها في المواد أنفة الذكر ويدخل ضمن اختصاصات مجلس شورى الدولة كذلك قرار المحكمة الاتحادية العدد 35 / اتحادية / 2009 في 22 / 12 / 2009 ؛ القرار 25 / اتحادية / 2008 في 23 / 6 / 2008 ؛ حيث ردت المحكمة الاتحادية في جميع هذه القرارات النظر في تفسير نصوص المحافظات ؛ بنظر موقع المحكمة الاتحادية في الانترنيت على الرابط الآتي

تاريخ الزيارة 13 / 4 / 2012 www. Iraq – lg –Law. o. g / ar / content.

(2) المادة 31 – أحد عشر 1- من قانون المحافظات غير المنتظمة في إقليم رقم 21 لسنة 2008 المعدل.

(3) المادة 31 – أحد عشر - 2- من قانون المحافظات غير المنتظمة في إقليم رقم لسنة 2008 المعدل.

فإذا أصر المجلس المعني على إقراره، أو إذا عدل فيه دون إزالة المخالفة التي بينها المحافظ فعليه أحالته إلى المحكمة الاتحادية العليا للبت في الأمر[1].

يلاحظ في هذا الشأن أن المشرع لم يكن موفقاً أيضاً في إسناد اختصاص الرقابة على قرارات المجالس المحلية أمام المحكمة الاتحادية العليا، وذلك للأسباب ذاتها التي اشرنا إليها سابقا، حيثُ أنه ليس من مهمة المحكمة الاتحادية وهي محكمة دستورية النظر في صحة القرارات الإدارية التي تدخل مهام محكمة القضاء الإداري على الوجه الذي بيناه سابقاً.

الفرع الثاني
رقابة محكمة القضاء الإداري

أصبح العراق من الدول ذات التنظيم القضائي المزدوج – والذي يعني وجود قضاء إداري إلى جانب القضاء العادي – بعد صدور قانون التعديل الثاني رقم 106 لسنة 1989 لقانون مجلس شورى الدولة رقم 65 لسنة 1979، حيث أنشأ هذا التعديل محكمة القضاء الإداري، وعاد تنظيم مجلس الانضباط العام ليكون من ضمن هيئات مجلس شورى الدولة[2].

قد أدرك المشرع العراقي أهمية أنشاء قضاء إداري متخصص إلى جانب القضاء العادي، لما له من أهمية تتعلق بحماية مصالح الدولة والمرافق العامة وحسن سيرها مع تأمين وحماية حقوق الأفراد من قرارات الإدارة التعسفية أو المخالفة للقانون أو تلك التي ليس لها غاية أو محل[3].

---

(1) المادة 31 – أحد عشر – 3 – من قانون المحافظات غير المنتظمة في إقليم رقم لسنة 2008 المعدل.

(2) د. نجيب خلف أحمد، د.محمد علي جواد، المصدر السابق، ص83.

(3) د. غازي إبراهيم الجنابي، القضاء الإداري في العراق، بحث منشور في مجلة التشريع والقضاء، العدد الرابع (تشرين الأول – تشرين الثاني – كانون الأول – 2009، ص10 ؛ يذهب البعض في هذا الصدد إلى ان العراق قد شهد وجود قضاء إداري قبل عام 1989 سنوات عديدة تتمثل بعمل مجلس الانضباط العام، ينظر د. مازن ليلو راضي، المصدر السابق، ص2.

لما كانت القرارات التي تصدرها المجالس المحلية هي قرارات إدارية فان الطعن بها يكون أمام محكمة القضاء الإداري باعتبارها المختصة في هذا الشأن[1].

من مطالعة نصوص قانون المحافظات غير المنتظمة في إقليم نجد أن المشرع قد اسند إلى محكمة القضاء الإداري الرقابة على قرارات المجالس المحلية في الأمور الآتية :-

أولاً – رقابة محكمة القضاء الإداري على قرارات المجالس المحلية المتعلقة بإقالة رؤساء الوحدات الإدارية.

سبق وان بيّنا أن المشرع العراقي أسند إلى مجلس المحافظات صلاحية إقالة المحافظ أو احد نوابه، وكذلك بالنسبة لمجلس القضاء الذي يملك إقالة القائمقام، ومجلس الناحية بالنسبة إلى مدير الناحية، ويجب أن تستند إقالة رؤساء الوحدات الإدارية إلى تحقق أحد الأسباب التي أشارت إليها المادة 7- ثامناً – 1 من قانون المحافظات غير المنتظمة في إقليم رقم 21 لسنة 2008 المعدل[2].

بخصوص إقالة المحافظ من قبل مجلس المحافظة فقد أتاح المشرع له (أي المحافظ) الاعتراض على قرارات الإقالة أمام محكمة القضاء الإداري خلال مدة (15) خمسة عشر يوماً من تاريخ تبليغه به، وتبت المحكمة بالطعن خلال مدة (30) ثلاثين يوماً من تاريخ استلامها الطعن[3].

---

(1) ينظر المادة 7- فقرة ثانياً – د – من قانون مجلس شورى الدولة رقم 65 لسنة 1979 المعدل.

(2) المادة 7- فقرة ثامناً - 4- من قانون المحافظات غير المنتظمة في إقليم رقم لسنة 2008 المعدل ؛ في الوقت الذي كان على المحافظ الاعتراض على قرار الإقالة أمام المحكمة الاتحادية العليا قبل تعديل هذا الأمر بموجب قانون التعديل الأول رقم 15 لسنة 2010 لقانون المحافظات غير المنتظمة في إقليم. وهو اتجاه يُحمد عليه المشرع.

(3) ومن التطبيقات القضائية في هذا الشأن الطعن الذي قدمه محافظ واسط (لطيف حمود الطرفة) ضد قرار إقالته من قبل مجلس المحافظة واسط بموجب القرار رقم 540 / 2 / 2011 في 2 / 2 / 2011 أمام محكمة القضاء الإداري حيث ان«....(المحافظ) قد تبلغ بالأمر المطعون فيه في 8 / 2 / 2011 وذلك وفقاً لما جاء في لائحة الدعوى وانه قد أقام=

يلاحظ في هذا الشأن ان المشرع قد حدد مواعيد الطعن بالقرار أمام محكمة القضاء الإداري فضلا عن التزام المحكمة في البت في هذا الطعن في مدة (30) يوماً خلافاً للقاعدة العامة التي اقرّها قانون مجلس شورى الدولة[1].

يبدو أن هذه المواعيد أو المدة التي حددها المشرع في قانون المحافظات غير المنتظمة في إقليم، والتي لم تشترط أجراء التظلم أمام الجهة التي أصدرت قرار الإقالة، وإنما أتاح الطعن مباشرة بهذا القرار أمام محكمة القضاء الإداري خلال (15) يوماً يبلغ محافظ بالقرار، يعود إلى أهمية المنصب الذي يمثله المحافظ باعتباره المنفذ الفعلي لقرارات المجالس المحلية، واستثناءه من قرارات الطعن المقررة وفق القواعد العامة أمر يستلزمه الحرص على عدم تعطيل إدارة المحافظة لفترة طويلة بسبب إقالة المحافظ.

يقتضي التذكير في هذا الصدد أن المشرع العراقي في قانون المحافظات على الرغم من منحه مجلس القضاء سلطة إقالة القائمقام وكذلك مجلس الناحية فيما يخص إقالة مدير الناحية كما رأينا سابقاً إلا أنه لم ينص صراحة على إعطاء

= الدعوى أمام هذه المحكمة في 16 / 2 / 2011 فيكون قد أقامها ضمن المدة القانونية البالغة (15) خمسة عشر يوماً من تاريخ التبليغ والمنصوص عليه في الفقرة (4) من قانون (15) لسنة 2010 (قانون التعديل الأول لقانون المحافظات غير المنتظمة في إقليم رقم 21 لسنة 2008.... فقررت قبوله شكلاً ولدى عطف النظر على موضوع الدعوى وجد ان المدعي عليه (رئيس مجلس محافظة واسط فضلاً عن وظيفته) قد صدر قراره المرقم (450) في 2 / 2 / 2011 بإقالة المدعي من منصبه كمحافظ لمحافظة واسط... وذلك لإهماله وتقصيره المتعمدين في أداء الواجب.... فان عدم حضور المدعي لجلسة الاستجواب يعد إهداراً منه لحق الاستجواب المنصوص عليه في المادة (51) من قانون المحافظات...... لذلك قررت المحكمة برد الدعوى المدعي وتصديق قرار مجلس المحافظة بالإقالة.......» ؛ قرار مجلس القضاء الإداري رقم 13 / 2011 رقم 13 / 3 / 2011 في 16/ 3 / 2011، منشور على موقع مجلس شورى الدولة في الانترنيت على الرابط الأتي:

www. MoJ. gor. iq / decision 3 – 147. htm تاريخ الزيارة 23 / 6 / 2012

(1) نصت المادة 7- ثانيا- ز من قانون مجلس شورى الدولة رقم 65لسنة 1979 المعدل «على المتظلم ان يقدم طعنه الى المحكمة خلال ستين يوما من تاريخ انتهاء مدة الثلاثين يوما المنصوص عليها في الفقرة و...»

القائمقام أو مدير الناحية الطعن بقرار الإقالة، الأمر الذي يجعلنا نتساءل عن إمكانية إتباع ذات الإجراءات التي أعطيت للمحافظ للطعن بقرار إقالته والتي تعد استثناءاً من القواعد العامة ؟ الملاحظ في هذا الشأن أن استثناء المحافظ المقال كما رأينا من إجراءات الطعن التي تحددها القواعد العامة في قانون مجلس شورى الدولة كالتظلم، وثم رفع الدعوى بعد رفض التظلم صراحة أو ضمناً تعد في الواقع استثناء لا يمكن القياس عليه، فطالما لم ينص المشرع صراحة على منح كل من القائمقام ومدير الناحية حق الطعن بقرار الإقالة يعني ضمناً خضوعه للقواعد العامة في هذه الشأن والتي تستلزم التظلم وغيرها من الإجراءات، وقد ذهبت محكمة القضاء الإداري في إحدى القضايا المطروحة عليها في هذا الاتجاه[1].

ثانياً - رقابة محكمة القضاء الإداري على قرارات مجلس المحافظة الخاصة بإقالة أصحاب المناصب العليا.

سبق وأن ذكرنا أن المشرع قد منح مجلس المحافظة صلاحية إعفاء أصحاب المناصب العليا من المدراء العامين ورؤساء الأجهزة الأمنية عدا قادة الجيش والقضاء ورؤساء الجامعات.

---

(1) وتلخص وقائع القضية إن محافظ واسط قد اصدر قرار بإقالة قائمقام قضاء الكوت استناداً إلى قرار المجلس البلدي في قضاء الكوت في 11 / 10 / 2010 جيث في قرار المحكمة «.... لدى التدقيق و المداولة وجد أن المدعي يعترض على قرار محافظ واسط / اضافة الوظيفة المرقم (802) في 9 / 11 / 2010 والمستند إلى قرار المجلس البلدي في قضاء الكوت المرقم (12) في 18 / 10 / 2010 وقد تظلم أمام المدعي عليه الأول وسجل بالعدد (53/ 13014) في 2 / 12 / 2010... وحيث أن المدعي اقام دعواه بتاريخ 20 / 1 / 2011 فتكون مقامة ضمن المدة القانونية فقرر قبولها شكلاً... ولدى عطف النظر وجد المجلس المحلي لقضاء الكوت أن القرار..... إقالة المدعي من منصب قائمقام قضاء الكوت قد بني على اساس تقديمه الوثيقة الدراسية.... التي ثبت عدم صحة الوثيقة بموجب كتاب وزارة التربية المديرية العامة للتقويم والشهادات المرقم.... لذا قرر بالاتفاق الحكم برد دعوى المدعي....)، قرار محكمة القضاء الإداري رقم 343 / 2011 في 23 / 11 / 2011، منشور على موقع شورى الدولة العراقي في الانترنيت على الرابط.

www.Moj.gor.iq/ decision3-343-2012.htm.

تاريخ الزيارة 23 / 6 / 2012.

حيث يشترط المشرع من اجل ذلك أن يكون طلب الإعفاء صادر أما من خمس أعضاء مجلس المحافظة أو بناء على اقتراح المحافظ، ويمكن أيضا لمجلس الوزراء حق إقالتهم باقتراح من الوزير المختص استناداً إلى الأسباب الواردة في الفقرة الثامنة من المادة السابعة من قانون المحافظات غير المنظمة إقليم[1].

وعلى الرغم من أن المشرع لم يقرر صراحة لأصحاب المناصب العليا في الطعن بقرار الإعفاء أو الإقالة أمام محكمة القضاء الإداري كما نص على ذلك فيما يتعلق بإقالة المحافظ، إلا أن محكمة القضاء الإداري قبلت الطعن المقدم إليها باعتبارها صاحبة الاختصاص الأصيل في النظر في صحة القرارات والأوامر الإدارية، ففي قرار لمحكمة القضاء الإداري قررت الأخيرة إلغاء قرار إعفاء مدير عام شرطة ديالى الصادر من مجلس محافظة ديالى[2].

---

(1) المادة 7 – تاسعاً – 2 وقانون المحافظات غير المنتظمة في إقليم.

(2) حيث جاء في القرار إلى أنه «.... لدى التدقيق والمداولة وجد المدعي - مدير عام شرطة ديالى يعترض على الفقرة (4) من قرار مجلس محافظة ديالى المرقم (21) في 30 / 3 / 2010 والمتضمنة إعفائه من منصب مدير عام شرطة ديالى، وانه تظلم من من الأمر المطعون فيه لدى المدعي عليه وسجل تظلمه بعدد وارد (3011) في 18 /4 / 2010 ولم يبت في التظلم وأقام دعواه في 15 / 6 / 2010 وبذلك تكون الدعوى مقامة ضمن المدة القانونية فقرر قبولها شكلاً، ولدى عطف النظر على الأمر المطعون فيه وجد..... بانه لم يتم استجواب المدعي بعد تقديم طلب الإعفاء المؤرخ في 28 / 3 / 2010 وانه سبق وان تم استجوابه وحسب محاضر الجلسات...... وبالرجوع إلى المحاضر المبرزة من وكيل المدعي عليه... وجد أنها تعود إلى جلسة رقم (24) في 1 / 9 / 2009 وجلسة رقم 26 في 29 / 9 / 2009 ومن خلال تدقيق الإجراءات التي اتبعها المدعي عليه إضافة لوظيفته وجد أنها لا تتفق مع أحكام قانون المحافظات غير المنتظمة في إقليم رقم 21 لسنة 2008 ذلك أن القانون قد اشترط أن يتم الإعفاء بالأغلبية المطلقة لعدد أعضاء المجلس ولا يتم ذلك إلا من خلال محضر رسمي موقع من الأعضاء الحاضرين... وأن ما أبرزه وكيل المدعي عليه من قائمة الأسماء.... لا يمكن أن تغني عن المحضر الرسمي، كما أن المدعى عليه قد خالف المادة 51 من قانون المحافظات غير المنتظمة في إقليم التي اشترطت استجواب الشخص المعني قبل إعفائه من منصبه وان استضافة أو استجواب المدعي في تاريخ سابق عن الطالب المقدم بإعفائه... لا يعد استجواباً لغرض تطبيق أحكام المادة 51 ذلك ان الاستجواب يحدث=

المطلب الثالث

الرقابة الإدارية

سبق وأن رأينا أن الرقابة الإدارية تعني تلك الرقابة التي تباشرها السلطة الإدارية المركزية في مواجهة الهيئات اللامركزية الإدارية سواء كانت إقليمية كالإدارة المحلية أم مرفقيه كالمؤسسات العامة وغيرها، وقد تمارس الرقابة الإدارية في بعض الأحيان من قبل الهيئات المحلية ذات المستوى الأعلى على الهيئات ذات المستوى الأدنى.

بناء على ذلك سنقسم المطلب على ثلاثة فروع، نتناول في الفرع الأول رقابة السلطة الإدارية المركزية، وفي الفرع الثاني سنتحدث فيه عن الرقابة الإدارية اللامركزية، وفي الفرع الثالث والأخير سنتناول فيه رقابة الهيئات المستقلة.

الفرع الأول

رقابة السلطة الإدارية المركزية

أفضت التحولات الدستورية والتشريعية التي شهدها العراق بعد عام 2003 إلى تقوية دور الأقاليم والمحافظات على حساب السلطة المركزية (الاتحادية) فقد نصت المادة (55) فقرة (أ) من قانون إدارة الدولة للمرحلة الانتقالية لعام 2004 عن أن «... لا يكون أي محافظ أو أي عضو في مجالس المحافظة والبلدية أو الإدارات أو البلدية خاضعاً لسيطرة الحكومة الاتحادية...»، وكذلك أشار القسم (2) فقرة (أ) من

=   أثره القانوني بانتهائه فإذا لم يقتنع المجلس بأداء وأجوبة المستجوب فله إعفائه من منصبه ولا يمكن أن يمتد أثر الاستجواب لمدة تزيد على ستة اشهر..... عليه ولما تقدم قرر بالاتفاق الحكم بإلغاء الفقرة (4) من قرار مجلس محافظة ديالى المرقم 21 في 30 / 30 / 2010 والمتضمنة إعفاء المدعي من منصب مدير عام شرطة محافظة ديالى.... وصدر الحكم.... حكماً حضورياً قابلاً للتمييز أمام المحكمة الاتحادية العليا وافهم علنا في 9 / 5 / 2011، القرار منشور في موقع مجلس شورى الدولة في الانترنيت على الرابط الآتي :-
www.Moj.gor.iq/ decision3-36-2011.htm.
تاريخ الزيارة 24 / 6 / 2012.

الأمر رقم 71 لسنة 2004 إلى أن «... تؤدي مجالس المحافظات مسؤولياتها مستقلة عن سيطرة أو إشراف أي وزارة......».

وقد أكد الدستور النافذ لعام 2005 هذا الأمر في المادة (122)، فقرة (خامسا) والتي نصت على «لا يخضع مجلس المحافظة لسيطرة أو إشراف أية وزارة، أو أية جهة غير مرتبطة بوزارة وله مالية مستقلة»[1].

وذهب البعض في هذا الشأن إلى أن النص المذكور قد أسقط دعامة من دعائم نظام اللامركزية الإدارية، وهي خضوع الهيئات المحلية لرقابة السلطة المركزية والمسماة بالوصاية الإدارية، حيث أوقع المشرع الدستوري نفسه في تناقض واضح، فهو في جهة تبنى نظام اللامركزية الإدارية، ومن جهة اسقط ركناً أساسياً من أركان هذا النظام[2].

وبدورنا لا نتفق مع هذا الرأي الذي ينكر قيام اللامركزية الإدارية لمجرد وجود نص يستبعد الرقابة الإدارية المركزية على الهيئات المحلية، ذلك أن الركن الذي تقوم به اللامركزية الإدارية (الإدارة المحلية) هو خضوع الهيئات المحلية للرقابة المجردة سواء كانت إدارية أم تشريعية أم قضائية إلى جانب الأركان الأخرى كالاعتراف بالمصالح المحلية وتولي هيئات محلية منتخبة إدارة هذه المصالح، فمسألة إقرار نوع معين من الرقابة على الإدارة المحلية أمر تستلزمه طبيعة الظروف السياسية والاقتصادية والاجتماعية المحيطة بكل دولة، حيث أدت التحولات التي حصلت في العراق إلى إبعاد الرقابة الإدارية المركزية عن عمل المجالس المحلية نتيجة المركزية الإدارية الشديدة التي كان يتسم بها النظام الإداري إبان حكم النظام السياسي السابق.

---

(1) يلاحظ في هذا الشأن أن المشرع الدستوري في هذه المادة قد استمد هذه المادة بشكل حرفي من القرار 71 لسنة 2004 والصادر من سلطة الائتلاف المؤقتة (المنحلّة) والمترجم من اللغة الانكليزية ذلك أن مصطلح (سيطرة) الوارد في النص المذكور غير مألوف في الفقه الإداري كونه مصطلحاً سياسياً أكثر منه قانونياً.

(2) د. غازي فيصل مهدي، نظاما الفدرالية واللامركزية الإدارية، مصدر سابق، ص 24.

وعلى الرغم من عدم وجود نصوص صريحة في قانون المحافظات غير المنتظمة في إقليم رقم 21 لسنة 2008 المعدل تقرر رقابة السلطة الإدارية المركزية على الإدارية المحلية إلا أنه يمكن القول بوجود نصوص سواء في قانون المحافظات وقوانين أخرى قد منحت ضمنياً صلاحيات رقابة للسلطة الإدارية المركزية، ويمكن تصنيف الرقابة التي تمارسها السلطات الإدارية المركزية بحسب الجهة التي تصدر منها هذه الرقابة إلى رقابة رئيس الجمهورية ورقابة مجلس الوزراء وأخيراً رقابة الوزراء وسنوضحها على النحو الآتي :-

أولاً : رقابة رئيس الجمهورية :

يكوّن رئيس الجمهورية مع مجلس الوزراء السلطة التنفيذية الاتحادية وفقاً للدستور الدائم لعام 2005[1].

ولما كان الدستور النافذ لعام 2005 قد تبنى النظام النيابي (البرلماني) الذي يقوم على انبثاق السلطة التنفيذية من مجلس النواب حيث يمثل رئيس مجلس الوزراء السلطة التنفيذية بصورة فعلية، في حين أصبح منصب رئيس الجمهورية شرفي ورمزي[2].

ومن الصلاحيات الرقابية غير المباشرة التي منحها قانون المحافظات غير المنتظمة في إقليم لرئيس الجمهورية هو ما نصت عليه المادة (26 / أولاً) منه والتي نصت على أن «يصدر أمر تعيين المحافظ بمرسوم جمهوري خلال خمسة عشر يوماً من تاريخ انتخابه وعندها يباشر مهامه».

ويلاحظ في هذا الشأن انه على الرغم من عدم وجود هذا الاختصاص ضمن اختصاصات رئيس الجمهورية التي أوردها الدستور النافذ، إلا أنه من الناحية

---

(1) نصت المادة (66) من الدستور الدائم لعام 2005 على أن «تكون السلطة التنفيذية الاتحادية من رئيس الجمهورية ومجلس الوزراء، تمارس صلاحياتها وفقاً للدستور والقانون».

(2) حيث نصت المادة (67) من الدستور الدائم لعام 2005 عن أن «رئيس الجمهورية هو رئيس الدولة ورمز وحدة الوطن....» في الوقت الذي كان رئيس الجمهورية وفقاً للمادة (57) من دستور 1970 الملغي «رئيس الجمهورية هو رئيس الدولة والقائد العام للقوات المسلحة ويتولى السلطة التنفيذية مباشرة أو بواسطة مجلس الوزراء».

الفعلية بإمكان رئيس الجمهورية أن يمارس دوراً رقابياً عن اختيار المحافظ من قبل مجلس المحافظة، إذا رأى عدم تحقق الشروط القانونية في المحافظ، فالنص المذكور آنفاً من قانون المحافظات لم يلزم رئيس الجمهورية بشكل صريح بإصدار المرسوم الجمهوري الخاص بالمحافظ.

ثانياً: رقابة رئيس مجلس الوزراء

يُعدّ رئيس مجلس الوزراء المسؤول التنفيذي عن السياسة العامة للدولة، والقائد العام للقوات المسلحة ويقوم بإدارة مجلس الوزراء[1].

وعلى الرغم من عدم وجود رقابة مباشرة يمارسها رئيس مجلس الوزراء على الإدارة المحلية، إلا أنها يمكن أن نلمس وجود دور رقابي يمكن أن يمارسه رئيس مجلس الوزراء ويشمل الآتي :-

أ- اقتراح إقالة المحافظ :

رأينا فيما سبق أن المحافظ وهو الموظف التنفيذي الأعلى في المحافظة يمكن إقالته من مجلس النواب إلا أن الأخير لا يمكن له إقالة المحافظ إلا بناءً على اقتراح من رئيس مجلس الوزراء[2].

ويلاحظ في هذا الشأن أن رئيس مجلس الوزراء هو المحرك الأساسي في إقالة المحافظ من قبل مجلس النواب، فهو يستطيع من خلال هذه الصلاحية ممارسة الرقابة على المحافظين إذا ما تحققت أحد الأسباب القانونية التي تستوجب الإقالة والمذكورة آنفاً، فمن الناحية النظرية يستطيع رئيس مجلس الوزراء إقالة أي محافظ من خلال تقديمه مقترح إقالته إلى مجلس النواب كونه يمثل الأكثرية البرلمانية، إلا أنه ومن الناحية العملية تصطدم ممارسة رئيس مجلس الوزراء لصلاحيته الرقابة بعقبة التوافقات السياسية التي أصبحت الدستور الواقعي والفعلي للعملية السياسية، والواقع يشير إلى ذلك حيث لم يسبق ان تقدم رئيس مجلس الوزراء بمقترح إقالة أي محافظ إلى مجلس النواب رغم مرور أربع سنوات على عمل

---

(1) المادة (78) من الدستور الدائم لعام 2005.

(2) نصت المادة (7 / ثامناً/ 2) على أن «لمجلس النواب إقالة المحافظ بالاغلبية المطلقة بناءً على اقتراح رئيس الوزراء....».

مجالس المحافظات وفقاً لقانون المحافظات غير المنظمة في إقليم، غير انه استطاع أن يضغط على بعض المحافظين لغرض تقديم استقالتهم كونهم ينتمون لكتلته السياسية في هذا المجال[1].

ب- رقابة رئيس مجلس الوزراء على أصحاب المناصب العليا :

على الرغم من أن أصحاب المناصب العليا، وهم المدراء العامون ورؤساء الأجهزة الأمنية العاملة في المحافظة يخضعون من الناحيتين العضوية والوظيفية للسلطة الإدارية المركزية ممثلة بالوزارات المعنية، فإن قانون المحافظات غير المنتظمة في إقليم قد منح مجالس المحافظات اختصاص المصادقة على ترشيح ثلاثة أشخاص لإشغال هذه المناصب العليا ليتولى الوزير المختص تعيين أحدهم.

هذا الاختصاص الممنوح لمجالس المحافظات بجعل أصحاب المناصب العليا من الناحية الفعلية خاضعين لإدارة هذه المجالس بالرغم من أن أمر تعيينهم يصدر من الوزير المختص، ونتيجة لذلك منح المشرع في قانون المحافظات رئيس مجلس الوزراء سلطة إقالة أصحاب المناصب العليا باقتراح من الوزير المختص[2].

وتُعدّ هذه الوسيلة الرقابية من ابرز نقاط الخلاف بين مجالس المحافظات والسلطة الإدارية المركزية ممثلة بمجلس الوزراء، ذلك أن المشرع في قانون المحافظات غير المنتظمة في إقليم قد منح في آن واحد مجلس المحافظة ومجلس الوزراء حق إقالة أصحاب المناصب العليا، الأمر الذي يدفعنا إلى التساؤل عن الحكمة في منح مجلس المحافظة سلطة ترشيح أصحاب المناصب العليا إذا كان بإمكان مجلس الوزراء إقالتهم من دون الرجوع إليه[3].

---

(1) مثال ذلك تقديم محافظي البصرة وواسط وبابل لاستقالتهم استجابة في الواقع لمطالب المتظاهرين فضلاً عن مطالب رئيس مجلس الوزراء.

(2) نصت المادة (7 / تاسعاً/ 2) على ان «..... ولرئيس الوزراء كذلك حق الإقالة باقتراح من الوزير المختص استناداً للأسباب الواردة في الفقرة (8) من هذه المادة».

(3) فعلى سبيل المثال احتج مجلس محافظة ميسان على قرار الحكومة الاتحادية بإقالة مدير عام شرطة ميسان من منصبه في 11 / 8 / 2011 معتبرين ذلك مخالف لقانون المحافظات غير المنتظمة في إقليم رقم 21 لسنة 2008، خبر منشور في الانترنيت على الرابط الآتي : www.ankawa.com/forum/indexi.htm تاريخ الزيارة 22/ 6 / 2012 ؛ ومن الجدير بالذكر أن قرار مجلس الوزراء (الحكومة الاتحادية) في إحالة مدير عام شرطة=

جـ - الدور الرقابي لرئيس مجلس الوزراء من خلال الهيئة العليا للتنسيق بين المحافظات :

أوجب المشرع العراقي في قانون المحافظات غير المنتظمة في إقليم تأليف هيئة عليا للتنسيق بين المحافظات تكون برئاسة رئيس مجلس الوزراء وعضوية المحافظين وتختص بالنظر في شؤون المحافظات وإدارتها المحلية والتنسيق بينها ومعالجة المشكلات والمعوقات التي تواجهها وبكل ما يتعلق بالشؤون المشتركة بين المحافظات [1].

ويلاحظ في هذا الشأن أنه وعلى الرغم من أن الهيئة العليا ذات دور تنسيقي يشرف عليه رئيس مجلس الوزراء إلا أنه لا يمنع الأخير من ممارسة دور توجيهي لهذه المحافظات غير أن ذلك غير ملزم بطبيعة الحال لمجالس المحافظات التي تمتلك استقلالية في اتخاذ قراراتها بعيداً عن رقابة سلطة الحكومة الاتحادية [2].

د- رقابة مجلس الوزراء (*) في مسألة تشكيل الأقاليم :

ذهب البعض ان من المهام الرقابية التي يمارسها مجلس الوزراء فيما يتعلق بتشكيل الأقاليم وفقاً لقانون الإجراءات التنفيذية رقم 13 لسنة 2008 [3]، فقد

= المحافظة إلا بعد مخالفة قانونية وإنما يمثل تطبيقاً لصلاحية مجلس الوزراء التي أعطاها قانون المحافظات له.

(1) المادة (45 / أولاً) من قانون المحافظات غير المنتظمة في إقليم رقم 21 لسنة 2008 المعدل.

(2) من الجدير بالذكر أن هذه الهيئة قد عقدت مؤتمرها الأول في 26 / 1 / 2010 حيث اقر هذا المؤتمر نظاماً داخلياً للهيئة أقر انعقادها كل شهرين بدعوة من رئيس مجلس الوزراء ؛ خبر منشور في الانترنت على الرابط الآتي:

www.almannarah.com/mobile/News

تاريخ الزيارة 27 / 12 / 2011 ؛وقد انعقد آخر مؤتمر للهيئة العليا للتنسيق بين المحافظات في 6 حزيران 2012، خبر منشور في الانترنت على الرابط الآتي :-

تاريخ الزيارة 7 / 6 / 2012 ؛ www. biztarKmeniz.com.

(*) من الجدير بالذكر أن المشرع العراقي في قانون المحافظات غير المنتظمة في إقليم يستخدم تارة مصطلح رئيس الوزراء وتارة أخرى مجلس الوزراء وان كنا نفضل استخدام المصطلح الأخير ذلك ان العبارة رئيس الوزراء تعطي صلاحية انفرادية له دون مشاركة مجلس الوزراء.

(3) أمير عبد الله أحمد، المصدر السابق، ص155.

أوجبت المادة 3- فقرة أ – على أن «يقدم طلب تكوين الإقليم إلى مجلس الوزراء موقعاً من رؤساء أو الممثلين القانونيين لمجلس المحافظات......»، ونصت الفقرة ب من المادة ذاتها على أن «يكلف مجلس الوزراء المفوضية العليا للانتخابات خلال مدة **15** يوماً من تقديم الطلب باتخاذ إجراءات الاستفتاء ضمن الإقليم المراد   تكوينه......».

في تقديرنا أن النص المذكور لم يمنح مجلس الوزراء أية سلطة رقابية وإنما يكون دوره تنسيقاً بين مجلس المحافظة الذي يروم تكوين الأقاليم وبين المفوضية العليا المستقلة الانتخابات، إلا أنه وفي الناحية العملية فقد عمل مجلس الوزراء أو بالتحديد رئيس مجلس الوزراء إلى رفض أحالة طلبات تشكيل الأقاليم إلى مفوضية العليا لغرض إجراء اللازم[1].

هـ – بإمكان مجلس الوزراء أيضاً ممارسة الرقابة :

غير المباشرة على المجالس المحلية من خلال اقتراح مشروعات القوانين إلى السلطة التشريعية، فمن خلال هذه الصلاحية يستطيع المجلس تعديل اختصاصات المجالس المحلية بالزيارة أو النقصان ضمن ما تسمح به نصوص الدستور في هذا الشأن[2].

ثالثاً : رقابة الوزراء :

منع الدستور الدائم لعام 2005 خضوع مجلس المحافظة لسيطرة أو إشراف أية وزارة أو أية جهة غير مرتبطة بوزارة[3]، وبالنسبة لقانون المحافظات غير المنتظمة في إقليم   رقم 21 لسنة 2008 لم يمنح أي سلطات رقابية للوزراء على الإدارة المحلية ممثلة بالمجالس المحلية وأجهزتها التنفيذية، بل إن الوزراء أصبحوا ملزمين باختبار

---

(1) هذا ما حصل بالفعل مع مجلس محافظة صلاح الدين ومجلس محافظة ديالى، فعلى الرغم من تقديم الطلبات بتشكيل الأقاليم استناداً إلى الدستور وقانون الإجراءات التنفيذية الخاصة بتكوين الأقاليم إلا أن رئيس مجلس الوزراء رفض هذه الطلبات بحجة ان الظروف التي يمر بها البلد غير مهيأة لهذا الأمر.

(2) حيث نصت المادة 80 من نصوص مجلس الوزراء التي من ضمنها «... ثانياً اقتراح مشروعات القوانين».

(3) المادة 122 – خامساً – من الدستور لعام 2005.

احد المرشحين من أصحاب المناصب العليا الذي يتم ترشيحهم في مجلس المحافظة ، فالوزير المختص لا يمكنه اختيار شخص لتولي المناصب العليا في المحافظة إلا من الأشخاص الذين يصادق على ترشيحهم مجلس المحافظة ، ومع ذلك فقد منح المشرع الوزير المختص حق تقديم اقتراح إقالة هؤلاء (أصحاب المناصب العليا) إلى مجلس الوزراء الذي يتولى إصدار قرار إقالتهم.

من جانب آخر نجد هنالك نصوص بعض القوانين تعطي سلطات رقابية للوزراء على عمل الإدارة المحلية ، فعلى سبيل المثال نصت المادة (25 / أولاً / د /1) من قانون الموازنة العامة الاتحادية لعام 2012 أن«على المحافظ تقديم خطة أعمار المحافظة والاقضية والنواحي التابعة لها المصادق عليها من قبل مجلس المحافظة إلى وزارة التخطيط الاتحادية وبالتنسيق مع مجالس النواحي الاقضية لغرض دراستها والمصادقة عليها......»[1].

وقد ألزمت تعليمات تنفيذ الموازنة الاتحادية لعام 2012 – والصادرة عن وزارتي التخطيط والمالية– المحافظات تقديم تقارير شهرية موحدة عن نشاطها وحاكم تنفيذه من أعمال والخدمات والمهام المكلفة بانجازها، والوقوف على انجاز أعمال الوزارات ودوائر الدولة والمحافظات ومجالس المحافظات ومراقبة الموازنة والخزينة ومعرفة أوجه الإنفاق الفعلية للأحوال العامة[2].

يلاحظ في هذا الشأن أن الحكومة المركزية ممثلة بوزارتي التخطيط والمالية تستطيع مراقبة أوجه نشاط المحافظات ومدى نجاحها أو إخفاقها في انجاز مهامها والتي يمكن من خلال ان تخفض الحكومة الاتحادية موازنة المحافظات أو تزويدها بحسب ما تكشفه تقارير وزارتي المالية والتخطيط.

وهناك وسيلة رقابة أخرى يمكن ممارستها عن طريق إصدار التعليمات التي تنظم مجال والدوائر الحكومية على حد سواء ومثالها تعليمات تنفيذ العقود الحكومية التي تصدرها وزارة التخطيط والتعاون الإنمائي[3].

---

(1) ينظر، قانون الموازنة العامة الاتحادية، منشور في الواقع العراقية العدد (33) في 2012/3/12.

(2) ينظر القسم الأول من المادة 4 من تعليمات تنفيذ الموازنة العامة الاتحادية لعام 2012.

(3) نصت المادة (2 / أولاً) من تعليمات تنفيذ العقود الحكومية رقم (1) لسنة 2008 على أن «تسري أحكام هذه التعليمات على العقود التي تبرمها الجهات التعاقدية الحكومية=

الفرع الثاني

الرقابة الإدارية اللامركزية

تقضي القاعدة العامة في ممارسة الرقابة على الإدارة المحلية أنها تصدر من جهات خارجة عنها سواء تلك التي تمارسها السلطة التشريعية (الرقابة السياسية) أم التي تصدر عن السلطة الإدارية المركزية أو الرقابة التي يمارسها القضاء، إلا أن ذلك لا يمنع ان تمارس الرقابة الإدارية هيئات لا مركزية، ويمكن تصور ذلك عندما تمارس المجالس المحلية ذات المستوى الأعلى الرقابة الإدارية على المجالس ذات المستوى الأدنى، وقد تمارس هذه الرقابة من رئيس الوحدة الإدارية الأعلى على رئيس الوحدة الإدارية الأدنى.

ومن استقراء نصوص قانون المحافظات غير المنتظمة في إقليم رقم 21 لسنة 2008 المعدل، نجد أن المشرع قد منح مجلس المحافظة سلطات رقابية على المجالس المحلية، وكذلك هناك سلطات رقابية يمارسها رؤساء الوحدات الإدارية، وعلى هذا الأساس سنتناول هذين المظهرين للرقابة الإدارية اللامركزية في النقاط الآتية:-

أولاً - صلاحية مجلس المحافظة بحل مجلس القضاء والناحية :

سبق وأن ذكرنا عند دراستنا لاختصاص مجلس المحافظة، أن المشرع في قانون المحافظات غير المنتظمة بإقليم قد منحها سلطة حل مجلسي القضاء والناحية شرط أن يكون طلب الحلّ مقدماً من القائمقام بالنسبة لحل مجلس القضاء، ومن مدير الناحية بالنسبة لحل مجلس الناحية، وقد يكون طلب حل هذبن المجلسين مقدماً من ثلث أعضاء المجلس المحلي في القضاء والناحية[1].

ولغرض ممارسة مجلس المحافظة سلطته في حل مجلس القضاء والناحية يجب تحقق أحد الأسباب، كأن يكون هنالك إخلال جسيم بالأعمال والمهام الموكلة إلى

= (دوائر الدولة والقطاع العام).... أو الأقاليم والمحافظات غير المنتظمة في إقليم مع الجهات الأخرى لتنفيذ مقاولات المشاريع العامة للدولة أو العقود الاستثمارية».

(1) المادة (20 / ثالثا / 1) وقانون المحافظات غير المنتظمة في إقليم رقم 21 لسنة 2008.

المجلس المحلي المعني أو في حالة مخالفة الدستور والقوانين، أو في حال فقدان ثلث الأعضاء في هذه المجالس لشروط العضوية[1].

يلاحظ في هذا الشأن أن الأسباب التي تستدعي حل مجلس القضاء والناحية تتسم بالعمومية والغموض وعلى وجه الخصوص السبب المتعلق بمخالفة الدستور والقوانين النافذة، فهذا السبب يمكن أن يكون سيفاً مسلطاً على المجالس المحلية الأدنى من قبل مجلس المحافظة، ذلك أن عبارة مخالفة الدستور والقوانين تتيح في الواقع الفرصة لمجلس المحافظة في ممارسة صلاحيتها في حل هذه المجالس، فلو افترضنا أن مجلس قضاء معين أصدر قراراً ما وكان مخالفاً للدستور فهل بإمكان مجلس المحافظة تقدير ذلك أو بعبارة أخرى هل من مهمة مجلس المحافظة النظر في دستورية مثل هذه القرارات، وكذلك الحال إذا كان قرار المجلس المحلي مخالفاً للقانون فليس من مهمة مجلس المحافظة أيضاً التحقق من مشروعية هذا القرار ولذلك كان الأولى أن يعطى مجلس المحافظة صلاحية الاعتراض على قرارات المجالس المحلية أمام محكمة القضاء الإداري وفقاً للقواعد العامة.

ثانياً/ السلطات الرقابية التي يمارسها رؤساء الوحدات الإدارية، يمكن تقسيم السلطات الرقابية التي يمارسها رؤساء الوحدات الإدارية الوحدات الإدارية إلى ثلاثة أمور :-

أ- دور رؤساء الوحدات الإدارية في حل المجالس المحلية :

ذكرنا فيما سبق أن المشرع منح مجلس النواب صلاحية حل مجلس المحافظة ولا يتسنى لمجلس النواب القيام بذلك إلا بناءً على طلب مقدم من المحافظ أو ثلث أعضاء المجلس[2].

أما بالنسبة لحل مجلس القضاء والناحية فقد اشترط المشرع كما رأينا سابقاً أن يكون حل هذين المجلسين من قبل مجلس المحافظة بناءً على طلب من القائمقام بالنسبة لمجلس القضاء ومدير الناحية بالنسبة لمجلس الناحية[3].

---

(1) المادة (20 / أولاً) وقانون المحافظات غير المنتظمة في إقليم رقم 21 لسنة 2008.

(2) المادة (20 / ثانياً) وقانون المحافظات غير المنظمة في إقليم قرار 21 لسنة 2008 المعدل.

(3) المادة (20 / أولاً) وقانون المحافظات غير المنتظمة في إقليم قرار 21 لسنة 2008 المعدل.

ويلاحظ في هذا الشأن أن رؤساء الوحدات الإدارية (المحافظ والقائمقام ومدير الناحية) يمارسون في الواقع رقابة غير مباشرة على مجالسهم المحلية، فقرار حل هذه المجالس يتوقف على الطلب الذي يقدمونه في هذا الشأن على الرغم من منح أعضاء المجالس المحلية في تقديم هذه الطلبات أيضاً.

ب - دور رؤساء الوحدات الإدارية ذات المستوى الأعلى في إقالة رؤساء الوحدات الإدارية ذات المستوى الأدنى :

حيث منح المشرع في قانون المحافظات غير المنتظمة في إقليم المحافظ سلطة رقابية على القائمقام تتمثل بحقه في تقديم مقترح أو طلب إقالته إلى مجلس القضاء[1].

وكذلك يمارس القائمقام الدور ذاته بالنسبة لإقالة مدير الناحية [2].

ومن الملاحظ في هذا الصدد أن دور رؤساء الوحدات الإدارية سواء في طلب حل المجالس المحلية أم في إقالة رؤساء الوحدات الإدارية الأدنى لا يتعدى دوراً رقابياً مباشراً وإنما يمثل وسيلة رقابية غير مباشرة على اعتبار أن الكلمة الأخيرة في هذا الشأن ستكون لمجلس النواب بالنسبة لحل مجلس المحافظة، وللأخير فيما يتعلق بحل مجلسي القضاء والناحية وبالنسبة لقرار إقالة القائمقام فستكون الكلمة لمجلس القضاء ومجلس الناحية فيما يتعلق بإقالة مدير الناحية.

ج- رقابة المحافظ على قرارات المجالس المحلية :

منح المشرع العراقي في قانون المحافظات غير المنتظمة في إقليم رقم 21 لسنة 2008 المعدل المحافظ صلاحية الاعتراض على القرارات الصادرة عن مجلس المحافظة والمجالس المحلية الأخرى كمجلس القضاء والناحية، حيث نصت المادة

---

(1) حيث نصت المادة (8 / ثالثاً/ 2) وقانون المحافظات غير المنتظمة في إقليم على أن لمجلس القضاء «إقالة القائمقام بالأغلبية المطلقة... بناءً على طلب..... المحافظ...».

(2) هذا ما جاء في المادة (12 / ثالثاً / 2) من قانون المحافظات غير المنتظمة في إقليم والتي منحت مجلس الناحية اختصاص «... إقالة مدير الناحية بالأغلبية المطلقة لعدد أعضاءه بناءاً على طلب من..... القائمقام....».

(31) فقرة (أحد عشر / 1) منه على أن «للمحافظ الاعتراض على قرارات مجلس المحافظة أو المجلس المحلي في الحالات الآتية :

أ) إذا كانت مخالفة للدستور أو القوانين النافذة.

ب) إذا لم تكن من اختصاصات المجلس.

ج) إذا كانت مخالفة للخطة العامة للحكومة الاتحادية أو للموازنة.

وأشار البند (2) من الفقرة المذكورة آنفاً على أن «يقوم المحافظ بإعادة القرار إلى المجلس المعني خلال مدة أقصاها (خمسة عشر يوماً) من تاريخ تبليغه به، مشفوعاً بأسباب اعتراضه وملاحظاته».

وأما البند (3) من الفقرة ذاتها ذهبت إلى انه «إذا أصر المجلس المعني على قراره، وإذا عدّل فيه دون إزالة المخالفة التي بينها المحافظ، فعليه إحالته إلى المحكمة الاتحادية للبت في الأمر».

من خلال النصوص المتقدمة يتضح أن المشرع العراقي أراد أن يقيم رقابة متبادلة بين المحافظ ومجلس المحافظة الذي يتولى انتخاب المحافظ ويتولى أيضاً إقالته كما ذكرنا سابقاً، ومن ثم فإن هذه الرقابة المتبادلة التي أراد المشرع أن يحققها لم تكن موفقة ذلك أن منح المحافظ صلاحية الاعتراض على قرارات مجلس المحافظة تخالف المنطق القانوني في رأي بعض الفقهاء الذي نتفق معه على اعتبار ان المحافظ منتخب من مجلس المحافظة وهو خاضع لرقابته الذي بإمكانه مسائلته وإقالته، فكيف يكون المحافظ في الوقت نفسه رقيباً على مجلس المحافظة بأن تكون له صلاحية الاعتراض على قراراته [1].

ولقد بينا فيما سبق أن المشرع الفرنسي عندما منح المحافظ صلاحية الاعتراض على قرارات المجلس العام للمحافظة أمام القضاء الإداري فإن هذه الصلاحية منطقية، على اعتبار أن المحافظ في فرنسا وهو المعيّن من السلطة الإدارية المركزية لم يعد له دور تنفيذي بعد صدور قانون حقوق وحريات البلديات والمحافظات والأقاليم رقم 213 لسنة 1982 حيث أسندت بموجبه مهمة تنفيذ قرارات المجلس العام للمحافظة إلى رئيس المجلس العام للمحافظة[2].

---

(1) د. ماهر صالح علاوي الجبوري، المصدر السابق، ص 112.

(2) ينظر الصفحة (166) من الأطروحة.

ولو فرضنا جدلاً بإمكانية ممارسة المحافظ صلاحية الاعتراض على قرارات مجلس المحافظة، لماذا منحه المشرع أيضاً الاعتراض على قرارات مجلسي القضاء والناحية ثم أين دور القائمقام ومدير الناحية !.

من جانب آخر نجد من خلال النص المذكور آنفاً، أن المحافظ في بادئ الأمر يقوم بإعادة القرار إلى المجلس المحلي المعني لغرض إزالة المخالفة وهذا في الواقع بمثابة الدور الذي يلعبه مجلس الرئاسة والذي تم العمل به لدورة واحدة وفقاً للدستور[1].

لكن هذه المقارنة لم تكن مشابه تماماً، وذلك إن المحافظ له إحالة قرار المجلس المحلي المعترض عليه في حال إصرار الأخير على عدم تعديله أو إزالة المخالفة إلى المحكمة الاتحادية العليا في الوقت الذي كان على المشرع طالما جاء بهذه المقارنة أن يجعل إصرار المجلس المحلي على إصدار قراره وفقاً للأغلبية المطلقة لعدد أعضاءه كما هو الحال بالنسبة لحالة اعتراض مجلس الرئاسة عن قوانين السلطة التشريعية[2].

ومن جهة أخرى لماذا جعل المشرع اعتراض المحافظ على قرارات المجالس المحلية أمام المحكمة الاتحادية العليا وهي محكمة قضاء دستوري كما رأينا سابقاً، فكان الأولى أن يكون الاعتراض مقدماً أمام محكمة القضاء الإداري كونها المختص في الواقع بالنظر في صحة القرارات الإدارية.

---

(1) نصت المادة (138/ أولاً) من الدستور النافذ لعام 2005 «يحل تعبير (مجلس الرئاسة) محل تعبير (رئيس الجمهورية) اينما ورد في هذا الدستور، ويعاد العمل بالأحكام الخاصة برئيس الجمهورية، بعد دورة لاحقة واحدة لنفاذ هذا الدستور.....). ونصت الفقرة (خامساً / ب) من المادة ذاتها على أنه «في حالة عدم موافقة مجلس الرئاسة، تعاد القوانين والقرارات إلى مجلس النواب لإعادة النظر في النواحي المعترض عليها....».

(2) حيث نصت الفقرة (خامساً / ج) من المادة (138) من الدستور النافذ على أنه «في حال عدم موافقة مجلس الرئاسة على القوانين والقرارات ثانية، خلال عشرة أيام... تعاد إلى مجلس النواب، الذي له أن يقرها بأغلبية ثلاثة أخماس عد أعضائه، غير قابلة للاعتراض، ويعد مصادقاً عليها».

الفرع الثالث

رقابة الهيئات المستقلة

إذا كان الدستور النافذ لعام 2005، قد منع خضوع مجلس المحافظة لرقابة وإشراف السلطة الإدارية المركزية[1]، فإن قانون المحافظات غير المنتظمة في إقليم رقم 21 لسنة 2008 المعدل قد أشار صراحة على خضوع المجالس المحلية لرقابة الهيئات المستقلة، فقد نصت المادة (47) من قانون المحافظات المذكور أعلاه على أن «تخضع دوائر المحافظة لرقابة وتدقيق ديوان الرقابة المالية وفروع الهيئات المستقلة المشكلة بموجب أحكام الدستور».

ومن خلال النص المذكور نجد أن رقابة الهيئات المستقلة تتمثل برقابة ديوان الرقابة المالية ورقابة هيئة النزاهة باعتبارها من الهيئات المستقلة المشكلة وفقاً للدستور، وعلى هذا الأساس سنتناول الرقابة التي يمارسها ديوان الرقابة المالية ورقابة هيئة النزاهة في النقاط الآتية :-

أولاً : رقابة ديوان الرقابة المالية

تمتد جذور الرقابة المالية في العراق إلى بداية نشوء، أو تأسيس الدولة العراقية الحديثة عام 1921، فقد صدر قانون الحسابات العامة رقم 17 لسنة 1927 الذي تم بموجبه تأسيس دائرة تدقيق الحسابات العامة التي عرفت فيما بعد باسم ديوان مراقب الحسابات العام، ثم أطلق عليها تسمية ديوان الرقابة المالية بموجب القانون رقم 42 لسنة 1968 والذي حمل هذه التسمية، وبعد ذلك صدر قانونين لديوان الرقابة المالية حلّ أحدهم محل الآخر وهما قانون ديوان الرقابة المالية رقم (194) لسنة 1980 وقانون رقم 6 لسنة 1990[2].

---

(1) حيث نصت الفقرة خامساً من المادة(122) من دستور عام 2005 على أن «لا يخضع مجلس المحافظة لسيطرة أو إشراف أية وزارة أو أية جهة غير مرتبطة بوزارة وله مالية مستقلة».

(2) لمعرفة المزيد عن مراحل نشأة ديوان الرقابه المالية في العراق سيروان عدنان ميرزا الزهاوي، الرقابة المالية على تنفيذ الموازنة العامة في القانون العراقي، الطبعة الأولى، منشورات الدائرة الإعلامية في مجلس النواب العراقي، 2008، ص 131، وما بعدها.

وقد صدر قانون جديد لديوان الرقابة المالية ذي الرقم 31 لسنة 2011 والذي عرّف الديوان في المادة (الخامسة) منه على أنه «... هيئة مستقلة مالياً وإدارياً له شخصية معنوية ويُعد أعلى هيئة رقابية مالية يرتبط بمجلس النواب يمثله رئيس الديوان أو من يخوله»[1].

ويتولى ديوان الرقابة المالية عدد من المهام أهمها رقابة وتدقيق حسابات ونشاطات الجهات الخاضعة للرقابة والتحقق من سلامة التصرف في الأموال العامة وفاعلية تطبيق القوانين والأنظمة والتعليمات ويشمل ذلك فحص وتدقيق معاملات الإنفاق العام للتأكد من سلامتها وعدم تجاوزها الاعتمادات المقررة لها في الموازنة واستخدام الأموال العامة[2].

ويملك ديوان الرقابة عند ممارسة دوره الرقابي على الجهات الخاضعة لرقابته ومنها المجالس المحلية ومكاتب رؤساء الوحدات الإدارية عدداً من الصلاحيات والتي من أهمها الاطلاع على كافة الوثائق والمعاملات والأوامر والقرارات ذات العلاقة بمهام الرقابة والتدقيق حيث يملك إجراء الجرد الميداني أو الإشراف عليه والحصول على جميع الإيضاحات والمعلومات من المستويات الإدارية والفنية في حدود ما هو لازم لأداء مهامه[3].

ولديوان الرقابة المالية عند اكتشاف مخالفة أن يطلب من المفتش العام، أو هيئة النزاهة إجراء التحقيق واتخاذ الإجراءات اللازمة[4].

ثانياً : رقابة هيئة النزاهة

تُعدّ هيئة النزاهة من الهيئات الرقابية الجديدة التي تم تأسيسها بعد عام 2003، لتتولى مكافحة الفساد المالي والإداري، وقد أنشأت أول مرة بموجب أمر سلطة الائتلاف المؤقتة (المنحلّة) رقم 55 لسنة 2004، وقد نص الدستور الدائم

---

(1) من الجدير بالذكر أن الدستور النافذ لعام 2005، قد عدّ في المادة (103 / أولاً) «... كل من البنك المركزي العراقي، وديوان الرقابة المالية، ... هيئات مستقلة مالياً وإدارياً...».

(2) المادة (6 / أولاً / أ) من قانون ديوان الرقابة المالية رقم 31 لسنة 2011 النافذ.

(3) المادة (13 فقرة أولاً) من قانون ديوان الرقابة المالية رقم 31 لسنة 2011 النافذ.

(4) المادة (14) من قانون ديوان الرقابة المالية رقم 31 لسنة 2011 النافذ.

لعام 2005، على عدّ هيئة النزاهة من بين الهيئات المستقلة، حيث جاء ذلك في المادة (102) منه على أن «تُعد المفوضية العليا لحقوق الإنسان، والمفوضية العليا المستقلة للانتخابات، وهيئة النزاهة، هيئات مستقلة تخضع لرقابة مجلس النواب، وتنظم أعمالها بقانون».

واستناداً إلى هذا النص الدستوري صدر قانون هيئة النزاهة رقم 30 لسنة 2011، وقد بين هذا القانون أن هيئة النزاهة هي «... هيئة مستقلة، تخضع لرقابة مجلس النواب، لها شخصية معنوية، واستقلال مالي وأداري...»[1].

وتعمل هيئة النزاهة على المساهمة في منع الفساد ومكافحته، واعتماد الشفافية في إدارة شؤون الحكم على جميع المستويات من خلال التحقيق في قضايا الفساد طبقاً لأحكام هذا القانون، بواسطة محققين تحت إشراف قاضي التحقيق المختص[2].

وتملك هيئة النزاهة من أجل القيام بعملها صلاحية التحقيق في أي (قضية فساد) بواسطة أحد محققيها تحت إشراف قاضي التحقيق المختص[3].

ومن اجل تفعيل عمل هيئة النزاهة في مكافحة الفساد أوجب المشرع في قانون النزاهة النافذ قاضي التحقيق أن يودع أي قضية فساد تختار الهيئة إكمال التحقيق

─────────────────

(1) المادة (2) من قانون هيئة النزاهة رقم 30 لسنة 2011.

(2) المادة (3، الفقرة أولاً) من قانون هيئة النزاهة رقم 30 لسنة 2011 ؛ وقد أشارت الفقرة ثانياً من المادة ذاتها على أن للهيئة «متابعة قضايا الفساد التي لا يقوم محققو الهيئة بالتحقيق فيها عن طريق ممثل قانوني عن الهيئة بوكالة رسمية تصدر عن رئيسها» ؛ كما وأشارت الفقرة ثالثاً من المادة ذاتها أيضا على أن الهيئة تعمل على «تنمية الثقافة في القطاعين العام والخاص تقدر الاستقامة والنزاهة الشخصية واحترام أخلاقيات الخدمة العامة....». ؛ وأشارت الفقرة رابعاً على أن الهيئة تعمل على «إعداد مشروعات قوانين فيما يساهم في منع الفساد أو مكافحته...»، ونصت الفقرة خامساً أن الهيئة تعمل على «تعزيز ثقة الشعب العراقي بالحكومة عبر إلزام المسؤولين فيها بالكشف عن ذممهم المالية، وما لهم من أنشطة خارجية واستثمارات وموجودات وهبات، أو منافع كبيرة قد تؤدي إلى تضارب المصالح، بإصدار تعليمات تنظيمية لها قوة القانون بما لا يتعارض معه....».

(3) المادة (11 / أولاً) من قانون هيئة النزاهة رقم 30 لسنة 2011.

فيها إلى أحد محققي دائرة التحقيقات في الهيئة أو أحد محققي مكاتبها، ولهيئة النزاهة الطعن بطريق التمييز بقرار قاضي التحقيق الرافض لهذا الأمر لأي سبب[1].

ومن الإجراءات المهمة التي تتبعها هيئة النزاهة في مكافحة الفساد تطبيق قانون (من أين لك هذا) من خلال إلزام الأشخاص الذين أوجب المشرع عليهم تقديم تقرير الكشف عن الذمة المالية[2].

ولهيئة النزاهة إذا ما رأت بوجود كسب غير مشروع لدى الأشخاص المكلفين بتقديم تقارير كشف ذممهم المالية إحالة الشخص المعني إلى قاضي التحقيق ضمن اختصاصه المكاني لغرض إثبات مصادر مشروعه للزيادة التي ظهرت في أموال زوجته أو في أموال احد أولاده خلال مدة لا تقل عن 90 يوماً[3].

وفي حال تخلّف الشخص المعني أو عجزه عن إثبات مصادر مشروعة للزيادة في أمواله بعد تكليفه من قاضي التحقيق، يعاقب بالحبس وبغرامة مساوية لقيمة الكسب غير المشروع أو بإحدى هاتين العقوبتين ومصادر الكسب غير المشروع مع مراعاة العقوبات المنصوص عليها في القوانين النافذة[4].

---

(1) المادة (11 / ثالثاً) من قانون هيئة النزاهة رقم 30 لسنة 2011.

(2) فقد نصت المادة (17) من قانون هيئة النزاهة رقم 30 لسنة 2011 على أن «يكون كل شخص يشغل أحد الوظائف أو المناصب التالية مكلفاً بتقديم تقرير الكشف عن الذمة المالية: أولاً :- رئيس الجمهورية ونوابه، ثانياً - أعضاء السلطة التشريعية، ثالثاً - رئيس الوزراء ونوابه والوزراء ومن هم بدرجتهم ووكلائهم والموظفين بدرجة خاصة، رابعاً - رئيس مجلس القضاء الأعلى والقضاة، خامساً، رؤساء الأقاليم ورؤساء وزراءها ووزراءها ووكلائهم، سادساً، المحافظون وأعضاء مجالس المحافظات.....»، ويلاحظ في هذا الشأن أن المشرع لم يذكر رؤساء الوحدات الأخرى كالقائمقام ومدير الناحية وأعضاء المجالس المحلية في الاقضية والنواحي وإن كانت الفقرة ثاني عشر قد تركت لهيئة النزاهة الخيار في تحديد أي شخص تطالب فيه تقديم الكشف عن ذمته المالية حيث جاء= «فيها كل من ترى الهيئة ضرورة بالكشف عن ذممهم المالية» إلا أنه في تقديرنا لا يعدّ ذلك كافياً ولذلك كان الأحرى بالمشرع ذكر هذه الفئات المهمة وهم القائمقام ومدير الناحية وأعضاء المجالس المحلية في الاقضية والنواحي.

(3) المادة (19) من قانون هيئة النزاهة رقم 30 لسنة 2011.

(4) المادة (18) من قانون هيئة النزاهة ؛ وفي هذا الشأن بين التقرير السنوي لهيئة النزاهة لعام 2011 النسب المئوية لاستجابة رؤساء مجالس المحافظات وأعضاء مجالس المحافظات فضلاً=

يتضح مما تقدم أن الإدارة في العراق ممثلة بالمجالس المحلية ورؤساء الوحدة الإدارية فتخضع لرقابة هيئة النزاهة، وهي رقابة مهمة تسهم في الواقع إذا ما تم ممارستها وفقاً لما أقره المشرع في قانون النزاهة إلى مكافحة الفساد الإداري والمالي الذي استشرى في كل مؤسسات الدولة ومن ضمنها هيئات الإدارة المحلية، ويلاحظ في هذا الشأن أيضاً أنه كانت الرقابة التي يمارسها ديوان الرقابة المالية وهيئة النزاهة هي ذات طابع مالي إلا أن الإجراءات التي يتبعها ديوان الرقابة المالية في ممارسة مهامه قد تختلف نوعاً ما عن إجراءات هيئة النزاهة وإن كان عمل الأخيرة هو مكمل للأولى والدليل على ذلك أن المشرع في قانون ديوان الرقابة المالية أوجب على ديوان الرقابة المالية عند اكتشافه مخالفة ما إحالة الأمر إما إلى المفتش العام أو هيئة النزاهة للقيام بإجراء التحقيق اللازم.

= عن المحافظين، حيث ذكر التقرير أن نسبة التزام رؤساء مجالس المحافظات بتقديم تقارير الكشف عن ذممهم المالية وصلت إلى (93.3 ٪) فيما بلغت نسبة أعضاء مجالس المحافظات إلى 72.6 ٪، أما نسبة استجابة المحافظين فقد بلغت (93.3 ٪)؛ ينظر التقرير السنوي لهيئة النزاهة لعام 2011، منشور في الانترنيت على الموقع الآتي:

www.nazaha.org.com

تاريخ الزيارة 22\6\2012

الخاتمة

بعد أن تناولنا في هذه الأطروحة الإدارة المحلية في إطارها النظري والتطبيقي، يتوجب علينا عرض أهم النتائج التي توصلنا إليها في هذا الشأن، بالإضافة إلى عدد من التوصيات التي نجدها ضرورية ومن ثم ندعو من المشرع العراقي الأخذ بها.

أولا:- النتائج

1- أن الإدارة المحلية كتطبيق عملي لفكرة اللامركزية الإدارية. لم تكن وليدة اللحظة، ولذلك رأينا أن فكرتها موغلة في القدم، حيث ارتبطت بحياة الإنسان الذي لاستطيع العيش بمعزل عن أفراد الجماعة، ونجدها قد شكلت النواة الأولى لقيام الدولة.

2- تبين لنا ان الإدارة المحلية كنظام إداري وثيق الصلة برسوخ التجربة الديمقراطية على المستوى القومي، فكلما تأصلت الديمقراطية في الدولة نهجا" وممارسة، سينعكس أثرها الايجابي على نظام الإدارة المحلية.

3- خلط المشرع الدستوري العراقي في الدستور النافذ لعام **2005** بين التقسيمات التي تمثل الجزء المقابل للسلطات الاتحادية، وهي الأقاليم التي منحها ممارسة السلطات الثلاث التشريعية والتنفيذية والقضائية، وبين التقسيمات التي تمثل وحدات إدارية كالمحافظات التي جعل ممارسة مهامها وفقا لمبدأ اللامركزية الإدارية.

4- عامل الدستور النافذ لعام **2005**، المحافظات غير المنتظمة في إقليم مع الأقاليم على قدم المساواة في مسائل عديدة، وفي الوقت نفسه لم يساوي بينهما في مسائل أخرى.

5- لقد اتضح لنا أن أهم أسباب تداخل الاختصاصات وتعارضها في بعض الأحيان، بين السلطات الاتحادية والهيئات المحلية ممثلة بمجالس المحافظات والاقضية والنواحي، هو أن المشرع الدستوري في الدستور النافذ لعام **2005**، لم يكن موفقا في إتباع المعيار الدقيق في تمييز المصالح القومية عن المصالح المحلية، وقد وجدنا ان أفضل معيار يمكن الاستناد إليه في هذا الشأن، هو معيار

أهمية النشاط بالنسبة للدولة ككل، ولغرض تعزيز هذا المعيار وتأكيدا لأهميته فقد أضفنا إلى هذا المعيار ضابط احتكار المرفق العام، فاذا كان احتكار إدارة المرفق العام من قبل مجلس معين يترتب عليه إضرار لمصالح الدولة ككل أو فوات منفعة للوحدات الإدارية الأخرى، فلا يمكن ان يكون هذا المرفق العام إلا مرفقا قوميا، ومن ثم يجب على السلطة الإدارية المركزية وحدها فقط تولي أمر إدارته.

6- من التطورات التي جاء بها الدستور النافذ لعام 2005 وقانون المحافظات غير المنتظمة في إقليم رقم21لسنة 2008 المعدل، إنهما اقرّا تشكيل المجالس المحلية عن طريق الانتخاب حصرا، حيث يتم انتخاب جميع أعضاء المجالس المحلية دون ان يكون هنالك أعضاء معينين من السلطة الإدارية المركزية.

7- من التطورات الأخرى المهمة التي جاء بها الدستور النافذ لعام 2005 وقانون المحافظات غير المنتظمة في إقليم رقم21لسنة 2008 المعدل، هي إسناد الجانب التنفيذي للمجالس المحلية إلى رؤساء الوحدات الإدارية (المحافظ و القائمقام ومدير الناحية)، والذين يتم انتخابهم من قبل المجالس المحلية، في الوقت الذي كانت مهمة تنفيذ قرارات المجالس المحلية في قانون المحافظات الملغي رقم 159 لسنة 1969 تسند إلى رؤساء الوحدات الإدارية الذين يتم تعيينهم من السلطة الإدارية المركزية، وبذلك تكاملت أطراف الإدارة المحلية وأصبحت جميعها منتخبة سواء تمثلت بالمجالس المحلية التي تمارس المهام التقريرية أم برؤساء الوحدات الإدارية الذين المهام التنفيذية في هذا الشأن.

8- أن النظام الانتخابي الذي اقره المشرع في قانون انتخاب مجالس المحافظات والاقضية والنواحي رقم 36 لسنة 2008 لم يكن موفقا فضلا عن مخالفته لمبدأ المساواة ذلك انه جاء محابيا لمرشح الكتل السياسية الكبيرة على حساب المرشحين المستقلين من أصحاب القوائم المنفردة.

9- ان عد المشرع العراقي في قانون المحافظات غير المنتظمة في إقليم رقم 21 لسنة 2008 المعدل، مجلس المحافظة أعلى سلطة تشريعية في المحافظة، يمثل في الواقع مخالفة صريحة لنصوص الدستور النافذ الذي منح المحافظات

الصلاحيات وفقا لمبدأ اللامركزية الإدارية و الذي يقتصر على ممارسة الوظيفة الإدارية فقط دون الوظيفتين التشريعية والقضائية.

10- لقد تبين أن منع المشرع الدستوري والعادي خضوع المجالس المحلية لرقابة وإشراف السلطة الإدارية المركزية مرده وجود تخوف من عودة الاستبداد في حال تم تقوية دور السلطة الإدارية المركزية، ومع ذلك فهو لا يخل في الواقع بقيام نظام الإدارة المحلية، ذلك أن الركن الثالث الذي يجب أن يتوفر لقيام نظام الإدارة المحلية هو خضوع الهيئات المحلية للرقابة المجردة سواء كانت سياسية أم قضائية أم إدارية.

11- ان تحديد نوع ودرجة الرقابة التي تمارس على الإدارة المحلية في أية دولة ،مرهون بطبيعة الظروف السياسية والاقتصادية والاجتماعية المحيطة بها.

12- على الرغم من أهمية رقابة مجلس النواب على المجالس المحلية و التي نص عليها قانون المحافظات غير المنتظمة في إقليم، إلا أن طبيعة هذه الرقابة التي تتحكم فيها مجموعة من الاعتبارات تتعلق بإجراءات انعقاده وطبيعة عمله، تجعل من هذه الرقابة غير فعّالة، ذلك أن مجلس النواب مؤلف من كتل سياسية مختلفة تسهم بشكل أو بأخر في تعطيل الدور الرقابي لمجلس النواب،والذي ينطبق أيضا على رقابة الحكومة الاتحادية.

13- تبين لنا ان طبيعة النظام الإداري الذي أرساه المشرع في الدستور النافذ لعام 2005 وقانون المحافظات غير المنتظمة في إقليم رقم21 لسنة 2008 المعدل،قد جاء مشوه المعالم وبشكل ينتابه الغموض، فقد جعل نظام اللامركزية الإدارية الذي اقره للمحافظات غير المنتظمة في إقليم يقترب إلى حدا ما إلى نظام اللامركزية السياسية وتطبيقها العملي الممثل بالنظام الاتحادي (الفيدرالي)، في جعل الأقاليم الفيدرالية تقترب من حيث مركزها القانوني إلى الكونفدرالية أكثر منه إلى الفيدرالية.

ثانيا :- التوصيات

سنوزع التوصيات أو المقترحات الخاصة على الموضوعات الرئيسة للأطروحة :.

أ - تشكيل الإدارة المحلية في العراق :

1- نوصي بإعادة النظر في التقسيم الإداري لجمهورية العراق وذلك من خلال تعديل المادة 116 من الدستور النافذ لعام 2005 والتي نصت على «يتكون النظام الاتحادي في جمهورية العراق من عاصمة وأقاليم ومحافظات لامركزية وإدارات محلية» لتكون على النحو الأتي :-

فقرة (أ) :

يتكون النظام الاتحادي في جمهورية العراق من السلطات الاتحادية وسلطات الأقاليم.

فقرة (ب) :

تنقسم جمهورية العراق على محافظات تدار وفقا لمبدأ اللامركزية الإدارية.

2- نظرا لسكوت المشرع عن معالجة فرضية حق المحافظة التي يتكون منها الإقليم في فك ارتباطها منه والرجوع إلى صيغة المحافظة اللامركزية أو أن تكون إقليم مستقل، نوصي بإضافة فقرة جديدة إلى المادة الثانية من قانون الإجراءات التنفيذية الخاصة بتكوين الأقاليم رقم13 لسنة 2008 لتكون على النحو الأتي:-

- لكل محافظة من المحافظات التي يتكون منها الإقليم فك ارتباطها منه والرجوع إلى صيغة المحافظة التي تدار وفقا لمبدأ اللامركزية الإدارية، كما يكون لهذه المحافظة أو أكثر تكوين إقليم جديد وفقا للإجراءات التي حددتها الفقرتين أولا وثانيا أعلاه.

3- نقترح تعديل الفقرة الأولى من المادة 122 من الدستور النافذ لعام 2005 التي نصت على أن «تتكون المحافظات من عدد من الاقضية والنواحي والقرى» لتكون على النحو الأتي :-

- تنقسم المحافظة على أقضية ، والاقضية على نواحي. — وذلك لعدم دقة صياغتها

4- لأهمية العاصمة بغداد وحتى لا يكون هنالك تداخل بين الحدود البلدية للعاصمة والحدود الإدارية لمحافظة بغداد وما يترتب عليه من حصول نتائج غير منطقية تتمثل بإمكانية محافظة بغداد بحدودها الإدارية تكوين إقليم دون الحدود البلدية للعاصمة رغم أن الأخيرة تدخل ضمن حدود المحافظة، نقترح على المشرع عند إصداره قانون العاصمة استنادا للمادة 124 ثانيا من الدستور النافذ لعام 2005 ان تكون بغداد بحدودها البلدية الحالية عاصمة العراق، وجعل انتخاب أمين العاصمة بالانتخاب العام المباشر من قبل سكان العاصمة حصرا وفق نظام الانتخاب الفردي وبالأغلبية، لمدة خمس سنوات قابلة للتجديد، وتتكون محافظة بغداد من جميع الوحدات الإدارية خارج الحدود البلدية للعاصمة والتي تشمل ثلاثة أقضية، هي أبو غريب، والمدائن، والمحمودية.

5- نقترح بإضافة عبارة (من بين أعضاء المجلس) إلى المادة 7 فقرة أولا والتي نصت على «انتخاب رئيس المجلس ونائبه بالأغلبية المطلقة......» لتكون على النحو الأتي:-

- انتخاب رئيس المجلس ونائبه من بين أعضاء المجلس بالأغلبية المطلقة......، ويشمل ذلك انتخاب رئيس مجلس القضاء والناحية.

6- من اجل إيجاد وسيلة رقابية غير مباشرة على رؤساء المجالس المحلية تغنينا عن البحث عن أسباب إقالتهم من منصبهم، نوصي بإضافة فقرة جديدة إلى المادة 7 من قانون المحافظات غير المنتظمة في إقليم على النحو الأتي :-

- يكون انتخاب رئيس مجلس المحافظة ونائبه لمدة سنتين قابلة للتجديد.

و يتم كذلك تحديد مدة رئاسة مجلسي القضاء والناحية لمدة سنتين قابلة للتجديد ايضا.

7- للحكمة نفسها أعلاه، نوصي بإضافة فقرة جديدة إلى المادة 26 من قانون المحافظات غير المنتظمة في إقليم تنص على أن :- يكون انتخاب المحافظ ونائبيه لمدة سنتين قابلة للتجديد.وهذا الأمر يشمل القائممقام ومدير الناحية.

8- ندعو المشرع العراقي تعديل المادة الخامسة فقرة أولا من قانون انتخاب مجالس المحافظات والاقضية والنواحي رقم 36 لسنة 2008 والتي نصت على «يشترط في الناخب أن يكون :- أولا –عراقي الجنسية»، لتكون على النحو الأتي:-

- عراقي الجنسية، ولا يتمتع غير العراقي الذي يحصل على الجنسية العراقية بطريق التجنس بحق الانتخاب قبل مضي خمس سنوات من تاريخ اكتسابه الجنسية العراقية.

والسبب هو من اجل التأكد من جدارته وصدق ولاءه وانتماءه للعراق.

9- لحداثة التجربة الديمقراطية في العراق، ومن اجل الحفاظ على حيادية عمل أفراد القوات المسلحة والمؤسسات الأمنية، ولتجنب تسييسها، نوصي المشرع العراقي إلى إعفائهم من حق الانتخاب طالما كانوا مستمرين في الخدمة.

10- من اجل ضمان وصول الأكفاء لعضوية المجالس المحلية والارتقاء بها، نقترح تعديل الفقرة ثانيا من المادة الخامسة من قانون المحافظات غير المنتظمة في إقليم رقم 21 لسنة 2008 المعدل، والتي نصت على «أن يكون المرشح حاصل على الشهادة الإعدادية كحد أدنى أو ما يعادلها» لتكون على النحو الأتي:-

- ان يكون المرشح حاصل على الشهادة الجامعية الأولية كحد أدنى أو ما يعادلها، عند الترشح لعضوية مجلس المحافظة، ودرجة الدبلوم كحد أدنى أو ما يعادلها، عند الترشح لعضوية مجلس القضاء، و الشهادة الإعدادية كحد أدنى أو مايعادلها، عند الترشح لعضوية مجلس الناحية.

11- نوصي المشرع تعديل الفقرة خامسا من المادة الخامسة من قانون المحافظات غير المنتظمة في إقليم رقم 21 لسنة 2008 المعدل التي نصت على «أن لا يكون المرشح من أفراد القوات المسلحة أو المؤسسات الأمنية عند ترشحه» لتكون على النحو الأتي:-

- لا يجوز لأفراد القوات المسلحة أو المؤسسات الأمنية الترشح لعضوية المجالس المحلية قبل تقديمهم الاستقالة وقبولها من مراجعهم المختصة.

وذلك حتى لايتم استغلال المرشحون لمواقعهم في القوات المسلحة والمؤسسات الأمنية ويمارسوا التأثير على الناخبين.

12- نقترح على المشرع إضافة شرط جديد إلى جانب الشروط الواجب توفرها في المرشح لعضوية المجالس المحلية التي نصت عليها المادة الخامسة من قانون المحافظات غير المنتظمة في إقليم رقم 21 لسنة 2008 المعدل، وتكون كالأتي :-

- أن لا يكون المرشح ممن سبق وان تمت إقالته من عضوية مجلس محلي أو من رئاسة وحدة إدارية

13- نوصي المشرع بعدم الجمع بين نظام القائمة المفتوحة والقائمة المنفردة في انتخاب أعضاء المجالس المحلية والأخذ بأحدهما.

14- لما كان العمل في المجالس المحلية يعد من الأعمال الطوعية التي تقوم أساسا على خدمة أبناء الوحدات الإدارية، ونظرا لتزايد أعدادهم من دورة انتخابية إلى أخرى، فان منحهم الرواتب التقاعدية سيرهق الموازنة العامة للدولة، فضلا عن ذلك فان منحهم هذه الرواتب يمثل مخالفة لمبدأ دستوريه هو مبدأ المساواة بين المواطنين أمام القانون، نوصي المشرع بإلغاء منح الرواتب التقاعدية لأعضاء المجالس المحلية وكذلك رؤساء الوحدات الإدارية، والاكتفاء بمنحهم مكافأة شهرية يوقف صرفها بانتهاء الدورة الانتخابية.

ب- اختصاصات الإدارة المحلية في العراق

1- نظرا لعدم دقة المادة 111من الدستور النافذ لعام 2005 والتي نصت على أن«النفط والغاز هو ملك كل الشعب العراقي في كل الأقاليم والمحافظات»، نوصي بتعديلها لتكون على النحو الأتي :- الثروات الطبيعية بما فيه النفط والغاز هي ملك الشعب العراقي.

2- نوصي بجعل إدارة الثروات الطبيعية بما فيها حقول النفط والغاز ضمن الاختصاصات الحصرية للسلطات الاتحادية بشكل صريح، وذلك لتجنب أي خلاف في هذا الشان.

3- نقترح إلغاء الفقرة الرابعة من المادة 121 من الدستور النافذ لعام 2005 والتي نصت على أن «تؤسس مكاتب للأقاليم والمحافظات في السفارات والبعثات الدبلوماسية لغرض متابعة لشؤون الثقافية والاجتماعية الإنمائية»، وذلك لان

هذا الاختصاص يعد من الاختصاصات السيادية للسلطات الاتحادية التي لا ينبغي للأقاليم والمحافظات ممارستها.

4- نظرا لعدم وجود سند دستوري يمنح مجلس المحافظة السلطة التشريعية، نقترح تعديل المادة 2 فقرة أولا التي نصت على أن «مجلس المحافظة هو أعلى سلطة تشريعية ورقابية ضمن الحدود الإدارية للمحافظة لها حق إصدار التشريعات المحلية في حدود المحافظة بما يمكنها من إدارة شؤونها وفق مبدأ اللامركزية الإدارية بما لا يتعارض مع الدستور والقوانين الاتحادية» لتكون على النحو الأتي :-

- مجلس المحافظة هو أعلى سلطة تقريرية ورقابية ضمن الحدود الإدارية للمحافظة .

5 - نوصي بتعديل الفقرة ثالثا من المادة 7 من قانون المحافظات غير المنتظمة في إقليم رقم 21 لسنة 2008 المعدل التي نصت على أن مجلس المحافظة يختص ب «إصدار التشريعات المحلية والأنظمة والتعليمات لتنظيم الشؤون الإدارية والمالية بما يمكنها من أدارة شؤونها وفق مبدأ للامركزية الإدارية وبما لا يتعارض مع الدستور والقوانين الاتحادية» لتكون على النحو الأتي:-

- إصدار القرارات الإدارية لتنظيم الشؤون الإدارية والمالية بما يمكنها من أدارة شؤونها وفق مبدأ اللامركزية الإدارية وبما لا يتعارض مع الدستور والقوانين الاتحادية».

6- لكي لا يكون هنالك تداخل وتعارض بين اختصاصات الوزارات الاتحادية واختصاصات مجلس المحافظة، ندعو المشرع إلغاء الفقرة تاسعا البند 1 من المادة 7 من قانون المحافظات غير المنتظمة في اقليم رقم 21 لسنة 2008 المعدل التي نصت على منح مجلس المحافظة «المصادقة على ترشيح ثلاثة أشخاص لأشغال المناصب العليا في المحافظة وبالأغلبية المطلقة لعدد أعضاء المجلس وبناءً على اقتراح من المحافظة بما لا يقل عن خمسة وعلى الوزير المختص تعين أحدهم»، وكذلك الغاء البند 2 من الفقرة ذاتها والتي نصت على «إعفاء أصحاب المناصب العليا في المحافظة بالأغلبية المطلقة لأعضاء المجلس بناءاً

على طلب خمس عدد أعضاء المجلس أو بناءاً على اقتراح من المحافظ ولمجس الوزراء كذلك حق الإقالة باقتراح من الوزير المختص استناداً للأسباب الواردة في الفقرة (8) من هذه المادة». وجعل تعيين أصحاب المناصب العليا وإعفاءهم يتم خلال الوزراء المختصين.

7- إضافة فقرة جديدة إلى المادة 7 من قانون المحافظات غير المنتظمة في إقليم رقم 21 لسنة 2008 المعدل تمنح مجلس المحافظة صلاحية المصادقة على التصاميم الأساسية في المحافظة بالتنسيق مع الوزارات الاتحادية المختصة.

8- على الرغم من نفاذ القوانين وقرارات مجلس قيادة الثورة المنحل التي منحت رؤساء الوحدات الإدارية سلطات قاضي جنح، نوصي المشرع بالنص عليها صراحة في قانون المحافظات غير المنتظمة في إقليم رقم 21 لسنة 2008 المعدل، دفعا لأي اختلاف في هذا الشان.

9- نظرا لعدم تحديد الجهة التي تتولى تعيين معاوني المحافظ، نوصي بتعديل الفقرة ثالثا من المادة 33 من قانون المحافظات غير المنتظمة في إقليم رقم 21 لسنة 2008 المعدل التي نصت على

«يعين معاون المحافظ بدرجة مدير عام» لتكون على النحو الأتي :-

- يعين معاون المحافظ بدرجة مدير عام بقرار من المحافظ.

10- لما كان مجلس المحافظة لا يملك فرض الضرائب، نقترح اقتسام حصيلة الضرائب المفروضة في حدود المحافظة .

11- نوصي بتفعيل المادة 105 من الدستور النافذ لعام 2005 المتعلقة بتأسيس الهيئة العامة لضمان حقوق الأقاليم والمحافظات غير المنتظمة في اقليم.

12- نوصي بتفعيل المادة 106 من الدستور النافذ لعام 2005 المتعلقة بتأسيس هيئة عامة لمراقبة تخصيص الواردات الاتحادية.

ج - الرقابة على الإدارة المحلية في العراق

1- نقترح إفساح المجال أمام مجلس الوزراء لممارسة الطعن بالقرارات الصادرة من مجالس المحافظات ومن رؤساء الوحدات الإدارية أمام محكمة القضاء الإداري.

2- ندعو المشرع إلى إضافة فقرة جديدة إلى المادة 20 من قانون المحافظات غير المنتظمة في اقليم رقم 21 لسنة 2008 المعدل تكون على النحو الأتي :-

- لمجلس الوزراء حل المجالس المحلية على أن يخضع قرار الحل لمصادقة مجلس النواب.
3- نوصي بتعديل الفقرة ثانيا من المادة 2 من قانون المحافظات غير المنتظمة في إقليم رقم 21 لسنة 2008 المعدل التي نصت على أن «يخضع مجلس المحافظة والمجالس المحلية لرقابة مجلس النواب» لتكون على النحو الأتي :-
- يخضع مجلس المحافظة والمحافظ لرقابة مجلس النواب.
4- نوصي المشرع تعديل الفقرة ثامنا - 2- من المادة 7 من قانون المحافظات غير المنتظمة في إقليم رقم 21 لسنة 2008 المعدل التي نصت على «لمجلس النواب إقالة المحافظ بالأغلبية المطلقة بناءا على اقتراح رئيس الوزراء لنفس الأسباب المذكورة أعلاه»، لتكون على النحو الأتي :-
- لمجلس النواب إقالة المحافظ بالأغلبية المطلقة بناء" على طلب ثلث أعضائه أو بناء" على اقتراح مجلس الوزراء للأسباب المذكورة أعلاه. وذلك حتى لا تكون صلاحية مجلس النواب في إقالة المحافظ مرهونة باقتراح رئيس الوزراء.
5- نظرا لعدم إتاحة المشرع في قانون المحافظات غير المنتظمة في إقليم رقم 21 لسنة 2008 المعدل للقائم قام ومدير الناحية الحق بالطعن بقرار إقالتهما، ندعو المشرع إضافة البنود الآتية:-
أ- إضافة بند 3 إلى الفقرة ثالثا من المادة 8 من القانون المذكور تكون على النحو الأتي :-
- للقائمقام الطعن بقرار إقالته أمام محكمة القضاء الإداري خلال خمسة عشر يوما" من تأريخ تبليغه بالقرار، وعلى المحكمة البت في الطعن بالقرار خلال 30 يوما من تأريخ تسجيله لديها، على أن يستمر القائمقام بتصريف أعمال القضاء لحين البت في الطعن.
ب- إضافة بند 3 إلى الفقرة ثالثا من المادة 12 من القانون المذكور تكون كالأتي :-
- لمدير الناحية الطعن بقرار إقالته أمام محكمة القضاء الإداري خلال خمسة عشر يوما" من تأريخ تبليغه بالقرار، وعلى المحكمة البت في الطعن بالقرار

خلال **30** يوما من تأريخ تسجيله لديها، على ان يستمر مدير الناحية بتصريف أعمال الناحية لحين البت في الطعن.

6- نقترح تعديل الفقرة احد عشر من المادة **31** من قانون المحافظات غير المنتظمة في اقليم رقم **21** لسنة **2008** المعدل التي نصت في البند **1-** على أن «للمحافظ الاعتراض على قرارات مجلس المحافظة أو المجلس المحلي في الحالات الآتية :

أ) إذا كانت مخالفة للدستور أو القوانين النافذة.

ب) إذا لم تكن من اختصاصات المجلس.

جـ) إذا كانت مخالفة للخطة العامة للحكومة الاتحادية أو للموازنة.

وأشار البند (**2**) من الفقرة المذكورة آنفاً على أن «يقوم المحافظ بإعادة القرار إلى المجلس المعني خلال مدة أقصاها (خمسة عشر يوماً) من تاريخ تبليغه به، مشفوعاً بأسباب اعتراضه وملاحظاته».

وأما البند (**3**) من الفقرة ذاتها ذهبت إلى انه «إذا أصر المجلس المعني على قراره او إذا عدّل فيه دون إزالة المخالفة التي بينها المحافظ، فعليه إحالته إلى المحكمة الاتحادية العليا للبت في الأمر». لتكون على النحو الأتي:

1- للمحافظ الاعتراض على قرارات مجلس المحافظة إذا كانت مخالفة للدستور أو القوانين النافذة.

2- يقوم المحافظ بإعادة القرار إلى مجلس المحافظة خلال مدة أقصاها (خمسة عشر يوماً) من تاريخ تبليغه به، مشفوعاً بأسباب اعتراضه وملاحظاته.

3- «إذا أصر مجلس المحافظة على قراره او إذا عدّل فيه دون إزالة المخالفة التي بينها المحافظ، فله الطعن بعدم دستوريته أمام المحكمة الاتحادية العليا ، او الطعن بعدم مشروعيته أمام محكمة القضاء الإداري، وعلى المحكمتين البت في الطعن خلال **30** يوما من تأريخ تسجيله لديها.

7- منح القائمقام الصلاحية ذاتها أعلاه فيما يتعلق بالاعتراض على قرارات مجلس القضاء، وكذلك الحال بالنسبة لمدير الناحية.

قائمة المصـادر

أولا :- كتب الحديث

1- محمـد بـن إسماعيل أبـو عبـد البخـاري الجعفـي، صحيح البخـاري، الطبعـة الثالثة، دار ابن كثير، بيروت، 1987.

ثانيا :- المعاجم

1- ياقوت الحموي، معجم البلدان، دار صادر، بيروت، 1977

ثالثا :- الكتب العامة

1- أبـو الحسن علي بن حبيب البصري البغـدادي الماوردي، الأحكـام السلطانية والولايات الدينية، دار الكتب العلمية، بيروت، 1982.

2- أبـو يوسف يعقـوب بن إبراهيم، كتاب الخراج، دار المعرفة للطباعة والنشر، بيروت، بدون تاريخ.

3- القطب محمـد القطب طبلية، نظام الإدارة في الإسلام، الطبعـة الثانية، دار الفكر العربي، القاهرة، بدون تاريخ.

4- د.أيوب إبراهيم، التاريخ العباسـي السياسـي والحضاري، الشركة العالميـة للكتاب، ط2، بيروت، 2001.

5- د.حسن إبراهيم حسن، تاريخ الإسلام السياسي والديني والثقافي والاجتماعي، ا لجزء الأول، ط7، دار الأندلس للطباعة والنشر، 1964.

6- د.عبد الأمير الشهابي، المصطلحات العلمية واللغة العربية في القديم والحديث، الطبعة الثانية، مجمع اللغة العربية بدمشق، 1988.

7- عبـد الرحمـن البـزّاز، العراق مـن الاحتـلال إلى الاستقـلال، الطبعـة الثالثة، مطبعة العاني، 1967.

8- د.عبـد العزيـز سليمان نـوار، تاريخ العـراق الحديث، دار الكاتـب العربي للطباعة والنشر، القاهرة، 2006.

9- علـي محمد حسين، رقابة الأمة على الحكام، المكتب الإسلامي في بيروت، ومكتبة ألخاني بالرياض، 1988.

10- محمد احمد ممدوح العربي، دولة الرسول في المدينة، الهيئة العامة للكتاب، القاهرة، 1988.

11- د.محمـد فـاروق النبهـان، نظـام الحكـم في الإسـلام، مطبوعـات جامعـة الكـويت، 1987.

12- نجدة الخمّاش، الإدارة في العصر الأموي، دار الفكر، دمشق، 1980.

رابعا :- الكتب القانونية

1- د. إبراهيم عبد العزيز شيحا، النظم السياسية والقانون الدستوري، منشاة المعارف، الإسكندرية بدون تاريخ.

2- مبادئ النظم السياسية، الدول والحكومات، بيروت، 1982.

3- إحسان حميد ألمفرجي، د.كطران زغير نعمة، د. رعد ناجي الجّدة، النظرية العامة في القانون الدستوري في العراق، الطبعة الثانية، المكتبة القانونية، بغداد، 2007.

4- احمد إبراهيم علي الورتي، النظام الفدرالي بين النظرية والتطبيق، مكتبة التفسير، اربيل، العراق، 2008.

5- د.احمـد رشيـد، الإدارة المحلية، المفـاهيم العلمية ونمـاذج تطبيقيـة، الطبعـة الثانية، القاهرة، بدون تاريخ.

6- د.احمـد كمـال أبـو المجـد، دراسـات في الإدارة المحليـة، مكتبـة القاهرة الحديثة، 1968.

7- د. بكر قباني، القانون الإداري، دار النهضة العربية، القاهرة، 1985 .

8- الرقابة الإدارية، دار النهضة العربية، القاهرة، 1985.

9- بيار باكيت، النظام السياسي والإداري في فرنسا، ترجمة عيسى عصفور، منشورات عويدات، بيروت، باريس، الطبعة الأولى، 1983.

10- د. توفيق شحاتة، القانون الإداري، القاهرة، 1974.

11- د. ثروت بدوي، القانون الإداري، دار النهضة العربية، القاهرة، 1971.

12- جورج فيدول وبيار دلفولفيه، القانون الإداري، ترجمة منصور القاضي، الجـزء الثـاني، الطبعـة الأولى، المؤسـسة الجامعيـة للدراسـات والنـشر والتوزيع، ، 2008.

13- د.حسن السيد بسيوني، القضاء في المنازعات الإدارية، دار الفكر العربي، القاهرة1981.

14- حسين الرحال وعبد المجيد كمونه، الإدارة المركزية والإدارة المحلية في العراق، مطبعة عبد الكريم زاهد، بغداد، 1953.

15- د.حسن محمد عواضة، الإدارة المحلية وتطبيقها في الدول العربية، المؤسسة الجامعية للدراسات والنشر والتوزيع، بيروت، 1983.

16- د.حسيب عذاب ألسكيني، الموضوعات الخلافية في الدستور العراقي، مطابع الغدير، البصرة، 2008.

17- د.حمدي سليمان القبيلات، مبادئ الإدارة المحلية وتطبيقاتها في المملكة الأردنية الهاشمية، الطبعة الأولى، دار وائل للنشر، عمان، الأردن، 2010.

18- ....، الرقابة الإدارية والمالية على الأجهزة الحكومية، الطبعة الأولى، دار الثقافة، عمان، الأردن، 1998.

19- حميد ألساعدي، مبادئ القانون الدستوري وتطور النظام السياسي في العراق، دار الحكمة للطباعة والنشر، الموصل، 1990.

20- د.حنان محمد القيسي، د.طه حميد العنبكي، د.أسامة باقر مرتضى، شرح قانون المحافظات غير المنتظمة في إقليم رقم21 لسنة 2008، مؤسسة النور الجامعية، 2010.

21- د.خالد خليل الظاهر، القانون الإداري، دار المسيرة للنشر والتوزيع والطباعة، عمان، الاردن1998

22- د. خالد سمّاره الزعبي، القانون الإداري وتطبيقاته في المملكة الأردنية الهاشمية، ط2، دار الثقافة للنشر والتوزيع، عمان، الأردن، 1992.

23- ....تشكيل المجلس المحلية وأثرها على كفايتها في نظم الإدارة المحلية، ط3، دار الثقافة للنشر والتوزيع، عمان، الأردن، 1993.

24- د.خالد قباني، اللامركزية ومسالة تطبيقها في لبنان، منشورات البحر المتوسط ومنشورات عويدات، بيروت، باريس، 1981

25- راؤول بليندنباخر وابيغيل اوستان، حوار عالمي حول الفدرالية، منتدى

الاتحادات الفدرالية والرابطة الدولية لمركز الدراسات الفدرالية، كندا، 2007.

26- د. رفعت عيد سيد، مبادئ القانون الإدارية، دار النهضة العربية، القاهرة، 2003.

27- روبرت ماكيفر، تكوين الدولة، ترجمة حسن صعب، دار العلم للملايين، بيروت، بدون تاريخ.

28- د. زكي محمد النجار، الدستور والإدارة المحلية، دار النهضة العربية، 1995..

29- زهير الكايد، الحكمانية، قضايا وتطبيقات، المنظمة العربية للتنمية الإدارية، القاهرة، 2003

30- د. سامي جمال الدين، الرقابة على أعمال الإدارة، منشاة المعارف بالإسكندرية 2002.

31- د. سليمان الطماوي، شرح نظام الحكم الحلي الجديد، دار الفكر العربي، 1980.

32- .... مبادئ القانون الإداري، دار الفكر العربي، 2007.

33- سيروان عدنان ميرزا الزهاوي، الرقابة المالية على تنفيذ الموازنة العامة في القانون العراقي، الطبعة الأولى، منشورات الدائرة الإعلامية في مجلس النواب العراقي، 2008.

34- د. شاب توما منصور، القانون الإداري، الجزء الأول، جامعة بغداد، 1970.

35- د. شاهر سليمان الرواشدة، الإدارة المحلية في المملكة الأردنية الهاشمية، دار مجدلاوي للنشر والتوزيع، الأردن، 1986.

36- د. صبحي محرم و د.محمد فتح الله الخطيب، اتجاهات معاصرة في نظام الحكم المحلي، القاهرة، 1981.

37- صداع دحام طوكان الفهداوي، اختصاصات الوحدة الإدارية الإقليمية في العراق، الطبعة الأولى، المكتبة القانونية، بغداد، 2009.

38- د. صلاح الدين فوزي، النظم والإجراءات الانتخابية، دار النهضة العربية، 1984.

39 - صلاح صادق، الحكم المحلي في فرنسا، موسوعة الحكم المحلي الجزء الثاني، المنظمة العربية للعلوم الإدارية، 1977.

40- .... الحكم المحلي في انجلترا، موسوعة الحكم المحلي الجزء الثالث، المنظمة العربية للعلوم الإدارية، 1978.

41- د. طاهر الجنابي، علم المالية والتشريع المالي، كلية القانون، جامعة بغداد- بدون تاريخ.

42- د. طعيمة الجرف، القانون الإداري، دار النهضة العربية، القاهرة، 1978.

43- د. عبد الجليل هويدي، المالية العامة للحكم المحلي، دار الفكر العربي، القاهرة، 1983.

44- د. عبد الحميد المتولي، الأنظمة السياسية والمبادئ الدستورية العامة، القاهرة، 1957.

45- د. عبد الرزاق الشيخلي، الإدارة المحلية، الطبعة الأولى، دار الميسرة للنشر والتوزيع والطباعة، عمان، الأردن، 2001.

46- د. عبد العال الصكبان، مقدمة في علم الملية العامة والمالية العامة في العراق، الطبعة الأولى، مطبعة العاني، بغداد، 1972.

47- د. عبد العظيم عبد السلام، دور المجالس الشعبية في تنمية الوحدات الإقليمية، القاهرة، 1990

48- د. عبد الغني بسيوني، التنظيم الإداري، منشاة المعارف بالإسكندرية، 2004.

49- د. عبد المطلب احمد غانم، الإدارة المحلية، المنظمة العربية للتنمية الإدارية، 2004.

50- د. عبد المجيد حسيب القيسي، الإدارة المحلية في انكلترا، مطبعة الرابطة، بغداد، 1956.

51 - عبدو سعد، علي مقلّة، عصام نعمة إسماعيل، النظم الانتخابية، الطبعة الأولى، منشورات الحلبي الحقوقية، 2005.

52- د. عثمان خليل عثمان موجز القانون الدستوري، ط3، دار الفكر العربي، القاهرة، 1952

53- .... الإدارة العامة وتنظيمها، القاهرة، 1977.

54- د. عزت حافظ الأيوبي، مبادئ في نظم الإدارة المحلية، دار الطلبة العربي، بيروت، 1977.

55- د. علاء سليم العامري الإدارة المحلية، أهدافها، أركانها، موسوعة الثقافة القانونية، بغداد، 2008.

56- علاء صبري التميمي، قرارات وأراء المحكمة الاتحادية العليا، بغداد، 2009.

57- د. علي محمد بدير، د.عصام عبد الوهاب البرزنجي، د.مهدي ياسين السلاّمي، مبادئ وأحكام القانون الإداري، العاتك لصناعة الكتاب، القاهرة، 1993

58- د. علي مهدي حيدر، الإدارة العامة للألوية في الجمهورية العراقية، الطبعة الثانية، مطبعة الإرشاد، 1962.

59- د. فهمي محمود شكري، تعميق الديمقراطية للحكم المحلي في لندن للألفية الثالثة، دار مجدلاوي للنشر والتوزيع، عمان، 2000

60- د. فؤاد العطار، القانون الإداري، الطبعة الثالثة، دار النهضة العربية، 1971.

61- د. فؤاد العطار، د.علي محجوب، اختصاص المجالس المحلية ودورها في تنفيذ مشاريع التنمية، المنظمة العربية للعلوم الإدارية، 1970

62- د. كامل محمد ليلة، النظم السياسية، دار الفكر العربي، 1967.

63- كلود غيّو، النظام السياسي والإداري في بريطانيا، ترجمة عيسى عصفور، منشورات عويدات- بيروت، باريس، الطبعة الاولى1983

64- د. كمال عبد الرحمن الجرف، الضرائب والرسوم المحلية، دار الجامعات المصرية بالإسكندرية، المطابع العالمية، 1962.

65- د. ماجد راغب الحلو، الإدارة المحلية بين اللامركزية وعدم التركيز الإداري، المنظمة العربية للعلوم الإدارية، القاهرة، 1971.

66- .... القانون الإداري، والمطبوعات، الإسكندرية، 1987.

67- د. ماهر صالح علاوي الجبوري، الوسيط في القانون الإداري، دار ابن الأثير، جامعة الموصل، 2009.

68- د. محسن خليل، القضاء الإداري ورقابته على أعمال الرقابة، منشاة المعارف بالإسكندرية، 1961.

69- د. محمد أبو السعود حبيب، التنظيم القانوني للهيئات والمرافق العامة المحلية، دار الثقافة الجامعية، القاهرة، 1983.

70- محمد أبو ضيف باشا خليل، جماعات الضغط وتأثيرها على القرارات الإدارية والدولية، دار الجامعة الجديدة، 2008.

71- د. محمد احمد إسماعيل، مساهمة في النظرية القانونية للجماعات المحلية الإدارية، المكتب الجامعي الحديث، القاهرة، 2012.

72- د. محمد انس قاسم جعفر، التنظيم المحلي والديمقراطية، القاهرة، 1982.

73- د. محمد الهماوندي، الفدرالية والحكم الذاتي واللامركزية الإدارية الإقليمية، ط2، اربيل، العراق، 2001.

74- د. محمد حسين عبد العال، الإدارة العامة، دار النهضة العربية، القاهرة، 1982.

75- د. محمد صلاح عبد البديع السيد، نظام الإدارة المحلية في مصر، بين النظرية والتطبيق، الطبعة الأولى، دار النهضة العربية، القاهرة، 1996.

76- د. محمد عبد العال السناري، نظم وأحكام الوظيفة العامة والسلطة الإدارية والقانون الإداري في جمهورية مصر العربية، بدون دار نشر، بدون تاريخ.

77- د. محمود عاطف ألبنا، تنظيم الإدارة المحلية، مكتبة القاهرة الحديثة، 1969.

78- .... الوسيط في القانون الإداري، دار الفكر العربي، القاهرة، 1984.

79- د. محمد عبد الحميد أبو زيد، المرجع في القانون الإداري، دار النهضة العربية، 1993.

80- د. محمد علي الخلايلة، الإدارة المحلية، دار الثقافة للنشر والتوزيع، عمان، الأردن، 2009

81- د. محمد عمر مولود، الفدرالية وإمكانية تطبيقها لنظام سياسي والعراق أنموذجا، المؤسسة الجامعية للدراسات والنشر والتوزيع، ط1، بيروت، 2009.

82- د. محمد فؤاد مهنا، القانون الإداري العربي في ظل النظام الاشتراكي التعاوني، المجلد الأول، دار المعارف، القاهرة، 1964.

83- د. محمد محمد بدران، أسس تمويل الحكم المحلي ومصادره، دار النهضة العربية، القاهرة، 1983

84- .... الإدارة المحلية، دراسات في المفاهيم والمبادئ العلمية، دار النهضة العربية، القاهرة، 1986.

85- .... الحكم المحلي في المملكة المتحدة، دار النهضة العربية، 1991.

86- د. محمود منير الوتري، في القانون العام، المركزية واللامركزية، بغداد، 1976.

87- د. محمد محمود الطعامنه، د. سمير عبد الوهاب، الحكم المحلي في الوطن المصري واتجاهات التطوير، المنظمة العربية للتنمية الإدارية، 2005.

88- د. مدحت نجدت النهري، الإدارة المحلية بين المركزية واللامركزية، مكتبة الجلاء الحديثة بالمنصور، 2001.

89- د. مصطفى إبراهيم الزلمي، أصول الفقه الإسلامي في نسيجه الجديد، ، 1999.

90- د. مصطفى الجندي، الإدارة المحلية وإستراتيجيتها، منشاة المعارف بالإسكندرية، 1987.

91- ....المرجع في الإدارة المحلية، منشاة المعارف بالإسكندرية، 1997.

92- د. مصطفى عفيفي، الوسيط في مبادئ القانون الإداري المصري والمقارن، الكتاب الأول، الطبعة الأولى، القاهرة، 1986

93- د. مصطفى فهمي، الحكومات المحلية في أطار الدولة، المنظمة العربية للعلوم الإدارية، بدون تاريخ.

94- د. منذر الشاوي، القانون الدستوري، الجزء الأول، الطبعة الثانية، العاتك لصناعة الكتاب، القاهرة، 2007.

95- د. هاني خاشقجي، د.عبد المعطي عسّاف، مبادئ الإدارة المحلية وتطبيقاتها في المملكة العربية السعودية، الرياض، 1983.

96- د.هاني علي الطهراوي، قانون الإدارة المحلية، الحكم المحلي في الأردن وبريطانيا، دار الثقافة للنشر والتوزيع، عمان، الأردن، 2004.

97- وزارة العدل العراقية، قرارات شورى مجلس الدولة الصادرة في ضوء قانون المحافظات غير المنتظمة في إقليم رقم 21 لسنة، 2010.

خامسا :- الرسائل والاطاريح

1- .... أمير عبدا لله احمد عبود، اختصاصات مجالس المحافظات غير المنتظمة والرقابة عليها، رسالة ماجستير مقدمة إلى كلية القانون، جامعة تكريت، 2010.

2- انتصار شلال مارد، الحدود القانونية لسلطة الإدارة اللامركزية الإقليمية، أطروحة دكتوراه مقدمة لكلية الحقوق، جامعة النهرين، 2008.

3- خالد لفته شاكر، الاختصاص القضائي للإدارة في غير منازعات الوظيفة العامة، أطروحة دكتوراه مقدمة إلى كلية القانون، جامعة بغداد، 1990

4- رحيم عويد نغميش، الإصلاح الإداري والتنمية الإدارية في العراق، أطروحة دكتوراه، مقدمة إلى كلية الاقتصاد والعلوم السياسية، جامعة بغداد، 1984.

5- عثمان سلمان غيلان، مبدأ قانونية الضريبة في تشريع الضرائب المباشرة، أطروحة دكتوراه مقدمة إلى كلية الحقوق، جامعة النهرين، 2005.

6- علي مهدي علي العلوي بارحمة، الإدارة المحلية في الجمهورية اليمنية، رسالة ماجستير مقدمة إلى كلية القانون، جامعة بغداد، 1996.

7- فوّاز خلف ظاهر حسن الجبوري، الرقابة على الهيئات الإدارية اللامركزية الإقليمية في العراق، رسالة ماجستير مقدمة إلى كلية القانون، جامعة تكريت، 2011

8- محمد علي يوسف، النظام القانوني للإدارة المحلية في العراق، رسالة ماجستير مقدمة لكلية القانون و السياسة، جامعة بغداد، 1971.

9- محمد فرغلي محمد علي، التنظيم القانوني للانتخابات المحلية، أطروحة دكتوراه مقدمة الى كلية الحقوق، جامعة المنصورة، مصر، 1998.

سادسا :-البحوث والمقالات

1- جلال محمد بكير، الأسلوب الفرنسي في الإدارة المحلية، بحث منشور في مجلة مصر المعاصرة، السنة الثانية والستون، العدد 343- كانون الثاني، 1971.

2- د. عامر عياش عبد، د،احمد خلف حسين، دستورية الضرائب في العراق، بحث منشور في مجلة الرافدين للحقوق، المجلد 13، العدد 49، السنة 16، حزيران، 2011.

3- د.عبد الحميد متولي، المصطلحات المقترح تعديلها، بحث منشور في مجلة العلوم الإدارية للسنة السابعة، العدد الثالث، ديسمبر 1965

4- عباس العزاوي، تاريخ التشكيلات الإدارية في العراق، بحث منشور في مجلة القضاء، العدد3، السنة 6، 1948.

5- د.عدنان عاجل عبيد، مآل النظام الاتحادي في العراق، بحث منشور في مجلة القانون المقارن، العدد55، لسنة 2008.

6- د.غازي إبراهيم الجنابي، القضاء الإداري في العراق، بحث منشور في مجلة التشريع والقضاء، العدد الرابع(تشرين الأول، تشرين الثاني، كانون الأول)2009.

7- د.غازي فيصل مهدي، نصوص المحافظات غير المنتظمة في إقليم رقم21 لسنة 2008 في الميزان، بحث منشور في مجلة الملتقى، العدد11، السنة، 2008.

8- .... نظاما الفدرالية و اللامركزية الإدارية في دستور العراق لسنة 2005، بحث منشور في مجلة التشريع والقضاء، العدد الأول(كانون الثاني- شباط- آذار)، 2009.

9- د. فؤاد العطار، نظرية اللامركزية الإقليمية، بحث منشور في مجلة العلوم القانونية والاقتصادية، السنة الثامنة، العدد الأول، 1966.

10- د. محمد عبد الله العربي، دور الإدارة المحلية والبلديات في تنمية المجتمعات اقتصاديا واجتماعيا، بحث منشور في مجلة العلوم الإدارية، السنة التاسعة، العدد الأول، نيسان، 1967.

11- د. محمد عمر مولود، فلسفة الحكومة في النظام البرلماني، والمفهوم الدستوري العراقي، بحث منشور في مجلة التشريع والقضاء، العدد الأول(كانون الثاني- شباط- آذار)، 2009.

12- محمد فؤاد مهنا، تنظيم علاقة الحكومة المركزية بالسلطات المحلية وفقا لمبادئ علم التنظيم والإدارة، بحث منشور في مجلة البحوث والدراسات العربية، العدد الرابع، 1973.

13- د. محمد كامل ليلة، الديمقراطية والإدارة المحلية، بحث منشور في مجلة السياسات الدولية، المجلد الرابع، 1968.

14- مصطفى أبو زيد، نظام الإدارة المحلية في القانون المقارن، بحث منشور في مجلة العلوم الإدارية، العدد الأول، السنة الثالثة، 1961.

15- د. نعيم نصير، العلاقة بين الإدارة المركزية والإدارة المحلية في الدولة الإسلامية، بحث منشور في المجلة العربية للإدارة، المجلد الثاني، العدد الثاني، 1988.

سابعا :- مصادر الشبكة المعلوماتية (الانترنت)

1- د. إسماعيل علوان التميمي، الدستور والتعارض في اختصاصات المحافظات، بحث منشور في الانترنت على الرابط الأتي:-

www.ahewari.orq.com،

- تاريخ الزيارة 23\2\2012.

2- أكرم سالم، فلسفة الإدارة والحكم المحلي، بحث منشور في الانترنت على الرابط الأتي:-

.www.ahewar.org/debat/show.art

- تاريخ الزيارة- 23\6\2011.

3- تاريخ بغداد، مقالة منشورة في الانترنت على الرابط الأتي.:-

www.amanatbaghadad.gov.iq

- تاريخ الزيارة 1\4\2012.

4- جبار جمعة اللامي، دراسة حول قانون الانتخابات العراقية الجديدة، بحث منشور في الانترنت على الرابط الأتي :-

www. achnina / art 72 m

تاريخ الزيارة 1\3\2012.

5- جبار ناصر جبار الزيداوي، اختصاصات الأقاليم والمحافظات في العراق، بحث منشور في الانترنت على الرابط الأتي :-

www.asrar-khafua.com

تاريخ الزيارة1\4\2012.

6- د.سعيد ي الشيخ، التنظيم الإداري المحلي، بحث منشور في المجلة الالكترونية للدراسات والأبحاث القانونية على الرابط الأتي:-

www.droitblus.net

تاريخ الزيارة 25\8\2010.

7- سلطة الائتلاف المؤقتة، مقالة منشورة في الانترنت على الرابط الأتي:

www.wikibedia.org/wiki/08830

- تاريخ الزيارة 1\10\2010.

8- طارق حرب، شرط الجنسية في الترشيح للبرلمانات المحلية، مقالة منشورة في الانترنت على الرابط الأتي :-

www.iraqconter.net/vb/534940.htm;

- تاريخ الزيارة 23\2\2012.

9- د. عبد الرزاق الشيخلي، العلاقة بين الحكومة المركزية والإدارات المحلية، بحث منشور في الانترنت على الرابط الأتي:

www.shatharat.net/v6showthread.php

- تاريخ الزيارة 27\10\2011.

10- عثمان سلمان غيلان العبودي، اختصاصات تعيين الموظف في ظل نظام اللامركزية الإدارية، بحث منشور في الانترنت على الرابط الأتي:

.www.tamag.net/body.asp

- تاريخ الزيارة 22\6\2012.

11- عقيل الكلكاوي، قراءة في سلطات مجالس المحافظات وفقا لقانون 21 لسنة 2008، بحث منشور في الانترنت على الرابط الأتي :-

،www.anoor.se/article.as?id=357:

تاريخ الزيارة 15\1\2012.

12- علي عبدالله آل جعفر، علاء محسن شنشول الكناني، التغيرات الإدارية في العراق بين الأعوام(1947- 2003)، بحث منشور قي الانترنت على الرابط الأتي:-

www.hamoudi-org/Arabic/dialogue

- تاريخ الزيارة 1\2\2012..

13- د. علي هادي حميد الشكراوي، صلاحيات المحافظين وفق دستور العراق، لعام 2005 وقانون المحافظات غير المنتظمة في إقليم رقم 21 لسنة 2008 المعدل، بحث منشور في الانترنت على الرابط الأتي:

- www.uobabylon.eda.iq/uobcolege

- تاريخ الزيارة 21\4\2012.

14- عمار بو ضياف، الأسس العامة للسلطة الإدارية، بحث منشور على الانترنت على الرابط الأتي:- www.sciencejuridiues.ahlamontde.htm

تاريخ الزيارة 28\9\2011،

15- د. كامل الكناني، الدستور وتشكيل الأقاليم، بحث منشور في الانترنت على الربط الأتي

www.hamoudi.org/Arabic/dialogue.htm؛

- تاريخ الزيارة 15\2\2012.

16- ماجد شناطي نعمة، الصلاحيات التشريعية لمجالس المحافظات في الدستور وقانون المحافظات، بحث منشور في الانترنت على الرابط الأتي:-

،www.burathnews.com/ness/articl؛

- تاريخ الزيارة 22\2\2012.

17- د.مازن ليلو ماضي، القضاء الإداري، منشورة في الانترنت على الرابط الأتي:-

،.www.ao-acdm.com/docs/administration

تاريخ الزيارة 23\6\2012.

18- د.محمد محمود الطعامنة، نظم الإدارة المحلية، بحث مقدم إلى الملتقى العربي الأول لنظام الإدارة المحلية والمنشور في الانترنت على الرابط الأتي:

www.kambote.forumarubia.net/t2/64

- تاريخ الزيارة 23\10\2011

19- د. منذر الشاري، تأملات في أنواع الدول، بحث منشور في الانترنت على الرابط الأتي:

.www.tamag.net/body.use?field

- تاريخ الزيارة 23\6\2012.

20- يوسف محمد كاظم السعدي، سلطة رئيس الوحدة الإدارية في تفتيش الدوائر، مقالة منشورة في الانترنت عبر الرابط الأتي :-

www.baghdad.gvviq/bbm/3015:

- تاريخ الزيارة 21\6\2012.

([2]1) Andy Smith and Paul Hegwood ،regional government in France and Spain ،searching for spread ou + on www. ucl. acuk / spp / puplications / unit. htm. p. 12

(22) Le control des actes adminstr atives des cell ectivites local ،www. Luc. busrtman. peisc. sty. fr / licienc / controle. htm.

- تاريخ الزيارة 2012/3/1

ثامنا :- التشريعات العراقية

أ- الدساتير العراقية

1- القانون الأساسي لعام 1925.

2- دستور 27 تموز 1958.

3- دستور 4 نيسان 1963.

4- دستور 29 نيسان. 1964

5- دستور 21 أيلول 1968.

6- دستور 16تموز 1970.

7- قانون أدارة الدولة للمرحلة الانتقالية لعام 2004.

8- ملحق قانون أدارة الدولة للمرحلة الانتقالية لعام 2004.

9- الدستور الدائم لعام 2005النافذ.

ب- القوانين

1- قانون إدارة الألوية رقم 58 لسنة 1927.

2- قانون إدارة البلديات رقم 84 لسنة 1931.

3- قانون إدارة الألوية رقم 16 لسنة 1945.

4- قانون رقم 36 لسنة 1959 قانون التعديل الأول لقانون إدارة الألوية رقم 16 لسنة 1945.

5- القانون المدني رقم 40 لسنة 1951.

6- قانون إدارة البلديات رقم 165 لسنة 1964.

7- قانون العقوبات رقم 111 لسنة 1969.

8- قانون المحافظات رقم 159 لسنة 1969.

9- قانون الحكم الذاتي رقم 33 لسنة 1974.

10- قانون صيد واستغلال الأحياء المائية وحمايتها رقم 48 لسنة 1976.

11- قانون حماية وتنمية الإنتاج الزراعي رقم 71 لسنة 1978

12- قانون مجلس شورى الدولة لرقم 65 لسنة 1979.

13- قانون تنظيم التجارة رقم 47 لسنة 1983.

14- قانون تنظيم تجميع الأنقاض رقم 67 لسنة 1986.

15- قانون مجالس الشعب المحلية رقم 25 لسنة 1995.

16- الأمر 71 لسنة 2004 الصادر من سلطة الائتلاف المؤقتة(المنحلة)

17- قانون الإدارة المالية والدين العام رقم 94 لسنة 2004

18- قانون المحكمة الاتحادية العليا رقم 30 لسنة 2005

19- قانون الانتخابات رقم 16 لسنة 2005.

20- قانون إلغاء النصوص القانونية التي تمنع المحاكم من سماع الدعاوي رقم 19 لسنة 2005.

21- قانون الجنسية رقم 26 لسنة 2006 .

22- قانون المفوضية العليا المستقلة للانتخابات رقم(11)لسنة 2007

23- قانون انتخاب مجالس المحافظات والاقضية والنواحي رقم 36 لسنة 2008

24- قانون الإجراءات التنفيذية الخاصة بتكوين الأقاليم رقم 13 لسنة2008.

25- قانون الهيئة العليا للمساءلة والعدالة رقم 10 لسنة 2008.

26- قانون التعديل الأول رقم 15 لسنة 2010 لقانون المحافظات غير المنتظمة في إقليم رقم 21 لسنة 2008.

27- قانون المحافظات لإقليم كردستان رقم3 لسنة 2009.

28- قـانون فـك وارتبـاط دوائـر الشـؤون الاجتماعيـة في وزارة العمـل والشـؤون الاجتماعية رقم 18 لسنة 2010.

28 - قانون فك ارتباط دوائر وزارة البلديات والأشغال العامة رقم 20 لسنة 2010.

29 - قانون الموازنة العامة الاتحادية لعام 2010.

30 - قانون الموازنة العامة الاتحادية لعام 2011.

31- قانون الإرهاب رقم 13 لسنة 2011.

32- قانون هيئة النزاهة رقم 30 لسنة 2011.

33- قانون ديوان الرقابة المالية رقم 31 لسنة 2011.

34- قانون الموازنة العامة الاتحادية لعام 2012.

ج- قرارات مجلس قيادة الثورة المنحل

1- قرارات مجلس قيادة الثورة المنحل رقم 1630 لسنة 1981.

2- قرارات مجلس قيادة الثورة المنحل رقم 1045 لسنة 1980.

3- قرارات مجلس قيادة الثورة المنحل رقم 154 لسنة 1981.

4- قرارات مجلس قيادة الثورة المنحل رقم 151 لسنة 1973.

د- الأنظمة والتعليمات

1- تعليمات تنفيذ العقود الحكومية رقم 1 لسنة 2008.

تاسعا :- التشريعات العربية

أ- الدستور المصري لعام 1971.

ب- قانون الإدارة المحلية رقم 143 لسنة 1979.

عاشرا :- التشريعات الأجنبية

1- الدستور الفرنسي لعام 1946.

2- الدستور الفرنسي لعام 1958.

3- قانون حقوق وحريات البلديات والمحافظات والأقاليم رقم 213 لسنة 1982.

حادي عشر :- المصادر الأجنبية

أ- المصادر الانكليزية

1- J.Cnark john, Authens Of Local Government United Kingdom,1966.

2- Rondilicll.aetel ،Analysis Decentralization Policies In Developing countries,London,1980.

ب-المصادر الفرنسية

1- Ander Delaubader, Trait De Droit Administeratif,t.l.jed 1976.

2- Agatha Van Lang ‹Genevieve Condouin,Veronique Lnserguet-brisset:dicfionnaire De Droit Admiminstratif, 2, Edition,Armand colin,Dalloz,Paris,1999.

3- Code Administrative, Dalloz,1998.

4- Georges Burdeau, Trait De science politiguc, Tom II, Paris,1967.

5- Georges Dupuis ‹Marie-José Guedon,Patrice Chretien:Droit Administraif,6'edition Revue Armand Colin, 1999.

6 - Patrick Janin : Coursed Droit Administrative, Presses Universitaires De Lgon,1994.

7- Jean-marc Peyrical : Droit Administrative ‹Montchrestien ‹ Paris,1997.

8- Walin ‹Droit Administrative ‹Paris,1958.

المستخلص

يعد نظام الإدارة المحلية من اهم اساليب التنظيم الاداري في الدولة الحديثة، وعلى الرغم انه لم يتبلور كظاهرة قانونية له مقومات أو أركان إلا في القرن التاسع عشر، فأنه كظاهرة تاريخية فقد عرفته الجماعات البشرية منذ القدم انطلاقاً من فكرة أن الإنسان ككائن اجتماعي لا تستقيم حياته دون وجود التنظيم أو الحد الأدنى منه.

ونتيجة للتغيّرات الحاصلة في العالم بخطى متسارعة باتجاه تحول العالم الى قرية كونية كبيرة، لم يعد بمقدور المركزية الادارية الصمود في وجه هذه التحولات، ما لم يعجل بزيادة المشاركة الشعبية في ادارة الشؤون والمصالح المحلية، وقد ساهم ظهور وتطور الافكار الديموقراطية في توجه الدول نحو تبني نظام الادارة المحلية ،والتي أصبحت لها منظومة متكاملة من الاهداف سواء كانت سياسية ام اقتصادية ام ادارية ام اجتماعية.

ويقوم نظام الادارة المحلية على ثلاثة اركان أساسية، تتمثل بوجود مصالح محلية يعترف بها المشرع وتتولى امر ادارتها هيئات محلية تتمتع باستقلال نسبي تخضع هي واعمالها للرقابة سواء كانت الرقابة سياسية ام قضائية ام ادارية.

ولم يشهد نظام الإدارة المحلية في العراق تطبيقا يستند للأسس المتعارف عليها منذ تأسيس الدولة العراقية الحديثة عام **1921** حتى عام **2003**، على الرغم من النص عليها في معظم الدساتير التي صدرت في ظل هذه الحقبة التاريخية، و يعود ذلك لأسباب كثيرة، أهمها ان جميع الانظمة الجمهورية المتعاقبة بعد سقوط النظام الملكي عام **1958** قد قفزت الى سدة الحكم عن طريق الانقلابات العسكرية، التي لم تشأ ان تقيم نظام ديموقراطي للحكم على المستوى القومي، حيث اتسم النظام الاداري في ظل هذه الانظمة المتعاقبة من الناحية الفعلية بالمركزية الادارية المطلقة.

وبعد احتلال العراق في **9/4/ 2003** وقيام النظام السياسي الجديد تحول شكل الدولة العراقية بموجب قانون ادارة الدولة للمرحلة الانتقالية لعام **2004** ومن بعده الدستور النافذ لعام **2005**، من دولة موحدة بسيطة تتكون من سلطات

تشريعية وتنفيذية وقضائية واحدة الى دولة مركبة اتحادية تتوزع فيها السلطات الثلاث التشريعية والتنفيذية والقضائية بين جهتين، الأولى تمثل الدولة ككل وهي السلطات الاتحادية، والثانية تمثل جزء معين وهي الاقاليم .

ولما كان النظام الاتحادي في العراق لم يتبلور بشكل كامل - حيث يقتصر حاليا على وجود اقليم اتحادي (فيدرالي) واحد هو اقليم كردستان - فإن الدستور النافذ اقرّ للمحافظات غير المنتظمة في اقليم مركزا وسط بين الاقاليم الفيدرالية والوحدات الادارية.

ورغم كون الدستور النافذ لعام 2005 قد جعل منح الصلاحيات للمحافظات غير المنتظمة في اقليم يكون وفقا لمبدا اللامركزية الادارية ،فقد وردت نصوص في الدستور اضافة، لما ورد في قانون المحافظات غير المنتظمة في اقليم رقم 21 لسنة 2008 المعدل، أدت إلى حدوث تداخل كبير بين صلاحيات المحافظات من جهة، وصلاحيات السلطات الاتحادية.

وقد حرص الدستور النافذ وقانون المحافظات على ابعاد أي دور رقابة صريحة للسلطة الإدارية المركزية على الادارة المحلية الممثلة بالمجالس المحلية (مجلس المحافظة والقضاء والناحية) وعلى جهازها التنفيذي الممثل برؤساء الوحدات الادارية (المحافظ والقائمقام ومدير الناحية)، واستعاض برقابة مجلس النواب ،التي اثبت الواقع عدم فاعليتها لأسباب تتعلق بطبيعة عمله كسلطة تشريعية فضلا عن التجاذبات بين الكتل السياسية الممثلة فيه والتي عطلت بشكل وباخر الدور الرقابي له.

فهرس الكتاب

تم بحمد الله وتوفيقه